Baedeker

Allianz Rei

Finnland

VERLAG KARL BAEDEKER

Hinweise zur Benutzung

Sternchen (Asterisken) als typographische Mittel zur Hervorhebung bedeutender Bau- und Kunstwerke, Naturschönheiten und Aussichten, aber auch guter Unterkunfts- und Gaststätten hat Karl Baedeker im Jahre 1846 eingeführt; sie werden auch in diesem Reiseführer verwendet: Besonders Beachtenswertes ist durch * einen vorangestellten 'Baedeker-Stern', einzigartige Sehenswürdigkeiten sind durch ** zwei Sternchen gekennzeichnet.

Zur raschen Lokalisierung der Reiseziele von A bis Z auf der beigegebenen Reisekarte sind die entsprechenden Koordinaten der Kartennetzmaschen jeweils neben der Überschrift in Rotdruck hervorgehoben: Helsinki **H / J 12.**

Farbige Streifen an den rechten Seitenrändern erleichtern das Auffinden der Großkapitel des vorliegenden Reiseführers: Die Farbe Blau steht für die Einleitung (Natur, Kultur, Geschichte), die Farbe Rot für die Reiseziele, und die Farbe Gelb markiert die praktischen Informationen.

Wenn aus der Fülle von Unterkunfts-, Gast- und Einkaufsstätten nur eine wohlüberlegte Auswahl getroffen ist, so sei damit gegen andere Häuser kein Vorurteil erweckt.

Da die Angaben eines solchen Reiseführers in der heute so schnellebigen Zeit fast ständig Veränderungen unterworfen sind, kann der Verlag weder Gewähr für die absolute Richtigkeit leisten noch die Haftung oder Verantwortung für eventuelle inhaltliche Fehler übernehmen. Auch lehrt die Erfahrung, daß sich Irrtümer kaum gänzlich vermeiden lassen.

Baedeker ist ständig bemüht, die Qualität seiner Reiseführer noch zu steigern und ihren Inhalt weiter zu vervollkommnen. Hierbei können ganz besonders die Erfahrungen und Urteile aus dem Benutzerkreis als wertvolle Hilfe gar nicht hoch genug eingeschätzt werden. Vor allem **Ihre Kritik, Berichtigungen und Verbesserungsvorschläge sind uns stets willkommen**. Sie helfen damit, die nächste Auflage noch aktueller zu gestalten. Bitte schreiben Sie in jedem Falle an die

Baedeker-Redaktion
Karl Baedeker GmbH
Zeppelinstr. 41
Postfach 31 62
D-73751 Ostfildern
Telefax: (0711) 45 02-343
E-Mail: baedeker@mairs.de
www.baedeker.com

Der Verlag dankt Ihnen im voraus bestens für Ihre Mitteilungen. Jede Einsenderin und jeder Einsender nimmt an einer jeweils zum Jahresende unter Ausschluß des Rechtsweges stattfindenden Verlosung einer Städtekurzreise nach London für zwei Personen teil. Falls Sie gewonnen haben, werden Sie benachrichtigt. Ihre Zuschrift sollte also neben der Angabe des Buchtitels und der Auflage, auf welche Sie sich beziehen, auch Ihren Namen und Ihre Anschrift enthalten. Die Informationen werden selbstredend vertraulich behandelt und die persönlichen Daten nicht gespeichert.

◂ *S. 1: Die Alvar-Aalto-Vase ging 1936 als Sieger aus einem Designwettbewerb hervor.*

Vorwort

Dieser Reiseführer gehört zur neuen Baedeker-Generation. In Zusammenarbeit mit der Allianz Versicherungs-AG erscheinen bei Baedeker durchgehend farbig illustrierte Reiseführer in handlichem Format. Die Gestaltung entspricht den Gewohnheiten modernen Reisens: Nützliche Hinweise werden in der Randspalte neben den Beschreibungen herausgestellt. Diese Anordnung gestattet eine einfache und rasche Handhabung. Der vorliegende Band hat das skandinavische Land Finnland zum Thema. Die jahrhundertelange schwedische und russische Herrschaft haben dieses Grenzland zwischen West- und Osteuropa stark geprägt. Erst seit 1917 ist Finnland ein selbständiger Staat. Unberührte Natur, Tausende von idyllischen Seen und endlose Wälder bieten hervorragende Möglichkeiten zur Urlaubsgestaltung.

Der Reiseführer gliedert sich in drei Hauptteile: Im ersten Teil wird über das Land im allgemeinen, Naturraum, Klima, Pflanzen und Tiere, Bevölkerung, Staat und Gesellschaft, Wirtschaft, Geschichte, berühmte Persönlichkeiten sowie Kunst und Kultur berichtet. Eine Sammlung von Literaturzitaten und eine Reihe von Routenvorschlägen leiten über zum zweiten Teil, in dem die touristisch interessanten Reiseziele – Städte, Orte, Landschaften sowie Kanu- und Wandergebiete – mit ihren Sehenswürdigkeiten beschrieben werden. Daran schließt ein dritter Teil mit reichhaltigen praktischen Informationen. Sowohl die Reiseziele als auch die Informationen sind in sich alphabetisch geordnet.

Eine Ausflugsfahrt mit dem Boot über den Oulujoki-Fluß und verträumte alte Holzhausstädte an den Küsten wie die denkmalgeschützte Stadt Rauma sind eine Reise wert.

Baedeker Reiseführer zeichnen sich durch Konzentration auf das Wesentliche sowie Benutzerfreundlichkeit aus. Sie enthalten eine Vielzahl eigens entwickelter Pläne und zahlreiche Abbildungen. Zu diesem Reiseführer gehört als integrierender Bestandteil eine ausführliche Reisekarte, auf der die im Text behandelten Reiseziele anhand der jeweils angegebenen Kartenkoordinaten leicht zu lokalisieren sind.

Wir wünschen Ihnen mit dem Baedeker Allianz Reiseführer viel Freude und einen erlebnisreichen Aufenthalt in Finnland!

Baedeker
Verlag Karl Baedeker

Inhalt

Natur, Kultur Geschichte
Seite 8 – 81

Reiseziele von A bis Z
Seite 82 – 273

Praktische Informationen von A bis Z
Seite 276 – 348

Baedeker Specials

Zauber der

Trachten

sieht man nur noch in Freilichtmuseen.

Das Land im hohen Norden – ohne sensationelle Sehenswürdigkeiten kultureller oder landschaftlicher Art? Ein weißer Fleck im Bewußtsein vieler Europäer? Worin liegt die Faszination Finnlands? Wahrscheinlich ist es der Zauber der hellen Nächte: Einer der unvergeßlichen Eindrücke für viele Finnland-Urlauber ist das Erlebnis der nicht untergehenden Sonne nördlich des Polarkreises. In den kurzen, aber intensiven Sommern scheint die Natur zu explodieren. Dann strömen die Menschen in die urwüchsige Landschaft mit ihren Tausenden von Seen und unendlich wirkenden Wäldern. Finnland ist ein Land für Individualisten, die sich in unberührter Natur frei bewegen wollen. Allein in einer rustikalen Holzhütte an einem See, der sonst niemandem zu gehören scheint, mit einem Saunahäuschen ganz in der Nähe. Das Wort Sauna ist übrigens das einzige finnische Wort, das in den meisten Sprachen der Erde vorkommt.

Die Voraussetzungen, sich in der Stille der ursprünglichen Landschaft zu erholen, sind ideal: ob bei einer gemütlichen Kanutour auf einem See oder bei einem Wildwasserabenteuer auf tosenden Flüssen in der abgelegenen Wildnis von Kuusamo, auf den Ruunaa-Stromschnellen in Karelien oder auf dem Tornionjoki. Beliebt sind Wanderungen in den lappländischen Nationalparks voll herber Schönheit, auf dem karelischen Bärenpfad oder entlang der Bärenrunde im Oulanka-Nationalpark. Ein Erlebnis der besonderen Art ist auch eine Bootsfahrt durch die Schären vor der Südwestküste, dem wohl größten Archipel Europas, oder auf der "Silberlinie" von Tampere nach Hämeenlinna.

Idyllische Seen

zu Tausenden und riesige Waldgebiete sind ein Markenzeichen von Finnland – Kelojärvi bei Kuhmo.

Malerische Hafenstädte

wie der Badeort Ekenäs verbreiten einen mediterranen Charme.

hellen Nächte

In den hellen Sommernächten erwacht auch die Lebensfreude der Finnen, die gerne feiern und jeden Fremden dabei einbeziehen. Man hat die Wahl aus einem großen Angebot an oft qualitätsvollen Theateraufführungen, Musik- und Kunstveranstaltungen zu schöpfen. Am bekanntesten sind die Savonlinna Opernfestspiele vor der geschichtsträchtigen Kulisse der Burg Olavinlinna.
Ein kulturhistorisches Erlebnis ist auch eine Fahrt entlang der alten Königsstraße an der Südküste. Hier liegen die ehemalige Hauptstadt Turku, die malerischen Hafenstädte Naantali, Ekenäs und Hanko oder mittelalterliche Feldsteinkirchen mit ausdrucksvollen Wandmalereien. An den Küsten trifft man auf die verträumten Städte Rauma, Porvoo, Kristinestad, Raahe oder Jakobstad, die mit ihren alten Holzhausvierteln ein Abbild vergangener Zeiten sind. Selbst die weitläufige Hauptstadt Helsinki wirkt mit den großen Grünflächen und Seen wie ein großes Dorf. Von der Meeresseite bietet sich das beste Panorama der Stadt mit dem neoklassizistischen Senatsplatz und den großzügig angelegten Straßen.
Wenn die Tage nach der Polarnacht merklich länger werden, kann man im März und im April bei strahlendem Sonnenschein skilaufen. Eine Rentiersafari in dem dünn besiedelten Lappland gehört sicher zu den aufregendsten Winteraktivitäten.
Unabhängig von den Jahreszeiten ist auch für das leibliche Wohl gesorgt. Eine gute touristische Infrastruktur mit gepflegter Hotellerie und einer Küche, die Pilze, Fische und Rentierfleisch in allen Variationen bietet, garantieren einen angenehmen Aufenthalt im Land der hellen Nächte.

Steinkirchen

sind mit wertvollen mittelalterlichen Wandmalereien geschmückt wie die Kirche von Lohja.

Bunte Märkte

finden im Sommer in allen Städten statt.

Rentiere

waren einst die wichtigste Lebensgrundlage der Samen, die nördlich des Polarkreises leben.

Natur, Kultur
Geschichte

Zahlen und Fakten

Allgemeines

Lage und Gebiet

Finnland liegt im hohen Norden Europas. Es wird allgemein als skandinavisches Land bezeichnet, obwohl die Skandinavische Halbinsel, von der es im Westen durch den Bottnischen Meerbusen getrennt ist, nur Schweden und Norwegen umfaßt. Nur im Norden gibt es eine 716 km lange Grenze mit Norwegen und eine 580 km lange Grenze mit Schweden. Im Süden

Finnland • Suomi

Lage: von 59° 48′ bis 70° 05′ nördlicher Breite und von 20° 30′ bis 31° 35′ östlicher Länge

Fläche: 338 145 km². Davon entfallen 33 552 km² auf Seen.

Bevölkerung: 5,14 Mio.

Hauptstadt: Helsinki

und Südwesten wird Finnland vom Finnischen Meerbusen gesäumt, einem Teil der Ostsee. Geographisch hängt es mit Osteuropa zusammen und grenzt im Osten auf einer Länge von 1270 km an Rußland (Karelien).

◀ *"Land der tausend Seen" nennt man Finnland. Eigentlich sind es um die 180 000 Seen – hier der Koitersee bei Joensuu. Hinzu kommen Hunderte von Flüssen mit unzähligen Stromschnellen.*

Fläche und Einwohnerzahl

Finnland ist mit einer Gesamtfläche von 338 144 km² etwas kleiner als Deutschland, hat aber nur um die 5,1 Millionen Einwohner (ca. 6% der deutschen Einwohnerzahl) – das sind rund 15 Einwohner pro km². Jeder sechste Einwohner Finnlands lebt heute im Großraum Helsinki. Finnland ist das gewässerreichste Land der Erde: etwa 33 500 km² der Landesfläche bestehen aus Binnengewässern.
Die Gebiete nördlich des 61. Breitengrades umfassen zwar zwei Drittel seiner Gesamtfläche, beherbergen aber nur ein Fünftel der Bevölkerung, so daß dort nur etwa fünf Menschen auf einem Quadratkilometer wohnen. Die Tatsache, daß der größte Teil der Bevölkerung in den südlichen Landesteilen lebt, ist in erster Linie klimatisch bedingt. Der nördliche Teil Finnlands dürfte jedoch eine höhere Bevölkerungszahl aufweisen als alle übrigen Gebiete der Erde in der gleichen Breitenlage.

Jahreszeitliche Schwankungen der Tages- und Nachtlänge

Gravierender als die klimatische Ungunst, die durch den Golfstrom gemildert wird wie nirgends sonst auf der Erde, ist jedoch das Vorhandensein der langen, psychisch so deprimierenden Winternächte. Der Unterschied in der Tageslänge nimmt bekanntlich gegen Norden in der Weise zu, daß jenseits des nördlichen Polarkreises (66° 33') die Sonne alljährlich eine zunehmend größere Zahl von Tagen im Sommer nicht untergeht und im Winter nicht aufgeht. Am Nordpol erscheint die Sonne am 21. März über dem Horizont und geht dann erst am 21. September wieder unter, so daß sie sich im Frühling in – scheinbar – spiralenförmiger Bahn über den Horizont emporschraubt und im Sommer wieder niederschraubt.

Land der tausend Seen

Das 'Land der tausend Seen' wird Finnland genannt. In Wirklichkeit sind es wesentlich mehr, und wo könnten auf der Erde Wald und Wasser inniger verflochten sein? Während sich an der Süd- und der Westküste ein weites Flachland erstreckt, ist das Landesinnere oft bergig. Die Finnische Seenplatte im Südosten des Landes senkt sich allmählich nach Nordwesten zum Bottnischen Meerbusen ab. Auch dort ist der Boden felsig, tosen die Flüsse über anstehendes Gestein. Der gegen Norden fast endlos anmutende Seenbezirk ist im Süden – am Hügelstreifen Salpausselkä – viel schärfer begrenzt.

Helsinki

Südlich des Höhenrückens Salpausselkä liegen die am dichtesten besiedelten Landstriche Finnlands, die Gebiete, in denen sich Ackerbau und Viehzucht noch am ehesten lohnen; mitten darin schiebt sich die Hauptstadt Helsinki auf ein Felskap im Finnischen Meerbusen vor. Vom Wasser aus bietet sich dem Reisenden das Bild einer eindrucksvollen Stadtsilhouette, beherrscht vom Kuppelbau des Doms. Der Stadt vorgelagert sind zahlreiche Inseln.

Gebietsabtretungen

Finnland hat nach dem Zweiten Weltkrieg wichtige Gebietsstreifen an die damalige Sowjetunion abtreten müssen: Im Südosten sind Viipuri (Vyborg) und das Nordwestufer des Ladogasees verlorengegangen; am Eismeer mußten die Finnen den ehedem so wichtigen Hafen Petsamo abtreten, der trotz seiner Lage der einzige ganzjährig eisfreie Hafen des Landes war, da er von den Ausläufern des Golfstromes bespült wird. Auch Karelien, das so völlig die Züge der finnischen Landschaft trägt, gehört derzeit größtenteils zum russischen Herrschaftsbereich.

Ålandinseln

Die Ålandinseln, am Eingang zum langgestreckten Bottnischen Meerbusen gelegen, werden von einer schwedisch sprechenden Bevölkerung bewohnt. Auch in den Küstenstädten Finnlands hat das schwedische Element immer eine starke Rolle gespielt.

Innerfinnland

Trotz seiner natürlichen Unwegsamkeit ist auch das Landesinnere bis in den hohen Norden durch Eisenbahnen und Straßen erschlossen. Rund 70% des Landes sind bewaldet, wobei Kiefern, Fichten und Birken vorherrschen, und knapp 12% entfallen auf die Seen; man hat weit mehr als 1440 Stromschnellen gezählt.

Naturraum

Landschaftsbild
Wasser im Überfluß

Naturfreunde finden in Finnland ideale Voraussetzungen, sich in der ursprünglichen Natur zu erholen. Wo nur ein Hügel über die Waldspitzen emporragt, da öffnet sich eine unberührte Weite. Die stets wiederholte und doch abgewandelte Szenerie von Wald und Wasser ist für Finnland besonders typisch. In der letzten Eiszeit formten Gletscher Hügel und Moränen und hinterließen eine abwechslungsreiche Landschaft mit zahlreichen Seen. Ungefähr ein Zehntel von Finnland ist mit Seen bedeckt, was ihm auch den Beinamen "Land der tausend Seen" einbrachte.

Jedermannsrecht

Eine weltweit einmalige Besonderheit stellt das sog. Jedermannsrecht bei der Benutzung der Natur dar. Es gilt in allen skandinavischen Ländern und ist ein ungeschriebenes Gesetz, das für Einheimische und Fremde den Aufenthalt und die Fortbewegung in der freien Natur festlegt. Jeder darf sich in der Natur frei bewegen, wenn er einige Spielregeln beachtet. Oberster Leitsatz dabei ist: Nicht stören, nicht zerstören. Dies schließt die Rücksichtnahme gegenüber anderen Menschen ebenso ein wie gegenüber den Tieren und Pflanzen. Besonders im Frühling, wenn die Tiere ihren Nachwuchs aufziehen, sind Störungen tabu. Erlaubt ist dagegen das Pflücken von Blumen, die nicht unter Naturschutz stehen, sowie das Baden in Seen und Flüssen, sofern die Gewässer nicht in Privatbesitz sind. Für das Angeln und Jagen bedarf es einer Genehmigung. Verboten ist es im allgemeinen, ein offenes Lagerfeuer anzulegen (Waldbrandgefahr).

Südfinnische Küstenebene

Anders als in den übrigen Landesteilen fehlen im Gebiet zwischen Turku und der russischen Grenze Seen fast vollständig. Stattdessen unterbrechen bizarre Felsformationen an vielen Stellen die tonigen und sandigen Ebenen. An der Südküste mit ihren Landzungen und vorgelagerten Insel-

Der Vesijärvi-See bei Lahti geht unmittelbar in den langgestreckten Päijänne im mittleren Teil der Finnischen Seenplatte über.

chen und Schären gibt es viele schöne Badestrände. Die Schären sind eine Kette steiniger und baumloser Felsinseln vor der Küste. Ansonsten ist das Gebiet landwirtschaftlich geprägt: Wie auch auf der Küstenebene im Südwesten des Landes gibt es an der Südküste Äcker und Weiden. Es ist das wärmste Gebiet mit den meisten Laubbäumen in ganz Finnland.

Südfinnische Küstenebene (Fortsetzung)

Finnische Seenplatte

Von der Küste steigt das Land zur Finnischen Seenplatte an. Sie ist gekennzeichnet durch eine für Finnland typische Landschaft mit einem Wirrwarr von Seen, Seenbuchten, bewaldeten Inseln und Halbinseln. Verbunden sind diese Seen durch Kanäle oder natürliche Abflüsse mit Stromschnellen, Kaskaden und Wasserfällen. In diesem Labyrinth aus Wäldern und Hügeln, Wasser und Land verliert man leicht den Überblick, wo der eine See aufhört, und wo der andere beginnt. Die Finnische Seenplatte bedeckt fast ein Drittel Finnlands, die jüngste Zählung ergab tatsächlich mehr als 180 000 Seen im ganzen Land!

Gliederung

Die Seenplatte besteht im südlichen Finnland im wesentlichen aus drei Wasserbecken, die lose miteinander verbunden sind. Im Westen liegt nördlich von Tampere der kleinere Näsijärvi, in der Mitte der langgestreckte Päijänne und im Osten der große Saimaasee, der im Vuoksen einen Abfluß nach Südosten hat. Alle diese Seensysteme liegen etwa 76 bis 78 m über dem Meeresspiegel.

Saimaa-Seensystem

Der größte aller Seen ist der Saimaasee im Südosten, der gleichzeitig auch Zentrum der finnischen Seenplatte ist. Früher herrschte dort noch eine rege Flößerei, bei der in riesigen Floßzügen die Baumstämme durch den See transportiert wurden. Heute macht diese Art von Transport nur noch etwa 20 Prozent aus. Nach der letzten Eiszeit wurde das Saimaa-Seensystem durch Landhebung von der Ostsee abgeschnitten. Dadurch wurden die meeresbewohnenden Eismeer-Ringelrobben vom Meer getrennt.

Ein Zehntel der Landesfläche ist mit Seen bedeckt, die im Bereich der Seenplatte oft miteinander verbunden sind. Hier ein See in Karelien.

Saimaa-Seensystem (Fts.)

Aus ihnen entwickelte sich eine Unterart, die Saimaa-Ringelrobbe, die heute hier lebt und als gefährdet gilt.

Höhenzüge Suomenselkä und Salpausselkä

Die finnische Seenplatte wird nördlich an der Grenze der Provinz Savo durch die Barriere des Höhenzugs Suomenselkä begrenzt, der die Wasserscheide zwischen dem Bottnischen und dem Finnischen Meerbusen bildet. Im Südosten setzt der 500 Kilometer lange, doppelte Höhenzug Salpausselkä dieser binnenländischen Schärenlandschaft ein jähes Ende. Dieser eigenartige Hügelstreifen ist eine für die südfinnische Landschaft prägende Erscheinung. Die höchste Erhebung dieser Endmoräne beträgt 233 Meter über dem Meeresspiegel. Südlich davon flacht sich der Küstenstreifen gleichmäßig zum Finnischen Meerbusen ab. Die Harmonie von Wald und Wasser macht das Gebiet zu einem Paradies für Naturfreunde und Bootsfahrer.

Ålandinseln

Im südwestlichen Küstenabschnitt befinden sich mehr als 6500 Inseln und Schären zwischen schwedischer Ost- und finnischer Südwestküste am Eingang zum Bottnischen Meerbusen, die Ålandinseln. Hier ist der Schärenhof am breitesten entwickelt. Dem Auge bietet sich ein Inselgewirr, bestehend aus Landfetzen, Wasserzungen, Bäumen im Meer und rauhem Urgestein. Hauptteil der Welt der Schären ist das sog. Åländische Festland, die größte und am dichtesten besiedelte Insel. Das aus dem Schwedischen kommende Wort "Schären" (skär = Klippe) bezeichnet kleine bukkelartige Felsinseln und -klippen, die in großer Zahl auftreten und der skandinavischen Küste vorgelagert sind. Üblich sind auch die Bezeichnungen "Schärenhof" oder "Schärengarten".

Entstehung der Schären

Die Schären wurden von Gletschern während der letzten Eiszeit hinterlassen. Bis heute sind Spuren ihrer eisigen Kräfte zu erkennen: Die Seite der kleinen abgerundeten Felsinseln, die entgegen der Fließrichtung des Eises lag, wurde glattgeschliffen, während die andere Seite ihre rauhe Oberfläche behielt. Schären bilden meistens Gruppen. Nahe am Festland ragen die Steininseln höher auf und sind bewaldet, die weiter im offenen Meer liegenden Inselchen sind völlig kahl und steinig.

Schärengebiet vor Turku

Vor der südwestlichen Küste Finnlands, zwischen Stockholm und Turku ist der Schärengarten am breitesten entwickelt: Ganze Schwärme von Felseilanden, liegen zwischen Turku und den Ålandinseln. Dort gibt es 24 000 Inseln und Inselchen. Südwestlich von Turku und den Ålandinseln liegen die Inseln Houtskär, Korpo und Nagu mit einer Fläche von etwa 30 Quadratkilometern. Hier verliert sich auch der Höhenzug Salpausselkä, der sich weit aus dem Osten durch das Gebiet der Finnischen Seenplatte erstreckt, endgültig auf den kleinen Schäreninseln. Von den Inseln sind nur 80 mehr oder minder stark besiedelt. Die restlichen Inseln werden hauptsächlich von Vögeln und Robben bevölkert. Das ökologische Gleichgewicht in den strandnahen Zonen ist ähnlich empfindlich wie im Wattenmeer der Nordsee.

Bottnische Küstenebene

Die Bottnische Küstenebene schließt sich am mittleren und nördlichen Küstenabschnitt des Bottnischen Meerbusens an, wo sie die Provinz Vaasa und den westlichen Teil der Provinz Oulu umfaßt. Im Süden gibt es ausgedehnte, durch Entwässerungsgräben aufgeteilte Wiesen, auf denen eine Vielzahl von kleinen Heuschobern steht. Richtung Norden nimmt die Bewaldung immer mehr zu. Die dunklen Wälder werden zwischendurch aber immer noch von den sogenannten Pohjanmaa-Wiesen aufgelockert. Charakteristisch für diese Gegend ist eine Reihe von wilden Flüssen mit zahlreichen Stromschnellen.

Finnisch Lappland

Finnisch Lappland besticht durch vielfältige Landschaftsformen. Im Süden dominieren weite Naturwälder, aus denen die Höhen der Tunturis (finnisch: "waldloser Berg") ragen. Im Norden dagegen findet man offene Moor-, Heide- und Tundralandschaften. Hier züchten die Samen ihre Rentiere. Im

Landschaftliche Gliederung

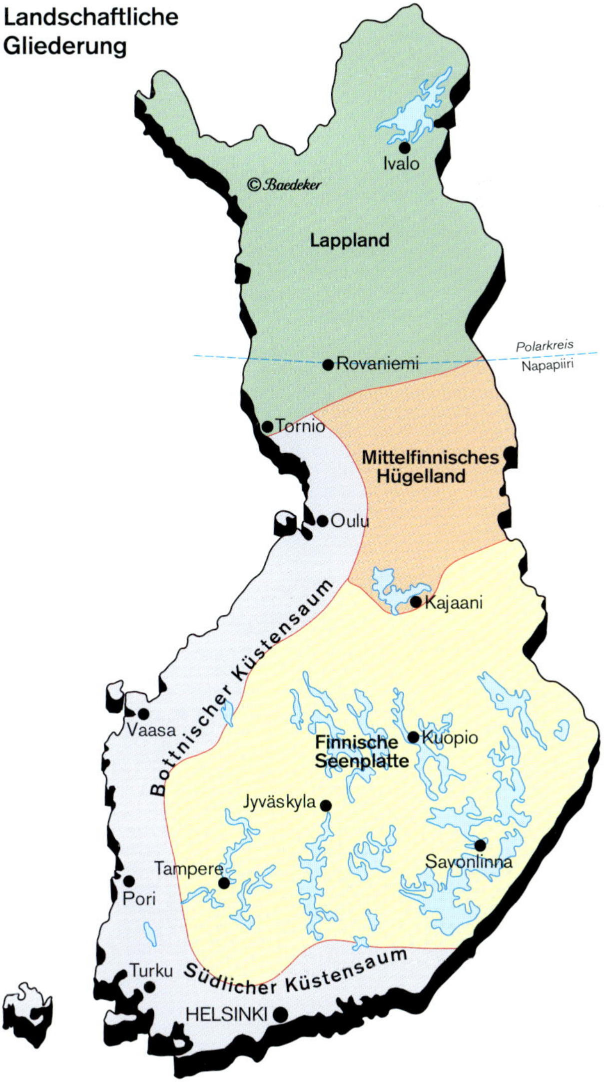

Finnisch Lappland (Fortsetzung)

Nordwesten gibt es die eindrucksvollsten Berge. Der mit 1324 m höchste finnische Berg, der Haltiantunturi, befindet sich an der Nordwestgrenze zu Norwegen.

Die Natur in Lappland wirkt grandios. Fast eintönig erstrecken sich abgerundete, mit Schnee bedeckte Hügel über das Land. Vereinzelt streifen Rentierherden durch die von bizarren Krüppelbirken und Kiefern geprägte Vegetation. Sumpfige Böden kommen ebenso vor wie Moospolster und

Finnisch Lappland (Fortsetzung)

mit Flechten bewachsene Geröllhalden. Durch die Landschaft schlängeln sich ungebändigte Flüsse, die im Winter zu Eis gefrieren. Wer Glück hat, kann dort sogar einen Goldklumpen finden.
Unter dem endlos weit scheinenden Horizont erstreckt sich ein Land von einzigartiger Einsamkeit und Stille. Lappland macht zwar fast ein Drittel des finnischen Territoriums aus, es ist aber extrem dünn besiedelt. Hier teilen sich zwei Menschen einen Quadratkilometer.

Mitternachtssonne und Polarnacht

Die Stimmung der Landschaft ändert sich mit den Jahreszeiten und dem Licht völlig. Von Ende Mai bis Ende Juli scheint fast Tag und Nacht die Sonne. Während dieser Zeit bleibt die Landschaft auch nachts wunderbar hell erleuchtet (siehe dazu → Klima). Wenn sich der Herbst zunehmend dem Winter nähert, und die Nächte immer länger werden, verdrängt allmählich die Finsternis nördlich des Polarkreises das Tageslicht vollständig. Dann scheint entweder der Mond, oder das Polarlicht flackert in rötlichen bis grünlich-blauen Schattierungen am Himmel.

Fjäll-Landschaft und Tundra

Im Nordosten Finnlands, in dem Gebirgszug der Skanden, entstand durch die Schürf- und Schleifarbeit der Gletscher die typische Fjäll-Landschaft. Diese ist gekennzeichnet durch weite, flache Hänge und runde Bergkuppen. An den Fjällhängen schmilzt der Schnee erst im Mai. Nach einem kurzen Sommer beginnt der Herbst bereits Anfang September das Laub mit unzähligen Gelb- und Rottönen zu färben. Neben den Fjällketten beherrschen die weiten Moore die Landschaft. Typisch für das nördliche Lappland ist die waldlose Tundra. Auf gut markierten Wanderwegen mit Rastplätzen kann man auf eigene Faust oder mit geführten Wandertouren Natur pur erleben.

Geologie

Geologische Vorgänge während der letzten Eiszeit

Im heutigen Landschaftsbild Finnlands sind die geologischen Vorgänge der letzten Vereisungsepoche von großer Bedeutung. Selbst wo die verbreiteten Moränenüberdeckungen (Moräne = der von Gletschern verfrachtete Gesteinsschutt) oder andere glaziale Ablagerungen nicht vorhanden sind, hat die Arbeit des Eises die Erdoberfläche so gründlich verändert, daß alle älteren Formen sozusagen nur durch den Untergrund hindurchschimmern.

Ganz Nordeuropa und Norddeutschland waren mehrere Jahrzehntausende hindurch von mächtigen Eismassen bedeckt, und nur die höchsten Spitzen des skandinavischen Hochgebirges ragten aus der Eisdecke heraus. Während aber Norddeutschland schon vor etwa 20 000 Jahren eisfrei wurde, war Skandinavien noch vor rund 10 000 Jahren weitgehend von Eis bedeckt. Infolge seines allmählichen Zurückschmelzens hat die Ostsee, die anfangs nur ein ausgedehnter Stausee am Rand des Eises war, ihre Uferlinien immer wieder verändert. Eine offene Verbindung zum Weltmeer erlangte sie erst in Mittelschweden, als dieser Teil von der Eisbedeckung freigegeben wurde.

Beginn der Landhebung nach der Eiszeit

Hatten die etwa 2 km mächtigen Eismassen durch ihr Gewicht das darunter liegende Land stark in die Tiefe gedrückt, so schwand diese Belastung mit dem Abschmelzen der Eismassen; das Land hob sich, und zwar am stärksten im Zentrum der ehemaligen Eisbedeckung. Damit kamen die Meeresstraßen in Finnland vor rund 8500 Jahren wieder über den Meeresspiegel zu liegen und wurden landfest.
Die Ostsee wurde abermals zu einem See, der infolge der weiter zurückgehenden Eisbedeckung schon den heutigen Bottnischen Meerbusen umfaßte. Und erst vor rund 7000 Jahren öffneten sich die heutigen Meeresstraßen zwischen den dänischen Inseln und stellten abermals die Verbindung zur Nordsee her: Auf diese Weise entstand das ‘Litorina-Meer’, der Vorgänger der heutigen Ostsee.

Auswirkungen der Landhebung

Naturraum (Fortsetzung)

Die Landhebung hat in Finnland noch nicht ihren Abschluß erreicht, sondern beträgt im nördlichen Teil des Bottnischen Meerbusens noch etwa 1 m pro Jahrhundert. Wo früher noch Meerwasser war, befindet sich heute grünes Land. Zunächst faßt das Schilf Fuß, nach etwa 40 Jahren wachsen Erlen und nach weiteren 40 Jahren schließlich Birken. Manche Städte (z. B. Oulu und Vaasa) mußten ihre Hafenanlagen immer wieder verlegen, um dem zurückweichenden Meer nachzufolgen. Auf dem neuen Land ist es schwierig zu bauen, so daß die Straßen meist weit von der Küste entfernt sind. Durch die Landhebung verändern sich die Landkarten und Seekarten an der Westküste im Laufe einer Generation.

Einen Trost haben die Finnen: Nachdem sie im Zweiten Weltkrieg Land in Karelien verloren haben – sie mußten es an die ehemalige Sowjetunion abtreten – gewinnen sie nun Meeresboden hinzu. Zum Leidwesen der Landbesitzer an der Küste muß das neue Land vom Staat käuflich erworben werden. Zuweilen sieht der Staat hier auch eine öffentliche Nutzung vor, z. B. einen Badestrand, so daß schon manch glücklicher Ferien- und Saunahausbesitzer keinen Zugang mehr zu seiner einst “häuslichen” Meeresbucht hatte.

Entstehung der Seen

Auf der Ostseite der Skanden ist das große Seengebiet dadurch entstanden, daß die letzten Reste der großen Eisbedeckung nicht im Gebirge, sondern östlich davon lagen und den Abfluß zum Bottnischen Meerbusen versperrten. So fanden die Seen anfangs einen niedrigeren Überlauf in westlicher Richtung zum Nordatlantik, so daß im heute norwegischen Gebirge tiefe Täler ausgefurcht wurden. Nach dem Schwinden der letzten großen Eismassen haben diese Seen einen günstigeren Abfluß zur Ostsee gefunden.

Entstehung der Hügel

Wie riesige Girlanden ziehen sich quer durch Finnland die Endmoränen (das ist der Gesteinsschutt, der von einem vorrückenden Gletscher zu einem Wall zusammengeschoben wurde) der einzelnen Abschmelzstadien: Immer wieder trifft man auf jene wirren Blockanhäufungen, die bisher nur an wenigen Stellen beseitigt wurden. In Südfinnland wurden diese Endmoränen z.T. unter dem Meeresspiegel abgelagert und von der Brandung gleichmäßig verteilt, so daß dort die regelmäßigen Hügelzüge des Salpausselkä entstanden sind.

Rundhöcker und Oser

Dennoch zeigen die Gletscher ihre Schleifwirkung auch immer wieder in den tiefer gelegenen Landschaften; an den ‘Rundhöckern’ im Schärenbereich oder im Binnenland wurde selbst härtestes Felsmaterial zu walfischrückenartigen Formen abgehobelt. Besonders eigenartig sind die ‘Oser’ (Singular: Os), langgestreckte, geschichtete Kiesdämme von manchmal mehreren hundert Kilometer Länge, die sogar größere Seen durchziehen und vom Menschen stets gern als trockene Verkehrswege benutzt wurden.

Klima

Allgemeines

Das Klima Finnlands wird durch seine Lage zwischen Mitteleuropa im Süden, polaren Breiten im Norden sowie durch den im Westen angrenzenden Nordatlantik und die Weiten des eurasiatischen Kontinents im Osten bestimmt. Während in Mitteleuropa, insbesondere in der Norddeutschen Tiefebene und im Ostseeraum, maritime Luftströmungen ungehindert nach Osten vordringen können, stellt sich ihnen in Finnland der durchgehende, wenngleich nicht einheitlich benannte Gebirgszug der Skanden entgegen.

Fünf regionaltypische Klimastationen in Finnland

Erläuterungen im Text

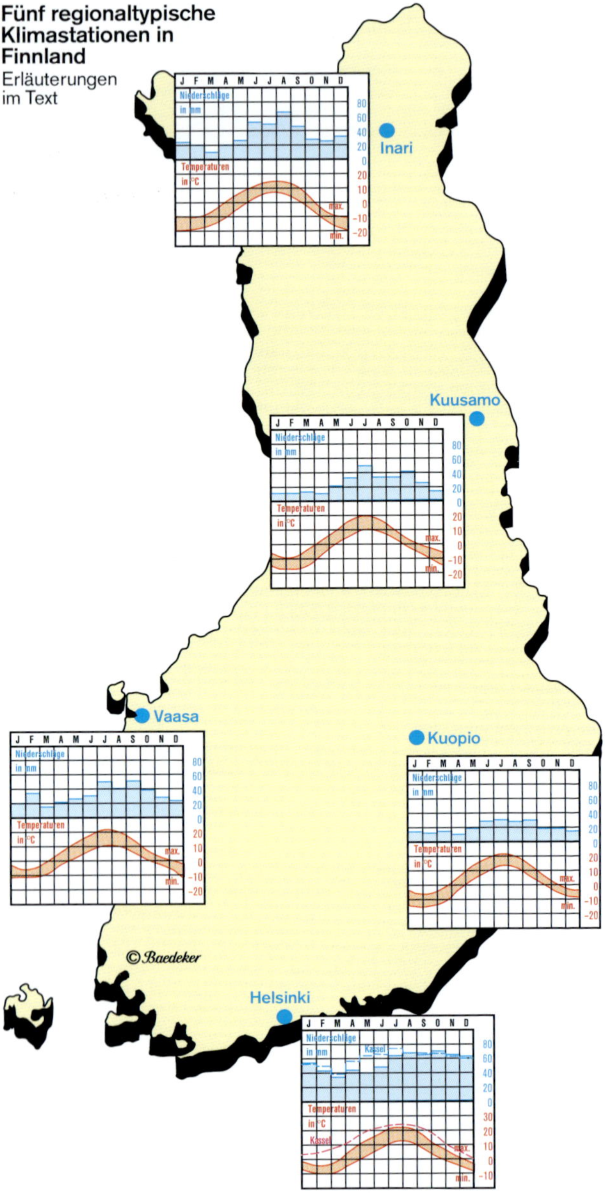

Allgemeines (Fortsetzung)

Dieser Gebirgszug trennt den schmalen, ozeanisch geprägten Küstenstreifen im Westen, die Kernzone Norwegens, von einem größeren leewärts im Osten gelegenen und kontinental geprägten Gebiet, in dessen tiefster Mitte die Ostsee beziehungsweise ihr nördlicher Arm, der Bottnische Meerbusen, liegt.

Beleuchtungsjahreszeiten

Eine zum Klima Finnnlands zählende Besonderheit sind die Beleuchtungsjahreszeiten, die sich aus der Lage in hohen geographischen Breiten ergeben. An keiner anderen Stelle der Erde hat der Mensch seinen Lebensraum so weit polwärts vorgeschoben und sind dem Reisenden polare Breiten so leicht zugänglich wie hier.

Südfinnland

Südfinnland beginnt in einer nördlichen Lage, in der auf der nordamerikanischen Gegenküste das eisige Labrador liegt. Je weiter polwärts ein Ort liegt, desto kürzer werden die Tage im Winterhalbjahr und desto länger werden sie im Sommerhalbjahr; desto länger dauert auch die Dämmerung, weil die Sonnenbahn flacher verläuft. Wenn man aus Mitteleuropa kommt, fällt dies schon in etwa 55° Nord auf.
Die Hauptstadt Helsinki liegt auf annährend 60° nördlicher Breite. Bei 66,33 ° nördlicher Breite verläuft der Polarkreis, und die nördliche Landesgrenze liegt ein wenig südlich von 70° nördlicher Breite.

Polartag, Mitternachtssonne

Schaubild siehe S. 220

Für viele Finnland-Besucher gehört zu den unvergeßlichen Eindrücken einer Reise in den Sommermonaten das Erlebnis der nicht untergehenden Sonne nördlich des Polarkreises. Bedingt durch die Schräge der Ekliptik (23,5 °) steht die Sonne am 21. Juni über der Nordhalbkugel senkrecht über dem nördlichen Wendekreis und geht in dieser Nacht nicht unter. Die Tageslänge beläuft sich astronomisch auf 24 Stunden. Aber auch in Orten südlich des Polarkreises wird es nicht dunkel, berücksichtigt man die Dämmerung. Wenn die Sonne unter dem Horizont steht, beleuchten ihre Strahlen vor dem sichtbaren Aufgang und nach dem Untergang die höheren Schichten der Atmosphäre. Durch Reflexion wird ein Teil der Strahlen (diffus) zur Erde zurückgeworfen und erzeugt die Dämmerung.
Im gemeinen Sprachgebrauch wird die Dämmerung durch die Möglichkeit des Lesens von mittelgroßer Schrift definiert, was einem Sonnenstand bis zu etwa 8 ° unter dem Horizont entspricht. Aus diesen Gründen tritt auch in Orten weit südlich des Polarkreises in einer oder gar in mehreren Nächten keine vollständige Dunkelheit ein und bleibt ein letzter Rest von Dämmerung erhalten. Die Abenddämmerung geht dann in die Morgendämmerung über.
Je weiter nördlich des Polarkreises ein Ort liegt, umso länger ist der Polartag. Am Nordpol geht bekannter Maßen die Sonne zum Frühjahrsbeginn am 21. März auf und zum Herbstbeginn am 23. September wieder unter. Der Polartag dauert 187 Tage, also etwas mehr als ein halbes Jahr.
Zur Zeit der Tag- und Nachtgleichen, im März (21. März) und September (23. September), sind Tag und Nacht auf allen Breitenkreisen fast gleich lang. Zum Juni hin nehmen die Tageslängen nach Norden hin rasch zu. Bei 65° nördlicher Breite gibt es vom 20. Mai bis zum 25. Juli keine dunkle Nacht mehr. Bei 70° nördlicher Breite ist der Zeitraum zwischen dem 1. Mai und dem 20. August ohne dunkle Nacht, und zwischen dem 20. Mai und dem 30. Juli steht die Sonne dauernd über dem Horizont (Mitternachtssonne).

Polarnacht

Im Winterhalbjahr der Nordhalbkugel sind die Beleuchtungszeiten entsprechend umgekehrt. Die Polarnacht dauert dann 178 Tage. Bezieht man allerdings die Dämmerung mit ein, so verkürzt sich die Länge der Polarnacht am Pol selbst auf 86 Tage. Wer zum Wintersport nach Finnland fahren will, muß berücksichtigen, daß dort die Tage etwa zu Weihnachten wesentlich kürzer sind als in Mitteleuropa. Bei 70° nördlicher Breite geht die Morgendämmerung zwischen dem 22. November und dem 20. Januar unmittelbar in die Abenddämmerung über; statt des Tages gibt es dann nur eine über zweistündige Dämmerung (Polarnacht).

Klima

Klimadiagramme

Die klimatischen Besonderheiten der einzelnen Regionen Finnlands werden anhand von Klimadiagrammen erläutert, in denen der Jahresgang der Temperatur und des Niederschlags dargestellt ist (von links nach rechts; J = Januar, D = Dezember).

Die blauen Niederschlagssäulen zeigen die Niederschlagsmenge (in mm) pro Monat entsprechend der blauen Skala am Rand. Die Temperaturen sind als orangerotes Band dargestellt. Die obere Grenze entspricht der durchschnittlichen höchsten Tagestemperatur, die untere der durchschnittlichen niedrigsten Nachttemperatur. Die jeweiligen Temperaturwerte sind an den roten Randskalen abzulesen.

In das Klimadiagramm von Helsinki sind zusätzlich die Temperatur- und Niederschlagskurven für Kassel gestrichelt eingefügt. Im Vergleich mit den aus Mitteleuropa gewohnten Klimaverhältnissen werden so die Besonderheiten der einzelnen Klimaregionen Finnlands deutlich.

Für Orte, für die kein Klimadiagramm erstellt wurde, kann man die Werte unter Berücksichtigung klimatischer Regelhaftigkeiten (Temperaturabnahme mit der Höhe und nach Norden, Verringerung des Niederschlags nach Osten u.a.) abschätzen.

Kontinentalklima

Das sich östlich des skandinavischen Gebirges erstreckende Gebiet Finnlands mit der dazwischenliegenden Ostsee weist stark kontinentale Züge auf, die sich aus der Abschirmung gegen den Nordatlantik und die Offenheit für kontinentale Luftmassen aus dem Osten ergeben: Niederschläge und Bewölkung sind wesentlich geringer als an der Westküste, teilweise wird sogar künstlich bewässert. Die sommerlichen Temperaturen sind deutlich höher als im Westen, die winterlichen umgekehrt wesentlich niedriger; die durchschnittliche Temperatur schwankt im Jahresverlauf zwischen 20 und 30 °C.

Die Ufer der Seen sind oft von Sumpf gesäumt: Oulujärvi bei Kajaani.

Die Ostsee trägt kaum zur Milderung des kontinentalen Klimas bei. Zwar ist sie im Sommer kälter als das sich rasch erwärmende Land und wirkt dann wie die vielen finnischen Seen kühlend auf die Umgebung, aber im Winter friert sie regelmäßig zu, im Norden der Bottnische Meerbusen bis zu sechs Monate, und verhält sich damit klimatisch nicht anders als die geschlossene Schneedecke auf dem Land, nämlich frostverschärfend. Die Schneedecke bleibt im Süden etwa 20 Tage, im hohen Norden bis zu 250 Tage im Jahr liegen. Der Bottnische Meerbusen ist im Winter eisbedeckt und dann ist keine Schiffahrt möglich.

Klima (Fortsetzung)
Bottnischer Meerbusen

Vergleicht man die Klimadiagramme von Helsinki und Inari, so wird der klimatische Unterschied zwischen den Gebieten der finnischen Region deutlich. Nach Osten hin verstärkt sich die Kontinentalität des Klimas, wie der Vergleich des Klimadiagramms von Helsinki und dem von Ostfinnland erkennen läßt. Die Jahresschwankungen der Temperatur in Helsinki betragen 23,3 °C, jedoch 380 km nordöstlich in Kuopio bereits um die 27 °C.

Klimastation Helsinki

Nach Norden hin, nach Lappland, wird das Klima ebenfalls kontinentaler (hier ist der Einfluß der Ostsee noch geringer); in polwärtiger Richtung wird es zudem kälter. Dies läßt sich am Klimadiagramm von Inari erkennen: Der Ort bildet das Kontinentalitätszentrum Skandinaviens. Die Schwankung der Jahrestemperatur ist mit 26,7 °C größer als in Helsinki, die Niederschläge sind mit 405 mm pro Jahr geringer. Die Vegetationsperiode (Tage mit durchschnittlichen Temperaturen von über 5 °C), die im Süden noch 175 Tage beträgt, geht hier auf 120 zurück; damit sind die nördlichen Grenzen des Getreideanbaus überschritten.

Klimastation Inari

Pflanzen und Tiere

Flora

Die Vegetationsgrenzen ziehen trotz der Klimaunterschiede zwischen der Atlantikküste und dem Binnenland im großen und ganzen quer durch Skandinavien; denn die Vegetationszeit, die durch bestimmte Frühjahrs- und Herbsttemperaturen abgegrenzt wird, ist weniger vom west-östlichen Gegensatz betroffen, sondern gegen Norden abgestuft. Auch die für das Pflanzenwachstum so wichtigen Lichtverhältnisse ändern sich ja mit der Breitenlage. Von Süd nach Nord treten drei verschiedene Vegetationszonen auf: die Mischwaldzone, der boreale (nördliche) Nadelwald und die Bergtundra.
Etwa drei Viertel der Landfläche Finnlands ist mit Wald bedeckt. Trotz der intensiven Holzindustrie sind die Waldbestände abseits der nur inselartig verstreuten bäuerlichen Kulturflächen wenig gelichtet und die Vegetation zeigt noch annähernd das ursprüngliche Bild, sofern nicht durch starke Erzverhüttung vergangener Jahrhunderte große Holzmengen verbraucht wurden.

Grenzen der Vegetation

Im Süden gleicht die Vegetation derjenigen Mitteleuropas. Die Buche kommt im südwestlichen Küstengebiet von Finnland und auf den Ålandinseln vor. Die Wälder sind oft Mischwälder mit Kiefern, Fichten, Birken, Erlen, Aspen und Weiden. Im Unterwuchs stehen viele Zwergsträucher wie Preisel- oder Blaubeeren. Maiglöckchen, Siebenstern, Buschwindröschen und andere Blumen bringen Farbe ins eintönige Grün. Besonders in den Nationalparks sind die Wälder noch in einem urwüchsigen, naturnahen Zustand, was ihnen einen Urwald-Charakter verleiht.

Vegetation Südfinnlands

Der größte Teil Finnlands gehört zur nördlichen Nadelwaldzone. Diese Waldregion Nordfinnlands wird analog zu Sibirien auch Taiga (russisch = Urwald) genannt. Hier wachsen vor allem Fichten (Picea abies obovata). Um nicht unter den winterlichen Schneemassen zusammenzubrechen,

Nördliche Nadelwaldzone (Taiga)

Nördliche Nadelwaldzone (Fortsetzung)

können sich die nordskandinavischen Fichten keine ausladenden Äste leisten. So haben sie eine schmale, säulenförmige Gestalt. Ein anderer bestandsbildender Nadelbaum ist die Kiefer, die auch auf trockenen und nährstoffarmen Standorten überlebt.
An Laubbäumen gedeiht hier am besten die genügsame Birke. Junge Birken sind noch biegsam genug, um der Schneelast zu trotzen. Andere Laubbaumarten der Taiga sind Aspe, Eberesche, Zitterpappel und Weide. Die Laubbäume fassen vor allem in südexponierten Hängen Fuß. Typischer Unterwuchs sind Heidelbeere, Rauschbeere, Preiselbeere, Krähenbeere und Moospolster mit Isländischem Moos, Gemeinem Widertonmoos und anderen Arten. Abwechslung in die riesigen Waldgebiete bringen Seen, Moore und Hohenzüge.

Birkenzone

Typisch für ganz Skandinavien und einmalig auf der Erde ist die Birkenzone, die sich in einem Streifen von 200 m relativer Höhe noch über der Nadelwaldzone ausbreitet. Ein Fünftel der finnischen Wälder sind Birkenwälder. Während die Blätter in Nordfinnland schon im September fallen, verlieren die Birken ihr Blätterkleid im Süden erst im Oktober. Die Baumgrenze des Birkenwalds liegt bei 500–800 m.
Die Birke wurde immer schon vielseitig genutzt: aus dem Holz werden Häuser, Saunas und Möbel gebaut, die Rinde wurde als Dachbedeckung, für Körbe, Geschirr oder sogar für Schuhe verwendet, Birkensaft diente als Getränk und mit den Birkenzweigen fördert man heute noch die Hautdurchblutung in der Sauna.

Tundra

Der Begriff Tundra, eine für Nordeuropa typische Vegetationszone, stammt von dem finnischen Wort "tunturi" (= "waldloser Hügel"). Dieser schmale Streifen an der Eismeerküste Nordeuropas bietet Pflanzen extreme Bedingungen. Die Vegetationsperiode dauert nur drei Monate, so daß der kurze Sommer kaum ausreicht, den Boden vollständig aufzutauen. Deshalb haben größere, tiefwurzelnde Pflanzen keine Chance, sich anzusiedeln. Immergrüne Zwergstrauchheiden, flechtenreiche Geröllhalden, Grasheiden und Moore prägen das Landschaftsbild. Entsprechend der dominierenden Pflanzengesellschaften unterscheidet man Zwergstrauchtundra mit Zwergbirken, Zwergweiden und Heidekrautgewächsen, Moostundren (auf nassen Böden) und Flechtentundren (auf trockenen Böden).

Flechten

Flechten sind Doppelwesen aus Pilzen und Algen, die auch extreme Kälte und Dürre überstehen können. Sogar auf dem nackten Fels fühlen sich die Überlebenskünstler wohl. Ihre vielen Formen und Farben verwandeln die kahlen Steine in bunte Natur-Kunstwerke. Bekanntestes Beispiel ist die zähe Rentierflechte, eine strauchförmige Flechtenart, die im Winter als Rentierfutter dient.

Waldtundra

Zwischen Tundra und Taiga gibt es als Mischform die Waldtundra, in der sich Tundra- und Waldflächen mosaikartig durchmischen.

Fjäll-Vegetation

Die bergige Fjäll-Landschaft im Nordosten von Finnland hat ihren eigenen alpinen Charakter. Hier bestimmt die Höhenlage wie überall auf der Welt die Vegetation. Die unten stehenden Fichten werden zunächst von Fjällbirken, einer Verwandten der Moorbirke, abgelöst. Oberhalb der Waldgrenze wächst eine tundrenartige Vegetation mit Gräsern, Zwergsträuchern, Moosen und Flechten.

Moore

Eine große Rolle in der finnischen Natur spielen die Moore, mit denen Nordfinnland fast zu 30 Prozent bedeckt ist. In südlichen, niederschlagsreichen Gebieten entstehen genau wie in Mitteleuropa Hochmoore. Diese gewölbten Torfgegenden sind saure, nasse und extrem nährstoffarme Lebensräume, die ihre Entstehung dem Torfmoos (Shagnum-Arten) verdanken. Die filigranen Pflänzchen saugen die Feuchtigkeit wie ein Schwamm auf und schneiden die übrige Vegetation vom Grundwasser ab. So sind Hochmoorpflanzen wie Rosmarinheide, Moosbeere und Scheidiges Woll-

Fjällbirke und Moosflechte in Lappland

Moore (Fortsetzung)

gras allein auf das nährstoffarme Regenwasser angewiesen. Der ebenfalls dort lebende Sonnentau deckt seinen Stickstoffbedarf, indem er sich Insekten einverleibt.

Aapamoore

Die typischen Moore in Nordfinnland sind die sogenannten "Aapamoore", die nach der Schneeschmelze im Frühjahr wochenlang unter Wasser stehen. Das verträgt das Torfmoos nur schlecht, so daß es sich auf die höheren Stellen beschränkt. In den Senken der Aapamoore leben Pflanzen, die bei uns in Niedermooren vorkommen: zahlreiche Seggenarten, Fieberklee oder Schachtelhalm. Ein besonderer optischer Reiz entsteht durch Wollgräser: ihre weißen und wolligen Fruchtstände lassen die Landschaft wie in Watte verpackt wirken.

Ackerland

Aufgrund seines kühlen Klimas ist Finnland kein Agrarland: Nicht einmal zehn Prozent der Fläche sind landwirtschaftlich genutzt. Die Kulturpflanzen gleichen weitgehend denen in Deutschland. Roggen und Hafer wachsen bis zum 67., Gerste bis zum 68. Breitengrad. Kartoffeln gedeihen sogar in Lappland. Des weiteren gibt es Äpfel-, Birn- und Kirschbäume sowie verschiedene Sträucher, jedoch nicht im hohen Norden. Die fruchtbarsten Gebiete liegen im Süden und Südwesten.

Beeren

In den Wäldern und Mooren Finnlands wachsen viele Beerensorten. Die uns bekannten Blaubeeren (Heidelbeeren), Himbeeren, Brombeeren, Preiselbeeren und Walderdbeeren sind leicht zu findende Leckerbissen. Kenner entdecken darüber hinaus noch etliche Besonderheiten: Moosbeeren finden sich in den Ufermooren der Teiche und Seen. Sie werden erst ab September reif und schmecken am besten nach dem ersten Frost, der ihren Zuckergehalt steigen läßt.
Die safrangelbe bis hellorange Moltebeere (oder Sumpfbeere) wächst auf Bulten (hohe, trockene Stellen) in Bruchwäldern und Mooren, besonders in den Moorgebieten Lapplands. Sie ist eine der kostbarsten Beeren und im Juli Ziel vieler Beerensucher. Wer Glück hat, findet hier auch die Arktische Brombeere, die kleiner, dunkler und süßer als die Moltebeere ist. Die Arktische Brombeere ist als exotische Delikatesse ein gefragter industrieller Rohstoff, vor allem für Liköre.
In Finnland findet man auch die Nordische Krähenbeere und den Sanddornstrauch, der vor allem auf sonnigen Standorten auf den Ålandinseln und den Inseln des Bottnischen Meerbusens wächst.

Pilze

In den Wäldern sind zahlreiche eßbare, aber auch giftige Pilzarten zu Hause. Sammler kommen im Sommer und Herbst voll auf ihre Kosten: In den Wäldern Lapplands gedeihen Blaureizker, Gelbbräunlicher Scheidenstreifling, Zigeunerpilz und Hallimasch. In Birkenwäldern sprießen Täublinge und Birkenpilze aus dem Boden; in Kiefernwäldern finden sich Butter-

Pilze (Fortsetzung)

pilz und Sandröhrling. Weit verbreitet im ganzen Land sind auch die Klassiker Champignon, Pfifferling und Steinpilz.

Regeln

Wildwachsende Pilze und Beeren dürfen in kleinen Mengen zum eigenen Gebrauch gepflückt werden, es sei denn, sie stehen auf Privatgelände oder unter Naturschutz. Finnland hat verschiedene Schutzkategorien für Natur und Landschaft. Es gibt Nationalparks, Totalreservate, Moor-, Naturschutzgebiete und Naturschutzwälder mit spezifischen Regeln. Siehe dazu → Praktische Informationen: Nationalparks.

Fauna

Tiere in den südlichen Gebieten

Zwei Klima- und Vegetationszonen sind für die Tierwelt Finnlands bestimmend. Die Mischwälder der südlichen Landesteile gehören zur gemäßigten mitteleuropäischen Zone und werden im wesentlichen von denselben Arten bevölkert, wie sie in den Wäldern Deutschlands anzutreffen sind oder zumindest früher waren: Dazu gehören Säugetiere wie Reh, Dachs, Hase und Rotfuchs. Bei den Vögeln finden sich Buchfink, Grauschnäpper, Erlenzeisig, Rotkehlchen und verschiedene Meisenarten. Der geringen Bevölkerungsdichte und den maßvollen kulturellen und industriellen Eingriffen in die Natur ist es zu verdanken, daß die Vielfalt der Tierarten größer ist als in Mitteleuropa, und vielfach noch Tiere vorkommen, die bei uns längst ausgestorben oder weitestgehend verdrängt worden sind. Dies gilt aber nur für den Bestand an Wirbeltieren, da die Wirbellosen in weitaus geringeren Maße der Verfolgung durch den Menschen ausgesetzt sind und daher nicht so stark wie jene dezimiert wurden.

Elche

Als nordische Besonderheit taucht der Elch fast überall in Süd- und Mittelfinnland auf. Doch im Vergleich zu Schweden sind die Bestände gering. Mit drei Meter Körperlänge und einer Schulterhöhe von 2,40 m ist der Elch das größte freilebende Wildtier Europas. Sein massiger, bis zu 800 Kilogramm schwerer Körper läßt den Riesenhirsch plump wirken, aber er ist ein guter Schwimmer und Läufer. Siehe auch S. 194.

Tiere in den nördlichen Gebieten (Lappland)

Die nördlichen Gebiete, insbesondere Lappland, gehören zum arktischalpinen Bereich. Ihre Fauna ist von Natur aus ärmer als die anderer Regionen und durch eine hervorragende Anpassung an härteste Lebensbedingungen ausgezeichnet. Außer Mücken begegnet man in Lappland vor allem den halbdomestizierten Rentieren, die die kargen Tundren in großen Herden beweiden. Die graubraunen Tiere liefern der einheimischen Bevölkerung Fleisch, Milch und Fell. Biologisch gehören die vielseitig genutzten Tiere zur Gattung der Hirsche. Im Gegensatz zu anderen Hirschen tragen auch weibliche Tiere ein Geweih. Dank vielfältiger Schutzmaßnahmen haben sich die Elche im Norden wieder stark vermehrt.

Für die Region typisch sind außerdem Schneehase, Vielfraß und Polarfuchs. Die Berg-Lemminge (lemmus lemmus) sind berühmt für ihr nach menschlichen Kriterien tragisches Verhalten. Diese Wühlmausart vermehrt sich bei günstigerer Witterung massenhaft. Auf der Suche nach neuen Futterquellen wandern die Nagetiere weite Strecken, durchschwimmen Flüsse und Seen. Erreichen sie das Meer, stürzen sie sich in die Fluten und ertrinken. Als weniger spektakuläre Mäuse treten die Rötelmäuse und Spitzmäuse auf.

Raubtiere

Vier große Raubtier-Arten leben in Finnland. Doch keine Angst: Touristen bekommen Bär, Wolf, Luchs und Vielfraß fast nie zu Gesicht. Zum einen sind sie selten. Als natürliche Feinde der Rentiere waren die Fleischfresser lange zum Abschuß freigegeben. Zum anderen sind die Raubtiere menschenscheu und teilweise nachtaktiv wie der Luchs. Braunbären gibt es vor allem in Tier- und einigen Naturparks. Die wenigen Wölfe sind Grenzgänger zwischen Rußland und Finnland. Mehr berüchtigt als bekannt ist

Der Elch ist das größte freilebende Wildtier Europas.
Er kann bis zu 3 m lang und 2,4 m hoch werden.

Raubtiere (Fortsetzung)

der Vielfraß, eine große Marderart, die wegen ihres gefräßigen und aggressiven Rufes fast ausgerottet wurde und heute unter Naturschutz steht.

Vögel

Das Land mit den riesigen Feuchtgebieten ist vor allem als Brutstätte und Rastplatz für Wasservögel bedeutend. Als Mitglied der Ramsar-Konvention hat Finnland sich verpflichtet, seine Feuchtgebiete mit internationaler Bedeutung für Wasser- und Watvögel zu erhalten und zu fördern.
Die Vogelwelt der Küsten bietet uns vertraute Arten wie Rotschenkel, Austernfischer und Silbermöwe, aber auch Besonderheiten wie Gryllteiste, Trottellummen und Tordalken. Ein fantastisches Wasservogelparadies ist die finnische Seenplatte. Hier rasten zahlreiche Gänse- und Entenarten, Kranich und andere, bevor sie in den Süden ziehen. Als Brutvögel lassen sich hier Waserralle, Tüpfelsumpfhuhn, Schilfrohrsänger, Rohrammer, Haubentaucher, Lachmöwen und viele Entenarten häuslich nieder. Über den großen Wasser-und Schilfflächen ziehen Fischadler und Rohrweihen ihre Kreise.
In der Taiga tummeln sich Spechte, Drosseln, Finken, Fichtenkreuzschnabel, Rauhfuß- und Habichtskauz. Darüber hinaus leben hier auch Arten wie das Auerhuhn, die bei uns bereits ausgestorben sind. Auf den Moorflächen brüten Bekassine und Brachvogel, Grünschenkel und Bruchwasserläufer. An die harten Witterungsbedingungen oberhalb der Baumgrenze haben sich u. a. Schneeammer, Schnee-Eule, Rauhfußbussard, Moorschneehuhn, Ringdrossel und Birkenzeisig angepaßt.

Reptilien und Amphibien

Bei Reptilien und Amphibien trifft man auf wenige, aber aus Mitteleuropa vertraute Arten: Ringelnatter, Kreuzotter, Blindschleiche, Erdkröte und Gras- und Moorfrosch.

Fische

Die finnischen Seen sind überwiegend noch klar und sauber und entsprechend reich an Fischen wie zum Beispiel Hecht, Lachs, Forelle, Karpfen

Pflanzen und Tiere, Fische (Fortsetzung)

und Saibling. In den Küstengewässern kommt auch der Strömling vor, ein kleiner Weißfisch der Ostsee. Beliebt zum Angeln sind auch Barsche und Plötze, Brachse und Zander. Doch auch hier hinterläßt die Zivilisation ihre Spuren: Besonders der Hauptwirtschaftszweig, die Papier- und Zellulose-Industrie, belastet Luft und Wasser. Betroffen davon ist vor allem die finnische Westküste, wo stellenweise die Wälder geschädigt und das Wasser verschmutzt sind.

Bevölkerung

Bevölkerungsstruktur

In der Republik Finnland leben 5,1 Millionen Menschen, etwa 15 je km^2. Jeder zehnte Einwohner des dünnbesiedelten Landes (Schweden 19, aber Deutschland 228 je km^2) wohnt im "eigentlichen" Helsinki, wenn man den Großraum der Hauptstadt mit ihren Trabanten im Grünen mitrechnet sogar jeder fünfte. In der Provinz Uusimaa, die die Landeshauptstadt umgibt, sind 1,3 Millionen zu Hause, mehr als ein Viertel der Bevölkerung; in Lappland kaum noch 200 000, weniger als zwei Personen je km^2, das sind soviele Menschen wie Rentiere. Im Seengebiet Mittelfinnlands und im landwirtschaftlich strukturierten Österbotten liegt die Bevölkerungsdichte schon bei unter 20 je km^2. Das Ferienbild mit Tausenden von adretten Sommerhäuschen täuscht. Auch auf 6494 Inseln weilt im Winter niemand, nur 60 sind ständig bewohnt.

Der Verlust Kareliens

Fast 500 000 Menschen flohen nach 1940 aus dem sowjetisch besetzten Karelien. 1992 wurde die Republik Karelija ein Bestandteil der Russischen Förderation, von den 800 000 Einwohnern gelten 10% als Karelier und 2,3% als Finnen. Im Westen suchten 300 000 seit den 50er Jahren des letzten Jahrhunderts ihr wirtschaftliches Glück; die schwedische Statistik führt ca. 215 000 "einheimische" Finnen (2,5% der Bevölkerung).

Sprachen

Finnisch gehört zur kleinen Gruppe der finnougrischen Sprachen, die von nur von 23 Mio. Menschen gesprochen werden und zu denen auch das verwandte Estnische und das Ungarische zählen. Finnisch ist eine der wenigen Sprachen Europas, die nicht indogermanischer Abstammung sind.
Schwedisch kam auf zwei Wegen ins Land. Zum einen war es die Sprache der Eroberer, Kolonisatoren und Missionare, später die Amtssprache des schwedischen Fürstentums. Zum anderen siedelten die schwedischen Könige am Ostufer des Bottnischen und am Südufer des Finnischen Meerbusens eine Bauern- und Fischerbevölkerung aus den Stammlanden an.
In der finnischen Verfassung von 1919 bekam Schwedisch die privilegierte Stellung einer zweiten Landessprache, die es bis heute behalten hat. Ein sehr weitgehendes Autonomiestatut haben die Ålandinseln, deren finnischsprachiger Bevölkerungsanteil bei weniger als fünf Prozent liegt.

Finnlandschweden

Etwa 93,5% der Einwohner von "Suomi" (Landesname auf Finnisch) sind Finnen. Der Ausländeranteil im Lande ist gering – die 5,9% Finnland-Schweden zählen als Finnen, die schwedisch sprechen: gut 280 000 Menschen, vor allem im Südwesten und auf den ausschließlich von "Schweden" bewohnten Ålandinseln. Finnland ist offiziell zweisprachig, aber auf kommunaler Ebene wird sauber getrennnt: Die Gemeinden können einsprachig finnisch, einsprachig schwedisch, oder zweisprachig sein (wenn 8% im Ort in der anderen Zunge reden). Auf dem Festland gelten jetzt 41 Kommunen als zweisprachig (wovon in nur 20 Gemeinden Schwedisch vorherrscht), und 8 Kommunen als schwedischsprachig. Durch eigene Zeitungen, eigene Bühnen, eigenes Programm im Rundfunk, "Sendeplätze" im Fernsehen wird für die Bewahrung der kulturellen Identität einer einst herrschenden Minderheit viel getan. Offizieller Feiertag der Finnschweden ist der "Svenka Dagen" am 6. November, dem Todestag Gustav II. Adolfs; beim Lucia-Fest am 13. Dezember und zum Mittsommerfest geht es fröhlicher zu.

Lappen, Samen

Rund 17 000 Lappen, korrekt Samen, Samit oder Sameh erfaßten Statistiker in den 90er Jahren in Finnland (darunter die Gruppe der Skolt-Samen orthodoxen Glaubens, die bis 1944 am Eismeer siedelten; etwa 500 Personen heute). Frühere Zählungen (in den 80er Jahren) kamen aber nur auf 3500–5000 Mitglieder bei dieser Volksgruppe von "Nomaden". Wegen des hohen Assimilierungsgrades mit den Finnen entziehen sich die Samen ohnehin einer genauen Zuordnung. Die Samen in Lappland (der finnischen Provinz) werden nach ihren Dialekten in Skolt-Samen (bei Sevettijärvi), Inari-Samen oder Nordsamen (um Utsjoki) unterteilt; Utsjoki galt bei der alten Zählung als einzige mehrheitlich von Samen bewohnte Gemeinde.

Im Gegensatz zu dem Eindruck, den Touristenprospekte vermitteln, tragen die Samen – Frauen, Kinder und Männer – nur selten ihre bunte Tracht mit Stiefeln und Rentierpelz und der Zipfelmütze. Die Ethnologen nehmen an, daß die Samen sich aus einem finnougrischen Stamm entwickelt haben, der schon vor den eigentlichen Finnen ins Land eingewandert war und später nach Norden abgedrängt wurde. Finnisch und Samisch, das drei Hauptdialekte hat, weisen eine deutliche Verwandtschaft auf.

Rentiere waren früher die Lebensgrundlage der Samen und werden auch heute noch vielseitig genutzt.

Roma

Eine weitere Randgruppe sind die vorwiegend in Südfinnland lebenden Roma ("Mustalaiset") mit etwa 5500 Menschen. Viele von ihnen sprechen neben Finnisch und / oder Schwedisch die angestammte Sprache. Während die Kleidung der Männer nur in Nuancen von der üblichen finnischen abweicht, tragen die Frauen eine traditionsbetonte, trachtenartige Kleidung. "Mustalaisset" (= Schwarze) werden die Roma genannt, die am Rande der Gesellschaft leben. Diese Volksgruppe mit eigener Sprache und Kultur ist als solche noch nicht ins Licht der Öffentlichkeit getreten.

Ausländer

Die Zahl der Ausländer war in Finnland früher sehr gering – 1990 waren es nur 26 000. Erst mit dem Fall des Eisernen Vorhangs sind verstärkt Einwan-

Ausländer (Fortsetzung)

derer aus Rußland und den baltischen Staaten zu verzeichnen. Die Behörden lassen vorwiegend nur Asylsuchende ins Land, die vom UNO-Hochkommissar für Flüchtlingsfragen zugeteilt werden, und darüber hinaus Einzelpersonen, deren Einreisegründe sehr genau geprüft werden. Bereits 1993 belief sich die Zahl der Ausländer auf 50 000, unter denen die Russen mit einem Drittel die größte Gruppe stellen.

Konfessionen

Das Christentum erreichte Finnland im 12. Jh. von Osten und von Westen her. Die schwedischen Eroberer brachten den katholischen Glauben, russische Mönche den griechisch-orthodoxen. Die Reformation erfolgte im Herzogtum Finnland zur selben Zeit wie im schwedischen Stammland. Heute zählt die finnische protestantische Kirche mehr als viereinhalb Millionen Mitglieder in fast 600 Gemeinden. Von zehn Finnen und Finninnen gehören neun der evangelisch-lutherischen Volkskirche an. Vor allem auf dem Lande bestimmt die evangelisch-lutherische Staatskirche maßgeblich das gesellschaftliche Leben. Im Norden, in Lappland, wirken sehr viele pietistische Lutheraner; sie bezeichnen sich selbst als Laestadianer. Da sie Alkohol strikt ablehnen, bekommt der Tourist in Gemeinden, wo die Pietisten das Sagen haben, kein auch noch so schwaches Bier.
Die Orthodoxen bilden mit etwa 55 000 Seelen die zweite Volkskirche. Die orthodoxe Bevölkerung ist kulturell sehr aktiv und pflegt die Verbindung zu den finnischen Kareliern jenseits der Ostgrenze. Im Rahmen der neuen Entwicklung nahmen die finnischen Orthodoxen zahlreiche Möglichkeiten wahr, den karelischen Glaubensbrüdern zu helfen. Eine der größten gemeinsamen Aufgaben war die Restaurierung des 992 gegründeten orthodoxen Klosters Valamo am Ladogasee.
Andere Glaubensgemeinschaften sind nur wenig vertreten, so die Bibelforscher mit 13 000 und die katholischen Christen mit weniger als 4000. Den jüdischen Gemeinden gehören rund 1200 Menschen an.

Staat und Gesellschaft

Weg in die Selbständigkeit

Mit der Selbständigkeitserklärung vom 6. Dezember 1917 – ein Eckdatum, das man auch außerhalb Finnlands in den Geschichtsbüchern findet – machte Finnland keineswegs einen plötzlichen Sprung in die Unabhängigkeit.
Im 18. Jh. litt das schwedische Herzogtum besonders stark unter der ehrgeizigen Ostpolitik der Könige von Stockholm. 1788 kam es zu einer Verschwörung von Offizieren gegen den schwedischen König, die aber ihr Ziel nicht erreichte. 1808 erklärte Rußland Schweden den Krieg und drang schnell durch ganz Finnland nach Nordschweden vor. 1809 mußte Schweden ganz Finnland abtreten; der russische Zar erklärte dieses zum autonomen Großfürstentum und sich selbst zum Großfürsten. Der Ständetag wurde 1906 in ein Parlament umgewandelt, dessen 200 Abgeordnete sich alle vier Jahre allgemeinen, gleichen und geheimen Wahlen stellen mußten.
Im Jahre 1908 begann eine neue Welle der Russifizierung. In Finnland brach sich der Gedanke Bahn, daß die einzige Alternative zur innenpolitischen Kapitulation nur die volle Unabhängigkeit sein konnte. Die Finnen hatten also mehr als 100 Jahre Zeit, um Erfahrung in der Selbstverwaltung zu sammeln. Nach 1917 brauchten sie daher dem bestehenden Regierungssystem nur noch ein Kriegs- und ein Außenministerium anzugliedern.

Demokratisch-parlamentarische Republik

Nach der Verfassung von 1919 ist Finnland eine Präsidialrepublik mit dominierender Stellung des Staatsoberhauptes, das alle sechs Jahre direkt vom Volk gewählt wird; seit 2000 führt die Sozialdemokratin Tarja Halonen das Land im Nordosten Europas. Sie ist die erste Frau an der Spitze des finnischen Staates.

Parlament

Die Abgeordneten des Reichstags (finnisch: “Eduskunta”, schwedisch: “Riksdag”), eines Einkammerparlaments, werden für vier Jahre gewählt. Im

Finnland
Suomi/Finland

Suomen Tasavalta
Republiken Finland
Republik Finnland

FIN

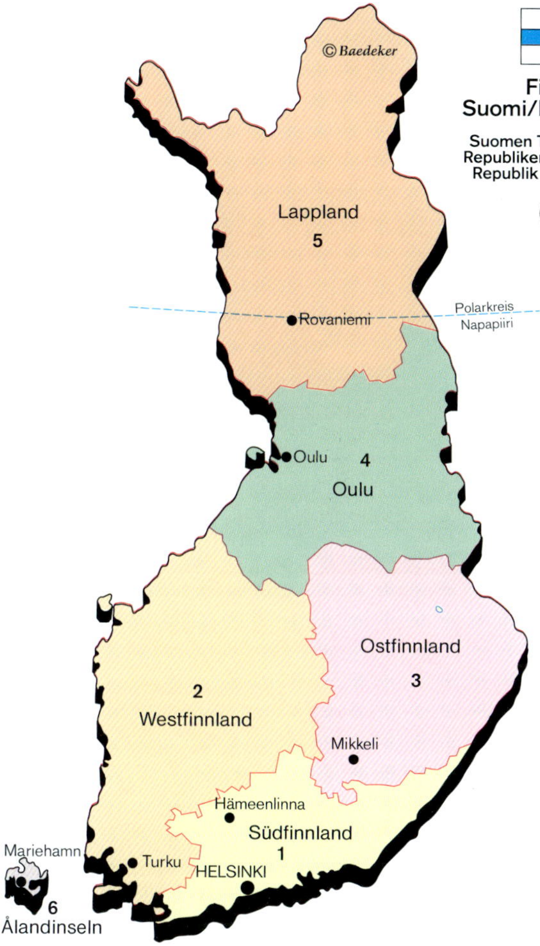

Die finnischen Provinzen

Provinz (lääni)	Fläche in km²	Bevölkerungszahl	Einw. / km²
1 Etelä-Suomen lääninhallitus	29 596	2 037 000	68,8
2 Länsi-Suomen lääninhallitus	74 186	1 830 000	24,7
3 Itä-Suomen lääninhallitus	49 360	604 000	12,2
4 Oulun lääninhallitus	56 868	453 000	8,0
5 Lapin lääninhallitus	93 057	200 000	2,1
6 Ahvenanmaan lääninhallitus	1 527	25 400	16,6
Republik Finnland	304 593	5 149 400	16,9

Erst seit 1917 hat Finnland ein eigenes Parlament (Eduskunta).

Parlament (Fortsetzung)

Parlament sind zeitweise bis zu zehn Parteien repräsentiert. Die drei größten sind: Sozialdemokraten, Konservative und Finnisches Zentrum, das früher bäuerlich orientiert war.
Auch viele Finnen sind von der ständigen Parteitreue zum Prinzip der Wechselwahl übergegangen. Eigentlich nur die relativ kleine Finnlandschwedische Volkspartei kann sich auf ihre Wählerschaft verlassen. Die Nachfolgeorganisation des Volksdemokratischen Verbands, der 1958 von 200 Sitzen nicht weniger als 50 erobern konnte, ist bis zur Bedeutungslosigkeit geschrumpft.

Regierungskoalition

Zwei der drei großen Parteien bilden gewöhnlich den Kern der Regierungskoalition, um den herum sich kleinere Parteien gruppieren. Da der Spitzenplatz zwischen den drei großen Parteien hin und her wandert und die kleinen immerhin ein Drittel der Mandate haben, sind Koalitionsregierungen von drei oder sogar mehr Parteien unumgänglich. Um wichtige Gesetze durchs Parlament zu bringen, ist fast immer eine Zweidrittelmehrheit erforderlich, so daß eine Koalition auf breiter Basis die Regel ist.

Wahlergebnisse

In der Stichwahl zur Präsidentschaft am 6. Februar 2000 wurde die Kandidatin der regierenden Sozialdemokraten (SDP), Tarja Halonen, mit 51,6% der Stimmen zur Staatspräsidentin gewählt. Zuvor machte sich die erste Frau im höchsten Staatsamt als Außenministerin einen Namen.
Bei den Parlamentswahlen von 1999 ergab sich folgende Sitzverteilung: 51 Sozialdemokraten (SDP), 48 Mitglieder der traditionellen Bauernpartei (KESK), 46 Konservative der Nationalen Sammlungspartei (KOK), 20 Mitglieder der Vasemmistoliitto (VA; "Linksverband", darunter ehemalige Kommunisten), 11 Angehörige der Schwedischen Volkspartei (SFP), 11 Grüne der Vihreä Liitto (VIHR) und 10 Sitze für die Christliche Union. Regierungschef (Ministerpräsident) ist der Vorsitzende der stärksten Partei, der Sozialdemokrat Paavo Lipponen, der früher stellvertretender UNO-Generalsekretär war.

Sami-Parlament

Die Samen haben zwei eigene Volksvertretungen, das Sami-Parlament in Finnland mit 20 Abgeordneten und den Nordischen Samenrat, der für ganz Skandinavien zuständig ist. Beide Gremien besitzen aber nur beratende Funktion, zu guter Letzt fällen Regierung und Parlament die Beschlüsse.

Verwaltungsgliederung

Die ursprünglich zwölf Provinzen Finnlands wurden Ende 1997 in sechs Provinzen (lääni) zusammengefaßt, an deren Spitze jeweils ein Landeshauptmann steht. Nachfolgend werden sie von Süden nach Norden aufgezählt (Verwaltungszentrum in Klammern): Südfinnland (Hämeenlinna), Westfinnland (Turku, schwedisch Åbo), Ostfinnland (Mikkeli), Oulu (Oulu) und Lappland (Rovaniemi). Als sechste Provinz gelten die autonomen Ålandinseln (Marienhamn). Sie genießen einen Sonderstatus (eigener Landtag, landsting), für jeden erkenntlich an einer eigener Flagge und eigenen Briefmarken.
Die kommunalen Angelegenheiten, darunter Regionalplanung, Verkehr sowie Gesundheits- und Erziehungswesen, werden von den ländlichen und städtischen Gemeinden wahrgenommen.

Historische Landschaften

In der mündlichen Überlieferung, in der Folklore und auch im Tourismus spielen die neun historischen Landschaften heute noch eine Rolle. Rund um Turku erstreckt sich "Varsinais Suomi", das "eigentliche Finnland". Die ehemalige Provinz Uusimaa, "Neuland", rund um Helsinki besiedelte die zweite Welle schwedischer Kolonisatoren. Weitere Landschaften sind Savo ("Land der 1000 Seen") und Karjala, das bekannte Karelien an der russischen Grenze. Nördlich von Uusimaa folgen dann: Häme, Satakunta, Pohjanmaa (schwedisch Österbotten), Länsipohja und Lappi (Finnisch-Lappland).

Staatswappen

Die neun weißen Blumen im Staatswappen symbolisieren diese historischen Landschaften. Sie umringen einen Löwen auf rotem Grund, der ein Schwert schwingt und auf einem Krummsäbel steht. Der Schlüssel zur Erklärung des Wappens liegt im historischen Hintergrund seines Entstehungsjahres, 1581: Im Jahre 1569 bestieg Johann III. den schwedischen Thron und nahm 1581 den Titel eines Großfürsten von Finnland an. Die Feindschaft Johanns, des schwedischen "Löwen", gegenüber dem russischen Zaren Iwan dem Schrecklichen drückt sich in den beiden Schwertern aus: der Löwe schwingt das gerade, also europäische Schwert und tritt den tatarischen, moskowitischen Krummsäbel mit Füßen.

Nationalflagge

Eher schlicht ist die Nationalflagge: ein blaues, skandinavisches Kreuz auf weißem Tuch. Die Flagge mit dem asymmetrischen Kreuz als Zeichen der Zugehörigkeit zur skandinavischen Völkerfamilie findet man auch bei den anderen skandinavischen Ländern Norwegen, Schweden und Dänemark. Die blaue Farbe des Kreuzes symbolisiert die unzähligen Seen des Landes und das weiße Tuch ist die Farbe des Schnees.
Die halbautonomen Ålandinseln haben ein eigenes, buntes Hoheitszeichen: Rotes Kreuz mit gelbem Rand auf blauem Grund.

Nationalhymne

Der ursprünglich schwedische Text der finnischen Nationalhymne, die auf Finnisch "Maamme", auf Schwedisch "Vårt Land" (= "Unser Land") heißt, stammt aus "Fähnrich Stål" (1847), dem Hauptwerk des finnischen Dichters Johan Ludvig Runeberg (1804 bis 1877). Die Melodle schrieb Fredrik Pacius (1809–1891) aus Hamburg, der führende Repräsentant des finnischen Musiklebens im 19. Jahrhundert. Paavo Kajander übersetzte die Hymne ins Finnische (Texte in Finnisch, Schwedisch und in deutscher Übersetzung siehe Zitate, S. 79).

Internationale Organisationen

Finnland ist Mitglied der Vereinten Nationen und des Nordischen Rats, der die Beseitigung von Handelsbarrieren zwischen den Mitgliedsstaaten anstrebt. Bei einer Volksabstimmung 1994 sprach sich die Mehrheit der Bevölkerung für den Beitritt des Landes zur Europäischen Union aus. Am 1. Januar 1995 trat Finnland der Europäischen Union und am 1. Januar 1999 der Europäischen Wirtschafts- und Währungsunion bei.

Internationale Organisationen (Fortsetzung)

Wegen des recht lukrativen Auskommens mit der ehemaligen Sowjetunion bis zur Auflösung des kommunistischen Blocks bestand keine Notwendigkeit, sich auch der wachsenden Europäischen Union noch weiter anzunähern. Das änderte sich rasch nach dem Zusammenbruch der Wirtschaftsbeziehungen mit dem dominierenden Nachbarn im Osten. 1991 streckte Finnland erste Fühler aus und trat zum 1. Januar 1995 der Europäischen Union bei, zusammen mit dem großen Nachbarn im Westen. Wie Schweden wahrt es jedoch seine Neutralität, ist kein Mitglied der NATO, wohl aber ebenso und zur gleichen Zeit (9.5.1994) Mit-Unterzeichner der Partnerschaft für den Frieden (PFP).

Rechtswesen

Die höchsten Gerichte sind der Oberste Gerichtshof und der Oberste Verwaltungsgerichtshof in Helsinki. Ferner gibt es Berufungsgerichte in Turku, Vaasa, Kuopio, Helsinki, Kouvola und Rovaniemi; die Stadtgerichte bestehen aus dem Bürgermeister und zwei Beisitzern. Ein Ombudsmann, vom Reichstag ernannt, vermittelt zwischen den Behörden und den Bürgern.

Bildungswesen Kinderkrippe

Jedes finnische Kind hat bis zum Alter von drei Jahren Anspruch auf einen Kinderkrippenplatz. Dem liegt kein Zwang zugrunde, und Eltern, die ihre Kleinkinder lieber zu Hause behüten, werden dafür belohnt. Die Tagesstätte für die nächsten vier Lebensjahre ist neuerdings nicht mehr ein Angebot an alle kleinen Finnen.

Schulwesen

Die Schulpflicht beginnt im siebten Lebensjahr. Sie dauert mindestens neun Jahre, von morgens bis nachmittags, und außer Bildung und Wissen gibt es Lehrmittel gratis, warmes Mittagessen, Betreuung auf Spielplätzen und Spielparks. Sie führt zunächst durch die sechs Klassen der Unter- und die drei der Oberstufe einer Gesamtschule.
Wer Abitur machen will, muß nach einer Aufnahmeprüfung noch drei Jahre lernen, bevor er oder sie das "Ylioppilastutkinto" (Abiturzeugnis) in den Händen hält. Dank der "Uusinta", einer Wiederholungsprüfung, sind es recht viele: Das Abitur wird von der Hälfte aller Jugendlichen abgelegt, wobei der Anteil der Mädchen 60 Prozent beträgt. Die Übergabe Mitte/Ende Mai ist eine feierliche Angelegenheit; die Abiturienten bekommen von der Studenten-Examenskommission eine weiße Mütze aufgesetzt, und von Eltern wie Verwandten eine rote Rose geschenkt.

Hochschulen

Dem Abitur folgt das sogenannte Studentenexamen, mit dessen Bestehen man sich den Weg in die Universität geöffnet hat. Für 30 000 Studienbewerber stehen nur etwa 10 000 Studienplätze zur Verfügung. In Finnland gibt es 21 Universitäten und Hochschulen mit rund 80 000 Studierenden.
Bildungspolitisch haben die Finnen sich hohe Ziele gesetzt. Eine von der Regierung eingesetzte 'Delegation für internationale Information' stellte 1990 in ihrem Schlußbericht die Forderung auf, die Finnen müßten im Jahr 2010 die am besten ausgebildeten Europäer sein. Die Delegation fügte allerdings warnend hinzu: "Es ist unnötig, sich selbst zu betrügen und zu glauben, Finnland könnte sein Ausbildungsniveau auf der Basis der heute zur Verfügung stehenden Finanzmittel entscheidend anheben."

Emanzipation der Frauen

Noch unter russischer, zaristischer Ägide traute man Frauen mehr zu als nur Kirche, Küche, Kinder; als erstes Land in Europa führte Finnland 1906 das Frauenwahlrecht ein. Heute haben Frauen mit 60 bis 80 Parlamentarierinnen eine starke weibliche Vertretung. Auch in anderen Bereichen, die ehemals Männerdomäne waren, sind heute viele Frauen tätig, so gibt es zum Beispiel mehr als 500 Priesterinnen. Und jede zweite Beschäftigte ist eine Frau, nur ist ihre Lohntüte lediglich zu drei Vierteln so reichhaltig gefüllt, wie die ihrer männlichen Kollegen. Daß den Frauen praktisch kein Regierungsposten verschlossen ist, zeigte sich besonders deutlich, als im Herbst 1990 Elisabeth Ren Verteidigungsministerin wurde.
Wie in anderen europäischen Ländern ist die starke Stellung der finnischen Frau historisch zu erklären: Die Männer waren oft jahrelang im Krieg, und

die Frauen mußten deren Arbeit weiterführen, ständig mit der Möglichkeit vor Augen, daß sie bereits Witwe sind und bis zum Erwachsensein der Kinder die Verantwortung allein tragen müssen.
Nach dem Ende des Zweiten Weltkriegs ging die Emanzipation zunehmend geschwinder voran. Die Frauen behielten die Positionen, die sie im Arbeitsleben eingenommen hatten, während die Männer an der Front waren. Das gewachsene Selbstbewußtsein führte bei den Frauen zu einer Art Bildungsexplosion.

Staat und Gesellschaft, Emanzipation der Frauen (Fortsetzung)

Wirtschaft

Mit dem Zusammenbruch des sowjetischen Marktes im Jahre 1991 und den politischen Veränderungen im Osten sah sich Finnland großen Problemen ausgesetzt. Der Warenaustausch mit der ehemaligen Sowjetunion machte zeitweilig in der Vergangenheit bis zu einem Viertel des gesamten finnischen Außenhandels aus. Gravierend waren auch der Preisverfall für Holz und Papier auf den westlichen Märkten sowie der spekulative Immobilienboom der achtziger Jahre des letzten Jahrhunderts (In Helsinki stiegen die Immobilienpreise bis zu 30% jährlich), der 1990 drastisch einbrach und viele Baubetriebe und Banken in die Pleite trieb. Das Bruttosozialprodukt fiel von 1990 bis 1993 um 13%! Erst mit der Abwertung der Finnmark um bis zu 30% konnten die Exportaussichten wieder verbessert werden.

Wirtschaftskrise durch den Zusammenbruch der Sowjetunion

Nun aber bietet die neue politische Konstellation im Osten auch für die Wirtschaft eine Chance, neue Impulse zu setzen. Im erweiterten Ostseeraum leben 40 Mio. Menschen, es gibt ca. 50 Großstädte, über 70 Ostseehäfen und neben einem gut funktionierenden Fährsystem auch sechs internationale Flughäfen. Die Wirtschaftsbeziehungen zwischen Helsinki und Tallinn sind heute schon sehr eng, und viele Esten arbeiten bereits als Wochenendpendler in Finnland. Aus den GUS-Staaten werden heute in erster Linie Rohöl und Brennstoffe eingeführt.

Chancen im erweiterten Ostseeraum

Wie andere westeuropäische Länder befindet sich Finnland ebenfalls in einer Phase des Umbruchs. Das Modell des schwedischen Wohlfahrtsstaats begann zu bröckeln. Hohe Steuern und vor allem sprunghaft gestiegene Löhne hatten die Wettbewerbsfähigkeit der exportorientierten Industrie stark beeinträchtigt. Die Regierung sucht das Übergewicht des öffentlichen Sektors zu reduzieren und die für den europäischen Durchschnitt extrem hohe Steuerbelastung abzubauen.

Phase des Umbruchs

Seit dem Beitritt zur Europäischen Union im Januar 1995 ist die finnische Wirtschaft wieder auf Expansionskurs, so daß Finnland problemlos alle vier Konvergenzkriterien von Maastricht erfüllte und von Anfang an (1. Januar 1999) bei der Europäischen Währungsunion dabei war. Die rigide Sparpolitik zeigt erste Erfolge: Im Jahre 2000 betrug das Wirtschaftswachstum 5,6%, die Inflationsrate lag bei 3,4% und die Arbeitslosigkeit sank auf knapp unter 10%.

Umschwung seit 1995

Trotz der neuen Möglichkeiten im Osten strebte Finnland eine stärkere Einbindung in die Europäische Union an. Schon vor dem Beitritt zur Europäischen Union haben finnische und schwedische Firmen in den EU-Ländern investiert. Inzwischen investieren zunehmend auch Firmen aus der Europäischen Union in Finnland, da die internationale Wettbewerbsfähigkeit des Landes stark gestiegen ist; sie wird hinter den USA, Singapur und Hongkong auf Rang vier positioniert. Ausschlaggebend sind dabei die Kriterien Infrastruktur, Ausbildung, Wissenschaft und Technologie. Selbst der Stuttgarter Automobilhersteller Porsche läßt wegen Kapazitätsengpässen seit einigen Jahren den Porsche Boxster bei Valmet Automotive in Uusikaupunki fertigen.

Hinwendung zur EU

Baedeker Special

Holz auf dem Wasserweg

Nach dem Zweiten Weltkrieg begann Finnlands beispiellos rasanter Aufstieg zur Industrienation, vornehmlich auf den Gebieten Schiffs- und Maschinenbau, neuerdings auch Elektronik. Das dafür notwendige Startkapital hatten die Finnen direkt vor der Haustür in Form nachwachsender Rohstoffe: Holz millionenklafterweise, über 200 000 Quadratkilometer Wald. Ganz Europa hungerte nach diesem Rohstoff für Baumaterialien, Möbel und Papier. Und die Finnen konnten ihn preiswert und standortnah liefern; Hauptkonkurrent war (und ist) das entfernte Kanada. Die mit Kanälen und Zuflüssen untereinander verbundenen Seen Finnlands dienten als billige Transportwege für die kilometerlangen Holzflöße. Irgendwann erreichten diese schwimmenden Goldadern die Häfen, wo sie verschifft oder weiterverarbeitet wurden.

Apropos Weiterverarbeitung – die Exporterlöse ließen Finnlands Holzindustrie wachsen: Papier- und Zellstoffabriken, Sulfatwerke für die chemischen Zusatzmittel der Papiermühlen, Sägewerke, Kartonfabriken, Produktionsanlagen für Spanplatten und Holzfaserprodukte. Hunderte von solchen größeren und kleineren Anlagen überziehen das Land. Ein Viertel der Weltpapierproduktion kommt aus Finnland. Und mittlerweile exportiert das kleine Land auch hochspezialisierte Maschinen für Forstwirtschaft und Holzverarbeitung. Ganze Papierfabriken werden weltweit unter finnischer Regie gebaut.

In den besten Zeiten schufteten bis zu 250 000 Menschen in den dichten Kiefer- und Fichtenwäldern. Doch diese harten Zeiten sind vorbei; die kraftvoll geschwungene Axt ist passé; selbst die Motorsäge macht nur noch knapp die Hälfte des jährlichen Einschlages von knapp 60 Millionen Kubikmeter aus. Moderne Forstmaschinen schaffen heute pro Tag soviel Holz wie früher ein Dutzend Holzfäller. Die raupengetriebenen Fahrzeuge der kapitalstarken Forstbetriebe sehen aus wie Hightech-Spinnen, suchen sich mit Greifarmen die geeigneten Bäume aus, fällen, entästen und zerschneiden sie vor Ort. Zugmaschinen ziehen Stämme und Festmeterstapel zur nächsten Arbeitslichtung, wo das Holz auf LKW's verladen wird oder zum Flößen zu Wasser gelassen wird.
Die "Erntemaschinen" arbeiten mit Sensoren und Computerprogrammen, mit deren Hilfe man Baumart, Größe und Beschaffenheit der Stämme erkennt. Hubschrauber sichten den Waldbestand mit elektronischen Mitteln und selektieren jene geeigneten Gebiete, in die dann die motorisierten Fälltrupps per Funk dirigiert werden.

Noch beschäftigt die Waldwirtschaft 90 000 Menschen, Zuliefer- und Verarbeitungsindustrie nicht mitgerechnet. Das "grüne Gold" ist Finnlands wichtigster Devisenbringer, erst recht nach der Auflösung der Sowjetunion, wodurch den anderen Industriebranchen Finnlands ein zuvor wichtiger Abnehmer verlorenging:

Landwirtschaft

Allgemeines

Waren kurz nach dem Zweiten Weltkrieg im Jahre 1950 noch fast die Hälfte aller Erwerbstätigen in der Land- und Forstwirtschaft beschäftigt, so sind es heute nur noch 8%. Die Agrarwirtschaft Finnlands ist stark mittel- und kleinbäuerlich strukturiert. Von den 208 000 Betrieben verfügen 58% nur über Flächen bis zu 10 Hektar. Die Viehhaltung mit Rinder- und Schweinezucht ist das wichtigste Betriebsziel. So entfallen auch etwa drei Viertel der

Früher exportierten die Finnen Industriegüter gen Osten, wo mit Erdgas und anderen Rohstoffen bezahlt wurde. Das marktwirtschaftlich gewordene Rußland verkauft heute lieber in US-Dollar, was die Rußland-Preise für finnische Produkte in Konkurrenz zum Weltmarkt bringt. Just auf diesen internationalen Märkten aber haben Holz und Papier "made in Suomi" immer noch eine etablierte Stellung (Deutschland ist wichtigster Kunde).

Holzflöße schlängeln sich kilometerlang auf Finnlands Wasserstraßen

Die moderne Forstwirtschaft muß säen, um zu ernten: In Treibhäusern werden Setzlinge herangezogen, die später in den Rodungsgebieten angepflanzt werden. Umweltschützer kritisieren dabei, daß die nachwachsenden Wälder "Plantagencharakter" haben, weil die neuen Bäume weder das Alter noch Größe und Umfang ihrer "wilden" Artgenossen erreichen. Darüber hinaus gefährdet die schwermaschinelle Abholzung Bodenbeschaffenheit und Artenvielfalt in den Wäldern. Die allgegenwärtige Papierindustrie wiederum belastet Luft und Gewässer, obwohl dieses Problem in den letzten Jahrzehnten merklich entschärft werden konnte. Doch die Papier- und Zellstoffbleiche im Chlorverfahren läßt sich zumindest bei Kieferprodukten noch nicht durch andere Mittel ersetzen, jedenfalls (noch) nicht kostengünstig genug.

Die gutgeölte finnische Forstwirtschaft setzt dennoch auf Expansion und treibt die Vollautomatisierung des Holzeinschlages voran. Der kräftig in die Hände spukkende Holzfäller dürfte daher so oder so bald der Vergangenheit angehören. Im 21. Jahrhundert wird die finnische Kiefer wohl wie von Geisterhand gefällt und gezogen ihren Weg in die Industriestädte der ganzen Welt finden.

Denn nicht nur das Wasser prägt das Landschaftsbild in Finnland, sondern vor allem Bäume und Sträucher in großer Zahl. Auf etwa 70 Prozent der Landfläche erstrecken sich die endlos scheinenden Wälder. Dementsprechend spielen sie eine große Rolle im Leben der Finnen. Der Wald ist für die Finnen eine lebensnotwendige Ernährungsgrundlage. Schließlich ist die Holzindustrie einer der Wirtschaftszweige, in denen Finnland seit jeher international wettbewerbsfähig ist. Man kann demnach sagen, daß die Menschen in Finnland nicht nur im, sondern auch vom Wald leben.

Darüber hinaus spielt der Wald für die Freizeitgestaltung eine Rolle: Wandern, Campen, Beeren pflücken und Pilze sammeln sind beliebte Wochenendbeschäftigungen.

Allgemeines (Fortsetzung)

Ackerfläche auf den Anbau von Futtergetreide, wobei Gerste und Hafer Hektarerträge von bis zu 60 Zentnern erbringen. Der Selbstversorgungsgrad mit wichtigen landwirtschaftlichen Produkten ist hoch. Hier können bei Getreide, Milchprodukten und Fleisch sogar noch geringfügige Exportüberschüsse erzielt werden.
Mit zunehmender nördlicher Lage wird die finnische Agrarwirtschaft wegen der schlechteren klimatischen Bedingungen in diesen Breitengraden durch die Forstwirtschaft ergänzt.

Wirtschaft

Klimatische und geographische Bedingungen für die Landwirtschaft

In Finnland sind insgesamt etwa 9% des Staatsgebietes landwirtschaftlich nutzbar. Die relativ starke räumliche Einschränkung des Anbaus auf südliche Bereiche ist vor allem durch die ungünstigen klimatischen Bedingungen in den höheren Breitengraden bedingt. Die Vegetationsperiode ist im Norden ausgesprochen kurz; z. B. beträgt diese in Lappland nur etwa 140 Tage im Jahr. Der Anbau dünnt daher nach Norden hin immer stärker zugunsten der Viehhaltung aus. Schließlich finden bei ca. 68 ° nördlicher Breite auch die Kartoffel und die Gerste ihre Anbaugrenze. Diese gilt generell als Polargrenze des Anbaus. Nördlich des Polarkreises hat daher auch heute noch die Rentierhaltung wirtschaftliche Bedeutung.
Agrarwirtschaftlich begünstigend wirken sich die intensiven Lichtverhältnisse im Sommer sowie die Wärme des Golfstroms aus. Im hohen, nicht mehr agrarwirtschaftlich nutzbaren Norden steht die Sonne über 70 Tage ohne Unterbrechung am Himmel; das erhöht zwar die Wachstumsgeschwindigkeit der dem dortigen Klima angepaßten Pflanzen, läßt aber auch dort einen Anbau kaum mehr zu, da die Vegetationsperiode entsprechend kurz ist.

Holz- und Forstwirtschaft

Finnland gilt generell als das waldreichste Land Europas. Etwa 70% seiner Gesamtfläche ist mit Wald bedeckt, der Rohstoff Holz ist von allergrößter wirtschaftlicher Bedeutung. Die Gesamtholzmenge beträgt mehr als 1660 Mio. Festmeter (= m^3). Vorherrschend sind Kiefern-, Fichten- und Birkenwälder, wobei die Nadelhölzer einen Anteil von 82% haben. In Mittel- und Ostfinnland steigt der Waldanteil auf bis zu 90% der Fläche an. Der jährliche Holzeinschlag beläuft sich in Finnland auf 40 bis 50 Mio. Festmeter. Das Holz wird in der Säge- und Plattenindustrie oder als Faserholz in der Zellstoff- und Papierindustrie verarbeitet.
Die Exportstruktur war einst insbesondere durch Erzeugnisse der Holz-, Holzbearbeitungs- und Papierindustrie geprägt. Lag ihr Exportanteil 1960 noch bei 75%, so ist dieser inzwischen auf 30% gefallen. Nach wie vor jedoch ist Finnland nach Kanada der zweitwichtigste Papier- und Kartonagen-Exporteur der Welt.
Die 800 000 privaten Waldbesitzer in Finnland vereinigen auf sich 80% des finnischen Waldes. Die staatlichen Forste Finnlands liegen hauptsächlich im Norden und Osten des Landes.
Auch der finnische Wald ist durch saure Niederschläge bedroht, die vor allem aus den veralteten russischen Industrieanlagen stammen.

Fischerei

Der finnische Fischfangertrag, der sich zu 80% aus Meeresfischen aus der Ostsee sowie aus dem Bottnischen und Finnischen Meerbusen (Strömling, Felchen und Lachs) rekrutiert, ist äußerst gering. Fischerei in den Binnenseen – stark verbreitet ist die Kleine Maräne – ist weitgehend zu einer Freizeitbeschäftigung geworden.

Bodenschätze

Finnland ist zwar reich an Mineralien, zum Export gelangen jedoch fast nur Kupfer, Zink und Nickel. Outokumpu, in Mittelfinnland gelegen, galt bis vor einigen Jahren als eine der bedeutendsten Kupferminen Europas (inzwischen wurde sie jedoch stillgelegt und in ein Museum umgewandelt). Die Energierohstoffe sind in Finnland kaum vorhanden – hier findet man weder Kohle noch Erdöl; lediglich Torf gilt in geringem Umfang als Brennstoff.

Industrie

Strukturwandel

Der rapide Strukturwandel in Finnland hat insbesondere nach dem Zweiten Weltkrieg zur verstärkten Industrialisierung geführt. Die natürlichen Ressourcen wurden in immer geringerem Umfang unverarbeitet exportiert, sondern im Land selbst einem zunehmend spezialisierten Verarbeitungs- und Veredelungsprozeß unterzogen. Die Holzstoffverarbeitung, die metallurgische und metallverarbeitende Industrie sowie der Schiffbau wurden nicht zuletzt durch die Wirtschaftsbeziehungen Finnlands zur (damaligen) Sowjetunion stark gefördert. Mehr als 200 000 Arbeitsplätze waren in diese

Strukturwandel (Fortsetzung)

Handelsbeziehung eingebunden. Nach einer längeren Krise im Schiffsbau sind die Auftragsbücher der Kværner-Masa-Yards-Werft in Helsinki inzwischen gut gefüllt, seit sich europäische und US-amerikanische Kreuzfahrt-Veranstalter mit riesigen Luxuslinern gegenseitig übertreffen wollen.

Sekundärer Sektor

Die Beschäftigung im sog. Sekundären Sektor nahm entsprechend kräftig zu; sein Anteil beläuft sich heute auf 31%. Doch auch hier ist das Maximum der Beschäftigung bereits überschritten. Der technologische Wandel und die veränderten Weltmarktbedingungen führten dazu, daß einst bedeutende Industriezweige stark an Gewicht verloren. Durch Rationalisierung, insbesondere durch Automatisierung hat sich die Beschäftigung in jüngerer Zeit mehr auf die große Gruppe der Dienstleistungen konzentriert.

Industrieller Schrumpfungsprozeß

Der industrielle Schrumpfungsprozeß erfaßte größere Teile der Schiffbau-, Sägewerks-, Glashütten- und Nahrungsmittelindustrie. Ein branchenspezifischer Rückgang war darüber hinaus von einer regionalen Konzentration auf verkehrsgünstig gelegene leistungsfähige Fertigungseinheiten begleitet. Betriebliche Integrationen erfolgten zugunsten großer Gesellschaften und international operierender Konzerne.

Hochtechnologie-Sektor

Heute gilt Finnland als eine moderne Industrienation, die ihre Industrieproduktion verstärkt auf hochwertige, technologieorientierte Produkte im computergesteuerten Maschinenbau, im Spezialfahrzeug- und Schiffbau ausgerichtet hat. Seit 1995 baut die Regierung den Hochtechnologiesektor aus und investiert etwa 3,8% des Haushalts in Forschung und Entwicklung. Die Niederlassung des NOKIA-Konzerns in Oulu gründete z. B. das weltweit größte Zentrum für Mobilfunkforschung mit 600 Mitarbeitern. Inzwischen sind 15% der finnischen Exporte High-Tech-Produkte. NOKIA hat in Finnland ein flächendeckendes Mobilfunknetz aufgebaut, so daß heute fast jeder Finne ein Mobiltelefon (Handy) besitzt.

→ *Baedeker Special* S. 120

Containerschiffe wie hier im Schärengebiet vor Turku sind ein wichtiges Transportmittel in Finnland.

Verkehr

Verkehrsnetz

Trotz der harten klimatischen Bedingungen, der äußerst dünnen Besiedlung und der Randlage Finnlands befindet sich das finnische Verkehrsnetz in einem hervorragenden Zustand. Selbst in abgelegenen, nördlichen Gebieten sind die meisten Straßen befestigt und werden auch im Winter mit Schneepflügen und Streuwagen freigehalten. Das Straßennetz umfaßt eine Gesamtlänge von 75 000 km.
Weniger dicht ist mit rund 6000 km Länge das Eisenbahnnetz, das zu einem Viertel elektrifiziert ist, auf den übrigen Strecken verkehren Diesellokomotiven. Nur im Großraum Helsinki gibt es Straßenbahnen und Untergrundbahnen. Sehr gute Flugverbindungen in alle Landesteile, die meist strahlenförmig von Helsinki ausgehen, sorgen zu jeder Zeit für einen reibungslosen Flugverkehr.

Schiffsverkehr

Im Finnischen Meerbusen vekehren große Hochseefähren, die sowohl für Passagier- als auch für Güterverkehr vorgesehen sind, sowie Container- und Massengutfrachter. Die Handelsflotte verfügt über 480 Schiffe mit mehr als 100 Bruttoregistertonnen. Zwar frieren im Winter alle Wasserflächen zu, doch hält eine große Eisbrecherflotte die wichtigsten Häfen eisfrei. Der SaimaaKanal stellt die Verbindung vom Finnischen Meerbusen zum ostfinnischen Seengebiet her.
Für mitteleuropäische Gäste ist es interessant zu hören, daß sich die zugefrorenen Seen und das Meer im Winter als Straßen nutzen lassen, die man mit den allseits üblichen Spikes an den Winterreifen sicher befahren kann. Im tiefen Winter kann man über den Bottnischen Meerbusen selbst nach Schweden mit dem Auto ohne Probleme fahren!

Fremdenverkehr

Allgemeines

Der Fremdenverkehr spielt in Finnland eine zunehmend größere Rolle. Anfang der 90er Jahre gab es mehr als fünf Millionen Übernachtungen in Beherbergungsbetrieben pro Jahr. Bezieht man die Übernachtungen in Hütten und Ferienhäusern mit ein, so lag die oben genannte Zahl beträchtlich höher. Der Fremdenverkehr schafft besonders in den strukturschwachen Regionen zusätzliche Arbeitsplätze.

Tourismuskrise

Nach dem Untergang des Fährschiffes “Estonia” vor der finnischen Küste 1994 ist die Besucherzahl stark zurückgegangen. Stellten früher die Busreisen, die durch Finnland zum Nordkap in Norwegen führten, ein großes Kontingent deutscher Urlauber dar, ist der allgemeine Rückgang der Nordkap-Busreisen in Finnland deutlich spürbar. Finnland ist teuer, daran hat sich auch nach dem Beitritt zur Europäischen Union nicht viel geändert. Der Preisnachlaß für Nahrungsmittel wurde durch die Einführung der Mehrwertsteuer (22%) auf touristische Dienstleistungen mehr als kompensiert. Eine stärkere Fremdenverkehrsentwicklung wird durch die kurze Sommersaison und die unsicheren Witterungsverhältnisse zudem erschwert.

Reiseziele

Die Touristenziele konzentrierten sich bisher stark auf das Seengebiet im Osten Finnlands, auf den Großraum Helsinki und auf Lappland. Durch die Entwicklung von Wintersportgebieten, die dem internationalen Vergleich standhalten, kommen Touristen nun auch im Winter ins Land; dies gilt auch für entsprechende Gebiete in Lappland. Rentier-, Husky- und Motorschlittensafaris sind im Winter zunehmend gefragt. Gefördert werden nun auch der Urlaub auf dem Lande, der speziell Familien mit Kindern ansprechen soll, Wander-, Kanu- und Angelreisen, die Südküste Finnlands entlang der historischen Königsstraße oder das Schärengebiet südöstlich von Turku (EU-Förderprojekt). Wurde Finnland früher hauptsächlich von Gruppenreisenden frequentiert, so sollen zunehmend qualitätsbewußte Individualtouristen angesprochen werden. Zur Zeit sind 65% der Gäste Individualreisende.

Geschichte

Erste Zeugnisse einer Besiedlung Finnlands, Scherben und verschiedene Ritzzeichnungen, gehen auf die Steinzeit zurück. Man weiß wenig von diesen Jägern, von denen Archäologen jedoch mit Sicherheit behaupten können: Es waren keine Vorfahren der Finnen! Gleiches gilt für die weiteren Volksgruppen, die vor 3000 v. Chr. die kammkeramische Kultur mitbringen, oder spätestens um 1800 v. Chr. die Bootaxtkultur. Germanische Kaufleute importieren ab 1200 v. Chr. die Bronzekultur; der einheimischen Bevölkerung bleibt sie fremd. Das neue Material Eisen taucht dann mit den "echten Finnen" auf.

Vor der Christianisierung 8000 / 7200 v. Chr.

Wohl aus dem Landschaftsraum westlich des Urals strömen die ersten Finnen bis nach "Suomi"; die benachbarten Ungarn, sprachlich entfernt verwandt, machen sich erst Jahrhunderte später auf den Weg gen Süden. Die Neuankömmlinge vermischen sich mit den indogermanischen Stämmen, die hier bereits heimisch geworden sind; ihre Sprachkultur hat fortan das Sagen. Tacitus bezeichnet die 'Fennen' 98 n. Chr. in seinem Werk "Germania" als "erstaunlich wild und erschreckend arm".

Erstes Jahrhundert nach Christus

Die Finnen drängen die samischen Stämme, welche vor ihnen hier ihrem Lebensunterhalt nachgingen, aus dem küstennahen Raum im Südwesten nach und nach ins Landesinnere zurück. Im Osten bilden die Karelier am Ladoga-See ein eigenes Stammesgebiet. Innerhalb der Stämme entstehen klare Machtstrukturen, die bis ins feudale Mittelalter fortwirken. Finnen und "schwedische" Wikinger jenseits des Bottnischen Meerbusens pflegen einen regen Pelzhandel; die besten Jagdgründe sind dafür im Besitz der Samen.

6. bis 10. Jahrhundert

Die schwedische Epoche

Während die Fürsten von Nowgorod friedfertige Mönche vorschicken, um den Kareliern (vom heute russischen Vyborg aus) den orthodoxen Glauben näherzubringen, bekehren die Schweden die Finnen gleich mit dem Schwerte zur römisch-katholischen Kirche: 1157 ruft Erik IX. zum Kreuzzug gegen die Heiden auf. Mit Rittern und Priestern kommen die ersten Bauern und Fischer, sie siedeln an der Süd- und Südwestküste. Das mißfällt dem Volkshelden Lalli: 1158 erschlägt er Bischof Henrik.

Religionen Mitte des 12. Jahrhunderts

Es folgt die Kolonisation von Süd- und West-Finnland durch Schweden; die Dänen erlangen um 1200 nur vorübergehend einen Stützpunkt an der Südküste. Jaroslaw von Nowgorod sichert 1227 seinen Machtbereich im Osten durch Zwangstaufe aller Karelier. 1229 ist Åbo / Turku mit der Übersiedlung des Bischofs weltliches und geistiges Zentrum im Westen.

Kolonisation im 13. Jahrhundert

Während des zweiten Kreuzzugs gegen die Finnen (und Samen) werden 1249 weite Teile Mittelfinnlands unterworfen, ab 1250 wird das endlose Waldareal planmäßig besiedelt. Dieses besetzte Gebiet, das Herzogtum Finnland, ist seit 1284 ein integraler Bestandteil der schwedischen Machtsphäre.

Ost-Expansion im 14. Jahrhundert

Im Jahre 1293 dehnte sich der Machtbereich bis zum Ladoga-See aus, Vyborg wird befestigt; im Frieden von Schlüsselburg 1323 kommt es zur Aufteilung von Karelien und Mittel-Finland, etwa entlang einer Linie vom heutigen St. Petersburg bis nach Österbotten im Nordwesten. Als Schwerpunkt im wiedergewonnenen Gebiet gründet Nowgorod 1329 das Kloster Valamo im Ladoga-See (erst 1940 in den heute finnischen Landesteil verlegt). Bis 1351 wechselt das Kriegsglück hin und her, dann einigen sich die Parteien zu Dorpat in Estland auf die alte Grenzziehung und halten daran fest, für beinahe 250 Jahre.

Für all seine Kriegs- und Kreuzzüge braucht Schweden waffentragende Neu- und Alt-Finnen. Dazu dient ab 1279 das Statut von Alsnö: Wer zur schimmernden Wehr geht, zahlt keine Steuern. Der privilegierte Kreis wird 1345 erweitert, das lockt immer mehr Siedler, und es entwickelt sich eine mit besonderen Rechten und Pflichten ausgestattete Adelsschicht. Albrecht von Mecklenburg bringt viele Landsleute mit, so kommen und bleiben deutsche Geschlechter auch im rauhen Nordosten.

Kalmarer Union

In der Kalmarer Union vereint Königin Margarete 1397 die nordischen Reiche von Dänemark, Norwegen und Schweden-Finnland. Schon unter dem ersten gemeinsamen Herrscher Erik XIII., dem Pommern (ab 1412), bricht das zentralistisch regierte Gebilde 1439 zeitweilig auseinander; 1523 löst Gustav Wasa I. Schweden dann endgültig aus dem Verbund. Im Osten wird Nowgorod 1478 ins Großfürstentum Moskau integriert, der Keimzelle des Zarenreichs.

Zur Zeit der Union wächst die Macht des Adels ständig an; bedeutender Lehensbesitz befindet sich in den Händen von nur wenigen Getreuen, die große Güter erhalten. In den kleinen Handelsstädten entwickelt sich ein schwedisches Bürgertum. Die Kluft zwischen den Neuankömmlingen und den armen finnischen Bauern wird größer. Ihnen gehörten zwar 90% des Landes; aber darunter ist viel Wald und Sumpf. Reiche Böden besitzen Krone, Adel und Kirche. Alteingesessene Familien können sich jedoch noch diesen oder jenen Posten in der Verwaltung sichern.

Reformation

Gustav Wasa I. (1523 – 1560) tritt zum lutherischen Glauben über und führt 1527 die Reformation ein; damit verschafft er der Krone die reichen Besitztümer der katholischen Kirche. Der Theologe Mikael Agricola, ein Schüler Luthers, übersetzt um 1548 das Neue Testament ins Finnische; somit wird die Ausdrucksform der armen Bevölkerungsmehrheit erstmals als Schriftsprache fixiert und ausgezeichnet. Die herrschende lutherische Doktrin bringt den Bauern aber eher materielle Nachteile gegenüber Adel und Bürgertum, und Schwedisch bleibt die Sprache der Gebildeten.

Schweden als Großmacht

Von 1561 bis 1583 gewinnt Schweden ganz Estland. 1581 wird Finnland zum Großfürstentum erhoben; kulturell und wirtschaftlich blüht der schwedischsprachige Teil dadurch auf (1640 Gründung der Universität von Åbo). Unter Gustav II. Adolf (1611 – 1632) spielt das Land des "Löwen aus dem Norden" in ganz Nordost-Europa eine dominierende Rolle und erhält von Rußland Ostkarelien zurück, von Polen das baltische Livland. 1645 bis 1660 ringt es Dänemark das heutige Südschweden und Gotland ab; im Westfälischen Frieden 1648 wird seine Machtposition in Nord- und im östlichen Mitteleuropa bestätigt. Manche der Feldherren und Heerführer kommen in Finnland zu viel Hab und Gut; erst mit der Reduktion (Einziehung der Lehen) Ende des 17. Jh. erlangt die Krone wieder ihre Geltung. Die Schwächung des Adels führt auch zu einer Stärkung des Bürgertums. Aber im Nordischen Krieg (1700 bis 1721) verliert Schweden seine Stellung als europäische Großmacht und im Frieden zu Nystad (neben anderem) Vyborg und Ostkarelien an Rußland.

Machtwechsel in Finnland

Die umfassende Niederlage hat im Innern weitreichende Konsequenzen: Die absolutistische Monarchie löst sich auf, divergierende Adelsparteien bestimmen das Geschick des Landes. "Hüte" unterstützen Frankreich, die Fraktion der "Mützen" stärkt den Einfluß des Zaren. 1741/1742 besetzt Rußland nach schwedischen Kriegshandlungen Finnland und erhält im Frieden zu Åbo 1743 den Südosten des Landes zugesprochen. Gustav III. (seit 1771) regiert als aufgeklärter, beliebter Monarch; der Krieg gegen Rußland 1788–1790 ändert nichts an der bestehenden finnischen Grenze. In dieser Lage, im Geist der Aufklärung am Vorabend der französischen Revolution kommt es zu Bestrebungen nach nationaler und kultureller Unabhängigkeit: 100 schwedische Offiziere gründen den "Anjala-Bund" mit dem Ziel, ein autonomes Finnland zu gestalten; und die "Aurora-Gesellschaft" will dem Finnischen als Sprache neues Gewicht verleihen. Ein Mitglied der Adelsopposition ermordet 1792 Gustav den Dritten. Gustav IV. steuert auf antifranzösischem Kurs, gegen Napoleon; das kostet ihn 1809 letztendlich den Thron und Schweden Finnland.

Machtwechsel in Finnland (Fortsetzung)

Die russische Epoche

"Im Kreis der Nationen"

Nach der Niederwerfung Preußens 1807 stehen Napoleons Truppen an der Ostsee und besetzen Schwedisch-Vorpommern. In Tilsit an der Memel kommt es zum Treffen zwischen dem französischen Kaiser und dem Zaren Alexander I.: Rußland beteiligt sich am Wirtschaftsboykott, der Kontinentalsperre gegen Großbritannien; dafür bekommt es freie Hand, um Finnland in seinen Machtbereich einzugliedern. In Schweden wird der "napoleonische" Marschall Bernadotte 1810 von den Ständen zum Kronprinzen gewählt. 1808 dringt die russische Armee in Finnland ein, beendet den Feldzug siegreich. Um eine russenfreundliche Stimmung zu erzeugen, erklärt Alexander I. am 19. März 1809 auf dem Landtag in Borgå/Porvoo Finnland zum autonomen Großfürstentum; theatralisch erhebt er "das finnische Volk in den Kreis der Nationen". Im Frieden von Frederikshamn wird Finnlands Zukunft bestätigt; an Rußland gefallene Ostgebiete werden mit dem übrigen Teil wieder vereint.

Russische Einflußsphäre

Zielstrebig verfolgt der Zar nun das Ziel, eine weiterbestehende kulturelle Dominanz Schwedens in Finnland zu schwächen und bei erwachendem Nationalbewußtsein das Land eng ans russische Reich zu binden. Ein 14köpfiger Senat, dessen finnische Mitglieder vom Generalgouverneur des Zaren ernannt werden, regelt die inneren Wirtschaftsangelegenheiten und ist außerdem oberste Berufungsinstanz.
Seit 1812 ist nicht mehr Åbo, sondern das rußlandnahe Helsinki Hauptstadt. 1815 gelangt Rußland auf dem Wiener Kongreß in den Besitz der ganzen östlichen Ostsee; Finnland gewinnt militärisch an Bedeutung, auf den Ålandinseln wird unter Nikolaus I. (1825–1855) die gewaltige Festung Bomarsund erstellt. 1827 fällt Åbo den Flammen zum Opfer – eine willkommene Gelegenheit, die Universität ins repräsentative Helsinki zu verlegen. Vermehrt besinnt sich das Volk der Finnen auf seine eigene Sprache, Kultur, Geschichte und mündliche Überlieferung; 1835 erscheint das Nationalepos "Kalevala" und gibt davon beredtes Zeugnis.

Finnlands Förderer

Im Jahre 1854 besetzen Engländer und Franzosen im Krimkrieg die Ålandinseln; der Frieden von Paris 1856 macht sie dann zur demilitarisierten Zone, und sie behalten diesen Status. Der neue Zar Alexander II. (1855 bis 1881) erweist sich als ein Förderer von Finnlands eigenständiger Entwicklung, auch weil er wegen seiner Polenpolitik ins Kreuzfeuer der internationalen Kritik gerät. 1863 wird Finnisch zur gleichberechtigten Sprache neben Schwedisch erklärt, 1872 ist das Gründungsjahr des finnischen Theaters; finnische Münzen werden erstmals 1865 geprägt, und als 1878 allgemein die Wehrpflicht eingeführt wird, dient man in einer Armee, die generell nur "zu Hause" operiert, nicht weit weg etwa im Kaukasus.

Wirtschaftliche Entwicklung

In den Jahren 1867/1868 breitet sich eine katastrophale Hungersnot aus: fast 100 000 Menschen, 8% der Bevölkerung, sterben an Unterernährung und weiteren Krankheiten. In den letzten 100 Jahren ist die Bevölkerung um das drei- bis vierfache gewachsen. Bessere Verkehrsverbindungen (zu

Wirtschaftliche Entwicklung (Fortsetzung)

Wasser und auf der Schiene) sowie niedrigere Zölle bewirken dann ab etwa 1870 eine rege Ausdehnung der profitablen Forstwirtschaft gegenüber der rückständigen Agrarwirtschaft. Dabei sind Bauern als "vierter Stand" auf den seit 1869 in regelmäßigen Abständen einberufenen Landtagen sogar wahlberechtigt, im Gegensatz zu anderen Gruppen (von drei Finnen verschafft sich nur einer Gehör).

Ende der Autonomie und Russifizierung

Unter dem reaktionären Nachfolger Alexander III. (1881–1894) beginnt sich die Russifizierungswelle im ganzen Zarenreich auszudehnen; auch sein Erbe Nikolaus II. (1894–1917) fördert diese nationale Strömung und international den Panslawismus. 1898 ernennt der (letzte) Zar Bobrikov zum Generalgouverneur Finnlands. Gleichzeitig ist Bobrikov Oberbefehlshaber der finnischen Armee und versucht diese mit der zaristischen zu verschmelzen. Weitere Maßnahmen sind die Einführung der russischen Sprache als Pflichtfach in den Schulen, als Staatssprache in der Verwaltung und die Aufnahme von Russen ins schwedisch-finnische Beamtentum. Eine Petition gegen diese Maßnahmen (mit über 500 000 Unterschriften) wird dem Zaren überreicht, der sie jedoch zurückweist; daraufhin wird der passive Widerstand von weiten Kreisen der finnischen Gesellschaft mitgetragen. In seinem symphonischen Werk "Finlandia" wiederspiegelt Jean Sibelius 1899 die Stimmung seines Volkes.

Revolution und Reaktion

Über die Hälfte der Wehrpflichtigen erscheint 1902 nicht zum Appell; mit weitgehenden Vollmachten ausgestattet, greift Bobrikov recht rigide durch und spaltet so die Opposition in Nachgiebige und Radikale. Einem Attentat fällt er 1904 zum Opfer. Ende Oktober 1905 kommt es nach dem russisch-japanischen Krieg zu einer revolutionären Erhebung in St. Petersburg. Der Funke springt über, die finnischen Arbeiter treten in den Generalstreik. Um die Ordnung wiederherzustellen, annulliert der Zar die Erlasse Bobrikovs.
Die Liberalen übernehmen das Ruder im Senat, und als Ersatz für den Landtag billigt der Zar 1906 ein Parlament. Alle erhalten jetzt das Wahlrecht, erstmals in Europa auch Frauen; 1907 erringen die Sozialdemokraten 80 von 200 Sitzen. Eine so starke Linke in einem fast wieder autonomen Finnland (das Volk ist formal mit bürgerlichen Grundrechten ausgestattet) empfinden der Zar und die nationale Rechte als eine Gefahr für den Bestand von Reich und Regime. Ab 1908 wird der russische Ministerrat zum "Schiedsrichter" in finnischen Belangen, ab 1910 entscheidet das russische Parlament, die Duma, über alles, was von allgemeinem Staatsinteresse ist, und die Eduskunta (= Parlament) nur noch über Lokales; ab 1912 haben die Russen die gleichen Rechte wie die Finnen im Großherzogtum.

"Grünes Gold" Bedeutung der Holzwirtschaft

Das Motto für Finnlands Ökonomie um die Jahrhundertwende: Holz. Die weiten Wälder sind die Basis für den wirtschaftlichen Aufschwung; zwischen 1875 und 1914 vervierfacht sich die Ausfuhr an Schnittholz, um 1910 erbringt dieser Wirtschaftszweig 40% der Exporterlöse mit Papier, Derivaten und Rohholz, 1913 sogar über 70%. Es gibt viel Arbeit, von 102 000 Industriebeschäftigten sind 31 000 beim Sägen tätig (sowie Tausende in der Papierherstellung. Holz und Papier sind bis heute bestimmende Faktoren in der finnischen Wirtschaft geblieben; die sonstige Industrieentwicklung verläuft dagegen eher schleppend. Eine wohlhabende Schicht von Bauern als Forstbesitzer formiert sich zum ländlichen Mittelstand. Obwohl viel Reichtum aus der Natur gezogen wird (wenn auch nur saisonal), wandern Kleinlandwirte und andere Benachteiligte ab in die aufstrebenden Städte der Umgebung: St. Petersburg vermeldet 1884 über 24 000 Finnen.

Am Rande des Ersten Weltkriegs

1905 nimmt Nikolaus II. auch Abschied von dem Plan, die Finnen in die zaristische Armee zu zwingen. Für 10 Millionen Finnmark im Jahr kann sich das ganze Volk jetzt von der Einberufung "freikaufen". Als Rußland am 30. Juli 1914 die Generalmobilmachung anordnet, bleiben Finnlands Männer draußen vor der Kaserne. Metall- und andere Industrien erleben bis 1917 einen Boom; es sind goldene Zeiten für Spekulanten und Profiteure. Bei den Wahlen von 1916 gewinnen die Sozialdemokraten die Mehrheit,

103 Sitze. 2000 Finnen (viele schwedisch-sprachige Studenten sind darunter) verlassen das Land, um in Deutschland Militärdienst zu leisten – als Ausbildung für den drohenden Kampf gegen Rußland.

Am Rande des Ersten Weltkriegs (Fortsetzung)

Unabhängiges Suomi

Der Schritt zur Souveränität

Am 15. März 1917 dankt der Zar ab und Rußland wird Republik. Die Provisorische Regierung in Petrograd hebt am 20. März die reaktionären Erlasse auf und ernennt einen finnenfreundlichen Generalgouverneur; die Hälfte der Sitze im Senat besetzen Sozialdemokraten. Diese wollen nun in Verhandlungen mit dem Rußland Kerenskijs die volle Selbständigkeit für Finnland erlangen, treffen jedoch auf entschiedenen Widerstand und suchen deshalb die Verständigung mit den Bolschewiki. Am 17./18. Juli beschließt das Parlament ein von dem Kongreß der Sowjets abgesegnetes Gesetz, das Finnland von fremder Oberhoheit befreit; daraufhin wird am 31. Juli die Eduskunta per Order aufgelöst.

Sitzung des ersten Kabinetts eines unabhängigen Finnlands am 4. Dezember 1917

Erringung der Selbständigkeit

Bei den Neuwahlen am 3./4. Oktober gewinnen die bürgerlichen Parteien 108 Sitze, also die Mehrheit. Die Lebenshaltungskosten haben sich in vier Jahren vervierfacht, die Finnmark ist nur noch ein Viertel so viel wert wie 1913. Am 7. November übernehmen die Bolschewiki in Petrograd die Macht, und im gesellschaftlich gärenden Finnland wird am 13. Nov. der Generalstreik ausgerufen. Am 16. wollen Radikalsozialisten die Staatsgewalt ergreifen, aber die Gewerkschaften spielen nicht mit. Nach Ende des Generalstreiks (19. Nov.) mit Annahme des Acht-Stunden-Arbeitstags erhält die Regierung die Initiative zurück. Alle Bürgerlichen erstreben jetzt die Unabhängigkeit, Finnland soll nicht Teil eines neuen "roten", sowjetischen Reichs werden. Am 6. Dezember billigt die Eduskunta den Weg zum souveränen Suomi; und Lenin, der seit dem 22. Dez. mit dem Deutschen

Erringung der Selbständigkeit (Fortsetzung)

Reich Friedensverhandlungen führt, entläßt das gespaltene Finnland am 31. Dezember in eine Selbständigkeit, die aller Voraussicht nach in einen Bürgerkrieg münden kann.

"Rote" gegen "Weiße" unter General Mannerheim

→ *Baedeker Special* S. 135

Schon seit Sommer 1917 bilden sich Arbeitermilizen und Bauernmilizen im Süden des Landes. Die Arbeiterbewegung betrachtet die Parlamentsvollmacht vom 12. Januar 1918 an die Regierung, Polizei und reguläre Truppen zur Wiederherstellung der Ordnung aufzustellen, als Kampfansage. Am 19. Januar 1918 geraten Rote und Weiße Garde (auf der karelischen Landenge) erstmals aneinander; am gleichen Tag übernimmt General Mannerheim (30 Jahre in russischen Diensten) den Oberbefehl über die neue Armee. Während die Weißen die sowjetischen Garnisonen in Vaasa entwaffnen, besetzen die Roten am 27./28. Januar Helsinki. Der Süden ist nun "rot", der Norden "weiß"; im März landet ein deutsches Expeditionskorps, und Mannerheim nimmt Tampere ein.

Sieg der "Weißen"

Im April bricht der rote Widerstand zusammen. Mehr als 25 000 Opfer sind zu beklagen, im Krieg gefallen, ermordet durch den Terror der Roten, umgekommen in den Lagern der Weißen – lange Zeit ein nationales Trauma. Dabei befanden sich die bürgerlichen Weißen von ihrem Selbstverständnis her sowohl in einem Befreiungskampf ("vapaussota") gegen die Sowjets als auch, wie der Tagesbefehl Mannerheims vom 23. Februar zeigt, auf einem Eroberungsfeldzug in Ost-Karelien.

Ein deutscher Herrscher

Nach dem Friedensschluß am 3. März 1918 zwischen dem Deutschen Reich und Sowjetrußland gerät Finnland politisch wie wirtschaftlich unter deutsche Hegemonie. Im Juli wird dem Land im Rahmen einer Militärallianz und zur Herstellung dauerhafter freundschaftlicher Beziehungen ein deutscher Prinz als neuer Monarch aufgedrängt. Gegen den Willen der Deutschen wünschen sich die Finnen Oskar, des Kaisers Sohn, als Regenten. So unterstützen die Deutschen Finnland nicht in ihrer Forderung nach Ost-Karelien. Am 9. Oktober 1918 wird Friedrich-Karl von Hessen vom "weißen" Eduskunta mit 64 zu 41 Stimmen zum König gewählt; am 14. Dezember jedoch (das Reich ist inzwischen Republik) verzichtet er auf den Thron, und die deutsche Dominanz geht zu Ende.

Die unruhige Republik

Das junge, in Preußen ausgebildete Offizierskorps bestimmt die Armee. Im Osten versucht Finnland weiterhin, Einfluß in Karelien zu gewinnen; erst nach Gründung einer Sowjetrepublik schließt der neue Staat mit Sowjetrußland zur Sicherung seiner Grenzen im Oktober 1920 Frieden. Am Eismeer erhält Finnland dabei den einzigen eisfreien Hafen, Petsamo. Um internationale Anerkennung und um einen Ausgleich mit Schweden sowie der schwedisch-sprachigen Bevölkerung im Lande bemüht, gesteht die Republik den Ålandinseln 1920 die Selbstverwaltung zu. Im Innern bleibt der tiefe Graben zwischen Weiß und Rot bestehen: 1922 wird die Akademisch-Karelische Gesellschaft (AKS) gegründet, ein Verein, der die totale Finnlandisierung der Gesellschaft auf seine Fahnen schreibt (viele Studenten sind Mitglieder). Linke suchen nach 1923 beim Verbot der linkssozialistischen Partei ihr Glück im finnischsprachigen, kommunistischen Karelien. Sie bestimmen die Gewerkschaftspolitik; als Streikbrecher-Organisation formiert sich die Organisation "Vientirauha", deren Mitglieder meist aus dem ländlichen Österbotten stammen, wo die Lapua-Bewegung (siehe unten) auch ihre Wurzeln hat.

Im Land nimmt die städtische Bevölkerung rapide zu, die Wirtschaft floriert (besonders 1925/1928), Holz bringt den Bauern Geld und den Kommunisten die meisten Stimmen von armen Waldarbeitern. Der Held des Jahrzehnts ist aber kein Haudegen, sondern der große Langstreckenläufer: Paavo Nurmi.

Kommunisten kontra Konservative

Am letzten Sonntag im November 1929 marschiert der kommunistische Jugendverband mit wehendem roten Tuch durch Lapua, eine Provokation für die gottesfürchtigen Bürger des kleinen Städtchens. Die Agitation greift um sich, und landauf landab kommt es zu Ausschreitungen gegen Sozialisten, an die sich die "Suojeluskunta", eine paramilitärische Truppe von 100 000 Mann, beteiligt. Der weiße Terror geht unkontrolliert weiter. Am 14. Oktober 1930 wird der liberale Ex-Präsident Ståhlberg zur sowjetischen Grenze deportiert; daraufhin distanzieren sich die konservativen Kräfte von der 'Bewegung'. Im November billigt die Eduskunta das Verbot jeglicher kommunistischer Tätigkeit.

Kommunisten kontra Konservative (Fortsetzung)

Im März 1932 rufen einige Lapua-Leute zum Regierungsturz auf, aber die Armee schließt sich dieser Forderung nicht an; die Anführer erhalten milde Urteile, und im April wird die Volkspatriotische Bewegung (IKL) gegründet. Sie gerät bald ins faschistische Fahrwasser und spielt deshalb in Finnland nur eine marginale Rolle. Im März 1937 macht dann die agrar-konservative Regierung einer Mitte-Links Regierung Platz.
Lange bestimmen die Bauern das Geschehen; 1930 werden noch 47% des Bruttosozialprodukts auf dem Land erzeugt (in Schweden nur 13%). Neben Holz sind jetzt auch mit Getreide oder Milch Gewinne zu erzielen. Gegen Ende der 30er Jahre verbessert sich die Situation der Arbeiter, und ihnen wird bezahlter Urlaub zugestanden. Wichtigster Handelspartner ist bis 1940 Großbritannien vor Hitler-Deutschland.

Zweiter Weltkrieg und die Folgen

Von Krieg zu Krieg

Die Sowjetunion strebt eine weiterreichende Sicherung ihrer Grenzen an (Leningrad ist nur 30 km entfernt). Für eine Flottenbasis auf Suursaari in der Finnischen Bucht ist Stalin bereit, der Fortifizierung Ålands durch Finnland zuzustimmen; ein sehr günstiger Handelsvertrag und ein Gebietsaustausch werden angeregt; im März 1939 enden die Gespräche ergebnislos. Der 'Hitler-Stalin-Pakt' vom 23. August schlägt Finnland der sowjetischen Interessensphäre zu, mitsamt dem Baltikum (das wird annektiert).

Winterkrieg

Bis 13. November folgen weitere Gespräche mit der Großmacht, wieder ohne Resultat; am 30. November überschreitet die Rote Armee die Grenze, und der "Winterkrieg" (finnisch "talvisota") beginnt. Trotz ('heroisch' gesehener) Anfangserfolge der sich verteidigenden Nation (dank mangelhafter Ausrüstung und schlechter Ausbildung des Gegners) ist der sowjetische Sieg im Winterkrieg nur eine Frage der Zeit. Ein britisches Hilfsangebot kommt nicht zum Zuge, denn Schweden erlaubt den Truppen kein Transit; in aussichtsloser Lage sucht das Land den Frieden mit dem übermächtigen Nachbarn.

Verlust Kareliens

Am 13. April 1940 unterzeichnet Finnland in Moskau die Bedingungen: u. a. Abtretung der karelischen Landenge mit Vyborg, Suursaari und den östlichen Inseln in der Bucht, Überlassung der Hanko-Halbinsel auf 30 Jahre als Flottenbasis.

Fortsetzungskrieg Bündnis mit Hitler-Deutschland

Suomi hofft, mit Hitlers Hilfe verlorenes Terrain zurückzugewinnen, und billigt deshalb im August die Stationierung von Verbänden in Lappland (zur Unterstützung von Wehrmachtseinheiten im besetzten Norwegen); dafür erhält es Waffen und Gerät. Mitte Dezember befiehlt Hitler, den Angriff auf die Sowjetunion vorzubereiten. Am 22. Juni 1941 greift Nazi-Deutschland die Sowjetunion an, Finnland folgt Anfang Juli (nach der Mobilisierung). Im sogenannten "Fortsetzungskrieg" kann das Land, gut aufgerüstet, seine selbstgesteckten militärischen Ziele in Karelien bis Ende 1941 erreichen, auch, weil es sich nicht am Angriff auf Leningrad beteiligt. Die Frontlinie entlang des Swir und dem Onega-See hält bis zur sowjetischen Gegenoffensive im Juni 1944. Die finnische Führung geht derweil davon aus, Ost-Karelien (und die Kola-Halbinsel) einzugliedern; aber der Vorstoß der Wehrmacht kommt vor Murmansk zum Stehen, und nach Stalingrad sucht Suomi die Verständigung mit der Sowjetunion. Mit 150 000 Mann im Lande kann Deutschland aber genügend Druck ausüben, um Finnland bis August 1944 bei der Stange zu halten.

Bedingungen zum Waffenstillstand

Erst Mannerheim, Armeechef und neuer Präsident, trennt sein Land von Hitler-Deutschland als Vorbedingung zum Waffenstillstand. Die Eduskunta akzeptiert am 19. September 1944 das Unvermeidliche: die Grenzen von 1940 und der Verlust von Petsamo, Flottenbasis in Porkkala statt Hanko, Entwaffnung der deutschen Truppen binnen zweieinhalb Monaten, Reparationen im Wert von 300 Millionen US-$, zahlbar in sechs Jahren und Verbot aller "rechtsradikaler" Organisationen sowie Durchführung von "Kriegsverbrecherprozessen".

Die letzten Kämpfe

Während die deutschen Truppen den Süden des Landes räumen, ohne Widerstand zu leisten, kommt es in Lappland zu erbitterten Kämpfen, werden viele Siedlungen zerstört, viele Finnen sterben auf der Flucht. Eine sowjet-beherrschte Allierte Kontrollkommission regelt drei Jahre lang das politische und wirtschaftliche Geschehen der Nation, die sich nicht als besiegt betrachtet.

Pariser Friedensvertrag

Im Pariser Friedensvertrag vom 10. 2. 1947 werden die Waffenstillstandsbedingungen bestätigt und die Armeestärke verringert. Finnland zahlt einen hohen Preis für den Frieden: Die Reparationen sind (gemessen am Bruttosozialprodukt) viermal so groß wie die deutschen Zahlungen von 1925 bis 1930. Und fast eine halbe Million Menschen aus Ost-Karelien und mehr als 100 000 Menschen in Lappland brauchen wieder ein Dach über dem Kopf.

Freundschaftspakt

Die neue politische Großwetterlage bringt 1944 die Kommunisten in die Regierung; mit 49 Sitzen in der Eduskunta sind sie vor den beinahe gleichstarken Sozialdemokraten und Agrariern (Zentrum) stärkste Fraktion. 1946 wird der Realist Juho Kusti Paasikivi Präsident (nach dem Rücktritt des kriegsbelasteten Mannerheim), und in seiner Amtszeit verfliegt nach bösem Erwachen endgültig der Traum von einem "Groß-Finnland". Am 6. April 1948 schließt Finnland mit der Sowjetunion einen "Vertrag über Freundschaft, Zusammenarbeit und gegenseitigen Beistand". Er bindet das Land an den kommunistischen Block, ohne daß es wie andere Staaten an den Grenzen der Sowjetunion seine innere Souveränität verliert; der übermächtige Nachbar erhält den Status des 'Meistbegünstigten'.

Die Ära Kekkonen

Seit 1950 Ministerpräsident

Im Jahre 1950 wird Paasikivi wiedergewählt, und der Justizminister zur Zeit der "Kriegsverbrecherprozesse", Urho Kaleva Kekkonnen, Ministerpräsident. Den Zentrumspolitiker betrachtet die Sowjetunion als Garanten für den Bestand freundschaftlicher Beziehungen zu Suomi, und Kekkonen nutzt seine Schlüsselposition, auch zum eigenen Vorteil. 1952 rollen dann die letzten Güterwaggons gen Leningrad, während Helsinki "die Jugend der Welt" zu den Olympischen Sommerspielen begrüßt (verspätet, da 1940 ausgefallen). 1955 gibt Moskau den Stützpunkt Porkkala zurück, nach Verlängerung des Freundschaftsvertrags um 20 Jahre; jetzt ist Finnland auch Mitglied der UNO und im Nordischen Rat.

Seit 1956 Staatspräsident

Am 1. März 1956 übernimmt Kekkonen das Amt des Staatspräsidenten: Er wird es über 25 Jahre bekleiden. Die Sozialdemokraten stehen anfangs abseits seiner prosowjetischen, aktiv-neutralen Politik, aus Mißtrauen gegenüber den Kommunisten (1958 stärkste Partei in der Eduskunta, mit 50 Sitzen). 1961 schließt sich Finnland der EFTA an, nachdem sich die Europäische Freihandelsgemeinschaft auch für die Sowjetunion öffnet.

Politische und wirtschaftliche Erfolge

In Skandinavien möchte das Land als Wahrer der Balance gelten, neben dem ganz neutralen Schweden und den NATO-Staaten Norwegen und Dänemark. Die Reibungen mit der schwedisch-sprachigen Bevölkerung lassen nach, weil diese zahlenmäßig weniger wird; weit über 300 000 Finnen verlassen das Land, um jenseits des Bottnischen Meerbusens zu arbeiten.

Politische und wirtschaftliche Erfolge (Fortsetzung)

Immer weniger Finnen verdienen Geld in der Land- und Forstwirtschaft. Waren es 1950 noch 45,8% der Erwerbstätigen, so zählte man 1960 nur noch 35,2% und 1970 gerade mal 20,3%; beim Handel waren es 1970 knapp 19% und bei Dienstleistungen gut 18%, beinahe doppelt so viele wie 20 Jahre vorher.
In der neustrukturierten Gesellschaft gewinnen die Sozialdemokraten 1966 die meisten Sitze (55) und behalten bis heute die Mehrheit im Parlament. Bei den Präsidentschaftswahlen 1968 unterstützen sie erstmals Kekkonen (gegen einen konservativen Gegenkandidaten). Fast zur Regel wird nun die Bildung von einer breiten Mitte-Links Regierung mit Vertretungen der schwedischsprachigen Finnen, der Liberalen und der Kommunisten. So entsteht eine auf Konsens zwischen den Parteien gegründete Demokratie, die Kekkonen meisterhaft steuert.

Konferenz über Sicherheit und Zusammenarbeit in Europa

Um aller Welt zu zeigen, daß Finnland nicht ein nützliches Werkzeug in den Händen der östlichen Supermacht ist, sondern (nach lehrreicher jüngerer Geschichte) durchaus seinen eigenen Weg geht, strebt Kekkonen 1969 eine "Konferenz über Sicherheit und Zusammenarbeit in Europa" (KSZE) an. Von 1972 bis 1975 tagen die Abgesandten aller europäischen Staaten außer Albanien in der Hauptstadt, und jetzt wird Helsinki zum Begriff für Entspannung. Siehe dazu auch S. 131.
Im Jahre 1973 nimmt Finnland gleichzeitig diplomatische Beziehungen mit der Bundesrepublik Deutschland und mit der einstigen Deutschen Demokratischen Republik auf. Im gleichen Jahr schließt es mit der Europäischen Wirtschaftsgemeinschaft ein Freihandelsabkommen ab. Bei den Importen steht die Bundesrepublik Deutschland an erster Stelle, bei den Exporten Großbritannien.

Das Ende der Ära Kekkonen 1981

Die Eduskunta verlängert die Amtszeit Urho Kekkonens um vier Jahre, und 1978 wird er mit 259 von 300 Stimmen der Abgeordneten für weitere sechs Jahre zum Präsidenten gewählt. 1981 erleidet Kekkonen mehrere Schlaganfälle und scheidet als einer der dienstältesten politischen Dirigenten Europas aus dem Amt.

Wendung nach Westen

Staatspräsident Mauno Koivisto 1981

Neuer Staatspräsident (und erster Sozialdemokrat in diesem Amt) ist Mauno Koivisto, ein Entscheid, der die gesellschaftspolitische Wirklichkeit aufzeigt. 1985 kommen die Außenminister der KSZE-Staaten zum Gedankenaustausch in Helsinki zusammen. Im August 1986 trauert die Nation um Urho Kaleva Kekkonen.

Reichstagswahlen 1987

Bei den Reichstagswahlen am 15. und 16. März 1987 gewinnen die Konservativen an Stimmen, während die Sozialdemokraten ein Mandat verlieren. Am 25. April bilden die Konservativen, die Sozialdemokraten, die Schwedische Volkspartei und die Landvolkspartei eine neue Koalitionsregierung, geführt von dem designierten Ministerpräsidenten Harri Holkeri (Sozialdemokrat).

Neutralitätsstatus 1988

Am 25. Okt. 1988 trifft der sowjetische Staatschef Michail Gorbatschow zu einem Staatsbesuch in Helsinki ein. Gemeinsam mit Staatspräsident Koivisto unterzeichnet er eine finnisch-sowjetische Deklaration, in der erstmals Finnlands Status als neutrales Land ohne Einschränkung anerkannt wird; ferner werden Vereinbarungen unterzeichnet über Zusammenarbeit auf wirtschaftlichem und kulturellem Gebiet sowie bei Fragen des Umweltschutzes.

1990

Im Rahmen der Diskussion um einen EG-Beitritt der skandinavischen Länder Norwegen, Schweden und Finnland erklärt Ministerpräsident Holkeri, eine Mitgliedschaft Finnlands in der Europäischen Gemeinschaft sei mit der Beibehaltung der Neutralität nicht vereinbar (November).

"Finnlandisierung" – ein Kampfbegriff aus der Zeit des Kalten Krieges

Erinnern wir uns an die Bundesrepublik der siebziger Jahre: Während Bundeskanzler Willy Brandt die Entspannungspolitik versuchte, wurde die SPD von Opposition und konservativer Presse der "Finnlandisierung" Deutschlands gescholten. Besonders Franz-Josef Strauß liebte diesen demagogisch gemeinten Kampfbegriff aus der Mottenkiste des Kalten Krieges, obwohl die meisten Bundesbürger wohl gar nicht genau verstanden, was damit eigentlich gemeint war – Finnland war doch ein demokratisches und marktwirtschaftliches Land, wenn auch neutral. Aber das waren Österreich und Schweden doch auch?!
Der damalige Staatspräsident Finnlands Urho Kekkonen dagegen nahm das geflügelte Wort von der "Finnlandisierung" als Kompliment für seine gelungene Balancepolitik zwischen West und Ost. Ohne einen Blick auf die finnische Geschichte kann man diesen Kampf um einen Begriff nicht erklären.
Das kleine Finnland hatte im Winterkrieg 1939/1940 erfolgreich einen sowjetischen Angriff abgewehrt und kam im Friedensvertrag vom März 1940 mit erträglichen Gebietsabtretungen davon. 1941 bis 1944 beteiligte sich Finnland am deutschen Angriff auf die Sowjetunion, verhielt sich dabei aber militärisch eher zurückhaltend: Es ging Marschall Mannerheim nur um die Rückgewinnung der 1940 verlorenen Gebiete. Außerdem hatte man Angst, von den Deutschen besetzt zu werden, falls man sich nicht mit ihnen verbündete.

Im September 1944 verließ Finnland das sinkende Schiff der Achsenmächte. Im Friedensvertrag von 1947 mußte die Regierung endgültig die Gebietsverluste von 1940 anerkennen und verlor noch Petsamo, den einzigen finnischen Eismeerhafen. 600 Millionen Dollar an Reparationen waren zudem noch an die Sowjetunion zu bezahlen. Die Halbinsel Porkkala mußte auf 50 Jahre an den roten Nachbarn verpachtet werden. Überraschenderweise gab Moskau den Stützpunkt bereits 1955 wieder zurück.
Ein Freundschafts- und Beistandvertrag, der 1948 mit dem großen Nachbarn geschlossen wurde, ließ im Westen zum ersten Mal das Wort von der "Finnlandisierung" aufkommen: Helsinki verpflichtete sich, keine fremden Truppen ins Land zu lassen und keiner Allianz beizutreten, die gegen die Sowjetunion gerichtet sein könnte. Während man sich im übrigen Europa auf die Konfrontation der Supermächte und auf feindliches Blockdenken einstellte, schien sich Finnland von Moskau eine Neutralität auferlegen zu lassen, obwohl es eigentlich eine westliche Nation war. Das erregte Widerwillen in vielen westlichen Hauptstädten.

Doch die Finnen hatten keine Wahl in diesen beiden kritischen Jahren 1947 und 1948: Das Schicksal der osteuropäischen Staaten bot ein warnendes Beispiel dafür, wie die Sowjetunion mit Ländern innerhalb ihres Machtbereiches umspringen konnte; die damals sehr starke Position der finnischen, angeblich putschbereiten Kommunisten und die lange, verletzliche Landgrenze zur Sowjetunion taten ein übriges, um die Regierung unter Juho Kusti Paasikivi zum Einlenken zu zwingen. Einen dritten Waffengang gegen die Russen innerhalb eines Jahrzehnts konnte und wollte man sich nicht mehr vorstellen. In den folgenden Jahren mußte Finnland immer wieder sowjetische Interessen berücksichtigen. Man konnte weder am Marshall-Plan partizipieren noch der NATO beitreten. Im Gegenzug wurde man nicht besetzt und blieb innen- und außenpolitisch souverän.

Wirtschaftlich ging es nach dem Krieg rasch bergauf, was zur Entschärfung der Lage beitrug; Finnland kam dank seiner Holzexporte zu Reichtum und wurde Industrienation. Viele Kritiker beargwöhnten die erfolgreiche Schaukelpolitik der Finnen. Vertraglich und z. T. wirtschaftlich an die Sowjetunion gebunden, hatte sich Finnland seine Unabhängigkeit und Neutralität bewahren können – aber mit dem Vorbehalt, nicht die Freiheit zu besitzen, einem westlichen Militärbündnis beitreten zu können. Auch Kritik an "innersowjetischen Angelegenheiten" kam finnischen Politikern der Nachkriegszeit fast nie über die Lippen, selbst in der Endphase der Sowjetunion nicht, als 1990/1991 auf der anderen Seite der Ostsee die baltischen Staaten auf Unabhängigkeit drängten.

Der große Staatsmann Urho Kaleva Kekkonen konnte in der Zeit des "Kalten Krieges" den finnisch-sowjetischen Ausgleich durchsetzen. Er verglich die finnische Außenpolitik jener Jahre mit dem indischen Seiltrick: man sieht es, aber man kann es nicht glauben. Dabei war sein außenpolitisches Rezept einfach, aber wirkungsvoll: Nicht politischer Druck, sondern nur Entspannung konnte Finnland den Weg der angestrebten Neutralität zwischen Ost und West offenhalten. Der "Große Coup" Kekkonens war, als er 1969 sein Land als Gastgeber für die Sicherheitskonferenz aller europäischer Staaten sowie Kanada und der USA anbot, einer Konferenz, die nach jahrelanger Vorbereitung schließlich 1975 zustande kam und mit der Unterzeichnung der "KSZE-Akte" endete. Damit war Finnland nicht mehr das kleine Land, das sorgfältig zwischen West und Ost lavieren mußte, sondern ein selbstbewußter Staat, der dazu beigetragen hatte, daß West und Ost bei dem schwierigen Lernprozeß des gemeinsamen Sicharrangierens ein gutes Stück vorangekommen waren, und die Machtblöcke sich allmählich aufzulösen begannen.

Das Porkkala-Abkommen zwischen der Sowjetunion und Finnland wird 1955 unterzeichnet. Es regelt die Rückgabe von Porkkala an Finnland und eine Kooperation der Länder.

Aufhebung des Freundschaftspaktes mit der ehem. Sowjetunion 1991	Nach dem Ende der Sowjetunion 1991 wird der Freundschaftspakt aufgelöst und ohne die bindenden Beistandsklauseln mit der Russischen Förderation erneuert. Für Finnland war der starke Nachbar im Osten seit langem ein wichtiger und ebenso willkommener Wirtschaftspartner; erst jetzt, befreit von nötiger Rücksichtsnahme strebt es in die Europäische Union. Und auch das Verhältnis zu den skandinavischen Nachbarn im Westen bessert sich grundlegend. Der gemeinsam geplante Spatenstich der vier für ihren neuen Botschaftskomplex zu Berlin ist dafür das letzte Beispiel.
Grundlagenvertrag mit Rußland 1992	Aufgrund der veränderten Lage in Mittel- und Osteuropa schließen Finnland und Rußland im Januar einen neuen Grundlagenvertrag, der in Helsinki unterzeichnet wird. Er enthält keine Konsultations- oder Beistandsklausel wie der Vertrag zwischen Finnland und der Sowjetunion von 1948.
EG-Beitrittsgesuch 1992	Wenige Wochen später stimmt das finnische Parlament dem EG-Beitrittsgesuch des Landes zu; am Nachmittag des gleichen Tages wird der Antrag von finnischen Diplomaten in Brüssel überreicht (18. März).
1993	Da hohe Arbeitslosigkeit und Staatsverschuldung eine Krise verursacht haben, werden im Herbst drastische Sparmaßnahmen angekündigt. Die Bewachung der finnischen Grenze gegen Rußland soll verstärkt werden.
1994	Am 1. März tritt der Sozialdemokrat und ehemalige Sonderbeauftragte der Vereinten Nationen in Afrika, Martti Ahtisaari, die Nachfolge Mauno Koivistos als Staatspräsident Finnlands an. Bei einer Volksabstimmung spricht sich die Mehrheit der finnischen Bevölkerung für den Beitritt des Landes zur Europäischen Union (EU) aus.
1995	Finnland wird Mitglied der Europäischen Union (1. Januar). Aus den Reichstagswahlen (März) gehen die Sozialdemokraten als Sieger hervor. Neuer Ministerpräsident wird der sozialdemokratische Parteichef Paavo Lipponen.
1997	Königin Margarethe II. von Dänemark, König Carl XVI. Gustav von Schweden, König Karl V. von Norwegen sowie die Staatspräsidenten Martti Ahtisaari (Finnland) und Olafur Ragnar Grimsson (Island) feiern und bekräftigen die Gründung der Kalmarer Union vor 600 Jahren im schwedischen Ort Kalmar. Der Stuttgarter Automobilkonzern Porsche vergibt wegen Kapazitätsengpässen den Auftrag zum Bau der neuen Porsche Boxster an das finnische Unternehmen Valmet Automotive in Uusikaupunki. Hier lag die Arbeitslosigkeit zuvor bei 40%.
1999	Die regierenden Sozialdemokraten haben bei den Parlamentswahlen trotz starker Verluste ihre Position als stimmstärkste Partei verteidigt. Finnland gehört zu den Gründungsländern der am 1. Januar 1999 in Kraft tretenden Europäischen Wirtschafts- und Währungsunion.
2000	Die Sozialdemokratin und frühere Außenministerin Tarja Halonen wird Staatspräsidentin. Sie ist die erste Frau in der Geschichte Finnlands, die das höchste Amt des Staates erreicht hat.

Berühmte Persönlichkeiten

Hinweis

Die nachstehende, namensalphabetisch geordnete Liste vereinigt interessante Persönlichkeiten, die durch Geburt, Aufenthalt, Wirken oder Tod mit Finnland verbunden sind und überregionale Bedeutung erlangt haben. Eine Reihe bekannter Persönlichkeiten findet man darüber hinaus in dem Kapitel → Kunstgeschichte.

Hugo Alvar Henrik Aalto
Architekt
(1898 – 1976)

Von Kollegen in allen Ländern der Welt vorbehaltlos anerkannt, gilt der Finne Alvar Aalto als Nestor der großen Architekten unseres Jahrhunderts. Er wurde am 3.2.1898 in Kuortane geboren. Nach der abgeschlossenen Ausbildung an der Technischen Hochschule in Helsinki (1916 bis 1921) eröffnete er 1923 in der damaligen Kleinstadt Jyväskylä ein kleines Architektenbüro. Zwischen ihr und dem ständig an Statur gewinnenden Architekten entwickelte sich eine Zuneigung, die über Aaltos Tod hinaus fortbesteht. Sichtbar manifestiert sie sich im städtischen Theatergebäude der heute bedeutenden Universitätsstadt.
Im Jahre 1944 wird Aalto mit dem Wiederaufbau der im Zweiten Weltkrieg zerstörten Stadt Rovaniemi beauftragt; von 1946 bis 1948 war er Gastprofessor am Massachusetts Institute of Technology in Cambridge (USA); 1955 – 1957 Beteiligung an der 'Interbau' in Berlin mit zwei Wohnhäusern im Hansaviertel; 1956 – 1958 Hochhaus im Stadtteil Neue Vahr in Bremen und Kulturzentrum in Wolfsburg; 1963 – 1972 Kunstmuseum in Ålborg (Dänemark).
Gemeinsam mit seiner ersten Frau Aino Marsio (gest. 1949) entwarf er Möbel wie die aus gebogenem Sperrholz gefertigte Serie 'Artek', die er in eigenen Industriebetrieben herstellen ließ. Sein 1959 preisgekrönter Entwurf des Opernhauses in Essen wurde unter Mitwirkung seiner zweiten Frau Elissa Makiniemi 1983 – 1988 postum ausgeführt.
Aalto gilt als ein Vertreter des 'organischen Bauens', dessen architektonisches Konzept darin bestand, Baukörper ihrer landschaftlichen Umgebung anzugleichen, wobei er nicht nur geometrische, sondern auch vielfach freie Formen verwendete, unter Nutzung einheimischer natürlicher Baustoffe, vor allem Holz.
Der Laie kann Aaltos Stil am besten als Funktionalismus im Wandel erfassen. Seine ersten beiden rein funktionalistischen Gebäude sind das Sanatorium im südwestfinnischen Ort Paimio und die arg heruntergekommene Volksbücherei (gebaut 1927) in der jetzt auch für Touristen offenen Stadt Vyborg (früher Viipuri / Viborg) auf der Karelischen Landenge, die, 1944 an die Sowjetunion abgetreten, heute zu Rußland gehört. Weitere Werke sind die Fabrik- und Wohnanlage in Sunila (1936 – 1939) oder die finnischen Pavillons zu den Weltausstellungen in Paris 1937 und in New York 1939.
Sein bekanntestes Gebäude ist die 1962 – 1971 gebaute Finlandia-Halle (Kongreß- und Konzertzentrum) in Helsinki, ein tröstliches Beispiel dafür,

Alvar Aalto
(Fortsetzung)

daß auch Nestoren irren können. Alvar Aalto wählte als Außenplatten Carrara-Marmor. Gefragt, warum er nicht finnischen Granit genommen habe, antwortete er knapp: "Italienischer Marmor ist der beste. Basta!" Nach nicht einmal zwei Jahrzehnten extremer finnischer Temperaturen begannen sich die Platten zu werfen. Alvar Aalto starb am 11. 5. 1976 in Helsinki.

Aaltos wohl bekannteste Aussage hat mit Architektur wenig zu tun. Als schweizerische Journalisten ihm bei einem Interview die übliche Schmeichelfrage stellten, ob er ein Kosmopolit sei, gab der stirnrunzelnde Finne die Antwort: "Ja, Kosmopolit aber kann man nur mit lokaler Verankerung sein."

Väino Aaltonen
Bildhauer
(1894 – 1966)

Der am 6. 3. 1894 in Karinaien bei Turku geborene Väino Aaltonen gilt als der bedeutendste finnische Bildhauer unseres Jahrhunderts. Nach einer kubistischen Phase entwickelte er – von klassizistischen Vorbildern ausgehend – einen individuellen, oft zum Monumetalen neigenden Stil. Für seine Arbeiten verwendete er zumeist Bronze und Granit, aber auch Holz. Über die Grenzen Finnlands hinaus wurde Aaltonen durch die 1924 entstandene Bronzestatue des berühmten Läufers Paavo Nurmi (1897 – 1973) bekannt, die im Athenäum (Kunstmuseum) in Helsinki steht. Von der ebenfalls 1924 entstandenen Statue des Schriftstellers Aleksis Kivi (1834 – 1872), auf dem Bahnhofsplatz in Helsinki, hat er mehrere Ausführungen geschaffen. Im Kunstmuseum von Göteborg befindet sich die Porträtbüste des Komponisten Jean Sibelius (1865 – 1957). In seiner Heimatstadt Turku, wo er seine künstlerische Laufbahn begann, gibt es ein "Väino-Aaltonen-Museum", in dem Aaltonens Arbeiten, aber auch die anderer finnischer Künstler ausgestellt sind. Väino Aaltonen starb am 30.5.1966 in Helsinki.

Mikael Agricola
Reformator
(1510 – 1557)

Mikael Agricola, der Reformator Finnlands, wurde um 1510 in Pernaja (Pernio), einem schwedischsprachigen Ort am Finnischen Meerbusen, geboren. Allerdings zeigt seine Sicherheit im Umgang mit der finnischen Sprache, daß seine Familie finnischsprachig war. In den Jahren 1536 – 1539 studierte er unter Martin Luther und Philipp Melanchthon in Wittenberg und fing dort an, von dem Vorbild Martin Luthers angeregt, die Bibel ins Finnische zu übertragen. 1537 kehrte er als Magister nach Turku zurück. 1548 konnte er das Neue Testament und 1551 den Psalter herausgeben. In diesen Ausgaben nahm er auch Luthers Vorreden in abgewandelter Form auf. Er milderte die harten und aggressiven Töne Luthers ab und ersetzte sie durch konziliantere Formulierungen, da diese der finnischen Mentalität mehr zusagen. Auch strich er die heftigen Attacken Luthers gegen die römische Kirche und den Papst. Dafür schrieb er zum Neuen Testament und zum Psalter eigene Vorreden, in denen er den Leser über die finnische Religions- und Kirchengeschichte informierte.
Außer der Übersetzung und einer Anleitung für Pfarrer und deren tägliche Bibelarbeit gab er etwa 1543 das "Ab-chiria" (= "ABC-Buch") zum Erlernen der finnischen Sprache heraus. Grundlage seiner Schriftsprache war der in Turku gesprochene Dialekt – Turku war zu der Zeit nämlich das geistige und kulturelle Zentrum des Landes. Hinzu kamen Worte aus anderen Teilen Finnlands, aber auch Neuschöpfungen. Tatsächlich kann man Mikael Agricola als den Schöpfer der finnischen Schriftsprache bezeichnen, denn er mußte aus verschiedenen finnischen Dialekten eine allgemein verständliche 'Hochsprache' entwickeln. Von seinen Lehrmeistern Luther und besonders Melanchthon übernahm er das Interesse für eine allgemeine Volksbildung, was er in vielen Vorreden zu seinen geistlichen Werken immer wieder dankbar erwähnte.
1554 wurde Agricola Bischof von Turku. Als Mitglied einer politischen Delegation fuhr er 1557 nach Moskau. Auf der Rückreise starb er am 9. 4. 1557 in Uusikirkku und wurde in Viipuri (Vyborg, heute Rußland) begraben, so daß er sein Lebenswerk nicht vollenden konnte.

Bertolt Brecht

Der am 10. 2. 1898 in Augsburg geborene deutsche Schriftsteller und Dramatiker Bertolt Brecht war bereits in den 1930er Jahren durch seine Thea-

Bertolt Brecht
Deutscher
Schriftsteller
(1898 – 1956)
(Fortsetzung)

terstücke, u.a. durch die "Dreigroschenoper" international bekannt geworden. Durch seine konsequent antifaschistische Einstellung hatte er sich die Feindschaft der Nationalsozialisten zugezogen. So mußte er nach der Machtergreifung Adolf Hitlers im Jahre 1933 aus Deutschland emigrieren und war dann über Dänemark und Schweden 1940 nach Finnland gekommen. Während seines Finnland-Aufenthaltes hielt er sich auf dem bei Helsinki gelegenen Gutshof Märlebäck der sozialdemokratischen Abgeordneten Hella Woulijoki auf und wartete auf die Erteilung eines Einreisevisums in die Vereinigten Staaten von Amerika. Über Brecht und seine Zeit auf Märlebäck schreibt Hella Woulijoki:

"... Es war ein allabendliches Symposium am Ufer des Kym. Brecht saß in sich versunken und kragenlos, die ewige Zigarre rauchend in dem Schaukelstuhl an der Tür. Helene mit ihrem edlen Profil und den feingliedrigen Fingern bediente die silberne Kaffeemaschine aus Wien. Ich streckte mich auf dem Sofa in der Ecke aus, müde vom Herumlaufen auf den Feldern und in den Wäldern von Märlebäck, glücklich und müde und erzählte – und Brecht erzählte. Von Piscator, der Theater am laufenden Band machte, und von all den Theaterverrücktheiten des deutschen Theaters in den glorreichen zwanziger Jahren, erzählte von Feuchtwanger und Kaiser und Kortner sowie von Jannings und den Ufa-Divas..."

Hier auf Märlebäck entstanden neben Gedichten die Dramen "Der gute Mensch von Sezuan" und "Puntila und sein Knecht Matti". Im Jahre 1941 fuhr Brecht über Wladiwostok in die USA weiter und kehrte dann 1947 nach Europa zurück, zuerst in die Schweiz und dann nach Deutschland, wo er sich im damaligen Ost-Berlin niederließ und gemeinsam mit seiner Frau Helene Weigel das "Berliner Ensemble" gründete. Bertolt Brecht starb am 14. 8. 1956 in Berlin.

Minna Canth
Schriftstellerin
(1844 – 1897)

Die Schriftstellerin Minna Canth ist die bedeutendste finnische Schriftstellerin des 19. Jahrhunderts. Die unvergessene finnische Kämpferin für die Rechte der finnischen Frauen wurde am 19. 3. 1844 in Tampere als Tochter einer finnlandschwedischen Kaufmannsfamilie geboren. Minna Canth besuchte eine schwedischsprachige Schule und danach das Seminar in Jyväskylä. Sie benutzte aber in ihrem literarischen Schaffen vorwiegend Finnisch als Medium. 1865 heiratete sie ihren Lehrer. Ihr Mann war aber auch als Journalist für verschiedene Zeitungen tätig und konnte so dafür sorgen, daß ihre Artikel zu Fragen des Alkoholmißbrauchs und der Situation von Arbeiterfrauen eine breitere Öffentlichkeit erreichten.

Im Jahre 1878 erschien ihre erste Novellensammlung, die sie unter dem Pseudonym "Wilja" (Ableitung von ihrem Rufnamen Wilhelmina) veröffentlichte. Nach dem Tod ihres Mannes 1879 zog sie mit ihren sieben Kindern nach Kuopio, um das Geschäft ihres Vaters zu übernehmen und um so ihre sieben Kinder durchbringen zu können. 1882 wurde ihr erstes Stück "Murtovarkaus" ("Der Einbruch") im Finnischen Theater aufgeführt.

Minna Canth kann neben Alexis Kivi als Bahnbrecherin des Naturalismus in Finnland gelten. Im Jahre 1885 schrieb sie das Stück "Työmiehen vaimo" ("Die Frau des Arbeiters"), mit dem sie eindrucksvoll die Rechtlosigkeit der Frau eines Alkoholikers in der damaligen Zeit schildert: Das Gesetz steht grundsätzlich auf der Seite des Mannes – auch des versoffenen! Es war sicher Zufall, daß kurz nach der Uraufführung dieses Stückes der Finnische Ständetag im Jahre 1885 die Gütertrennung beschloß. Damit behielt die Frau auch nach der Eheschließung das Alleinrecht auf ihr Vermögen. Das war für damalige Zeiten ein gewaltiger Fortschritt, und Minna Canth hatte durch ihr mutiges Engagement viel dazu beigetragen, daß sich in Finnland auf diesem Gebiet etwas tat. Minna Canth starb am 12. Mai 1897 in Kuopio.

Die Leistung Minna Canths für die Rechte der Frauen besteht vor allem darin, daß sie allein stritt und nur das Wort als Waffe verwendete. Bei der Parlamentsreform von 1906 erhielten die finnischen Frauen als erste in Europa (die Neuseeländerinnen hatten bereits Wahlrecht) das volle Stimmrecht!

Berühmte Persönlichkeiten

Carl Ludwig Engel

→ Reiseziele von A bis Z: Helsinki

Akseli Gallen-Kallela

→ Kunst und Kultur: Kunstgeschichte

Robert Kajanus
Komponist
(1856 – 1933)

Der Komponist und Dirigent Robert Kajanus wurde am 2.12.1856 in Helsinki geboren. Nach dem Musikstudium in Leipzig und Paris gründete er 1882 das erste finnische Sinfonieorchester in Helsinki, das er bis 1932 dirigierte. Kajanus setzte sich besonders für die Werke von Jean Sibelius ein. Darüber hinaus war er auch als Musikpädagoge tätig. Mit seinen Orchesterwerken, Kantaten, Chor- und Sololiedern wurde er der erste namhafte Vertreter einer nationalen finnischen Tonkunst, durch Verarbeitung finnischer Volksmelodik strebte er einen nationalen finnischen Musikstil an.
Zu seinen Hauptwerken gehören: "Der Tod Kullervos" (1881); zwei finnische Rhapsodien (1881, 1889); "Aimo" (1885), Sinfonie mit Schlußchor zur 50-Jahrfeier des Volksepos "Kalevala". Robert Kajanus starb am 6.7.1933 in Stockholm.

Urho Kaleva
Kekkonen
Staatspräsident
(1900 – 1986)

Der finnische Staatspräsident Urho Kaleva Kekkonen – von 1956 bis 1981 – ist ohne Zweifel der überragendste Politiker und Staatsmann in Nordeuropa während dieses Jahrhunderts. Mit 26 Dienstjahren ist er bisher das am längsten amtierende republikanische Staatsoberhaupt der Welt! Sein Bild wird nachträglich dadurch verdunkelt, daß er in den letzten Regierungsjahren ein recht eigenwilliges Regime führte. Man nannte es in Finnland 'Kekkokratur'.
Urho Kekkonen wurde am 3.9.1900 in Pielavesi in der Provinz Kuopion geboren. Er wuchs in einfachen Verhältnissen in Nordostfinnland auf. Am Freiheits- und Bürgerkrieg 1918 nahm er als Melder teil. Danach studierte er Jura und ging in die Politik. Er stieß – selbst aus einem Dorf kommend – zur Partei Agrarunion. Seit 1936 war er Mitglied des Finnischen Reichstags (Bauernpartei, später Zentrum), 1936 und zwischen 1944 und 1946 Justizminister, zwischen 1937 und 1939 Innenminister, von 1943 bis 1946 Leiter des Amts für Rationalisierung und von 1947 bis 1950 Reichstagspräsident und zugleich Außenminister.

Kekkonen war 1941 gegen den Kriegseintritt Finnlands nach Beginn des deutschen Rußlandfeldzugs. Schon 1943 trat er in Stockholm dafür ein, daß Finnland sich aus dem Krieg zurückziehe. Damals hörte kaum jemand auf ihn. Nach dem Krieg war er mehrfach Ministerpräsident, und 1956 kandidierte er für den Posten des Staatspräsidenten, der in Finnland vor allem auf außenpolitischem Gebiet mit großer Machtfülle ausgestattet ist. Er gewann mit der knappsten denkbaren Mehrheit von 151 : 149 Stimmen. Von Anfang an hatte er die meisten Bürgerlichen und zugleich einen großen Teil der Sozialdemokraten gegen sich. Stützen konnte er sich nur auf die Agrarunion (jetzt Finnisches Zentrum) und auf die Volksdemokraten, die seinen Kurs der Verständigung mit der Sowjetunion begrüßten. Aus dieser Situation heraus entwickelte Kekkonen den autoritären Regierungsstil, der sich mit zunehmendem Alter verfestigte.
Besser noch als sein Vorgänger Paasikivi vermochte Kekkonen die Staatsführungen der beiden damaligen Supermächte von der Ehrlichkeit des finnischen Neutralitätsstrebens zu überzeugen.
Urho Kekkonen war vielseitig gebildet. In Unterhaltungen zitierte er häufig Goethe, in seinen Reden Bismarck. Seine zunehmend bärbeißige Art ließ ihn schließlich zum Zuchtmeister der Nation werden. Das innenpolitische Establishment unterwarf sich seinen Forderungen, was im Ausland wesentlich zur Zählebigkeit des Begriffs 'Finnlandisierung' beitrug. Im Jahre

Urho Kaleva Kekkonen (Fortsetzung)

1981 wurde Urho Kekkonen nach einem Angelunfall geschäftsunfähig und trat zurück. Seine letzten Jahre verbrachte er bei unklarem Bewußtsein. Er starb am 11.8.1986 in Helsinki.

Aleksis Kivi Schriftsteller (1834 – 1872)

Der finnische Schriftsteller Aleksis Kivi (ursprünglich A. Stenvall) wurde am 10. Oktober 1834 als Sohn armer Schneidersleute in Nurmijärvi, Südfinnland, geboren. Vom 12. Lebensjahr an erhielt er nur gelegentlich Unterricht, mit 13 Jahren ging er nach Helsinki, wo er sich privat auf das Abitur vorbereitete, das er 1857 bestand. Nach einigen Semestern unter Entbehrungen in Helsinki verließ er die Universität und versuchte, sich mehr schlecht als recht als freier Schriftsteller durchzuschlagen. Bei Elias → Lönnrot hörte er Vorlesungen über das "Kalevala"; ferner befaßte er sich mit Geschichte und Literaturgeschichte und las Werke der Weltliteratur. Alexis Kivi, dessen Leben durch Armut und Krankheit bestimmt war, starb im Alter von 38 Jahren in geistiger Umnachtung.

Aleksis Kivi begründete die moderne Literatur in finnischer Sprache und gilt heute als deren Klassiker. Er schrieb die Tragödie "Kullervo" (1860), eine Dramatisierung der Kullervo-Episode aus dem "Kalevala", und die Charakterkomödie "Die Heideschuster" (1864).
Seine Phantasie und seine unvergleichliche Darstellungsgabe zeigen sich besonders in seinem Hauptwerk, dem Roman "Die sieben Brüder" (1870), in dem alte Sagen, Märchen und altfinnische Poesie verwoben sind. Er gilt als der erste Roman der finnischen Literatur. Starke und ursprüngliche Ausdruckskraft besitzt seine reimlose Lyrik. Er schrieb den Roman "Die sieben Brüder" während der 1860er Jahre dreimal um. Die dritte Fassung ging 1870 in Druck, als Kivi bereits schwer erkrankt war. In diesem Roman schildert er in einer derben und rustikalen Sprache mit burleskem Humor das Leben der tavastländischen Bauern.
Nach mehreren literarischen Versuchen hatte er mit der Komödie "Die Heideschuster" den ersten Erfolg. Diese Komödie wird auch heute noch gern von Freilichtbühnen aufgeführt. Seine Dramen ermöglichten die Gründung des finnischen Nationaltheaters. Kivi, der erste finnische Romancier, hat niemals vom Ertrag seiner Arbeit leben können. Er übernahm sich stets bei seiner Arbeit, schonte sich nicht und kurierte auch seine Krankheiten nicht aus. Darüber hinaus konnte er auch nicht vom Alkohol lassen. 1871 sank er, nach einer langen Zeit voller Depressionen, in geistige Umnachtung. Am 31.12.1872 starb er bei seinem Bruder in Tuusula.

Eino Leino Schriftsteller (1878 – 1926)

Der am 6. 7. 1878 in Paltamo (Provinz Oulu) als Arman Eino Leopold Lönnebohm geborene Schriftsteller Eino Leino schrieb vorwiegend formschöne patriotische Lyrik. Seine 1903 erschienene zweiteilige Gedichtsammlung "Finnische Balladen", die 1942 auch ins Deutsche übersetzt wurde, gilt als der Höhepunkt der finnischen Nationalromantik. Stil und Versmaß lehnen sich an das Nationalepos "Kalevala" an. In seinem gesamten Werk nahm er Anregungen aus dem finnischen und skandinavischen Volkstum auf. Darüber hinaus übersetzte Leino Dante, Goethe und Schiller ins Finnische und war auch journalistisch tätig. Im "Sprachenstreit", ob Finnisch oder Schwedisch Literatursprache werden sollte, nahm Leino eine freizügige Haltung ein. In den Jahren 1926 – 1930 erschien postum eine sechzehnbändige Gesamtausgabe seiner Werke. Eino Leino starb am 10. 1. 1926 in Tuusula.

Elias Lönnrot Schriftsteller (1802 – 1884)

Der am 9. 4. 1802 in dem westlich von Helsinki gelegenen Städtchen Sammatti geborene Arzt, Schriftsteller, Sprachforscher und Volkskundler Elias Lönnrot nahm nach dem Besuch der Kathedralschule in Helsinki, die er aus Geldmangel 1818 verlassen mußte, zunächst Privatunterricht. Wegen seiner guten Lateinkenntnisse konnte er eine Stellung in einer Apotheke antreten. Ab 1822 war er an der Universität Turku immatrikuliert und bestand das philologische Staatsexamen. 1829 begann er an der Universität Helsinki das Medizinstudium und promovierte 1832 mit dem Thema "On finnares magiska medicin", was bereits auf sein späteres Interessen-

Elias Lönnrot (Fortsetzung)

gebiet hindeutete. Die von ihm mitgegründete Finnische Literaturgesellschaft erkannte den Wert seiner Arbeit und unterstützte ihn fortan finanziell. Nach dem Abschluß seines Studiums war er Lönnrot als Kreisarzt in Kajaani (Provinz Oulu) tätig und sammelte bei seinen Reisen überlieferte Volksdichtung, die er 1835 im Nationalepos "Kalevala" zusammenfaßte, der größten Leistung Lönnrots (siehe dazu auch → Reiseziele von A bis Z: Kajaani).

Im Jahre 1840 erhielt Lönnrot von der Literaturgesellschaft den Auftrag, ein finnisch-schwedisches Wörterbuch mit allen vorhandenen finnischen Wörtern zusammenzustellen. Gewissermaßen als "Nebenprodukt" dieser Arbeit gab er schon 1874 einen "Schwedischen, finnischen und deutschen Sprachführer" mit etwa 10 000 Wörtern heraus. Mit diesem Wörterbuch schuf er die Grundlage zur finnischen Schriftsprache.

Außer diesen Arbeiten gab Lönnrot 1839 "Des finnischen Bauern Hausarzt" heraus, in dem er zahlreiche bisher in der finnischen Sprache unbekannte medizinische Begriffe prägte und einführte. Als ein weiteres bedeutendes Werk Lönnrots waren die 1842 erschienenen "Sprichwörter des finnischen Volkes". 1850 übernahm er eine Professur für finnische Sprache und Literatur an der Universität Helsinki.

MIt seiner Lebensarbeit vollendete er das Werk des großen finnischen Sprachwissenschaftlers Mikael Agricola (siehe Seite 52). Die von Lönnrot geschaffenen und geprägten finnischen Wörter sind zahlenmäßig gar nicht zu erfassen. 1862 gab er die Professur auf, um sich ganz der Herausgabe des finnisch-schwedischen Wörterbuches zu widmen. Das zweibändige Werk, das zwischen 1867 und 1880 fertiggestellt, umfaßt mehr als 200 000 Wörter. Der Schriftsteller, Sprachforscher und Volkskundler Elias Lönnrot starb am 19.3.1884 in seiner Geburtsstadt Sammatti.

Carl Gustav Mannerheim

→ *Baedeker Special* S. 135

Paavo Nurmi Leichtathlet (1897 – 1973)

Paavo Nurmi, einer der größten und erfolgreichsten Leichtathleten aller Zeiten, wurde am 13. 6. 1897 in Turku geboren. Als Mittel- und Langstreckenläufer setzte er neue Akzente und praktizierte bereits in den zwanziger Jahren den Hochleistungssport, wie er in unserer Zeit üblich ist. In seiner Heimatstadt Turku lief er in dem berühmten Stadion auf seiner Hausbahn, die damals allerdings noch eine Aschenbahn war, einen großen Teil seiner auch heute noch legendären Weltrekorde.

Der Langstreckenläufer Paavo Nurmi lief in der Zeit von 1922 bis 1931 insgesamt 22 Weltrekorde auf den Strecken von 1500 m bis 2000 m und brachte damit "Finnland auf die Weltkarte", so ein US-Reporter 1925 nach einem Besuch Nurmis in Amerika. Bei den Olympischen Spielen 1920 (Antwerpen), 1924 (Paris) und 1928 (Amsterdam) gewann er neun Gold- und drei Silbermedaillen, wobei er allein am 10. 7. 1924 in Paris innerhalb von 70 Minuten zwei Goldmedaillen erringen konnte.

Von der Teilnahme an den Olympischen Spielen 1932 in Los Angeles, bei denen er seine Sportler-Laufbahn mit einem Sieg im Marathonlauf krönen wollte, wurde er durch einen stark umstrittenen Beschluß des Internationalen Leichtathletik-Verbandes wegen "Verstoßes gegen das Amateurstatut" ausgeschlossen. Da die Finnen diesen Beschluß ignorierten, konnte der 36jährige Nurmi als "Nationaler Amateur" 1933 noch Finnischer Meister über 1500 m werden. Bei der Eröffnungsfeier der Olympischen Spiele 1952 in Helsinki trug Paavo Nurmi die Olympische Fackel in das Stadion.

Paavo Nurmi (Fortsetzung)

Nach seinem Abschied vom Wettkampfsport lebte Nurmi, der weiterhin großes internationales Ansehen genoß und der durch seine stets sportliche Haltung und sein korrektes Verhalten zum Vorbild für ganze Jugendgenerationen wurde, bis zu seinem Tod am 2. 10. 1973 in Helsinki. Am Olympiastadion in Helsinki steht das 1924 von dem berühmten Bildhauer Väino Aaltonen (siehe Seite 56) geschaffene Bronzestandbild Nurmis.

Juho Kusti Paasikivi Staatspräsident (1870 – 1956)

Der am 27. 11. 1870 in Tampere geborene Juho Kusti Paasikivi hat Zeit seines Lebens als verantwortlicher Politiker im Dienste seines Landes gestanden. 1918 war er Ministerpräsident der gerade entstandenen Republik. 1920 führte er die finnische Delegation bei den Verhandlungen mit der sich konsolidierenden Sowjetunion, die zum Abschluß des Friedensvertrages von Dorpat führten. In der Zeit von 1937 bis 1939 vertrat er sein Land als Gesandter in Stockholm, später in Moskau. Hier führte er die Verhandlungen mit der Sowjetregierung vor Beginn des "Winterkrieges" 1939 / 1940, schloß im März 1940 den Waffenstillstands- und Friedensvertrag mit der Sowjetunion. Ab Herbst 1944 wurde er wieder Ministerpräsident und führte die Verhandlungen, um den 1941 ausgebrochenen "Fortsetzungskrieg" zu beenden. Bis 1946 blieb er Regierungschef und übernahm dann das Amt des Staatspräsidenten.

Der konservative Politiker Paasikivi war in seiner Arbeit stets mit Erfolg bemüht, Konflikte mit dem übermächtigen Nachbarn zu vermeiden, übertriebene Forderungen der Sowjets energisch zurückzuweisen, und setzte in seiner Außenpolitik die sogenannte "Paasikivi-Linie" durch, die die Entwicklung eines gutnachbarlichen Verhältnisses zur Sowjetunion zum Ziel hatte, bei gleichzeitiger Aufrechterhaltung vertrauensvoller Beziehungen zu den westlichen Ländern und zu den skandinavischen Nachbarn. Er hatte es nicht immer leicht, seinen Landsleuten die Ziele seiner Politik zu erklären, und es galt für ihn, manchen Widerstand im eigenen Lande zu überwinden. Am Ende seiner zweiten Amtsperiode 1956 gaben die Sowjets den zwangsverpachteten Hafen und Stützpunkt Porkkala zurück und gaben ihren Widerstand gegen den Beitritt Finnlands zur UNO und zum Nordischen Rat der skandinavischen Länder auf. Nach seinem Ausscheiden aus dem Amt des Staatspräsidenten 1956 wurde er von Urhu Kekkonen abgelöst. Paasikivi starb am 14. 12. 1956 in Helsinki.

Fredrik (Friedrich) Pacius Komponist deutscher Herkunft (1809 – 1891)

Fredrik (Friedrich) Pacius, der finnische Komponist deutscher Herkunft, wurde am 19. 3. 1809 in Hamburg geboren. Er kam von Kassel über Stockholm 1934 als Universitäts-Musikdirektor nach Helsinki. Pacius gilt durch seine Opern ("Kung Karis jakt", 1852; "Princessan af Cypern", 1860, und "Loreley", 1887), Chorwerke, Kantaten und patriotischen Gesänge als Begründer einer nationalen finnischen Musik. 1843 komponierte er die von Ludvig Runeberg geschriebene finnische Nationalhymne "Vårt Land", deren Melodie auch die Hymne der Republik Estland ist. Fredrik Pacius starb am 8.1.1891 in Helsinki.

Henrik Gabriel Porthan Historiker und Ethnologe (1739 – 1804)

Der am 8. 11. 1739 im mittelfinnischen Viitasaari geborene Historiker, Ethnologe und Folklorist Henrik Gabriel Porthan war seit 1777 Professor für lateinische Sprache an der alten Akademie in Turku, wo er zu einem Vertreter der Aufklärung in den nordischen Ländern wurde. Er begründete die Geschichts- und Sprachwissenschaft in Finnland, und mit ihm begann die finnische Geschichtsschreibung. Er untersuchte die alte finnische Volksdichtung, die finnische Sprache sowie die Sitten und Gebräuche und stellte ihre Eigenständigkeit gegenüber der schwedischen Kultur heraus. Seine volkskundlichen Forschungen hatten starken Einfluß auf die Anfänge der finnischen Nationalbewegung. Einen Ruf nach Göttingen lehnte er ab weil er seinen Aufgabenbereich vor allem in Finnland sah.

Porthan veröffentlichte zahlreiche lateinische Schriften zur finnischen Geschichte, Sprach- und Literaturwissenschaft sowie zur Mythologie. Porthan starb am 16.3.1802 in Turku.

Berühmte Persönlichkeiten

Johan Ludvig Runeberg
Dichter
(1804 – 1877)

Der in schwedischer Sprache schreibende finnische Dichter Johan Ludvig Runeberg, geboren am 5.2.1804 in der nordwestfinnischen Hafen- und Zigarrenstadt Pietarsaari (Jakobstad), bestand 1822 in Vasa das Abitur. 1830 erschien sein erster Gedichtband. Er zeigt – auf schwedisch geschrieben – den Unterschied zwischen der Poesie in Schweden und der von Finnland-Schweden geschriebenen. Runebergs Gedichte sind weniger geschwollen, ungezwungener und einfacher im Ton. Auch seine Prosa ist ungekünstelt. Sein Hauptwerk ist der Balladenzyklus "Fänrik Ståls sägner" ("Erzählungen des Fähnrichs Stahl"; 1848 bis 1860), der wesentlich zur Entstehung eines finnischen Nationalbewußtseins beitrug. Das einleitende Lied "Vårt Land" wurde von Paavo Kajander ins Finnische übersetzt; in der Vertonung des 1809 in Hamburg geborenen Fredrik Pacius wurde es zur finnischen Nationalhymne. Der durch seine patriotischen Gedichte zum finnischen Nationaldichter gewordene Runeberg, wurde durch seine Epigramme und Epen ("Hanna", "Der Weihnachtsabend") und sein Drama, "Könige auf Salamis", auch im deutschen Sprachraum bekannt. Runeberg starb am 6. 5. 1877 in Porvoo (Borgå).

Jean (Johan Julius Christian) Sibelius
Komponist
(1865 – 1957)

Der international bekannte finnische Komponist Jean Sibelius wurde am 8. 12. 1865 in Hämeenlinna (Tavastehus) geboren. Ab 1885 studierte er Violine am Konservatorium in Helsinki und später Komposition in Berlin und Wien, wo er sich auch für Orchestermusik zu interessieren begann. Nach 1892 kehrte er nach Finnland zurück und lehrte als Dozent am Konservatorium und an der Orchesterschule des Philharmonischen Orchesters in Helsinki.
Mit seiner vom finnischen Nationalepos "Kalevala" inspirierten Chorsinfonie "Kullervo", die als bahnbrechend für die finnische Nationalromantik gilt, gelang ihm bereits 1892 der erste große Erfolg. Ab 1897 erhielt er ein unbefristetes staatliches Stipendium, und so konnte er sich, ohne materielle Sorgen, ganz der schöpferischen Arbeit widmen. Im Jahre 1904 zog er mit seiner Frau Aino nach Järvenpää bei Helsinki, wo er bis zu seinem Tod blieb. Es folgten zahlreiche Konzertreisen: 1901 Musikfestspiele in Heidelberg, 1911 Reisen nach Schweden und Deutschland, 1914 Norfolk-Festival in England, von 1920 bis 1924 Konzertreisen nach England, Italien und Skandinavien.

Sibelius wurde zu einem der bedeutendsten Vertreter der skandinavischen Musik. Seine sinfonischen Dichtungen sind meist programmatisch ausgerichtet, indem sie Themen der finnischen Volksdichtung, Geschichte und Mythologie musikalisch umsetzen. Das Konzert bei der Pariser Weltausstellung von 1900 brachte Sibelius u. a. mit der 1. Sinfonie e-Moll und der sinfonischen Dichtung "Finnlandia" (1899) große Anerkennung. Sein späteres Schaffen wurde durch eine stärkere Betonung des Formalen gekennzeichnet und die Verwendung einfacher, kurzer Motive.

Insgesamt schrieb Sibellus zwischen 1899 und 1924 sieben Sinfonien. Daneben schuf er die sinfonischen Dichtungen "Eine Sage" (1892), "Der Schwan von Tuonela" (1893 – 1896), "Der Barde" (1913) und "Tapiola" (1925); ferner ein Violinkonzert d-moll (1903), zwei Serenaden für Violine und Orchester (1912 / 1913), Kammermuslk, Chöre, Lieder und Klaviermusik. Nach 1930 hat Sibelius nichts mehr veröffentlicht. Seine 8. Sinfonie wurde niemals abgeschlossen.
Die Konzerthalle in Helsinki trägt den Namen "Finlandia", und im Sibeliuspark der Stadt erinnert ein modern gestaltetes Denkmal an den Komponisten. Sibelius starb in der Villa Ainola in Järvenpää nördlich von Helsinki.

Frans Eemil Silanpää
Schriftsteller
(1888 – 1964)

Frans Eemil Sillanpää hat als einziger Finne den Nobelpreis für Literatur erhalten. Das geschah im Dezember 1939, und zäh behaupten viele Finnen heute noch, die Schweden hätten dies nur getan, weil sie wegen ihres Nicht-Engagements im finnisch-sowjetischen Winterkrieg (1939/40) ein schlechtes Gewissen hatten.
Der Sohn einer kleinbürgerlichen Familie wurde 1888 in Hämmenkyro geboren, bestand 1908 das Abitur und studierte dann Naturwissenschaften. Seine schriftstellerischen Sporen verdiente er sich mit Kurz- und Fortsetzungsgeschichten in Zeitungen und Zeitschriften. 1916 erschien sein erster Roman "Elämä ja aurinko" ("Die Sonne des Lebens"), der auch in deutscher Übersetzung erschienen ist.
Sillanpää ist bis zu seinem Tod noch mit einigen Werken hervorgetreten, die über Skandinavien hinaus keine große Beachtung fanden. Die einzige Ausnahme ist "Nuorena nukkunut" (etwa: "Jung entschlafen"), sein wohl bedeutendster Roman. Er erschien unter dem Titel "Silja, die Magd" 1932 in Leipzig und 1953 in Wiesbaden. Der Roman wurde in mehrere Weltsprachen übersetzt und in Finnland zweimal verfilmt. Die Magd Silja, Tochter eines entwurzelten Bauern, die mit 22 Jahren an Schwindsucht stirbt und damit 'lächelnd ihr Schicksal vollendet', gilt als die ergreifendste Frauengestalt der finnischen Literatur.
Für sein Werk wurde Sillanpää 1939 mit dem Literatur-Nobelpreis ausgezeichnet. Er erhielt den Preis in einer Zeit, als die meisten Europäer sich für die Heeresfelddienstordnung ihres Landes interessieren mußten und für Literatur wenig Zeit hatten. Dies dürfte ein wesentlicher Grund dafür sein, daß der Preis dem Dichter keinen internationalen Durchbruch brachte, wie es in Friedenszeiten gang und gäbe ist.
Außerdem sind im deutschen Sprachraum noch bekannt: "Das fromme Elend", das unter dem Titel "Sterben und Auferstehen" 1956 ins Deutsche übersetzt wurde, und der 1933 in Deutschland erschienene Roman "Eines Mannes Weg". Sillanpää starb am 3. 6. 1964 in Helsinki.

Helvi Sipilä
Politikerin
(geb. 5. 5. 1915)

Die Politikerin und Frauenrechtlerin Helvi Sipilä wurde in Helsinki als Helvi Kaukola geboren und ist seit 1939 mit dem Juristen Sauli Sipilä verheiratet. Sie gehört zu jener Generation emanzipierter Frauen, die die Entwicklung ihres Landes entscheidend beeinflußt haben. 1939 legte sie an der Universität Helsinki ihr juristisches Staatsexamen ab und eröffnete nach einer kurzen Tätigkeit in der öffentlichen Verwaltung eine eigene Rechtsanwaltskanzlei. 1960 erhielt sie ihre erste internationale Aufgabe als finnische Repräsentantin der UN-Kommission für Frauenfragen. Seit 1964 hatte sie eine leitende Funktion im Komitee für soziale und humanitäre Fragen der UN-Generalversammlung. Zwischen 1974 und 1975, im "Jahr der Frau", war sie Generalsekretärin der UN-Frauenkonferenz. Neben ihrer Tätigkeit als Mitglied des Weltkomitees der Pfadfinder (seit 1957) kamen noch zahlreiche Aufgaben in anderen humanitären und sozialen Körperschaften. Die wichtigste Aufgabe ihres Lebens war in der Zeit 1972 – 1980 als Stellvertreterin des UN-Generalsekretärs Kurt Waldheim.

Johan Vilhelm
Snellman
Philosoph und
Staatsmann
(1806 – 1881)

Der Philosoph und Staatsmann Johan Vilhelm Snellman wurde am 12.5.1806 als Sohn einer finnisch-schwedischen Kapitänsfamilie in Stockholm geboren. Die Familie siedelte 1813 nach Kokkola (Gamlakarleby) in Österbotten über. Nach seinem Studium der Philosophie und Theologie in Turku und Helsinki wurde er 1836 Dozent. Seit 1830 war er Mitglied der "Samstagsgesellschaft", die die Anhebung des allgemeinen Bildungsniveaus und das Erwecken eines finnischen Nationalgefühls zum Ziel hatte. Snellman forderte die Befreiung des finnischen Volkes von der kul-

Johan Vilhelm Snellman (Fortsetzung)

turellen Bevormundung durch Schweden und der politischen Dominanz Rußlands. Zur Erweckung eines finnischen Nationalbewußtseins sei es notwendig, daß die finnische Sprache als eine der offiziellen Amtssprachen anerkannt werde.
Eine Bewerbung Snellmans um eine Professur in Helsinki lehnte der russische Generalgouverneur ab; eine Professur an der Universität in Lund scheiterte ebenfalls. Aus diesem Grund wandte sich Snellman in die mittelfinnische Provinzstadt Kuopio, wo er eine finnische und eine schwedische Wochenzeitung gründete. 1856 erhielt er endlich eine Professur für Philosophie an der Universität Helsinki, wo er sich zu einem Vertreter des "Linkshegelianismus" entwickelte. Die politischen Wirren durch den Krimkrieg (1853/1854) und den polnischen Aufstand (1863) konnte er geschickt für seine Ziele nutzen. Im Frühjahr 1863 wurde er von Zar Alexander II. zum Senator und Chef der Finanzverwaltung ernannt. Der Zar sicherte ihm sowohl die Einführung einer finnischen Währung als auch die Einführung einer finnischen Amtssprache im Großfürstentum Finnland zu. Schließlich wird Snellman 1866 geadelt. Nach einem abermaligen Streit mit dem russischen Generalgouverneur – diesmal um eine Eisenbahnlinie von Riihimäki nach St. Petersburg – wird er 1868 abgesetzt. Mit seinem Lebenswerk setzte er die Bemühungen um ein finnisches Nationalbewußtsein fort, die bereits Mikael Agricola 300 Jahre zuvor propagierte. Johan Vilhelm Snellman starb am 4.7.1881 in Kirkonummi.

Kaarlo Juho Ståhlberg Staatspräsident (1865–1952)

Kaarlo Juho Ståhlberg, Finnlands erstes gewähltes Staatsoberhaupt nach der Gründung der Republik im Jahre 1919, wurde am 28.1.1865 in Suomussalmi geboren. Bei den ersten Präsidentschaftswahlen 1919 konnte er sich mit 71,5 % der Stimmen gegenüber dem populären General des Freiheitskrieges, Mannerheim, durchsetzen. Der Doktor der Rechte (1892) und Professor für Verwaltungsrecht (1908) an der Universität Helsinki gilt als "Vater der Verfassung" der Republik Finnland. Zunächst war er zwischen 1898 und 1905 (der sog. Unterdrückungszeit) in der Verwaltung tätig, als der russische Imperialismus die Finnen an die panslawistische Kandare zwängen wollte. Während dieser Zeit gewann er die Erkenntnis, daß es bei politischen und juristischen Auseinandersetzungen wichtig ist, daß Gesetzestexte klar und unmißverständlich formuliert sind.
Als 1905 die "Unterdrückungeszeit" zu Ende ging, übernahm Ståhlberg die Ressorts Handel, Industrie und Soziales, wobei es ihm vor allem um die Verbesserung der Arbeits- und Lebensbedingungen der Arbeiter und Kleinbauern ging. 1907 wechselte er von der Verwaltung in die Politik und kam 1908 als "Jungfinne" in das Einkammerparlament. Im Jahre 1914 wurde er zum Präsidenten und 1917 zum Vorsitzenden des Verfassungsausschusses gewählt. In dieser Funktion arbeitete er die Verfassung der jungen Republik aus, die bis auf den heutigen Tag in ihrer Substanz gleich geblieben ist. Ståhlberg hatte nach einem glänzenden Wahlsieg von 1919 bis 1925 das Amt des Staatspräsidenten inne und lebte bis zu seinem Tod am 27.9.1952 in Helsinki.

Pehr Eyvind Svinhufvud Staatspräsident (1861–1944)

Der am 15.12.1861 in Sääksmäki geborene Pehr Eyvind Svinhufvud studierte Jura, war zunächst als Richter tätig und dann mehrfach Abgeordneter des Parlaments. Als Mitglied der finnischen Freiheitsbewegung war er während des Ersten Weltkrieges zwischen 1914 und 1917 nach Sibirien verbannt. In den Jahren 1917/1918 war er Führer der Freiheitsbewegung, die er mit deutscher Hilfe zum Sieg führte. 1917 proklamierte er als Präsident des Senats die Unabhängigkeit Finnlands und wurde Präsident der Provisorischen Regierung, von November 1917 bis Dezember 1918 war er Reichsverweser (Staatsoberhaupt).
Als Ministerpräsident 1930/1931 betrieb er eine Politik der Anlehnung an Deutschland. Von 1931 bis 1937 war er Präsident der Republik. Danach zog sich Pehr Eyvind Svinhufvud ganz aus der Politik zurück und verstarb am 29. 2. 1944 in Luukmäki.

Kunst und Kultur

Kunstgeschichte

Frühzeit und Mittelalter

Obwohl die Finnen nicht germanischen Ursprungs sind, sondern nach der Zeitenwende aus dem Baltikum einwanderten, steht die kunstgeschichtliche Entwicklung Finnlands in Frühzeit und Mittelalter in engem Zusammenhang mit jener der anderen Länder Nordeuropas. Neben Stabkirchen findet man vor allem Feldsteinbauten mit steilwinkeligem Satteldach und getrennt errichtetem Glockenturm; das meist dreischiffige Kircheninnere wird im späten Mittelalter mit Wand- und Deckenmalerei ausgestaltet (häufig pflanzlich-ornamentale Motive): Beispiele sind die Kirche in Lohja bei Helsinki (15. Jh.) und der im 13. Jh. begonnene Dom von Turku (Åbo), der im 15. Jh. ausgebaut wird.
Wie in anderen skandinavischen Ländern arbeiten auch in Finnland Künstler der Hanse. Dies bezeugen die Bronzeplatten des Henrik-Grabes in Nousiainen (15. Jh.) oder der von Meister Francke gestaltete Barbara-Altar (um 1410; Nationalmuseum, Helsinki). Die finnischen Burgbauten sind von strenger Monumentalität: Viipuri (Vyborg; heute Rußland) und Turku (Åbo) um 1300, Olavinlinna in Savonlinna um 1475.

Neuere Zeit

Im Laufe des 18. Jh.s entwickelt sich in Finnland neben der volkstümlichen auch eine mehr bürgerliche Kunst: Herren- und Bürgerhäuser werden errichtet; die Portraitmalerei kommt auf. Helsinki, seit 1812 die Hauptstadt Finnlands, wird in der ersten Hälfte des 19. Jh.s durch den Berliner Baumeister Johann Carl Ludwig Engel (1778 – 1840), der 1825 die Verantwortung für das Bauwesen übernimmt, in klassizistischer Form gestaltet. Heute sind jedoch vorwiegend die Bauten finnischer Architekten der Moderne für das Stadtbild kennzeichnend.

Malerei

Auch in der Malerei zeigt sich seit dem 18. Jh. eine Aufwärtsentwicklung, anfangs noch unter deutschem Einfluß (Ekman, 1808 – 1873; Holmberg, 1830 – 1860). Erst im 19. Jahrhundert brachte Finnland Maler hervor, die über die Landesgrenzen hinaus bekannt sind, beginnend mit dem unter französischem Einfluß stehenden Albert Edelfelt (1853 – 1905). Um 1900 gelang der Durchbruch zu einem eigenständigen Stil, besonders in den Arbeiten von Akseli Gallen-Kallela (1865 – 1931), der Illustrationen zum finnischen Nationalepos "Kalevala" schuf, und Pekka Halonen (1865 – 1933), der sich ebenfalls nationalen und mythologischen Motiven widmete. Weitere Bespiele sind der Expressionist Tyko Constantin Sallinen (1875 – 1955) und die bedeutende finnische Malerin Helen Schjerfbeck (1862 – 1946).
Einen hervorragenden Überblick über das Schaffen dieser und anderer finnischen Künstler von der Mitte des 18. Jh.s bis zur Mitte des 20. Jh.s findet man im Staatlichen Kunstmuseum Athenäum in Helsinki.
Als Bildhauer macht sich Väinö Aaltonen (1894 – 1966) einen Namen; eines seiner bekanntesten Werke ist die Statue des Dichters Aleksis Kivi (1939) vor dem Stadttheater in Helsinki.

Akseli Gallen-Kallela

Der Maler und Graphiker Akseli Gallen-Kallela wurde am 26. 4. 1865 in der südwestfinnischen Hafenstadt Pori (Björneborg) als Axel Gallén geboren.

Kunstgeschichte, Akseli Gallen-Kallela (Fortsetzung)

Später finnisierte er seinen Namen in Akseli Gallen (ohne den Accent aigu) und fügte ihm den Namen Kallela hinzu. Ab 1881 besuchte er die von Finnlands Künstlervereinigung gegründete Zeichenschule. Mit 19 Jahren malte er sein erstes bedeutendes Gemälde "Junge mit Wolf". Danach folgte ein Studienaufenthalt in Paris, wo er eine Privatakademie besuchte und sich an den Landschaftsbildern des Vorimpressionisten Jules Bastien-Lapage (1848 – 1884) orientieren konnte.

Anfang der 1890er Jahre kehrte er nach Finnland zurück und ließ sich in Karelien nieder. Hier vollendete er im Auftrage des Finnischen Senats ein Motiv aus dem finnischen Nationalepos "Kalevala", das er bereits in Paris begonnen hatte, und malte das Triptychon "Aino" noch einmal. Seine künstlerisch bedeutendste Zeit erreichte er um die Jahrhundertwende. Zahlreiche Reisen führten ihn u. a. öfter nach Berlin, wo er in seinem Stammlokal "Zum schwarzen Ferkel" in einem Kreis internationaler Künstler verkehrte, die sein späteres Schaffen stark beeinflußten, darunter der schwedische Dichter August Strindberg (1849 – 1912), der norwegische Maler Edvard Munch (1863 – 1944) und der polnische Dichter Stanislaw Przybyszewsky (1868 – 1927).
Den entscheidenden Auftrag seines Lebens erhielt er vom Finnischen Senat: Die Ausschmückung des finnischen Pavillons auf der Pariser Weltausstellung von 1900. Für die Kuppel wählte er drei Motive aus der Kalevala sowie ein religiöses Motiv. Diese Motive verwendete er nochmals 1928 für die Vorhalle des Nationalmuseums in Helsinki, wobei er aber das religiöse Motiv durch ein nationalfinnisches Thema ersetzte. Nach längeren Reisen nach Ostafrika und in die USA, hielt er sich gern in Deutschland auf, wo er zahlreiche Ausstellungen veranstaltete. Die deutsche expressionistischen Malergruppe "Die Brücke" in Dresden wählte ihn als einzigen Skandinavier zu ihrem Mitglied.

Viele seiner Gemälde haben einen ausgesprochen erotischen Touch, darunter auch einige Kalevala-Darstellungen und die meisten seiner graphischen Arbeiten. Akseli Gallen-Kallela konnte, im Gegensatz zu vielen anderen Künstlern, bereits zu seinen Lebzeiten den Ruhm seiner Arbeiten voll auskosten. Ende der zwanziger Jahre begann er eine komplette Illustration der Kalevala, konnte allerdings diese Arbeit nicht mehr vollenden, da er am 7. 3. 1931 in Stockholm starb.

Architektur

Vorbemerkung

Nach der romantisierend-nationalen Architektur (Nationalmuseum in Helsinki) um 1900 gelangt die Baukunst zu klaren, ruhigen Formen, welche die Weltgeltung finnischer moderner Architektur begründen. Trotz einer bedingungslosen Progressivität bleibt sie der Herbheit und Strenge der nordischen Landschaft verpflichtet. Richtungweisend ist das Bauen von Eliel Saarinen (1873 – 1950; Hauptbahnhof in Helsinki, geplant 1904), der wie andere Finnen später in den Vereinigten Staaten wirkt. Nicht weniger bedeutend sind auch die Bauten seines Sohnes Eero Saarinen (1910 bis 1961; General Motors Technical Center in Warren, Michigan, 1950; MIT-Auditorium in Cambridge, Massachusetts, 1955; Yale University Hockey Rink, New Haven, Connecticut, 1958; ferner TWA-Terminal im New Yorker Kennedy-Flughafen, 1962; Gateway Arch in St. Louis, 1965).

Alvar Aalto

Internationale Geltung verschaffte sich auch der Architekt Alvar Aalto (1898 bis 1976); er berücksichtigt besonders die Wirkung der Farbe ('rote' und 'weiße' Epoche). Aalto baute in Finnland u.a. das Sanatorium in Paimio (1930), die Bibliothek in Viipuri (Vyborg, heute Rußland; 1927 – 1934), die Wohnanlage 'Mairea' in Norrmark (1938 / 1839), den Kulturpalast in Helsinki (1955 – 1958) und das Rathaus von Säynätsalo (1951 / 1952); ferner schuf er den Finnischen Pavillon für die New Yorker Weltausstellung von 1939.

Bekannte finnische Architekten

Bekannte finnische Architekten des 20. Jahrhunderts sind u. a. das Ehepaar Kaija und Heikki Sirén (sie entwarfen 1956 / 1957 die Waldkirche in Otaniemi,), Aarne Ervi (geb. 1910; sein Hauptwerk ist das Gemeindezentrum von Tapiola, ein moderner Ortsteil von Espoo), Jorma Järvi (er baute das Gymnasium in Tapiola) und Viljo Revell (1910 – 1964; seine bekanntesten Bauten sind der Kindergarten in Tapiola von 1954 und das Rathaus in Toronto, Kanada).

Volkstümliche Bautradition

Die ersten auf Landwirtschaft basierenden Siedlungen verbreiteten sich langsam während der finnischen Eisenzeit (um 500 v.Chr. – 1100 n. Chr.) zuerst über Südwestfinnland ins Innere des Landes. Später entwickelten sich zwei traditionell unterschiedliche Bauweisen: in West- und Mittelfinnland baute man den Bauernhof, der aus einem Wohngebäude, Speichern und Ställen entstand, in einer möglichst geschlossenen Weise um einen rechteckigen Hof, in Ostfinnland dagegen legte man die Gebäude mehr in der freien Landschaft an.
Die ältesten noch erhaltenen Wohnbauten in Finnland stammen aus dem 17. Jh. und zeigen eine waagerechte Blockbauweise mit einfachen Satteldächern. In Ostbottnien entwickelte sich im 18. Jh. nach schwedischen Mustern ein zweistöckiger Wohnbau. In Karelien entstand zur gleichen Zeit das sog. karelische Haus, das Einflüsse aus dem nördlich-großrussischen Bautypus erlangte: Wohnraum und Stallungen wurden in einem sehr großen, rechteckigen Blockbau untergebracht, Giebel und Fensterrahmen wurden durch ornamentale Schnitzereien und Bemalungen dekoriert.

Steinarchitektur vom Mittelalter bis zum 17. Jh.

Neben dem üblichsten Baustoff Finnlands, dem Holz, wurden in Mittelalter Burgen und Kirchen aus Feldstein gebaut. Durch die Burgen stärkte der schwedische König seinen Machtbereich in den östlichen Provinz. Sie entstanden in verschiedenen Phasen und wurden in späteren Jahrhunderten erweitert oder sogar abgetragen.

Die beeindruckende Eingangsfront zur Festung Turku – eine der bedeutendsten Burgen in Finnland

Burg Turku

Der Bau der Burg Turku, eine der bedeutendsten Burgen in Finnland, wurde Ende des 13. Jh. angefangen. In ihrer wichtigsten Bauphase um 1400 wurde sie um das dritten Stockwerk erhöht, und man baute den zweischiffigen Königssaal mit gotischem Kreuzgewölbe. In der Zeit Gustav Vasas wurde die Burg zum Zentrum der höfischen, von der europäischen Renaissance beeinflußten Kultur in Finnland.

Die Burgen Häme und Olavinlinna

Die Burg Häme, im heutigen Hämeenlinna, wurde 1270 aus Feldstein erbaut und in den nächsten Jahrhunderten mit Backstein erweitert. Backstein war damals in Finnland eine Seltenheit, die durch den Einfluß des Deutschen Ritterordens nach Finnland gebracht wurde.
Andere wichtige mittelalterliche Burgbauten in Finnland sind die Ende des 13. Jh.s erbaute Burg Viipuri (heute im russischen Teil Kareliens) und die auf einer kleinen Felseninsel in Savonlinna gebaute Burg Olavinlinna. Diese letztgenannte, im Jahre 1475 gegründete Festung ist eine der ersten Burgen in Skandinavien, bei der schon bei der Planung die Verwendung von

Mittelalterliche Feldsteinkirchen mit hohem Satteldach sind in Südfinnland häufig zu finden – wie hier in Hattula.

Feuerwaffen berücksichtigt wurde. In ihren runden Türmen und baulichen Lösungen sind Einflüsse und Spuren von baltischer und italienischer Burgarchitektur erkennbar.

Mittelalterliche Steinkirchen

Die ersten Kirchen wurden im 12. Jh. infolge der Kreuzzüge und des von der katholischen Kirche verbreiteten christlichen Glaubens gebaut. Die ältesten Holzkirchen sind nicht erhalten. Die ca. 70 erhaltenen Steinkirchen wurden bis zum Anfang des 16. Jh.s vom mittelalterlichen Stil geprägt. In diesen aus großen Feldsteinen gemauerten und mit hohem Satteldach bedeckten, einfachen Kirchenbauten hinterließ die internationale Gotik vereinzelt Spuren in Ziegelsteinprofilen der Tür- und Fensteröffnungen und im gelegentlich aus Backstein gemauerten Giebeldekor. Die Kirche in Hattula (gebaut 1370 – 1420) ist die einzige ganz aus Backstein gebaute mittelalterliche Kirche. Wie die Kirche in Lohja ist sie durch ihre reiche und schöne Ausmalung der Innenwände und Gewölbe bekannt. Die bedeutendste mittelalterliche Kirche Finnlands ist der Dom zu Turku, dessen vielfältige Baugeschichte um 1250 begann. Im 15. Jh. wurde der Dom durch Kreuzwölbungen des Mittelschiffes zu einer Basilika erhöht, und der Ostturm erhielt seine endgültige Höhe. Nach dem Stadtbrand von 1827 wurde der größte Teil der Backsteingewölbe erneuert, und der Turm erhielt eine von Carl Ludwig Engel entworfene, neugotische Turmhaube.

Mittelalterliche Steinkirchen (Fortsetzung)

17. Jahrhundert

Während der Großmachtzeit Schwedens, die mit der Krönung Gustafs II. Adolf im Jahre 1611 anfing und fast bis Ende des Jahrhunderts dauerte, erlebte Finnland eine rasche wirtschaftliche Entwicklung, die auch eine wachsende Bautätigkeit hervorrief. Im Mittelalter hatte Finnland nur sechs Städte (Turku, Viipuri, Porvoo, Ulvila, Rauma und Naantali), am Ende des 17. Jh.s stieg die Zahl schon auf 30. Allerdings waren die neuen, nach regelmäßigen, rechteckigen Stadtplänen gebauten Holzstädte klein, und in

Die aussagekräftigen Fresken in der Kirche von Lohja widerspiegeln christliches und heidnisches Gedankengut.

ihnen wohnte nur ein Bruchteil der Bevölkerung. Einige Herrensitze, wie Louhisaari bei Askainen (1650), zeigen den wachsenden Wohlstand des Adels und repräsentieren neuartige architektonische Stilideale des Barock. In der Kirchenarchitektur trat die Kreuzkirche als eine neue, durch internationale Vorbilder der Renaissance beeinflußte Bauart auf.

18. Jahrhundert

Das Barock war Anfang des 18. Jh.s der maßgebende Stil in der finnischen Architektur. In dieser Zeit wurden neue Festungsbauten errichtet, wie z.B. die eigenständige, achteckige Radialstadt Hamina (gegr. 1723) und die im Jahre 1748 gegründete Festungsinsel Suomenlinna (früher Sveaborg) vor Helsinki. In der sog. gustavianischen Zeit (1775 – 1809) wurden die klassizistischen Züge in der Architektur deutlicher durch König Gustav III. Interesse an der Antike. Zu den Hauptwerken dieser Periode gehören die von

18. Jahrhundert (Fortsetzung)

dem französichen Architekten und Maler Louis Jean Deprez (1743–1804) entworfene Kirche in Hämeenlinna (1798) und das von Carl Christoffer Gjörwell (1766–1837) entworfene Akademiegebäude in Turku (1801 bis 1815). Christoffer Friedrich Schröders (1722–1789) Bauten, wie z.B. der Gutshof des Hüttenwerkes Fagervik in Inkoo (1773) und Mustio in Karjaa (1782), repräsentieren das Spätbarock der Jahrhunderts.

Holzkirchen

Im 18. Jh. wurden wegen des Bevölkerungswachstums zahlreiche neue Holzkirchen gebaut. Meistens wurden sie von lokalen Baumeistern aus dem Volk aufgebaut und zeigten dadurch örtliche Besonderheiten. In diesen in Blockbautechnik errichteten Holzkirchen mischten sich die internationalen Einflüsse und eine volkstümliche Bautradition. Zu den berühmtesten Kirchenbaumeistern gehören Matti Åkerblom, der u.a. die Hallenkirche in Kuorevesi (1779), Kuru (1781) und Pihlajavesi (1782) baute, Jaakko Leppänen, dessen Kreuzkirche in Petäjävesi (1765) eine von den eindrucksvollsten Holzkirchen Finnlands ist, und Antti Hakola, der in Kuortane eine an den Außen- und Innenecken abgeschrägte Kreuzkirche (1777) erbaute. In Ostfinnland entwickelte sich ein eigenartiger Kirchentyp, die Doppelkreuzkirche. Eines der wenigen erhaltenen Beispiele ist die von Juhana Salonen gebaute Kirche Lappee (1794) in Lappeenranta.

Das Empire

Im Jahre 1809 wurde Finnland ein autonomes Großfürstentum Rußlands. Das Planen und Bauen der staatlichen, öffentlichen Gebäude, wie Rathäuser, Krankenhäuser, Schulen und Kirchen, wurde durch das Intendentenbüro geregelt. Der erste Leiter des Büros war der in Italien geborener Architekt Carlo Bassi (1772–1840). Als der Zar Alexander I. im Jahre 1812 Helsinki zur Hauptstadt Finnlands erhob, beauftragte er den in Deutschland geborenen Architekten Carl Ludwig Engel (1778–1840), das neue, repräsentative Zentrum der Stadt zu planen. Engel entwarf den Senatsplatz, das Empirezentrum Helsinkis, mit dazugehörenden öffentlichen Bauten wie das Senatsgebäude (1818–1822), die Universität (1832) und die Nikolaikirche (1830–1852, den heutigen Dom). Engel beeinflußte mit seinen vielfältigen, klassizistischen Entwürfen nicht nur die zeitgenössische Baugeschichte Helsinkis, sondern auch die Architektur des ganzen Landes.

Zweite Hälfte des 19. Jahrhunderts

In der Architektur des späteren 19. Jh.s wurden in Finnland verschiedene Stilelemente der historischen Architekturepochen benutzt oder miteinander kombiniert. Zu den ersten neugotischen Bauten gehören das Ritterhaus in Helsinki (1862) von Theodor Policron Chiewitz (1815–1862) und das Gebäude des Appellationsgerichtes in Vaasa (1862) von Carl Axel Setterberg (1812–1871). Die beiden aus Schweden stammenden Architekten planten auch die ersten großen Fabrikgebäude für Textil- und Papierindustrie u. a. in Tampere, Vaasa und Forssa. Entsprechend der europäischen Großstadtarchitektur plante Theodor Höjer (1843–1910) in Helsinki zahlreiche repräsentative Wohnbauten und den Museumsbau Ateneum (1887) im Stil der Neurenaissance. Gustaf Nyströms (1856–1917) Bauten, wie z. B. das Ständehaus (1891, heute Haus der Wissenschaft) in Helsinki, repräsentieren einen klaren Klassizismus der Jahrhundertwende.

Nationalromantik

Die Architektur um die Jahrhundertwende, beeinflußt durch die günstige wirtschaftliche Entwicklung, erlebte gleichzeitig inhaltliche und stilistische Erneuerungen. Die in allen Kunstarten erkennbare Nationalromantik inspirierte auch die Architekten zur Suche nach den Wurzeln der finnischen Kultur. Man fand sie teils an der Geburtsstätte des finnischen Nationalepos “Kalevala”, in Karelien, teils in den bescheidenen Holz-und Steinkirchen und Steinburgen des Mittelalters.

Nationalromantische Holzarchitektur

Die wichtigsten Beispiele der nationalromantischen, karelischen Holzarchitektur sind das Atelierhaus Kalela des Malers Axel Gallén (später Akseli Gallen-Kallela) in Ruovesi (1895) und das Atelierhaus Hvitträsk (1903) der Architekten Herman Gesellius (1874-1916), Armas Lindgren (1874–1929) und Eliel Saarinen (1873–1950) in der Nähe von Helsinki.

National-romantische Steinarchitektur

Gesellius, Lindgren und Saarinen waren auch die Schöpfer der nationalromantischen Steinarchitektur, zu deren bedeutendsten Gebäuden der finnische Pavillon auf der Pariser Weltausstellung 1900 (später abgebaut), das Gebäude der Versicherungsgesellschaft Pohjola (1901) und das Finnische Nationalmuseum (1904–1910) in Helsinki gehören. Die Johanniskirche in Tampere (1907, der heutige Dom) von Lars Sonck (1870–1956) gehört auch zu der nationalromantischen Phase, die in Finnland oft stilistisch mit Elementen der zeitgenössischen art-nouveau oder des Jugendstils gemischt war. Eliel Saarinens erster Entwurf für den neuen Hauptbahnhof von Helsinki 1904 enthielt noch nationalromantische Züge. Durch die wachsende Kritik gegen die Romantik paßte Saarinen seinen Plan mehr den rationalistischen Entwurfsprinzipien an. Bevor der Bahnhof 1919 vollendet wurde, verbreitete sich schon an Stelle der nationalromantischen Formensprache ein archaisierender Monumentalismus und bautechnischer Rationalismus in der finnischen Architektur. Ein repräsentatives Beispiel davon ist das aus Stahlbeton konstruierte Suvilahti-Kraftwerk (1913) in Helsinki von Selim A. Lindqvist (1867–1939).

Nordischer Klassizismus

Der sog. Nordische Klassizismus ist für die Architektur der 20er Jahre kennzeichnend. Die klassizistischen Dekorationen und Formen der griechisch-römischen Antike wurden neu interpretiert und kombiniert, ferner die gleichzeitigen skandinavischen Einflüsse integriert. Bis zum neuerlichen wirtschaftlichen Aufschwung Ende der zwanziger Jahre hatte der soziale Wohnungsbau Vorrang: berühmte Beispiele sind die kommunalen Mietshäuser in der Mäkelänkatu in Helsinki (1926) von Gunnar Taucher (1886-1941) und die Gartenstadt Käpylä aus in Fertigbautechnik ausgeführten Holzhäusern in Helsinki (1925) von Martti Välikangas (1893–1973). Wichtige öffentliche Bauten aus dieser Zeit sind Alvar Aaltos (1898–1876) Haus der Arbeiterschaft (1925) in Jyväskylä und die Kirche in Muurame (1929), Hilding Ekelunds (1893–1984) Kunsthalle (1928, mit Jarl Eklund) und die Töölö-Kirche (1930) in Helsinki, Erik Bryggmans (1891–1955) Hotel Hospits Betel (1929) in Turku und vor allem Johan Sigfrid Siréns (1889 bis 1961) monumentales Reichstagsgebäude in Helsinki (1931).

Funktionalismus

Die moderne Architektur erreichte Finnland um 1928 unter dem Namen Funktionalismus in den Entwürfen der führenden Architekten der Zeit, u. a. bei Alvar Aalto, Erik Bryggman, Pauli E. Blomstedt und Hilding Ekelund. In Finnland wurde der Funktionalismus nicht so sehr zum Stil des Wohnungsbaus sondern mehr zum Stil öffentlicher Bauten, der die Modernität der jungen Republik betonte.
Zu den ersten Realisierungen der klassischen Moderne in Finnland gehören Alvar Aaltos Gebäude für die Tageszeitung Turun Sanomat in Turku (1930), das Sanatorium in Paimio (1933) und die Stadtbibliothek in Viipuri (1935). Andere bedeutende Bauten des Funktionalismus sind die Sporthochschule in Vierumäki (1936) von Erik Bryggman, das Olympiastadion in Helsinki (1940; 1952) von Yrjö Lindegren (1900–1952) und Toivo Jäntti (1900–1975), die Kirche in Kannonkoski (1938) von Pauli E. Blomstedt (1900–1935) und das für das Olympiadorf vorgesehene Wohngebiet (1941) in Helsinki von Hilding Ekelung und Martti Välikangas. Erkki Huttunen (1901 bis 1956) entwarf zahlreiche funktionalistische Industrie- und Ladengebäude an vielen Orten Finnlands sowie die Kirche in Nakkila (1937) im Stil des klaren Funktionalismus. Ende der 30er Jahre schuf Alvar Aalto seine persönliche Ausdrucksform, die zur organischen Architektur führte, und die moderne Architektur mit psychologischen und regionalistischen Faktoren wesentlich bereicherte. Aaltos Hauptwerk aus dieser Zeit stellt das Privathaus Villa Mairea (1939) in Noormarkku dar.

Nachkriegs-architektur

Nach dem Krieg konzentrierte sich der Wiederaufbau zunächst auf die Probleme des Wohnungsbaus. Zu Beginn der 50er Jahre entwickelt sich die industrielle Bautechnik, wie sie z. B. an Viljo Revells (1910–1964) und Keijo Petäjäs (1919–1988) Hotel- und Bürogebäude Palace im Südhafen von Helsinki (1952) oder Aarne Ervis (1910–1977) Porthania-Institutgebäu-

Nachkriegsarchitektur (Fortsetzung)

de der Universität Helsinki (1957) zu erkennen ist. Kennzeichnend für die Architektur der 50er Jahre ist eine bestimmte einfache Häuslichkeit, Anwendung von rotem Backstein und Holz und die Integration des Baus in die Natur. Bemerkenswerte Beispiele sind Aaltos Rathaus in Säynätsalo (1952) und Kulturhaus (1958) in Helsinki, Kaija und Heikki Sirens Kapelle in Otaniemi (1957) oder die Wohnhäuser der Gartenstadt Tapiola in Espoo (1952), die trotz späteren Ausbaus das repräsentativste Beispiel Finnlands der in die Natur eingebetteten "Waldstadt" ist.

Sechziger und siebziger Jahre

Gegen Ende der 50er Jahre begann sich das Bild der finnischen Architektur zu differenzieren. Aalto folgte seinem eigenen, persönlichen Weg und schuf u. a. das Hauptgebäude der Technischen Hochschule in Otaniemi (1964), die Kirche in Vuoksenniska (1958) und das Zentrum von Seinäjoki. In den 60er Jahren entwarf Aalto sein Plan für das Monumentalzentrum von Helsinki, verwirklicht wurde davon jedoch nur die Finlandia-Halle (1971). Die rationalistische Tradition des Funktionalismus pflegte Aarno Ruusuvuori (1925 – 1992) in seinen architektonisch minimalistisch und schmucklos entworfenen Betonkirchen von Hyvinkää (1961), Huutoniemi in Vaasa (1964) und Tapiola in Espoo (1965). Die Verwendung von Beton in aufgelockerter Form ist auch für Pekka Pitkänens (geb. 1927) Kapelle vom Heiligen Kreuz in Turku (1967) kennzeichnend. Eine andere, individualistische Richtung zeigt die Architektur von Raili (geb. 1923) und Reima Pietilä (1926 – 1993). Zu ihren Hauptwerken zählen die Kaleva-Kirche in Tampere (1966), das Studentenhaus Dipoli in Otaniemi (1967) und die Stadtbibliothek in Tampere (1985).

Achtziger Jahre und Postmodernismus

Anfang der 80er Jahre entstand in Nordfinnland eine neue, durch Regionalismus akzentuierte Architekturrichtung, die sog. "Ouluer Schule". Das berühmteste Gebäude der Ouluer Schule ist das von Reijo (1951 – 1988) und Kari Niskasaari (geb. 1957), Kaarlo Viljanen (geb. 1952), Ilpo Väisänen (geb.

Die Finlandia-Halle in Helsinki ist eines der bekanntesten Bauwerke des bahnbrechenden Architekten Alvar Aalto.

1950) und Jorma Öhman (geb. 1949) entworfene, aus Rotziegel gebaute Kommunalverwaltungsgebäude von Oulunsalo (1983). Neben dieser regionalistisch betonten Bewegung entwickelte sich auch eine eher spielerische Architekturströmung, die mit dem internationalen Postmodernismus vergleichbar war. Der dem Postmodernismus eigene Historismus und individualistische Formexperimentalismus ist in Finnland jedoch weniger verbreitet, zu den einzigen Beispielen gehört z.B. die Bebauung des Stadtteils Pikku-Huopalahti in Helsinki in den 80er Jahren.

Architektur, Achtziger Jahre und Postmodernismus (Fortsetzung)

Zeitgenössische Architektur

Finnlands zeitgenössische Architektur ist durch die Tradition des Funktionalismus geprägt. Kristian Gullichsen (geb. 1932), Erkki Kairamo (1936–1994) und Timo Vormala (geb. 1942) haben diese Tradition in ihren zahlreichen Industrie-, Wohn-, Kultur- und Sakralbauten weiterentwickelt. Zu ihren Werken gehören z.B. das Büro- und Ladenviertel im Ostzentrum von Helsinki (1987), das Kulturzentrum in Pieksämäki (1989) und die Erweiterung des Warenhauses Stockmann (1989) im Zentrum von Helsinki.
Auch Olli-Pekka Jokelas (geb. 1955) und Pentti Kareojas (geb. 1959) Bürogebäude der Stadt Rauma (1992) zeigt in seinem schlichten Grundcharackter Andeutungen der klassischen Moderne. Kaarina Löfströms (geb. 1941) Industrie- und Bürobauten, wie z.B. das Hauptgebäude "Innopoli" des Technologiezentrums in Espoo (1991) und das Biologiezentrum der Universität Helsinki (1996) repräsentieren einen klaren Stahlkonstruktivismus.
Mikko Heikkinen (geb. 1949) und Markku Komonen (geb. 1945) haben in ihren Werken, meistens aus Stahl, Glas und Beton eine weitere, innovative Entwicklungslinie des Modernismus. Ihre bekanntesten Bauten sind das Wissenschaftszentrum Heureka in Vantaa (1988), die Schule für Rettungsdienste in Kuopio (1992) und der Flughafen von Rovaniemi (1992). Simo und Käpy Paavilainens Olari-Kirche (1981) und Kontula-Kirche (1988) in Espoo deuten eine lebhafte Formenwelt an, die Erinnnerungen an den Klassizismus der 20er Jahre wachruft.
Obwohl Alvar Aalto nie eine eigene "Schule" in Finnland schuf, sind seine Einflüsse leicht spürbar, z. B. in den öffentlichen Gebäuden von Arto Sipinen (geb. 1936), wie das Kulturzentrum von Espoo (1989) und das Konzerthaus Mikkeli (1988), oder in Juha Leiviskäs (geb. 1936) Werken, von denen die Myyrmäki-Kirche in Vantaa (1984) und die Deutsche Botschaft in Helsinki (1993) die berühmtesten sind.

Sanierungsarbeiten

In den letzten Jahren sind auch mehrere bedeutende Sanierungs-und Restaurierungsarbeiten durchgeführt worden. In Helsinki wurde 1991 das Museumsgebäude Ateneum durch Ola Laihos (geb. 1934) und das Ständehaus durch Vilhelm Helanders (geb. 1941) Pläne renoviert. Die zwanzigjährige Sanierungsarbeit des Senatsgebäude, heute Regierungssitz, wurde 1996 beendet.

Literatur

Entdeckung finnischer Volksdichtung

Finnland gehörte jahrhundertelang zu Schweden – erst 1809 endete die schwedische Herrschaft und bis dahin diente Schwedisch als Kultursprache –, so daß sich eine explizit finnische, schriftlich fixierte Literatur erst Mitte des 19. Jahrhunderts ausbilden konnte. So verwundert es auch nicht, daß es Finnlandschweden waren, die die eigentliche Entdeckung der zurückgedrängten finnischen Volksdichtung vorantrieben. Durch den Aufklärer Henrik Gabriel Porthan (1739-1804) und sein Hauptwerk "De poesi Fennica" (1766-1778) angeregt, begannen die sogenannten Turkuer Romantiker finnische Volksdichtung, die sog. Runen, zu sammeln. Es waren mündlich überlieferte Lieder, Balladen, Legenden, Sagen und Märchen.

Elias Lönnrot

Unter diesen Forschern trat ein Mann ganz besonders hervor: Elias Lönnrot (1802–1884). Neben der Herausgabe einer Sammlung lyrischer Volks-

Elias Lönnrot (Fortsetzung)

dichtung, Kanteletar (1840), stellte er das finnische Nationalepos zusammen, das weltliterarische Geltung erlangte: das Epos "Kalevala" (1835, endgültige Fassung 1849). Dieses Epos besteht aus 50 Gesängen mit 22 795 Versen (siehe dazu auch → Reiseziele von A bis Z: Kajaani).

Johan Ludvig Runeberg

In schwedischer Sprache schrieb der finnische Dichter Johan Ludvig Runeberg (1804 – 1877). Sein Hauptwerk ist der zwischen 1848 und 1860 erschienene Balladenzyklus "Fänrik Ståls sägner" ("Erzählungen des Fähnrichs Stahl"), der wesentlich zur Entstehung eines finnischen Nationalbewußtseins beitrug. In diesem Werk beschreibt Runeberg in realistisch-humorvoller Volksdarstellung den schwedisch-russischen Krieg von 1808/ 1809, den die Finnen "Suomen Sota" ("Finnischer Krieg") nennen, und zeichnet ein Bild von Helden, großen Taten, Mut, Entschlossenheit und Opferwillen, das Generationen tief beeindruckt hat und noch heute mit magischer Kraft lebendig ist. Die Marketenderin "Lotta Svärd" wurde zur Patin der Frauenorganisation in der finnischen Armee. Der Dichter weicht allerdings erheblich von der historischen Wirklichkeit ab, indem er die Niederlage in einen Sieg verwandelte.
Das einleitende Lied "Vårt Land" wurde von Paavo Kajander ins Finnische übersetzt, in der Vertonung des 1809 in Hamburg geborenen Fredrik Pacius zur finnischen Nationalhymne.

Aleksis Kivi

Kurze Zeit nach dem "Kalevala" begann die eigentliche finnische Kunstdichtung. Ihr erster Hauptvertreter war Aleksis Kivi (1834 – 1872), der die moderne Literatur in finnischer Sprache einleitete. Als Schöpfer des ersten finnischen Romans, "Die sieben Brüder", als Erneuerer der finnischen Dramatik und Lyrik gilt Kivi heute als der erste finnische Nationaldichter. Der Roman hat die südfinnische Landschaft zum Hintergrund, das Geschehen vollzieht sich im frühen 19. Jahrhundert. Nach Auseinandersetzungen mit den Dorfbewohnern verpachten die Brüder den Hof und fliehen in die Wälder. Dort hausen sie in einer Köhlerhütte, fischen, jagen und kämpfen mit einem Bären. Nachdem die Brüder übermäßig viel Branntwein konsumiert haben, entschließen sie sich, ein geordnetes Leben zu führen. Sie verlassen die Wildnis, übernehmen wieder den Jukola-Hof und feiern ein Versöhnungsfest mit den Bewohnern von Toukola. Die Wandlung der Brüder zeigt die Entwicklung der Menschheit.

Minna Canth

Nach dem Tod von Aleksis Kivi war Minna Canth (1844 – 1897) die bedeutungsvollste Persönlichkeit der finnischen Literatur. Ihr erstes Stück, mit dem sie ein größeres Publikum erreichte, war "Työmiehen vaimo" ("Das Weib des Arbeiters"), 1885 in der südfinnischen Kleinstadt Porvoo erschienen. Die Uraufführung erfolgte im ersten finnischsprachigen Berufstheater. Das Werk gilt als blaß, melodramatisch und wenig abgestuft in den Charakterschilderungen. Seine Bedeutung liegt in der Tatsache, daß es als erstes sozialkritisches Schauspiel gelten kann.
Im Mittelpunkt stehen der Trunkenbold Risto und seine demütige Frau Johanna. Risto vertrinkt ihre gesamte Habe, nachdem seine eigene schon den Weg durch seine Kehle gegangen ist. Das war zu jenen Zeiten rechtens, denn der Mann verfügte allein über das Vermögen seiner Frau.
Ihre Erzählung "Kauppa-Lopo" erschien 1910 als "Die Trödel-Lopo" auf deutsch in einer Anthologie "Vom Land der tausend Seen". Auch hier wieder geht es um ein sozialkritisches Thema, dazu gelingen ihr bedeutend stärker nuancierte Charakterschilderungen als in ihrem ersten Werk.

Gruppe Nuori Suomi

Gegen Ende des 19. Jhs. begann sich die finnische Literatur an den gesamteuropäischen Literaturströmungen zu orientieren. Einige Schriftsteller richteten sich nach einem von Zola und Ibsen geprägten Realismus. Dazu gehören die Gruppe Nuori Suomi (Junges Finnland), ein Schriftstellerkreis um die Dramatikerin Minna Canth (1844 – 1897), die in ihren sozialkritischen Dramen und Novellen für die Rechte der Frau kämpfte, der Erzähler Juhani Aho (1861 – 1921) und der Tolstoj-Schüler Arvid Järnefelt (1861 bis 1932).

Die bei Kivi angelegte Konzentrierung auf die Schilderung des finnischen Volkslebens erfuhr nach der Jahrhundertwende neue Belebung. Noch heute hochgeschätzte Werke wie Johannes Linnankoskis (1869–1913) Adaption des Don-Juan-Themas, "Laulu tulipunaisesta kukasta" (1905), dem ersten finnischen Bestseller, stehen in dieser Tradition.

Johannes Linnankoski

Die Romantik um die Jahrhundertwende, mit ihren emotional geladenen Naturbeschreibungen, war besonders stark in der Lyrik ausgeprägt. Eine überragende Stellung in Finnland nahm das poetische Werk von Eino Leino (1878-1926) ein. Auch Leino entnahm viele Themen aus der finnischen Mythologie und griff stilistisch auf die Volksdichtung zurück. Zusätzlich trugen seine Übersetzungen von Dante, Schiller und Goethe zur Weiterentwicklung der finnischen Literatursprache bei. Die Lyriker nach Leino, wie Otto Manninen und Veikko Antero Koskenniemi, waren stark von symbolistischen Einflüssen geprägt.

Romantische Lyrik der Jahrhundertwende

Zwischen den Weltkriegen

Auch nach der Unabhängigkeitserklärung Finnlands am 6.12.1917 blieb die Volksschilderung vorherrschendes Thema der Autoren. Nur langsam löste sich eine junge Generation von Literaten von der Idealisierung des finnischen Landlebens.

Frans Eemil Sillanpää

Der bedeutendste dieser Nachwuchsautoren war Frans Eemil Sillanpää (1888–1964), der für seinen Roman "Nuorena mukkunut" (erschienen 1931; ins Deutsche übersetzt als "Silja, die Magd") 1939 den Nobelpreis für Literatur erhielt. Hier vollendet Silanpää seine Kunst, menschliche Schicksale und Irrungen feinsinnig, fast lyrisch zu schildern, in der Geschichte einer an Schwindsucht erkrankten Dienstmagd. In seiner antiintellektuellen Weltsicht schildert Silanpää in phrasenloser und unsentimentaler Prosa das Leben und Leiden der Knechte und Mägde seiner bäuerlichen Heimat, deren passive, lediglich ihrem Instinkt gehorchende Menschen hilflos ihrem Schicksal ausgesetzt sind.
Sein erster Roman erschien bereits 1916, einem auch in Finnland turbulenten Jahr. Gerade deswegen erregte "Elämä ja aurinko" Aufsehen. Doch erst 1951 erschien dieses Buch unter dem fast wörtlich übersetzten Titel "Sonne des Lebens" auf deutsch. Auch hier geht es um das Thema, mit dem viele skandinavische Künstler sich herumgeplagt haben: um den Mann im Widerstreit zwischen dem pausbäckigen Hausmütterchen und dem aufregenden Vamp, von dem wohl alle Männer träumen – die meisten aber ohne es zuzugeben.

Mika Waltari

Der im Ausland bekannteste und meist gelesene finnische Autor ist Mika Waltari (1908–1982), dessen Roman "Sinuhe, der Ägypter" ein Bestseller in aller Welt geworden ist.

Lyrik

In der finnischsprachigen Lyrik kamen im Kreis der Tulenkantajat (Feuerträger) immer mehr expressionistische Stilmittel zur Geltung: Die Entwicklung geht von Gedichten mit Endreim aus hin zu rein rhythmisch organisierten Gedichten, die mehr und mehr das bewegte Stadtleben mit seinen Reizen und Problemen thematisieren.

Hella Wuolijoki

Von den Zwischenkriegs-Theaterautoren muß vor allen Dingen die in Estland gebürtige Hella Wuolijoki (1886-1954) genannt werden. Sie ist auch für die deutsche Literaturgeschichte relevant: Zusammen mit dem im finnischen Exil lebenden Bertolt Brecht schrieb sie das Volksstück "Herr Puntila und sein Knecht Matti".

Nachkriegsliteratur

Die finnische Nachkriegsliteratur wird hauptsächlich von zwei Merkmalen geprägt: dem Trauma, das der Krieg auch in Finnland hinterlassen hat, und die langsame Abkehr der Schilderung ländlicher Schauplätze hin zur Beschreibung des Lebens in der Stadt. Damit werden auch zunehmend die literarischen Protagonisten aus der ländlichen Autonomie in gesellschaftliche Beziehungsgeflechte eingebunden.

Literatur (Fortsetzung) Väinö Linna

Um diesen Themenkreis bewegt sich auch der wohl bedeutenste Nachkriegsroman "Unbekannter Soldat" von Väinö Linna, der auch außerhalb Finnlands ein großer Buch- und Filmerfolg war. Eine großartige Gesellschaftsanalyse Finnlands vom Ende des 19. Jh.s bis zu Beginn der 50er Jahre ist die mehrbändige Familiensaga "Täällä Pohjantähden" ("Hier unter dem Polarstern") von Linna. Die Saga ist an Umfang und an differenzierter Darstellung des finnischen Gesellschaftslebens vergleichbar mit Thomas Manns "Buddenbrocks".

Pentti Haanpää

Ähnlich wie Linna versucht Pentti Haanpää (1905–1955) in "Die Stiefel der Neun" das Wesen des Krieges in nüchternen Worten und ohne sprachliche Verkleidung zu beschreiben. Neben diesem Roman ist auch "Der Teufelskreis" von ihm in das Deutsche übersetzt worden.

Paavo Haavikko

Der wohl wichtigste und international renommierteste zeitgenössische Dichter Finnlands ist Paavo Haavikko (geb. 1931). In allen literarischen Gattungen beheimatet, schrieb er Prosa, Dramen, Lyrik und Hörspiele (von denen einige auch in Deutschland aufgeführt wurden).

Daniel Katz und andere zeitgenössische Schriftsteller

Ein weiterer sehr beliebter und humorvoller Schriftsteller ist Daniel Katz. Von Katz sind "Als Großvater auf Skiern nach Finnland kam", "Der himmlische Spaziergang des Mikko Papiross" und zuletzt 1997 "Der falsche Hund" erschienen.
Weitere Beispiele für moderne finnische Literaur, die auch in deutscher Übersetzung vorliegen, sind der Roman "Der steinigste Ort" von Anni Tuuri (geb. 1944), einer der meistgelesenen Autorinnen, sowie "Die Liebe um uns" und "Mein Bruder Sebastian" von Annika Idström. Das Institut für finnische Literatur in Helsinki bemüht sich seit 20 Jahren um die Verbreitung der finnischen Literatur im Ausland und fördert Übersetzungen. 1997 gab es bereits 180 deutsche Übersetzungen finnischer Literatur.

Musik

Allgemeines

Es ist nicht sehr verwunderlich, daß man ernsthafte Musik aus Finnland vorwiegend mit dem Namen Jean Sibelius verbindet, denn vor ihm gab es nur einen erwähnenswerten Komponisten, und die Tonsetzer nach Sibelius hatten mit seinem übermächtigen Schatten zu kämpfen.

Fredrik Pacius

Den ersten entscheidenden Impuls für eine Entwicklung finnischer Musik machte Fredrik Pacius (1809–1891). Der Finnland-Schwede deutscher Herkunft komponierte 1848 das Lied "Vårt Land", das mit den Versen Runebergs zur finnischen Nationalhymne wurde. Und er schrieb die Oper "Kung Karls Jakt", die erste in Finnland geschriebene Oper.

Jean Sibelius

Ungefähr zeitgleich mit dem Erwachen der eigenen Kultur Finnlands wurde Jean Sibelius 1865 geboren. Seine Sinfonien und sinfonischen Dichtungen bestehen aus breit angelegten, manchmal sentimentalen Klangflächen. Die 7. (und letzte) Sinfonie beispielsweise erinnert fast an Filmmusik. Das meistgespielte Werk von Sibelius, das Violinkonzert in d-Moll (1903), dagegen ist ein äußerst raffiniertes Werk. Schwungvolle, motivreiche Melodik wechselt sich ab mit lyrischen, ruhigen Passagen. Viele große Geiger lieben dieses Werk, weil sie hier ihre Kunst damit besonders gut zur Geltung bringen können.
Jean Sibelius ist der Begründer der national-finnischen Kunstmusik und gilt als Finnlands bedeutendster Sinfoniker. Stilistisch lassen seine Kompositionen den Einfluß der deutschen Romantiker und Spätromantiker erkennen. Wesentliche Impulse erhielt Sibelius aus der Begegnung mit der finnischen Landschaft. Die eigentliche Domäne dieser teils episch breiten, teils lyrischen Musik ist die Schilderung großartiger Naturstimmungen. Ihre Eigenart in Harmonik, Rhythmik und Wahl der Taktarten leitet sich von der

Sibelius-Denkmal von Eila Hiltunen in Helsinki: Wenn der Wind durch die Orgel pfeift, erwacht die Erinnerung an Sibelius.

Jean Sibelius (Fortsetzung)

finnischen Volksmusik her. In seiner Programmmusik (= Instrumentalmusik, die eine Begebenheit aus Dichtung, Sage oder Geschichte wiedergibt) verarbeitete Jean Sibelius Themen aus den finnischen Mythen und Sagen, insbesondere aus dem Nationalepos "Kalevala".
Zu den Hauptwerken des Komponisten zählen sieben Sinfonien (1899 bis 1924) und mehrere sinfonische Dichtungen, darunter "Der Schwan von Tuonela" (1893 – 1896), "Finlandia" (1899) sowie "Tapiola" (1925), ein Orchesterwerk, in dem die endlosen Wälder Finnlands und 'Tapio', der Gott des Waldes, beschworen werden. Darüber hinaus schuf Sibelius zwei Serenaden für Violine und Orchester (1912 / 1913), Kammermusik, Chöre, Lieder und Klavierstücke. In Järvenpää, wo Sibelius seit 1904 lebte, starb er am 20. September 1957.

Moderne Komponisten

Heute sind finnische Komponisten nur einem kleinen Kreis von Liebhabern moderner Musik bekannt. Aulis Sallinen oder Joonas Kokkonen sind die renomiertesten modernen Tonsetzer.

Dirigenten

Viele finnische Komponisten nach Sibelius wurden international meist als Dirigenten bekannt: Okko Kamu, Jorma Panula oder der junge Esa-Pekka Salonen, der seit Beginn der 90er Jahre das Los Angeles Synfonieorchester leitet.

Musikfestivals

Zu den großen Ereignissen auf dem Gebiet der klassischen Musik gehören die Helsinkier Festwochen und das Opern-Festival in Savonlinna, zu denen berühmte Orchester und Interpreten kommen.

Kantele

Das national-finnische Instrument schlechthin ist die sog. Kantele, eine Art Zither oder Tischharfe mit einem hellen, sehr melodischen Klang. Mit diesem traditionellen Instrument wurden früher die Lieder begleitet, die Elias Lönnrot zu seinem Kalevala-Epos gesammelt hat. Aus diesen balladesken

Musik, Kantele (Fortsetzung)

Liedern entwickelten sich Kunstliedformen, die noch heute gerne und viel gesungen werden. Eine Form hat sich dabei besonders hervorgetan und ist heute ein vieluntersuchter Gegenstand musikwissenschaftlicher Forschungen: das Wiegenlied. Melancholische, fast bedrohliche Lieder, deren Einflüsse auf die Kinder mehr und mehr untersucht wird.

Pelimannit-Musik

Die Musik der Spielleute, der sogenannten Pelimannit, ist die Tanzmusik ursprünglicher finnischer Volksfeste. Auf Geigen und einem Harmonium oder manchmal einer Ziehharmonika wird zum Tanz aufgespielt. Die Spielmannsgruppen treten in lokalen Trachten auf und spielen traditionelle finnische Tänze, Humppa, Polka, Walzer, Märsche usw. Viele Pelimannit-Gruppen gibt es in Pohjanmaa und in Savo.

Volkstanz

Wenn zu der Musik der Pelimannit noch Volkstanzgruppen tanzen, bekommt der Besucher ein farbenprächtiges Ereignis geboten. Die bunten Röcke, Blusen, Schürzen, Gürtel und Stirnbänder der Frauen und die etwas schlichteren Jacken und Hosen der Männer verbreiten mit der Musik eine fröhliche Leichtigkeit. Und jede lokale Gruppe hat eine eigene Tracht.

Jazz

Viele Namen finnischer Jazzmusiker haben weltweit einen guten Klang. Eero Koivistoinen, Heikki Sarmanto oder Martti Vesala haben auf der ganzen Welt ihre Fans. Das größte Jazz-Treffen in Finnland ist das Festival von Pori. Nationale und internationale Künstler begeistern hier ein großes Publikum. Eine Institution in Finnlands Jazz-Szene ist die Big-Band UMO, das Neue Musik Orchester, deren Mitglieder zu der Elite finnischer Jazzmusiker gehören.

Theater

Allgemeines

Im Sommer gleicht Finnland einer einzigen großen Theaterbühne. Beinahe in jeder Stadt und in jedem Dorf finden auf Freilichtbühnen Aufführungen statt. Mir großer Begeisterung spielen vor allen Dingen Laiendarsteller die unterschiedlichsten Stücke. Die Bühnenleidenschaft der Finnen ist für jeden Besucher, der dieses Spektakel miterleben darf, ein faszinierendes Erlebnis.

Anfänge des Theaters

Erst seit etwas mehr als 100 Jahren gibt es in Finnland einen regelmäßigen Spielbetrieb an festen Bühnen. Allerdings wurde bereits am 10. Juni 1650 die erste Theateraufführung in finnischer Sprache in Turku inszeniert: “Tuhjaalanpoika” (“Der verlorene Sohn”) von Erik Justander (1623–1678) setzte sich mit einem religiösen Thema auseinander und wurde deshalb aus erzieherischen Gründen nicht nur auf schwedisch sondern auch auf finnisch gespielt.
Erst gegen Ende des 18. Jhs. kamen schwedische und deutsche Theatergruppen nach Finnland. So reiste das Carl Gottfried Seuerling Ensemble als eine der ersten Gruppen um 1780 durch die finnischen Provinzen und spielte Stücke von Racine, Calderon und Molière.

19. Jahrhundert

Im Jahre 1817 wurde in Turku das erste finnische Theater erbaut, zehn Jahre später erhielt Helsinki sein erstes Theater, beide Gebäude waren aus Holz. Das erste Theaterhaus aus Stein wurde in Helsinki im Jahr 1860 errichtet. 1834 brachte Jako Frederik Lagervall “Ruunulinna”, eine finnische Macbeth-Version, zur Aufführung. Sieht man von der Pioniertat Justanders ab, war dies das erste finnische Theaterstück.

Dramatiker des 19. Jahrhunderts

Zu den wichtigsten Autoren des 19. Jh.s gehören Runeberg und Hannikainen, die zwar in der Tradition des schwedischen Schriftstellers Holberg standen, aber in der “Sprache des Volkes” schrieben. Aleksis Kivi gehört seit den 60er Jahren des vergangenen Jahrhunderts zu den meistgespielten Autoren des Landes.

Gerade 7000 finnischsprachige Einwohner zählte Helsinki um 1870. Trotz dieser geringen Zahl initiierte Kaarlo Bergbohm (1843–1906) 1872 die Gründung des Finnischen Theaters, das schließlich 1902 entgegen der zaristisch verordneten Russifizierung zum Finnischen Nationaltheater erklärt wurde. Aus finanziellen Gründen mußte das Finnische Theater auf Tournee gehen und setzte so im ganzen Land Impulse, überall entstanden Theatergesellschaften und Ensembles.

Theater (Fortsetzung)
Gründung des finnischen Theaters in Helsinki

In Tampere wurde 1901 das erste finnische Arbeitertheater gegründet, das sich aus dem Theaterverein der Baumwollfabrik der Stadt entwickelte und einen neuen wesentlichen Aspekt der finnischen Theatergeschichte darstellen sollte. In den Jahren von 1906 bis 1917 leitete Tilda Kuori das Tamperer Arbeitertheater und führte es an die Spitze der Theaterkultur. In mehreren Städten des Landes wurden Arbeitertheater gegründet: in Kokkolo, Vaasa, Helsinki, Jyväskyla und Oulo. Im Jahr 1916 existierten bereits 232 Arbeitertheater und -ensembles in Finnland, die sich 1920 zum ersten finnischen Theaterverband zusammenschlossen. Die bürgerlichen Theater gründeten erst zwei Jahre später ihren Verband. Eino Leino, Maiju Lassila und andere finnische Autoren kamen an beiden konkurrierenden Bühnenverbänden zur Aufführung. Durch den politischen Rechtsruck in den 20er Jahren verschlechterte sich die Existenzgrundlage vieler Arbeitertheater.

Arbeitertheater

In der Zwischenkriegszeit gab es auf den finnischen Bühnen eine starke expressionistische Bewegung. Auch Ernst Toller und Georg Kaiser spielten eine wichtige Rolle. Ernst Tollers pazifistisches Stück "Hinkemann" war einer der größten Bühnenerfolge dieser Zeit. Unmittelbar nach dem Zweiten Weltkrieg dominierten die Stücke amerikanischer, englischer und französischer Autoren, von realistischen bürgerlichen Dramen bis hin zu leichten Boulevardkomödien.

Expressionistisches Theater

Im Jahr 1946 wurde wieder in Turku das erste kommunale Theater gegründet. Die bis dahin gültige Trennung zwischen bürgerlichem und Arbeitertheater wurde allmählich aufgehoben, nicht zuletzt legten die wirtschaftlichen Schwierigkeiten dieser Jahre eine Zusammenarbeit der Theater nahe. Der Kalte Krieg und der Generalstreik von 1956 sowie eine volkstümliche, wenig anspruchsvolle darstellende Kunst bestimmten das kulturelle Leben. Zu den meistaufgeführten Autoren jener Zeit gehörten Eeva-Liisa Manner, Paavo Haavikko und Jura Mannerkorpi.

Nachkriegszeit und Kalter Krieg

Die 60er Jahre waren von einer starken Politisierung des Theaters gekennzeichnet. Das KOM-Theater, das AHAA-Theater und das Tanztheater Raatikko entstanden. Vor allem die avantgardistischen Produktionen des KOM-Theaters prägten das finnische Theaterleben. Der Komponist Kaj Chydenius (geb. 1939) schrieb im Jahre 1966 gemeinsam mit Arvo Salo die "Lapualaisoopera", die zu einem legendären Erfolg werden sollte. Mit dieser Aufführung wurde der Durchbruch des epischen Theaters auf finnischen Bühnen erreicht. Regisseure wie Ralf Langbacka, Kalle Holmberg (geb. 1939) und Jouko Turkka (geb. 1942) avancierten als Anhänger Brechtscher Theorien zu den führenden Spielleitern finnischer Bühnen.
Das Theater von heute sieht sich mit ähnlichen Entwicklungen konfrontiert wie in den 50er Jahren: Musical, Operette und Boulevard locken die Zuschauermassen an, das literarische Theater findet vor kleinem Publikum statt.

Politisches Theater

Film

Die großen Erfolge, die Aki und Mika Kaurismäki mit ihren Filmen weltweit erzielten, haben die finnische Filmkunst aus ihrer Isolation befreit. Lange Zeit aber sah es um den finnischen Film nicht gut aus. Ein paar einheimische Unterhaltungsproduktionen mit populären Stars aus Finnland waren

Allgemeines

Allgemeines (Fortsetzung)

die einzigen Pendants zu Hollywoodfilmen. Finnland ist für anspruchsvolle Filmemacher, die nicht auf einen großen Kassenerfolg spekulieren können, ein hartes Pflaster. Sie müssen ihre Filme mit kleinen Budgets drehen. Und wenn sie Pech haben, werden ihre Filme von der prüden Zensur-Kommission verboten. Nicht selten werden in Deutschland und anderen Ländern finnische Filme gezeigt, die in Finnland selbst verboten sind. Eine große Filmhochschule wie beispielsweise in München oder Berlin gibt es nicht. Folglich geht ein großer Teil der jungen Künstler ins Ausland, um dort ihr Handwerk zu lernen.

Aki und Mika Kaurismäki

So ist es auch nicht allzu verwunderlich, daß die Protagonisten in den meisten Kaurismäki-Filmen den gesellschaftlichen und damit auch künstlerischen Verhältnissen mit Resignation und Aufbegehren begegnen. Diese Ambivalenz zeigt sich besonders bei den frühen Werken der beiden Brüder. “Klaani” (deutsch “Der Clan”) von Mika und “Kalamari Union” von Aki Kaurismäki unterstreichen dies ganz deutlich: Auflehnung gegen die Normen im unmittelbaren Lebensumfeld bei gleichzeitiger resignativer Akzeptanz dieser universal gültigen Normen.
Aki Kaurismäki beherrscht ein breites stilistisches Spektrum von der Slapstikkomödie bis hin zum absurden Drama: “Ariel” 1988, “Leningrad Cowboys Go America” 1989, “Wolken ziehen vorüber” 1996, um nur einige zu nennen. Ob der internationale Erfolg der Brüder Kaurismäki auch der gesamten finnischen Filmkunst den gebührenden Stellenwert einräumt, bleibt abzuwarten.

Finnland in Zitaten

In seinem berühmten Werk "Germania" beschreibt der große römische Historiker Publius Cornelius Tacitus den Stamm der "Fennen", von denen er aber nicht richtig weiß, ob er sie zu den Germanen oder zu den Sarmaten zählen soll. Diese Stelle im Kapitel XLVI seines berühmten Buches macht sicher schon Generationen von finnischen Schülern im Lateinunterricht schwer zu schaffen, auch wenn der Lehrer erklärt, daß die ganze Darstellung schlecht auf die "Finnen" paßt, die zur damaligen Zeit wohl noch gar nicht im Lande ansässig waren. Man darf wohl annehmen, daß unter "Fenni" eher die "Lappen" zu verstehen sind, die damals noch weit im Süden des heutigen Finnlands lebten.

Publius Cornelius Tacitus
Römischer Geschichtsschreiber
(55 – ca. 120 n.Chr.)

"Die Tierähnlichkeit der Fennen ist erstaunlich, ihre Armut abschreckend. Sie haben keine Waffen, keine Pferde, kein Haus. Ihre Nahrung besteht aus Kräutern, die Kleidung aus Tierhäuten, ihre Lagerstätte ist der Erdboden; ihre einzige Hoffnung sind die Pfeile, die sie aus Mangel an Eisen mit spitzen Knochen versehen. Dieselbe Jagd gibt Männern wie Frauen in gleicher Weise ihren Lebensunterhalt; denn die Frauen kommen überall mit hin und beanspruchen ihren Anteil an der (gemeinsam erlegten) Beute. Auch die kleinen Kinder haben keine andere Zufluchtstätte vor wilden Tieren und dem Regen als den Unterschlupf unter irgendeinem Geflecht von Zweigen: hierhin kehren die jungen Männer zurück, das ist auch das Asyl der Greise. Aber sie meinen, man sei glücklicher (bei alledem), als wenn man über schwerer Ackerarbeit seufze, mühsam Häuser baue, eigenes und fremdes Hab und Gut in Furcht und Hoffnung umzusetzen (Handel zu treiben) suche: ohne sich um die Menschen, ohne sich um die Götter zu kümmern, haben sie das Schwerste erreicht: wunschlos glücklich zu sein."

Aus: Tacitus, Germania, cap. XLVI, übersetzt von Arno Mauersberger, Wiesbaden, VMA-Verlag

"Abends kam ich nach Sangis, wo man das letzte Vaterunser betete. Das Wetter war schön. ... Als ich Sangis hinter mir ließ, ließ ich auch meiner Mutter Sprache hinter mir; in Saivis (auf finnischem Boden) gab's nur pure Finnen, die ich nicht verstand. Mausfallen waren hier die gleichen wie Eichhörnchenfallen. ... Zwischen Torneå (Tornio, auf schwedischem Boden) und Säivis nahm ich drei Fähren. Kam um 3 Uhr in Torneå an. ... Es kamen viele Finnen zu mir, daß mir vor ihnen Angst wurde, denn alle waren triefäugig und nahezu blind. Oft sah man hier, wie ein Blinder von einem weniger Blinden geführt wurde. Eitel war es für mich, vollkommen nutzlos, ihnen irgendein Mittel zu verschreiben, so lange die Ursache des Leidens überall greifbar war: ihre Rauchbuden, und es wäre mein einziger Rat, sie allesamt an die Wand zu hängen und ihnen fünfzehn Schläge mit der Rute zu verabreichen, bis sie einen Schornstein in ihre Stuben bauen, fehlt ja nicht an Stecken, deren es bedürfte, der Obrigkeit Respekt zu verschaffen. Abstruseres hab ich ohne hinreichenden Grund nimmermehr gesehen. Und solcherart waren die Mannsbilder von dreißig à vierzig Jahren, daß sie wie Siebzigjährige aussahen. ... Die Finnenmädchen haben große Brüste, die Lappenmädchen kleine, und solche sparen die jungen Mädchen für ihren späteren Mann auf. ...

Carl von Linné
Schwedischer Arzt und Naturwissenschaftler
(1707 – 1778)

Carl von Linné
(Fortsetzung)

Die österbottnischen Bauern, wie sie in ihren Häusern Kinder der Finsternis sind, so sind sie es auch draußen, nämlich ungekämmt, rauh. Große Hosen bis zu den Knöcheln, gänzlich weiß, ein Pelz, vorn an der Brust zusammengenäht, sehr streitsüchtig. In den Häusern roch es ekelerregend nach sauren Renken, gleich saurem Strömling, im Hause unordentlich, können nichts andres als finnisch sprechen. ... Ich hatte gedacht, ein Stücklein in Østerbotten zu reisen, allein da ich zum Gasthaus kam, erhielt ich weder Pferd noch Speise, denn sie verstanden mich nicht, wollten mich auch nicht verstehen, also reiste ich am 12. August zurück. ...
Am 30. kam ich in der Stadt Åbo an. Åbo ist so groß wie Örebro, schön gebaut, oft zerstört von den Feinden, oft abgebrannt. ... Die Bibliothek hier ist miserabel, zwei Akademien, beide im selben Haus untergebracht. ... Am 5. im Oktober. Ich reiste heute von hier ab, die Acker in Finnland sind herrlich, sehen aus wie Østergotland, ganz flache und große Felder. ...

Reiste 1723 nach Finnland (Lappland) und berichtete über seine Eindrücke.

J. V. Snellman
Staatsmann
(1806 – 1881)

"Schweden sind wir nicht,
Russen wollen wir nicht werden,
also laß uns Finnen sein!"

Baedekers
"Rußland"

"Das ganze Innere wird von der 75–300 m hohen Finnischen Seenplatte eingenommen, die sich durch ernste unberührte Schönheit, weniger durch Großartigkeit der Landschaft auszeichnet: mächtige, düstere Granitfelsen, dichte Nadel- und Laubwälder (an den Küsten viel Jungholz), große Sümpfe neben stillen klaren Seen, kleine freundliche Städte, Kirchen mit einzeln stehendem Glockenturm, braunrotbemalte Hütten, spärliche Kornfelder und Wiesengründe, dazu im Sommer noch der Zauber der hellen Nächte. Im Süden wird die Seenplatte durch die zwei großen parallelen Endmoränenwälle des Salpausselkä von der Küstenzone getrennt, die, auch im Westen, fruchtbar und mit einem dichten Schwarm von niedrigen Felsinseln, den Schären, umgeben ist. Das nördliche Finnland erhebt sich allmählich zu dem höheren Plateau von Lappland."

Aus: "Rußland", Verlag Karl Baedeker, 1912

Baedekers
"Schweden und
Finnland"

Das Wesen einer Reise nach Finnland liegt in dem Gesamteindruck der zahllosen dunkeln und inselreichen Seen, der ausgedehnten Wälder, der wasserreichen Ströme und der zerrissenen Schärenküsten. Besondere Glanzpunkte hat das Land nur vereinzelt aufzuweisen. Der von Deutschland kommende Reisende betritt finnischen Boden gewöhnlich in Helsingfors, der jungen Hauptstadt des Landes. Die Stadt hat einige bemerkenswerte neue Monumentalbauten und ein schönes Nationalmuseum, das einen anschaulichen Einblick in die finnische Kultur von der vorgeschichtlichen Zeit bis zur Gegenwart gewährt. Die Inseln der Umgebung bieten zu hübschen Ausflügen Gelegenheit. Besonders empfehlenswert ist die Dampferfahrt durch die Schären nach Borgå, das hauptsächlich wegen seiner Erinnerungen an den Dichter Runeberg besucht wird.

(Der finnisch-schwedische Dichter Johan Ludvig Runeberg, 1804 – 1877, trug wesentlich zur Entwicklung des finnischen Nationalbewußtseins bei.)

Aus: "Schweden und Finnland", Verlag Karl Baedeker, 14. Auflage, 1929

Elias Lönnrot
Schriftsteller und
Sprachforscher
(1802 – 1884)

Väinämöinen, alt und weise,
spielte Kantele so lange,
spielt' bald Kantele, bald sang er,
freute sich am Zeitvertreibe.
Tönt' das Spiel in Mondesstube,
freudereich zum Sonnenfeuer.
Trat der Mond heraus zum Hause,
auf die Birke schön gebuckelt;

Elias Lönnrot
(Fortsetzung)

Sonn' entsprang dem festen Hause,
ließ sich, Kantele belauschend,
nieder in dem Föhrenwipfel,
Freude staunend aufzunehmen.
Louhi, Pohjolas Gebiet'rin,
Pohjas Alte, arm an Zähnen,
konnte hier die Sonne kriegen
und den Mond in ihre Hände;
nahm den Mond von Birkenbuckeln,
Sonne aus dem Föhrenwipfel,
schleppte sie sogleich nach Hause,
hin nach Pohjola dem finstern.
Mitten weg aus mildem Glänzen
barg den Mond in bunter Felsbrust,
bannt' die Sonn' aus vollem Scheinen,
sie in einen Berg von Stahle.
Dabei sprach sie selber so:
"Nimmermehr von hier entkommen,
nimmer aufgehn soll der Mond mehr,
soll die Sonne nimmer strahlen,
wenn ich sie nicht selber löse,
selbst erscheine, sie zu holen,
hergezogen von neun Hengsten,
die aus einer Stute stammen!"
Hat den Mond kaum angekettet
und die Sonne festgemacht
dort in Pohjolas Gebirge,
in dem eisenfesten Felsen, –
war gestohlen alles Licht schon,
hin aus Väinölä die Helle,
lichtlos lagen alle Häuser,
ohne Helligkeit die Hütten.

Aus: "Kalevala", herausgegeben von Elias Lönnrot, 1835 und 1849

Nationalhymne
J. L. Runeberg
Schriftsteller
(1804 – 1877)

Der schwedische Text stammt aus "Fähnrich Stahl" (1847) von Johan L. Runeberg und wurde später von Paavo Kajander ins Finnische übersetzt.

Finnland

Oi maamme, Suomi, synnyinmaa,
Soi, sana kultainen!
Ei laaksoa, ei kukkulaa,
Ei vettä, rantaa rakkaampaa
Kuin kotimaa tää pohjoinen,
Maa kallis isien. – (Finnisch)

Vårt land, vårt land, vån fosterland,
Ljud högt, o dyra ord!
Ej lyfts en höjd mot himlens rand,
Ej sänks en dal, ej sköls en strand,
Mer älskad än vår bygd i nord,
Än våra fäders jord. – (Schwedisch)

O Heimat, Heimat, Vaterland,
Kling laut, du teures Wort!
Kein Land, so weit der Himmelsrand,
Kein Land mit Berg und Tal und Strand
Wird mehr geliebt alt unser Nord,
Hier unsrer Väter Hort.

Aus: Nationalhymnen, Texte und Melodien, 6. Auflage Stuttgart, Reclam, 1993.

Aleksis Kivi
Schriftsteller
(1834–1872)

Der Weihnachtsabend ist da. Das Wetter ist mild, graue Wolken verhängen den Himmel, und frischgefallener Schnee deckt Berge und Täler zu. Leises Rauschen klingt aus dem Wald, die Birkhühner speisen winzige Birkenknospen, die Seidenschwänze rötliche Vogelbeeren zum Abend, und die Elster, die lüsterne Jungfrau des Kiefernwaldes, trägt Zweige für ihr künftiges Nest zusammen. In Hütten und Herrenhöfen herrschen Freude und Friede, so auch im Blockhaus der Brüder auf dem Schwendeland am Impivaara. Draußen vor der Tür steht ein Fuder Stroh, das Valko vom Gutshof Viertola zu Ehren des Weihnachtsfestes für die Stubendielen herbeigebracht hat. Auch hier konnten die Brüder das Knistern des Weihnachtsstrohs, die herrlichste Erinnerung aus der Kindheit, nicht vergessen.
Aus dem Haus aber tönten das Zischen des Dampfs auf den heißen Ofensteinen und die Rutenschläge der aufgeweichten Badequaste. Die Brüder nahmen gerade ein tüchtiges Weihnachtsbad. Und als endlich das glühend heiße Dampfbad beendet war, stiegen sie nach unten, kleideten sich an und setzten sich auf die Balken, die anstelle von Bänken längs der Wände lagen. Dort saßen sie, verschnauften sich und schwitzten. Ein flakkernder Kienspan beleuchtete den Raum. Valko zerschrotete den Hafer in seinem Verschlag, denn auch an ihn war zu Weihnachten gedacht worden. Der Hahn döste auf seinem Dachsparren und gähnte. Die Hunde Killi und Kiiski lagen, die Köpfe auf den Pfoten, dicht am Ofen; auf Juhanis Knien schnurrte die alte wassergraue Katze, die noch aus Jukola stammte.

Aus: "Die sieben Brüder", 1870

Bertolt Brecht
Deutscher
Schriftsteller
(1898–1956)

Finnische Landschaft

Fischreiche Wässer! Schönbäumige Wälder!
Birken- und Beerenduft!
Vieltoniger Wind, durchschaukelnd eine Luft
So mild, als stünden jene eisernen Milchbehälter
Die dort vom weißen Gute rollen, offen!
Geruch und Ton und Bild und Sinn verschwimmt.
Der Flüchtling sitzt im Erlengrund und nimmt
Sein schwieriges Handwerk wieder auf: das Hoffen.
Er achtet gut der schöngehäuften Ähre
Und starker Kreatur, die sich zum Wasser neigt
Doch derer auch, die Korn und Milch nicht nährt.
Er fragt die Fähre, die mit Stämmen fährt:
Ist dies das Holz, ohn' das kein Holzbein wäre?
Und sieht ein Volk, das in zwei Sprachen schweigt.

Aus: "Gedichte", 1961–1965. Bertolt Brecht emigrierte 1933 aus Deutschland; während des Zweiten Weltkriegs lebte er etwa ein Jahr in Finnland.

"Der Advokat: Die finnische Sommernacht!
Der Richter: Ich hab viel zu tun mit ihr. Die Alimentationsprozesse, das ist ein hohes Lied auf die finnische Sommernacht. Im Gerichtssaal sieht man, was für ein hübscher Ort ein Birkenwald ist. An den Fluß könnens überhaupt nicht gehen, ohne daß sie schwach werden. Eine hab ich vor dem Richtertisch gehabt, die hat das Heu beschuldigt, daß es so stark riecht. Beerenpflücken sollens auch nicht, und Kuhmelken kommt sie teuer zu stehen. Sie sind einfach nicht zu halten im Sommer."

Aus: "Herr Puntila und sein Knecht Matti", 1948

"Kaue: Ich hör allgemein, es ist ein sehr schweigsames Volk. Das gilt als eine Nationaleigentümlichkeit. Da es eine gemischte Bevölkerung mit zwei Sprachen ist, könnt man also sagen: das Volk schweigt in zwei Sprachen.
Ziffel: Das könnt man sagen. Aber nicht laut."

Aus: "Flüchtlingsgespräche", 1961

Olavi Paavolainen
Schriftsteller
(1904 – 1964)

Zum erstenmal sehe ich klar ein literaturhistorisches Phänomen: Wo hätte unsere Volkspoesie sonst aufbewahrt werden können, wenn nicht in den karelischen Gehöften. Sie sind richtige Heimstätten – "alttestamentlich". Die alten Volksdichtungen wurden in diesen architektonisch geschlossenen Gebäudekomplexen gleichsam konserviert. Die große Wohnstube, die Kammern, die Ställe, die Scheunen, mitunter sogar die Brunnen sind alle unter einem Dach. Im Winter, wenn der Schneesturm die grauen Balkenwände peitscht, braucht man um der alltäglichen Verrichtungen willen keinen Schritt aus dem Hause zu tun. ...

Aus: "Düstere Selbstgespräche" (Kriegstagebucht)

Robert Crottet
Publizist
(1908 – 1987)

Der See von Galajärvi

Der August neigte sich dem Ende zu, und schon verschwand der kurze lappländische Sommer so schnell wie er gekommen war. Die Blätter der Birken wurden gelb und dann rot. Die Hügel von Galajärvi hüllten sich in einen blutbefleckten Mantel. Dennoch behielt der See seine ewig grüne Farbe, nur auf die Blätter der Wasserpflanzen waren einige Blutstropfen gefallen. Es kam die Zeit, da die Augen der Seerosen sich offen dem Himmel darboten. Die beiden Fischer blieben noch länger unbeweglich mitten auf dem See, und ihre Köpfe neigten sich noch tiefer über den Rand des Bootes, bis ihre Ohren den Wasserspiegel fast berührten.
Die ersten Strahlen der Morgensonne hatten immer mehr Mühe, die dichter werdende Finsternis zu durchdringen. Je näher der Herbst und die Zeit der ewigen Nacht rückten, desto weniger gelang es dem See, sich von den Schatten zu befreien. Es schien fast so, als habe er Gefallen an der Dunkelheit und wehre sich viel länger als die anderen Seen gegen die morgendliche Helle ...

Aus: "Verzauberte Wälder. Legenden aus Lappland", 1955

Jorma Heikki Etto
Schriftsteller
(geb. 1931)

"Ein Finne ist einer, der ungefragt antwortet,
der fragt, wenn niemand antwortet, antwortet, wenn niemand fragt,
einer, der abkommt vom Weg, der am Ufer ruft,
und jenseits am Ufer ruft ebenso einer,
der Wald hallt wider, erschallt, und die Kiefern brausen.
Dorther kommt der Finne und ächzt,
geht wieder dorthin und ächzt, ächzt wie in der heißen Sauna,
wenn der andre den Aufguß macht.
Ein solcher Finne hat stets einen Freund,
nie ist er allein, und der Freund ist immer ein Finne.
Und von dem Finnen scheidet den Finnen nichts,
nichts als der Tod und die Polizei."

Reiseziele von A bis Z

Routenvorschläge

Vorbemerkung

Die folgenden Routenvorschläge sollen dem Autotouristen Anregungen für Fahrten in Finnland geben, ohne ihm die Freiheit der eigenen Planung und Streckenwahl zu nehmen. Die Routenführung wurde so gewählt, daß die wichtigsten und interessantesten Sehenswürdigkeiten berührt werden. Dennoch lassen sich nicht alle in diesem Reiseführer beschriebenen sehenswerten Orte und Landschaften ohne weitere Abstecher erreichen. Ergänzt werden diese Routen durch zahlreiche Vorschläge für Abstecher, Ziele in der Umgebung und Ausflugsfahrten bei den Einzelbeschreibungen des Hauptkapitels 'Reiseziele von A bis Z'.
Die vorgeschlagenen Streckenführungen lassen sich auf der zu diesem Buch gehörenden Reisekarte verfolgen, die eine detaillierte Reiseplanung erleichtert.

Allgemeine Hinweise

Orte und Landschaften, die im Abschnitt 'Reiseziele von A bis Z' unter einem Hauptstichwort beschrieben sind, erscheinen innerhalb der folgenden Routenvorschläge in **halbfetter Schrift**.
Alle erwähnten Städte, Orte, Landschaften, Flüsse, Seen wie auch andere Sehenswürdigkeiten sind in dem Register am Ende dieses Reiseführers zusammengefaßt, so daß man sie rasch auffinden kann.
Bei den Entfernungsangaben, die in Klammern hinter den Routenüberschriften genannt sind, handelt es sich um gerundete Kilometerzahlen, die sich lediglich auf den direkten Routenverlauf beziehen.

Empfehlungen zur Routenplanung

Bei der Routenplanung muß man die großen Distanzen zwischen den einzelnen Orten berücksichtigen. Man sollte sich auch an die Geschwindigkeitsbegrenzung halten, um saftige Geldbußen zu vermeiden. Eine große Finnland-Rundreise beträgt um die 4000 km, so daß sie keinesfalls in zwei Wochen bewältigt werden kann. Tagesstrecken von mehr als 200 km sind nicht zu empfehlen. Besser ist es, die Reisezeit durch die recht günstigen Inlandflüge abzukürzen und dann eine Woche Urlaub im Ferienhaus mit eigener Sauna am See einzuplanen. Ein Urlaub mitten in der Natur, mit Wanderungen, Angeln und Kanufahren, gehört sicher zu den schönsten Urlaubserfahrungen in Finnland.

1. Von Helsinki über Turku und Vaasa nach Oulu (ca. 800 km)

Streckenverlauf

Die Route, die anfangs der E 18, dann der Hauptstraße Nr. 8 und zuletzt der E 75 folgt, verläuft von Helsinki nahe dem Ufer des Finnischen Meerbusens hin; ab Turku führt sie nordwestwärts und anschließend in nördlicher Richtung – unweit vom Bottnischen Meerbusen – zu der nordfinnischen Stadt Oulu. Hinter Helsinki geht es zuerst über die südwestlichen Ausläufer des Salpausselkä.

◀ *Die Burg Olavinlinna ist die am besten erhaltene mittelalterliche Festung Skandinaviens und eine Hauptattraktion in Finnland. Jedes Jahr im Hochsommer ist die Burg Schauplatz der berühmten Opernfestspiele von Savonlinna.*

Routen durch Finnland
* besonders bemerkenswert
** einzigartige Sehenswürdigkeit
*Inarisee
*Lemmenjoki-Nationalpark
Ivalo
R4
© Baedeker
Sodankylä
R4
*Rovaniemi
*Oulanka-Nationalpark
R3
Tornio
Kemi
Kuusamo
R3
*Oulu
*Raahe
*Kalajoki
Kajaani
*Vuokatti
R1
R5
R2
R7
Jakobstad/ Pietarsaari
*Nurmes
R6
**Koli-Berge
*Lieksa
*Vaasa
**Kuopio
R7
*Kloster Lintula
**Kloster Uusi Valamo
*Kristinestad/ Kristiinankaupunki
*Jyväskylä
R6
R2
**Savonlinna
R1
R5
Mikkeli
R6
*Pori
*Tampere
**Saimaasee
R6
**Rauma
R7
**Hämeenlinna
*Lahti
*Naantali
**Porvoo
*Kotka
*Hamina
**Turku
R1
**Helsinki
*Tammisaari
*Ålandinseln

Route 1, (Fortsetzung) Hauptstrecke

Man verläßt **Helsinki** (schwedisch 'Helsingfors') und fährt auf der Autobahn an modernen Vorstädten vorbei westwärts; Abstecher führen zu einem Museum für den Maler Akseli Gallen-Kallela sowie nach **Espoo** mit dem Ortsteil Tapiola. Die E 18 zieht dann durch eine seenreiche Gegend nach Salo am Uskelanjoki und weiter zu einer Straßenteilung; rechts liegt das Dorf Halikko mit einer alten Steinkirche. Dann gelangt man über Piikkiö nach Kaarina.

Abstecher

Von Kaarina führt eine Landstraße südlich nach Parainen. Auf dem Weg dorthin kommt man auf die Insel Kuusisto (schwedisch Kustö); am Ostende der Insel befinden sich Reste des Schlosses Kuusisto. Südlich von Parainen liegt inmitten großartiger Schären die als Badeplatz vielbesuchte Insel Stormälö; vor der Küste die Insel Korpo (Kirche mit Holzbildwerken).

Hauptstrecke

Die Hauptstrecke E 18 zieht von Kaarina nordwestlich weiter nach **Turku** (schwedisch Åbo), der an der Mündung des Aurajoki in den Bottnischen Meerbusen gelegenen ältesten Stadt Finnlands. Ab Turku folgt man der Straße Nr. 8, die durch ein kulturgeschichtlich interessantes Gebiet verläuft. Die Route führt nun über Raisio (Abzweigung einer Straße zu der als Badeort besuchten kleinen Stadt ***Naantali**) und Mynämäki nach Laitila. Dort zweigt eine Straße südwestwärts zu der Hafenstadt **Uusikaupunki** (schwedisch Nystad) am Bottnischen Meerbusen ab; dort wurde 1721 der Frieden, der den Nordischen Krieg beendete, geschlossen. Die Strecke verläuft hinter Laitila an mehreren Seen vorüber nach ****Rauma** und anschließend weiter nach ***Pori** (schwedisch Björneborg) nahe der Mündung des Kokemäenjoki in den Bottnischen Meerbusen. Von Pori fährt man in einiger Entfernung von der Küste hin und erreicht Lapväärtti. Von dort führt die Hauptstraße Nr. 8 (letzter Abschnitt E 12) direkt nach ***Vaasa** (schwedisch Vasa).

Streckenvariante

Hinter Lapväärtti zweigt man links ab und fährt dann über eine Brücke nach ***Kristiinankaupunki** (schwedisch Kristinestad), einer Hafenstadt auf einer Halbinsel. An Sonn- und Feiertagen sind dort noch vereinzelt Frauen mit Trachten zu sehen. Dann geht es nördlich weiter nach Närpio (schwedisch Närpes); von dort führt eine Landstraße unweit der Küste hin nach Vaasa.

Hauptstrecke

Von Vaasa fährt man auf der Hauptstraße Nr. 8 unweit der buchtenreichen Küste durch landwirtschaftlich genutztes Gebiet. Westlich der Kreuzung der Straßen Nr. 8 und Nr. 67 liegt die Stadt Uusikaarlepyy (schwedisch Nykarleby); beachtenswert ist die Holzkirche. Weiter nördlich führt ein anderer Abstecher nach **Pietarsaari** (schwedisch Jakobstad), dem Geburtsort des finnisch-schwedischen Dichters Johan Ludvig Runeberg (1804 bis 1877). Die Hauptstrecke zieht nun unweit einer durch Schären gebildeten Bucht hin nach **Kokkola** (schwedisch Karleby). Hinter der Stadt verläuft die Straße nahe der Küste durch ein dünner besiedeltes Gebiet; bei ***Kalajoki** gibt es schöne Sanddünen. Weiter führt die Strecke unweit der Küste des Bottnischen Meerbusens hin nach Raahe (schwedisch Brahestad); dort befindet sich ein Standbild Per Brahes, der die Stadt gegründet hat (1649). Von ***Raahe** folgt man weiter der Straße Nr. 8, die nordöstlich von hier in die E 75 einmündet. Diese verläuft anschließend durch ebenes Land nach ***Oulu** (schwedisch Uleåborg).

2. Von Oulu über Kuopio und Mikkeli nach Helsinki (ca. 750 km)

Streckenverlauf

Die Route, die den Straßen Nr. 4 (E 75), Nr. 19 und Nr. 5 (teilweise E 63) folgt, führt von Oulu im Norden durch Wald und das Gebiet der Finnischen

Die Küste Finnlands wird von malerischen Städten mit gut erhaltenen Holzhausvierteln gesäumt. Fischerboot vor dem Museum in Raahe. ▶

Route 2 (Fortsetzung)

Seenplatte südwärts. Dann überquert sie den Salpausselkä, der die Seenplatte im Süden begrenzt, und verläuft nach Helsinki am Finnischen Meerbusen.

Hauptstrecke

Von **Oulu** (schwedisch Uleåborg) führt die E 75 südwärts nach Pulkkila. Hier fährt man links weiter und auf der Straße Nr. 19 in Windungen durch Wald; bei Piippola liegt rechts an der Straße eine Kirche mit freistehendem Glockenturm. Dahinter wird der Wald vereinzelt von Gehöften unterbrochen. Nach 20 km erreicht man den Pyhännänjärvi; dann geht es weiter zu dem Dorf Vieremä, das eine Kirche mit gemustertem Holzdach hat. Nun fährt man auf landschaftlich schöner Strecke an mehreren Seen vorüber. Schließlich mündet die Straße Nr. 19 in die Straße Nr. 5 (E 63) ein.

Abstecher

Von der Straßenkreuzung lohnt ein Abstecher nordwärts nach **Kajaani** am Südufer des Kajaaninjoki – unweit seiner Mündung in den Oulujärvi. Elias Lönnrot, der das finnische Nationalepos "Kalevala" schrieb, lebte seit 1833 als Kreisarzt in dieser Stadt. Nördlich von Kajaani liegt der Pöllyvaara (201 m ü.d.M.), von dem sich eine weite Rundsicht bietet. Etwa 30 km östlich von Kajaani liegt der Ferienort *Vuokatti.

Hauptstrecke

Von der oben genannten Kreuzung führt die E 63 an der Holzkirche von Iisalmi-Land vorüber nach Iisalmi, weiter durch ein Waldgebiet und an mehreren Seen vorüber. Über Lapinlahti und Siilinjärvi gelangt man zu der Stadt ****Kuopio,** die auf einer in den Kallavesi hineinragenden Halbinsel liegt. Die Strecke nach Helsinki verläuft nun durch die Finnische Seenplatte. Ab Kuopio führt die Straße Nr. 5 südostwärts zu der Industriestadt **Varkaus** und zieht – wieder größtenteils durch Wald – weiter nach **Mikkeli** an einer westlichen Verzweigung vom ****Saimaasee.** Die Umgebung von Mikkeli wird zum Skilaufen besucht. Die Straße erreicht dann nach 100 km den freundlichen Bade- und Erholungsort Heinola; im Nordwesten der Stadt erstreckt sich der große Ruotsalainensee. Die Straße überquert am Südende von Heinola auf einer Brücke den Kyminjoki, den Abfluß eines großen Wassersystems, das sich über einen bedeutenden Teil der Finnischen Seenplatte ausbreitet und dessen Hauptbecken der **Päijänne** ist. Weiter geht es leicht aufwärts zum Höhenzug Salpausselkä. Von ***Lahti** am Südende des Vesijärvi führt die E 75 dann südwärts (Autobahn) an Kerava vorbei zur finnischen Hauptstadt ****Helsinki** (schwedisch Helsingfors), in deren Umkreis mehrere wichtige Straßen zusammentreffen.

3. Von Rovaniemi über Kemi nach Oulu (ca. 230 km)

Streckenverlauf

Die Route folgt anfangs der Hauptstraße Nr. 4 bzw. E 75 von Rovaniemi südwärts; diese führt dann ab Kemi in einiger Entfernung vom Bottnischen Meerbusen hin. Von Finnisch-Lappland kommt man so in den flachen, bewaldeten Nordwesten der finnischen Provinz Oulu.

Hauptstrecke

Man verläßt ***Rovaniemi** in südwestlicher Richtung und fährt auf der E 75 unweit vom Ufer des Kemijoki hin. Über Hirvas (mit Gletschermühlen) gelangt man auf einer landschaftlich schönen Strecke nach Muurola.

Streckenvariante

Rund 28 km hinter Muurola zweigt links eine Straße ab – zu einer 1 km entfernten Brücke zum Ostufer des Kemijoki; von dort kann man über das Kirchdorf Tervola ebenfalls nach Kemi fahren (68 km).

Hauptstrecke

Die E 75 folgt von der genannten Abzweigung weiter dem westlichen Ufer des Kemijoki, der etwa 16 km südlich die Taivalkoski-Stromschnelle bildet (von der Straße durch Wald getrennt).

Abstecher

Vor der Einmündung der E 75 in die Straße Kemi–Tornio biegt man links ab und erreicht nach rund 3,5 km die Feldsteinkirche von Kemi-Land, die jenseits der Eisenbahn an der Straße liegt; an der gewölbten Holzdecke der Kirche sieht man Bilder mit Motiven der Leidensgeschichte Jesu. Vom Damm hinter der Kirche bietet sich ein schöner Blick auf den Kemijoki und die Stadt Kemi.

Route 3 (Fortsetzung)

Hauptstrecke

Bei der Weiterfahrt in Richtung Kemi kommt man wenig später zu einer Bahnunterführung und dann zu einer Straßenteilung, von wo die E 4 rechts zur Grenzstadt **Tornio,** links die E 75 Richtung Kemi bzw. Oulu verläuft. Die Route führt nun über einen Staudamm des Kemijoki, der südlich in den Bottnischen Meerbusen mündet, hinweg nach **Kemi,** einer Hafenstadt am Bottnischen Meerbusen (Holzindustrie).

Abstecher

An der Stelle, wo die Hauptstraße in die E 4 mündet, kann man rechts nach Tornio weiterfahren. Bei der finnischen Grenzstadt **Tornio** überquert man den Tornionjoki (schw. 'Torneälv'); südlich der Stadt liegt die Insel Röyttä, wo die größeren Schiffe vor Anker gehen. Die Strecke überquert am Westrand von Tornio auf einem Damm einen versumpften Arm des Tornionjoki, der die finnisch-schwedische Grenze bildet. Am anderen Ufer links befindet sich das schwedische Zollamt. Unmittelbar danach beginnt die schwedische Grenzstadt Haparanda; auf dem Friedhof steht ein Gedenkstein für Gefallene des Ersten Weltkrieges (u.a. Deutsche und Österreicher).

Hauptstrecke

Hinter Kemi führt die E 75 nahe der flachen, bewaldeten Küste des Bottnischen Meerbusens hin, auf den sich jedoch nur selten ein Ausblick bietet. Hinter Simo fährt man an der Holzkirche von Haukipudas und dem Ort Kello (Holzlager) vorbei, anschließend auf mehreren Straßenbrücken über die Mündung des Oulujoki nach ***Oulu** (schwedisch Uleåborg), Hauptstadt der gleichnamigen Provinz.

4. Von Rovaniemi durch Lappland zum Inarisee (ca. 350 km)

Streckenverlauf

Die im allgemeinen erst ab Mitte Juni befahrbare Route beginnt in Rovaniemi und verläuft durch Finnisch-Lappland nordwärts auf der Hauptstraße Nr. 4 (z.T. E 75) bis zur norwegisch-finnischen Grenze. Der Abschnitt zwischen Rovaniemi und Ivalo ist Teil der ehemaligen "Eismeerstraße", die bis 1944 nördlich zum damals finnischen, heute russischen Eismeerhafen Petsamo (Pečenga) führte.

Hauptstrecke

Von ***Rovaniemi,** dem Verwaltungszentrum von Finnisch-Lappland, wählt man die Staße Nr. 4 (E 75) nordwärts auf dem finnisch gebliebenen Teil der ehemaligen Eismeerstraße durch Wald. Diese endet heute bei Virtaniemi an der finnisch-russischen Grenze. Zuerst kommt man über den Ounasjoki, nahe seiner Mündung in den Kemijoki, den längsten und wasserreichsten Fluß Finnlands. Südlich der Mündung bildet der Kemijoki die Stromschnelle Ounaskoski; östlich erhebt sich der Ounasvaara (204 m ü.d.M.; Aussicht). Man fährt durch ein größeres Waldstück zum **Polarkreis** (finnisch 'napapiiri'), dann an dem See Olkkajärvi vorbei bis Vikajärvi.

Abstecher

Bei dem Dorf Vikajärvi zweigt rechts die Straße Nr. 80 nach Kemijärvi ab, einem Ort, der 86 km nordöstlich von ***Rovaniemi** am Nordufer des gleichnamigen Sees liegt. Von hier aus verläuft eine Fahrstraße nordwärts zum Osthang des Pyhätunturi ('heiliger Berg'), von dessen höchstem Gipfel (539 m ü. d. M.) sich eine schöne Aussicht über das südliche Lappland bietet.

Hauptstrecke

Von Vikajärvi fährt man auf der Hauptstraße Nr. 4 (E 75) weiter nach Norden bis nach Sodankylä. Hier folgt man zuerst dem Ufer des Kitinen, überquert dann den Fluß und kommt nach etwa 37 km nach Vuotso, einem Dorf mit Holzhäusern. Durch ein Gebiet, wo im 19. Jh. im Geröll der Flüsse

Route 4
(Fortsetzung)

stellenweise etwas Gold gefunden wurde, verläuft die Strecke dann nordwärts. Nach etwa 20 km führt rechts eine Abzweigung zum Gipfel des Kaunispää (438 m ü.d.M.), von dem man eine schöne Aussicht auf den **Urho-Kekkonen-Nationalpark** genießt. Ab Törmänen begleitet der breite Ivalojoki die Straße bis Ivalo.
Von Ivalo fährt man am teilweise felsigen Ufer des ***Inarisees** hin und gelangt zu dem kleinen Ort Inari am Westufer des Inarisees. Rund 7,5 km nordöstlich steht die alte Lappenkirche von Pielppajärvi. Die Route folgt der E 75 und verläuft weiter durch eine sumpfige, seenreiche Gegend am Ferienort Lapponia vorbei nach Kaamanen. Danach überquert man den reißenden Fluß Kaamasjoki und folgt der Hauptstraße Nr. 4 durch teilweise sumpfigen Kiefern- und Birkenwald, vorbei an zahlreichen kleinen Seen bis zur finnisch-norwegischen Grenze, wo man die Fahrt bis zum Nordkap fortsetzen kann.

5. Von Lahti über Jyväskylä nach Oulu (ca. 500 km)

Streckenverlauf

Am westlichen Rand des Finnischen Seengebietes zieht die E 75 von Lahti nordwärts über Jyväskylä und Kärsämäki bis nach Oulu am Bottnischen Meerbusen.

Hauptstrecke

Die Stadt ***Lahti** liegt an der südlichen Spitze des Vesijärvi (113 km²), der seinerseits das südliche Ende des Päijänne bildet. Am Nordrand der Stadt zweigt von der E 75 rechts die Straße Nr. 5 nach Mikkeli am ****Saimaasee** ab. Die E 75 führt durch eine hügelige, waldreiche Landschaft zu dem kleinen Ausflugsort Vääksy (Oldtimer-Museum Tallukkka). Dort führt eine Drehbrucke über den Vääksy-Kanal, der im Jahre 1871 gebaut wurde und den Vesijärvi mit dem 4 m tiefer gelegenen See **Päijänne** verbindet (Schleuse), dessen westlichem Ufer man nun folgt. Das teilweise felsige Ufer ist bewaldet und stark zerklüftet. Unmittelbar hinter der Drehbrücke zweigt rechts die Straße Nr. 314 nach Asikkala ab. Sie führt weiter über die 8 km lange Landbrücke Pulkkilanharju zum Ostufer des Päijänne und an diesem nördlich bis Sysmä (7000 Einw.). Dort ist die Steinkirche aus dem 15. Jh. beachtenswert.
Die E 75 erreicht 20 km hinter der genannten Abzweigung das Dorf Padasjoki. Über Kuhmoinen (Abstecher auf den Berg Linnavuori; Aussicht!) gelangt man zur Industriestadt Jämsä (12 000 Einwohner; Papierfabrik) an einem Straßenknotenpunkt, wo die Straße Nr. 9 (E 80) nach ***Tampere** abzweigt. In Jämsä befindet sich ein interessanter Troll-Park.

Abstecher
nach Mänttä

Zu empfehlen ist ein Abstecher zu dem Ort Mänttä (38 km in nordwestlicher Richtung), der von der holzverarbeitenden Industrie lebt. Der Fabrikgründer Gösta Serlachius hat hier seinen bedeutenden Kunstbesitz, darunter flämische und italienische Meister, im Gutshof Joenniemi (1935) ausgestellt. Die Straße von Jämsä nach Mänttä führt an der beeindruckenden Schlucht Synninluko vorbei.

Hauptstrecke

Die E 75 führt weiter über das herrlich gelegene Kirchdorf Korpilahti nach Muurame, wo es eine von Alvar Aalto erbaute Kirche gibt; danach läuft sie durch das Dorf Säynätsalo ca. 10 km südöstlich von ***Jyväskylä** mit einem Gemeindehaus von Alvar Aalto. Dann erreicht man die schön am Nordufer des Jyväsjärvi gelegene Stadt Jyväskylä. In östlicher Richtung zweigt die Straße Nr. 9 nach ****Kuopio** ab. Die E 75 zieht weiter nach Norden; an der Abzweigung der Straße Nr. 13 führt ein Abstecher zum schön gelegenen Dorf Saarijärvi; sehenswert sind das herrschaftliche Hausmuseum in Kolkanlahti und der Wassertierpark.
Von der Abzweigung geht es dann weiter zu der kleinen Stadt Äänekoski (1,5 km abseits), die ein Fabrikmuseum des Papierkonzerns Metsä-Serla und ein Wasserkraftwerk am Abfluß des Keitelesees zu bieten hat. Ein Straßendamm führt durch den langen, weitverzweigten Keitelesee bis zu

Blickfang auf dem Marktplatz von Oulu sind die alten Salzmagazine.

Route 5 (Fortsetzung)

der Insel Viitasaari unweit des nördlichen Seeufers. Zu empfehlen ist eine Schiffsfahrt auf dem See, der auch Möglichkeit zum Angeln bietet. Pihtipudas liegt am Nordwestende des Kolimajärvi und an der nördlichen Grenze Mittelfinnlands. Am Pyhäjärvi (141 m ü. d. M.) liegt etwas abseits der Straße der Grubenort Pyhäsalmi mit Eisenerz- und Edelmetallvorkommen. Hier verläßt die E 75 das Gebiet der Seenplatte und führt über Kärsämäki und Leskelä zur Stadt ***Oulu** am Bottnischen Meerbusen.

6. Von Lahti über Mikkeli und Kuopio nach Kajaani (ca. 480 km)

Streckenverlauf

Diese Route beginnt ebenfalls in Lahti und führt diesmal durch den mittleren Teil der Finnischen Seenplatte entlang der Straße Nr. 5, die kurz vor Kuopio auch E 63 heißt.

Hauptstrecke

Am nördlichen Rand von Lahti folgt man erst der Straße Nr. 4. bis jenseits von Heinola, wo man auf die Straße Nr. 5 trifft. Auf halber Strecke liegt Vierumäki, wo die Staatliche Sportschule (Hauptgebäude von 1937) eine Besichtigung lohnt. Die Straße überquert über eine Bogenbrücke (schöner Blick) den Kyminjoki, der den **Päijänne** zum Finnischen Meerbusen hin entwässert. Etwa 40 km nördlich von ***Lahti** liegt der beliebte Erholungsort Heinola am Nordufer der Jyrängönvirta, einer Stromschnelle des Kyminjoki. Von Lusi aus führt die Straße Nr. 59 nördlich nach ***Jyväskylä**, während die Straße Nr. 5 in nordöstlicher Richtung durch ausgedehnte Wälder und an zahlreichen Seen vorbei der Stadt **Mikkeli** am ** **Saimaasee** zustrebt. Etwa 40 km nordöstlich von Mikkeli zweigt rechts die Straße Nr. 14 nach Savonlinna ab. Die Straße Nr. 5 zieht durch eine waldreiche Landschaft weiter zu dem Kirchdorf Joroinen.
Dann erreicht sie die bedeutende Industriestadt **Varkaus**, die neben Sägewerken und einer Papierfabrik auch große Werften für Binnenschiffe beher-

Route 6 (Fortsetzung)

bergt. Einen Besuch lohnt der neunstöckige Wasserturm von 1954, der eine schöne Aussicht gewährleistet. Sehenswert ist hier das von einem Deutschen geführte Museum der mechanischen Musik.

Abstecher

Von Varkaus bestehen Schiffsverbindungen nach Kuopio und Savonlinna. Das beliebte Touristenzentrum **Savonlinna** mit der traditionsreichen Burg kann man auch auf einer Nebenstraße erreichen, die malerisch am Ostufer des Haukivesi entlangführt.
Zu empfehlen ist auch ein Ausflug zu den beiden einzigen orthodoxen Klöstern Finnlands. Die Straße Nr. 23 führt von Varkaus aus nordöstlich nach Karvio (55 km). Links biegt eine Straße zum *Nonnenkloster Lintula in der Gemeinde Palokki ab. An der Straße Nr. 23 folgt 8 km weiter die Abzweigung einer Nebenstraße (links) zu dem **Mönchskloster Uusi Valamo in der Gemeinde Papinniemi, an der Südspitze des Juojärvi (beide Klöster können auch von **Joensuu** aus erreicht werden).

Hauptstrecke

Auf der Straße Nr. 5 erreicht man von Varkaus aus das Dorf Leppävirta am Nordufer des inselreichen Sees Unnukka mit einer Steinkirche von 1846. Weiter nordwärts kommt man nach Vehmasmäki, wo es einen besonders für Kinder interessanten Bauernhofzoo gibt. Die Stadt **Kuopio** liegt auf einer Halbinsel im Kallavesi, den die Straße nördlich der Stadt auf einem Damm mit mehreren Brücken überquert. Dahinter steht links ein Denkmal für General Sandel, der im Jahr 1808 den Russen Widerstand leistete.
Etwa 2,5 km weiter zweigt die Straße Nr. 17 nach Joensuu ab. Die Straße Nr. 5 bzw. die E 63 führt über Siilinjärvi nach Lapinlahti mit einem Kunstzentrum im Wohnhaus des Malers Emil Halonen. Von dort geht es weiter zur Industriestadt Iisalmi am Nordufer des Porovesi. In der Stadt, die 100 km nördlich von **Kuopio** liegt, wurde der Dichter Juhani Aho geboren, der in späteren Jahren in der Künstlerkolonie Tuusula nördlich von **Helsinki** gelebt hat; 4 km nördlich von Iisalmi erreicht man eine Straßenteilung: Links führt die Straße Nr. 19 nach ***Oulu**; rechts verläuft die Fortsetzung der Straße Nr. 5 bzw. der E 63 nach **Kajaani**. Von Kajaani aus führt die Straße Nr. 22 am Nordufer des Oulujärvi entlang nach Oulu.

7. Von Helsinki über Joensuu nach Kajaani (ca. 700 km)

Streckenverlauf

Der östliche Teil der Finnischen Seenplatte wird von einer dritten Route erschlossen, die in ihrem südlichen Teil streckenweise nahe der finnisch-russischen Grenze hinzieht. Die Straße Nr. 6 führt über Lappeenranta und Joensuu im weiten Bogen am östlichen Rand der Seenplatte entlang nach Kajaani und Oulu.

Hauptstrecke

Von Helsinki aus folgt man zunächst der Straße Nr. 7, die in einiger Entfernung dem Finnischen Meerbusen folgt und im wesentlichen mit dem östlichen Abschnitt der historischen ***Königsstraße** übereinstimmt. Über die Stadt ****Porvoo**, deren malerisches Panorama mit den alten Lagerhäusern am Wasser eines der Wahrzeichen von Finnland geworden ist, kommt man nach Loviisa, wo noch einige Reste der Stadtbefestigung zu sehen sind. Weiter geht es vorbei an der mittelalterlichen Feldsteinkirche von Pythää nach ***Kotka**.

Abstecher

Lohnend ist ein kurzer Abstecher zu dem schmucken Städtchen ***Hamina**, in dessen sternförmigem Altstadtkern man noch die einstige Festungsanlage erkennen kann.

Hauptstrecke

Bei Kotka folgt man dem Abzweigung der Straße Nr. 15 Richtung Kouvola. Auf der Wegstrecke liegt das Dorf Anjala mit einem Herrengut von 1790, das als Museum eingerichtet worden ist, und einer sehenswerten Holzkirche von 1756. Über Myllykoski, wo es eine Papierfabrik gibt, gelangt man nach **Kouvola**, dem Verwaltungszentrum der Provinz Kymen lääni.

Route 7 (Fortsetzung) Streckenvariante

Den ersten Streckenabschnitt von Helsinki nach Lappeenranta am Saimaasee kann man auch weiter nördlich zurücklegen: auf der E 75 fährt man erst nordwärts nach ***Lahti** und dann auf der Straße Nr. 12 weiter in östlicher Richtung nach **Kouvola**. Einen Besuch lohnt hier der Familien-Vergnügungspark Tykkimäki. Knapp 7 km nordwestlich liegt am Kymenjoki der Industrieort Kuusankoski mit großen Papierwerken. 12 km nördlich in Jaala befindet sich die 1964 stillgelegte Holzschleiferei und Papierfabrik Verla, die als Museum eingerichtet wurde. Bei Kouvola mündet die Straße Nr. 15, die von **Kotka** am Finnischen Meerbusen kommt, in die Straße Nr. 6, der man jetzt folgt.

Hauptstrecke

Von Kouvola verläuft die Straße Nr. 6 in östlicher Richtung am Nordrand des Salpausselkä entlang. Nach einiger Zeit erreicht sie **Lappeenranta** am Südende des ****Saimaasees**; nach 7 km überquert man bei Lauritsala den Saimaa-Kanal. In der benachbarten Stadt Imatra, nur etwa 6,5 km von der russischen Grenze entfernt, gibt es große holzverarbeitende Betriebe.

Weiter im Nordwesten zweigt dann bei Särkisalmi links die Straße Nr. 14 nach Savonlinna ab. Auf der Strecke nach ****Savonlinna** passiert die Straße Nr. 14 den Ort Punkaniemi am Punkasalmi, dieser verbindet den nördlich gelegenen Puruvesi mit dem Väistönselkä. Weiter führt der Weg auf dem schmalen Damm neben der Eisenbahnlinie hin und über den etwa 7 km langen und bis 25 m hohen Hügelrücken Punkaharju, der unter Naturschutz steht. Eine touristische Attraktion für Familien mit Kindern ist der Freizeitpark "Sommerland" bei Punkaharju. Gleich daneben liegt das Kunstzentrum Retretti, wo im Sommer Wechselausstellungen finnischer und internationaler Kunst gezeigt werden.
Bei dem Ort Antola verläßt man die Straße Nr. 14 und folgt nun der Straße Nr. 71, die rechts nach Kerimäki führt. Kerimäki, am Westufer des Puruvesi, ist bekannt wegen seiner großen Holzkirche (1847 geweiht), in der einige der Veranstaltungen der Opernfestspiele von ****Savonlinna** stattfinden. Bei Puhos erreicht man wieder die Straße Nr. 6, die vom Ostufer des Puruvesi kommt, und folgt ihr dann anschließend in nördlicher Richtung.

An den beiden Orten Onkamo und Pyhäselkä vorbei kommt man nach **Joensuu**, der Hauptstadt von Nordkarelien. Von hier bildet die Straße Nr. 17 eine Querverbindung nach **Kuopio**. Von Joensuu geht es weiter auf der Straße Nr. 6 bis zu einer Straßenteilung bei Uuro. Dort geht es nordwärts zu dem Höhenzug des Karjajanselkä, der den Pielinen südwestlich begrenzt. Bei Ahmovaara führt rechts eine Straße zu den ****Koli-Bergen**. Auf der Fahrt bis nach Nurmes, dem nördlichen Ende des Pielinen, kommt man vorbei an dem langgestreckten Dorf Juuka, dessen Holzkirche einen freistehenden Turm hat.

Streckenvariante

Von der genannten Straßenteilung bei Uuro führt die Straße Nr. 73 über Eno nach Uimaharju am Südende des großen Sees Pielinen, dessen Ostufer man nun auf landschaftlich lohnender Strecke folgt. Im Süden des Pielinen stellt der Pielisjoki – mit mehreren Schleusen – die Verbindung zum Saimaasee her. Das Städtchen Lieksa im Herzen von ***Karelien** hat ein gut ausgestattetes Freilichtmuseum und eine moderne Kirche von 1982 zu bieten. Lieksa ist auch bei Wassersportlern sehr beliebt, die von hier aus zu den 25 km nordöstlich gelegenen Stromschnellen von Ruunaa fahren. Die Straße Nr. 73 folgt weiter dem Ufer des Pielinen und führt nach 56 km, vorbei an dem rekonstruierten karelischen Dorf Bomba, nach Nurmes. Nach weiteren 5 km mündet die Straße Nr. 73 wieder in die Straße Nr. 6.

Suomenselkä

Von Nurmes sind es auf der Straße Nr. 6 noch knapp 80 km bis zum Sport- und Ferienzentrum Vuokatti. Dabei überquert man den Bergrücken Suomenselkä. Entlang dem Nuasjärvi erreicht man nach weiteren 36 km die Stadt **Kajaani**. Von hier kann man die Fahrt auf der Straße Nr. 22 nach ***Oulu** fortsetzen.

Reiseziele von A bis Z

Ålandinseln · Åland C–E 12/13

Region: Autonomes Verwaltungsgebiet
Landskapet Åland (Ahvenanmaan maakunta)
Sprache: schwedisch
Gesamtfläche: 6 739 km^2; davon Landfläche 1 481 km^2
Bewohnerzahl: 25 200
Postleitzahl: FIN-22100
Telefonvorwahl: 018

Verkehrsverbindungen

Autofähren von Schweden: Stockholm, Kapsellskär, Grisslehamn; Finnland: Turku und Naantali nach Mariehamn. Flugverbindungen von: Stockholm, Helsinki und Turku.

Lage und Allgemeines

Die finnisch Ahvenanmaa genannten Ålandinseln liegen zwischen Finnland und Schweden am Südrand des Bottnischen Meerbusen, den sie von der Ostsee trennen. Westlich der Inseln, nach Schweden hin gerichtet, erstreckt sich das etwa 40 km breite Ålandsmeer; östlich der Meeresarm Skiftet. Die typische Schärenlandschaft (schwed. Skärgård) besteht aus 6 554 Inseln, Klippen und Felsen. Das milde Klima mit vielen Sonnentagen und der kalkreiche Boden lassen eine reiche Flora gedeihen, so z. B. eine große Zahl edler Laubbäume wie Eichen, Eschen, Ulmen, Ahorn und Linden, sowie südliche Blumenarten (u.a. verschiedene Orchideengewächse).

Besiedlung

Von den Tausenden von Inseln sind heute noch 50 bewohnt. Reiseschilderungen aus dem 18. Jh. belegen eine Bevölkerungszahl von 11 000 Personen auf 80 bewohnten Inseln, die bis 1905 auf 22 000 auf 150 Inseln angestiegen war. Viele dieser ehemals besiedelten Inseln wurden im Laufe der Jahre wieder entvölkert. Das Epos "Katrina" der Åländerin Sally Salminen (in deutscher Übersetzung erhältlich) schildert eindrucksvoll das Leben auf Åland im vergangenen Jahrhundert.
Heute sind einige der Ålandinseln durch Brücken und Dämme miteinander verbunden, während andere nur mit dem Schiff zu erreichen sind.

*Feriengebiet

Vor allem für Schweden sind die Inseln ein beliebtes Feriengebiet. Ein besonderer Tip für Radfahrer ist die sog. Südliche Schärenroute ("Södra skärgårdsturen") mit Start und Ziel in Mariehamn. In sechs 10–30 km langen Tagesetappen geht es von Insel zu Insel durch die Gemeinden Lemland, Lumparland, Föglö, Kökar, Sund, Finström und Lomaland.

Geschichte

Bereits 4 200 v. Chr. kamen die ersten Menschen auf die Inseln. Die weitere frühe Siedlungstätigkeit ist durch Funde von Steinhügelgräbern an der Küste der Hauptinsel, in Otterböte und Kökar (314 Einw.) aus der Zeit von 1500 bis 400 v. Chr. belegt. Seit 400 v. Chr. wuchs die Bevölkerung stetig. Im Laufe der Jahrhunderte entwickelten sich die Inseln immer mehr zum Brückenkopf zwischen Finnland und Schweden; so wurde z. B. 1638 ein regelmäßiger Postgang über Åland errichtet. Während des großen Nordischen Krieges wurde Åland 1714 von den Russen zerstört. Der größte Teil

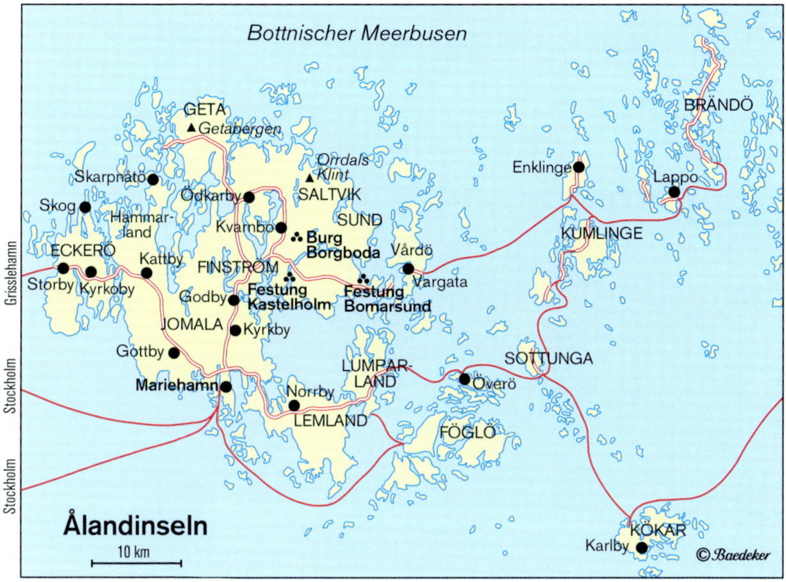

der Bevölkerung floh nach Schweden. Der Frieden von 1718 währte nicht lange, bereits 1742 wurde Åland erneut von russischen Truppen besetzt (Kleiner Nordischer Krieg).

Geschichte (Fortsetzung)

Die Ålandinseln kamen 1809 mit ganz Finnland an Rußland. Damals wurde Schweden im Frieden von Frederikshamn gezwungen, diese Gebiete abzutreten. Mit dem Zerfall des russischen Zarentums gab es im August 1917 Bestrebungen, die Inseln an das ehemalige Mutterland Schweden anzuschließen. Die Mehrheit der Åländer unterstützte eine Petition, die dem schwedischen König unterbreitet wurde. Der Völkerbund in Den Haag sprach jedoch die Inselgruppe 1921 der seit 1917 selbständigen Republik Finnland zu. Finnland mußte sich jedoch verpflichten, den Bewohnern volle Selbstverwaltung, den ausschließlichen Gebrauch der schwedischen Sprache, Weiterführung der gewohnten Kultur und der lokalen Sitten zu garantieren. Ebenso mußte die Entmilitarisierung, die Åland bereits beim Frieden von Paris 1856 nach dem Krimkrieg für alle Zukunft zugesprochen worden war, akzeptiert werden.

Autonomiestatus

Nach den ersten eigenen Wahlen fand am 9. Juni 1922 im åländischen Parlament ("Landstinget") in Mariehamn die erste Plenarsitzung statt. Dieser Tag wird alljährlich als Selbstverwaltungstag gefeiert. Finnland hat die Autonomie der Inselgruppe, die seit 1970 auch Mitglied im Nordischen Rat ist, stets anerkannt und später sogar ausgeweitet. So besitzen die Åländer seit 1954 eine eigene Flagge (rotes Kreuz im gelben Feld auf blauem Grund), und seit 1984 werden eigene Briefmarken herausgegeben. Seit 1994 besteht auch eine eigene Postverwaltung, so daß auf Åland keine finnischen Briefmarken gelten!

Die Åländer sind stolz auf ihre Selbständigkeit, und es sollte vermieden werden, sie als Finnen oder Suomi zu bezeichnen. Åländer ist man entweder von Geburt an, oder man erwirbt das Heimatrecht nach fünf Jahren mit ständigem Wohnsitz auf Åland. Auf Grund der weitgehenden Autonomie Ålands kann es als kleiner Staat im Staat bezeichnet werden.

Typisches Landschaftsbild auf den Ålandinseln: Färisund bei Godby

Wirtschaft

Die wichtigsten Erwerbszweige sind Schiffahrt und Landwirtschaft, in der insbesondere der Anbau von Zwiebeln, Chinakohl, Äpfeln, Gurken, Zukkerrüben und Kartoffeln betrieben wird. Ein neuer und wachsender Zweig innerhalb der Fischerei ist die Züchtung von Regenbogen-Forellen in Aquakultur. Seit mehreren Jahren hat der Fremdenverkehr sehr stark zugenommen. Dem Besucher stehen zahlreiche Hotels und Gastheime zur Verfügung. Freizeitkapitäne können in vielen kleinen Gasthäfen anlegen. Weltklassesegler finden sich immer wieder zum Ålandia Match Race in Mariehamns ein.
Nach dem Wegfall der Duty-Free-Shops in der Europäischen Union sind die Ålandinseln die letzte Duty-Free-Oase in der EU.

Sehenswertes auf den Ålandinseln

Mariehamn

Auf der Hauptinsel Ålands ("Festland Åland") liegt die einzige Stadt der Inselgruppe, Mariehamn (finn. Maarianhamina; 11 000 Einw.), in der gut 40% der Bevölkerung Ålands leben. Der Ort wurde 1861 auf einer Landzunge im Süden der Insel von Zar Alexander II. gegründet und nach seiner Gemahlin Maria Alexandrowna benannt. Seit 1889 ist er eine viel besuchte Kur- und Badestadt und ist heute zugleich das Wirtschafts- und Verwaltungszentrum von Åland. In der einen Kilometer langen Prachtstraße Norra Esplanadgatan, die vom West- zum Osthafen (Österhamn) führt, ist das alte Seefahrtsviertel zu besichtigen.
Das Geschäftszentrum rund um die Fußgängerzone bietet die Möglichkeit, einige åländische Delikatessen zu probieren wie z. B. Kastelholmskäse, frische Weinbergschnecken, in Holzgefäßen eingelegte Strömlinge (kleine Heringe) oder saunageräucherten Schinken. Im Zentrum steht an der Norra Esplanadsgatan die Kirche St. Göran von 1927 mit schönen Glasmalereien.

Ålands-Museum

In der "Stadt der tausend Linden" sollte das an der Storagatan gelegene Ålands-Museum mit einer international prämierten Ausstellung zur Archäologie und Kulturgeschichte der Inseln besucht werden. Im selben Gebäude ist auch das Ålands-Kunstmuseum untergebracht, in dem traditionelle Malerei und moderne Kunst zu sehen sind. Geöffnet tägl. 10.00–16.00, Di. 10.00–20.00 Uhr, Sept.–April: Mo. geschlossen.
Im Seefahrtsviertel an der Uferpromenade kann man zuschauen, wie in der eigenen Werft auf traditionelle Art Schiffe nach alten Vorbildern gebaut werden. Geöffnet Mitte Juni bis Mitte August tägl. 10.00–18.00 Uhr.

Seefahrtsmuseum

Am Westhafen liegt das in Form eines Schiffes errichtete Seefahrtsmuseum, das einen Querschnitt durch die åländische Seefahrtstradition zeigt. Hierbei wird vor allem an die bedeutende Zeit der Großsegler erinnert. Geöffnet Mai, Juni, Aug. 9.00–17.00 Uhr, Juli 9.00–19.00 Uhr, sonst 10.00–16.00 Uhr.

Historisches Segelschiff

Der mit dem hohen finnischen Ehrentitel Seefahrtsrat bedachte Gustaf Eriksson lebte zu Beginn des 20. Jh.s in Mariehamn. Seine Segelschiffe, von denen er mehr als vierzig besaß, machten ihn in den 30er Jahren zum größten Reeder der Welt. Er und andere åländische Schiffseigner fuhren noch mit Seglern über die Weltmeere, als bereits die Epoche der Dampfschiffahrt begonnen hatte. Am Westhafen liegt, umgeben von zahlreichen Cafés und Restaurants, die als Museum eingerichtete 95 m lange Viermastbark "Pommern", das Wahrzeichen der Stadt. Die ursprüngliche Form des Frachtenseglers aus der Flotte Erikssons ist erhalten geblieben. In der Zeit von 1923 bis 1952 war er auf der Weizenroute zwischen Australien und England im Einsatz. Geöffnet Mai–Aug. 9.00–17.00, Juli 9.00–19.00 Uhr, Sept.–Okt. 10.00 –16.00 Uhr.

Ålandsparken

Kein Tivoli, aber dennoch ein sehenswerter Vergnügungspark ist Ålandsparken am Västrahamnen (Westhafen) auf der kleinen Badeinsel Lilla Holmen (Restaurants, Karussells, Kasino, Streichelzoo und Jetcars).

Ramsholmen

3 km westlich von Mariehamn liegt das schöne Naturschutzgebiet Ramsholmen. Dort findet man für die Inseln typische artenreiche Hainwiesen und Laubgehölze. Im Frühling beeindrucken große Teppiche von weiß blühenden Anemonen und der kleinen, leuchtendgelben "Tussilago".

Kastelholm
Festung Kastelholm

Etwa 23 km nordöstlich von Mariehamn (über Jomala; Kirche mit romanischen Fresken) liegt die Festung Kastelholm. Das russische Bollwerk war als "Gibraltar des Nordens" geplant, und obwohl gekrönte Häupter diese abseits gelegene Festung nur selten besuchten, beherbergte sie unter anderem den berühmten schwedischen König Gustav Wasa (schwed. Vasa) mit seiner dritten Frau Catherine Stenbock bei Jagdausflügen. Sein Halbbruder Erik XIV. hingegen wurde hier mit seiner Familie für einige Monate im Herbst 1571 gefangen gehalten. Im 13. Jh. errichtet, wurde die Burg erstmals 1388 schriftlich erwähnt. Bis 1634 war Kastelholm Sitz des Statthalters von Åland. Dänische Flotteneinheiten unter Sören Norrby verwüsteten Kastelholm im Jahre 1507. Mitte des 18. Jh.s wurde die Burg durch ein Feuer weitgehend zerstört, so daß sie nur noch als Ruine erhalten blieb. In einem Flügel des Gebäudes ist jetzt das Kulturhistorische Museum von Åland untergebracht.

Freilichtmuseum Jan Karlsgården

In der Nähe zeigt das Freilichtmuseum Jan Karlsgården Ausstellungen zur alten åländischen Bauernkultur (geöffnet Mai–Sept. 10.00–17.00 Uhr). Zum Museum gehört auch das historische Krongefängnis "Vita Björn" (Weißer Bär) mit Einrichtungen aus dem 18. Jahrhundert.

Steinkirche St. Johannes

Wenige Kilometer nördlich von Kastelholm ist in Sund die Steinkirche St. Johannes (13. Jh.) mit alten Holzskulpturen sehenswert. Nicht weit entfernt entdeckte man in einem Wald die spärlichen Reste der Burg Borgboda aus der Wikingerzeit.

Bomarsund

Östlich von Kastelholm (11 km) steht die Festung Bomarsund (um 1830 erbaut), die ursprünglich die größte Burg des Nordens werden sollte. Sie diente dem zaristischen Rußland als Festung und wurde 1854 im Krimkrieg von einer alliierten französisch-britischen Flotte bombardiert und zerstört. Weitere Informationen zur Geschichte Bomarsunds erhält man im nahegelegenen Lotsenhaus auf der Insel Prästö (Geöffnet Mai–Aug. 10.00–15.00 Uhr, Mo. geschl.) Hier beginnt auch ein sieben Kilometer langer Kulturwanderweg, der an historisch interessanten Orten der russischen Epoche vorbei führt.

Saltvik

Rund 23 km nördlich von Mariehamn (Straße über Jomala, vor Kastelholm links ab) liegt Saltvik (1636 Einw.). Die Kirche St. Maria ist eine der ältesten der Inseln. Im Innern befinden sich ein Taufstein aus gotländischem Kalkstein, ein Triumphkreuz und ein Altarschrein aus dem 15. Jahrhundert. In der Region Langbergsöda gibt es sowohl prähistorische Stätten, die auf steinzeitliche Hüttensiedlungen hinweisen, als auch einige Grabfelder aus der Zeit der Wikinger.

Orrdalsklint

Ein Ausflug führt zum Orrdalsklint (129 m ü.d.M.), nordöstlich von Saltvik, der höchsten Erhebung der Insel. Am Weg nach oben liegt die Steinzeitsiedlung Lånbergsöda. Eine gute Aussicht bietet sich darüber hinaus vom Kasberg (116 m ü.d.M.), einer Anhöhe nördlich von Saltvik.

Finström und Geta

Etwa 20 km nördlich von Mariehamn (hinter Jomla links weiter) liegt die Gemeinde Finström mit Godby (700 Einw.) als Zentrum. In der St.-Michaelskirche (13. Jh.) sind mittelalterliche Wandmalereien aus dem 15. Jh. (u.a. Gestirne) zu sehen. Weiter nördlich folgt nach 21 km der Ort Geta (461 Einw.), die nördlichste Gemeinde der Insel. Eine herrliche Aussicht genießt man vom zweithöchsten Berg, dem Soltuna (107 m ü. d. M.).

Hammarland und Eckerö

Rund 21 km nordwestlich von Mariehamn kommt man zur Kirche St. Catharina von Hammarland (1283 Einw.), inseltypisch aus Feldsteinen errichtet. Sie wurde gegen Ende des 13. Jh.s erbaut und ist mit einem Wehrturm versehen. In den angrenzenden Ställen konnten die Kirchenbesucher während der Gottesdienste ihre Pferde unterstellen. In dem zur Gemeinde Hammarland gehörenden Heimatmuseum in Skarpnåtö sind Hofanlagen vom Anfang des 18. Jh.s mit alten bäuerlichen Gebrauchsgegenständen und alte Windmühlen zu sehen. Diese Höfe gehören zu den ältesten der Inseln.

In Storby, in der nahen Inselgemeinde Eckerö (823 Einw.), ist in dem von Carl Ludwig Engel im Empirestil entworfenen alten Posthaus (1827) ein Postmuseum untergebracht. Hier sind die kleinen Postboote zu sehen, mit denen die Post des Zaren bis 1910 nach Schweden befördert wurde ("Postrodden"). Im Juni findet alljährlich das 40 km lange traditionelle Postbootrennen nach Grisslehamn (Schweden) statt. Aus dem hellrot leuchtenden Granit Ålands ist die St.-Laurentius-Kirche (13. Jh.) erbaut.

Über die Lebensbedingungen der åländischen Fischerbevölkerung in früherer Zeit informiert das Jagd- und Fischereimuseum (Käringsund, Eckerö). Geöffnet April–Sept. Sa., So. 10.00–18.00 Uhr, Mai–August tägl. 10.00–18.00 Uhr.

Lemland

Etwa 15 km südöstlich von Mariehamn liegt auf einer weiteren Insel die Gemeinde Lemland (1443 Einw.). Hier befindet sich nahe der Ruine der Lemböte-Seefahrerkapelle St.-Olaf (13. Jh.) ein Wikingerfriedhof, der zu den größten auf Åland zählt. Die labyrinthische Steinsetzung ("jungfrudans") weist darauf hin, daß hier ein Kultplatz der Wikinger gewesen sein muß. Mitte Juni bis Mitte August ist der 1884 von Erik Petter Eriksson erbaute Reederhof Pellas aus der Zeit der Bauernsegelei zu besichtigen.

Kökar

Mit Fähren von Korpo (74 km südwestlich von Turku) und Långnäs (28 km östlich von Mariehamn) ist das Seglerparadies Kökar (300 Einw.; Gästehäfen Sandvik und Hellsö) zu erreichen. Es liegt wie ein ruhiger Außenposten

Ålands in sagenhaft schöner Schärenlandschaft. Sehenswert ist die Grausteinkirche, errichtet auf den Ruinen eines Franziskanerklosters (14. Jh.). Kleines Heimatmuseum, Hotel, Restaurant, Campingplatz.

Ålandinseln · Åland (Fortsetzung)

Ekenäs

→ Tammisaari

Espoo

H 12

Gebiet: Südfinnland
Einwohnerzahl: 196 000
Postleitzahl: FIN-02100
Telefonvorwahl: 09

Lage und Allgemeines

Die nach Helsinki zweitgrößte Stadt Finnlands liegt im Westen des Großraums Helsinki, hat jedoch seit 1972 den Status einer eigenständigen Stadt. Archäologische Funde bezeugen eine Besiedlung in frühgeschichtlicher Zeit. Die legendäre → Königsstraße von Turku nach St. Petersburg verlief entlang der Küste durch Espoo. Das Stadtwappen von Espoo mit der goldenen Krone über einem Hufeisen auf blauem Grund erinnnert an die Zeit, als der Hof Esbogård im 15. Jh. vom schwedisch-finnischen König Gustav Wasa als Herberge für adlige Reisende errichtet wurde. Das weitläufige Stadtgebiet erstreckt sich auf einer Fläche von 486 km^2, die um die 100 Seen nehmen davon etwa ein Viertel ein. Die Südküste mit ihren vorgelagerten Schären (mehr als 160 Inseln) ist ein beliebtes Wohngebiet, wärend sich im Norden eine unberührte Wald- und Seenlandschaft erstreckt, die 1994 zum Nationalpark Nuuksio erklärt wurde.
In Espoo haben sich Hunderte von Unternehmen der Informationstechnologie und der Dienstleisungsbranche niedergelassen und bilden die größte High-Tech-Konzentration Skandinaviens. In Espoo werden viele Kongresse veranstaltet etwa in den Kultur- und Kongreßzentren Hanasaari und Dipoli.

Sehenswertes in Espoo

Gartenstadt Tapiola

Espoo besteht aus fünf Distriktzentren, deren bekanntestes die Gartenstadt Tapiola (schwed. Hagalund) ist. Auf der anderen Seite der Bucht liegt das 6 km entfernte Stadtzentrum von Helsinki. Tapiola wurde in den 50er Jahren unter der Ägide einer privaten Stiftung von den bedeutendsten finnischen Architekten (Alvar Aalto, Aulis Blomstedt, Joarma Järvi) als stadtnahe Wohnsiedlung mit guter Infrastruktur gebaut. Heute gilt die Gartenstadt mit ihren 20 000 Einwohnern immer noch als Beispiel mustergültiger Wohnkultur. 1989 kam das Espoo Kulturzentrum hinzu, das ein Theater, einen Konzertsaal sowie Ausstellungs- und Kongreßräume beherbergt.

Espoo-Kirche

Das älteste Bauwerk der Stadt ist die Feldsteinkirche im Zentrum von Espoo, die auf das 15. Jahrhundert zurückgeht. Hervorzuheben sind die alten, realistisch wirkenden Wandmalereien vom beginnenden 16. Jh. und die Skulpturen im Inneren. Die ursprünglich dreischiffige Kirche wurde Anfang des 19. Jh.s in eine kreuzförmige Kirche umgebaut.

Glims Talomuseo

Etwa 3 km nördlich der Espoo-Kirche steht das alte Bauernhaus Glims (Glimsintie 1, Karvasmäki), das im 18. und 19. Jh. errichtet wurde. Ein Gut gab es hier bereits im 16. Jahrhundert, das einst als Herberge an der alten Königstraße diente. Heute kann man in dem Gutsmuseum das Leben vergangener Zeiten wiederaufleben lassen, Kunsthandwerkern bei der Arbeit zusehen; hier werden im Sommer auch Volkstänze aufgeführt.

Espoo (Fortsetzung)
*Gallen-Kallela-Museum

Der bedeutende Maler Akseli Gallen-Kallela (1865–1931) entwarf selber die Jugendstilvilla, mit Anklängen an die finnische Kirchenarchitektur des Mittelalters, in der er sein Atelier einrichten ließ. Das Haus Tarvaspää wurde 1911–1913 in schöner Aussichtslage auf einem Hügel unweit der Stadtgrenze zu Helsinki errichtet (Gallen-Kallelantie 27) und zeigt Werke des Künstlers sowie Sonderausstellungen. Geöffnet Mai bis August Mo.–Do. 10.00–20.00, Fr.–So. 10.00–17.00 Uhr, September bis Mitte Mai Di.–Sa. 10.00–16.00, So. 10.00–17.00 Uhr.

Automuseum

Das größte Automuseum Finnlands in Pakankylä zeigt eine Sammlung von 130 Oldtimern, die die Geschichte des Automobils in Finnland veranschaulichen. Geöffnet Mai bis August Di.–So. 11.00–18.00, sonst an Wochenenden 11.00–18.00 Uhr.

Technische Hochschule

Auf der Halbinsel Otaniemi im Nordosten der Stadt liegt der Campus der Technischen Universität, der auf einen Entwurf des berühmten finnischen Architekten Alvar Aalto in den fünziger Jahren zurückgeht. Der architektonisch eigenwilligste Gebäudeteil ist das Haus der Studentenschaft und Kongreßzentrum 'Dipoli', das 1966 von Reima Pietilä und Raili Paatelainen gebaut wurde. Faszinierend ist der unübersichtliche Grundriß und die eigenwillige Raumaufteilung, die bei ihrer Entstehung von konservativen Fachkollegen als anarchisch bezeichnet wurde.

Nationalpark Nuuksio

Nordwestlich von Espoo erstreckt sich das abwechslungsreiche Wildmarkgebiet Nuuksio mit felsigen Heidewäldern, unzähligen Seen und sumpfigen Mooren auf einer Höhe von 60 bis 120 m Höhe über dem Meeresspiegel. Der westlicheste Teil, ein 30 km² großes Gebiet, wurde 1994 zum Nationalpark Nuuksio erklärt und bietet vielfältige Möglichkeiten zur Freizeitgestaltung. Im Sommer kann man hier wandern, kanufahren, angeln, radfahren und reiten, und im Winter findet man ein dichtes Netz von Langlaufloipen. Das örtliche Fremdenverkehrsamt bietet geführte Wanderungen und umfangreiche Pauschalpakete an.

Hämeenlinna H 11 / 12

Gebiet: Südfinnland
Einwohnerzahl: 45 000
Postleitzahl: FIN-13100
Telefonvorwahl: 03

Lage und Allgemeines

Die 100 km nördlich von Helsinki gelegene Stadt Hämeenlinna, die schwedisch 'Tavastehus' genannt wird, ist Verwaltungszentrum der Provinz Südfinnland. Sie liegt reizvoll am langgestreckten Vanajavesi und wird im Süden vom Höhenzug des Hattelmala begrenzt. Im Jahre 1639 wurde der Ort vom schwedischen Statthalter Per Brahe nördlich von Tavastehus slott gegründet und ist somit eine der ältesten Städte Finnlands. Per Brahe ließ auch die Festung, die aus dem 13. Jahrhundert stammte, ausbauen. Im Jahre 1777 verlegte man die Stadt an die heutige Stelle. Nach dem schweren Stadtbrand von 1831, der fast alle Gebäude zerstörte, wurden die Holzhäuser im Empirestil wieder aufgebaut, von denen heute leider kaum noch welche zu sehen sind. In wirtschaftlicher Hinsicht hat vor allem die Holzverarbeitung Bedeutung, ferner gibt es Metallwerke.
Hämeenlinna ist der Geburtsort des bedeutendsten finnischen Komponisten, Jean Sibelius (1865–1957; → Berühmte Persönlichkeiten), wie auch des Dichters Paavo Cajander (1846–1913). Der spätere Staatspräsident (zwischen 1946 und 1956) J. K. Paasikivi (→ Berühmte Persönlichkeiten) ging hier zur Schule.

Finlandia-Skilauf

Berühmt in ganz Finnland ist der Finnlandia-Skilauf, der im Spätwinter auf dem See Katumajärvi in Hämenlinna startet und nach Lahti führt.

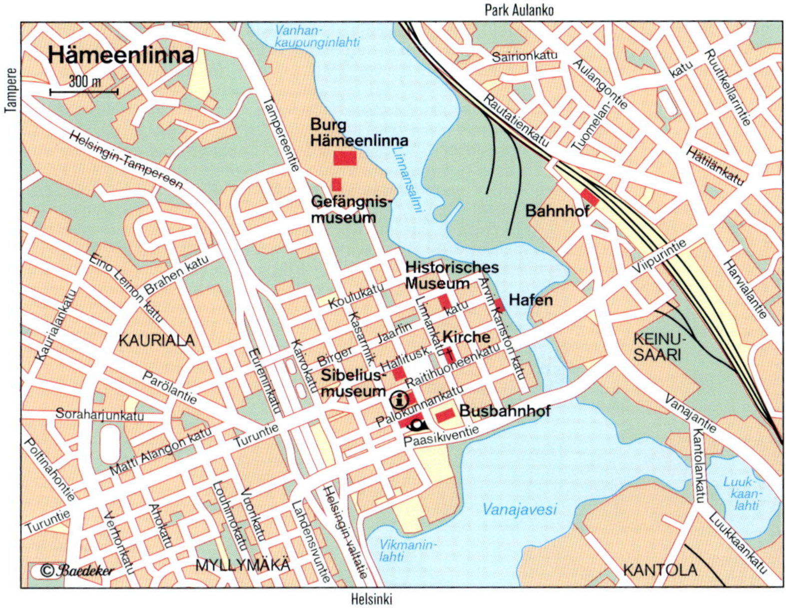

Sehenswertes in Hämeenlinna

Kirche

An der Ostseite des Marktplatzes (Kauppatori) steht die lutherische Kirche, ein Rundbau nach dem Vorbild des römischen Pantheon, den König Gustav III. 1792–1798 nach seiner Italienreise in Auftrag gab. Ende des letzten Jahrhunderts wurde die Kirche in Form eines Kreuzes umgebaut. Im Park davor befindet sich eine Statue des Dichters Paavo Cajander. An der südlichen Seite des Platzes erhebt sich das Rathaus von 1885.

* Sibelius-Museum

Nördlich des Marktplatzes verläuft die Hallituskatu. Das Haus Nr. 11 ist das Geburtshaus des Komponisten Jean Sibelius (1865–1957; → Berühmte Persönlichkeiten). In dem als Museum gestalteten Gebäude kann man das Klavier sehen, auf dem Sibelius als Kind geübt hat, und auf Wunsch seine Kompositionen anhören. Geöffnet tägl. 10.00–16.00, im Winter 12.00 bis 16.00 Uhr.

Sibelius-Park

Weiter nördlich erstreckt sich der Sibelius-Park mit einem Sibelius-Denkmal von Kain Tapper, das den Komponisten als jungen Mann zeigt.

Historisches Museum

In der Nähe lohnt das Historische Museum (Lukiokatu Nr. 6) einen Besuch. Ausgestellt sind Exponate zur Kulturgeschichte der Provinz Häme und Teile der Sammlungen aus dem Museum von Viipuri (schwed. Viborg), zum Beispiel alte Münzen, Waffen und mittelalterliche Skulpturen. Geöffnet Mo. bis Sa 10.00–16.00, So. bis 18.00 Uhr, im Winter nur mittags.

Holzhaus Palander

Auf der gegenüberliegenden Straßenseite (Nr. 4) wurde vor kurzem das Holzhaus Palander aus dem 19. Jh. restauriert und bietet mit seinen Jugendstilmöbeln und anderen originalen Einrichtungsgegenständen einen guten Eindruck von der Lebensweise früherer Zeiten (Führungen im Sommer 12.00, 13.00, 14.00 Uhr).

**Burg Häme

Das Wahrzeichen von Hämeenlinna und das kulturgeschichtlich wichtigste Bauwerk ist die guterhaltene Burg Häme (schwed. 'Tavastehus slott', finn. Hämeenlinna). Die im Norden der Stadt am Ufer des Vanajavesi thronende Festung wurde im Jahre 1260 von dem schwedischen Reichsvorsteher Birger Jarl, der über die Ochsenstraße nach Häme kam, als Militärbasis angelegt. Der Gourverneur der schwedischen Krone, Per Brahe, ließ die Burg 1639 fertigstellen. Die Burg wurde nie belagert oder gar eingenommen und ist daher gut erhalten. Im Jahre 1837 wurde die Burg als Gefängnis umfunktioniert, nachdem sie einige Jahrzehnte lang als Getreidespeicher gedient hatte.
Neben dem Dom zu Turku und der Kirche von Hattula ist die Burg Häme der dritte mittelalterliche Backsteinbau Finnlands. Durch ein schön gestaltetes Hauptportal gelangt man in den Burghof, dessen Fassaden mit reicher Ornamentik versehen sind. Vier Ecktürme und ein mächtiger Südwestturm, der wie eine Burg in der Burg wirkt, flankieren die eindrucksvolle Festung. Nachdem der letzte Gefangene 1980 entlassen wurde, ist die Burg seit ihrer Renovierung im Jahre 1991 für Besucher zugänglich. Geführte Rundgänge finden täglich zwischen 10.00 und 16.00 Uhr statt.
Weiter nördlich der Burg Häme erstreckt sich der Stadtpark, von dem man eine schöne Aussicht auf die Stadt genießt.

Die Burg Häme gehört zu den wenigen erhaltenen mittelalterlichen Backsteinbauten Finnlands.

Kunstmuseum

In dem Stadtteil, der östlich des Flusses Vanajavesi liegt, befindet sich das Kunstmuseum von Hämeenlinna (Viipurintie 2). Gezeigt werden finnische Kunstwerke des 19. und 20 Jahrhunderts. Geöffnet Di. – Do. 12.00 – 18.00, Do. bis 20.00 Uhr. Nördlich davon liegt der Bahnhof.

Automuseum

Einen Abstecher lohnt das Automuseum an der Rennpiste Ahvenisto am westlichen Stadtrand: Dort kann man Fahrzeuge aus der Anfangszeit des Automobils ansehen (geöffnet im Sommer). In der Nähe befindet sich ein Sportzentrum.

Umgebung von Hämeenlinna

*Park Aulanko

Etwa 4,5 km nördlich vom Bahnhof liegt die schöne Parkanlage Aulanko mit dem Hotel Rantasipi Aulanko (→ Praktische Informationen, Hotels), die bereits Anfang unseres Jahrhunderts nach dem Vorbild mitteleuropäischer Parkanlagen angelegt wurde. Exotische Bäume, Sträucher und Pavillons entlang der idyllischen Spazierwege machen den Besuch dieses Parks zu einer wahren Erholung. Bereits 1930 wurde der Aulanko-Park unter Naturschutz gestellt. Der Park ist inzwischen zu einer großen Freizeitanlage ausgebaut, die Möglichkeiten zum Reiten, Golfspielen und Wassersport bietet. In einer künstlichen Burgruine finden im Sommer Märchenaufführungen statt. Von dem Aussichtsturm bietet sich eine weite Sicht; unterhalb in einer Höhle kann man viele Stufen hinunter zum Seeufer laufen, wo eine Bärengruppe aus Stein zu sehen ist. Im Seidenhaus findet man ein interessante Ausstellung über die Seidenproduktion.

Vanaja

Rund 4 km südlich vom Hauptbahnhof steht die Steinkirche von Vanaja, ein Bau aus dem Mittelalter; Altar und Kanzel sind kunstvoll gestaltet.

Park Aulanko mit Aussichtsturm

Ochsenstraße

Eine der ältesten Straßen Finnlands, die Ochsenstraße (finnisch Härkätie; Straße Nr. 2824) verläuft von Hämeenlinna nach Südwesten durch eine ländliche Gegend. Die Straße, die zum Teil heute noch streckenweise nicht asphaltiert ist, wurde bereits bei der ersten schwedischen Invasion im 13. Jh. angelegt. Über Renko führt sie vorbei an den kleinen Nationalparks Liesjärvi und Torronsuo (letzterer ist das größte Moorgebiet Südfinnlands; Wanderung nur mit Gummistiefeln zu empfehlen) und dem Saari Park – Inspirationsquelle vieler Maler der sog. Nationalromantik – südlich von Tammela nach Somero.

Forssa

Rund 54 km südwestlich von Hämeenlinna liegt die Industriestadt Forssa mit 20 000 Einwohnern. Am Ufer des Loimijoki-Flusses gründete der Stockholmer Alex Wilhelm Wahren 1847 die bekannte Textilfabrik Finlayson. In dieser alten Baumwollspinnerei, dem ältesten Gebäude der Stadt, wurde das Museum von Südwest-Häme eingerichtet. Geöffnet täglich 9.00 – 16.00 Uhr, Sa., So. ab 12.00 Uhr.
Im historischen Arbeiterviertel Rottismäki hinter der Kirche dokumentiert ein Museum (Tehtaalaisen Kotimuseo) die Lebensweise der Arbeiter im letzten Jahrhundert. Geöffnet Mi. 17.00 – 18.30 und So. 12.00 – 15.00 Uhr.

Jokioinen

Ca. 8 km südwestlich von Forssa liegt der Ort Jokioinen, wo eine der ältesten Holzkirchen Finnlands steht (1631). Eine interessante Attraktion ist die Museumseisenbahn, die im Sommer jeden Sonntag auf Schmalspur bis Minkiö und Humppila fährt (Fahrtdauer eine Stunde).

Mit kunstvollen Holzschnitzereien verzierte mittelalterliche Kanzel in der Kirche von Hattula.

Riihimäki

→ Umgebung von Helsinki

Von Hämeenlinna auf der E 12 nach Tampere

Artillerie-Museum

Auf der Autobahn E 12 fährt man in nordwestlicher Richtung durch eine bewaldete Hügellandschaft. Nach 9,5 km zweigt rechts eine Straße zum Truppenübungsplatz Parola ab, wo der Staatsmann J. V. Snellman mit dem russischen Großfürsten erfolgreich über die Einführung der finnischen Amtssprache verhandelte. Vor der Eisenbahnkreuzung biegt man links ab und kommt zu dem Freilichtmuseum mit knapp 100 Panzern und Panzerabwehrwaffen aus zwölf Ländern. Besonders gut vertreten sind Geschütze der ehemaligen sowjetischen Armee. Geöffnet täglich 10.00 – 18.00 Uhr, im Winter Sa., So. 12.00 – 18.00 Uhr.

*Hattula

Nach etwa 6 km erreicht man eine der ältesten christlichen Gemeinden Finnlands, Hattula. Die Kirche vom Heiligen Kreuz aus dem 14. / 15. Jh. ist neben der Burg von Hämeenlinna und dem Dom von Turku der einzige erhaltene Backsteinbau aus dem Mittelalter. Das gotische Gotteshaus war während der Zeit des Katholizismus eine in ganz Skandinavien bekannte Wallfahrtsstätte. Farbenfrohe Wandmalereien aus dem 16. Jahrhundert veranschaulichen biblische Szenen von der Weltschöpfung bis zum Jüngsten Gericht sowie Marien- und Heiligenlegenden. Hervorzuheben sind die zahlreichen mittelalterlichen Holzskulpturen, so die Statue des hl. Olav, die in Lübeck angefertigt wurde, und der hl. Georg als Drachentöter. Die Kanzel stammt aus der Zeit des Barock.

Statue des heiligen Olav

Der Eingang zum Gotteshaus von Hattula ist mit einem volkstümlichen Fresko versehen.

Hattula (Fortsetzung)

Das oben abgebildete Fresko stellt ein im Mittelater übliches Spiel dar, das der Volksbelustigung diente. Derjenige, der es schafft, den Gegner aus dem Gleichgewicht zu bringen, also ihn "über den Tisch zu ziehen", ist Sieger. Diese volkstümliche Abbildung sollte den Kirchenbesuchern klar machen, daß solch weltliches Vergnügen vor der Kirchentür halt machen muß. Jenseits dieser Schwelle ist geistige Erbauung das Ziel.
Etwa 2,5 km von hier entfernt steht die neue Kirche von Hattula. Nach 12 km folgt die Abzweigung einer Landstraße zur Industriestadt Valkeakoski (25 km). Nach weiteren 4 km biegt rechts eine Straße nach Hauho (12 km) ab mit einer alten Kirche aus dem 15. Jahrhundert und einem heimatgeschichtlichen Museum.

Iittala (Glasfabrik)

Die E 12 folgt nach der Abzweigung in einem größeren Abstand dem Südufer des Lehijärvi. Nach 14 km gelangt man zu dem für seine Glasbläsereien bekannten Ort Iittala am Nordufer des schmalen Kalvolanjärvi. In der 1881 gegründeten Glasfabrik und in der kleinen Glashütte Riihihytti kann man sich selber im Glasblasen versuchen. Angeschlossen ist ein Glasmuseum, das die Erzeugnisse der Fabrik präsentiert und zum Verkauf anbietet.

Weiter auf der E 12 nach Tampere

Nach 11 km folgt eine Abzweigung, die über den Eisenbahnknotenpunkt Toijala am Südufer des Makkarselkä und anschließend auf der E 63 von Turku über Lempäälä ebenfalls nach Tampere führt.
Man fährt weiter auf der E 12, welche die 205 m lange Hängebrücke Sääksmäen Silta am Westende des Vanajanselkä überquert (Restaurant, Badestrand). Kurz darauf sieht man rechts die Steinkirche von Sääksmäki, eine der ältesten Finnlands (um 1550). Wenig später ist rechts eine Abzweigung zur Industriestadt Valkeakoski (23000 Einw.). Nach 21 km stößt die E 12 anschließend auf die E 63, die von Lempäälä kommt. Weiter geht es auf der Autobahn (15 km) bis → Tampere.

Baedeker Special

Finnisches Design

Die Industrialisierung Finnlands geschah relativ spät: noch in den letzten Jahrzehnten des 19. Jahrhunderts fanden drei Viertel der Bevölkerung ihr Auskommen in der Landwirtschaft. Wohnstätten und Gerätschaften wurden vielfach selbst – und hauptsächlich aus Holz – hergestellt. Das erste wichtige Ereignis für die finnische kunstgewerbliche Bewegung stellt die Gründung der sog. "Werkschule" 1871 dar, aus der die erste Kunstgewerbeschule Finnlands entstand. Im Jahr 1875 wurde das Museum für angewandte Kunst eingeweiht und zur gleichen Zeit begann die Arabia-Fabrik in Helsinki einheimisches Steingut zu produzieren.

Die künstlerischen Motive, die man bei der Gestaltung von Geschirr, Textilien und Möbeln verwendete, erhielten gegen Ende des Jahrhunderts einen zunehmend finnischen Charakter: die Nationalromantik beeinflußte in den 90er Jahren auch die Formgebung der Kunstwerke und der Inneneinrichtung. Das Zuhause wurde zum Symbol der finnischen nationalromantischen Architektur. Das berühmteste Beispiel dafür ist das Atelierhaus der Architekten Gesellius, Lindgren und Saarinen in Hvitträsk.

Gleichzeitig erreichten die internationalen stilistischen Impulse des Jugendstils Finnland. Der finnische Künstler Axel Gallén, der sich später in Akseli Gallen-Kallela umbenannte, gründete 1897 mit dem schwedischen Maler und Möbelarchitekten Louis Sparre (1863 – 1964) die Iris-Fabrik, die Möbel und Keramik im Geist des Jugendstils herstellte. Durch den ersten Werkkeramiker britischer Abstammung, Alfred William Finch (1854 – 1930), schaffte die finnische Kunstindustrie eine direkte Verbindung zum zeitgenössischen europäischen Kunstgewerbe.

Das finnische Kunstgewerbe in den ersten Jahrzehnten unseres Jahrhunderts war noch vielfach Handarbeit, und an der Planung der Serienprodukte waren nur wenige Künstler beteiligt. In den 20er Jahren war die finnische Kunstindustrie ziemlich isoliert von der industriellen Formgebung, die in Europa u. a. im Deutschen Werkbund und in der Bauhausschule Maßstäbe setzte. Nach der Selbständigkeitserklärung Finnlands 1917 bestanden die engsten Verbindungen mit Schweden. Die Formgebung der 20er Jahre war eher konservativ; für Inneneinrichtungen wurden oft historische Stilelemente kopiert. Wie die zeitgenössische Architektur repräsentierte das Kunstgewerbe häufig den nordischen Klassizismus.

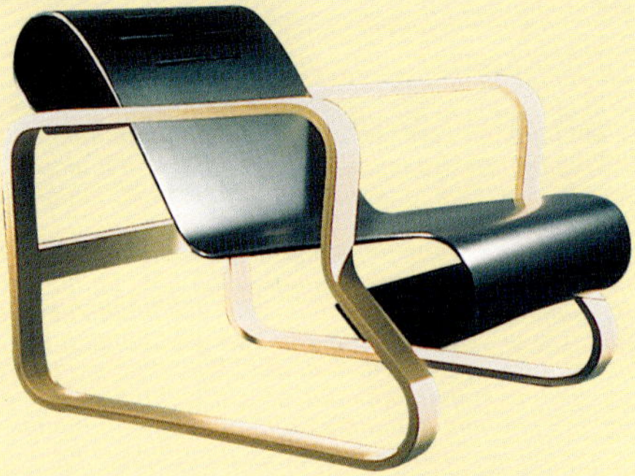

Der funktionalistische Sessel von Alvar Aalto ist stilbildend für eine ganze Generation geworden.

Der Funktionalismus wurde stilprägend in der Inneneinrichtung und im Designs teils durch die Stockholmer Funktionalismus-

Ausstellung im Jahre 1930, teils durch Alvar Aaltos Einfluß. Aalto, als "der erste funktionalistische Architekt" Finnlands, besuchte 1929 in Frankfurt die Tendenz-Ausstellung "Die Wohnung für das Existenzminimum". Im Rahmen der alljährlichen Kunstgewerbeausstellung in Helsinki plante Aalto die Abteilung "Die Kleinwohnung". Zusammen mit Aino Aalto (1894 - 1949), Pauli Blomstedt und Erik Bryggman richtete er die Wohnung nach internationalen, funktionalistischen Vorbildern ein. Gleichzeitig fing Aalto an, seine eigene, funktionalistische Möbelserie aus Holz zu entwickeln, die seit 1935 von der Firma Artek hergestellt und vertrieben wurden.

Neben Aalto begannen in den 30er Jahren auch andere Künstler Designprodukte zu gestalten: Werner West (1892 - 1981) schuf funktionalistische Möbel, Paavo Tynell (1890 - 1973) Lampen, Greta Skogster und Dora Jung (1906 - 1980) Textilien sowie Göran Hongell (1902 - 1972) und Aino Aalto Glasprodukte.
Internationale Aufmerksamkeit erfuhr das finnische Industriedesign bei der Mailänder Triennale 1933 und den Weltausstellungen in Paris (1935) und New York (1939).

Materielle Knappheit und Rationierung in der Nachkriegszeit trugen dazu bei, neue Lösungen und Formen zu finden. Das Design der Zeit war stilistisch leicht romantisch geprägt. Bekannte Designer der Zeit waren die Keramikkünstler Friedl Kjellberg (geb. 1905) und Toimi Muona (1904 bis 1987), der Glaskünstler Gunnel Nyman (1909 - 1948) und der Innenarchitekt Ilmari Tapiovaara (geb. 1914), der 1947 seinen berühmten Domus-Stuhl entwarf.

In der Inneneinrichtung der 50er Jahre verlangte man nach hellen, zweckmäßigen Räumen. Lisa Johansson-Pape (1907 bis 1989) und Yki Nummi (1925 - 1984) entwarfen zeitlose, elegante Lampen. Das farbige, schlichte Kilta-Service von Kai Frank (1911 - 1989) wurde zum Klassiker in den meisten finnischen Haushalten. Die zweckmäßige Ästhetik, die Tapio Wirkkala (1915 - 1985) in seinem Kunstglasdesign schuf, wurde ebenso in der Iittala-Glasfabrik verwirklicht wie die Arbeiten von Timo Sarpaneva (geb. 1926), der seit 1950 tätig ist.

Für die 1951 von Armi Ratia (1912 - 1979) gegründete Textilfabrik Marimekko entwarfen in den 50er und 60er Jahren Maija Isola (geb. 1927) und Vuokko Nurmesniemi (geb. 1930) bunte, künstlerische Drucktextilien, die zu einem Durchbruch in der Textilindustrie führten.

Mit Eero Aarnios (geb. 1932) Möbelentwürfen in den 60er Jahren wurde erstmals Kunststoff in der finnischen Inneneinrichtung verwendet. Yrjö Kukkapuro (geb. 1933) schuf seine ersten modernen Möbel aus Glasfieber und Metall ,und Pirkko Stenros (geb. 1928) entwickelte eine Möbelserie aus Holz, die auf Elementteilen basiert.

Neben den einflußreichen Künstlern des Glasdesigns Wirkkala und Sarpaneva leisteten auch die Künstler Oiva Toikka (geb. 1931) in der Nuutajärvi-Glasfabrik und Nanny Still (geb. 1926) in der Riihimäki-Glasfabrik einen entscheidenden Beitrag zur Weiterentwicklung der Glasindustrie.

Die Energiekrise Anfang der 70er Jahre lenkte die Diskussion der Formgeber auf die Umwelt und die Energieressourcen. Gleichzeitig rationalisierte die Großindustrie ihre Herstellungsverfahren und gab die Produktion der früheren Designprodukte auf.

In den 80er Jahren holte das Design wieder auf. Die Formgeber bekamen neue Aufgaben im Bereich von Verkehr, Metall- und Elektronikindustrie. Yrjö Kukkapuro erneuerte das Möbeldesign mit seinen leichten Stühlen und dem Modulsystem. Simo Heikkilä (geb. 1943) und Yrjö Wiherheimo (geb. 1941) haben die traditionellen finnischen Holzmöbel basierend auf leichten Konstruktionen weiterentwickelt. Hannu Kähönen (geb. 1948) entwarf 1985 den dreibeinigen Trice-Stuhl aus Kohlenfiber.

Aus der jungen Designergeneration ist Stefan Lindfors (geb. 1962) durch seine unbefangenen, modernen Möbel und Lampenentwürfe (z.B. die Lampe "Scaragoon") bekannt geworden.

In Hämeenlinna starten die Schiffe der Silberlinie nach Tampere. Der erste Streckenabschnitt bei Hämeenlinna ist sicherlich der schönste.

Mit der *Silberlinie von Hämeenlinna nach Tampere

Allgemeines

Die berühmte Schiffahrtslinie 'Silberlinie' von Hämeenlinna nach Tampere wurde nach dem 'silbernen Band' benannt, das die Seen auf der gesamten Strecke bilden. Während der gut achtstündigen Fahrt gewinnt der Urlauber einen nachhaltigen Eindruck von der Harmonie zwischen Wald und Wasser im äußersten Westen der Finnischen Seenplatte. Täglich 11.30 Uhr fahren die weißen Motorschiffe von Hämeenlinna ab und kommen 19.50 Uhr in Tampere an. Abfahrt von Tampere ist täglich 9.30 Uhr ab dem Hafen Laukonori, Ankunft in Hämeenlinne 17.45 Uhr. Rechtzeitige Reservierung ist im Hochsommer zu empfehlen.
Von → Tampere aus kann man die Fahrt auf dem sogenannten 'Dichterweg' über den → Näsijärvi-See bis Virrat fortsetzen.

Streckenbeschreibung

Visavuori

Von Hämeenlinna verläuft die Fahrt zunächst durch den schmalen Vanajavesi bis zum Hotel 'Rantasipi Aulanko', dann zur Kirche von Hattula. Weiterhin geht sie in den Vanajanselkä, vorbei an der alten Steinkirche von Sääksmäki bis nach Visavuori (Ankunft 14.10 Uhr). In der einstündigen Pause kann man das Ateliermuseum und das 1902 im Jugendstil erbaute Haus des finnischen Bildhauers Emil Wikström besuchen. Hier befindet sich auch der Pavillon seines Enkels Kari Suomalainen, eines bedeutenden Karikaturisten der 60er Jahre. Weiter geht es über Toijala und Lempäälä unter der Straße und der Eisenbahn von Hämeenlinna nach Tampere hindurch; man gelangt in den See Pyhäjärvi und weiter nach → Tampere. Bei Zeitmangel besteht die Möglichkeit von Visavuori (15.05 Uhr) mit dem Schiff, das von Tampere kommt, nach Hämeenlinna zurückzufahren.

Von Valkeakoski nach Tampere

Ende Juni bis Anfang August kann man an Wochenenden (9.00 Uhr) auch die östliche Route über die Industriestadt Valkeakoski durch Schleusen in

Hämeenlinna (Fortsetzung)

den Mallasvesi vorbei an der Kirche von Pälkäne fahren. Man erreicht an der nördlichen Seite des Roinesees den Anlegeplatz Vehoniemi (10.30 Uhr), wo ein Besuch des Auto- und Straßenverkehrsmuseums Mobilia zu empfehlen ist. Von dort sind es dann noch 35 Minuten mit dem Bus bis → Tampere (Abfahrt 11.30, Ankunft 12.05 Uhr).

Von Hämeenlinna über Kangasala nach Tampere

Von Hämeenlinna bis Hauho

Diese Strecke, die der E 12 vorzuziehen ist, ist mit 83 km drei Kilometer länger als die über die Hauptstraße. Hinter Hämeenlinna geht es am Westufer des Vanajavesi entlang; auf der Gegenseite liegt der Aulanko-Park.
Nach 8 km erreicht man eine der ältesten christlichen Gemeinden Finnlands, Hattula (siehe zuvor). Nach 14 km folgt die Abzweigung einer Landstraße zur Industriestadt Valkeakoski (25 km).
Nach weiteren 4 km biegt rechts eine Straße nach Hauho (12 km) ab mit einer alten Kirche aus dem 15. Jahrhundert und einem heimatgeschichtlichen Museum.

Pälkäne

Dann sind es noch 11 km bis zur Einmündung in die Straße Nr. 12. Man fährt jetzt am Pintelesee entlang und erreicht die Stadt Pälkäne (10 km). Die alte Kirche (um 1400) liegt etwa 1,5 km nördlich in Richtung Ihari.

*Vehoniemenharju

Die Route folgt weiter der Hauptstraße und erreicht nach 11 km den Landrücken Vehoniemenharju, landschaftlich schön zwischen Roinesee und Längelmävesi gelegen. Dann geht es über den Kaivanto-Kanal, welcher die beiden Seen verbindet; wenig später sieht man an der Westseite den Kaiserberg (Keisarinharju), von dem sich eine weite Aussicht bietet.

Kangasala

Schließlich erreicht man die Stadt Kangasala (17500 Einw.) am Südende des Vesijärvi. Beachtenswert sind in der Kirche eine geschnitzte Kanzel (1661) und ein Bild der schwedischen Königin Karin Månsdotter, die 1612 auf dem ehemals königlichen Gut Liuksiala (6 km südlich) verstorben ist.
Die Hauptstraße folgt dem langgestreckten Kaukajärvi. In Viatala links eine Friedhofskapelle, danach die alte Kirche von Messukylä. Von Kangasala sind es noch 18 km bis → Tampere.

Hamina L 12

Gebiet: Südfinnland
Einwohnerzahl: 11000
Postleitzahl: FIN-49400
Telefonvorwahl: 05

Lage und Allgemeines

Die Garnisonsstadt Hamina (schwedisch Fredrikshamn) liegt auf einer Halbinsel in der Bucht Vehkalahti am östlichen Finnischen Meerbusen und ist der nach → Kotka zweitwichtigste finnische Exporthafen für Produkte der Holz- und Papierindustrie. Erst 1997 wurde ein neuer Container- und Ölhafen in Betrieb genommen. Der Warenumschlag wird demnächst auf 5 Mio. Tonnen beziffert. Durch den Durchgangsverkehr zwischen den östlichen Nachbarn Rußland und den baltische Staaten sowie Mitteleuropa ist Hamina ein wichtiger Standort der Chemieindustrie geworden.

Geschichte

Im 14. Jh. gegründet, erhielt der Ort 1653 die Stadtrechte; im Jahre 1723 gab ihm König Fredrik I. von Schweden (Landgraf von Hessen) den Namen 'Fredrikshamn'. Erst später kam der finnische Name 'Hamina' (Verballhornung von schw. 'hamn' = Hafen) hinzu. Im Frieden von Turku 1743 kam Hamina zu Rußland und war somit Grenzstadt. 1809 wurde hier der Friede zwischen Schweden und Rußland unterzeichnet, in dem Schweden ganz Finnland an Rußland abtreten mußte. 1812 gab der Zar Gebietsteile an

Geschichte (Fortsetzung)

Finnland zurück. Seit 1821 ist in Hamina eine Kadettenschule angesiedelt, wo die Söhne vornehmer Familien ausgebildet wurden. Heute noch gibt es hier eine Reserveoffiziersschule und eine Garnison.

Hamina Tattoo

An die militärische Tradition knüpft das alle zwei Jahre in Hamina stattfindende internationale Festival der Militärmusik, Hamina Tattoo, mit Militärparaden und Blasmusik an.

Sehenswertes in Hamina

*Stadtplan mit Festungsanlagen

Feuersbrünste zerstörten 1821 und 1887 große Teile der Stadt, so daß die Holzbauten meist jüngeren Datums sind. Einzigartig ist der sternförmig angelegte Altstadtkern mit seinen Wällen und Festungsanlagen, die 1722 nach Plänen von Axel Löwen angelegt wurde. Die Festung wurde im Jahre 1860 aufgegeben. Vom achteckigen Rathausplatz gehen strahlenförmig acht Straßen aus. Zwei Ringstraßen verbinden die Radialstraßen im Zentrum. Die Wälle und Bastionen, nach finnischen Städten benannt, sind meist gut erhalten.

Rathaus

Im Mittelpunkt der Stadt steht das 1796 errichtete Rathaus. Im Jahre 1840 wurde es nach Plänen des deutschen Architekten Carl Ludwig Engel im neuklassizistischen Stil umgebaut und mit einem Turm versehen.

Kirche von Hamina

Ebenfalls am Rathausplatz steht die evangelische Kirche, die 1843 ebenfalls von C. L. Engel im Stil eines griechischen Tempels entworfen wurde. Ältester Gegenstand ist eine 1703 gedruckte Bibel, die auf dem Lesepult liegt. Über dem Taufbecken hängt ein Schiffsmodell von 1763, das aus einer Holzkirche im russischen Koivisto stammt.

Der sternförmig angelegte Altstadtkern, der einst von Bastionen gesäumt war, ist ein stadtplanerisches Meisterwerk. Im Mittelpunkt des ackteckigen Hauptplatzes steht das Rathaus.

Soldatenfriedhof

Vor der Kirche wurde zum 100jährigen Jubliläum der Kirche ein Soldatenfriedhof angelegt. Hier sind Soldaten bestattet, die im Bürgerkrieg 1918, im Winterkrieg 1939/1940 und im Fortsetzungskrieg in Karelien gefallen sind. Ein Gedenkstein erinnert an den Frieden von Hamina (1809).

Orthodoxe Peter-und-Pauls-Kirche

Die russisch-orthodoxe Peter-und-Pauls-Kirche wurde 1837 gebaut. Dieser Rundbau wird von einer byzantinisch anmutenden Kuppel gekrönt. Die Glocken läuten im Sommer jeden Samstag 18.00 Uhr den Sonntag ein.

Kaufmannshaus-Museum

In der benachbarten Kasarminkatu gab es um die Jahrhundertwende viele kleine Geschäfte. Eines davon (Nr. 6) kann besichtigt werden. Zu sehen sind der alte Laden und die Wohnung eines Kaufmanns, die Werkstatt eines Schmiedes und Handwerkerstuben.

Stadtmuseum

In dem ältesten Haus der Stadt, Kadettikoulunkatu 2, wurde das Stadtmuseum eingerichtet. In diesem Haus verhandelten 1783 die russische Zarin Katharina II. und Gustav III. von Schweden.

Kirche von Vehkalahti

Im alten Dorf Vehkalahti, der Keimzelle von Hamina, gibt es eine sehenswerte mittelalterliche Kirche des 14. Jh.s, die C. L. Engel 1823 renoviert hat. Von den mittelalterlichen Malereien blieb nur ein heiliges Kreuz an der östlichen Außenwand stehen.

Reserveoffiziersschule

Neben der Kirche von Vehkalahti steht die elegant wirkende Reserveoffiziersschule, die 1898 in neuklassizistischen Stil gebaut wurde.

Museum des Jägerbataillons

Im Pulvermagazin der südlich gelegenen Turku-Bastion erinnert ein kleines Museum an das von 1951 bis 1989 in Hamina stationierte Jägerbataillon von Kymi.

Die orthodoxe Peter-und-Pauls-Kirche erinnert an byzantinische Vorbilder.

Hamina (Fortsetzung) Flaggenturm

Auf dem westlich gelegenen Marktplatz steht der achteckige ehemalige Flaggenturm des Garnisonskommandanten (kleines Museum), Rest einer alten Festung von 1790.

Museum der Reserveoffiziersschule

Das in der früheren Hauptwache am Lappeenranta-Tor untergebrachte Museum bietet Einblick in die reiche Tradition der Offiziersschule. Durch das Lappeenranta-Tor führte der Fernhandelsweg von Turku durch die befestigte Stadt Hamina zum Vyborg-Tor und weiter bis nach Vyborg (in Rußland).

Umgebung von Hamina

Vyborg

Ostwärts von Hamina gelangt man zum Grenzübergang Vaalimaa (43 km) und erreicht nach etwa 100 km die heute russische Stadt Vyborg (finn. Viipuri), ehemals Hauptstadt der einst finnischen Landschaft Karelien. Bis nach St. Petersburg sind es insgesamt 261 km (Visum erforderlich).

Kotka → dort
Anjalankoski → dort

Hanko · Hangö F 13

Gebiet: Südwestfinnland
Einwohnerzahl: 12 000
Postleitzahl: FIN-10900
Telefonvorwahl: 019

Lage des *Badeortes

Hanko, schwedisch Hangö, liegt im Südwesten Finnlands und ist die südlichste Stadt des Landes. Die eine Hälfte der Bevölkerung ist finnischspra-

Der Hafen des seit der Zarenzeit beliebten Badeortes Hanko ist heute Anlaufstelle vieler Segelboote.

chig, die andere ist schwedischsprachig. Die Stadt besitzt eine lange touristische Tradition, die bis in die Zarenzeit zurückreicht, und ist ein beliebter Sommerurlaubsort mit vielen Sportangeboten. Auch die Strände rund um die Halbinsel ziehen viele Besucher an. Zugleich ist Hanko eine bedeutende Hafenstadt, unter anderem mit regelmäßiger Fährverbindung nach Lübeck und einem Freihafen. Der Hafen ist ganzjährig eisfrei oder wird eisfrei gehalten.

Lage des Badeortes (Fortsetzung)

Hanko ist wegen seiner strategisch wichtigen Lage zwischen Finnischem und Bottnischem Meerbusen ein seit langem besiedelter Ort, umstritten in vielen Kriegen und Schauplatz zahlreicher Schlachten. Bereits im Mittelalter ankerten Schiffe in dem Sund Hauensuoli (Hechtdarm). Befestigt wurde die Halbinsel am Ende des 18. Jahrhunderts. Stadtrecht besitzt Hanko jedoch erst seit dem Jahr 1874, nachdem die Eisenbahnverbindung mit Helsinki zu wirtschaftlichem Aufschwung führte.

Geschichte

Über Hanko wanderten zwischen 1880 und 1930 Hunderttausende von Finnen in die USA aus. Im Zweiten Weltkrieg mußten die Finnen das Gebiet um Hanko an die Sowjetunion zwangsverpachten (1940). Doch bereits im Sommer 1941 eroberten die Finnen Hanko nach langer Belagerung zurück; dabei mußten 400 sowjetische Soldaten ihr Leben lassen. Finnen und Russen errichteten 1960 gemeinsam ein Monument zum Gedenken an diese Ereignisse.

Sehenswertes in Hanko

Auf der Halbinsel Hauensuoli (Hechtdarm) kann man Spuren von Seglern sehen, die vor Hanko auf günstige Winde warteten: in den Fels geritzte Wappen und Namenszeichen aus dem 16. bis 18. Jahrhundert.

Hauensuoli

Hanko · Hangö (Fortsetzung) Stadthaus Kirchen

Zu den Sehenswürdigkeiten im Stadtzentrum zählen die neugotische, 1892 von Jac Ahrenberg errichtete Kirche auf dem Vartiovuori (Wachhügel), das moderne Stadthaus (1951) sowie die kleine orthodoxe Kirche, die 1895 von russischen Kaufleuten erbaut wurde.

Festungsmuseum

Im Osthafen (Östra hamnen), der allerdings im Süden des Zentrums liegt, lohnt das Festungsmuseum (wechselnde Ausstellungen) einen Besuch.

Monument für Auswanderer

Ein Monument, geschaffen von Mauno Oittinen (1967), erinnert an die Auswanderer aus der Zeit der Jahrhundertwende, die Finnland über Hanko in Richtung Vereinigte Staaten verließen.
Pittoresk wirkt der Segelboothafen, Finnlands größte Marina. Den Charme der Frühzeit des Tourismus atmet die Vier-Winde-Hütte auf der östlich gelegenen Halbinsel Lilla Tallholmen, ein Caféhaus von 1910, das zwischenzeitlich einmal Marschall Mannerheim gehörte. Sehr empfehlenswert ist ein Bootsausflug in die Schären (Kreuzfahrten nach Ekenäs und Helsinki).

Ekenäs

Einen Ausflug von Hanko lohnt vor allem das 35 km von Hanko entfernte → Tammisaari (schwedisch Ekenäs).

Helsinki · Helsingfors H/J 12

Gebiet: Südfinnland
Einwohnerzahl: 550 000
Postleitzahl für Helsinki Stadt: FIN-00100
Telefonvorwahl: 09

Lage der Hauptstadt

Die finnische Hauptstadt Helsinki (schwedisch Helsingfors) liegt zum größeren Teil auf einer stark zerklüfteten Halbinsel aus Granit, an der Nordküste des Finnischen Meerbusens, mit vielen vorgelagerten Klippen und Inseln. Erst nachdem Rußland Finnland im Jahre 1809 eroberte, wurde der Sitz der Hauptstadt 1812 von Turku nach Helsinki verlegt. Von dem schwedischen Erbe ist durch mehrere Stadtbrände, die die Holzbauten zerstörten, heute nichts mehr übrig geblieben. Vielmehr erinnert der neoklassizistisch gestaltete Stadtkern rund um den Senatsplatz eher an St. Petersburg. Um die eigentliche Stadt (1940 etwa 300 000 Einw.) herum entstanden ab 1950 Vororte, die meistens nicht auf dem Stadtgebiet lagen, sondern in der Provinz Uusimaa. So entwickelte sich eine administrative Unübersichtlichkeit, die Anfang der siebziger Jahre durch die Gründung der Städte Espoo im Westen und Vantaa im Nordosten beendet wurde. Diese beiden Städte haben keinen gewachsenen Kern. Espoo und Vantaa rückten gleich bei der Gründung in die Spitzengruppe der fünf größten Städte auf. An frühere Zeiten erinnern nur einige Grausteinkirchen und Pfarrhäuser.
Der Großraum Helsinki, in dem heute jeder sechste Einwohner Finnlands lebt, hat somit keine inneren Grenzen, die für Besucher von Wichtigkeit oder überhaupt erkennbar sind. Die im Westen angrenzende Stadt → Espoo wird als Hauptstichwort behandelt.

Landschaftsbild des Großraums

Espoo zieht sich westlich von Helsinki an der buchtenreichen Küste entlang, der viele Inseln vorgelagert sind. Die Ebenen der Stadt sind begrünt, neben Fichten und Kiefern erheben viele Laubbäume ihre Kronen. Vantaa dehnt sich in Bauernland hinein. Das Terrain ist nicht durchweg eben, weil sich durch das 'Stadtgebiet' einige Ausläufer des Höhenrückens Salpausselkä ziehen. Auf dem kargen Sandboden wachsen vorzugsweise Fichten, während die Wälder meistens aus Kiefern bestehen.

Bedeutung

Helsinki bildet schon seit mehr als 150 Jahren mit seinen wissenschaftlichen und kulturellen Einrichtungen das Zentrum des finnischen Geisteslebens. Das nicht immer streitfreie Nebeneinander von Finnen und Finn-

Vom Bootshafen aus bietet sich ein schönes Panorama der stattlichen Bauten direkt am Wasser.

Bedeutung (Fortsetzung)

landschweden hat zur Befruchtung erheblich beigetragen. Unter den vielfältigen Kultureinrichtungen sind drei Symphonieorchester, die Finnische Nationaloper mit Ballet, das Nationaltheater, das Schwedische Theater und ein weiteres Dutzend Theaterensembles zu nennen.
Helsinki verfügt seit mehr als 350 Jahren über eine Universität, in der heute 40 000 Studenten immatrikuliert sind, eine Technische Universität (die jetzt in Espoo liegt), zwei Wirtschaftshochschulen und zahlreiche andere Ausbildungsstätten mit Hochschulcharakter.
Es ist zudem die größte Industriestadt (Maschinenbau, Textilien, Chemie, Hochtechnologie) und Sitz der meisten Großunternehmen, was zusammen mit der Menschenballung auf diesem Gebiet dazu geführt hat, daß Helsinki der wichtigste Importhafen ist. Der größte Arbeitgeber der Stadt ist die Werft, in der vor allem Kreuzfahrtschiffe gebaut werden.
Nicht zuletzt die günstige Verkehrsanbindung hat den Großraum Helsinki (Finlandia-Hallc) zusammen mit Espoo (Dipoli) zu einem wichtigen Messe- und Kongreßzentrum werden lassen.

Wichtige kulturelle Veranstaltungen

Helsinki Biennale (Ende August/Anfang September, zwei Wochen); Konzerte, Ausstellungen, Oper und Ballett von internationalem Rang.
Alle fünf Jahre findet in Helsinki der Internationale Violinwettbewerb zu Ehren von Jean Sibelius statt.

**Stadtbild

Die weitläufige Stadt am Finnischen Meerbusen wirkt mit den großen Grünflächen und Seen, die die städtische Bebauung immer wieder auflokkern, wie ein großes Dorf. Wenn man mit der Fähre nach Finnland reist – meistens ist Helsinki das Ziel, erst an zweiter Stelle folgt Turku – taucht man unversehens mitten in die Stadt ein, denn der Hafen liegt direkt am Marktplatz. Hier beginnt auch die Pracht- und Einkaufsstraße Esplanadi. Von hier kann man den im Vergleich zu anderen europäischen Hauptstädten recht kleinen Stadtkern auch bequem zu Fuß erwandern.

Wenn man mit der Fähre nach Helsinki reist, taucht man mitten in die Stadt ein.

Stadtbild (Fortsetzung)

Meerseite bietet sich auch das beste Panoramabild der Stadt. Weithin sichtbar ist die größte orthodoxe Kirche Finnlands, die aus roten Ziegelsteinen errichtete Uspenski-Kathedrale, und die in kräftigem Weiß erstrahlende Domkirche auf dem Senatsplatz. Wenn man die vielen Treppen bis zur erhöhten Säulenhalle des Doms emporsteigt, erblickt man die riesigen, im Hafen angedockten Fährschiffe der Viking und Silja Line, die die Häuser deutlich überragen. Helsinki ist Finnlands wichtigstes Tor zur Welt.

Stadtjubiläum und Kulturhauptstadt Europas

Im Jahre 2000 feierte Helsinki sein 450jähriges Stadtjubiläum und erhielt mit acht weiteren europäischen Städten den Status einer Kulturhauptstadt. Zu diesen Anlässen begann man bereits vor der Jahrtausendwende, das Stadtbild Helsinkis aufzuwerten. Dazu gehört nicht nur die Eröffnung des Museums für Moderne Kunst "Kiasma" an der Töölön-Bucht gegenüber des Parlaments, sondern auch das Neubaugebiet Ruoholahti an der gleichnamigen Bucht. Hier wurden interessante Lösungen für eine moderne Wohnarchitektur realisiert, bei denen die geographischen Eigenschaften Helsinkis Berücksichtigung fanden, wie etwa malerische Fußgängerbrükken über Wasserwege. Ferner wurde in der Innenstadt die vorhandene Bausubstanz saniert, alte Fabrikhallen und Lagerhäuser wurden in kulturell genutzte Einrichtungen umgewandelt. Weitere Pläne sind die Verlegung des Hafens vom Stadtzentrum an die Peripherie, um Platz zu schaffen für Luxushotels, Bürogebäude, Parks und Freizeitanlagen.

Architektur

Das heutige Zentrum Helsinkis wurde in der ersten Hälfte des 19. Jahrhunderts nach dem Grundriß von Johan Albrecht Ehrenström von dem Berliner Architekten Carl Ludwig Engel (1778–1840) im klassizistischen Empirestil

Der Hafen liegt direkt am Marktplatz.

Architektur (Fortsetzung)

gebaut. Die großzügig angelegten Straßen und Boulevards geben der Stadt ein luftiges Gepräge, die hellen Fassaden haben Helsinki den Beinamen “weiße Stadt des Nordens” verschafft. Auf S. 119 wird das Leben und Wirken des bedeutenden Architekten Carl Ludwig Engel ausführlich geschildert.

Im ausgehenden 19. Jh. wurden im Zuge der Industrialisierung europäische Einflüsse deutlich spürbarer. Gute Beispiele dafür sind die Bauten entlang der Esplanade, die Kaufmannshäuser in der Aleksanterinkatu, die heute Restaurants, Cafés und Büros der Stadtverwaltung beherbergen, die breite Mannerheimintie und das Athenäum mit dem Kunstmuseum. Aus dieser Zeit stammen auch die Jugendstilhäuser auf der Halbinsel Katajanokka und in den Stadtteilen Eira und Ullanlinna.

Die bedeutendsten Architekten der Nationalromantik, der finnischen Variante des Jugendstils, waren Eliel Saarinen (von ihm stammt der Hauptbahnhof), Herman Gesellius und Armas Lindgren, die gemeinsam das Finnische Nationalmuseum entwarfen.

In den 20er und 30er Jahren des letzten Jahrhunderts war neben dem Klassizismus vor allem der Funktionalismus prägend, wie das Olympia-Stadion von Yrjö Lindegren und Toivo Jäntti beweist. Architektonische Glanzstücke aus den letzten Jahrzehnten sind die Finlandia-Halle (1970) des bekanntesten finnischen Architekten der Moderne, Alvar Aalto (→ Berühmte Persönlichkeiten), die Felsenkirche von Timo und Tuomo Suomalainen, das Opernhaus (1993) an der Töölön-Bucht und das erst 1998 fertiggestellte Museum für Moderne Kusnt des New Yorker Architekten Steven Holl. Vorbildlich sind die Randsiedlungen, die zu den Städten → Espoo und Vantaa gehören.

Carl Ludwig Engel

Carl Ludwig Engel, der Architekt und Baumeister, der das Gesicht der finnischen Hauptstadt nachhaltig prägte, wurde am 3. Juli 1778 in Berlin geboren. Sein Lebenswerk hat eigentlich nur zufällig zur Entwicklung Finnlands beigetragen, denn er wurde 1816 im Auftrag von Zar Alexander I. (1801–1825) nach Helsinki geholt, um den von dem baltischen Adlingen Johan Albrecht (gen. Albert) Ehrenström gezeichneten Plan zum Ausbau der neuen Residenzstadt (seit 1812) auszuführen und der Stadt ein repräsentatives Gesicht zu geben.
Engel studierte an der Akademie in Berlin als Schüler von Friedrich Gillys (1772–1800), wo er sich mit Karl Friedrich Schinkel (1781–1841) anfreundete. Nach einigen erfolglosen Versuchen, in Hamburg, Berlin und Königsberg Arbeit zu bekommen, nahm er den Posten eines Stadtbaumeisters in Tallinn (heute Estland) an.
In Helsinki entstanden insgesamt 30 monumentale Bauwerke zumeist im Empirestil, von denen heute noch 20 vorhanden sind. Außerdem lieferten Engel und Ehrenström die Entwürfe und Ausführungen für zahlreiche Rathäuser, Kirchen und Herrenhäuser im ganzen Land. Die Arbeiten begannen um 1820 und dauerten bis weit über den Tod Engels hinaus bis 1850.
Engel war auch ein begabter Maler und Zeichner, und so dürfte es ihm leicht gefallen sein, den Zaren Alexander I. und später Zar Nikolaus I. (1825–1855) von seinen Ideen zu überzeugen, wenn man nur dem Team Engel/Ehrenström freie Hand ließe. Der spätere Zar Nikolaus I. hatte Engel schon als Prinz kennengelernt, als dieser den Entwurf für eine Kirche mit vorgesetzten ionischen Säulen auf der Festung Sveaborg (heute Suomenlinna) vorlegte, der den Prinzen zu dem begeisterten Ausruf veranlaßte: " ... und dahinter, lieber Engel, müssen Sie eine Kaserne für 3000 Mann zeichnen!"
Die Innenstadt von Helsinki zeigt noch heute die klare Konzeption Engels: Um einen rechteckigen Platz, den Senatsplatz, sind Staat und Glaube, Geist und Bürgertum angeordnet: Im Norden der Dom, im Osten das Gebäude des Finnischen Senats, im Westen die Universität. Die Universitätsbibliothek gilt als das eindrucksvollste Werk Engels. Die an der Südseite des Platzes stehenden Bürgerhäuser wurden in der Periode Engel um ein Stockwerk angehoben. Heute sind dort Behörden und ein Einkaufszentrum untergebracht. Carl Ludwig Engel starb am 14. Mai 1840 in Helsinki.

Geschichte

Helsinki wurde 1550 von Gustav I. Wasa nordöstlich vom heutigen Zentrum an der Mündung des Vantaanjoki (schwed. Vanda) in den Finnischen Meerbusen gegründet, um mit der estnischen Handelsstadt Reval (heute Tallinn) zu konkurrieren. Ab 1639 wurde es auf Befehl der Königin Christine an eine günstigere Stelle auf der Landzunge Vironniemi verlegt. 1748 wurde mit dem Festungsbau auf der vorgelagerten Insel Suomenlinna begonnen. 1808 konnte die damals noch unbedeutende Stadt dem Angriff der russischen Truppen keinen Widerstand leisten und wurde dem russischen Großfürstentum Finnland einverleibt. Um eine bessere Verkehrsanbindung nach St. Petersburg zu ermöglichen, wurde die Hauptstadt 1812 von Turku (Åbo) nach Helsinki verlegt, und, als Turku 1827 von einem verheerenden Feuer zerstört wurde, auch die Universität. Im Jahre 1816 erhielt C. L. Engel den Auftrag, die Stadt wieder aufzubauen, nachdem 1808 ein Drittel den Flammen zum Opfer gefallen war..
Nach dem Zusammenbruch des russischen Zarenreiches wurde dann am 6.12.1917 in Helsinki die Republik Finnland ausgerufen. Im Januar 1918 begann ein Krieg, der im Mai 1918 mit dem Rückzug der russischen Truppen und mit der Vertreibung finnischer sozialistischer Streitkräfte endete. Er wird als Freiheits- und Bürgerkrieg bezeichnet. An ihm nahm auch die deutsche Ostseedivision unter General von der Goltz teil. Diese Truppen

Das Meisterwerk des bedeutenden Architekten Carl Ludwig Engel ist der Senatsplatz mit dem Regierungspalais.

Geschichte (Fortsetzung)

beteiligten sich neben den Soldaten von General Mannerheim an der Wiedereroberung der finnischen Hauptstadt.
Während des Zweiten Weltkriegs war Helsinki eine der wenigen europäischen Hauptstädte, die nicht von fremden Truppen besetzt wurden. Zwei Ereignisse führten dazu, daß die relativ junge Hauptstadt Helsinki in aller Welt bekannt wurde: die Olympischen Sommerspiele wurden 1952 hier ausgetragen, und 1975 fand in Helsinki die Konferenz über Sicherheit und Zusammenarbeit in Europa (KSZE) ihren Abschluß (s. S. 131).

Beschreibung der Innenstadt

Stadtrundfahrten

Busrundfahrten starten am Hauptbahnhof (Simonkatu 1) und am Silja- bzw. Viking-Terminal am Hafen. Eine preiswerte, aber zu empfehlende Möglichkeit, Helsinki zu erkunden, ist eine Fahrt mit der Straßenbahnlinie 3 T, die am Bahnhof startet und beinahe alle wichtigen Sehenswürdigkeiten passiert. Bei den Fahrkartenverkaufsstellen kann man ein Begleitheft erwerben, das alle touristischen Highlights entlang der Route erläutert.

Stadtrundgänge

Vorschläge für Stadtrundgänge mit ausführlichen Beschreibungen kann man in einer Broschüre der Touristeninformation (→ Praktische Informationen: Auskunft) nachlesen. Hier erhält man auch ein Merkblatt für Radfahrer mit Vorschlägen zu Stadtrundfahrten und Adressen zum Mieten von Fahrrädern.

Schärenrundfahrt

Vom Marktplatz und vom Hakaniemi-Platz starten im Hochsommer ab 10.00 Uhr stündlich Rundfahrten per Schiff durch die Inselwelt vor Helsinki.

Helsinki Card

Es empfiehlt sich, die relativ preiswerte Helsinki-Karte für einen, zwei oder drei Tage zu erwerben. Sie ermöglicht freie Fahrt in Bussen, Straßenbah-

Baedeker Special

High-Tech “made in Finnland”

Wenn es eine finnische Marke gibt, die weltweit bekannt ist, dann dürfte es NOKIA sein. Der Elektronikkonzern aus Helsinki beschäftigt weltweit 33 000 Mitarbeiter und verbuchte 1996 einen Umsatz von 8,5 Milliarden Dollar. Wahrlich ein "Global Player", dessen unternehmerische Ursprünge tief ins 19. Jahrhundert zurückgehen, als Finnland noch russische Provinz und wirklich kein moderner Industriestaat war.

Am Anfang waren es noch drei verschiedene Unternehmen: Ein gewisser Fredrik Idestam, Bergbauingenieur, gründete 1865 im finnischen Südwesten einen forstwirtschaftlichen Betrieb. 1898 entstand die "Finnish Rubber Works Ltd.", spezialisiert auf Gummiummantelung von Telegrafenleitungen. 1912 begann die "Finnish Cable Works" die Produktion von Fernmelde- und Starkstromkabeln. 1915 ging "Nokia" erstmals an die Börse. Telefon- und Telegrafentechnik waren damals das, was man heute "Zukunftsindustrien" nennen würde.

1967 wurden alle drei Unternehmen zur "Nokia Corporation" vereinigt. Metall- und Kunststoffprodukte rund ums Kabel waren damals das ureigenste Betätigungsfeld des da noch traditionellen Industrieunternehmens. Die boomende Firma kaufte sich dann in schwedischen, deutschen und schweizerischen Elektronikunternehmen ein, so daß der Konzern allmählich sein Gesicht veränderte: Zum ursprünglichen Geschäftsbereich Kabelindustrie kamen allmählich noch die Bereiche Fernsehen, PC-Technik sowie Telefon und Informationstechnik. Die Fernsehtechnik wurde aber 1996 wieder verkauft – an eine Company aus Hongkong. Heute steht das Unternehmen im Prinzip auf zwei Säulen: Telekommunikationsnetze und Mobiltelephone.

Die Spezialisierung auf Telekommunikation machte "Nokia" zu einem der wichtigsten Hersteller und Entwickler von modernen Datenfernübertragungssystemen. Ausgerechnet der einstige Kabelriese Nokia ist heute Marktführer bei den draht- und kabellosen Kommunikationsformen: Mobiltelephone "Made in Finnland" machen inzwischen zwei Drittel des Nokia-Umsatzes aus. Jeder Handy-Besitzer kennt den Namen "Nokia".

"Nokia Research", die firmeneigene Forschungseinrichtung, sorgt dafür, daß Nokia weiterhin mit eigenen Entwicklungen in diesen kapitalintensiven Branchen mithalten kann. An den Weltbörsen wird "Nokia" als die wichtigste nichtamerikanische Firma dieser Art gehandelt.

Die weltweite Auflösung staatlicher Fernsprechmonopole verspricht dem Konzern gute Zukunftschancen; auch in Deutschland steht Nokia mit in den Startlöchern, wenn am 1. Januar 1998 das Telekom-Monopol fällt. Dann werden auch andere Anbieter als die einstige Bundespost kabelgebundene Telekommunikationsnetze aufstellen. In Deutschland sind das vor allem die Stromkonzerne. Die "Vereinigten Elektrizitätswerke Westfalen" (VEW) aus Dortmund beauftragten "Nokia", die erforderliche Schalttechnik für das digitale Netz der neuen "VEW-Telnet" zu liefern. Das Pilotprojekt will im Raum Dortmund-Bochum-Münster, einer Region mit immerhin 8 Millionen Einwohnern, ein eigenes Netz für Computer- und Telekommunikationseinrichtungen aller Art anbieten. Kunden sollen vor allem Unternehmen ab einer ungefähren Größe von 50 Mitarbeitern sein, also die Rosinen im Kommunikationskuchen.

Aus der Tiefe der finnischen Wälder gelang der Aufstieg in die weltweiten Datennetze des heraufziehenden 21. Jahrhunderts - der wackere Ingenieur und Nokia-Pionier Fredrik Idestam dürfte zufrieden sein, wenn er das noch mitbekommen hätte.

nen, Metro (sie führt im Stadtkern als U-Bahn, später oberirdisch nach Vantaa), Nahverkehrszügen und mit Fähre zur Zoo-Insel Korkeasaari und zur Festungsinsel Suomenlinna. Darüber hinaus beinhaltet sie Ermäßigungen auf Stadtrundfahrten per Bus und geführte Stadtwanderungen, freien Eintritt zu rund 50 Museen im Großraum und Ermäßigung bei einem Halbtagesausflug nach → Porvoo, zur Villa Ainola in Järvenpää und zum Kunstzentrum Hvitträsk (→ Königsstraße, Kirkonummi). Man erhält die Karte beim Fremdenverkehrsamt, bei Reisebüros und in Hotels.

Helsinki Card (Fortsetzung)

Helsinkis Herz ist der Marktplatz (finn. Kauppatori), der montags bis samstags von 7.00 bis 14.00 Uhr und von 16.00 bis 20.00 Uhr ein buntes Markttreiben bietet und auch in den kalten Wintermonaten seinen Charme hat. Morgens werden vor allem Gemüse, Obst und frischer Fisch verkauft, nachmittags kommen auch Imbiß- oder Souvenir-Stände hinzu. Der hohe Obelisk in der Mitte des Platzes erinnert an den Besuch der Zarin Alexandra Feódorowna 1833 in Helsinki. Von hier fahren die Boote nach Suomenlinna und in die Schären ab. Der Marktplatz grenzt direkt an den Südhafen, an dessen beide Seiten die aus Schweden kommenden Fähren anlegen.

Marktplatz

An der Nordseite des Platzes befindet sich das vom deutschen Architekten in russischen Diensten Carl Ludwig Engel 1833 erbaute Rathaus (finn. Kaupungintalo) mit hellblauer Fassade, das einst als Hotel entworfen wurde. Etwas östlich in der Nordostecke des Marktes steht das Präsidentenpalais (finn. Presidentinlinna), das jedoch nur zu Repräsentationszwecken genutzt wird. Das Gebäude war ursprünglich im Besitz eines reichen Kaufmanns, wurde jedoch ebenfalls von Engel 1843 zur Zarenresidenz umgestaltet. Dahinter befindet sich die Hauptwache.

Rathaus und Präsidentenpalais

An der Westseite des Marktplatzes beginnt die breite, von Baumalleen gesäumte Prachtstraße Esplanade mit dem beliebten Restaurant Esplanadikappeli (auf der Bühne finden im Sommer Konzerte statt). Zwischen den beiden Fahrbahnen der Esplanade erblickt man die sogenannte Havis Amanda, einen hübschen Zierbrunnen von Ville Vallgren. Die "Enthüllung" der nackten Mädchenstatue erregte 1908 Anstoß bei den prüden Stadtbürgern. Heute ist sie eines der Wahrzeichen von Helsinki.

Havis Amanda

An der Wasserseite der Eteläranta befindet sich unweit südlich die pittoreske alte Markthalle (finn. Kauppahalli), die noch aus der Zarenzeit stammt (1891).

Markthalle

Östlich vom Markt, direkt an den Südhafen anschließend, führt eine Brükke zur Halbinsel Katajanokka. Bis Anfang des 19. Jh.s gab es hier nur einzelne Fischerhäuser. Später wurde das Gelände hauptsächlich als Marinehafen genutzt. In den 1980er und 1990er Jahren wurde das gesamte Areal nach zeitgemäßen Prinzipien stadtplanerisch umgestaltet, um neuen Wohnraum zu schaffen und der Abwanderung aus der Innenstadt entgegenzuwirken. Der Stadtteil Katajanokka repräsentiert finnischen Jugendstil auf seinem Höhepunkt. Diese sechsstöckigen Häuser und ihre Höfe vom Beginn unseres Jahrhunderts sind bestimmt einen Spaziergang wert. Sie liegen östlich der Uspenski-Kathedrale und wurden kürzlich renoviert und saniert. Am Südufer von Katajanokka wurden die früheren Zollspeicher und Lagerhäuser zu Hotels, Konferenzhallen, kulturellen Institutionen oder zu feinen Restaurants und Boutiquen umgestaltet. Auf dem Gebiet der ehemaligen Werftanlagen sind neue Wohngebäude entstanden, die sich harmonisch in das Stadtbild fügen.

Halbinsel Katajanokka

Hier liegt auch einer der eindrucksvollsten Engel-Bauten, die Marinekaserne von 1830. Nach langer Zeit des Verfalls wurde sie gründlich restauriert und dem Außenministerium zur Nutzung übergeben.

Ehem. Marinekaserne

Vor der Marinekaserne liegen von Mai bis etwa November Schiffe der finnischen Eisbrecherflotte. In der Weltrangliste nimmt sie hinter den russi-

Eisbrecherflotte

Espoo
Hämeenlinna, Messezentrum
Seurasaari
Hanko
Helsinki/
Helsingfors
400 m
Eisstadion
Sport-
museum
Schwimm-
stadion
Olympia-
stadion
Lasten-
linna
Linnankoskenkatu
Topeliuksenkatu
Nordenskiöldinkatu
Topeliusgatan
Töölönkatu
Mannerheimvägen
Helsinginkatu
Sibelius-
monument
Sibeliuksenkatu
Finnische
Nationaloper
Töölön-
lahti
Ruder-
stadion
Mechelininkatu
Runeberginkatu
Taival-
lahti
Hesperiankatu
Hesperiankatu
Finlandia-
halle
Pohjoinen
Etelainen
Museokatu
Mannerheimintie
National-
museum
Felsen-
kirche
Parlament
Sibelius-
Akademie
Hietaniemenkatu
Arkadiankatu
Arkadiagatan
Hietaniemi-Friedhof
Sanduddsgatan
Hietaniemkatu
Autobus-
hof
Fredrikinkatu
Runebergsgatan
Lapinlahti
Mechelingatan
Lapinlahdenkatu
Annankatu
Eeriksgatan
Kalevagatan
Albertinkatu
Frederiksgatan
SALMISAARI
SUNDHOLMEN
Eerikinkatu
Hietalahdenkatu
Lönnrotinkatu
Porkalagatan
Porkkatankat
Itamerenkatu
Alte
Oper
Kalevankatu
Bulevardi
Museum
Sinebrychoff
Ruoholahti
Punavuorenkat
Hietalahti
Uttergatan
Tehtaankat
Saukonkatu
Merikatu
© Baedeker

Lahti, Flughafen
Lahti, Flughafen
Porvoo
Zoo
Suomenlinna
Kulturhaus
Helsingegatan
Helsinginkatu
Sörnässtrandväg
Porthansgatan
Kallio-kirche
Agricolankatu
Neljäslinja
Kolmaslinja
Castreninkatu
Hämeentie
Sörnäistenrantatie
Porthaninkatu
Amts-gebäude
Hakaniemi Marktplatz
SOMPASAARI SUMPARN
Sörnäisten satama
KORKEASAARI
Unioninkatu
Botanischer Garten
National-theater
Liisankatu
Maurinkatu
Snellmaninkatu
Pohjoisranta
Pohjoissatama (Nordhafen)
Rauhankatu
Kirkkokatu
Rautatien-tori
Ateneum
Hallituskatu
Senats-platz
Aleksanterinkatu
Pohjoisesplanadi
Eteläesplanadi
Markt
Havis Amanda
Fährhafen
Luotsikatu
Außen-ministerium
KATAJANOKKA SKATUDDEN
Kruunuvuorenkatu
Kanavakatu
Korkeavuorenkatu
Kasarmikatu
Fabiansgatan
Unionsgatan
Eteläsatama (Südhafen)
Deutsche Kirche
Laivasillankatu
Fährhafen
Obser-vatorium
Sternwarte
Tähtitorninkatu
Högbergsgatan
Kaserngatan
VALKO-SAARI
Vuorimiehenkatu
Cygnaeus-Gallerie
Mannerheim-museum
Fabriksgatan
ULLANLINNA
Puistokatu
Kaviopuisto
Brunnsparken
Havsgatan
Ehrenströmintie
Anlegestelle nach Pihlajasaari
1 Rathaus
2 Präsidentenpalais
3 Uspenski-Kathedrale
4 Universität
5 Regierungspalais
6 Ritterhaus
7 Universitätsbibliothek
8 Domkirche
9 Haus der wissenschaftlichen Gesellschaften (Ständehaus)
U-Bahn (Metrorata)

Die Zwiebeltürme der Uspenski-Kathedrale sind zu einem Wahrzeichen der Stadt geworden.

Eisbrecherflotte (Fortsetzung)

schen Eisbrechern (von denen viele, auch atomkraftbetriebene, auf finnischen Werften gebaut wurden) den zweiten Platz ein. In den anderen Hafenanlagen legen die großen Autofähren nach Estland an; selbst einen kleinen Jachthafen gibt es.

*Uspenski-Kathedrale

Gleich links auf einem felsigen Hügel erhebt sich die weithin sichtbare orthodoxe Hauptkirche des Landes, die Uspenski-Kathedrale. Der rote Backsteinbau von 1868 wird von 13 vergoldeten Kuppeln gekrönt, die Christus und die Zwölf Apostel symbolisieren. Der Name der Kirche, Uspenski, kommt aus dem slavischen Wort "uspenie" (griech. koimesis) und bedeutet "Einschlafen in den Todesschlaf". Der schmale, hohe Sakralbau geht auf volkstümliche Vorbilder alter russischer Holzkirchen zurück, deren Form an einen Kegel oder eine Tanne erinnert.

An den Wänden und an der prachtvollen Bilderwand der Ikonostase, die den Kirchenraum vom Altarraum trennt, sieht man die charakteristischen Heiligenbilder des russisch-orthodoxen Glaubens, die nach strengen Regeln gemalt und vor allem durch die Klöster überliefert wurden (siehe dazu auch → *Baedeker Special* S.156).

**Senatsplatz und angrenzende Gebiete

Aleksanterinkatu

Vom Anlegeplatz der 'Finnjet' und der 'Viking'-Schiffe bis zum Marktplatz sind es weniger als tausend Meter. Man kann an seinem Anfang, noch vor der Säule mit dem Doppeladler, nach rechts abbiegen und zwischen Präsidentenpalais und Hauptwache zur Straße Aleksanterinkatu gehen. Die belebte Geschäftsstraße wurde nach dem Zaren Alexander II. benannt. Dann kann man sich nach links wenden, und man passiert mit wenigen hundert Schritten wichtige Abschnitte der finnischen Geschichte.

Auf der rechten Seite der Straße liegt das Ritterhaus. In Schweden und Finnland war wesentlich für das Adligsein nicht das Adelsprädikat, sondern die Tatsache, daß man im Ritterhaus der Ritterschaft 'introduciert' wurde. Bei dieser Gelegenheit wurde das Wappen der frisch eingeführten Familie im Rittersaal eingebracht.

Ritterhaus

Hinter dem Ritterhaus verläuft – als Parallelstraße zur Aleksanterinkatu – die Hallituskatu. Gegenüber dem Ritterhaus befindet sich das Gebäude der Finnischen Literaturgesellschaft (Suomen Kirjallisuuden Seura).

Gleich danach, ebenfalls rechts, steht das frühere Senatsgebäude, jetzt Sitz der Regierung (finn. Valtioneuvoston linna). Im Treppenhaus (Eingang vom Senatsplatz) erschoß Eugen Schaumann 1904 den russischen Generalgouverneur Nikolai Bobrikoff. Auf der linken Seite befindet sich das blaue Sederholm-Haus von 1757, das älteste Steingebäude der Stadt.

Regierungspalais

Nun tritt man auf den eindrucksvollen Senatsplatz (finn. Senaatintori); im Zentrum steht seit 1894 ein Bronzestandbild des Zaren Alexander II., gegossen von Walter Runeberg. Alexander hatte als Großfürst von Finnland die finnische Selbstverwaltung gefördert und 1864 den Ständetag einberufen.

Senatsplatz

An der Nordseite führt eine imposante breite Treppe zur lutherischen Domkirche (finn. Tuomiokirkko), die 10 m höher auf einem Granitfelsen liegt. In der Zeit, als Finnland noch Großfürstentum war, hieß die neue finnische Hauptkirche Nikolaikirche nach dem damaligen Zaren Nikolaus. Die Krönung des Senatsplatzes wurde 1830 nach Plänen von Engel begonnen und 1852 in verändertem Stil vollendet. Die Domkirche ist nicht zuletzt durch ihre erhöhte, weithin sichtbare Position zu einem Wahrzeichen der Stadt geworden. Alle bedeutenden Gottesdienste werden hier abgehalten, etwa zum Beginn jeder Parlamentsperiode.

*Domkirche

Da das Gelände größtenteils aus Felsen bestand, mußte eine künstliche Terrasse angelegt werden. Die Hauptwache vor dem Dom wurde abgerissen, um Platz für die Monumentaltreppe zu schaffen. Der ursprünglich rein klassizistische Dom mit der korinthischen Säulenvorhalle hat die Form eines griechischen Kreuzes. Da der hohe Turm über der Zentralkuppel die Statik der Kirche gefährdete, mußte man nach Engels Tod vier Ecktürme mit kleinen Kuppeln hinzufügen, die jedoch russische Stilelemente enthalten. Ein weiterer Grund für die Errichtung der Eckpavillons war die Tatsache, daß die großen Glocken zu schwer für den schmalen Turm waren. Ebenfalls später hinzugefügt wurden die zwölf Apostelstatuen an der Fassade, Werke der Berliner Bildhauer August Wredow und Hermann Schievelbein (1849).

Das geräumige Kircheninnere mit der großen Hauptkuppel wirkt sehr schlicht mit seinen weiß getünchten, schmucklosen Wänden. Nur an den Ansätzen der Kuppelpfeiler sieht man Standbilder dreier Männer, die für den protestantischen Glauben eine zentrale Rolle gespielt haben: Martin Luther, Melanchthon und der finnische Reformator M. Agricola. Der mit vergoldeten Holzschnitzereien verzierte Orgelprospekt fügt sich harmonisch in die Gestaltung des Innenraums ein.
Im Untergeschoß befindet sich eine Krypta mit einem 6 m hohen Gewölbe. Hierhin sind seit 1973 Holzschnitzarbeiten aus dem Nationalmuseum verlegt worden. Vom Kirchturm hat man eine herrliche Aussicht über ganz Helsinki und weit über das Meer mit seinen vielen Schären.

An der Westseite des Platzes steht die Universität (finn. Yliopisto), 1828 bis 1832 von Engel erbaut, 1936 zur Fabianinkatu hin erweitert. Nördlich der Universität die ebenfalls von Engel geplante Universitätsbibliothek (1836 bis 1845; finn. Yliopiston kirjasto) mit der größten Sammlung slawischer Werke in der westlichen Welt. Sie besitzt etwa 1,5 Mio. Bände und 2000 Handschriften. Die Bibliothek gilt in Helsinki als der schönste Engel-Bau.

Universität und Universitätsbibliothek

ALEXANDER II
1863

Ehem. Ständehaus

Folgt man vom Senatsplatz der Snellmaninkatu nach Norden, liegt jenseits der Kirkkokatu rechts das ehemalige Ständehaus, das heute die wissenschaftliche Gesellschaft beherbergt. Dieser klassizistische Bau wurde für die drei nichtadeligen Stände Klerus, Bürger und Bauern 1891 erbaut. Über dem Eingang erblickt man eine Bronzegruppe von Wikström (1903), die Zar Alexander I. auf dem Landtag zu Borgå 1809 darstellt.

Snellman-Statue

Gegenüber befindet sich die Bank von Finnland; davor steht das Denkmal des finnischen Staatsmannes und Philosophen J. V. Snellman (1806 bis 1881), der die Gleichberechtigung des Finnischen mit der schwedischen Sprache in der Verwaltung durchsetzte. Nördlich gegenüber der Bank, an der Ecke Rauhankatu, liegt das Staatsarchiv (hübsches Café).

Kruununhaka

Im ziegelroten Komplex Liisankatu / Marinkatu ist die Finnische Kriegshochschule mit dem Kriegsmuseum untergebracht. Dieser Stadtteil Kruununhaka (ursprünglich ein Jagdwäldchen für den schwedischen Adel) wurde zwischen 1910 und 1925 im Jugendstil neu bebaut. Der Spaziergänger findet hier ein abwechslungsreicheres Terrain als auf Katajanokka: nicht nur freundliche Höfe, sondern auch sanft gewellte Straßen, verwinkelte Gassen und Treppchen. Schließlich steht man an einem Seitenarm der Ostsee, der dicht bei der Finlandia-Halle die Töölön-Bucht bildet.

Hakaniemi

Über diesen Arm führt die Pitkäsilta (Lange Brücke) am 'Strand Inter-Continental' in das Arbeiterviertel Hakaniemi hinein. Nach etwa 200 m erreicht man den Marktplatz mit einer Markthalle, die der im Zentrum nur wenig nachsteht.

"Drei Schmiede"

Vom Senatsplatz folgt man der Aleksanterinkatu nach Westen, wo im Gegensatz zum unteren Teil der Straße lebhaftes Treiben herrscht. Bei der Einmündung in die breite Verkehrsader Mannerheimintie sieht man – in der Mitte der Straße – die Plastik mit den grimmig blickenden drei Schmieden, die 1932 von F. Nyland geschaffen wurde; die Splitterschäden stammen von sowjetischen Fliegerbomben.

Kaufhaus Stockmann

Links steht das Kaufhaus Stockmann. Sein Gründer, der Lübecker Geschäftsmann G. F. Stockmann, etablierte sich in Helsinki 1862 mit einem kleinen Gemischtwarenladen an der Ecke Aleksanterinkatu / Unioninkatu am Senatsplatz. Früher wurde das nach französischen und britischen Vorbildern gestaltete Kaufhaus von Diplomaten aus der ehemaligen Sowjetunion frequentiert. Heute ist sein Glanz erloschen, und es unterscheidet sich kaum noch von anderen Einkaufszentren. Biegt man links in die Mannerheimintie ein, kommt man bis zu der Einmündung der Esplanade ausschließlich an Stockmann-Schaufenstern vorbei.

Esplanade und Bulevardi

* Esplanade

Die beiden Straßenteile der Esplanade, Pohjoisesplanadi (Nordesplanade) und Eteläesplanadi (Südesplanade), waren einst die Promeniermeile der feinen Gesellschaft. Heute ist die Esplanade noch die Prachteinkaufsstraße von Helsinki mit Cafés, einem Musikpavillon und Sitzbänken. Hier stehen viele repräsentative Bauten, die oft mitteleuropäische Vorbilder haben. Zwischen den beiden Straßenteilen liegt ein langezogener schmaler Park.

Schwedisches Theater

In der Grünanlage zwischen den beiden Fahrbahnen der Esplanade steht der halbrunde Bau des Schwedischen Theaters (schwed. Svenska Teatern, finn. Ruotsalainen Teatteri), einst von Engel geplant und 1863 bis 1866 gebaut. Die heutige Ausführung stammt von Jarl Eklund und Eero Saarinen (1936).

◀ *Der Senatsplatz mit dem Denkmal des Zaren Alexander II. und der klassizistischen Domkirche*

Topelius- und Leino-Statue

Dahinter in östlicher Richtung befindet sich eine Figurengruppe zum Gedenken an den schwedisch-finnischen Dichter Zachris Topelius, geschaffen von G. Finne (1932), sowie ein Bronzestandbild des finnischen Dichters Eino Leino (1878 – 1926) von Lauri Leppänen (1953).

Statue des J. L. Runeberg

In der Mitte der Esplanade sieht man das Bronzestandbild des Dichters J. L. Runeberg (→ Berühmte Persönlichkeiten), eine Arbeit seines Sohnes W. Runeberg (1885); auf dem Sockel ist die erste Strophe der von Runeberg verfaßten finnischen Nationalhymne "Unser Land" zu lesen.

Luxuxhotel Kämp

An der nördlichen Esplanade, Ecke Kluuvikatu, steht das erstmals 1887 eröffnete Luxushotel und Restaurant "Kämp". Anfang der 1960er Jahre wurde es Stein für Stein abgetragen, um das morsche Fundament erneuern zu können. Dann wurde es im alten Stil wiederaufgebaut und beherbergte mehrere Jahrzehnte eine Bank. Zu den Stammgästen zählten die Komponisten Jean Sibelius (→ Berühmte Persönlichkeiten) und der Maler Akseli Gallen-Kallela (→ Kunst und Kultur: Kunstgeschichte). Immer wieder wurde in diesem traditionsreichen Hotel auch Zeitgeschichte geschrieben. Im ersten Weltkrieg diente es als Hauptquartier des deutschen Generals von der Goltz. Im Winterkrieg 1939 / 1940 war im "Kämp" das Zentrum der ausländischen Kriegsberichterstatter. Und am 13. März 1940 gab hier ein Regierungssprecher den Waffenstillstand zwischen Finnland und der Sowjetunion bekannt. Nach einer umfangreichen Modernisierung wurde das Kämp 1999 wieder als Luxushotel eröffnet.

Anekdote über Jean Sibelius

Eine Anekdote über den fröhlichen Jean Sibelius, der gern mit Freunden feierte, kursiert heute noch: Nach einer Übernachtung im Hotel "Kämp" sitzt Sibelius mit seinen Freunden im Restaurant des Hotels in geselliger Runde. Am späten Nachmittag nimmt Sibelius dann den Zug nach St. Petersburg, um das dortige Philharmonieorchester zu dirigieren, erntet überschwenglichen Beifall und nimmt die Ovationen des Zaren entgegen. Dann fährt er nach Helsinki zurück, tritt ins Hotel "Kämp" ein und eilt sofort wieder ins Restaurant. Mit dem Ausspruch "Jean, knall nicht immer so mit der Tür, wenn du von der Toilette kommst!" empfangen ihn seine Freunde, die immer noch gesellig beisammen sitzen und die längere Abwesenheit des Komponisten nicht bemerkt hatten.

"Smolna"

Schräg gegenüber, an der Ecke Eteläesplanadi / Fabianinkatu steht ein ebenfalls von Engel entworfenes kleines Palais (1824), das von 1832 bis 1917 dem Generalgouverneur des Zaren als Heimstatt diente. Heute ist es ein Regierungsgebäude, im Volksmund wird es jedoch Smolna genannt, weil es Anfang 1918 von der finnischen provisorischen Räteregierung besetzt worden war – wie der Smolny in Petrograd.

Alte Kirche

Die Verlängerung der Esplanade nach Südwesten ist der Bulevardi. Rechts, hinter der Yrjönkatu, befinden sich ein bis 1829 benutzter Friedhof und die hölzerne Alte Kirche, von Engel als Provisorium bis zur Fertigstellung des Domes gebaut, sowie zwei Grabstätten für die finnischen und deutschen Gefallenen im Kampf um Helsinki 1918. An der Ecke Yrjönkatu/ Lönnrotinkatu ein Mausoleum, in dem Helsinkis Stadtplaner J. Sederholm ruht. Auf dem Friedhof wurden viele Pestopfer begraben.

Lönnrot-Denkmal

Gegenüber der Kirche steht ein Denkmal, das Emil Wickström 1902 für den Sprachforscher Elias Lönnrot (→ Berühmte Persönlichkeiten) gestaltete, der die Teile des Nationalepos Kalevala herausgab. Neben ihm ist auf dem Denkmal die Kalevala-Figur "Väinämöinen" (Wieland der Schmied) und zu seinen Füßen die "Suomen neito" (Maid Finnland) zu sehen.

Amos-Anderson-Kunstmuseum

In der Yrjönkatu (Nr. 27) befindet sich das Amos-Anderson-Kunstmuseum, das die Sammlung moderner finnischer und europäischer Gemälde des reichen Zeitungsmagnaten Amos Anderson zeigt. Geöffnet Mo. – Fr. 10.00 bis 18.00, Sa., So. 11.00 – 17.00 Uhr. Geht man auf dem Bulevardi weiter, kommt man zur Alten Oper (rechts an der Albertinkatu).

Am Ende der Straße (Bulevardi 40) lohnt dann das Museum für ausländische Kunst, Sinebrychoff, einen Besuch. In dem 1842 erbauten Patrizierhaus Sinebrychoff ist die größte Sammlung Finnlands mit italienischen, niederländischen, flämischen und französischen Gemälden vom 14. bis zur Mitte des 19. Jh.s zu sehen, die die Familie Sinebrychoff 1921 dem Staat schenkte. Hier werden auch Graphiken, Ikonen, historische Möbel, Glas- und Porzellangegenstände ausgestellt. Geöffnet Mo., Do., Fr. 9.00 bis 18.00, Mi. 9.00–20.00, Sa., So. 11.00–17.00 Uhr.

Museum für Ausländische Kunst, Sinebrychof

Mannerheimintie und Bahnhofsbereich

Folgt man der Mannerheimintie an der Einmündung der Aleksanterinkatu nach rechts, passiert man zunächst das Alte Studentenhaus (ursprünglich 1870) mit zwei Figuren aus dem Kalevala, Vainämöinen und Ilmarinen. Dahinter steht das Neue Studentenhaus (1911). Weiter über die Kaivokatu kommt man zum Hauptpostamt (1940); davor steht das Reiterstandbild des Marschalls Mannerheim, geschaffen von A. Tukiainen (1960).

Mannerheimintie

Rechts vom Postamt liegt der monumentale Hauptbahnhof (finn. Rautatieasema) mit dem 48 m hohen Uhrturm. Der Bahnhof ist 1919 als einer der letzten Bauten im Stil der Nationalromantik entstanden und das wichtigste Bauwerk, das Eliel Saarinen in Finnland entworfen hat. Am Haupteingang fallen die vier riesigen fackeltragenden Helden aus Felsblöcken auf, die von Emil Wikström geschaffen wurden und frühfaschistischen Einfluß erkennen lassen.

Hauptbahnhof

Nördlich vom Bahnhofsplatz (Rautatientori) steht das Finnische Nationaltheater (Kansallisteatteri; 1901), ein Bau mit Granitfassade; davor steht ein Denkmal des finnischen Nationaldichters Aleksis Kivi, das der Bildhauer Wäinö Aaltonen 1934 schuf. Hinter dem Nationaltheater erstreckt sich bis zur Töölön-Bucht der weitläufige Botanische Garten (Kasvitieteelinen puutarha), wo man sich von dem anstrengenden Stadtbummel ausruhen kann.

Nationaltheater
Botanischer Garten

An der anderen Seite des Bahnhofsplatzes befindet sich das Staatliche Kunstmuseum. Das älteste Kunstmuseum Finnlands geht auf die seit 1849 getätigten Ankäufe des Finnischen Kunstvereins zurück, der bereits 1863 eine eigene Ausstellung eröffnete. Seit der Fertigstellung des 1887 von C. T. Höijer geplanten Gebäudes an der Koivokatu Nr. 2–4 ist das "Athenäum" (finnisch Ateneum) Sitz des Kunstmuseums. Nach einer gründlichen Renovierung wurde das nun in staatlichen Besitz übergegangene Museum 1991 wiedereröffnet. Im Athenäum sind das Museum für finnische Kunst und das Nationalarchiv für bildende Kunst untergebracht.

** Staatliches Kunstmuseum

Im Museum für finnische Kunst, das gewöhnlich Athenäum (finn. Ateneum) genannt wird, findet man die bedeutendste Kunstsammlung Finnlands, vorwiegend mit Werken aus der Zeit von 1700 bis 1960. Die Gemäldegalerie zeigt eine repräsentative Auswahl von Kunstwerken vom Rokoko bis zur Romantik und dem Modernismus der fünziger Jahre. Vertreten sind neben anderen A. Edelfelt (1854–1905), E. Järnefelt (1863–1937), P. Halonen (1865–1933) und Akseli Gallen-Kallela (1865–1935; → Kunst und Kultur; Kunstgeschichte). Eines der eindrucksvollsten Gemälde ist das Tryptichon "Aino-Mythos" von A. Gallen-Kallela (1891), das Szenen aus dem Nationalepos "Kalevala" darstellt. Der Maler ließ sich dabei von mittelalterlichen Altären inspirieren. Der alte Prophet Väinämöinen hält um die Hand der jungen Aino an, die jedoch ablehnt und den Tod durch Ertrinken vorzieht. Nach ihrem Tod verwandelt sie sich in eine Meerjungfrau und entkommt für immer den Gelüsten des verhaßten Greises. Väinämöinen kann somit die begehrte Lebenskraft und Fruchtbarkeit nicht mit Gewalt festhalten – eine Metapher für den natürlichen Lebenszyklus, der sich dem menschlichen Einfluß entzieht. Manche Kritiker sehen darin auch ein Symbol des kurzen finnischen Sommers.

** Museum für finnische Kunst, Athenäum

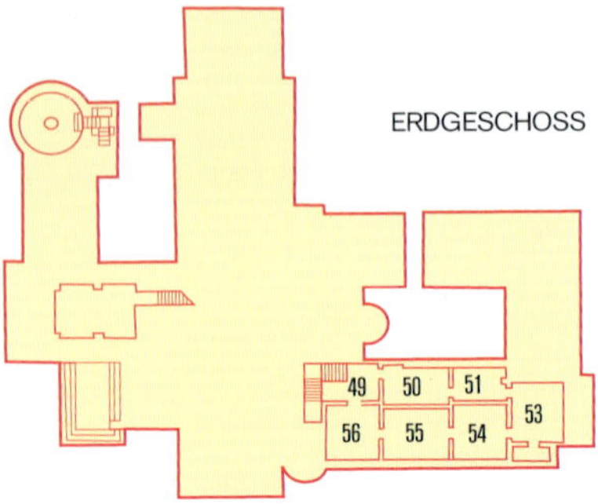

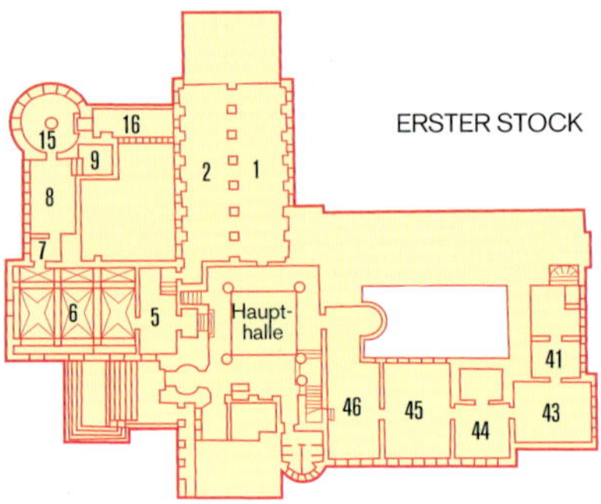

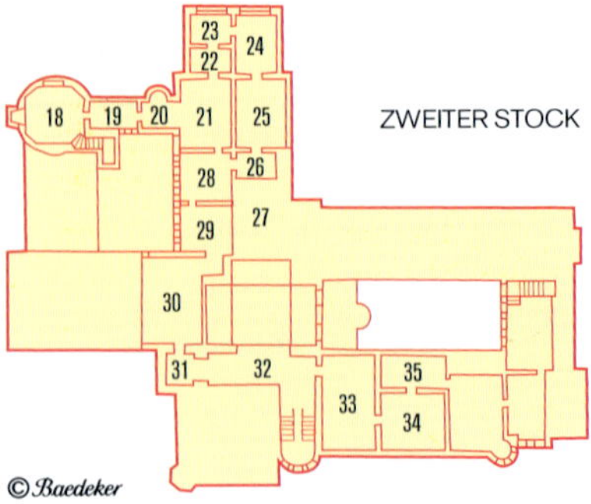

Finnisches Nationalmuseum Helsinki Suomen Kansallismuseo

ERDGESCHOSS

Finnisch-Ugrische-Sammlung

49 – 51	Samen (Lappen)
53	Ostjaken, Wogulen, Ungarn
54	Wotjaken, Cheremi (Mari), Mordwinen
55	Esten, Woten, Livländer
56	Karelier, Wepsen

ERSTER STOCK

Prähistorische Abteilung

1	Steinzeit und Bronzezeit
2	Eisenzeit

Historische Abteilung

5	Mittelalterliche Skulpturen; Grabdenkmäler
6	Mittelalterliche Kirchenhalle
7	Trinkgefäße
8	Lutherische Kirchenkunst (17./18. Jh.)
9	Ikonen
15	Waffen
16	Mittelalterliche Gebrauchsgegenstände

Ethnographische Abteilung

41	Gewebte Textilien
43	(Ryijy rugs)
44	Hütte (frühes 19. Jh.) und alte Möbel
45 – 46	Möbel (18., 19. Jh.)

ZWEITER STOCK

Historische Abteilung

18	Renaissancezimmer
19	Zunftgegenstände; kirchliches Gerät
20	Bürgerliches Barock
21	Barockhalle
22	Kirchliche Kunst (18. Jh.)
23	Chinesisches Porzellan
24	Glas, Keramik
25	Rokokoraum vom Gut Jakkarila
26	Rokokoschrank vom Gut Jakkarila
27	Thronsaal
28	Gustavianisches Zimmer
29	Empire, Biedermeier und Neo-Rokoko
30	Bilder finnischer Offiziere
31	Gemälde "Der Angriff" (1899)
32	Puppenhäuser, Spielzeug

Finnland als unabhängiger Staat (seit 1917)

33	Geschichte; Industrie und Verkehr; Modetrends
34	Finnischer Wohnstil des 20. Jh.s; Architektur, Kultur
35	Dokumentation über Sozialwesen und Erziehung

In der Skulpturenhalle sind Arbeiten der finnischen Künstler V. Vallgren, W. Aaltonen, W. Runeberg und S. Hildén zu sehen. Vor dem Eingang steht ein Bronzedenkmal Albert Edelfelts, geschaffen von V. Vallgren (1929). Geöffnet Di., Fr. 9.00 – 18.00, Mi., Do. bis 20.00, Sa., So. 11.00 – 17.00 Uhr.

Museum für finnische Kunst, Athenäum (Fortsetzung)

Unweit vom Hauptbahnhof, an der Mannerheiminaukio 2, wurde 1998 das vom New Yorker Architekten Steven Holl entworfene Museum für Moderne Kunst, genannt Kiasma, eröffnet. Dieses architektonisch interessante Gebäude besteht aus einem rechtwinkligen und einem geschwungenen Baukörper, die durch eine mehrfach in sich verdrehte Wand aus Glas und Beton geteilt wird. Das Museum zeigt überwiegend zeitgenössiche Werke finnischer und skandinavischer Künstler, doch finden hier auch Theater- und Musikaufführungen sowie andere kulturelle Veranstaltungen statt. Geöffnet Di. 9.00 – 17.00, Mi – So. 10.00 – 22.00 Uhr.

*Museum für Moderne Kunst, Kiasma

Schräg gegenüber steht an der Mannerheimintie der Reichstag (Eduskuntatalo), ein imponierender Monumentalbau im Stil des Neoklassizismus aus hellrotem Granit von J. S. Sirén (1930). Vor dem Parlamentsgebäude sieht man die Statuen der früheren Präsidenten P. E. Svinhufvud (1861 – 1944), K. J. Ståhlberg (1865 – 1952) und K. Kallio (1873 – 1940).

Reichstag

Ein Stück weiter befindet sich auf der linken Seite der Mannerheimintie das Nationalmuseum (finn. Kansallismuseo), das 1912 von den drei Architekten Herman Gesellius, Armas Lindgren und Eliel Saarinen als eines der ersten nationalromantischen Gebäude entworfen wurde. Das aus Granit und Backsteinen bestehende, eindrucksvolle Gebäude mit hohem Spitzturm weist eine schöne Sandsteinornamentik am Hauptportal auf. Die Gewölbefresken in der Eingangshalle stammen von A. Gallen-Kallela.
Die Sammlungen bieten einen Einblick in die Kulturgeschichte und Völkerkunde des Landes, beginnend bei der Frühgeschichte bis zur mittelalterlichen Sakralkunst und zur Neuzeit. Besonders beachtenswert ist die Sammlung der finnisch-ugrischen Völker mit Trachten und Gebrauchsgegenständen. Ferner wird hier anhand verschiedenster Exponate die Entwicklung Finnlands zu einem modernen Staat dokumentiert. Nach Abschluss umfangreicher Umbauarbeiten wurde das Museum im Jahr 2000 wiedereröffnet. Öffnungszeiten: Di., Mi. 11.00 – 20.00 Uhr, Do. bis So. 11.00 – 18.00 Uhr.

*Nationalmuseum

In dem Park gegenüber des Nationalmuseums befindet sich in der einstigen Villa Hakasalmi seit 1912 das Stadtmuseum, das die Geschichte der Stadt dokumentiert. Gezeigt werden zum Beispiel eine alte Apotheke, Wohnungseinrichtungen des 18. bis 20. Jh.s und ein Modell der Stadt von 1870. Geöffnet Mo. – Fr. 9.00 – 17.00, Sa. und So. ab 11.00 Uhr.

Stadtmuseum

Konferenz über Sicherheit und Zusammenarbeit in Europa

Der unbestreitbar größte Erfolg des langjährigen finnischen Staatspräsidenten Urho Kaleva Kekkonen (→ Berühmte Persönlichkeiten) ist das Zustandekommen der Konferenz über Sicherheit und Zusammenarbeit in Europa, deren Vorbereitungsphase im November 1972 begann. Am 1.8.1975 wurde in Helsinki das Schlußdokument von 35 Ländern in der Finlandia-Halle (s. S. 132) unterzeichnet, zu denen auch die einstige Sowjetunion und die ehemalige DDR gehörten. Die darin enthaltenen Verpflichtungen zur Beachtung der Menschenrechte führten zu zahlreichen 'Helsinki-Gruppen' in ganz Osteuropa, als deren prominentester Repräsentant Vaclav Havel gilt, der mehrfach eingesperrt wurde. Das Einfordern der Menschenrechte erwies sich als wichtigstes Anliegen der wachsenden Widerstandsbewegung im Ostblock während der 80er Jahre. Die Unterzeichnung dieses Abkommens war auch der Höhepunkt im politischen Leben Kekkonens.

Die KSZE-Konferenz fand in der Finlandia-Halle statt (s. S. 132)

*Finlandia-Halle

Am südlichen Ufer der Töölön-Bucht steht die schlichte, mit weißem Carrara-Marmor verkleidete Finlandia-Halle, die 1970 nach dem Entwurf des bedeutenden Architekten Alvar Aalto fertiggestellt wurde. Die zwei Konzertsäle dieses Konzert- und Kongreßgebäudes bieten 2000 Musikfreunden Platz. Wegen einiger Konstruktionsfehler wie bröckelnder Marmorfassaden oder schlechter Akustik wurde die Halle mehrmals gründlich renoviert. Im Kongreßgebäude tagte mehrere Jahre die Konferenz für Menschenrechte; 1975 wurde hier die KSZE-Schlußakte unterzeichnet (s. S. 131).

*Opernhaus

Danach folgt eine große Parkanlage entlang der Töölön-Bucht (große Schachbretter und -figuren) und danach das neue Haus der Finnischen Nationaloper. Von der gegenüberliegenden Seite der Bucht wirkt das Opernhaus wie ein im Hafen vor Anker gegangener Luxusdampfer. Dieser moderne, funktionalistische Bau mit klaren Linen wurde Ende 1993 eingeweiht und ist ein Werk der Architekten Eero Hyvämäki, Jukka Karhunden und Risto Parkkinen. Die Fassade ist mit wetterbeständigen Keramikplatten und großen Glasflächen verkleidet. Das erste Opernhaus Finnlands hat um die 250 Mio. DM gekostet und ist die wohl größte Kulturleistung der finnischen Gesellschaft. Diese enorm hohen Kosten erregten angesichts der wohl schwersten Wirtschaftskrise Finnlands viel öffentliche Kritik. Zuvor stand der finnischen Nationaloper neben der Bühne bei den Opernfestspielen in → Savonlinna nur das kleine Garnisonstheater aus zaristischer Zeit zur Verfügung.
Der Hauptzuschauerraum bietet Platz für 740 Gäste im Parkett und für 600 Gäste auf den Rängen. Die kleinere Studiobühne "Alminsali" dient der Aufführung experimenteller Opern und für Workshops.

Sehenswertes im Norden und Westen

Olympiastadion

Im Norden der Stadt liegt – an der Einmündung der Helsinginkatu in die Mannerheimintie – die alte Messehalle; dahinter erstreckt sich das Olympiastadion (1938), das für die Olympischen Spiele von 1940 errichtet wurde, die aber kriegsbedingt erst 1952 stattfanden. Das Stadion wurde von Yrjö Lindegren und Toivo Jäntti im Stil des Funktionalismus entworfen. Von dem 72 m hohen, schlanken Olympiaturm (Fahrstuhl) bietet sich ein großartiger Blick auf die Stadt.

Paavo-Nurmi-Statue

Vor dem Eingang zum Stadion steht eine Bronzeplastik des Läufers Paavo Nurmi (1897–1973), geschaffen von W. Aaltonen (1952). Östlich hinter dem Stadion gibt es ein Schwimmstadion und nördlich davon die Eishalle. Hinter der Rasenseite des Schwimmstadions liegt der Stadtgarten, wo im Sommer farbenprächtige Blütenkaskaden zu sehen sind.

Finnisches Sportmuseum

Im Stadion befindet sich das Finnische Sportmuseum, das in einer modernen Ausstellung mit Multimedia und Computersimulationen verschiedene Sportarten dokumentiert. Seit 1999 widmet sich eine eigene Ausstellung den finnischen Arktis-Entdeckern und Bergsteigern. Geöffnet Mo.–Fr. 11.00–17.00, Sa. und So. 12.00–16.00 Uhr.

Vergnügungspark Linnanmäki

Östlich der Sportanlagen, jenseits der Eisenbahnlinie, erstreckt sich der Vergnügungspark Linnanmäki (Tivolikuja) – mit dem Wasserturm, der Achterbahn und dem Riesenrad, die gemeinsam mit dem dahinter liegenden Fernsehturm ein Stück der Stadtsilhouette Helsinkis bilden. Täglich geöffnet von Mai bis Anfang September.

Kulturhaus

Daneben liegt das Kulturhaus, das von dem Architekten Alvar Aalto erbaut wurde. Der große Konzertsaal zeichnet sich durch eine hervorragende Akustik aus. Hinter dem Kulturhaus erstreckt sich der kleine Leninpark.

Lastenlinna

Folgt man der Mannerheimintie bis etwa zur Höhe des Olympiastadions, zweigt links die Linnankoskenkatu ab, an deren Ende rechts das sogenannte Kinderschloß (finn. Lastenlinna) liegt, eine Anstalt und ein Ausbildungszentrum für behinderte Kinder (Mannerheim-Kinderkrankenhaus).

Lastenlinna (Fortsetzung)

Die Merikannontie, die links beginnt, führt am Sibeliuspark vorbei, wo das Sibeliusdenkmal von Eila Hiltunen (1967), eine monumentale abstrakte Skulptur aus Stahl, den Blick auf sich zieht. Anfangs wurde es wegen seines Abweichens vom konventionellen Stil kritisiert, als Kompromiß setzte Hiltunen dann noch eine Porträtplastik des finnischen Komponisten hinzu.

*Sibeliusdenkmal Bild s. S. 73

Geht man weiter am Ufer entlang, passiert man das Ruderstadion und erreicht bald den schönen Sandstrand von Hietaniemi. Dahinter liegt der Friedhof Hietaniemi; auf seinem höchsten Punkt steht ein Gedenkkreuz für die Gefallenen. Auf dem Friedhof, der neben privaten Grabstätten auch Soldatengräber enthält, ruht Marschall Mannerheim (1867–1951).

Friedhof Hietaniemi

Hinter einer Hecke befinden sich die Gräber von 122 in Finnland gefallenen deutschen Soldaten. In der Nähe des Eingangs sind die Politiker Risto Ryti, Väinö Tanner, T. M. Kivimäki und E. Linkomies beigesetzt, die für ihren politischen Einsatz während der Kriegsjahre vor ein finnisches Gericht gestellt und zu Freiheitsstrafen verurteilt wurden. Dieses Verfahren war eine Bedingung des Waffenstillstandsvertrages.

Östlich vom Friedhof Hietaniemi kommt man durch die Fredrikinkatu zu der unterirdischen, überkuppelten Felsenkirche (finn. Temppeliaukion Kirkko), die 1968 / 1969 nach einem Entwurf der Brüder Timo und Tuomo Suomalainen in den Granitgrund gesprengt wurde. Sie liegt am Platz Temppeliaukio im Stadtteil Etu-Töölö. Die Kirche zählt zu den Hauptsehenswürdigkeiten von Helsinki und gilt als hervorragendes Beispiel des architektorischen Expressionismus der 60er Jahre. Die 5 bis 8 m hohen Kirchenwände bestehen aus nacktem, unbehauenem Fels. Durch die flache, kreisrunde

**Felsenkirche

Die Felsenkirche zählt zu den bekanntesten Sehenswürdigkeiten der Landeshauptstadt.

Felsenkirche (Fortsetzung)

Kuppel aus Kupferplatten und verglasten Betonrippen fällt Licht in das Innere der Grottenkirche. Bis zur Kuppelspitze ist die Kirche 13 m hoch; sie dient auch als Konzertsaal. Die Kirche wird sowohl von der finnischen Kirchengemeinde Taivallahti als auch von der schwedischsprachigen Gemeinde benutzt. Geöffnet Mo., Di., Fr. 10.00–20.00, Mi. bis 19.00, Sa. bis 18.00, So. 12.00–17.45 Uhr.

Südliches Stadtgebiet

Deutsche Kirche

Im Stadtteil südlich vom Markt liegt am Ende der Unioninkatu die Deutsche Kirche (Saksalainen kirkko) aus rotem Backstein. Sie stammt von der Mitte des 19. Jh.s, als es hier noch eine deutsche Gemeinde gab.

Observatoriumsberg

Dahinter erhebt sich der Observatoriumsberg (38 m ü. d. M.), von wo sich eine schöne Aussicht auf die Stadt bietet. An seinem Ostabhang steht auf einer Terrasse (gute Aussicht) die Plastik "Die Schiffbrüchigen", die der Bildhauer Robert Stigell 1897 schuf. Hier befindet sich die 1833 von C. L. Engel gebaute Sternwarte, die heute zur Universität von Helsinki gehört.

Mannerheim-Museum

Folgt man der Küstenstraße nach Süden, Ehrenströmintie, kommt man bald zur Kalliolinnantie, in deren Haus Nr. 14 Marschall Mannerheim (→ Berühmte Persönlichkeiten) seit 1924 wohnte. Um 1942, als Mannerheim Staatspräsident von Finnland war, erhielt er die Villa vom finnischen Reichstag geschenkt. Das Haus ist heute als Mannerheim-Museum eingerichtet und zeigt Erinnerungsstücke aus der Zeit, als Mannerheim Forschungsreisender in russischen Diensten war, ferner eine Sammlung von Orden und Dokumente zur Geschichte Finnlands.
Geöffnet Fr.–So. 11.00–16.00 Uhr.

Kunstsammlung Cygnaeus

In der Kalliolinnantie Nr. 8 steht das 1860 errichtete Haus des Professors und Kunstmäzens Fredrik Cygnaeus, der an der Universität von Helsinki Ästhetik lehrte. Seine Kunstsammlung umfaßt vor allem finnische Gemälde des 19. Jh.s, wobei vor allem die Maler Walter Runeberg und Albert Edelfelt vertreten sind. Geöffnet Do.–So. 11.00–16.00, Mi. bis 19.00 Uhr.

Kaivopuisto (Brunnenpark)

Ein Stück weiter beginnt der schön gelegene Brunnenpark (finn. Kaivopuisto). Am Fuße des Hügels erstrecken sich das Viertel der Botschaften und die wohl teuersten Villenviertel der Stadt. Herrschaftliche Jugendstilhäuser sind von gepflegten Wegen, Garten- und Parkanlagen umgeben. Von dem höchsten Punkt des Hügels hat man eine schöne Aussicht auf die Hafenanlagen und die Stadt. Der Park gehörte zu einem 1830 gegründeten Kurhaus, wo sich der russische Hochadel aus St. Petersburg einst erholte. In dem stark veränderten Gebäude ist heute ein beliebtes Restaurant untergebracht.

Teppichwaschanlage

Ein Kuriosum für Mitteleuropäer ist die Teppichwaschanlage am Meeresufer. Auf Holztischen schrubben meist Männer mit Kernseife und Bürste ihre Teppiche. Solche Teppichwaschanlagen findet man auch in anderen Teilen Finnlands, und immer sind es Männer, die dieser Aufgabe traditionsgemäß nachgehen.

Johanneskirche, Hauptquartier der Streitkräfte

Westlich vom Observatoriumshügel erhebt sich die neugotische Johanneskirche (1893) mit zwei 74 m hohen Türmen. Zwischen ihr und dem Observatoriumsberg befindet sich die Kasarmikatu und der Platz Kasarmitori, an dem das – von Engel in antikisierendem Stil erbaute – Hauptquartier der finnischen Streitkräfte liegt.

Museum für finnische Architektur

In der Kasarmikatu 24 befindet sich das Museum für finnische Architektur, das anhand von Bildern, Zeichnungen, Literatur und Wechselausstellungen die finnische Architektur beleuchtet. Geöffnet Di.–So. 10.00–16.00, Mi. bis 19.00 Uhr.

Baedeker Special

Der Marschall von Finnland

Carl Gustaf Emil Freiherr Mannerheim, Finnlands legendärer Heerführer und Präsident, wurde am 4. Juni 1867 auf dem Familiengut Louhisaari bei Turku geboren. Seine Ausbildung bekam er im russischen Heer, ab 1889 war er Offizier in der kaiserlich Russischen Armee, und im Ersten Weltkrieg kommandierte er eine Kavalleriedivision. Nach Ausbruch der Oktoberrevolution kehrte er 1917 nach Finnland zurück, wo die provisorische Unabhängigkeitsregierung ihn mit dem Aufbau der Streitkräfte betraute. Er führte die finnischen Regierungstruppen im Unabhängigkeitskrieg erfolgreich gegen die "Rote Armee" (siehe dazu das Kapitel Geschichte, Unabhängiges Suomi).

Carl Gustaf Emil Freiherr Mannerheim

Einen Versuch der finnischen Sozialisten, örtlich von russischen Einheiten unterstützt, die Macht an sich zu reißen, schlug er in einem Krieg von drei Monaten nieder. 1918 / 1919 war er als "Reichsverweser" Staatsoberhaupt. In dieser Zeit gelang es ihm durch geschicktes Verhandeln, die Anerkennung der Unabhängigkeit Finnlands durch die Siegermächte des Ersten Weltkrieges zu erreichen. Bei der Präsidentenwahl 1919 verlor er gegen Kaarlo Juho Ståhlberg und zog sich aus der Politik zurück.

Zwischen 1931 und 1939 war er Vorsitzender des Obersten Kriegsrates. Während dieser Zeit ließ er die "Mannerheim-Linie", eine starke Befestigungslinie, auf der Karelischen Landenge bauen, um der wachsenden Bedrohung durch die Sowjetunion zu begegnen. 1919 – 1944 war er Oberbefehlshaber der finnischen Streitkräfte, die er im "Winterkrieg" 1939 / 1940 bei der Abwehr des Überfalls durch die Sowjettruppen sowie im "Fortsetzungskrieg" 1941 – 1944 recht erfolgreich führte. 1942 erhielt er den Rang eines Marschalls von Finnland.

Vom Herbst 1944 an lenkte er als Staatspräsident das Land nach dem Waffenstillstand mit der Sowjetunion durch eine der schwierigsten Perioden von Finnlands neuester Geschichte. Durch geschickte Verhandlungsführung und dank des großen internationalen Ansehens seiner Persönlichkeit gelang es, statt der von den Alliierten geforderten bedingungslosen Kapitulation, einen Waffenstillstand auszuhandeln, der Finnland zwar große territoriale und materielle Verluste brachte, aber die Unabhängigkeit des Landes zwischen den sich bildenden Machtblöcken des Kalten Krieges bewahrte.

Im März 1946 trat der Siebenundsiebzigjährige von allen Ämtern zurück (er wurde von J. K. Paasikivi abgelöst) und lebte fortan von schwerer Krankheit gezeichnet in Montreux am Genfer See in der Schweiz. Am 28.1.1951 verstarb er in Lausanne.

Carl Gustaf Mannerheim, der auch international einen fast legendären Ruf genossen hatte, wurde auf dem Soldatenfriedhof in Helsinki beigesetzt. Seine Leistungen, zu denen auch seine Bemühungen um Aussöhnung zwischen Weiß und Rot nach dem Freiheits- und Bürgerkrieg gehörten, werden heute auf fast allen Seiten als Leistungen im Interesse des Überlebens der finnischen Demokratie angesehen.

Museum für Angewandte Kunst

Nicht weit vom Architekturmuseum entfernt dokumentiert das Museum für Angewandte Kunst (Korkeavuorenkatu 23) das finnische Industriedesign und Kunstgewerbe (→ Baedeker Special S. 106). Geöffnet Mo. – Fr. 12.00 – 19.00, Sa., So. 12.00 – 18.00 Uhr.

Agricolakirche

Unweit südwestlich der Johanneskirche steht die Mikael-Agricola-Kirche (Tehtaankatu, Ecke Fabriksgatan) mit der weithin sichtbaren Turmspitze. Die Backsteinkirche wurde 1934 an der Wende von der Nationalromantik zum Klassizismus gebaut.

Badeinsel Pihlajasaari

Von ihr sind es nur ein paar hundert Schritte bis zum Ufer, wo die Boote zur Badeinsel Pihlajasaari abfahren (Fahrzeit 15 Minuten). An den zwei durch eine Brücke verbundenen Inseln gibt es Badestrände auf glatten Felsplatten oder auf Sand, Spazierwege durch Wälder und ein Café.

Vanhakaupunki (Altstadt)

Arabia-Museum

Im Nordosten der Stadt findet man an der Hämeentie 135 – Richtung Lahti – (etwa 15 Min. vom Zentrum) die bedeutende Porzellanmanufaktur Arabia (Museum). Sie zeigt repräsentatives finnisches Geschirr und Kunstgegenstände aus der 120jährigen Geschichte der Arabia-Fabrik. Geöffnet Mo. 10.00 – 20.00, Di. – Fr. 10.00 – 18.00, Sa., So. 9.00 – 15.00 Uhr.

Altstadt

Unweit nordöstlich, an der Mündung des Vantaanjoki, liegt der Platz, an dem Helsinki im Jahre 1550 gegründet wurde, die Vanhakaupunki (Altstadt). Zunächst findet man an der Vanhakaupungintie links eine Steinplatte, die an den Standort der ersten Kirche und des ersten Friedhofs erinnert. Ein Stück weiter, rechts, ist an einer Wand aus schwarzem Granit ein Porträt von Gustav Wasa zu sehen. Auf der Erde sieht man eine Platte mit dem alten Stadtplan.

Festungsinseln von *Suomenlinna

Allgemeine Hinweise

Mit der Fähre (Fahrschein wie bei Bussen / Straßenbahnen; Helsinki-Karte ist gültig) braucht man nur 15 Minuten zu den Festungsinseln von Sveaborg (Schwedenburg), die erst 1918 den finnischen Namen Suomenlinna (Finnische Burg) erhielt. Die durch mehrere Brücken verbundenen Inseln sind nicht nur ein beliebtes Ausflugsziel für die Bewohner von Helsinki, sondern auch Wohnsitz von 900 Menschen. Englische Führungen (Ausgangspunkt ist der Info-Stand) finden von Juni bis August täglich statt, deutsche Führungen nach Vereinbarung mit dem Fremdenverkehrsamt in Helsinki (→ Praktische Informationen: Auskunft).

Geschichte der Sveaborg

Die Schwedenburg (Sveaborg) wurde beginnend mit dem Jahre 1748 als Bollwerk zur Verteidigung des Schwedischen Reiches gebaut und sollte dem aufstrebenden Rußland die Zufahrt zur Ostsee abriegeln. In 40jähriger Bautätigkeit entstanden hier Mauern, Befestigungsanlagen, Wohnhäuser und eine große Werft, so daß Sveaborg bereits bald mehr Einwohner zählte als Helsinki. 1806 war die Festungsanlage mit ihren 4600 Einwohnern nach Turku die zweitgrößte Stadt Finnlands. Die Festung fiel im schwedisch-russischen Krieg von 1808 / 1809 an die Russen und wurde weiter zur großen Garnison ausgebaut mit Kasernen, Krankenhäusern und einer Kirche. Nach der Erringung der Unabhängigkeit zog 1918 das finnische Militär ein und gab der Festung den finnischen Namen Suomenlinna. In der Folgezeit diente sie als großes Gefangenenlager für die im Bürgerkrieg unterlegenen Roten (→ Geschichte). Erst später wurde sie bis 1973 als Garnison genutzt.
Seitdem geht mit der Restaurierung die Umwandlung in ein Gebiet für Freizeit und Kultur Hand in Hand. Die Festung Suomenlinna wurde 1991 von der UNESCO in die Liste des Kulturerbes der Menschheit aufgenommen.

Noch heute eindrucksvoll sind die eigentlichen Festungsanlagen mit der Königspforte und den Kasematten. Auch C. L. Engel hat hier gebaut. In der früheren Marinewerft auf der Insel Susisaari sieht man schöne alte Holzschiffe, die restauriert werden sollen. Das abwechslungsreiche Gelände bietet dem Spaziergänger ständig neue Winkel und Pfade.

Beschreibung der Festungsanlage

Auf der Insel sind zahlreiche Museen in den historischen Bauten untergebracht. Das Ehrensvärd-Museum, benannt nach dem ersten Baumeister der Burg, August Ehrensvärd, ist in dem einstigen Wohnhaus des Kommandanten untergebracht und beleuchtet die Geschichte der Seefestung. Im Kriegsmuseum werden Kriegsgeräte aus dem Zweiten Weltkrieg gezeigt. Das Küstenartilleriemuseum dokumentiert die Geschichte der Küstenverteidigung und das Zollmuseum die Geschichte der Zollbehörde. Das restaurierte U-Boot "Vesikko" wurde im Zweiten Weltkrieg im Finnischen Meerbusen eingesetzt. Ferner gibt es hier auch ein Puppen- und Spielzeugmuseum in einer alten russischen Holzvilla. Die meisten Museen sind von Mai bis August täglich 10.00 – 17.00 Uhr geöffnet.

Museen auf Suomenlinna

Die fünf Staaten des Nordischen Rats (Dänemark, Finnland, Island, Norwegen, Schweden) haben hier ein Kunstzentrum eingerichtet, das Stipendiaten die Möglichkeit gibt, in Ruhe ihrem Schaffen nachzugehen. In den Galerien des Kunstzentrums sind repräsentative Werke zeitgenössischer Künstler ausgestellt. Auch heute wohnen noch Künstler auf Suomenlinna.

Nordisches Kunstzentrum

Umgebung von Helsinki

Vantaa

An den nördlichen Stadtrand von Helsinki grenzt unmittelbar die 167 000 Einwohner zählende Stadt Vantaa, die erst 1974 durch die Zusammenlegung mehrerer Gemeinden entstand. Vantaa ist ein Verkehrsknotenpunkt und logistisches Zentrum Finnlands, denn hier sind viele Speditionen, Import- und Großhandelsunternehmen angesiedelt. Ebenfalls auf dem Stadtgebiet liegt der Internationale Flughafen Helsinki-Vantaa, der mit ca. 7 Mio. Gästen pro Jahr der größte Flughafen des Landes ist.
Der älteste Stadtkern an der Kreuzung der Ringstraße III und der zum Flughafen führenden Straße hieß einst Helsinki, bevor der heutige Standort der Landeshauptstadt an der Küste 1550 ausgewählt wurde. Die alte Feldsteinkirche St. Laurentius von 1494 wurde Ende des 19. Jh.s bei einem Brand schwer beschädigt und danach im neugotischen Stil wieder aufgebaut.
Neben dem Flughafen (Tietotie 3) werden im Finnischen Luftfahrtmuseum etwa 60 alte Militär- und Zivilflugzeuge gezeigt.

*Wissenschaftszentrum Heureka

In Tikkurila, dem eigentlichen Zentrum von Vantaa, wurde 1989 das Wissenschaftszentrum Heureka eröffnet. Dieses Ausstellungs- und Aktionszentrum ist als interaktiver Erlebnispark gestaltet, in dem der Besucher selbst Experimente durchführen kann. So können der Stand der Wissenschaft und mögliche zukünftige Entwicklungen nicht nur Kindern durch eigenes Ausprobieren und Entdecken nahegebracht werden. Auf der dreidimensionalen, halbkugelförmigen Leinwand des Jules-Verne-Theaters lassen neueste Projektionstechniken die Grenze zwischen Realität und den Wundern der Technik verschwimmen. Geöffnet täglich 10.00 – 18.00, Do. bis 20.00 Uhr.

Herttoniemi

Östlich von Helsinki, an der Ausfahrt auf dem Itäväylä in Richtung Porvoo, erreicht man nach 8 km die Vorstadt Herttoniemi. Beachtenswert ist das Topelius-Museum, das an den Dichter Zachris Topelius (1818 – 1898) erinnert.

Insel Korkeasaari

Die Insel Korkeasaari (schwed. Högholmen), ebenfalls östlich von Helsinki, kann man vom Nordhafen mit Motorboot oder vom Freizeitgelände Mustikkamaa auf der Fußgängerbrücke erreichen. Der Zoologische Garten mit mehr als 1000 Tieren aus Finnland und anderen Ländern ist vor allem bei Familien mit Kindern ein beliebtes Ausflugsziel (→ Praktische Informationen: Freizeitparks).

Insel Seurasaari

Ca. 5 km westlich von Helsinki liegt die Insel Seurasaari (schwed. Fölisö), die mit dem Festland durch eine Fußgängerbrücke verbunden ist. Im Sommer fährt auch ein Motorboot vom Marktplatz zur Insel. Man erreicht die Insel auch zu Fuß über die Mannerheimintie, dann durch die Linnankoskenkatu, rechts ein Stück auf der Paciuksenkatu, dann links in die Seurasaarentie bis zur Brücke.
Sehenswert ist das Freilichtmuseum, das in einer schönen Parklandschaft alte Bauernhäuser, Gehöfte, Herrenhäuser, Saunas, Mühlen, die Kirche von Karuna (1686) und andere Holzbauten aus allen Teilen Finnlands präsentiert. Das Museum bietet nicht nur einen Einblick in alte finnische Bau- und Wohnkultur, sondern man kann auch in Tracht gekleideten Frauen beim Weben und Knüpfen traditioneller Textilien zuschauen. Geöffnet Juni bis August täglich 11.00 – 17.00, Mi. bis 19.00 Uhr; Mai und Sept. kürzere Öffnungszeiten.
In dem Folklorezentrum Tomtebo (Tamminiementie 1) auf Seurasaari kann man das ganze Jahr über Folklore- und Kunstausstellungen in einer alten Holzvilla des 19. Jh.s sehen.

Ausflüge nach St. Petersburg

Wer sich für Rußland und seine Städte interessiert, kann im Sommer an Schiffs- und Busausflügen von Helsinki nach St. Petersburg teilnehmen (man sollte sich genau über die Einreisebestimmungen informieren). In der Reihe ‘Baedeker Allianz Reiseführer’ gibt es einen Band “St. Petersburg”.

Design Forum Shop

Erottajankatu 7
00130 HELSINKI
Puh: +358-(0)9-62208130

Polku pannunalusta 20x20		2	17,00
Tuotealennus %	10,00%		-1,70
Rinki pannunalusta 18cm		1	8,00
Tuotealennus %	10,00%		-0,80
Rinki-lasinaluset x4		2	13,60
Tuotealennus %	10,00%		-1,36
YHTEENSÄ:			**34,74**
Luottokortti			34,74

Pankki:International VISA Card
Visa
Varmennus:
Kortti:A 403400******8464
Viim. voim:08/08
Luottokortti: 34,74
TAKAISIN: 0,00

Alv	Vero	Netto	Yhteensä
1 22,00%	6,26	28,48	34,74

Tervetuloa uudelleen
ma-pe 10-19 la 10-18 su 12-18
Y-0202299-1

Teitä palveli Design Forum Shop

320203 13:21 15.09.2005 18436 1 1

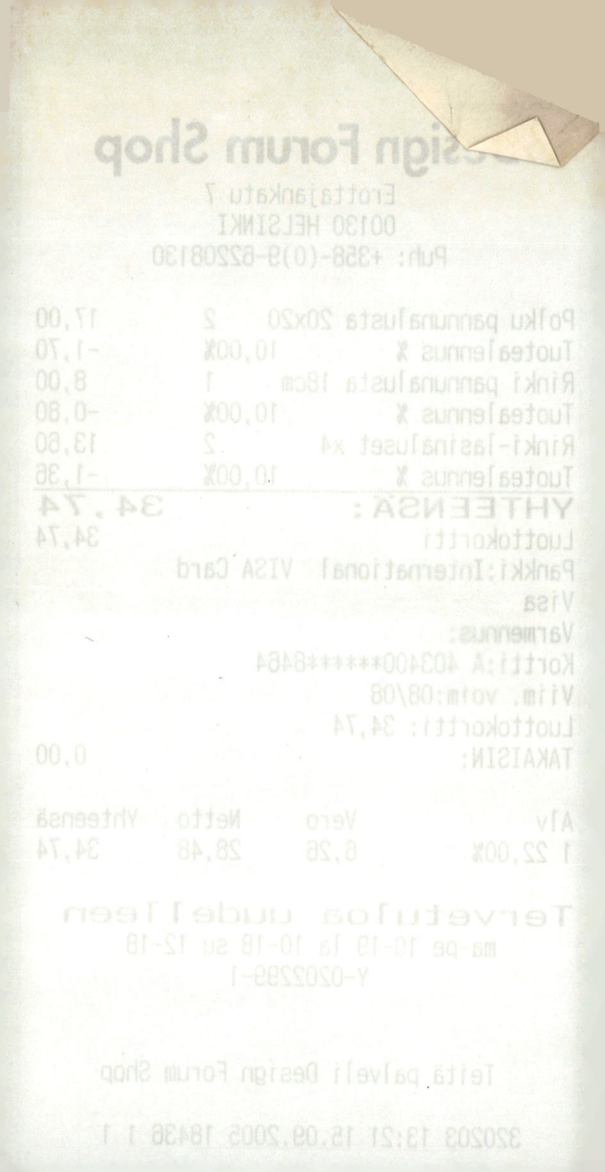

Künstlerkolonie Tuusulan Rantatie

Ca. 30 km nördlich von Helsinki gelangt man auf der E 75 zur Uferstraße des Sees Tuusula, finnisch Tuusulan Rantatie, die um die Jahrhundertwende eine bei Künstlern und Bohemiens beliebte Wohngegend war. Inzwischen gilt die Uferstraße Tuusula als Museumsstraße; die einstigen Sommervillen wurden kürzlich restauriert und können besichtigt werden.
Der Volksdichter Aleksis Kivi (→ Berühmte Persönlichkeiten; → Literatur) verbrachte im Haus seines Bruders die letzten Monate seines Lebens bis zu seinem Tod 1872. Vermutlich war die Begeisterung über das nationalromantische Gedankengut von Aleksis Kivi der Grund, warum sich hier nach und nach Künstler ansiedelten, die oft miteinander befreundet waren und die "ein Stück Kunstgeschichte schrieben", die Epoche der Nationalromantik. Zahlreiche Legenden kursieren über diese Zeit.
Zuerst ließ sich 1897 der Schriftsteller Juhani Aho mit seiner Gattin, der Malerin Venny Soldan-Brofeld, in der Villa Ahola nieder. Ihnen folgte der Maler Eero Järnefelt (der Schwager von Jean Sibelius), der im Sommer in seinem Landhaus Suviranta lebte.

Villa Halosenniemi

Der Maler Pekka Halonen entwarf 1902 sein Wildnis-Atelier und die karelisch inspirierte Blockhausvilla Halosenniemi selbst (heute werden hier seine Gemälde ausgestellt; geöffnet Di. – So. 11.00 – 16.00, im Sommer bis 19.00 Uhr). Das Anwesen liegt malerisch auf einer Landzunge direkt am See Tuusula. Im gleichen Jahr zog sein Dichterfreund Juho Heikki Erkoo in das Haus Erkkola ein. In der Pension Onnela (auch heute gibt es hier noch Übernachtungsmöglichkeiten) war unter anderen der Dichter Eino Leino öfters zu Gast. Heute finden hier Ausstellungen statt.

* Villa Ainola in Järvenpää

Am nördlichen Ende der Rantatie-Straße liegt die Villa Ainola in Järvenpää. Hier lebte von 1904 bis zu seinem Tode 1957 der berühmte Komponist Jean Sibelius (→ Berühmte Persönlichkeiten, → Zahlen und Fakten: Musik) mit seiner Ehefrau Aino. Nach ihr wurde das Landhaus benannt, das sowohl Elemente des Jugendstils als auch Merkmale einer schweizerischen Alpenhütte besitzt. Das ruhige Leben auf dem Land ist der Familie wohl bekommen: Sibelius wurde 92 Jahre alt und seine Frau Aino 98 Jahre. In Ainola komponierte Sibelius fünf seiner sieben Symphonien. Bei einer Führung erfährt man, daß die Farben in der Raumgestaltung eine wichtige Rolle für den Komponisten spielten, da er Farben "hören" konnte. Geöffnet Juni – August Di. – So. 11.00 – 17.00 Uhr, Mai und Sept. Di. geschlossen.

Gutshaus Alikartano der Familie Nordenskiöld s. S. 140

Adolf Erik Freiherr von Nordenskiöld

In dem Gutshaus Frugård (später finnisch Alikartano; siehe S. 140) verbrachte der berühmte schwedische Geograph und Polarforscher Adolf Erik Freiherr von Nordenskiöld (1832 – 1901) seine Kindheit. Zwischen 1858 und 1872 unternahm er vier Forschungsreisen nach Spitzbergen und nach Nowaja Semlja sowie zwei Fahrten durch das Karische Meer zur Mündung des Jenissei. Zwischen 1878 und 1880 gelang ihm durch die Entdeckung der Nordost-Passage die Umschiffung Asiens mit dem Dampfer "Vega". Bei seiner enthusiastisch gefeierten Rückkehr nach Stockholm am 24. April 1880 erhielt Nordenskiöld von König Oskar II. (1872 – 1907) den Adelstitel eines Freiherrn. Sein Bericht über diese abenteuerliche Reise wurde in viele Sprachen übersetzt. Nordenskiöld erforschte dann 1883 von der Westküste Grönlands aus das Inlandeis; er starb 1901 in Dalbyö (Schweden).
Sein Söhne waren ebenfalls an fremden Kulturen interessiert: Gustav Nordenskiöld erforschte die Spuren der Pueblo-Indianer in den Felswohnungen in Mesa Verde (USA). Der 1893 veröffentlichte Bericht mit Fotographien ist im Museum zu sehen. Sein zweiter Sohn, Erland Nordenskiöld (1877 – 1932), unternahm Forschungsreisen nach Südamerika; er verbrachte einige Monate bei den Indianern. Der Neffe von Adolf Erik, Otto Nordenskjöld (1869 – 1928), war auch Polarforscher.

Handwerks-museum bei Mäntsälä

Von Järvenpää folgt man der E 74 weiter nach Norden Richtung Lahti. Bei Mäntsälä empfiehlt sich ein Abstecher zu dem Handwerkermuseum Sepänmäki in dem 5 km südwestlich gelegenen Dorf Hirvihaara, ein altes Kunsthandwerkerviertel mit Gebäuden und Werkstätten im ursprünglichen Zustand.

Gutshaus Alikartano

Ca. 9 km nördlich von Mäntsälä gelangt man in Numminen zum ehemaligen Gutshaus Alikartano (schwedisch Frugård), das seit 1709 im Besitz der wohlhabenden Familie Nordenskiöld (ausführliche Schilderung vom Leben und Wirken der Forscherfamilie Nordenskiöld siehe S. 139) war – seit 1983 ist es als Museum der Öffentlichkeit zugänglich und bietet mit seiner historischen Inneneinrichtung, zahlreichen Bildern und Büchern einen hervorragenden Einblick in das Leben der berühmten Familie und ihrer Zeit. Das Hauptgebäude mit dem zweistöckigen Wohnsalon wurde um 1805 errichtet. Geöffnet im Sommer täglich von 11.00 bis 17.00 Uhr.

Hyvinkää

Von Helsinki führt die Hauptstraße Nr. 3 (E 12) nordwärts zur Stadt Hyvinkää, die am Höhenzug Salpausselkä liegt. Zwischen Hyvinkää und Riihimäki fuhr im Jahre 1857 die erste Eisenbahn des Landes; fünf Jahre später war die gesamte Strecke von Helsinki nach Hämeenlinna befahrbar.
In Bahnhofsnähe steht das eindrucksvolle Denkmal "Eisenbahnbauer" von Wäinö Aaltonen (1957). Auf dem alten Friedhof der Stadt sind rund 500 Bahnarbeiter und Eisenbahner begraben. Unbedingt ansehen sollte sich jeder die zeltförmige moderne Kirche, die 1961 von Aarno Ruusuvuori errichtet wurde.

Eisenbahnmuseum

Wenn man am Bahnhof vorbei in die Hyvinkäänkatu fährt, kommt man zu dem interessanten Eisenbahnmuseum, das bereits 1898 gegründet wurde; bis 1974 waren die Exponate jedoch im Bahnhof von Helsinki zu sehen. Höhepunkt der Ausstellung sind die drei erhaltenen Waggons mit prächtiger Innenausstattung, die 1875 in Helsinki für den russischen Zaren gebaut

Stadtansicht von Hyvinkää mit dem Denkmal "Eisenbahnbauer"

Historische Eisenbahn im Eisenbahnmuseum von Hyvinkää

Eisenbahnmuseum (Fortsetzung)

wurden: der Wagen des Zaren, der Zarin und der Salonwagen. Der Zar ist jedoch nur zweimal mit diesem Zug durch Finnland gereist. Geöffnet Juni bis Mitte August täglich 11.00 – 17.00 Uhr; sonst verkürzte Öffnungszeiten.

Riihimäki

Rund 20 km weiter folgt die Industriestadt Riihimäki, die ebenfalls im Zeichen der Eisenbahn steht. Hier trennen sich zwei wichtige Eisenbahnlinien, die von Helsinki nach Tampere bzw. nach Lahti führen. Wahrzeichen der Stadt ist der Wasserturm von 1952 mit einer Aussichtsplattform. Neben dem Bahnhof sind in einem Park alte Häuser zu sehen, die aus der Frühzeit der finnischen Eisenbahn stammen.

Finnisches Glasmusum

Sehenswert ist vor allem das Finnische Glasmuseum in einer alten Glashütte in der Tehtaankatu 23, die der Künstler Tapio Wirkkala umgestaltet hat. Hier wird man mit der 300jährigen Geschichte der Glasherstellung in Finnland und speziell mit dem finnischen Design vertraut gemacht. Im Glasmuseum gibt es auch eine Graphiksammlung mit Werken der Künstler Hans Arp, Salvador Dali, Joan Miró, Pablo Picasso und Helene Schjerfbeck. Die Wäino-Aaltonen-Galerie zeigt Gemälde und Skulpturen dieses Künstlers. Neben dem Glasmuseum befindet sich das Finnische Jagdmuseum. Öffnungszeiten für beide Museen: Mai bis August Di. – So. 10.00 bis 18.00 Uhr.

Zehn Kilometer weiter nördlich kommt man bei Tervakoski zu dem Kinderpark Puuhamaa – mit über 50 Vergnügungseinrichtungen für Kinder und Erwachsene.

Iisalmi

→ Kuopio, Umgebung

Imatra

→ Lappeenranta, Umgebung

Inarisee · Inarijärvi

L / M 3 / 4

Gebiet: Nordlappland
Telefonvorwahl Inari: 016

Lage und Allgemeines

Der Inarisee hoch im Norden ist der drittgrößte See in Finnland. Bei einer Länge von 80 km und einer Breite von 41 km hat er mit 1300 km² mehr als die doppelte Fläche des Bodensees. Ganz exakt läßt sich die Größe des Inarijärvi mit all seinen Buchten und Verzweigungen nicht bestimmen. Die Zahl der Inseln wird im allgemeinen mit etwa 3000 angegeben. Diese bizarr wirkende Welt am 69. Breitengrad gehört zu Finnlands faszinierendsten Landschaften.

*Landesnatur

An den felsigen Ufern des Inarijärvi wachsen Fichten, Kiefern und Birken – alle in polaren Zwergformen. Das Klima ist hier bis weit in das Frühjahr hinein von arktischer Härte, weil das skandinavische Gebirge einen Schild gegen die mildernden Temperatureinflüsse des Golfstroms, der an der norwegischen Küste entlangzieht, bildet. Oft löst sich die Eisdecke des Inarisees erst im Juni auf. Hier geht der Spätwinter fast bruchlos in den Frühsommer über; und als Frühlingszeit können höchstens ein oder zwei Wochen gelten. Siehe auch → Lemmenjoki-Nationalpark.

Ivalo

Die meisten Besucher Nordlapplands kommen in Ivalo an. Hier befindet sich der nördlichste Flughafen Finnlands. Der 3500 Einwohner zählende Ort Ivalo liegt an dem Fluß Ivalojoki, der von einer großen Brücke überspannt wird. Heute noch wohnen in Ivalo einige Goldwäscher, die in dem Fluß Ivalojoki nach Gold suchen. Ein Denkmal erinnert an den früher zu Finnland gehörenden Eismeerhafen Petsamo, der heute auf russischem Staatsgebiet liegt. Auf halber Strecke zwischen Ivalo und Inari befindet sich der Karhunpesäkivi ('Bärenhöhlenstein'); hier gibt es ein Café, einen Rastplatz und ein Telefon; ferner besteht Gelegenheit zum Angeln. Lohnend ist ein Aufstieg auf den 327 m hohen Berg Akku.

Inari

Die Region am Inarisee ist dünn besiedelt. Mit 17000 km² ist die Gemeinde Inari Finnlands flächengrößte, jeder fünfte Einwohner ist ein Same (Lappe; → Lappland). In dem Dorf Inari selbst, das an der Mündung des fischreichen Joenjoki in den Inarisee liegt, leben nur 550 Menschen.

Sámi-Freilichtmuseum und Museum Siida

Beim Forstamt liegt das Sámi-Freilichtmuseum (Lappensiedlung), das neben alten Häusern auch samisches Kunsthandwerk zeigt. Ergänzt wird das Freilichtmuseum seit 1998 durch das Museumszentrum Siida, das Informationen über die Geschichte und Kultur der Samen und ihr Leben unter den extremen klimatischen Bedingungen im hohen Norden bietet. Hier befindet sich auch eine Informationsstelle der Forstverwaltung, wo man Wanderhütten mieten kann oder Angel- und Jagdscheine sowie Auskunft über Wandertouren erhält. Geöffnet Juni – Sept. tägl. 9.00 – 20.00, Okt. – Mai 10.00 – 17.00 Uhr.

Kirche von Pielppajärvi

Ein schöner Spaziergang in nordöstlicher Richtung (etwa 7,5 km) führt zur alten Samenkirche am See Pielppajärvi – man folgt dem Schild "Kansanopisto", beginnend beim Samenmuseum. Die ursprünglich im 17. Jh. erbaute Kirche wurde 1762 neu erbaut. Früher mußten die Samen ihre Toten auf Inseln im See bestatten, da Bären, die noch im 19. Jh. in größerer Zahl hier lebten, die Gräber aufwühlten.

Herbststimmung am Inarisee im äußersten Norden von Lappland. ▸
An den felsigen Ufern wachsen Fichten und Birken.

Der *Inarijärvi und das Gebiet rund um den See

Bootsfahrt

In erster Linie sehenswert ist die ursprüngliche Landschaft, die auf weiten Strecken nichts vom Einfluß des Menschen spüren läßt. Wer auf der Straße Nr. 4 bzw. E 75 in Richtung Norwegen unterwegs ist, erhält auf dem Streckenabschnitt Ivalo–Inari einen Eindruck von der besonderen Welt des Inarijärvi. Ein Reisender, der einen Aufenthalt mit mindestens einer Übernachtung einplant, sollte unbedingt an einer Bootsfahrt auf dem See teilnehmen – etwa zu der Insel Ukkokivi, einstmals die heiligste Insel der Samen auf dem See (Abfahrten im Sommer ein- bis dreimal täglich ab Inari; Dauer zwei Stunden).

Angeln

Gute Möglichkeit zum Angeln besteht an den Ufern des Inarijärvi und denen seiner Inseln sowie auf dem offenen See. Über die erforderliche Angelgenehmigung erhält man in den Orten und Ferienhotels Auskunft.

Straßen am Inarisee

Der Inarijärvi erstreckt sich von Südwesten nach Nordosten. Nur an drei Seiten wird er von Straßen berührt: Die – bereits erwähnte – Straße Nr. 4 bzw. E 75 kommt von Süden (Sodankylä) und passiert das Südwestufer. Die E 75 biegt hinter Inari nach Norden ab. Bei dem Ort Kaamanen verzweigt sich die Straße Nr. 4 und führt Richtung Westen nach Karigasniemi und an die norwegische Grenze. Die Straße Nr. 970 bzw. E 75 führt Richtung Norden nach Utsjoki; von dort zieht eine Straße am Fluß Tenojoki entlang nach Nuorgam. Eine Landstraße verläuft von Kaamanen nach Nordosten über Partakki und das Skoltsamendorf Sevettijärvi und erreicht nach etwa 130 km die norwegische Grenze, 10 km vor Neiden.
Auch von Ivalo aus führt eine Straße nach Nordosten (Nr. 9681): zum Ort Nellimö und dann zur russischen Grenze (kein Übergang). Weder mit dem Auto noch zu Fuß kann man an die Grenze herankommen, weil ein Gebiet von etwa 1 km Breite auf finnischer Seite passierscheinpflichtig ist und von Grenzern bewacht wird. Zwischen Finnland und Rußland besteht ein Grenzabkommen, das beiden Partnern Auflagen zum Schutz der Grenze macht.

Nördliches Seeufer

Die stark zergliederte Nordostseite des Inarisees kann man nicht befahren. Das teilweise sumpfige Gebiet erschließt sich auch dem Wanderer nicht. Man muß über große Erfahrung und eine sehr gute körperliche Verfassung verfügen, wenn man sich hier durchschlagen will. Dörfer gibt es in diesem Gebiet nicht, nur einzelne Häuser und Hütten.

Jakobstad

→ Pietarsaari

Joensuu N 10

Gebiet: Ostfinnland
Einwohnerzahl: 50 000
Postleitzahl: FIN-80100
Telefonvorwahl: 013

Lage und Allgemeines

Joensuu liegt am Nordostrand der Finnischen Seenplatte. Im Jahre 1848 wurde die Stadt an der Mündung des Pielisjoki in den Pyhäselkä gegründet. Heute ist sie das Bildungs- und Handelszentrum von Nordkarelien (→ Karelien) sowie Sitz einer Universität mit 5000 Studenten. Nach der Fertigstellung des Saimaa-Kanals 1850 wurde Joensuu ein wichtiger Hafen für die Holzindustrie. In Joensuu findet alljährlich ein Festival statt, das dem karelischen Gesang gewidmet ist.

Sehenswertes in Joensuu

Rathaus

Zu den wenigen historischen Sehenswürdigkeiten der Stadt gehört das Rathaus, das 1914 von dem finnischen Architekten Eliel Saarinen aus rotem Backstein erbaut wurde. In dem Gebäude mit dem kräftigen Turm ist auch das Stadttheater untergebracht.
Zwischen Rathaus und Marktplatz liegt der Freiheitspark. Unweit vom Rathaus steht am Fluß Pielisjoki der Pavillon, von dem die Schiffe nach → Savonlinna und zu den → Koli-Bergen sowie Kreuzfahrten ausfahren.

*Nordkarelisches Museum

Die Straße Saarikatu führt auf einer Brücke über die Inseln Niskasaari und Ilosaari, wo ein Badestrand und das Karelische Haus liegen. Dieses Haus wurde 1954 von einer Stiftung zur Förderung der karelischen Kultur erbaut und beherbergt das interessante Nordkarelische Museum mit alten Möbeln aus dem russischen und finnischen Teil Kareliens. Geöffnet im Sommer Mo.–Fr. 9.00–18.00 (im Winter bis 17.00), Sa., So. 10.00–16.00 (im Winter bis 15.00 Uhr).

Kunstmuseum, Nikolaikirche

Das Kunstmuseum in der Kirkkokatu 23 zeigt finnische Kunst des 19. und 20. Jh.s, antike und chinesische Kunst sowie russische Ikonen. Sehenswert ist auch die orthodoxe St.-Nikolaos-Kirche in der gleichen Straße, eine Holzkirche des ausgehenden Jahrhunderts auf Kreuzgrundriß.

Botanischer Garten

Gleichfalls auf der Stadtseite liegt an der Flußmündung die drehbare Freilichtbühne Hasanniemi; an diese schließen sich der Campingplatz Linnunlahti (Badestrand) und eine Wanderherberge an. Unweit von hier erstreckt sich am Seeufer westlich der Innenstadt im Stadtteil Linnunlahti der Botanische Garten der Universität (Heinäpurontie 70) mit etwa 900 exotischen Pflanzenarten. In der Nachbarschaft des Botanischen Gartens liegt der tropische Schmetterlingsgarten, der vermutlich nördlichste Garten dieser Art in der Welt. Geöffnet Mo.–Fr. 10.00–18.00, Sa., So. bis 16.00 Uhr.

Schmetterlingsgarten

Umgebung von Joensuu

**Kloster Uusi Valamo

Zu den beliebtesten Ausflugszielen in Nordkarelien gehören die beiden einzigen orthodoxen Klöster Finnlands, Uusi Valamo und Lintula. Zuerst folgt man der Straße Nr. 17 nach Kuopio und biegt dann auf die Straße Nr. 23 nach Varkaus ab. An der Abzweigung einer Nebenstraße fährt man rechts zum Mönchskloster Uusi Valamo (übersetzt "Neu-Valamo"). Es liegt um die 60 km südwestlich von Joensuu in der Gemeinde Papinniemi, an der Südspitze des Juojärvi. Hier fanden die orthodoxen Mönche eine neue Heimstatt, nachdem sie im Winter 1940, als die Russen in jenes Gebiet vorrückten, ihr altes Kloster Valamo auf der gleichnamigen Insel im Ladogasee hatten verlassen müssen. Sie retteten Ikonen, wertvolles Kirchengerät und die Bücher der Klosterbibliothek, die auf das 15. Jh. zurückgeht. Als die letzten Mönche 1956 nach Uusi Valamo kamen, brachten sie auch die wundertätige Ikone der Gottesmutter von Konevitsa mit. Einige dieser Gegenstände sind in dem orthodoxen Kirchenmuseum in → Kuopio zu sehen.

Geschichte des Klosters Valamo

Heute ist das alte Kloster im Ladogasee größtenteils verfallen und verwaist. Es wurde von dem griechischen Mönchen Sergej um 1329 gegründet und wuchs im Laufe des Mittelalters zu einem großen und bedeutenden Kloster von russischen und karelischen Mönchen heran. Die Grenzstreitigkeiten zwischen Schweden und Rußland beeinträchtigten im Laufe der Jahrhunderte das Klosterleben stark. Zu Beginn des 20. Jh.s erlebte Valamo jedoch einen ungeheuren Aufschwung und beherbergte an die 1000 Mönche und Novizen. Nach der russischen Oktoberrevolution und der Unabhängigkeit Finnlands 1917 ging die Zahl der Mönche stark zurück, und russische Pilger konnten wegen der gesperrten Grenze nicht mehr nach Valamo kommen.

Gründer des Valamo-Klosters sind die heiligen Sergej und Hermann

Die neue Holzkapelle des Lintula-Klosters wurde von Gefängnisinsassen gebaut.

Kloster Uusi Valamo (Fortsetzung) Klosterbetrieb heute

Die Mönche zogen 1940 in den alten, 1840 erbauten Gutshof Papinniemi auf dem Gebiet der Gemeinde Heinävesi ein. Uusi Valamo mit seiner 1976 geweihten Kirche gilt als das größte russisch-orthodoxe Kloster außerhalb Rußlands. Heute leben hier jedoch nur noch vier Mönche, die den Betrieb des Klosters mit einigen freiwilligen Helfern ausschließlich mit Hilfe des Fremdenverkehrs aufrechterhalten. Das Kloster Neu-Valamo ist eine der wenigen finnischen Einrichtungen, wo man Arbeitsurlaub verbringen kann und wo finnische Kriegsdienstverweigerer ihren Ersatzdienst leisten können. Neben Tagesgästen gibt es auch Übernachtungsgäste in dem angeschlossenen Hotel (→ Praktische Informationen: Hotels). Das Kloster beherbergt heute die einzige orthodoxe Volkshochschule Finnlands und bietet z. B. Kurse in Ikonenmalerei, Buchbinderei, Färben mit Naturfarben oder Einführung in naturgemäße Lebensweise an.

*Kloster Lintula

Zurück zur Straße Nr. 23 zweigt man nach 8 km in Karvio zu dem Nonnenkloster Lintula in der Gemeinde Palokki ab. Dieses Kloster ist bedeutend ruhiger als Neu-Valamo, bietet jedoch ein Café und Übernachtungsmöglichkeiten. Das Kloster wurde ebenfalls im russischen Teil Kareliens gegründet (1895) und 1946 hierher verlegt. Durch die große Eile angesichts der nahenden russischen Truppen mußten alle Kirchenschätze zurückgelassen werden. Wichtigste Einkommensquelle ist die Herstellung von Wachskerzen – in einer kleinen "Kerzenfabrik" werden die Kerzen für alle orthodoxen Kirchen Finnlands hergestellt. Man kann die recht schmucklose Klosterkirche von 1973 und die Mitte der 1990er Jahre von Gefängnisinsassen gebaute Holzkapelle vor dem Kloster besichtigen.

Koli-Berge

Vom Passagierhafen in Joensuu aus gibt es an Wochenenden in den Sommermonaten Fährverbindungen in die → Koli-Berge.

Ilomantsi

→ Karelien

Jyväskylä **J 10**

Gebiet: Südfinnland
Einwohnerzahl: 73 000
Postleitzahl: FIN-40100
Telefonvorwahl: 014

Lage und Bedeutung

Die Stadt Jyväskylä liegt hübsch am Nordufer des kleinen Sees Jyväsjärvi, der mit dem Päijänne im Süden, dem zweitgrößten und mit einer Tiefe bis zu 95,3 m auch tiefsten See Finnlands, durch den schmalen Sund Aijälänsalmi in Verbindung steht.
Die 1837 vom russischen Zaren Nikolai I. gegründete Stadt ist ein wichtiger Verkehrsknotenpunkt und Sitz zahlreicher Fabriken (zum Beispiel Holzveredlung und Metallindustrie). Wegen ihrer zentralen Lage ist sie eine bedeutende Messestadt sowie Verwaltungs- und Kulturzentrum der Provinz Mittelfinnland. Im Jahre 1858 wurde hier die erste finnischsprachige höhere Schule gegründet. Neben anderen höheren Schulen besitzt die Stadt eine Universität, die 1966 gegründet wurde und vor allem in der Fachrichtung Architektur große Bedeutung hat. Jyväskylä ist auch ein wichtiger Industriestandort. Neben Papiermaschinen, Saunaöfen und Süßigkeiten wird hier vor allem Feinpapier hergestellt.

*Bauten von Alvar Aalto

Das Nebeneinander von Holzhäusern und modern gestalteten Steinbauten verleiht der Stadt Jyväskylä ein besonderes Gepräge. Außerdem gibt es hier besonders viele Gebäude, die der berühmte finnische Architekt Alvar Aalto (→ Berühmte Persönlichkeiten; → Kunst und Kultur: Architektur)

Bauten von Alvar Aalto (Fortsetzung)

entworfen hat: in der gesamten Region sind es um die 30 Bauten. In Jyväskylä verbrachte er seine Jugend und gründete 1923 sein erstes Architekturbüro. Zu Alvar Aaltos Architektur sind im Alvar-Aalto-Museum und im Fremdenverkehrsamt Sonderbroschüren erhältlich.

Hinweis

Alle Museen in Jyväskylä sind Di. bis So. 11.00 – 18.00 Uhr geöffnet.

Kulturelle Veranstaltungen

Jyväskylä-Winter (im Januar oder im Februar), Jyväskylä-Sommer (Ende Juni/Anfang Juli), beides sind kulturelle und künstlerische Ereignisse von hohem Niveau mit zahlreichen Debatten, deren Themen sich auch auf gesellschaftskritische und politische Fragen erstrecken.

Sehenswertes in Jyväskylä

Stadtkirche

Im zentral gelegenen Kirchpark (Kirkkopuisto) steht die Stadtkirche von 1880, ein Gebäude im gotischen Stil; in der Nähe befinden sich ein Denkmal für die finnische Schriftstellerin Minna Canth (1844 – 1897; → Berühmte Persönlichkeiten, → Kunst und Kultur: Literatur).

Verwaltungs- und Kulturzentrum

Geht man Richtung Hafen und zum Jyväsjärvi, so kann man das von Alvar Aalto entworfene Verwaltungs- und Kulturzentrum sehen: ein Amtsgebäude (1978), das Polizeipräsidium (1970) und das Stadttheater (1982).

Weiter Kirchen

Nordwärts in der Rajakatu liegen die orthodoxe Kirche (1954) und die neuklassizistische Kirche der ehemaligen Landgemeinde (1929) Taulumäki.

Mittelfinnisches Museum

Am Beginn der Keskussairaalantie, südwestlich der Stadtkirche, liegt das ebenfalls von Alvar Aalto entworfene Mittelfinnische Museum (Keski-Suomen Museo; 1961), es besitzt Sammlungen zur Stadtgeschichte sowie ethnologische und kunsthandwerkliche Exponate.

Universität

Unweit nördlich erstrecken sich die Gebäude der Universität (Neubauten von Alvar Aalto) mit dem Universitätsmuseum (Yliopiston Museo; Geschichte des Erziehungswesens) und der Badeanstalt / Schwimmhalle.

Trachtenzentrum, Kunstgewerbemuseum

In der Nähe der Universität liegt das Trachtenzentrum Finnlands und das Museum für Handwerk und Kunstgewerbe (Suomen kotiteollisuusmuseu), das ebenfalls von Aalto entworfen wurde.

*Alvar-Aalto-Museum

In der Alvar Aallonkatu Nr. 7 befindet sich das Alvar-Aalto-Museum, das vom Architekten selbst entworfen wurde. Es zeigt eine Architektur- und Designsammlung des berühmten Architekten sowie Kunstwerke der Sihtola-Stiftung (Wechselausstellungen). Die Leistungen des Architekten Alvar Aalto im Bereich Design werden im → *Baedeker Special:* S. 106 gewürdigt.

Wasserturm

Westlich des Stadtzentrums erhebt sich der kleine Hügel Harju. Der Wasserturm (Vesilinna) im Park Harjapuisto ist nicht zu übersehen. Hinauf führen 143 Steinstufen, ‘Neros Stufen’ genannt, die 1925 angelegt wurden. Von der Aussichtsterrasse bietet sich ein weiter Blick über die Wald- und Seenlandschaft der Umgebung.

Aussichtspunkte

Ebenfalls schöne Ausblicke hat man vom Oser-Hügel Syrjänharju im Nordosten der Stadt (mit Park) und von der Skischanze am Laajavuori (Café) im Nordwesten (4 km vom Stadtzentrum).

Freizeitpark Viherlaakso

Im Osten an der Straße nach Vaajakoski liegt das Gartenzentrum Viherlandia mit wechselnden Ausstellungen. Weiter folgt das bei Familien mit Kindern beliebte Ausflugsziel Viherlaakso (“Grünes Tal”). Dieser Freizeitpark am Ufer des Jyväsjärvi-Sees wurde erst 1997 eingeweiht und ist Juli und August 10.00 – 18.00 Uhr geöffnet. Gegenüber liegt das Informationszentrum für Umweltfragen “Kammi” (Kuokkalantie 4).

Umgebung von Jyväskylä

Holzkirche Petäjävesi

An der Straße nach Virrat (westlich) erreicht man nach 32 km die historische Holzkirche von Petäjävesi (1764), die in der UNESCO-Liste der schützenswerten Kulturgüter aufgenommen wurde.

Keuruu

Ca. 60 km weiter liegt am nördlichen Ende des Sees Keuruunselkä das Dorf Keuruu, ebenfalls mit einer alten Holzkirche (1756–1758); in Keuruu gibt es ferner ein Kunstmuseum.

Keramikwerkstatt

Rund 10 km südlich von Jyväskylä an der E 75 ist in der ehemaligen Schule von Rannankylä eine Keramikwerkstatt eingerichtet.

Saunadorf Muurame

Nach weiteren 4 km folgt Muurame mit einem sehenswerten Saunadorf. Zu sehen sind mehr als 20 finnische Rauchsaunen aus verschiedenen Regionen, die die jahrhundertelange finnische Sauna-Tradition beleuchten. Hier gibt es auch ein Café und Kunsthandwerk-Verkauf. Von Juni bis August täglich geöffnet 10.00–18.00 Uhr. Die Kirche von Muurame ist die erste Kirche, die Alvar Aalto entworfen hat (1928).

Säynätsalo

Rund 10 km südöstlich von Jyväskylä befindet sich der Industrieort Säynätsalo, der 1993 eingemeindet wurde. Das Rathaus aus rotem Backstein von 1952 ist eines der bedeutendsten Bauwerke von Alvar Aalto. Umweit davon, in Muuratsalo, liegt das Sommerhaus des berühmten Architekten.

Päijänne

→ dort

Luftfahrtmuseum

Am Flugplatz, 20 km nördlich von Jyväskylä liegt das Luftfahrtmuseum, in dem 25 Flugzeuge, 50 Flugmotoren, Flugausrüstung und geschichtliches Material der finnischen Luftwaffe gezeigt werden. Geöffnet im Sommer Di.–Fr. 10.00–17.00 Uhr, sonst Di., Mi., Sa. 10.00–17.00 Uhr.

Nationalpark Pyhä-Häkky

Rund 60 km nordöstlich von Jyväskylä kommt man nach Saarijärvi. Die Straße von Saarijärvi nach Viitasaari führt durch den Nationalpark Pyhä-Häkki (Busverkehr), an der sich auch die Informationsstelle befindet. Von hier gehen markierte Wanderrouten ab, die über Stege und Holzplanken durch zum Teil sehr feuchtes Gebiet führen (Kochstelle und Naturlehrpfad am See Iso-Kotajärvi). Im Winter sind die Wege Teil der mittelfinnischen Skilanglaufroute. Eines der urwüchsigsten Waldgebiete Südfinnlands, bereits seit 1912 unter Naturschutz, wurde 1956 vom Amt für Staatswälder zum Nationalpark Pyhä-Häkki zusammengefaßt, der 1982 auf eine Fläche von 12 km^2 erweitert wurde. Es sind vor allem die alten, zum Teil aus dem 16. Jh. stammenden Bäume, die dem Park seine dämmrige Stimmung verleihen. Die ehemals dichten Kiefernwälder werden immer mehr von der Fichte verdrängt, deren älteste Bestände aber auch schon 200 Jahre alt sind. Jüngere Bäume sind nach schweren Waldbränden und heftigen Unwettern nachgewachsen. Rund die Hälfte der Gesamtfläche ist von diesem Urwald bedeckt, während die übrigen Bereiche Moorflächen mit spärlicher Vegetation einnehmen.

Kajaani

L 8

Gebiet: Zentralfinnland
Einwohnerzahl: 37 000
Postleitzahl: FIN-87100
Telefonvorwahl: 08

Lage und Allgemeines

Die finnische Stadt Kajaani ist der Mittelpunkt der Landschaft Kainuu, die etwa die Mitte zwischen dem Bottnischen Meerbusen und der russischen Grenze einnimmt. Die Stadt wurde 1651 vom schwedischen Generalgou-

Festungsruine mit historischem Teerboot und Teerfässern

Lage und Allgemeines (Fortsetzung)

verneur Per Brahe gegründet, direkt neben der 1605 von Karl IX. von Schweden angelegten Burg Kajaaninlinna. Sie liegt am Ufer des Flusses Kajaaninjoki, der nordwestwärts in den Oulujärvi mündet; dieser ist mit 1002 km^2 Fläche fast doppelt so groß wie der Bodensee. Der finnische Staatspräsident Urho Kekkonen (1900–1986; → Berühmte Persönlichkeiten; → Geschichte) ging in Kajaani zur Schule.

KALEVALA

Seit 1833 lebte in Kajaani der Arzt und Schriftsteller Elias Lönnrot (1802 bis 1884; → Berühmte Persönlichkeiten; → Kunst und Kultur: Literatur). Diese Stellung ermöglichte ihm viele Inspektionsreisen, die ihn in Gegenden führten, deren Volksdichtungen, Sagen, Sprichwörter und Zaubersprüche ihn interessierten und die er systematisch zu sammeln begann. Von Kajaani aus bereiste er das Land bis nach → Kuhmo und Ostkarelien, um bei Runensängern Bruchstücke des finnischen Nationalepos "Kalevala" zu sammeln, die er dann zusammenstellte und durch Nachdichtungen ergänzte.

Aus den Aufzeichnungen mündlich überlieferter Volksdichtung schuf er 1835 das Epos "Kalevala", dessen endgültige Fassung 1849 fertig wurde. Dazu gab er 1840/1841 die Lieder- und Balladensammlung "Kateletar" mit dem Untertitel "Die alten Gesänge und Verse des finnischen Volkes" heraus. Die Zusammenstellung des Nationalepos "Kalevala" ist zweifellos die größte Leistung Lönnrots, der mit dieser Arbeit Weltruhm erlangte.

Teerproduktion

Die Umgebung von Kajaani war um die Wende vom 19. zum 20. Jahrhundert der wichtigste Produzent von Holzteer in Europa. Der Teer wurde in den Einödländereien östlich von Kainuu aufgekauft und auf sogenannten

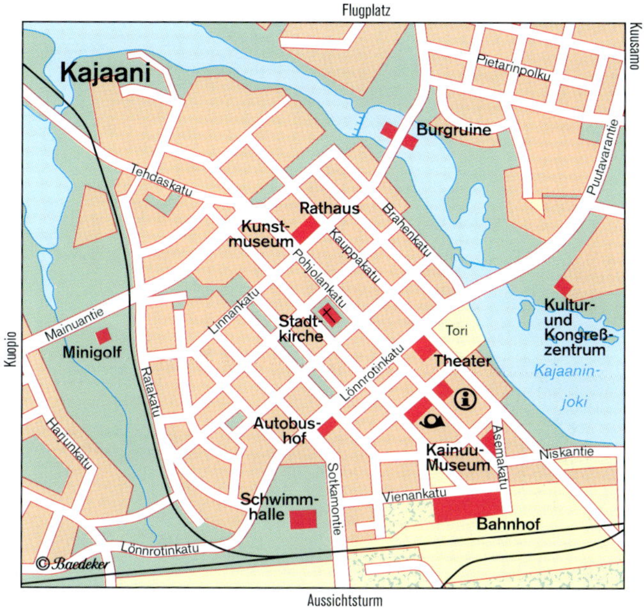

Teerschiffen auf dem Wasserwege über den See Oulujärvi und den Fluß Oulujoki zu den Häfen am Bottnischen Meerbusen verfrachtet; von dort wurde er als Stockholm-Teer nach Schweden und später bis nach England verkauft und anschließend zum Kalfatern von Schiffen verwendet. Heute gibt es in dieser Gegend holzverarbeitende Industrie.

Teerproduktion (Fortsetzung)

Sehenswertes in Kajaani

Marktplatz

Am Ufer des Kajaaninjoki befindet sich der Marktplatz mit dem neuen Rathaus (1906). Das alte Rathaus, ein Holzbau, der 1831 nach Entwürfen von Carl Ludwig Engel erbaut wurde, liegt am Vanha tori; das Gebäude dient heute als Kultur- und Kongreßzentrum, u. a. für Konzerte.

Burgruine

Nordöstlich vom Rathaus – auf der kleinen Insel Linnasaari – steht die Ruine der 1607–1666 erbauten Festung Kajaaninlinna. Sie wurde 1716 von den Russen erobert und zerstört; seit 1937 wurde die Burgruine teilweise restauriert. Der schwedische Geschichtsschreiber und Dichter J. Messenius (1579–1636) lebte dort 1620–1635 als Strafgefangener und verfaßte eine Chronik über Finnland.

Teerkanal Ämäkoski

Heute noch gibt es unterhalb der Burgruine und der Straßenbrücke über den Kajaaninjoki bei dem Wasserfall Ämmäkoski einen schmalen Kanal, durch den früher die Teerboote durchgeschleust wurden. Im Sommer finden meist sonntags 17.00 Uhr Rudervorführungen mit Teerbooten statt.

Stadtkirche

Die Stadtkirche wurde 1896 als neugotische Holzkirche im sogenannten Tischlerstil von dem Architekten Jacob Ahrenberg errichtet. Das Altarbild schuf Toivo Tuhkanen (1925). In der Nähe steht die orthodoxe Kirche. Weitere sehenswerte Holzbauten sind der Bahnhof von 1904 im Jugendstil und das frühere Wohnhaus der Familie Urho Kekkonens. Das Denkmal "Große Zeit" von Pekka Kauhanen erinnert an den Staatspräsidenten.

Ferienzentrum Katinkulta in Vuokatti

Kainuu-Museum

Einen Besuch lohnt das Kainuu-Museum in der Asemakatu 4 (Bahnhofstraße). Es besitzt Sammlungen zur Geschichte und Wirtschaft Nordfinnlands, zur Kulturgeschichte der Stadt sowie zum Epos "Kalevala". Sehr ausführlich werden der Teerhandel und Zeugnisse aus dem Zweiten Weltkrieg dokumentiert. Geöffnet Mo.–Sa. 12.00–15.00, Mi. bis 20.00, So. 12.00–18.00 Uhr.

Umgebung von Kajaani

Kirche von Paltaniemi

Rund 12 km nordwestlich liegt Paltaniemi am Südufer des Paltaselkä, einer weiten Bucht des Oulujärvi. Paltaniemi ist der Geburtsort des großen finnischen Lyrikers Eino Leino (1878–1926; → Berühmte Persönlichkeiten). Die herausragende Sehenswürdigkeit des Ortes ist eine große Holzkirche von 1726, die alte Kirche der Landgemeinde von Paltamo. Im Inneren sind das Altargemälde von Margareta Capsia (um 1725) und die Deckengemälde von Emanuel Granberg beachtenswert. Die Gemälde, die in früherer Zeit dem Bibelunterricht dienten, wurden um 1940 nachgemalt und wirken zum Teil etwas kitschig. Sehr gut erhalten ist das Jüngste Gericht über dem Eingang. Während die Männer sich im Himmel befinden, sind die Frauen zur Hölle verdammt. Die allzu frauenfeindlichen Szenen wurden bereits entfernt, um die örtlichen Gemüter nicht zu erhitzen. Geöffnet Mitte Mai bis Mitte August täglich 10.00 bis 18.00 Uhr.
In der näheren Umgebung erinnert der sogenannte 'Stall des Kaisers' an den Besuch Alexanders I. in Finnland.

Sportzentrum *Vuokatti

Etwa 30 km östlich von Kajaani liegt an der Straße Nr. 18 das beliebte Ferien- und Sportzentrum Vuokatti (bei Sotkamo). Der 326 m hohe Berg zählt zu den wichtigsten Skigebieten Süd- und Mittelfinnlands. Neben elf Abfahrtspisten gibt es im Winter 250 km täglich frisch gespurte Loipen mit unterschiedlichen Schwierigkeitsgraden (Längen zwischen 5 und 16 km).

Vuokatti ist der Ausgangspunkt der UKK-Wanderroute, die über 210 km bis zu den Koli-Bergen führt (→ Kuhmo).

Kajaani, Vuokatti (Fortsetzung)

In dem modernen, sehr gepflegten Ferienzentrum Katinkulta in Vuokati findet man fast alle Sporteinrichtungen, die man sich wünschen kann. In dem architektonisch interessanten Hauptgebäude sind ein tropisches Freizeitbad mit einer Saunalandschaft, mehreren Tennis-, Badminton und Squashplätze, einer Bowlinghalle und einem Fitneßzentrum untergebracht. Ein schöner 18-Loch-Golfplatz (→ Praktische Informationen: Golfplätze), ein Sandstrand, das nahegelegene Pferdesportzentrum Vuokatti und mehrere Restaurants runden das Freizeitangebot ab.

*Ferienzentrum Katinkulta

Vom Sportzentrum sind es weitere 66 km bis nach → Kuhmo.

Kuhmo

Kalajoki

G 8

Gebiet: Westfinnland
Einwohnerzahl: 10 000
Postleitzahl: FIN-85100
Telefonvorwahl: 08

Kalajoki liegt am Bottnischen Meerbusen etwa 65 km südlich von Kokkola. Der Ort selbst hat keine touristischen Sehenswürdigkeiten zu bieten, trotzdem kennt jeder Finne diesen Namen. Rund 6 km südlich von Kalajoki erstrecken sich hinter Dünen die beliebtesten und längsten Sandstrände Finnlands. Durch die ständige Landhebung verschiebt sich die Küstenlinie immer weiter in die See hinein. Bei gutem Wetter in den Sommermonaten sind die Strände überfüllt und unterscheiden sich kaum von Mittelmeerstränden.

Lage und Bedeutung des *Badeortes

Seit Pauschalreisen nach Südeuropa jedoch billiger sind als ein Urlaub in Kalajoki, ist die Stadt bemüht, finnische Badegäste wieder zurückzugewinnen. Am Strand sorgt der Vergnügungspark Juku Jukumaa für Abwechslung, viele neue Hotels, Ferienhütten und ein Golfplatz sind entstanden. Bei dem Feriendorf Tapion Tupa wurde ein Schwimmbad mit Saunen eröffnet. Von der Terrasse des Restaurants Rantakalla hat man eine weite Aussicht auf die Badestrände und kann die im Sommer nicht untergehende Sonne bestaunen.

Touristisches Angebot

Von dem Badestrand Kalajoki ist ein Ausflug zu der kleinen Insel Maakalla zu empfehlen. Im Hochsommer besteht von Kalajoki aus Schiffsverbindung. Es handelt sich um ein junges Produkt der Landhebung: Die Insel tauchte erst im 16. Jh. aus dem Meer auf. Es gibt hier keine Straßen, Läden und keine Elektrizität, nur eine Fischersiedlung im Stil des 18. Jahrhunderts. Die Fischer haben die Hütten vom Festland auf die Insel herübergebracht, die als Stützpunkt für die Fischerei vom Festland aus diente. Auch eine kleine Kirche fehlt nicht.

Insel Maakalla in der Umgebung

Karelien

M – P 9 / 10

Gebiet: Ostfinnland
Telefonvorwahlen: Lieksa, Nurmes 013

Im äußersten Osten Finnlands erstreckt sich entlang der russischen Grenze die Landschaft Karelien. Während Südkarelien auch das → Saimaa-Seengebiet sowie die Städte → Lappeenranta und → Savonnlinna einbezieht, bildet das nördliche Gebiet die frühere Provinz Nordkarelien. Nachfolgend wird der Begriff Karelien mit Nordkarelien gleichgesetzt. Ausge-

Lage und Allgemeines

Das Freilichtmuseum von Lieksa zählt zu den schönsten seiner Art in Finnland.

Allgemeines (Fortsetzung)

nommen sind die unter einem Hauptstichwort beschriebenen Orte und Gegenden → Joensuu und → Koli-Berge.

Wandern und Kanufahren in der Umgebung von Lieksa

*Lieksa

Einer der touristisch interessantesten Orte in Nordkarelien ist das Städtchen Lieksa (16 000 Einwohner). Seine landschaftlich reizvolle Umgebung schließt die 25 km nordöstlich gelegenen Stromschnellen von Ruunaa ein, den See Pielinen, den man mit der Fähre bis zu den Koli-Bergen überqueren kann, oder den Nationalpark Patvinsuo (siehe nachfolgend). Lieksa ist sowohl bei Wanderern als auch bei Wassersportlern sehr beliebt.

Freilichtmuseum

In dem sehr gut ausgestatteten Freilichtmuseum Pielisen Museo findet man zahlreiche traditionelle Holzhäuser mit authenthischer Einrichtung und ein neues Gebäude, in dem die Ortsgeschichte des 19. und 20. Jh.s, volkskundliche Exponate sowie Wechselausstellungen gezeigt werden. Die meisten Gebäude und Exponate stammen aus der Gegend zwischen dem See Pielinen und dem russischen Teil Kaleriens. Geöffnet Mitte Mai bis Mitte September täglich 10.00 – 18.00 Uhr.

Kirche von Lieksa

Die moderne Kirche von Lieksa wurde 1982 von den berühmten zeitgenössischen Architekten Reima und Raili Pietilä an der Stelle einer von C. L. Engel erbauten Kirche errichtet, die 1979 abgebrannt ist. Beeindruckend ist das kreuzförmige, geschwungene Dach mit den großen Fenstern.

Wandern auf dem Bärenpfad

Nicht weit von der Ostgrenze Finnlands entfernt verläuft ausgehend vom Wildmarkzentrum in Lieksa der 120 km lange Bärenpfad (= Karhunpolku; nicht zu verwechseln mit der Bärenrunde im → Oulanka-Nationalpark bei Kuusamo) durch die abwechslungsreiche Seen-, Moor- und Berglandschaft Nordkareliens. Ganz Nordkarelien ist für Wanderer erschlossen. Auf einem zusammenhängenden Rundweg können mehr als 1000 km Weg-

Moderne Kirche von Lieksa

Wandern auf dem Bärenpfad (Fortsetzung)

strecke mit verschiedenen Schwierigkeitsgraden auch in kurzen Tagesetappen bewandert werden. Die Pfade sind sehr gut markiert und bieten an zahlreichen Plätzen Möglichkeiten zum Rasten oder Übernachten (Unterstände, Wildmarkhütten).

*Ruunaa-Stromschnellen und Wandergebiet Ruunaa

Erfahrenen Wildwasserfahrern empfehlen sich die Stromschnellen von Ruunaa. Auf der 31 Kilometer langen Strecke zwischen dem Ausgangspunkt bei Matkalahti und dem Ziel, dem Fluß Naarajoki, werden sechs Stromschnellen durchfahren, wodurch ein Gesamtgefälle von 15,7 Metern überwunden wird. Treffpunkt für alle geführten Touren, z. B. Schlauchbootfahrten, ist das Besucherzentrum Ruuna am Fluß Naara. Hier wird man über das Wander- und Naturschutzgebiet Ruuna durch Schautafeln und eine Filmvorführung informiert und kann auch Wanderkarten erwerben. Das Wandergebiet Ruunaa liegt am Fluß Lieksa in der Umgebung der Stromschnellen und wurde erst 1987 gegründet.
Der Fluß Lieksa ist seit Mitte des 19 Jh.s eine bedeutende Wasserstraße zwischen Finnland und Rußland. Da hier seit 1984 keine Holzflöße mehr transportiert und die Flößereibefestigungen entrümpelt werden, soll der einst lachsreiche Fluß in Zukunft wieder für Lachse passierbar sein.

Patvinsuo-Nationalpark

Den 1982 gegründeten Nationalpark Patvinsuo südöstlich von Lieksa erreicht man von Süden her über die Straße von Kivilahti und aus dem Osten von Pallosenvaara aus. Es führen keine öffentlichen Verkehrsmittel zum Park. Ausgedehnte Moorgebiete wechseln sich mit licht von Kiefern bestandenen Heideflächen und kleinen flachen Osern ab, während die Berghänge des Autiovaara-Rauvunvaara von urwüchsigen dichten Fichtenwäldern bewachsen sind. Die feuchten Gebiete sind die Heimat vieler Moorvögel, aber auch Raubvögel, Biber und Waldrene sind anzutreffen. Häufig stößt man auf Spuren des Braunbären, dem Maskottchen des Parks, und mit etwas Glück auf Elche. Die einzigartige Biosphere Patvinsuos wird seit 1992 von der UNESCO geschützt.

Baedeker Special

Finnisch-orthodoxe Kirche: Spuren aus russischer Zeit

Die vergoldeten Zwiebelkuppeln der Uspenski-Kathedrale im Hafen von Helsinki erinnern den Besucher daran, daß Finnland ein nördlicher Vorposten byzantinischer Frömmigkeit ist, die hier im hohen Norden jedoch recht exotisch wirkt. Die finnisch-orthodoxe Kirche hat heute noch 60 000 Gläubige, davon 13 000 in der Hauptstadt Helsinki. Die meisten stammen aus der Provinz Nordkarelien. Die Zahl der Gläubigen ist sogar leicht steigend, seit die Grenzen zum russischen Nachbarn wieder geöffnet sind und die Klöster sich eines überraschenden, wenn auch bescheidenen Zuspruchs finnischer Wehrdienstverweigerer erfreuen können, die hier einen Ersatzdienst leisten können.

Noch bis zum 12. Jahrhundert huldigten die Finno-Ugrer heidnischem Schamanenkult. Schwedische Eroberer und russische Missionare brachten das Christentum ins Land. Am Ende der jahrhundertelangen Kämpfe gab es in Finnland zwei Religionsgemeinschaften: Die größere schwedisch-lutherische Kirche sowie den russisch-orthodoxen Glauben, der sich besonders in Ostfinnland sowie in Lappland hatte etablieren können. Verschiedener können christliche Denkströmungen kaum sein: Hier die Weltlichkeit der schwedischen Evangelen, dort die mystische Innerlichkeit der Orthodoxen. Das ursprüngliche Schisma zwischen Rom und Konstantinopel fand ausgerechnet im fernen Nordosten Europas seine Entsprechung. Ausgangspunkt der orthodoxen Mission wurde 1150 das Kloster Valame (Valamo) auf einer Insel im Ladogasee, der seit dem Zweiten Weltkrieg auf russischem Staatsgebiet liegt. Von diesem recht bedeutenden Kloster ging übrigens im 19. Jahrhundert die Missionierung Russisch-Alaskas aus.

Die finnisch-orthodoxe Kirche fand ihre Blütezeit während der Jahre 1809 bis 1918. Finnland war in dieser Zeit als Großfürstentum Teil des russischen Zarenreiches. Die Uspenski-Kathedrale in Helsinki wurde 1865 – 1869 als Staatskirche für die vielen russischen Beamten und Offiziere in der Hauptstadt gebaut. Architekt war der Russe A. M. Gornastascheff. Noch heute ist der Kuppelbau die größte ortho-

Wanderungen im Nationalpark

Eine schöne, 15 km lange Wanderroute zum überwiegenden Teil auf Stegbrückenwegen führt um den See Suomujärvi mit seinen 24 km langen Sandstränden. Wer sehr weite Wanderungen liebt, kann hier auf den orange markierten 120 km langen Karhunpolku (Bärenpfad, siehe zuvor) gehen.

Wandern und Kanufahren bei Nurmes

Nurmes

Von Lieksa folgt die Straße Nr. 73 dem Ufer des Pielinen und führt nach knapp 60 km zu dem Städtchen Nurmes, das schon von weitem durch den hohen Kirchturm zu erkennen ist. Die 10 000 Einwohner zählende Stadt wurde 1876 von Zar Alexander II. gegründet. Sie ist im Schachbrettmuster an einem Hang angelegt und besitzt schöne Birkenalleen. Sehenswert ist die Altstadt nordwestlich vom Bahnhof mit Holzhäusern aus der Zeit der Jahrhundertwende, ferner das Stadtmuseum auf dem Ikola-Hof im nördlich gelegenen Stadtteil Porokylä.

doxe Kirche außerhalb Rußlands und der anderen und Griechenlands.

Die finnische Unabhängigkeit 1918 und erst recht der russisch-finnische Krieg 1939 / 1940 brachte die finnischen Orthodoxen in Bedrängnis. Novizen und Pilger aus Rußland blieben aus, die Verbindung zum Moskauer Patriarchat war unterbro-

Orthodoxe Klosterkirche in Neu-Valamo (Uusi-Valamo)

chen. Dafür spülte im Gegenzug die russische Revolution einige tausend Flüchtlinge, überwiegend russische Adelige, nach Helsinki, die natürlich eifrige Besucher der prächtigen Uspenski(Himmelfahrts)-Kathedrale wurden und dort wahrscheinlich die baldige Himmelfahrt der Bolschewiken herbeizubeschwören versuchten. Nachdem Ost-Karelien 1944 an die Sowjetunion abgetreten werden mußte, wurde das Ladogakloster Valame auf dem Gebiet der Gemeinde Heinävesi nordöstlich von Helsinki neugegründet, wo es heute noch unter der Bezeichnung Uusi-Valamo (Neu-Valamo) existiert. Im nahe gelegenen Dorf Palokki liegt das Nonnenkloster Lintula. Insgesamt gibt es hier nur noch ein Dutzend Mönche und Nonnen.

Kirchenstreit auf Finnisch: Die Mönche der orthodoxen Klöster Petsamo und Uusi-Valamo lagen nach 1945 im Streit mit ihrer Kirche, die endlich den Wechsel vom Julianischen zum Gregorianischen Kalender akzeptiert hatte; außerdem wollten die störrischen Brüder partout nicht vom Kirchenslawisch ablassen. Aus Protest schloß man sich also vorübergehend dem Moskauer Patriarchat an, und das mitten im Kalten Krieg. Erst seit 1957 gehört das Kloster Uusi-Valamo wieder der Finnisch-Orthodoxen Kirche an und untersteht damit paradoxerweise dem Ökumenischen Patriarchat von Istanbul (ehemals Konstantinopel). Für Nichtkenner der orthodoxen Glaubensrichtung sind Inhalte und Aufbau der östlichen Kirche kaum nachzuvollziehen.

Die Uspenski-Kathedrale in Helsinki sowie das Kloster Uusi-Valamo bei Heinävesi bieten beeindruckende Einblicke in Kultus und Geschichte des orthodoxen Glaubens. Ikonensammlungen, Wohnstätten der Bruderschaft und natürlich die Klosterkirche selbst lassen beim Besucher die Frage aufkommen: Ist Gott ein Russe oder ein Finne?

*Bomba-Haus

An der Einfallsstraße von Süden liegt 2 km von Nurmes entfernt das rekonstruierte karelische Dorf Bomba mit Ferienhütten, Freizeitanlagen und einer Freilichtbühne. Diese Blockhäuser wurden in den Jahren 1976 bis 1981 gebaut und sind Musterbeispiele karelischer Baukunst. Als Vorbild diente ein Farmhaus der Familie Bombin, das 1855 in einem karelischen Dorf, heute auf russischem Gebiet, errichtet wurde. Das Haupthaus beherbergt heute ein traditionelles karelisches Restaurant. Die umliegenden Holzhäuser sind zu Unterkunftsmöglichkeiten umfunktioniert worden (→ Praktische Informationen: Hotels). Das Ferienzentrum Bomba ist bei finnschen und neuerdings auch bei russischen Touristen sehr beliebt.

Kanuwandern in der Umgebung von Nurmes

Nur 24 km nördlich von Nurmes liegt inmitten hügeliger Landschaft das kleine idyllische Dorf Saramo. Sehr gut für eintägige Paddelausflüge sind der durch Äcker, Wiesen und Waldstücke fließende Saramojoki und seine Oberläufe Mänty-, Mehto- und Palojoki geeignet. Die ca. 17 km lange Strecke auf dem Mäntyjoki vom Peurajärvi ist von Anfängern und Familien

Das Bomba-Haus im karelischen Blockhaus-Stil beherbergt ein Restaurant mit typisch karelischer Küche.

Kanuwandern in der Umgebung von Nurmes (Fortsetzung)

bei hohem Wasserstand trotz der sechs Stromschnellen gut zu befahren. Ebenso der Sarmojoki, bei dem allerdings bei Louhikoski ein Wasserkraftwerk ein unüberwindliches Hindernis darstellt. Weniger geübten Kanuten sei außerdem empfohlen, die Stromschnellen bei Louhikoski, Pikkoski und die durch eine Felsenschlucht strömende Roukkajankoski vorher zu Fuß in Augenschein zu nehmen.
Für erfahrene Wildwasserfahrer bieten der 8 km lange Mehtojoki und die 17 km lange Strecke über den Palojoki gute Möglichkeiten. Landschaftlich eindrucksvoll strömt beim Palojoki die Stromschnelle Louhikoski durch eine Felsenschlucht.

Kanuroute Jongunjoki

Eine etwa dreitägige Kanutour ist auf dem Jongunjoki möglich. Durch seine landschaftlich besonders reizvolle Lage vermittelt er das Gefühl von Wildnis und Abenteuer. Die Einsatzstelle für die 67 km lange Fahrt ist nördlich von Nurmes über die Straße 524 nach → Kuhmo am See Jonkeri zu erreichen. Hier gibt es einen Parkplatz und eine Informationstafel. Man kann hier auch eine Angelerlaubnis für den Fluß erhalten.
Vom Jonkeri-See bei Kuhmo führt die bei geübten Kanuten beliebte Jongunjoki-Strecke hinab zum Nurmijärvi-See bei Lieksa. Vor allem im oberen Teil sind zahlreiche Stromschnellen vorhanden, die aber in der Regel nur den Schwierigkeitsgrad I aufweisen. Im Sommer sollte aber sehr auf den Wasserstand geachtet werden. Ist er niedrig, können Flußgerölle die Fahrt erschweren. Von den teilweise rasant erscheinenden 38 Stromschnellen gehören 30 der Schwierigkeitsklasse I an, und sieben werden der Kategorie II zugerechnet.

Hiidenportti-Stromschnelle

Nur die Hiidenportti-Stromschnelle wird vor allem während der Hochwasserzeit auf III eingeschätzt. Aber auch wenn Hiidenportti nicht durchfahren wird, sollte man unbedingt einen Abstecher hierher unternehmen, auch zu Fuß. Der Fluß hat sich an dieser Stelle tief in einen Canyon eingeschnitten und ist eine beeindruckende landschaftliche Sehenswürdigkeit.

Unterkunftsmöglichkeiten

Entlang der gesamten Strecke bis zum Ziel in Nurmijärvi sind zahlreiche Zeltplätze und auch mehrere mit Sauna ausgestattete Hütten zu finden. Die Quartiersmöglichkeiten reichen von reservierbaren Hütten bis hin zu Rast- und Übernachtungsplätzen (Reservierung: Lieksa Tourist Service, Tel. 013/5202400, Fax 526438).

Verlängerung der Kanuroute

Soll die Fahrt verlängert werden, kann ab Nurminjärvi über kleinere Seen und den Fluß Lieksanjoki zum See Pankajärvi (17 km) gepaddelt werden.

Ilomantsi und der Nationalpark Petkeljärvi

Ilomantsi

Rund 70 km östlich von Joensuu (Straße Nr. 74) kommt man nach Ilomantsi, das im Herzen von Nordkarelien liegt; beachtenswert ist die orthodoxe Kirche. Etwa 20 km östlich von Ilomantsi, in unmittelbarer Grenznähe, gibt es in Möhkö ein Fabrikmuseum, in dem alte Verhüttungsmethoden für Eisenerz demonstriert werden. Südöstlich erstreckt sich der Nationalpark Petkeljärvi mit dem Besucherzentrum und einem Wanderpfad.

Nationalpark Petkeljärvi

Der 1956 gegründete Nationalpark Petkeljärvi an der russischen Grenze gehört mit 6 km^2 zu den kleinsten Nationalparks Finnlands. Von der Landstraße Ilomantsi nach Möhkö (Busverbindung) führt ein 6 km langer Weg in den Nationalpark. Über die Ostgrenze des Landes hinaus erstrecken sich nach der Eiszeit (9000 Jahre vor heute) entstandene Oserrücken (= mit Sand und Schotter ausgefüllte Schmelzwasserrinne). Zwei Drittel der Parkfläche bestehen aus Gewässern, von denen der kristallklare See Kuikkalampi mit seinen weiten Schwemmwiesen der größte ist. Diese Wiesen dienten früher den Bauern zur Versorgung des Viehs mit Winterfutter. An den Ufern der Seen, Bäche und Teiche sind zahlreiche Biberburgen anzutreffen. Unter den zahlreichen Vogelarten ist vor allem im Sommer der Lappentaucher am verbreitetsten.
Mehrere Schützengräben und Unterstände aus dem Zweiten Weltkrieg sind als geschichtliche Sehenswürdigkeiten hergerichtet.

Wanderungen im Nationalpark

Ein guter Ausgangspunkt für Wanderungen ist Petraniemi (Informationszentrum, Campingplatz, Sauna, Kiosk). Zahlreiche markierte kürzere Wanderwege (3,5 und 5,5 km) führen durch den Park, und längere Touren haben hier ihren Ausgangspunkt. Beliebt ist die gelb markierte Wanderroute "Taitajan-Taival" von Ilomantsi zum Dorf Putkela (26 km) mit zum Teil beträchtlichen Höhenunterschieden.
Auch die am weitesten östlich, im Grenzzonengebiet zu Rußland, verlaufende orange-markierte Route "Tapion Taival" (21 km), die den Windungen des Flusses Koitajoki folgt, führt durch typische nordkarelische Gebirgslandschaften (bei beiden Routen: unterwegs Rastplätze, Schutzhütten und Zeltplätze).

Kanutouren von Ilomantsi aus

Kanuwanderer können die Region um Ilomantsi auf vier Hauptrouten unterschiedlicher Schwierigkeitsgrade auf dem Wasserweg erkunden. Die einfachste und beschaulichste Strecke führt über den Koitajoki.
Ab Ilomantsi geht es zunächst am Ostufer entlang über den Ilomantsijärvi-See zum Fluß Koitajoki. Entlang des Flusses wird das geschützte Vogelparadies des Kesonsu-Sumpfes passiert (Bootsanlegen ist hier verboten!). Im weiteren Verlauf nimmt allmählich der Baumbestand beiderseits des Ufers zu. Gemächlich geht es trotz vereinzelter leichter Schnellen weiter zu den reißenden Schnellen von Koveronskoski und Kangaskoski. An der Stromschnelle Koveronskoski befindet sich ein Anlegeplatz mit Schutzhütte.
Bevor nach 56 km das Ziel im Feriendorf Koitereen Helmi am See Koitere erreicht wird, kann ca. 1,5 km hinter der Schnelle von Hiiskoski eine Rast am Badestrand Tyrjänsaari (Zeltplatz) gemacht werden. Bei starkem Wind ist der Wellengang auf dem See beträchtlich. Sollte dann eine Überquerung geplant sein, nur nahe am Ufer entlang fahren.

Kemi H 7

Gebiet: Nordfinnland
Einwohnerzahl: 25 000
Postleitzahl: FIN-94100
Telefonvorwahl: 016

Lage und Allgemeines

Die finnische Stadt Kemi liegt am Nordende des Bottnischen Meerbusens bei der Mündung des Flusses Kemijoki. Der Kemijoki war einst außerordentlich fischreich. Vor allem der Lachs, das Wappentier der Stadt, trat zur Laichzeit in großen Schwärmen auf. Industrie und Wasserkraftwerke haben den Lebensraum der Fische eingeengt. Schon im Mittelalter gab es hier, durch die Wasserwege begünstigt, einen Handelsplatz für Felle und Fisch. Nachdem Kemi 1869 die Stadtrechte erhalten hatte, wurde es im Zuge der Industrialisierung auch zu einem wichtigen Hafen. Von wirtschaftlicher Bedeutung sind die holzverarbeitenden Betriebe. Von Februar bis Mitte April entführt die 'Schneeburg', ein gewaltiges Gebäude aus Schnee mit Restaurant, Hotel und Abenteuerspielplatz, den Besucher in eine Märchenwelt aus Schnee und Eis.

Sehenswertes in Kemi

Stadtbild

Die Stadt ist von großzügig angelegten, breiten Straßen durchzogen. Das 1939 erbaute Rathaus (finn. Kaupungintalo) beherbergt ein Panorama-Café, von dem man eine schöne Aussicht auf die Stadt und die umliegende Wildmark genießt. Bemerkenswert ist das moderne Stadttheater von 1980 (Architekt Jan Söderlund). Die neugotische Backsteinkirche im Kirchpark wurde 1902 errichtet. Im Kulturzentrum (Pohjoisrantakatu 9 – 11) befindet sich die Kunstgalerie mit Werken finnischer Künstler; das Museumsgebäude ist ein altes Bauernhaus im nordländischen Stil mit Räucherkate.

*Edelsteingalerie

Die wohl bedeutendste Sehenswürdigkeit von Kemi ist die Edelsteingalerie in der Kauppakatu 29. Zu sehen sind etwa 3000 Edelsteine – von den Rohsteinen bis zum Juwelenschmuck –, Juwelen- und Diamantschleifereien, eine Goldschmiedewerkstatt und eine Dokumentation über die Entstehung und die Lagerstätten von Edelsteinen. Berühmteste Exponate sind die originalgetreu nachgebildete Krone der Königin Elisabeth II. von Großbritannien und die finnische Königskrone. Letztere wurde für den nach Finnland berufenen, jedoch nie inthronisierten König Friedrich Karl Prinz von Hessen 1918 entworfen. Geöffnet 10.00 – 20.00, im Winter bis 18.00 Uhr.

Eisbrecher "Sampo"

Im Hafen von Kemi hat der 1961 gebaute Eisbrecher "Sampo" seinen Liegeplatz. Vor einigen Jahren wurde er in ein luxuriöses Kreuzfahrtschiff umgewandelt. Von Dezember bis Mai ist es möglich, Fahrten mit dem Eisbrecher zu unternehmen (bis zu 150 Passagiere). Die zwei- bis sechsstündigen Fahrten in das arktische Eis schließen Ski- und Motorschlittenausflüge oder Hunde- und Rentiersafaris ein. Im Sommer spürt man zwar wenig von der arktischen Seefahrtsromantik, doch kann man das Schiff besichtigen und im Restaurant ein Essen einnehmen.

Umgebung von Kemi

Feldsteinkirche (Kemi-Land)

Etwa 9 km nördlich vom Zentrum steht die Feldsteinkirche von Kemi-Land aus dem 16. Jh. – die älteste Steinkirche Nordfinnlands. An der gewölbten Holzdecke sieht man Bilder aus der Leidensgeschichte Jesu; unter dem Boden des Chors ruht die Mumie des Pfarrers Nikolaus Rungius († 1628).

Kraftwerk am Kemijoki

Nördlich der Stadt liegt am Kemijoki das große Isohaara-Kraftwerk. Landschaftlich reizvoll ist die Fahrt am Kemijoki aufwärts nach → Rovaniemi.

Kemijärvi

→ Rovaniemi, Umgebung

Kerimäki

→ Savonlinna, Umgebung

Kokkola

G 9

Gebiet: Westfinnland
Einwohnerzahl: 36 000
Postleitzahl: FIN-67100
Telefonvorwahl: 06

Lage und Allgemeines

Die Stadt Kokkola im mittleren Teil von Österbotten (finnisch Pohjanmaa) an der Westküste wurde bereits 1620 gegründet und ist eine der ältesten Städte Finnlands. Bis in das 20. Jahrhundert war Kokkola fast ausschließ-

Das alte Rathaus von Kokkola

lich schwedischsprachig und nur unter dem Namen Karleby (oder Gamlakarleby, Alt-Karleby, zur Unterscheidung von Nykarleby südlich von Jakobstad) bekannt. Erst mit der Industrialisierung verwischte sich die Sprachgrenze, und das Finnische gewann an Bedeutung. Heute ist nur noch jeder fünfte Bewohner schwedischsprachig. Ursprünglich direkt am Meer erbaut, liegt die Stadt jetzt – bedingt durch die Hebung der Küste – etwa 5 km landeinwärts. Der Hafen ist der tiefste an der finnischen Westküste.

Geschichte

Im Jahre 1620 gründete Per Brahe auf Anordnung des schwedischen Königs Gustav II. Adolf die Stadt. Die verkehrsgünstige Lage und der Teerhandel führten um 1800 zu beträchtlichem Aufschwung von Handel und Seefahrt. Im Krimkrieg (1854 – 1856) wurde der Hafen von den Briten angegriffen, und Kokkola büßte einen großen Teil der Handelsflotte ein.

Sehenswertes in Kokkola

Rathaus, Kirche, Altstadtviertel

Am Mannerheiminaukio (Mannerheimplatz) steht das 1845 von Engel erbaute Rathaus. Die moderne Kirche im Zentrum wurde 1960 errichtet. Direkt neben dem neuen Zentrum erstreckt sich die Altstadt Neristan mit ihren gut erhaltenen Holzhäusern aus dem 17. und 18. Jahrhundert. Besonders schön sind die Häuser an den Straßen Kirkkokatu und Isokatu.

Englischer Park, Kirche Kaarlela

Am Ufer des Kaupunginsalmi liegt der Englische Park, dessen Name an einen Angriff der Engländer 1854 während des Krimkriegs erinnert. Eine englische Barkasse, die gekapert wurde, ist noch zu sehen. Im Stadtteil Kirkonmäki südlich vom Bahnhof steht die alte Steinkirche Kaarlela (1460).

Museen

In einem Holzhaus von 1696 (Pitkänsillankatu 28) ist das Historische Museum untergebracht – mit Sammlungen zur Stadtgeschichte und Schiffsmodellen. In der gleichen Straße sind die Kunstgalerie Renlund mit Werken finnischer Meister (in einem Kaufmannshaus von 1813) und eine Sammlung historischer Kameras (Leo-Torppa-Kameramuseum) zu sehen.

Umgebung von Kokkola

Insel Tankar

Vom Hafen in Kokkola kann man im Sommer Bootsausflüge zur Fischerinsel Tankar unternehmen (Übernachtungsmöglichkeiten in einigen Holzhäusern). Hier kann man die kleine Fischerkirche aus dem Jahr 1754, ein Robbenjagd-Museum und einen Leuchtturm besichtigen.

Nach Süden

Südlich der Stadt liegt eine geschichtsträchtige Region, die nicht nur für Finnland von Bedeutung ist, sondern für die Geschichte des Königreichs Schweden-Finnland insgesamt, das 1808 / 1809 durch einen siegreichen Feldzug des Zaren Alexander I. auseinandergerissen wurde.
Für die Weiterfahrt nach Süden ist die Schärenstraße der sieben Brücken über Öja und Risöhäll bis nach Jakobstad (→ Pietarsaari) zu empfehlen, weil sie über Inseln führt und an Buchten vorbeizieht, die immer wieder den Blick auf den Bottnischen Meerbusen freigeben.

Pfad der Waldrentiere durch den Nationalpark Salamajärvi

Von Kokkola verläßt man die Stadt in südöstlicher Richtung. Über Kaustinen (44 km), wo alljährlich in der zweiten Junihälfte das Internationale Volksmusikfestival stattfindet, geht es weiter über Perho (120 km von Kokkola entfernt) zum Naturschutzgebiet Salamanperä. Hier beginnt ein markierter, 90 km langer Wanderweg, der im Suomenselkä-Wasserscheidegebiet durch den 1982 gegründeten Nationalpark Salamajärvi nordwärts bis nach Reisjärvi führt. In diesem nahezu unbewohnten Gebiet mit mehreren Seen wurden Ende der 70er Jahre die zu Beginn unseres Jahrhunderts in Finnland fast ausgestorbenen Waldrentiere mit Erfolg ausgesetzt. Mit etwas Glück begegnet man einem der inzwischen rund 200 Rentiere.

Lestijärvi, Lestijoki

Wenige Kilometer südlich von Reisjärvi kann man auf dem See Lestijärvi und dem Fluß Lestijoki Bootsfahrten unternehmen, angeln und auf dem alten Ferienbauernhof Pietilä übernachten.

Nach Norden

Nach Norden lohnt von Kokkola ein Ausflug an der Küste entlang (Straße Nr. 8). Nach 30 km erreicht man – ein wenig abseits der Hauptstraße – Lohtaja. Im Weiler Perttulan Puhto sind drei herrschaftliche, aus Holz gebaute Höfe des 18. Jh.s zu sehen. Ca. 65 km von Kokkola folgt → Kalajoki mit den beliebtesten Sandstränden Finnlands.

Koli-Berge · Koli-Nationalpark N 9

Gebiet: Karelien / Ostfinnland

Lage und Allgemeines

Die Koli-Berge liegen im Osten des Landes am See Pielinen. Mit dem Auto erreicht man sie über Joensuu, das ca. 210 km nördlich von Savonlinna liegt. An der Abzweigung nach Koli an der Str. 18 (Joensuu-Kajaani) liegt die Informationsstelle des Nationalparks Kolinportti (erst 1991 zum Nationalpark ernannt).
Über den See Pielinen verkehren ab Joensuu und Nurmes Schiffe zum Dorf Koli (Seilbahn zum Gipfel). Ein Besucherzentrum des Parks ist in der Eingangshalle des Hotels Koli. Im Süden des Pielinen stellt der Pielisjoki – mit mehreren Schleusen – die Verbindung zum → Saimaasee her.

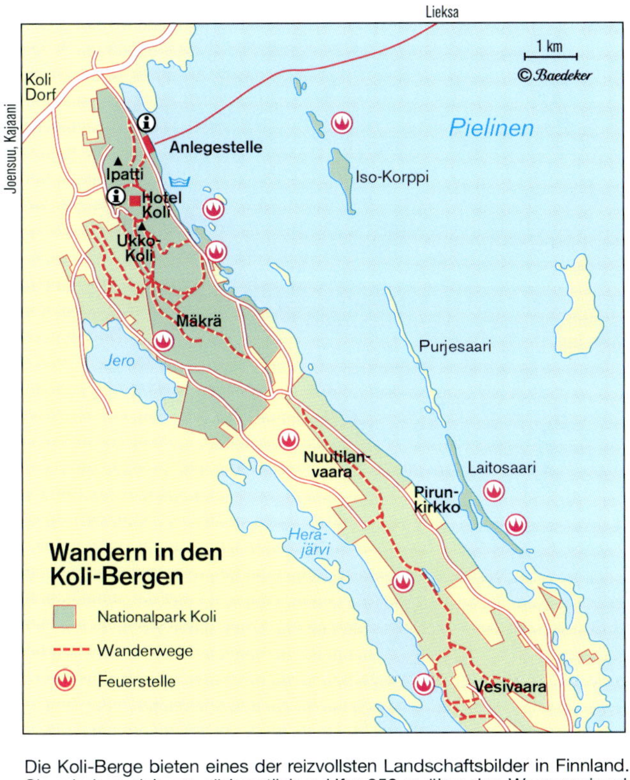

**Landschaftsbild

Die Koli-Berge bieten eines der reizvollsten Landschaftsbilder in Finnland. Sie erheben sich am südwestlichen Ufer 250 m über den Wasserspiegel des 1095 km² großen Sees Pielinen, der die Finnische Seenplatte im Nordosten abschließt. Sie sind ein Relikt der prähistorischen Bergkette der Kareliden, die sich vor fast 200 Mio. Jahren bildeten. Den einsetzenden Verwitterungsprozessen und der eiszeitlichen Erosion konnten am besten die Quarzitschichten widerstehen, die heute als Koli-Berge die Seenlandschaft überragen. Die sich vor ca. 9000 Jahren zurückziehenden Inlandseismassen haben zahlreiche Spuren hinterlassen. Die Landschaft prägen Oser

Es gibt viele Aussichtspunkte im Seengebiet. Doch gilt der Blick von den Koli-Bergen als das finnische Nationalgefühl schlechthin. Die Berge ragen steil über dem 250 m tiefer gelegenen See Pielinen empor, in dem sich unzählige kleine Inseln spiegeln.

Koli-Berge Landschaftsbild (Fortsetzung)

(Kiesrücken), von denen die Formation von Herajoki-Hiekkaniemi die größte ist. Dichte Haine mit Fichten sind an den in den Pielinen-See mündenden Bächen zu finden, während die Westhänge und Bergkuppen trockener und daher vegetationsärmer sind.

*Koli-Nationalpark

Karte s. S. 163

Erst 1991 wurde ein Teil der Koli-Berge zum Nationalpark erklärt. Früher diente dieses 11 km² große Gebiet, das in den nächsten Jahren verdoppelt werden soll, der Erhaltung und Pflege gefährdeter Pflanzen- und Tierarten. Sowohl im Sommer als auch im Winter ist der Koli-Nationalpark eines der am stärksten besuchten Ferienzentren des Landes.
Von der Straße Nr. 18, die aus Richtung Joensuu kommt, zweigt bei Ahmovaara eine Straße ab, die durch eine felsige, teilweise bewaldete Gegend führt und an dem Parkplatz beim Touristenhotel Koli endet. Von der Südseite des Hotels führt ein Treppenweg auf den felsigen Ukko-Koli (347 m ü.d.M.); von dort bietet sich eine prächtige Aussicht auf den 253 m tiefer gelegenen Pielinen mit seinen zahlreichen bewaldeten Inseln. Südlich erheben sich zwei weitere Gipfel, die zum Koli-Gebirge gehören: der 339 m hohe Akka-Koli und der 334 m hohe Paha-Koli. Zu ihnen führen vom Touristenhotel Koli Wanderwege (1,5 bis 2,5 Std.). Nördlich vom Ukko-Koli erhebt sich die Anhöhe des Ipatti (316 m ü.d.M.).
Erst im 18. Jahrhundert drangen menschliche Siedlungen bis zu Füßen der Koli-Berge vor. Früher wurden sie vielfach als furcht- und respekteinflößende Opferstätte angesehen, von der sich um die Jahrhundertwende zahlreiche finnische Künstler der Nationalromantik inspirieren ließen. Der Blick von den Koli-Bergen gilt als das Spiegelbild finnischen Nationalgefühls schlechthin.

Wandern und Wintersport

Den Nationalpark sollte man auf jeden Fall zu Fuß erkunden. In der Umgebung des Koli-Hotels sind zahlreiche markierte Wanderwege angelegt. Darüber hinaus sind während des Winters drei bis acht Kilometer lange Loipenrouten gespurt. Von Koli erreicht man dann über Verbindungsloipen die Loipen Kopravaara und Loma-Koli.

Ferienzentrum

Rund 10 km nördlich liegt das Ferienzentrums Loma-Koli mit Hotel, Bungalows und Campingplatz. Eine Fahrt mit der im Sommer regelmäßig verkehrenden Autofähre nach Lieksa am östlichen Ufer des Pielinen ist zu empfehlen.

Königsstraße C–N 12/13

Gebiet: Südfinnland

Verlauf und Geschichte

Bereits im Mittelalter wurden die drei skandinavischen Hauptstädte durch die sogenannte "Skandinavische Königsstraße" verbunden. Sie führte von Oslo nach Stockholm und per Schiff über die Ostsee zu den Ålandinseln und nach Turku, der früheren finnischen Hauptstadt. Auf finnischer Seite führt sie entlang der Südküste über die Orte Salo, Perniö, Ekenäs (Tammisaari), Karjaa und Espoo nach Helsiniki und Vantaa. Östlich von Helsinki folgen u. a. die Orte Porvoo, Pernaja, Loviisa und Hamina. Weiter geht es über die heute auf russischem Staatsgebiet liegende ostkarelische Stadt Vyborg bis zur Endstation St. Petersburg. Aus strategischer Sicht galt diese Route als Finnlands wichtigste Landstraße. Den Namen "Königsstraße" erhielt sie, weil neben Kaufleuten, Pilgern, Straßenräubern, Bischöfen und Fürsten auch Könige diesen Weg wählten. Rast machten sie in den mehr als 20 Gasthöfen, die den Weg säumten. Natürlich legte man die Strecke zu Fuß oder zu Pferde zurück. Mit der Einführung des Postwesens diente die Königsstraße als Postweg.

Entstehung der "Ferienstraße"

Auf der Suche nach einer einheitlichen Vermarktungsstrategie im Ausland entdeckten die skandinavischen Länder in den 1980er Jahren diese tou-

Fiskars war einst eines der wichtigsten Industriezentren Finnlands. Heute erinnert nur noch eine alte Lokomotive an diese Zeit.

Entstehung der "Ferienstraße" (Fortsetzung)

ristisch interessante Straße wieder. So war es möglich, eine der ersten "Ferienstraßen" ins Leben zu rufen. Man mußte nur der historischen Streckenführung (mit einigen Abweichungen) folgen, und schon wurden eine Vielzahl kulturhistorisch bedeutsamer Orte und Stätten unter einem Oberbegriff vereinigt. Die Strecke ist gut beschildert (schwed. "Kungsvägen", finn. "Kununkanntie" und das Symbol einer Königskrone).
Nachfolgend werden nur diejenigen Orte beschrieben, die nicht bereits als Hauptstichworte (mit Verweispfeil gekennzeichnet) behandelt werden.

Von Turku über Salo nach Ekenäs

Wenn man von → Turku in östlicher Richtung fährt, kommt man über Piikiö (schwedisch Pikis) mit dem sehenswerten Herrenhof Buckila des 18. Jh.s zum alten Handelsplatz Salo, der an der Straße Nr. 1 zwischen Turku und Helsinki liegt. In dieser Einkaufs- und Dienstleistungsstadt steht, etwas abseits im südlichen Stadtteil Uskela, eine Steinkirche (1831) von C. L. Engel; vom Kirchhügel hat man einen weiten Blick über den Ort. In der Umgebung von Salo zeugen mehrere Herrenhöfe von einstigem wirtschaftlichem Wohlstand. Weiter geht es nach Perniö, schwed. Bjärnå, in dessen Umgebung im 17. Jh. mehrere Eisenwerke gegründet wurden, z. B. Teijo-Mathildedal, oder Königshof (Hästö). In der Freizeitanlage Meri-Teijo in Mathildedal findet man Möglichkeiten zum Segeln, Tennisspielen und Reiten sowie einen Golfplatz. Weiter führt die Route entweder nach → Tammisaari / Ekenäs (von hier weiter bis → Hanko / Hangö), oder man biegt bei Tenhola ab nach Pohja, mit den benachbarten Eisenhüttenwerken Fiskars und Billnäs.

*Fiskars

Eine der wichtigsten Industrieanlagen Finnlands liegt am Fiskars-Fluß auf dem Stadtgebiet von Pohja. Heute ist zwar keine der alten Eisenfabriken und Wohnhäuser des 17. Jh.s mehr erhalten, doch die Straßenführung stammt noch aus dieser Zeit. Die Firma Fiskars, die heute auch außerhalb Finnlands für die vielfach imitierten Scheren bekannt ist, hat ihren Firmensitz inzwischen verlegt. Doch wurde das gesamte Betriebsgelände liebe-

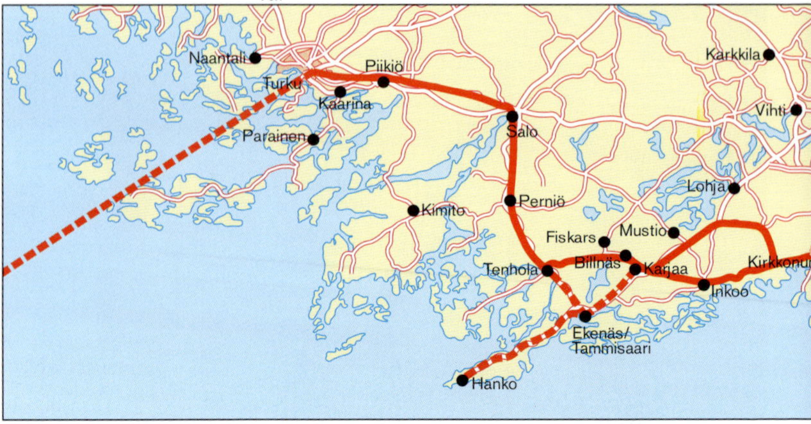

Fiskars (Fortsetzung)

voll restauriert und dokumentiert nun 400jährige Industriegeschichte. In den einstigen Arbeiterhäusern leben heute Künstler und Kunsthandwerker, die ihre Werke zum Verkauf anbieten. Schön gestaltete Parkanlagen, das Anwesen des Firmeninhabers und ein Museum mit Ausstellungen zu Industriegeschichte sowie Sozial- und Wohnverhältnissen der Arbeiter machen einen Abstecher zu diesem idyllischen Ort lohnend.

Billnäs

Am Mustionjoki-Fluß in Billnäs (finnisch Pinjainen) gründet Carl Billsten bereits 1641 ein Eisenhüttenwerk mit einem Hochofen und zwei Eisenhäm-

Kraftwerksturbine in Billnäs

Diana-Skulptur vor dem Schloß Mustio

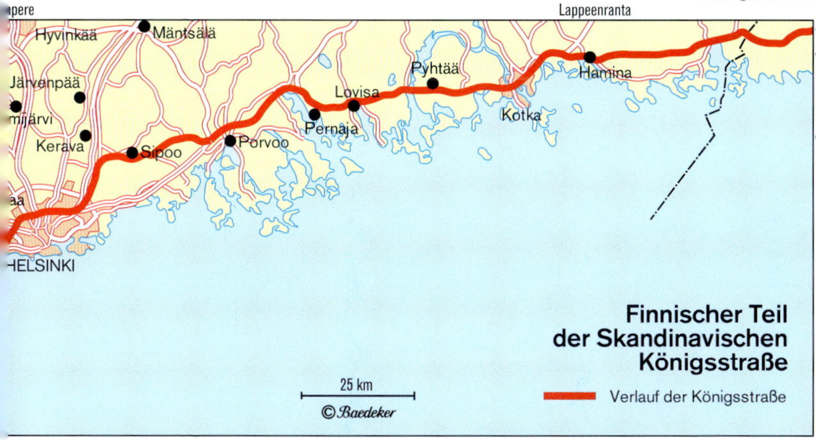

Billnäs (Fortsetzung)

mern. Mit dem Bau einiger Arbeiterhäuser, einer Hammerschmiede und einer Mühle Ende des 18. Jh.s entstand allmählich eine Industrieanlage, die bis in unser Jahrhundert funktionstüchtig war und heute als Museum eingerichtet ist. Technisch interessierte Besucher sollten das alte Wasserkraftwerk von 1906 nicht versäumen.

Mustio

Einige Kilometer östlich von Billnäs gelangt man bei Karjaa (schwed. Karis) auf die Straße 25, der man nach Norden folgt. Nach 12 km biegt man an die Kreuzung der Straße nach Salo ab. An dieser Straße liegt nach 3 km der kleine Ort Mustio (schwed. Svartå), wo bereits zu Zeiten Gustav Wasas im 16. Jh. Eisenerz veredelt wurde. Somit ist die 1561 gegründete Svartå bruk (schwedisch) die älteste Industrieanlage Finnlands, die bis 1901 in Betrieb war. Seither wird die Anlage zur Herstellung von Papier genutzt.

*Schloß Mustio
Bild s. S. 307

Sehenswert ist auch der herrschaftliche Gutshof Mustio, der im 18. / 19. Jh. nach schwedischen Vorbildern errichtet wurde. Es ist eines der größten Holzschlösser Finnlands und besticht durch die zeitlose Eleganz der gustavianischen Epoche. Kachelöfen, Wandmalereien und Parkettböden sind erstaunlich gut erhalten. Sehr erholsam ist ein Spaziergang durch den ausgedehnten, gepflegten Schloßpark im Barockstil und eine Mahlzeit in dem sehr guten Restaurant. Angeschlossen sind ein weißer Seitenflügel (→ Praktische Informationen: Hotels) von Mitte des 19. Jh.s, der ehemalige Stall und ein Wagenschuppen im neugotischen Stil.

Lohja

Lohnend ist auch ein Abstecher nach Lohja (19 km weiter an der 51), dem Standort eines der größten finnischen Unternehmen. Bereits im 16. Jh. entstand bei Lohja die erste Erzgrube Finnlands. Seit der Jahrhundertwende wird bei Tytyri Kalkstein abgebaut, zuerst im Tagebau und seit 1956 nur noch unter Tage. Hier wurde 1988 ein Grubenmuseum eröffnet, das man im Rahmen einer Führung besichtigen kann.

*St.-Laurentius-Kirche

In Lohja steht auch eine der schönsten mittelalterlichen Steinkirchen Finnlands, die St.-Laurentius-Kirche. In dem Feldsteinbau aus dem 15. Jh. findet man herrliche Wandmalereien aus dem 16. Jh., die nahezu vollständig und hervorragend erhalten sind. Die Vermischung von heidnischen Motiven, volkstümlichen Teufelsdarstellungen und biblischen Szenen wirkt auf den heutigen Besucher äußerst naturalistisch. Wie wird diese drastische Darstellung von Gut und Böse wohl auf das gemeine Volk gewirkt haben, das des Schreibens unkundig war und die Bibel nur aus den Predigten und Kirchengemälden kannte?

Die Fresken in der mittelalterlichen Kirche von Lohja versinnbildlichen Szenen aus dem Alten und dem Neuen Testament.

Kirkkonummi

Weiter östlich kommt man bei Kirkkonummi (schwedisch Kykrslätt) in Bobäck zu dem Museum und Kunstzentrum Hvitträsk, das in einem schönen Park liegt. Dieses schloßartige Granitgebäude im Stil der Nationalromantik war einst das Atelierhaus der bedeutenden finnischen Architekten Eliel Saarinen, Armas Lindgren und Herman Gesellius.
Über → Espoo, → Helsinki und → Porvoo kommt man zu dem östlichen Abschnitt der Königsstraße.

Pernaja

Rund 30 km östlich von Porvoo, etwas abseits der Hauptstraße Nr. 7, liegt Pernaja (schwed. Pernå), der Geburtsort des finnischen Reformators Mikael Agricola (1509–1557: → Berühmte Persönlichkeiten). Direkt an der Königsstraße liegen die Herrenhöfe des Grafen Creutz und der Familie von Born, die bei den finnischen Unabhängigkeitskämpfen eine bedeutende Rolle spielten.
Sehenswert ist die mittelalterliche Michaelskirche aus dem 14. Jahrhundert. In der dreischiffigen Granitkirche, deren Westgiebel schöne Ziegelornamente aufweist, befindet sich ein Altar aus Lübeck (16. Jh.). Vor der Kirche steht die Statue von Mikael Agricola.
Etwa 5 km weiter liegt der Gutshof Sarvilahti mit großzügiger Anlage des 17. und 18. Jh.s und schönem Park.

Loviisa

Nach weiteren 5 km erreicht man Loviisa (schwed. Lovisa). Das 8000 Einwohner zählende Städtchen liegt malerisch am Nordende des Lovisavik, einer tief ins Land einschneidenden Bucht des Finnischen Meerbusens. Die noch heute überwiegend schwedischsprachige Stadt wurde 1745 gegründet und hieß ursprünglich Degerby. 1752 erhielt sie ihren heutigen Namen, der auf die schwedische Königin Luise Ulrike, die Schwester Friedrichs des Großen, zurückgeht. Im Zentrum der Stadt, die auch als Kurort besucht wird, stehen die große, in neugotischem Stil erbaute Kirche (1865) und das Rathaus (1856).

Neugotische Kirche in Loviisa

Loviisa (Fortsetzung)

Nördlich vom Zentrum liegt die Trabrennbahn, in deren Nähe sich das Stadtmuseum befindet. Am Stadtrand trifft man auf die gut erhaltenen Bastionen Rosen und Ungern, die auf eine alte Befestigungsanlage aus dem 18. Jahrhundert zurückgehen. Vom Gästehafen kann man im Sommer Schiffsausflüge zur Seefestung Svartholm auf der gleichnamigen, vorgelagerten Insel unternehmen. Nach jahrelangen Restaurierungsarbeiten kann Svartholma nun wieder besichtigt werden.

Über → Kotka und → Hamina führt die Königsstraße bis jenseits der russischen Grenze nach Vyborg und St. Petersburg.

Kotka K 12

Gebiet: Südfinnland
Einwohnerzahl: 60 000
Postleitzahl: FIN-48100
Telefonvorwahl: 05

Lage und Allgemeines

Rund 130 km östlich von Helsinki liegt die 'Stadt des Meeres', Kotka, auf der mit dem Festland verbundenen Insel Kotkansaari im Finnischen Meerbusen. Das Stadtbild wird von modernen Gebäuden, von Hafen- und Industrieanlagen geprägt. An der Mündung des größten südfinnischen Flusses, des Kymijoki, gelegen, entwickelte sich die Stadt schnell zum wichtigsten finnischen Exporthafen (überwiegend Holz und Papier). Der Gesamtwarenumschlag der jährlich 1000 bis 2000 in Kotka und den umliegenden Häfen einlaufenden Frachtschiffe beträgt um die 5 Mio. Tonnen pro Jahr. In der Industriestadt Kotka sind vor allem holzverarbeitende Betriebe vertreten. Eines der wichtigsten Ereignisse in Kotka ist das alle zwei Jahre am letzten Juliwochenende veranstaltete Seefestival.

Geschichte

Im Frieden von Turku kam Kotka 1743 zu Rußland. Nach den zwei Seeschlachten von Ruotsinsalmi 1789 und 1790 ließen die Russen die strategisch wichtige Landfestung Kyminlinna und die Seefestung Ruotsinsalmi auf den vorgelagerten Insels Varissaari und Kukouri errichten, um die Westgrenze zu beschützen. Während des Krimkrieges zerstörte ein englischer Flottenverband die Festungsanlagen von Ruotsinsalmi 1855. Die Lachsfischerei im Kymijoki führte bereits im Mittelalter zur Gründung einiger Handelsplätze. Der Hafen von Kotka wurde Ende des 19. Jh.s angelegt. 1977 wurde die 8 km nördlich von Kotka gelegene Industriestadt Karhula eingemeindet.

Sehenswertes in Kotka

*Orthodoxe Kirche St. Nikolaus

Am Marktplatz (jeden ersten Donnerstag im Monat großer Markttag) steht das stattliche Rathaus (1934; E. Huttunen). Südlich davon erstreckt sich der Stadtpark (Kaupunginpuisto) mit der orthodoxen Kirche von 1795, die dem heiligen Nikolaus geweiht ist. Es ist das einzige Gebäude, das nach der Zerstörung durch die britische Flotte (1855) erhalten blieb. Vor der Schleifung der Festungsanlage wurde ein großer Teil der Kirchenschätze in der Nachbarstadt → Hamina in Sicherheit gebracht. In Kotka geblieben ist der schöne Kristalleuchter in der Eingangshalle, eine Stiftung der Zarin Katharina II.

Die Kirche wurde von einem Petersburger Architekten im Stil des palladianischen Klassizismus gebaut. Mit seinen einfachen, klaren Formen, der flachen Dachneigung und den vorgesetzten Säulen unterscheidet sich der Palladianismus vom Klassizismus durch die Beschränkung auf spätrömische Vorbilder. Er knüpft stilistisch an die Werke des italienischen Baumeisters Andrea Palladio an, der im 16. Jh. gelebt hat.

Von den vielen wertvollen Ikonen der Kirche ist die Ikone des hl. Nikolaus von Myra im rechten Seitenschiff zu erwähnen, die um 1800 zum Gedenken an die Seeschlacht von Ruotsinsalmi gemalt wurde. Die Ikonenwand (Ikonostase), die den Altarraum vom Kirchenschiff trennt, stellt Motive und Gestalten des Alten und Neuen Testaments dar.

Die neugotische Kirche von Kotka

Lutherische Kirche

Inmitten einer Grünanlage, wo sich auch das Grabmal des Schriftstellers Toivo Pekkanen befindet, steht die neugotische Backsteinkirche von 1898. Sie beherbergt ein Altargemälde des bedeutenden Malers Pekka Halonen, das die Anbetung der Könige thematisiert. Bei der Restaurierung von 1993 erhielten die kunstvollen Holzschnitzereien im Kircheninneren ihr ursprüngliches Aussehen. Ebenfalls in der Kirkkokatu befindet sich die moderne Stadtbibliothek von 1977.

Lutherische Kirche (Fortsetzung)

Vom alten Wasserturm (62 m ü.d.M.) und dem Norska-Berg südöstlich bietet sich eine schöne Sicht auf die vorgelagerten Inseln. Vom Hafen führen Bootsausflüge in die Schären.

Varissaari

Vom Sapokanlahti-Kai in Kotka gibt es im Sommer regelmäßige Schiffsverbindungen zu der kleinen Insel Varissaari. Auf der 'Kräheninsel' entstand 1792 das Fort Elisabeth, um die Ruotsinsalmi-Bucht vor Eindringlingen zu schützen. Neben den Festungsruinen und Kanonen sind die Reste der russischen Fregatte "St. Nikolai" zu sehen, die in der zweiten Seeschlacht von Ruotsinsalmi versenkt wurde. Seit der Jahrhundertwende ist die Insel ein beliebtes Ausflugsziel, wo Tanzveranstaltungen, Freiluftaufführungen und Festivals stattfinden (Restaurant; Bademöglichkeit).

Stromschnellen am Kymijoki

Der Fluß Kymijoki, der im Päijänne-See entspringt und in Kotka in den Finnischen Meerbusen mündet, bildet zahlreiche Stromschnellen, durch die seit einigen Jahren wieder Lachse flußaufwärts steigen. In früheren Jahrhunderten war der Kymijoki einer der bedeutendsten Lachsgründe Finnlands. Nachdem der Fluß durch Industrieabwässer vor einigen Jahrzehnten stark verschmutzt war, ist er in den letzten Jahren immer sauberer geworden. Seit dem Aussetzen von Jungfischen findet man hier zahlreiche Angelgebiete mit Forelle, Barsch, Hecht, Renke und natürlich Lachs. Die Stromschnellen Langingkoski, Siikakoski und Korkeakoski sind jedoch nicht nur zum Fischen hervorragend geeignet, sondern auch für Wildwasserfahrten mit speziellen Wildwasserbooten und mit Schlauchbooten (Höhenunterschied insgesamt 40 m).

*Fischerhütte von Langinkoski

Nördlich vom Stadtzentrum Kotka biegt man von der Straße E 3 zu den Langinkoski-Stromschnellen ab. Die ersten bekannten Lachsfischer an dieser Stromschnelle waren die Mönche des Klosters Valamo. Der nächste berühmte Fischer war der russische Zar Alexander III., der sich für die landschaftlich schöne Gegend und die reichen Lachsgründe begeisterte. Der finnische Senat schenkte dem Zaren 1889 die 'Kaiserliche Fischerhütte' Langinkoski. In diesem einfachen Blockhaus, das heute Museum ist, verbrachte die Zarenfamile mehrere Urlaube.

Karhula mit Sunila-Zellstoffabrik

Das Gebäude der Sunila-Zellulosefabrik sowie die umliegenden Arbeiterwohnungen wurden nach Plänen des berühmten finnischen Architekten Alvar Aalto in den dreißiger und fünziger Jahren gebaut (1936–1939; 1951 bis 1954). Aalto entwarf auch die Inneneinrichtung der Büroräume und einige der Möbel. Der 100. Geburtstag des Architekten wurde 1997 mit einer städtebaulichen Ausstellung auf dem Sunila-Gelände feierlich begangen.

*Alvar-Aalto-Vase

Einen Besuch lohnt auch das Glasmuseum, in dem u. a. die berühmte Aalto-Vase (siehe S. 1) zu sehen ist. Sie ist 1936 als Sieger aus dem Designwettbewerb hervorgegangen, den die Glasfabrik Karhula-littala 1936 für die Pariser Weltausstellung ausgeschrieben hatte.

Umgebung von Kotka

Pyhtää Bild s. S. 174

Etwa 25 km westlich von Kotka liegt das Dorf Pyhtää im Delta des Kymijoki-Flusses im Kymenlaakso-Tal. Einige Kilometer weiter westlich steht eine sehenswerte mittelalterliche Steinkirche von 1460, die ein für Südfinnland typisches Scheunendach besitzt. Die während der Reformation übertünchten Wandmalereien im Inneren wurden zum Teil 1907 und 1951 wieder freigelegt.
Über einen Arm des Kymijoki (Ahvinkoski) führt die Savukoski-Brücke, deren Seilkonstruktion bei ihrem Bau 1928 eine technische Neuerung war. Seit ihrer Restaurierung 1981 ist sie eine Museumsbrücke.

Kaunissaari

Eine beliebte Ferieninsel ist die seit jeher besiedelte Insel Kaunissaari (zu deutsch = 'Schöne Insel'). Die von Kiefernwäldern bedeckte Insel besitzt lange Sandstrände und ein idyllisches Fischerdorf mit einem Bootshafen.

Die Scheunendachkirche von Pyhtää bei Kotka

Kotka, Umgebung (Fortsetzung) Anjalankoski

Wenn man dem Lauf des Kymi-Flusses nach Norden folgt (ca. 30 km nördlich von Kotka) gelangt man nach Anjalankoski, einer kleinen Industriestadt mit Betrieben der Holz- und Papierindustrie. Erst 1975 schlossen sich die Gemeinden Anjala und Sippola auf den beiden Seiten des Flusses zu einer Stadt zusammen. In der Umgebung von Anjalankoski gibt es mehrere Stromschnellen, die für Wildwasserfahrten geeignet sind. Die mächtigste Stromschnelle ist Ahvionkoski.

Gutshof Anjala

Sehenswert ist der große Gutshof Anjala, der seit 1606 Sitz des einflußreichen Adelgeschlechts von Wrede war. Hier fand 1788 die Verschwörung von finnisch-schwedischen Offizieren gegen den schwedischen König Gustav III. statt. Die Holzbauten vom ausgehenden 18. Jh. beherbergen heute ein Museum zur Lokalgeschichte, eine Skulpturensammlung von Carl Henrik Wrede sowie eine Kunst- und Handwerksausstellung. Geöffnet Mitte Mai bis Mitte August täglich 11.00 – 17.00 Uhr.

Kouvola **K 12**

Gebiet: Südfinnland
Einwohnerzahl: 32 000
Postleitzahl: FIN-45101
Telefonvorwahl: 051

Lage und Allgemeines

Nördlich von Kotka liegt die Provinzhauptstadt von Kymi, Kouvola. Diese aufstrebende Industriestadt erhielt 1960 Stadtrechte. Sie ist aus einem kleinen Dorf hervorgegangen, das an der wichtigen Eisenbahnlinie Helsinki – St. Petersburg lag. Zar Nikolaus II. ließ hier 1910 eine große Garnison als Stützpunkt der russischen Besatzungstruppen bauen. Heute befinden sich in den architektonisch interessanten Kasernen aus rotem Backstein Einrichtungen der Universität. Die logistisch günstige Lage am Handelsweg

zwischen St. Petersburg und Westeuropa, die gute Infrastruktur und das günstige Preisniveau haben der Stadt einen wirtschaftlichen Aufschwung beschert. Vorherrschend ist die Planung industrieller Prozesse: Hier leben und arbeiten um die 2000 Ingenieure. Zeitungen, die in St. Petersburg und in Moskau in millionenfacher Auflage erscheinen, werden hier gedruckt.
Heute noch ist Kouvola ein geschäftiger Bahnknotenpunkt und ein Handelszentrum. Über Kouvola werden Öl aus Sibirien nach Westeuropa, finnische und US-amerikanische Hochtechnologie nach Rußland und China transportiert. Neue moderne Hochhäuser und Fußgängerzonen sorgen dafür, das bei Finnen etwas angeschlagene Image dieser Industriestadt aufzupolieren.

Lage und Allgemeines (Fortsetzung)

Sehenswertes in Kouvola

Museumsviertel Kaunisnurmi

In der Nähe des Bahnhofs wurden kürzlich die alten Holzhäuser des Arbeiterviertels Kaunisnurmi restauriert. Zu sehen sind mehrere Werkstätten von Handwerkern und Künstlern, eine alte Apotheke, das Haus des Eisenbahn-Vorstehers von 1890 und ein Röhrenradiomuseum (alle Museen am Mo. geschlossen).
In diesem Viertel befindet sich auch das moderne Kultur- und Tagungszentrum Kouvola-Haus, das neben dem Musikinstitut und einer Kunstschule auch das Kunstmuseum mit finnischen Kunstwerken nach 1960 beherbergt (geöffnet Di. – Fr. 11.00 – 18.00, Sa., So. 12.00 – 17.00 Uhr).

Vergügungspark Tykkimäki

Auf der Straße Richtung Lappeenranta kommt man nach 5 km zum Vergnügungspark Tykkimäki mit den beliebten Attraktionen Disco Jet, Kouvola-Karussel, Tintenfisch-Karussel und dem mystischen Haus. Das am besten ausgestattete Terrarium Skandinaviens bietet Schlangen und Krokodile aller Art (u. a. Mamba-Schlangen). An Wochenenden werden in dem Tanzpalast des Freizeitparks richtige Bälle veranstaltet.
Der Park ist geöffnet Mai bis Juni tägl. 12.00–18.00, Sa., So. bis 19.00 Uhr, vom 23. Juni bis 10. August tägl. bis 20.00 Uhr, 11. bis 31. August nur an Wochenenden.

Umgebung von Kouvola

Elimäki

An der Hauptstraße Nr. 6 liegt ca. 25 km südwestlich von Kouvola das Dorf Elimäki, das im 17. Jh. in den Besitz der Familie von Wrede kam (→ Kotka, Anjalankoski). Mehrere alte Herrenhäuser, z. B. das klassizistische, von C. L. Engel entworfene Haus Moisio, liegen in idyllischer ländlicher Gegend.

Arboretum Mustila

Das älteste, das Herrenhaus Mustila, ist seit 1901 im Besitz der Familie Tigerstedt. Bereits 1902 legte der Geologe Axel Tigerstedt ein in Skandinavien einzigartiges Versuchsgelände für Bäume und Zierpflanzen an. Zu sehen sind exotische Nadelbäume von riesigen Douglas-Fichten bis zu kleinen Wacholderarten. Das 120 ha große Arboretum Mustila lohnt besonders im Juni, wenn die Rhododendren blühen, einen Besuch und im Herbst, wenn die 130 Laubbaumarten und Sträucher in bunten Farben erstrahlen.

Valkeala

Nordöstlich von Kouvola erstrecken sich eine ausgedehnte Seenlandschaft und das Wildmarkgebiet von Valkeala. Auf der sog. Finnischen Goldroute fährt man mit dem Wasserbus "Tuuletar" über die idyllischen Seen Repovesi und Vuohijärvi. Das Schiff wendet an der See-Enge Lanpinsalmi.

Kanuroute Väliväylä

Ein Erlebnis ist die 113 km lange Kanuroute Väliväylä, die vom Saimaa-See bis zum Fluß Kymijoki führt (Karte bei den Fremdenverkehrsämtern Kouvola und Valkeala erhältlich). Sie weist einen Höhenunterschied von 19 m auf und führt über zehn Stromschnellen.

Wanderweg

Ein markierter Wanderweg führt durch die Wildmark von Valkeala. Die Route beginnt in Utti bei Valkeala und führt nach Norden bis Mouhu (Gesamt-

Kouvola, Wanderweg (Fortsetzung)

länge 120 km, kleinere Abschnitte möglich). Übernachten kann man in einer Schutzhütte. Höhepunkte der Wanderung sind die beinahe senkrecht aufragende Felswand des Berges Olhavanvuori – eine Herausforderung für geübte Bergsteiger – und die 50 m lange Hängebrücke über die See-Enge Lapinsalmi.

*Fabrikmuseum Verla bei Jaala

Etwa 20 km nordwestlich von Kouvola liegt das malerisch am Pyhäjärvi-See gelegene Dorf Jaala, das seit Jahrtausenden besiedelt ist, wie die frühgeschichtlichen Felsmalereien vom benachbarten Ort Verla bezeugen. Seit 1975 sind die Holzschleiferei und das Pappewerk Verla für Besucher zugänglich und legen Zeugnis von den Anfängen der finnischen Forstindustrie ab. Bis zur Schließung des Werks 1972 wurde hier nach dem gleichen handwerklichen Verfahren wie im 19. Jahrhundert Pappe hergestellt. Zu sehen sind die ursprüngliche Fabrikeinrichtung, die Maschinen, die Werksiedlung und das Herrenhaus. 1996 wurde das Fabrikmuseum Verla auf die UNESCO-Liste des Weltkulturerbes gesetzt. Geöffnet Mitte Mai bis Ende August Di.–So. 11.00–18.00 Uhr.

Kristiinankaupunki · Kristinestad E 10

Gebiet: Westfinnland
Einwohnerzahl: 9000
Postleitzahl: FIN-64100
Telefonvorwahl: 06

Lage und Allgemeines

Knapp 100 km südlich von Vaasa liegt, etwas abseits der Hauptstraße 8, das kleine Städtchen Kristiinankaupunki (schwed. Kristinestad). Weit mehr als die Hälfte der Einwohner sind schwedischsprachig, so daß der Name Kristinestad gebräuchlicher ist. Wenn man sich der Stadt über die große Brücke, die die Meeresbucht überspannt, nähert, ist man fasziniert von dem malerischen Panorama mit dem idyllischen Kleinstadtambiente.

Geschichte

Per Brahe gründete 1649 die Stadt, die nach der schwedischen Königin Christine benannt wurde, einer Tochter Gustav II. Adolfs. Handel und Seefahrt waren immer schon die wichtigsten Einkommensquellen der Stadt. Im 18. und 19. Jh. florierte die Hafenstadt, die zu einem wichtigen Umschlagplatz für Teer wurde und eine bedeutende Schiffswerft besaß. Mit dem Aufkommen der Dampfschiffahrt verlor Kristinestad zunehmend an Bedeutung. Viele Einwohner wanderten nach Schweden aus. Selbst die 1912 gebaute Eisenbahnverbindung konnte an dieser Entwicklung nichts ändern. Erst seit der Ansiedlung von Industriebetrieben in den 70er Jahren wurde die Abwanderungsbewegung gestoppt.

Sehenswertes in Kristinestad

*Altstadt

Da Kristinestad von größeren Bränden verschont blieb, sind bis heute bedeutende Teile der Altstadt mit Holzgebäuden aus dem 18. und 19. Jh. erhalten. Die Straßen sind gemäß der Gründungszeit im 17. Jh. im Schachbrettmuster angelegt. Eine Attraktion ist die schmale, nur 3 m breite Kissanpiiskaajankuja, übersetzt "Katzenpeitschergasse". Sie wurde vermutlich nach einem seltsamen Brauch benannt: Hier soll im letzten Jahrhundert ein städtischer Angestellter die Aufgabe gehabt haben, kranke Katzen zu töten, um die Ausbreitung der Pest zu verhindert.
Eine weitere Kuriosität ist das Zollhaus von 1720 neben der alten Kirche: In früherer Zeit mußte jeder Fremde Zoll bezahlen, um die Stadt betreten zu können. Sehenswert sind auch das zentral plazierte Rathaus, ein Empirebau von 1858, das Calrsro-Museum in einer alten Villa der Jahrhundertwende und das Seefahrtsmuseum (Salutorget 1), das einst für den Schiffsreeder Wendelin gebaut wurde.

Ulrika-Eleonora-Kirche

Der Turm der rotbemalten Ulrika-Eleonora-Kirche von 1700 neigt sich gegen Westen, um den Seestürmen standhalten zu können. Die Kirche bildet mit der schönen Orgel, der Rokoko-Kanzel und dem freistehenden Glokkenturm (1703) eine pittoreske Gesamterscheinung.

*Kaufmannshaus Lebell

Die interessanteste Sehenswürdigkeit ist jedoch das Kaufmannshaus der Familie Lebell (Strandgatan 51), das ein beredtes Zeugnis vom Lebensstil reicher Kaufleute an der Westküste ablegt. Das von außen bescheiden wirkende Holzhaus entfaltet in den zehn Zimmern verschiedener Stilrichtung seinen Reiz. Es wurde für den weltmännischen Casper Lebell Anfang des 18. Jh.s gebaut, der durch den Teerhandel reich geworden war. Bei einer Führung erfährt man wunderliche Geschichten vom Aufstieg und Fall der Familie Lebell und von der Lebensweise der Oberschicht in jener Zeit. Hier einige Beispiele ihres Irrglaubens, der auch in anderen europäischen Ländern üblich war: Die feine Gesellschaft puderte sich, weil sie glaubte, daß Krankheiten durch die Poren eindringen. Jedoch enthielt der Puder Bleiweiß, das Haarausfall und große Wunden verursachte. Zudem wusch man sich nie und öffnete die Fenster nicht, weil frische Luft schlecht für Kinder sei (?!). Wie vernünftig erscheinen dem Besucher die Dienstmägde, die alle Paar Tage die Sauna aufsuchten. Etwa sieben Liter Bier tranken zu jener Zeit fast alle pro Tag. Geöffnet Di. – Fr. 12.00 – 16.00 Uhr.

Umgebung von Kristinestad

Nach Norden

Wer Zeit hat, sollte anstelle der Hauptstraße die direkte Küstenstraße nach Norden wählen. Zwischen Malax und Närpes gibt es zahlreiche kleine Fischerdörfer, Windmühlen prägen das Landschaftsbild. Das langgestreckte Kaskinen ist mit seinen 1600 Einwohnern die kleinste Stadt Finnlands. Sie liegt auf einer Insel, ist jedoch über zwei Brücken zu erreichen.

Kaufmannshaus Lebell – der herrschaftliche gustavianische Salon in dem von außen bescheiden wirkenden Holzhaus

In den Kirchenställen von Närpes quartierten früher die Kirchenbesucher ihre Pferde ein oder übernachteten selbst hier.

Kristinestad (Fortsetzung) Närpes

Wenn man den kleinen Ort Närpes (finnisch Närpiö) erreicht, sieht man viele kleine Holzhäuser rund um die Steinkirche von 1435. Es handelt sich um ca. 150 Kirchenställe, in denen die Kirchenbesucher in früherer Zeit während des Gottesdienstes ihre Pferde einquartierten. Eine andere Version besagt, daß die Menschen selbst hier übernachteten, wenn sie von weither zum Kirchenbesuch anreisten. Auf jeden Fall sind diese Art von Bauten nur in Närpes erhalten. Närpes ist fast ausschließlich von schwedischsprachigen Finnen bewohnt, ebenso die weiter nördlich gelegene Gemeinde Korsnäs, die gar keinen finnischen Ortsnamen hat.

Nationalpark Lauhanvuori

Etwa 40 km östlich von Kristinestad erstreckt sich der Nationalpark Lauhanvuori. Der höchste Berg, Lauhanvuori, ragt 231 m über dem Meeresspiegel empor, angesichts der flachen Westküste eine erstaunliche Höhe. Hier gibt es zwei Wanderpfade, Campingplätze und einen Aussichtsturm.

Kuhmo — N 8

Gebiet: Zentralfinnland
Einwohnerzahl: 13 000
Postleitzahl: FIN-88900
Telefonvorwahl: 08

Lage und Allgemeines

In der nordostfinnischen Landschaft Kainuu liegt gut 100 km östlich von → Kajaani eine weitgehend unberührte, einsame Wildnis entlang der russischen Grenze mit schönen Seen und Flüssen, die zum Kanufahren und Wandern einladen. Mit einer Gesamtfläche von fast 5500 km² ist Kuhmo die flächenmäßig größte Gemeinde Finnlands. Das Städtchen in der ostfinnischen Einöde ist durch seine alljährlich im Juli veranstalteten Kammermusikfestspiele weit über die Landesgrenzen berühmt geworden. Der bedeutende Volksdichter Elias Lönnrot (→ Berühmte Persönlichkeiten) hat in Kuhmo die Liedersammlung "Kalevala", das Nationalepos Finnlands, zusammengetragen. Hervorzuheben ist auch das wilde Waldren, das in anderen Teilen Finnlands fast ausgestorben war. Hier kann man auch Bären und Wölfen begegnen, die aus den Weiten Rußlands herüberkommen.

Kuhmo, Lage und Allgemeines (Fortsetzung)

Seit dem frühen Mittelalter ist Kuhmo eine wichtige Handelsstation auf dem Weg von Rußland zum Exporthafen Oulu am Bottnischen Meerbusen. Als zu Beginn des 19. Jh.s die Teerproduktion im russischen Grenzgebiet aufblühte, wurden die Teerfässer auf Booten von Kuhmo über die Flüsse und Seen bis zum Oulujoki und dem 180 km entfernten Hafen von Oulu transportiert.

Geschichte

Einen Besuch lohnt die Bibliothek am Ufer der Stromschnellen Pajakka, die 1989 von den Architekten Nurmela, Raimoranta und Tasa gebaut wurde. Sie ist ein hervorragendes Beispiel für den hohen Standard zeitgenössischer finnischer Architektur.

Sehenswertes in Kuhmo

Etwas außerhalb an der Straße nach Suomussalmi liegt 3 km vom Ortszentrum das Kalevala-Dorf mit Rekonstruktionen alter Gebäude und Handwerksbetriebe. Dieser Themenpark soll die karelischen Traditionen, die im Nationalepos Kalevala geschildert werden, wieder aufleben lassen. Man kann das Häuschen des Kaplans Högmann besuchen, in dem Elias Lönnrot bei seinen Recherchen zum Kalevala übernachet hat. Geöffnet Mai bis September täglich 8.00 – 16.00, Juni bis August 9.00 – 18.00 Uhr. Hier gibt es auch ein gutes Hotel (→ Praktische Informationen: Hotels).

Kalevala-Dorf

In der Umgebung von Kuhmo gibt es etwa 230 km Wanderwege. Die Hauptroute ist der Fernwanderweg Urho Kekkonen (UKK-Reiti), der mit blauen Punkten und Bändchen markiert ist. Er wurde nach dem finnischen Staatspräsidenten Urho Kaleva Kekkonen (= UKK) benannt, der 1957 von Vuokatti (Umgebung von → Kajaani) durch den Nationalpark Hiidenportti (→ Praktische Informationen: Nationalparks) bis zu den → Koli-Bergen wanderte. In der Umgebung von Kuhmo trifft man alle 10 bis 20 km auf Feuerstellen und Unterstände, wo man Rast einlegen kann. Kürzere Rundwanderungen sind auch möglich. Eine kostenlose Wanderbroschüre erhält man beim Fremdenverkehrsamt Kuhmo (→ Praktische Informationen: Auskunft).

UKK-Wanderweg in der Umgebung

Ein- bis zweitägige Kanutouren kann man auf den Flüssen Vieksenjoki, Kalliojoki und Saunajoki unternehmen. Die 180 km lange Teerroute über mehrere Flüsse und Seen bis nach Oulu ist ohne größere technische Schwierigeiten zu bewältigen. Auskunft erteilt das Fremdenverkehrsamt in Kuhmo.

Kanufahren bei Kuhmo

Kuopio — L 10

Gebiet: Zentralfinnland
Einwohnerzahl: 84 000
Postleitzahl: FIN-70100
Telefonvorwahl: 017

Die mittelfinnische Stadt Kuopio liegt schön auf einer Halbinsel, die in den See Kallavesi hineinragt und nördlich von der Puijo-Höhe überragt wird. Die Stadt ist Wirtschafts- und Kulturzentrum sowie Sitz eines evangelischen Bischofs und des Erzbischofs der orthodoxen Kirche Finnlands. Kuopio hat seit 1972 eine Universität. Der Ort ist Mittelpunkt für den Schiffs- und Landverkehr in der flachen, durch Wald und Wasser abwechslungsreichen Landschaft Savo. Über den Saimaa-See und -Kanal ist Kuopio mit dem Finnischen Meerbusen verbunden.

Lage und Allgemeines

*Ferienort

Kuopio ist vor allem bei einheimischen Touristen ein sehr beliebter Ferienort. Von dem belebten Passsagierhafen starten zahlreiche Ausflugsboote, die durch die Inselwelt des Kallavesi-Sees führen; auf der Heinävesi-Route kommt man bis nach Savonlinna. Ende Juni / Anfang Juli ist die Stadt hoffnungslos überfüllt. Dann findet das Internationale Tanzfestival mit Höhepunkten des klassischen Balletts statt, die wohl bedeutendste Veranstaltung in Kuopio. Es ist das älteste Tanzfestival der nordischen Länder.

Geschichte

Im Jahre 1652 erhielt Kuopio von Per Brahe erstmals die Stadtrechte, die ihm 1782 von König Gustav III. dann endgültig verliehen wurden. Im Krieg von 1808 / 1809 ergab sich die Stadt zunächst kampflos der russischen Armee, wurde aber später von einer finnischen Einheit unter Führung von Oberst Sandels in einem Überraschungsangriff zurückerobert. Der Aufschwung der Stadt begann mit der Eröffnung des Saimaa-Kanals 1856.

Reges Markttreiben vor dem Rathaus in Kuopio.
Im Sommer finden auf dem Marktplatz oft Konzerte statt.

Johan Vilhelm Snellman

In Kuopio wirkte zwischen 1843 und 1849 der Philosoph, Politiker und Staatsmann Johan Vilhelm Snellman (→ Berühmte Persönlichkeiten), eine der hervorragendsten Persönlichkeiten Finnlands im 19. Jahrhundert, als Rektor des Gymnasiums. Er erreichte 1863 bei Alexander II., daß Finnisch neben Schwedisch und dem kaum benutzten Russisch Amtssprache im Großfürstentum Finnland wurde.

Sehenswertes in Kuopio

*Marktplatz

Der Marktplatz (Kauppatori) bildet den Mittelpunkt der Stadt: Im Sommer finden hier oft Konzerte und Tanzveranstaltungen statt, und man kann die örtliche Spezialität, das mit Brot überbackene Fisch-Fleisch-Gericht Kalakukko, bekommen. Gegenüber des prächtigen Rathauses (1884) von F. A. Sjöström im Stil der Neurenaissance steht die im Jugendstil gehaltene

Marktplatz (Fortsetzung)

Markthalle vom Beginn unseres Jahrhunderts. Jenseits der Kauppakatu befindet sich das Gymnasium (1825).

Dom und Snellman-Park

Durch die Kauppakatu gelangt man zum Dom, der östlich auf einer kleinen Anhöhe liegt. Er wurde 1815 von Pehr Granstedt nach Plänen von Jacob Rijf vollendet. Östlich schließt sich der Snellman-Park (Snellmanin puisto) an, mit einer Bronzestatue des finnischen Philosophen J. V. Snellman. Sein früheres Wohnhaus in der Snellmaninkatu 19 ist heute Museum.

Kuopio-Museum

Nördlich vom Park, in der Kauppakatu Nr. 23, liegt das Kuopio-Museum, ein schönes Jugendstilgebäude. Gezeigt werden kulturgeschichtliche und naturwissenschaftliche Sammlungen aus der Region Nord-Savo. Geöffnet Mo. – Fr. 9.00 – 16.00, Mi. bis 20.00, So. 11.00 – 18.00, im Sommer auch Sa. 9.00 – 16.00 Uhr.

Die Markthalle von Kuopio braucht den Vergleich mit der Markthalle von Helsinki nicht zu scheuen.

Kunstmuseum

In einem früheren Bankgebäude von 1904 ist in der Kauppakatu Nr. 35 ist seit 1980 das Kunstmuseum untergebracht. Es zeigt hauptsächlich finnische zeitgenössische Kunst und Wechselausstellungen. Die Sammlung der Stiftung Saastamoinen gibt einen guten Überblick über die finnische Kunst des ausgehenden 19. Jh.s bis in die 70er Jahre unseres Jahrhunderts. Geöffnet Mo. – Sa. 9.00 – 16.30, Mi bis 20.00, So. 11.00 – 18.00 Uhr.

Denkmal für Minna Canth

An der Ostseite des Snellman-Parks führt die Straße Maaherrankatu vorbei. An ihrem Nordende steht links in einer kleinen Anlage ein Denkmal der bedeutenden finnischen Schriftstellerin Minna Canth (1844 – 1897; → Berühmte Persönlichkeiten).

Fotographiezentrum und Freilichtmuseum

Südlich der Kirche liegt in der Kuninkaankatu 14 – 16 das zu einem Museum umfunktionierte Fotostudio (Valokuvakeskus) eines örtlichen Fotographen mit alten Kameras und Fotos. Weiter südlich folgt das Freilicht-

Kuopio

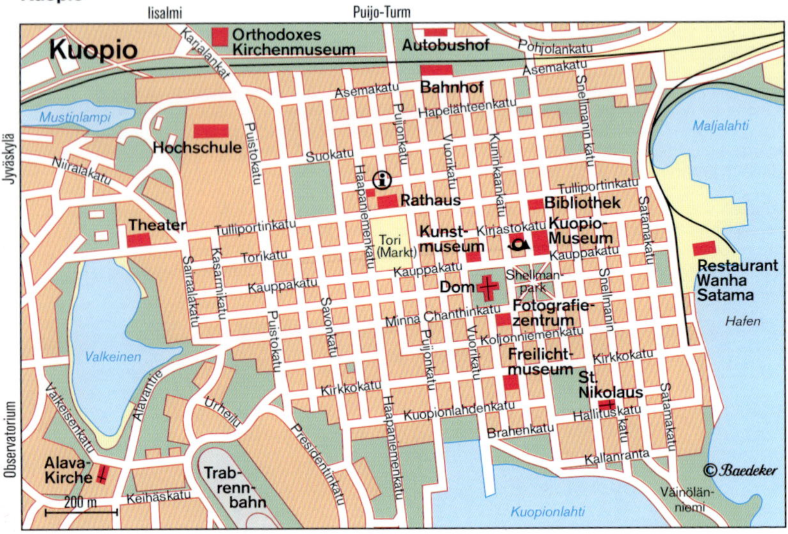

Fotographie-zentrum und Freilichtmuseum

museum Kuopio (Korttelimuseo; Eingang Kirkkokatu 22). In mehreren alten Holzhäusern werden historische Inneneinrichtungen verschiedener Stilepochen vom 18. Jh. bis in die 30er Jahre gezeigt, u. a. das Zimmer von Minna Canth. Geöffnet Mo.–Sa. 9.00–16.30, Mi. bis 20.00, So. 11.00 bis 18.00 Uhr.

Holzhäuser

Zwischen dem Fotographiezentrum und dem Freilichtmuseum sieht man in der Koljonniemenkatu und den Querstraßen Vuorikatu, Kuninkaankatu und Sorvarinkatu Häuser in finnischer Holzbauweise, wie sie im 18. Jahrhundert entwickelt wurde.

Kirche St. Nikolaus

Im Südosten der Stadt steht die orthodoxe Kirche St. Nikolaus von 1903 (Sepänkatu 7). Sie ist Sitz des Erzbischofs der orthodoxen Kirche Finnlands (Metropoliten), dem zwei Diözesen mit je etwa 30 000 Mitgliedern unterstehen: das Bistum Karelien mit 14 Gemeinden und das Bistum Helsinki mit 11 Gemeinden.

Halbinsel Väinölänniemi

Südlich der orthodoxen Kirche liegt die schmale Halbinsel Väinölänniemi – mit Parkanlagen, Sportplätzen, einem Badestrand und einem Sommerrestaurant an der Südspitze. Am Anfang der Halbinsel sieht man eine Statue von Hannes Kolehmainen, der 1920 bei den Olympischen Spielen den Marathonlauf gewann.

Theater

Im Westen der Stadt befindet sich, nahe der Sportanlage Valkeinen (Angeln), das moderne Stadttheater, das 1962 nach Plänen der Architekten Risto-Veikko Luukkonen und Helmer Stenros erbaut wurde. Nördlich von hier, am See Mustinlampi, gibt es ein Hallenbad und eine Bowlinghalle.

**Orthodoxes Kirchenmuseum

Die bedeutendste Sehenswürdigkeit von Kuopio, das Orthodoxe Kirchenmuseum, liegt nördlich der Innenstadt an der Karjalankatu Nr. 1. Dieses Museum gehört zu einem Gebäudekomplex, der auch die Wohnung des Erzbischofs, ein Priesterseminar und die Verwaltung der orthodoxen Kirche Finnlands, der zweiten finnischen Volkskirche, beherbergt. Das Museum wurde 1969 eröffnet und führt die bereits 1911 begonnene Museumstätigkeit des früheren Klosters Valamo im Ladogasee weiter (→ Joensuu, Umgebung: Kloster Uusi Valamo). Es ist eine der größten Sammlungen orthodoxer Kirchenschätze außerhalb von Rußland. Ausgestellt sind wertvolle Ikonen, Ikonostasen, Kenotaphen (geschmückte, leere Särge), Weihrauchbehälter und andere sakrale Gegenstände sowie liturgische Textilien, die mit Perlen und Edelsteinen reich verziert sind. Sie stammen meist aus den Klöstern Valamo, Petsamo und Konevitsa, die während des Zweiten Weltkriegs evakuiert werden mußten. Geöffnet Mai bis August Di.–So. 10.00 bis 16.00, Sept. bis April Mo.–Fr. 12.00–15.00, Sa., So. 12.00–17.00 Uhr.

Orthodoxes Kirchenmuseum (Fortsetzung)

Umgebung von Kuopio

*Aussichtspunkt (Puijo-Höhe)

Vom Orthodoxen Kirchenmuseum kann man nordwärts zu Fuß zu der bewaldeten Puijo-Höhe (finn. Puijomäki) gehen. Zwei Wanderwege führen bis zu einem der bekanntesten Reiseziele in Finnland: dem 75 m hohen Aussichtsturm, der sich 225 m über den Spiegel des Sees Kallavesi erhebt. Es gibt dort zwei Aussichtsplattformen und ein Restaurant (65 m ü.d.M.) mit rotierendem Fußboden, der sich in einer Stunde rund um seine Achse dreht. Von hier hat man einen hervorragenden Ausblick auf die Finnische Seenplatte, und man erhält einen guten Eindruck von den riesigen Wasserflächen. Geöffnet im Sommer 9.00–21.00 oder bis 22.00 Uhr.

Bauernhofmuseum

Kurz vor Kuopio lohnt ein Abstecher westwärts Richtung Karttula (36 km). Bei Riuttala (nördlich) kann man ein großes Bauernhofmuseum ansehen: Gezeigt werden Geräte, Hofanlagen und Tierhaltung im Stil des 19. Jh.s (noch in Betrieb). In Tervo, 14 km von Karttula entfernt, befindet sich das große Angelzentrum 'Lachsland' (Lohimaa).

Iisalmi

Rund 100 km nördlich von Kuopio liegt die Industriestadt Iisalmi am Nordufer des Porovesi mit 24 000 Einwohnern. In der Stadt wurde der Dichter Juhani Aho (1861–1921) geboren; während der beginnenden Industrialisie-

Puijo – ein beliebter Aussichtsturm in Kuopio

Attraktion für Kinder – Trolle beim Puijo-Turm

Umgebung von Kuopio, Iisalmi (Fortsetzung)

rung begründete er in Finnland den literarischen Realismus. Am Seeufer unweit der Brauerei (heute gibt es hier ein Brauereimuseum) sind einige Restaurants angesiedelt. Gegenüber des Bahnhofs verläuft die Savonkatu, die Hauptstraße der Stadt.

Orthodoxes Kulturzentrum Evakkokeskus

Das orthodoxe Kulturzentrum Evakkokeskus (Kirkkopuistonkatu 28) liegt mitten in Iisalmi und beherbergt das Hotel Artos, zwei Restaurants, ein Museum und Ausstellungsräume. Im Museum ist eine Sammlung von Ikonen und Modellen orthodoxer Kirchen aus Karelien zu sehen. Der große Speisesaal ist mit Fresken eines griechischen Malers im byzantinischen Stil gestaltet.
Die angrenzende Kirche wurde 1995 von einem russischen Künstler mit Fresken ausgeschmückt. Alljährlich im Juli wird das orthodoxe Prusniekka-Festival, das dem örtlichen Kirchenheiligen geweiht ist, im Kulturzentrum gefeiert.

Kuusamo N 7

Gebiet: Nordostfinnland
Höhe 250 m ü.d.M.
Einwohnerzahl: 19 000
Postleitzahl: FIN-93600
Telefonvorwahl: 08

Lage und Allgemeines

Die nordostfinnische Kleinstadt Kuusamo liegt auf einer Hochebene am Nordwestende des Sees Kuusamojärvi. Von hier fließen Flüsse in verschiedene Richtungen, nach Osten in die Dwina-Bucht des Weißen Meers und nach Westen in den Bottnischen Meerbusen. Das ausgedehnte Gebiet, das zur Großgemeinde Kuusamo gehört, wird wegen seiner Seen und Flüsse im Sommer und Winter viel besucht: im Sommer von Anglern, Sportfischern und Wanderern; im Winter bietet sich dort gutes Skigelände (Sprungschanze, Skilift und hervorragende Pisten und Loipen am Rukatunturi).

Kreuzungspunkt zweier Kulturen

Schon im 15. Jh. bildete Kuusamo einen bedeutsamen Kreuzungspunkt zweier Kulturen. Bis hierher reichte der Einflußbereich des damaligen schwedischen Reiches von Westen, und aus dem Osten kam der kulturelle Einfluß Rußlands.

Bevölkerung und Wirtschaft

Ein Viertel der Bevölkerung lebt von Land- und Forstwirtschaft, dazu gehören auch Rentier- und Pelztierzucht. Die meisten kleinen Industriebetriebe stellen Holzprodukte und Angelgeräte her oder beschäftigen sich mit der Fischverarbeitung. Nur etwa die Hälfte der Bevölkerung wohnt im eigentlichen Ort mit seiner weitläufigen Bebauung, dessen Zentrum der kleine Marktplatz ist (Wochenmarkt an Werktagen).

Sehenswertes in Kuusamo

Kirche

Die Kirche in Zentrumsnähe wurde 1951 gebaut und beherbergt zwei schöne Glocken mit interessanter Geschichte. 1944 hatten sie deutsche Soldaten aus der damaligen Kirche geborgen und auf dem Friedhof vergraben, um sie vor den anrückenden sowjetischen Truppen zu sichern. Nach dem Krieg blieben sie bis 1959 verschollen, als der einstmalige deutsche Regimentskommandeur Kuusamo besuchte und einen Plan der vergrabenen Glocken übergab.
Der schwedische König Karl XI. hatte die größere von beiden 1698 der Gemeinde geschenkt. Die kleinere Glocke erhielt die Stadt 1721 als Dank protestantischer Geistlicher, die während der Kriegswirren von 1700 bis 1721 in Kuusamo Zuflucht gefunden hatten.

Umgebung von Kuusamo

Kuusamo eignet sich sehr gut als Stützpunkt für Fahrten oder Wanderungen in die Umgebung mit ihren vielen Naturschönheiten. Ein besonderes Gepräge erhält die Landschaft durch den Gegensatz zwischen ausgedehnten Wasser- und Sumpfflächen und felsigen Partien. An den Seen sieht man oft Ufer aus steil abfallenden Granitfelsen; die Flüsse zwängen sich vielerorts durch tiefe Schluchten, in denen sie Stromschnellen bilden. Ausflüge

Ein lohnender Ausflug führt zum Rukatunturi an der Straße Nr. 5 (E 63). An dem 462 m hohen Berg gibt es 18 Lifte und 25 Abfahrtspisten. Der Sessellift ist auch im Sommer in Betrieb und bietet dem Besucher ein weites Panorama. Auf der längsten Kunstbobbahn Finnlands kann man wieder zum Ausgangspunkt zurückkehren. Rukatunturi

Von hier folgt man der Straße Nr. 5 noch 10 km und biegt dann rechts ab auf die Straße Nr. 950. Nach 5 km kommt man, vorbei an der Abzweigung nach Säkkilänvaara, nach Juuma mit den Stromschnellen von Jyrävä. Hier hat man die Gelegenheit zum Angeln. Juuma

Von dort fährt man zurück zur Straße 950; nach 9 km erreicht man den Ort Käylä. Dort abermals rechts und noch 15 km in Richtung Liikasenvaara – zum Informationszentrum des → Oulanka-Nationalparks. Hier kreuzt die Straße den Bärenpfad (Karhunkierros; → Karelien, S. 154). Nationalpark Oulanka; Stromschnelle

Etwa 50 km nördlich von Kuusamo liegt (über die Straße 913 zu erreichen) der drei Kilometer lange See Julma Ölky. Er liegt in einer tiefen Schlucht, deren Felswände bis zu 50 m hoch aus dem Wasser emporragen. Obwohl dieses Naturkunstwerk ziemlich klein ist, ist der Julma Ölki der berühmteste See der Region. Bei einem Bootsausflug sind am Ostufer die von einer Julma Ölky

Schlauchbootfahrten auf den Flüssen bei Kuusamo gehören sicher zu den aufregendsten Finnland-Erlebnissen.

Kuusamo, Julma Ölky (Fortsetzung)

gewölbten Felsplatte gebildete sogenannte "Teufelskirche" und die aus zahlreichen Bächen gespeiste Regenbogenquelle ("Sateenkaarilähde") zu sehen.

Kanufahren bei Kuusamo und im Oulanka-Nationalpark

Paddelreviere

Die bekanntesten Paddelreviere Kuusamos sind die Flüsse Kitka-, Kuusinki, Oulanka- und Iijoki. Durch einsam gelegene dichte Wälder fließen die Flüsse langsam dahin, können aber an bestimmten Stellen zu Wildwassern der schwierigsten Kategorien werden. Verhältnismäßig leicht sind, wie die klaren Seen in Kuusamo, die Flüsse Oulankajoki ab der Stromschnelle Kiutaköngäs und der Iijoki auch mit dem Kanadier zu befahren. Rastplätze gibt es an den wunderschönen Sandufern des stark mäandrierenden Flusses genug.

Kitkajoki

Anspruchsvoller, am besten mit Kanu und Spritzdecke zu fahren, wird es dann auf dem ungebändigten Kitkajoki. Er sollte spätestens ab Juuma nur noch dem Könner überlassen bleiben. Nur die ca. 14 km von der Einstiegsstelle bei Käylä nach Juuma sind leicht zu befahren. Der weitere Verlauf des Kitkajoki ist dann aber sehr anspruchsvoll. Bei der gefährlichen Stromschnelle von Jyrävä (Klasse VI) sollte niemand auch nur daran denken, an dieser Stelle in ein Boot zu steigen. Sie ist lebensgefährlich!

Hinweise

Da die meisten Stromschnellen der Klasse I bis III zugerechnet werden, sollten unerfahrene Paddler generell auf allen Flüssen eine Wildwasserfahrt nur mit ortskundigen Fremdenführern in Raftingbooten unternehmen. Um den richtigen Weg durch die im Frühsommer wilden Flüsse zu finden, sind hervorragende Streckenkenntnisse erforderlich. Im Spätsommer wird die Fahrt durch die dann im flacheren Wasser auftauchenden Steine erschwert.

Lahti J 11/12

Gebiet: Südfinnland
Einwohnerzahl: 96 000
Postleitzahl: FIN-15100
Telefonvorwahl: 03

Lage und Allgemeines

Die Stadt Lahti liegt etwa 100 km nordöstlich von Helsinki. Sie grenzt an das Südende des von bewaldeten Höhen umgebenen Sees Vesijärvi (82 m ü. d. M.; 113 km²) und an den nordwestlichen Rand des Höhenzugs Salpausselkä. Lahti, eine der größten Städte Finnlands, verdankt den raschen Aufschwung der verkehrsgünstigen Lage. Stadtrechte erhielt Lahti erst im Jahre 1905. Heute gibt es dort eine vielfältige Industrie: große Möbelfabriken, ferner Glas-, Textil-, Metall- und Elektroindustrie. Von kultureller Bedeutung sind ein großer Sender des finnischen Rundfunks und eine Musikhochschule.

*Wintersport

Lahti ist weit über die Landesgrenzen hinaus als Wintersportzentrum bekannt. Hier wurden seit 1926 bereits fünfmal, zuletzt 1989, die Weltmeisterschaften in den Nordischen Skisportdisziplinen ausgetragen. Im Februar jeden Jahres findet zwischen Lahti und → Hämeenlinna der Finlandia-Lauf, ein Skilanglauf, statt (→ Praktische Informationen: Wintersport). Anschließend werden im März die Salpausselkä-Winterspiele veranstaltet. Lahti bemüht sich, die Winterolympiade im Jahre 2006 auszurichten.

Kulturelle Veranstaltungen

Jedes Jahr im August finden ein Internationales Orgelfestival und ein Schriftstellerseminar statt. Alle zwei Jahre im Sommer gibt es in Lahti eine Internationale Plakatausstellung.

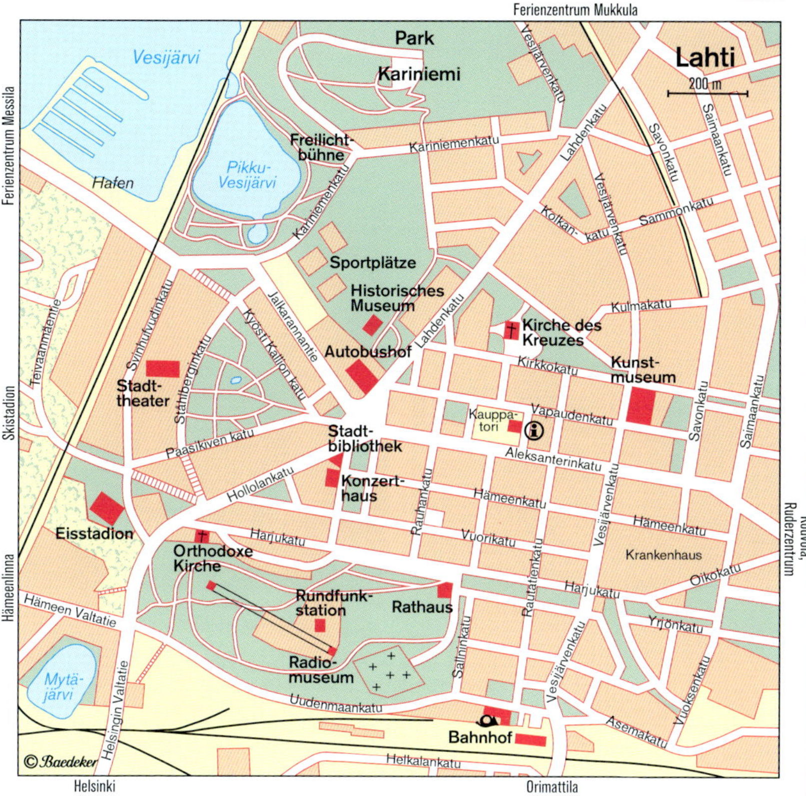

Sehenswertes in Lahti

Marktplatz

Den Mittelpunkt der Stadt bildet der große, von Geschäftshäusern umsäumte Marktplatz (Kauppatori); an der Nordseite steht eine Holzkirche. In der Kirkkokatu erhebt sich die Kirche des Kreuzes (Ristin Kirkko), ein Backsteinbau, der 1978 nach dem Entwurf von Alvar Aalto fertiggestellt wurde.

Historisches Museum

Westlich, am Ende der Kirkkokatu, befindet sich das Historische Museum. Seit 1968 ist es im Hauptgebäude eines Gutshofs untergebracht, der Ende des 19. Jh.s von einem Industriellen errichtet wurde. Gezeigt werden u.a. Gemälde und vorgeschichtliche Funde, die aus dem Besitz des Museums der ehemals finnischen Stadt Viipuri (heute Vyborg) stammen. Im benachbarten Park liegt die Freilichtbühne Kariranta (Sommertheater).
Die folgenden Öffnungszeiten gelten auch für andere Museen: Mo. – Fr. 10.00 – 17.00 Uhr, Sa., So. 11.00 – 17.00 Uhr.

Rathaus

Südlich vom Markt steht das Rathaus, ein monumentaler Ziegelbau im späten Jugendstil, der 1912 von dem finnischen Architekten Eliel Saarinen errichtet wurde. In der Innenstadt ist ferner die Konzerthalle (1954), nach Plänen der Architekten Kaija und Heikki Sirén gestaltet, sehenswert; am westlichen Stadtrand befindet sich das moderne Stadttheater (1983).

Das Geschichtsmuseum ist in einem alten Gutshaus untergebracht.

Der Turm der mittelalterlichen Steinkirche in Hollola wurde erst im 19. Jh. errichtet.

Denkmäler

Unweit vom Rathaus sieht man im Park eine Freiheitsstatue, die an die Befreiung der Stadt von kommunistischen Kampfgruppen erinnert. Auf dem nahen Friedhof steht ein Denkmal für 1918 gefallene deutsche Soldaten. Am Bahnhofsplatz (südöstlich) gibt es ein Reiterstandbild des Marschalls Mannerheim, das von Veikko Leppänen (1959) geschaffen wurde.

Rundfunkmuseum

Vom Friedhof gelangt man zur alten Rundfunkstation, in der über 1000 Objekte zur Rundfunktechnik ausgestellt sind – darunter alte Radio- und Fernsehgeräte und ein Rundfunkstudio der 1950er Jahre.

Kunstmuseum

Einen Besuch lohnt auch das Kunstmuseum in der Vesijarvenkatu 11, das eine Sammlung aus dem ehemaligen Museum von Vyborg und moderne finnische Kunst zeigt (u. a. Werke von Akseli Gallen-Kallela). Alle zwei Jahre veranstaltet das Kunstmuseum die internationale Plakatausstellung.

Sibeliushalle

Im Frühjahr 2000 wurde mit der Sibeliushalle einer der schönsten Konzertsäle Skandinaviens eröffnet. Das von den jungen finnischen Architekten Hannu Tikka und Kimmo Lintula entworfene Holzbauwerk beeindruckt sowohl mit seiner phantastischen Akustik wie auch mit seiner gewaltigen Glasfront, die den Blick auf den See freigibt.

Umgebung von Lahti

Wasserturm

In dem Stadtteil Kiveriö erhebt sich wie in allen finnischen Städten der modern gestaltete Wasserturm (finn. Mustankallionmäki) in 50 m Höhe. Vom Aussichtscafé hat man einen schönen Blick auf die Stadt.

Sportzentrum

Im Westen der Stadt erstreckt sich das Sportzentrum mit drei Sprungschanzen, zwei Freibädern, der Eishalle, dem Stadion und dem Ski-

Sportzentrum (Fortsetzung)

museum. Auf die 90 m hohe *Großschanze führt ein Fahrstuhl zu einer Aussichtsplattform, von der der Blick über das Sportgelände, die Stadt und den weitläufigen Vesijärvi schweift. Am Skistadion beginnt ein 150 km langes Netz von Wanderwegen, die im Winter als Langlaufloipen dienen.

Skimuseum

Das Skimuseum auf dem Sportgelände zeigt die Entwicklung des Wintersports von den Anfängen bis heute. Sportliche Eindrücke kann man auf einem Skisprungsimulator gewinnen oder indem man sich beim Skilanglauf versucht.

Tiirismaa

Etwa 11 km nordwestlich von Lahti erhebt sich der Tiirismaa (223 m ü. d. M.), ein Skizentrum mit zwei Skiliften und einer Slalomstrecke. Der Berg gehört zu den Ausläufern des Salpausselkä (= "Landrücken"), einer mächtigen eiszeitlichen Endmoräne, die in zwei parallelen Höhenrücken das Seengebiet Mittelfinnlands im Süden begrenzt und sich nordöstlich in einer Länge von 550 km bis Karelien hinzieht.

Freizeitzentrum Mukkula

In der Umgebung von Lahti gibt es mehrere beliebte Ferienzentren. Rund 5 km nördlich der Stadt liegt unweit des Bootshafens von Lahti, am Ostufer des Vesijärvi das Freizeit- und Ferienzentrum Mukkula. Hauptattraktion ist das zu einem Hotel umfunktionierte alte Herrenhaus des Gutshofes (→ Praktische Informationen: Hotels; Abbildung siehe S. 306).
Einige Kilometer nordöstlich, an der Straße nach Heinola, folgt das Freizeitgebiet Takkula.

Ferienzentrum Messilä

Etwa 8 km nordwestlich der Stadt am Ufer des Vesijärvi liegt das Ferienzentrum Messilä, das sich ebenfalls um einen gleichnamigen Gutshof entwickelt hat. Messilä ist zwar überwiegend als Skizentrum bekannt, doch gibt es hier auch Einrichtungen für Wassersport, Abenteuerspielplätze, einen 18-Loch-Golfplatz und Restaurants.

Von der Aussichtsplattform der Sprungschanze genießt man einen weiten Blick auf die Sportanlagen und die Stadt Lahti.

Umgebung von Lahti (Fortsetzung) Hollola

Weitere 8,5 km nordwestlich kommt man zu der Kirche von Hollola. Die alte, zweischiffige Steinkirche wurde bereits im 14. Jh. angelegt und ist eine der größten mittelalterlichen Dorfkirchen Finnlands; im Inneren gibt es schöne Holzschnitzereien. Gegenüber der Kirche wurde das Gemeindehaus 1902 im Stil der finnischen Nationalromantik errichtet.

Boots- und Dampferfahrten nach Heinola

Die Stadt Lahti ist Ausgangspunkt für Fahrten mit dem Tragflächenboot nach Heinola; die einfache Fahrt dauert ca. 3½ Stunden. Im Hochsommer werden darüber hinaus Dampferfahrten über den → Päijänne nach → Jyväskylä (10½ Std.) und Heinola (4½ Std.) veranstaltet.

Heinola

Rund 40 km nördlich von Lahti liegt der beliebte Erholungsort Heinola am Nordufer der Jyrängönvirta, einer Stromschnelle des Kyminjoki. Die 16 000 Einwohner zählende Stadt hat seit 1776 Stadtrechte und ist heute auch ein Bildungs- und Industriezentrum. Neben der schön gelegenen Holzkirche (1811) steht ein Glockenturm (1843), der vom Berliner Architekten Carl Ludwig Engel erbaut wurde.

Lappeenranta **M 11**

Gebiet: Südostfinnland
Einwohnerzahl: 56 000
Postleitzahl: FIN-53100
Telefonvorwahl: 05

Lage und Allgemeines

Die finnische Stadt Lappeenranta (Villmanstrand), im Jahre 1649 von Königin Kristina am Südufer des Lappvesi gegründet, ist der südlichste Ausgangspunkt des Schiffsverkehrs auf dem → Saimaasee. Wegen seiner exponierten Lage an der Grenze zum russischen Reich erhielt Lappeenranta schon im 17. Jh. eine Garnison (Kavallerie). Nahe bei Lappeenranta liegen zwei Grenzübergänge nach Rußland: Nuijamaa (Auto) und Vainikkala (Bahn). Lappeenranta ist eine der meistbesuchten Städte Finnlands.

Geschichte

Der aus einem mittelalterlichen Handelsplatz hervorgegangene Ort war 1741 Schauplatz einer entscheidenden Schlacht, in der ein schwedisch-finnisches Heer von den Russen geschlagen wurde. Im Frieden von Åbo (Turku) fiel Lappeenranta 1743 an Rußland, zu dem es bis 1811 gehörte. Aus dem 17./18. Jh. und der russischen Zeit stammen die stellenweise noch erhaltenen Wälle der einstigen Stadtbefestigung.
Nach der Entdeckung einer radioaktiven Mineralquelle (1824) entwickelte sich der Kurbetrieb, der vor allem russische Adlige anzog. Seit 1974 sind die Kureinrichtungen ganzjährig zugänglich; behandelt werden Herz- und Kreislauferkrankungen sowie Rheuma.

Saimaakanal

Lappeenranta ist der nördliche Endpunkt des Saimaakanals, dessen Bau von mehreren schwedischen Königen geplant, jedoch erst von Zar Alexander II. in Angriff genommen und 1856 vollendet wurde. Der Kanal führte bis Ende 1944 ausschließlich durch finnisches Gebiet. Dann wurde er geschlossen, da er fast in seiner gesamten Länge, einschließlich Viipuri, dem Endhafen am Finnischen Meerbusen, auf dem Gebiet lag, das Finnland an die Sowjetunion abtreten mußte. In den sechziger Jahren verpachtete die Sowjetunion dann den Kanalstreifen an Finnland, und die Finnen schufen auf der alten Trasse einen neuen Kanal mit modernen Schleusenanlagen. Auf dem Kanal dürfen jetzt auch Freizeitboote fahren.

Sehenswertes in Lappeenranta

Kauppakatu

Die Hauptstraße von Lappeenranta, die Kauppakatu, verläuft von Norden nach Süden. Nahe dem Marktplatz liegt unweit östlich der Kreuzung der

Kauppakatu (Fortsetzung)

Kauppakatu mit der Valtakatu die Kirche der alten Landgemeinde Lappee. Die 1794 erbaute Kirche mit dem freistehenden Glockenturm von 1856 wird von dem Park Keskuspuisto umgeben. In der Nähe befinden sich ein Soldatenfriedhof für Karelier, die im Krieg gegen die Sowjetunion (1941 – 1944) gefallen sind und ein Denkmal von Wäinö Aaltonen (1951).
In de Ecke Kauppakatu und Raastuvankatu erhebt sich das Rathaus, das im Jahre 1829 nach Plänen von Carl Ludwig Engel in Holz errichtet wurde.

Stadtkirche, Denkmal

Folgt man der Kauppakatu nach Norden, sieht man links auf einer Anhöhe (130 m ü. d. M.) die Stadtkirche von 1924, die 60 m über dem Saimaa liegt. Noch weiter nördlich steht – am Anfang einer in den Saimaa vorspringenden Halbinsel – im Alten Park das Denkmal zur Erinnerung an die Schlacht von 1741; damals wurden – nach einem schwedischen Angriff auf Rußland – die schwedisch-finnischen Truppen von der russischen Armee besiegt.

Museen in der alten Festung

Nordwestlich hinter dem Denkmal sind die rekonstruierten Reste alter Wallanlagen zu sehen. Im nördlichen Teil der Festung (Linnoitus) befindet sich das Südkarelische Museum mit Sammlungen zur südkarelischen Kulturgeschichte. Neben karelischen Trachten sind vor allem die Exponate aus der früher finnischen Stadt Vyborg (Viipuri) und das Modell der Stadt Vyborg interessant.
In der ehemaligen Festungswache befindet sich ein Kavalleriemuseum, in dem anhand von Uniformen, Sätteln und Waffen die Geschichte der finnischen Kavallerie dokumentiert wird. Auf dem Gebiet der alten Festung befindet sich auch ein Kunstmuseum mit Wechselausstellungen.
Alle Museen sind Mo. bis Fr. 10.00 – 18.00, Sa., So. 11.00 – 17.00 Uhr geöffnet. Die Eintrittskarte ist für alle Museen gültig.

Orthodoxe Kirche

Nordöstlich von dem erwähnten Denkmal steht, ebenfalls im Festungsviertel, die orthodoxe Kirche von 1785, eine der ältesten orthodoxe Kirchen Finnlands.

Schiffsausflüge

Unweit östlich erstreckt sich eine Bucht, die den Hafen von Lappeenranta bildet, den größten Binnenhafen Finnlands. Er ist Ausgangspunkt für Schiffsausflüge im Gebiet des Saimaasees. Eine Linie führt nach → Mikkeli, eine andere nach → Savonlinna. Kreuzfahrten, die einige Stunden oder auch mehrere Tage dauern, ergänzen das Angebot. Im Sommer werden Fahrten zum Saimaakanal und zur russischen Grenze, durch den Saimaakanal nach Vyborg (ehemals finn. Viipuri) und → Helsinki, ferner nach St. Petersburg (auch Busfahrten) veranstaltet.

Sehenswertes am Hafen

Am südlichen Ufer der Bucht befindet sich die zuvor erwähnte Kuranstalt. Am Nordende der Ainonkatu liegt das Oldtimer-Schiff "Prinsessa Armaada" (Restaurant). Im Osten der Bucht erstreckt sich der Kimpinen-Park mit einem Badestrand.

Wasserturm

Östlich der Stadt, in Richtung Imatra, steht rechts der Wasserturm mit einem Café, von dem sich eine weite Aussicht bietet. Im Stadtteil Lauritsala (an der Straße nach Imatra) trifft man auf eine alte Kirche (1785) und eine neue Kirche (1969).

Umgebung von Lappeenranta

Imatra Wasserfälle

Etwa 40 km nordöstlich von Lappeenranta liegt die Stadt Imatra, die wegen der Wasserfälle schon im 19. Jahrhundert ein beliebtes Reiseziel war. Bei Imatra fällt der Vuoksen – eine Verbindung zwischen Saimaa und Finnischem Meerbusen – auf einer kurzen Strecke um 18 m; das Wasser hat sich mit der Kraft seines Falls eine 20 m breite Rinne in den Granit gegraben. Heute dient es, umgeleitet, der Stromerzeugung. Nur am frühen Sonntagnachmittag werden im Sommer die Schleusen für das alte Bett geöffnet.

Umgebung von Lappeenranta, Imatra (Fortsetzung)
*Valtionhotelli

Direkt an den Stromschnellen entstand während der Zarenzeit das eindrucksvolle Valtionhotelli (Staatshotel), ein 1902 im Jugendstil errichtetes Gebäude, das Imatras Stellung als wichtiger Punkt des Fremdenverkehrs begründete. Selbst hohe Staatsgäste wie 1997 der deutsche Bundespräsident Roman Herzog wählen dieses traditionsreiche Hotel bei ihrem Aufenthalt im Seengebiet. Am westlichen Ufer befindet sich ein Touristenzentrum: Es gibt dort einen Campingplatz, Bungalows, Herbergen für Wanderer, eine Reitschule, einen Bootshafen und Badestrände.

*Gemeindezentrum von Alvar Aalto

Im Stadtteil Vuoksennista sollte man das Gemeindezentrum, das 1959 von Alvar Aalto errichtet wurde, ansehen: Dazu gehören eine Kirche, ein Pfarrhaus, eine Friedhofskapelle und Gemeindehäuser.

Lappland

A–N 2–6

Gebiet: Nordfinnland
Fläche: 98 937 km² (30% der Gesamtfläche Finnlands)
Bevölkerungsdichte: 2,2 Personen pro km²
Sprache: Finnisch, Samisch

Gebiet und Allgemeines

Unter 'Lappland' versteht man geographisch den nördlichen Teil Skandinaviens, an dem politisch Norwegen, Schweden, Finnland und Rußland Anteil haben; von den Skandinaviern selbst wird die Region meist als 'Nordkalotte' bezeichnet. Das Gesamtgebiet von Lappland umfaßt eine Fläche von etwa 260 000 km², die sich von den norwegischen und nordschwedischen Bergen nach Finnland hin senkt; im Süden ist es größtenteils von Wald, im Norden von baumloser Tundra und Sümpfen bedeckt. Die Bevölkerung Lapplands beläuft sich auf etwa 380 000 Einwohner, von denen 30 000 – 32 000 Samen (Lappen) sind, davon ca. 5000 in Finnland.
Verwaltungszentrum ist → Rovaniemi unweit südlich des Polarkreises.

*Landschaftsbild

Finnisch-Lappland (finn. Lappi), ein waldbedecktes Hügel- und Sumpfland, ähnelt in vieler Beziehung dem schwedischen Lappland, doch sind die Höhen geringer. Nur im äußersten Nordwesten, wo ein Zipfel noch in das skandinavische Hochgebirge hineinragt, erreicht der Haltiatunturi, der höchste Berg Finnlands, eine Höhe von 1328 m ü.d.M. Fast ganz Finnisch-Lappland ist mit Wald bedeckt; im Süden herrscht die Fichte vor, jenseits des großen → Inarisees gibt es nur noch Kiefern und Birken. In einzelnen höheren Lagen findet man auch hier flechtenbedeckte Tundra. Durch mehrere Straßen und die Errichtung guter Unterkunftsmöglichkeiten ist das Gebiet heute auch für den Fremden leichter zugänglich.
Finnisch-Lappland mit seinem uneinheitlichen Erscheinungsbild unterscheidet sich deutlich vom übrigen Finnland. Man kann von fünf großen Landschaftsgebieten sprechen: Das an den Bottnischen Meerbusen angrenzende Kemi-Tornio-Gebiet mit flachen Küsten, an die sich im weiteren Verlauf im Norden hügelige, bewaldete Höhenzüge anschließen; Westlappland, durch das der malerische Fluß Tornionjoki fließt. Zentrallappland und Ostlappland zeichnen sich durch sehr weitläufige Waldflächen und offene Moorflächen aus. In Nordlappland bestimmen weite, sanft wellige Fjällflächen, die noch zu den Ausläufern der Skanden gehören, das Landschaftsbild. Während im Südteil Lapplands die Fichte vorherrscht, rückt jenseits des großen Inari-Sees die Kiefer und die Birke an ihre Stelle.

Klima

Lappland ist der kontinentalen Klimazone zuzurechnen. Trockene, kalte Winter und niederschlagsarme, relativ warme Sommer herrschen vor. Frühling, Sommer und Herbst sind sehr kurz, der Winter dauert ca. ein halbes Jahr. Da Lappland nördlich des Polarkreises liegt, scheint im Som-

Ein Land voll herber Schönheit – Rentiersafaris in Lappland gehören sicher zu den aufregendsten Winteraktivitäten in Finnland. ▸

Klima (Fortsetzung)

mer die Mitternachtssonne, wogegen im Winter die dunkle Polarnacht herrscht. Siehe dazu → Polarkreis sowie → Zahlen und Fakten: Klima.

Rentiere

Hauptbesitz der Samen sind die Rentiere (skandinavisch 'ren'; finn. 'poro'), eine kälteliebende Hirschart, bei der beide Geschlechter Geweihe tragen; die Zahl dieser Tiere in Lappland wird auf etwa 750 000 geschätzt. Ein einzelner Same muß für seinen Lebensunterhalt mindestens 100–200 Stück haben, doch überschreitet sein Besitz nur selten die Zahl von 500. Mit 800 Tieren ist er ein reicher Mann, doch kommen auch Herden von mehreren tausend Stück vor, die aber dann einer zusammen wandernden Familie gehören. Eigentümlich ist das Knacken der Hufgelenke, das beim Wandern einer Herde auf hartem Boden deutlich hörbar wird. Da eine von Rentieren abgeweidete Gegend viele Jahre zur Erholung braucht, benötigen die Herden für ihre Ernährung ausgedehnte Gebiete. Die Reaktorkatastrophe von Tschernobyl (1986) hat die Weidegründe stark geschädigt. Neben der Rentierhaltung betreiben die Samen häufig auch noch weitere Viehwirtschaft und etwas Ackerbau.

Weitere Tiere

Braunbären kommen nur noch selten vor, der Luchs ist mit dem Vordringen der Zivilisation fast verschwunden. Im Winter dringen Wölfe bis zu den Siedlungen vor.

Kollisionen mit Elchen

Nicht auszuschließen sind in Lappland Kollisionen mit Elchen und mit Rentieren, gerade auf breiten Straßen, denn die Tiere bevorzugen diese, da hier ein bißchen Wind weht und die Mücken ihnen darum weniger zusetzen. Elche haben zwar dünne Beine, sind jedoch sehr groß und können bis zu 800 kg wiegen. Bei einem Zusammenprall mit einem Pkw zertrümmert meist der schwere Leib des Elchs die Windschutzscheibe. Falls ein Tier dennoch verendend liegen bleibt, sollte man den nächsten Einheimischen benachrichtigen und mit ihm zur Unfallstelle fahren, damit er das Tier tötet. Danach informiert man den nächsten Polizei- oder Grenzposten. Elche gelten als herrenloses Gut: Dennoch hat man kein Recht auf das durch Unfall umgekommene Tier, da nur Inhaber einer Abschußgenehmigung den Elch verwerten dürfen, wobei auch veterinärpolizeiliche Vorschriften zu beachten sind. Rentiere haben stets einen Eigentümer; daher macht man sich des Diebstahls schuldig, wenn man ein verletztes Tier mitnimmt.
Bei Unfällen dieser Art wird nur der Verlauf zu Protokoll genommen und dann ohne Untersuchung der Schuldfrage zu den Akten gelegt. Der Autofahrer wird auf keinen Fall zum Schadenersatz herangezogen, weil der Besitzer des Tiers seinen Anspruch gegen den Staat geltend machen kann. Da der vom Unfall betroffene Autofahrer weder straf- noch zivilrechtliche Folgen befürchten muß, kann er ohne Sorge die eben beschriebene Prozedur nach dem Unfall einhalten.
Entzug durch Flucht führt in der Regel zu schlimmen Folgen. Jeder Einheimische wird die charakteristische Beule am Unfallwagen richtig deuten, und der 'Einöd-Telegraf' wird sie schnell mit dem Unfall, der vor wenigen Stunden oder Tagen in ein paar Dutzend oder hundert Kilometer Entfernung geschehen ist, in Verbindung bringen.

Samen

Bilder s. S. 7, 27

Die Samen (Lappen) selbst nennen sich 'sameh' oder 'sabmek' (Mehrzahl), was 'Sumpfleute' bedeutet. Ihre Herkunft liegt im Dunkeln; sie sind klein, haben einen runden Schädel und ein breites Gesicht, gelbliche Haut und dunkles Haar. Ihre Sprache ist dem Finnischen verwandt. Obwohl die christliche Mission bei den Samen schon im 17. Jh. begann, haben sich bis heute verschiedene heidnische Bräuche erhalten.
Man unterscheidet im allgemeinen drei Gruppen von Samen: die an Zahl immer geringer werdenden nomadisierenden Bergsamen, die mit ihren

Samen (Fortsetzung)

Rentierherden regelmäßige Wanderungen zwischen den Wald- und Bergregionen unternehmen; die mit ihren Herden in bestimmten Gebieten seßhaften Waldsamen und die vom Fischfang lebenden See- oder Fischsamen.

Tracht der Samen

Die Tracht der Samen, die sich bei Männern und Frauen nur wenig unterscheidet, besteht aus einem knielangen Rock aus blauem oder braunem Tuch, der mit roten und gelben Borten besetzt ist, und enganliegenden Tuchhosen. Dazu gehört eine Mütze aus gleichem Stoff. Die Schuhe sind aus weichem Leder, mit aufgebogener Spitze ('gabmagak'; Pelzstiefel 'skalkomager'). Im Winter ist der ganze Anzug aus Rentierfell. Trachten und Schnitzereien aus Rentierhorn werden auch an Touristen verkauft.

Wohnungen und Verkehrsmittel der Samen

Die Samen leben meist in kleinen Holz- und Erdhütten ('gammen'; lappisch 'darfe goattek'), die Wanderlappen auch in Leinwandzelten (finn. 'kota'), die oben eine Öffnung für den Rauchabzug haben. Die 'pulka' oder 'akja', ein bootförmiger Schlitten, vor den man mit einer einzigen Leine ein Rentier spannt, wird nur noch selten im Alltag verwendet. Innerhalb weniger Jahre ist der Motorschlitten zum Hauptverkehrsmittel geworden.

Autonomiebestrebungen

In den achtziger Jahren haben sich die Samen in den skandinavischen Ländern weitgehend politische Rechte als Minderheit ertrotzt. Anders als in Norwegen und Schweden gibt es in Finnland keine autonomen Parlamente. An zahlreichen Schulen wird jedoch zweisprachiger Unterricht angeboten. Nicht zu übersehen ist indessen, daß immer weniger Samen in der Lage sind, noch der traditionellen Lebens- und Wirtschaftsweise zu folgen.

Gold in Lappland

Erst 1996 wurden im finnischen Teil Lapplands umfangreiche Goldvorkommen entdeckt. Nach Meinung der Geologen ließen sich aus der Ader etwa zehn Tonnen Gold schürfen, das einem Marktwert von rund 200 Mio. DM entspricht.

Sehenswertes in Lappland

Nationalparks und Naturparks

Übersichtskarte s. S. 195

Das sehr dünn besiedelte Lappland zeichnet sich durch weitgehend unberührte Landschaften aus, die zum Teil zu Nationalparks (finnisch "kansallispuisto") oder Naturparks (finnisch "luonnonpuisto") erklärt wurden. Viele von ihnen sind beliebte Wandergebiete und werden in diesem Reiseführer als Hauptstichworte behandelt: → Lemmenjoki-Nationalpark (2855 km^2), Inari-Utsjoki; → Oulanka-Nationalpark (279 km^2), Salla-Kuusamo; Nationalpark → Pallas – Ounastunturi (500 km^2), Muonio- Enontekio; Pyhätunturi (43 km^2; → Rovaniemi), Kemijärvi-Pelkosenniemi; Riisitunturi (77 km^2), Posio; → Urho-Kekkonen-Nationalpark (2500 km^2), Salla-Savukoski-Sodankylä-Inari.

Hinweis für Wanderer

Wer in Lappland wandern will, sollte sich mit festem Schuhwerk, guten Karten, einem Kompaß und ausreichend Proviant versehen. Lappland ist schön, aber es hat seinen eigenen Charakter, der sich u.a. in sehr schnellen Wetterumschwüngen äußern kann. Von Alleingängen ist abzuraten.

Ökologisches Gleichgewicht

Das ökologische Gleichgewicht Lapplands ist sehr empfindlich und verlangt von den Besuchern größte Rücksichtnahme. So dauert es beispielsweise Jahrzehnte, bis der Rost eine Blechdose vernichtet hat, da die Korrosion nur in den wenigen frostfreien Monaten fortschreitet.

Feuergefahr

Während der trockenen Sommermonate ist äußerste Vorsicht mit offenem Feuer geboten. Während dieser Zeit bestehen bestimmte Alarmstufen, die das Feueranzünden einschränken. Der Lapplandbesucher ist verpflichtet, sich über die jeweiligen Alarmsituationen zu informieren, weil Unkenntnis nicht vor einer hohen Geldstrafe schützt. Bei jedem Wetter sollte man den Lagerplatz erst verlassen, wenn das offene Feuer bis zur letzten Glut gelöscht ist!

Mountain-Bike

Wer mit dem Mountain Bike unterwegs ist, sollte bedenken, daß die Bodenkrume in Lappland extrem dünn ist und sich nur äußerst langsam wiederbildet. Daher nur auf befestigten Wegen fahren!

*Eismeerstraße Sodankylä

In → Rovaniemi beginnt die wichtigste Verkehrsachse Finnisch-Lapplands nach Norden: die Eismeerstraße (Straße Nr. 4; z.T. E 75; → Routenvorschläge: Route 4). Sie führt über lange gerade Streckenabschnitte nach Sodankylä, dem stark vom Tourismus greprägten Geschäfts- und Kulturzentrum der großflächigen Gemeinde. Sehenswert sind besonders die alte Kirche (1689), heute Museum, und die neue Kirche (1859), ferner das moderne

Rathaus und die Galerie mit Werken des lappländischen Malers Andreas Alariesto. Im Juni finden hier Filmfestspiele statt.

Lappland
Eismeerstraße
(Fortsetzung)

Die Straße Nr. 4 (E 75) führt weiter an den großen Wasserreservoirs Porttipahta und Lokka vorbei nach Norden. Nach knapp 100 km gelangt man zum → Urho-Kekkonen-Nationalpark.

Urho-Kekkonen-Nationalpark

Lemmenjoki-Nationalpark J/K 4

Gebiet: Nordfinnland, Lappland

Anfahrt

Von Inari / Ânar (Ânar ist der samische Name für Inari) fährt man in südwestliche Richtung nach Kittilä. Hinter Menesjärvi biegt man zum Dorf Njurkulahti (Zeltplätze, Privatunterkünfte und Feriendorf) ab. Motorbootverkehr zum Ravadasjärvi und nach Kultsastama. Hier beginnt auch ein Pfad (14 km) zu einer Hütte am See Ravadasjärvi.

Lage und
*Landschaftsbild

Nachdem der landschaftlich schöne Nationalpark Lemmenjoki nahe der norwegischen Grenze im Norden von → Lappland (siehe Übersichtskarte S. 195) bis 1982 zweimal erweitert wurde, ist er nun der größte und bekannteste Park Finnlands. Zusammen mit dem benachbarten norwegischen Nationalpark Øvre Anarjokka bildet er ein Schutzgebiet mit einer Fläche von 4 000 km^2.

Gebirgsgruppen

Mehrere Gebirgsgruppen umrahmen den Kern des Parks. Im Osten liegen der Viipustunturit / Viibustuoddarak (599 m) und der Maarestatunturit / Marastaktuoddarak (593 m). Im Nordwesten ragt steil und schmal die Kette des Kietsimätunturit / Skiehttamtuoddarak (555 m) und im Süden die Berge Skärritunturi / Skierreoaivi und Peltotunturit / Peäldotuoddar. Von ihnen wird

Reißender Fluß im Lemmenjoki-Nationalpark

Lemmenjoki-Nationalpark (Fortsetzung)

ein weites Tiefland mit spärlichem Birken- und Kiefernbewuchs eingeschlossen. Entlang der Flüsse und Bäche breiten sich ausgedehnte Aapamoore aus.

Flüsse

Auf einer Wasserscheide gelegen, entspringen im Park zahlreiche Flüsse: Ivalojoki/Avveel, Repojoki/Riebanjohka, Lemmenjoki/Leämmi, Vaskojoki/Faku und Inarijoki-Teno/Ânarjohka-Teädnu. Bevor auch Lappland durch Straßen erschlossen wurde, waren diese Flüsse die wichtigsten Verkehrsverbindungen der heimischen Samen. Besonders sehenswert ist, eingebettet in die Fjällgruppen Viipus- und Maarestatunturit, das Tal des Lemmenjoki (samisch: Leämmi).

Samen

Das Wildmarksgebiet um den Lemmenjoki ist ein traditionelles Siedlungsgebiet der Samen. Zahlreiche Dörfer der Samen umgeben den Park in allen Richtungen. Rentierhaltung, Fischfang, Beerensammeln und der Schneehuhnfang waren und sind die wichtigsten Einnahmequellen für die hier lebenden Samen. Am Rajajoki kann bei Sallivaara ein alter Rentierscheidungsplatz besichtigt werden. Das typische Samendorf Lisma liegt direkt im Park.

Goldfunde

Goldfunde im Gebiet des Maarestatunturit führten in den 40er Jahren des letzten Jahrhunderts zu einem kleineren Goldrausch. Auch heute sieht man zuweilen “Glücksritter” beim Goldwaschen.

Wanderungen

Markierte Rundwanderwege gibt es nur entlang des Lemmenjoki und im Fjäll von Maarestunturit. Eine Wanderung vermittelt einen Eindruck von der abwechslungsreichen Landschaft Lapplands und führt auch in die Gebiete der Goldwäscher. Entlang dieser Wege sind die offiziellen Zeltplätze mit Feuerstellen eingerichtet. Außerhalb dieser erschlossenen Bereiche herrscht aber ursprüngliche Wildnis, durch die keine Wege führen. Vereinzelt stehen Hütten für Übernachtungen zur Verfügung. Bevor man zu einer Wanderung aufbricht, sollte man dafür sorgen, gutes Kartenmaterial, einen Kompaß und ein Mückenschutzmittel im Gepäck zu haben.

Lieksa

→ Karelien

Mikkeli L 11

Gebiet: Südfinnland
Einwohnerzahl: 32 000
Postleitzahl: FIN-50100
Telefonvorwahl: 015

Lage und Allgemeines

Die finnische Stadt Mikkeli (schwed. St. Michel), nach dem Erzengel Michael benannt, liegt an einer westlichen Verzweigung des Saimaasees an der Straße Nr. 5, 128 km von Lahti und 230 km von Helsinki entfernt. Sie ist Verwaltungssitz der Provinz Ostfinnland. Die Gegend von Mikkeli war schon vor mehr als tausend Jahren besiedelt. Hier entstand die erste christliche Gemeinde der Landschaft Savo; heute ist noch die aus Stein erbaute Sakristei der mittelalterlichen Holzkirche von Savilahti vorhanden.

Geschichte

Das Kirchdorf St. Michel erhielt im Jahre 1745 die Markt- und dann später im Jahre 1838 auch die Stadtrechte. 1834 wurde St. Michel Provinzhauptstadt und 1945 Bischofssitz. Im 17. Jh. erhielt Mikkeli bereits eine Garnison. Während des Zweiten Weltkriegs spielte die Stadt als Standort des Hauptquartiers des bedeutenden finnischen Marschalls Carl Gustav Man-

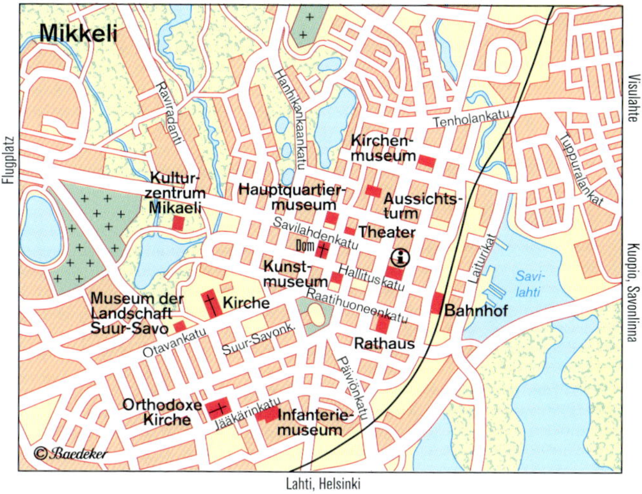

nerheim eine herausragende Rolle. Drei für die Geschichte Finnlands sehr bedeutende Feldzüge sollen in diesem Zusammenhang nicht unerwähnt bleiben: zum einen der Winterkrieg 1939/1940 und nach einem Jahr des Friedens ein erneuter Krieg 1941–1944 gegen sowjetische Truppen, zum anderen der Lapplandkrieg 1944/1945 gegen die deutschen Streitkräfte. Daran erinnern das Freiheitskreuz und die Marschallstäbe im Wappen der Stadt Mikkeli. Im Jahre 1872 erhielt Mikkeli ein Gymnasium. In der zweiten Hälfte des 19. Jh.s nahm die Wirtschaft im Zuge der Industrialisierung einen starken Aufschwung. In dieser Zeit wurde die wirtschaftliche Grundlage für den jetzigen Wohlstand der Stadt gelegt. Heute ist Mikkeli Sitz von Betrieben der Holzveredlung sowie der Textil- und Metallverarbeitung.

Geschichte (Fortsetzung)

Sehenswertes in Mikkeli

Domkirche

Der aus Backstein erbaute neugotische Dom stammt aus dem Jahre 1897. Im Inneren beeindruckt ein Altargemälde von Pekka Halonen, das den Gekreuzigten sowie Maria und Johannes zeigt (um 1900). Ebenfalls am Altar befinden sich Glasmalereien. Geöffnet Juni bis August tägl. 10.00 – 18.00, sonst Mo. – Fr. 10.00 – 11.00 Uhr.

Kunstmuseum

Im Kunstmuseum sind die Gemäldesammlung von Martti Airio und Skulpturen von Johannes Haapasalo zu sehen. Ferner gibt es auch interessante Wechselausstellungen überwiegend finnischer Künstler. Geöffnet Di. – So. 12.00 – 18.00, Sa. 12.00 – 15.00 Uhr. Vom Kunstmuseum führt die Hallituskatu direkt zum Bahnhof. Hier steht der Eisenbahnwagen des legendären Marschalls Mannerheim, der sein Hauptquartier (Päämaja) in Mikkeli hatte.

Hauptquartiermuseum

Neben dem Arbeitszimmer von Marschall Mannerheim ist vor allem die Multimediashow "Lokki-Peli" zu empfehlen, die über die Tätigkeit des während des Zweiten Weltkriegs hier stationierten Hauptquartiers Auskunft gibt. Geöffnet Mitte Mai bis Ende August täglich 10.00 – 17.00 Uhr.
Im Zentrum von Mikkeli laden auch das architektonisch ansprechende Kulturzentrum Mikaeli, das auf kunstvolle Art in die Natur eingebunden ist, das 1843 von Carl Ludwig Engel erbaute Gebäude der Provinzverwaltung und das Rathaus von 1912 zu einer Besichtigung ein.

Mikkeli (Fortsetzung) Kirche der Landgemeinde

Im Osten der Stadt steht d, eine stattliche ostfinnische Doppelkreuzkirche aus Holz (1816), die mit 2000 Sitzplätzen die drittgrößte Holzkirche Finnlands ist. Geöffnet Mitte Juni bis Mitte August So. – Fr. 10.00 – 17.00 Uhr.

Savo-Landschaftsmuseum

In der Nähe dieser Kirche befindet sich das Museum der Landschaft Suur-Savo (Otavankatu Nr. 11). In einem umgestalteten Kornspeicher von 1848 werden dort historische und ethnologische Sammlungen gezeigt.

Orthodoxe Kirche

Etwas südlich des Landschaftsmuseums liegt die orthodoxe Kirche (1957), ein moderner Bau, der nach Plänen von Ilmari Ahonen errichtet wurde. Sie ist dem Erzengel Michael geweiht.

Aussichtsturm

Mitten in der Stadt erhebt sich der Hügel Naisvuori. In dem Freilichttheater auf dem Berggipfel finden im Sommer Theateraufführungen statt. Hier befindet sich auch ein stark frequentierter Aussichtturm, der 1911 von Selim Landqvist ursprünglich als Wasserturm erbaut und erst in den 50er Jahren umgebaut wurde. Der schöne Rundblick, ein Café, ein in den Fels hineingebautes Hallenbad und Wechselausstellungen laden zum Verweilen ein.

Kirchenmuseum

Nordöstlich, am Ende der Porrassalmenkatu, steht die Steinsakristei (Kivisakasti) einer Holzkirche, die 1320 in Savilahti erbaut und im 18. Jh. abgerissen wurde. Die Sakristei beherbergt heute ein Kirchenmuseum. Geöffnet Juni bis August täglich 11.00 – 17.00 Uhr.

Ferienzentrum Visulahti

Nördlich außerhalb der Stadt liegt das Ferienzentrum Visulahti mit einem Wachsfigurenkabinett, dem Motorpark (Oldtimer) und Miniland (Modelle finnischer Bauten). Außerdem gibt es hier ein Restaurant, einen Campingplatz und kleine Hütten. 3 km südlich davon findet man an der Straße Nr. 18 bei Tuukkola einen Friedhof mit Gräbern aus dem 12. Jahrhundert.

Gletschermühle

Folgt man bei Pursiala (Korjaamontie) dem Schild Hiidenkirnu, gelangt man zur viertgrößten Gletschermühle Finnlands. Beim Abschmelzen der Gletscher am Ende der letzten großen Eiszeit (vor ca. 9000 Jahren) wurde ein 8 m tiefes, kreisrundes Loch vom Schmelzwasser in den Fels gefressen.

Umgebung von Mikkeli

Schiffsverbindungen

Von Mikkeli bestehen Schiffsverbindungen zum nahegelegenen Ferienzentrum Pistohiekka (Hüttendorf), nach Lappeenranta und nach Savonlinna. Unweit nördlich befindet sich der Oser Pikku-Punkaharju, der von Wasser umgeben ist (Oser sind Höhenrücken, die durch das Schmelzwasser der Eiszeit entstanden sind).

Brahelinna

Rund 6 km südlich der Stadt, an der Straße Nr. 13, gelangt man zu dem schmalen Sund Porrassalmi. Rund 18 km weiter liegt der Ort Ristiina, in dessen Nähe die Reste der von Per Brahe gegründeten, nie vollendeten Burg Brahelinna liegen. Sehenswert ist in Ristiina auch die Kirche (1775), ein Holzbau des ostkarelischen Kirchenbaumeisters Eskil Collenius. Im Innenraum sind die Porträtgemälde von Per Brahe und seiner Frau sehenswert.

Naantali F 12

Gebiet: Südküste
Einwohnerzahl: 11 500
Postleitzahl: FIN-21100
Telefonvorwahl: 02

Lage und Entstehung

Etwa 17 km westlich von Turku liegt an der Küste die reizvolle kleine Stadt Naantali. Sie entwickelte sich im Umkreis eines Birgittenklosters, das 1443

Lage und Entstehung (Fortsetzung)

hier errichtet wurde und als gemeinsames Männer- und Frauenkloster Einfluß auf die Umgebung ausübte. Das Kloster und die Stadt wurden mit dem lateinischen Namen "Vallis Gratiae" belegt, dessen deutsche Übersetzung Gnadental bedeutet. In Abwandlung der schwedischen Bezeichnung Nadhendal entstand später im schwedischen Volksmund der Name Naantali. Im 17. Jh. zerfiel der Großteil der alten Klostergebäude, so daß nur noch die monumentale Klosterkirche, als das von weitem sichtbare Wahrzeichen der Stadt, erhalten ist. Heute ist Naantali ein wichtiger Importhafen.

*Badeort

Schon frühzeitig wurde die heilende Kraft der nahegelegenen Quelle Viluuluoto genutzt. Erste Trinkkuren fanden 1723 statt, bevor 1863 in der Nähe des Bootshafens eine Kuranstalt gebaut wurde. Das Luxushotel Naantali Spa Hotel (Matkailijantie 2) mit diversen Schwimmbädern, Saunen, Kräuter- und Moorbädern hat diese Tradition wiederbelebt. Um die Jahrhundertwende, als Finnland noch zum Zarenreich gehörte, war Naantali bereits ein beliebter Badeort. Heute noch wirkt die Stadt mit dem Holzhausviertel, den gelb gestrichenen Fassaden und den ungepflasterten Seitenstraßen russisch. Sie bot eine geeignete Kulisse für die US-Verfilmung des Romans "Krieg und Frieden" von Lew Tolstoi. Im Hochsommer ist Naantali sehr gut besucht und atmet das Flair eines mediterranen Badeortes.

Die Promenade im beliebten Badeort Naantali ist im Hochsommer gut besucht.

Geschichte

Die Stadt Naantali erlebte im Laufe ihrer Geschichte immer wieder Rückschläge. In Zeiten wirtschaftlicher Depression waren es aber immer wieder die Bürger der Stadt, die durch Eigeninitiative versuchten, Einkommen zu erzielen. So beschäftigten sich in solchen Zeiten zum Beispiel fast alle Bürger, ob Mann oder Frau, mit dem Sockenstricken. Überall wurde gestrickt, ob zu Hause oder im Freien, so daß im Jahr mehr als 30 000 Paar produziert wurden und der Export blühte. Zum Schutz von Fußgängern wurde sogar ein Gesetz erlassen, daß in den engen Gassen keine Menschenan-

Blick auf den malerischen Bootshafen von Naantali und die frühere Klosterkirche.

Geschichte (Fortsetzung)

sammlungen von mehr als sechs Personen, die mit Stricknadeln "bewaffnet" waren, zugelassen seien.

Sehenswertes in Naantali

Alte Kirche

Die alte Kirche, nördlich der Stadt am Meer gelegen, enthält einige Grabmäler und einen Altar (15. Jh.) aus Danzig. Nahe der Kirche steht ein Gedenkstein für Jöns Budde (1491), den ältesten nachweisbaren Schriftsteller Finnlands, der als Mönch in Naantali lebte.

*Altstadt

Der größte Teil der Häuser stammt aus dem 18. und 19. Jahrhundert. Direkt am idyllischen Jachthafen gelegen, bilden heute die niedrigen Holzhäuser mit ihren gepflegten Gärten rund um die Klosterkirche den gemütlichen Kern der Stadt. Die gesamte Altstadt erscheint dem Besucher wie ein belebtes Museumsdorf. Im ältesten und schönsten Bürgerhaus sind der Museumshof Hiilola (Katinhäntä 1) und das Städtische Museum untergebracht.

Klosterkirche

Im Jahre 1462 war nach 20jähriger Bauzeit die Klosterkirche als Teil des Brigittenklosters fertiggestellt. Der große Kirchturm wurde 1797 nachträglich gebaut, nachdem bis dahin ein separater Glockenturm zum Gebet rief. Im Sommer wird allabendlich um 20.00 Uhr von Trompetern zur Abendvesper geblasen, die so an die alten Klosterzeiten erinnern.

Schloß Kultaranta

Auf der Naantali westlich vorgelagerten Insel Luonnonmaa, die mit dem Festland durch die Ukkopekka-Brücke verbunden ist, steht das Granitschloß Kultaranta. Es wurde in den Jahren 1913–1916 erbaut und bereits sechs Jahre später vom Staat erworben, um dem finnischen Staatspräsidenten eine repräsentative Sommerresidenz zu bieten.

Naantali, Schloß Kultaranta (Fortsetzung)

Sehenswert auf dem Gelände von Kultaranta ist der sehr schöne 56 ha große Schloßpark mit über 3500 Rosen. In den zum Schloß gehörenden Gärten werden für den Bedarf im Haushalt des Präsidenten auch Gemüse und Blumen gezogen.

Mumin-Welt

In Nanntali befindet sich der bei finnischen Kindern beliebte Freizeitpark Mumin-Welt (→ Praktische Informationen: Freizeitpark- und Vergnügungsparks).

Näsijärvi-Seengebiet G / H 10 / 11

Gebiet: Südfinnische Seenplatte

Lage und Allgemeines

Nördlich von Tampere erstreckt sich der große Näsijärvi-See bis nach Ruovesi. Von → Tampere aus kann man eine Schiffahrt durch die westfinnische Seenplatte bis zum weiter nördlich gelegenen Ort Virrat unternehmen. Die Fahrt dauert etwa acht Stunden (Straße über Teisko 120 km). Auf dieser landschaftlich schönen Strecke, die in Finnland als 'Dichterweg' bekannt ist, gewinnt man einen guten Eindruck von einer typisch finnischen Landschaft.

Von Tampere mit dem Schiff nach Ruovesi

Die Schiffe fahren von Tampere (Abfahrt Bucht Mustalahti im Norden der Stadt) zunächst nördlich durch den buchtenreichen Näsijärvi, an dessen Ostufer das Kirchdorf Teisko liegt; das Freizeitzentrum Maisansalo bietet einen Tennisplatz, Saunas, einen Bootshafen u.a. Nach etwa 2$^1/_2$ Stunden erreicht man den Murolekanal (Schleuse). Unweit rechts befindet sich der Murolefall, den man während des Durchschleusens besuchen kann. Durch den Kanal gelangt man in den Palovesi. Dann geht es durch enge Sunde und durch den offenen Jäminselkä zum Kautukanal (Drehbrücke); anschließend erreicht man den See Ruovesi.

Maleratelier von Gallen-Kallela

Links auf dem Felsen befindet sich 8 km südlich von Ruovesi das ehemalige Heim des bekannten Malers der finnischen Nationalromantik, Akseli Gallen-Kallela (1865–1931; → Kunst und Kultur: Kunstgeschichte). In Kalela ließ er ein abgeschiedens Atelier (1895) errichten, um der Hektik des Großstadtlebens zu entfliehen. Obwohl die ersten Baupläne deutlich karelische Einflüsse aufzeigen, wurde das Haus letztendlich doch sehr stark durch persönliche Elemente geprägt. Dreizehn Zimmerer waren nötig, um das aus trockener Rotkiefer errichtete Atelier in einem Jahr fertigzustellen, das dann später (1898 / 1899) um eine geräumige Bibliothek und Gästezimmer erweitert wurde.
Während der 15 Jahre, die Gallen-Kallela mit seiner Familie hier lebte, wurde es zum Zentrum seiner schaffensreichsten Zeit (u. a. die Kalevala-Motive). Da die meisten Kunden Gallen-Kallelas weit entfernt lebten, verließ er 1921 aus ökonomischen Gründen das Haus. Den danach einsetzenden Verfall konnten erst fünfzehn Jahre später seine Erben stoppen. Heute wird das Haus von der Enkelin Aivi Gallen-Kallela instand gehalten. Für zahlreiche finnische Künstler wurde das Blockhaus in Kallela zum Vorbild für ihre eigenen Künstlerhäuser. Geöffnet von Ende Juni bis Ende August täglich bis 17.00 Uhr.

Ruovesi

Weiter links am Westufer erstreckt sich das Kirchdorf Ruovesi, das wegen seiner schönen Lage im Sommer viel besucht wird (etwa 4$^3/_4$ Std. hinter Tampere); dort war der Dichter J. L. Runeberg als Hauslehrer tätig (Gedenkstein).

Virrat

Das Schiff setzt nun seine Fahrt über den Ruovesi nach Norden zum See Tarjannevesi fort, in dem viele kleine Inseln liegen. Dann geht es durch den Visuvesikanal in den Vaskivesi; an seinem Nordufer liegt der Ort Virrat, wo die Fahrt endet.

Näsijärvi-Seengebiet (Fortsetzung)

Wandern im Näsijärvi-Seengebiet

In der Umgebung von Ruovesi liegen die Nationalparks Helvetinjärvi und Seitseminen, die für kleinere Wanderungen geeignet sind.

Nationalpark Seitseminen

Der Park ist über die Landstraße Kuru-Parkano zum Dorf Länsi-Aure (1 km zum Informationszentrum) zu erreichen. Im 1982 gegründeten Nationalpark Seitseminen, 1989 um die Moor- und Waldgebiete Slojanen erweitert, herrschen interessante landschaftliche Gegensätzte zwischen den Urwäldern Multiharju und Pitkäjärvi, den Kiesrücken Seitsemisharju und Hirviharju sowie den Seen, Teichen und Mooren. Nur langsam erholt sich das Gebiet von der lange Zeit betriebenen forstwirtschaftlichen Nutzung. Bis in die 20er Jahre wurden großflächig Bäume gefällt, und zahlreiche Moore, die über die Hälfte des Parks ausmachen, wurden entwässert.
Am See Pitkärjärvi steht eine ehemalige Waldarbeiterunterkunft aus den 30er Jahren, und eine besondere Sehenswürdigkeit der restaurierte Kätnerhof Kovero (Ende 19. Jh.), wo traditionelle Arbeitsmethoden vorgestellt werden.

Wanderweg Pirkan Taival

Teile des Nationalparks können auf einem Rundwanderweg (8 km) durchwandert werden. Erweiterungsmöglichkeiten bieten der Naturlehrpfad zum Multiharju oder der Langwandertrail “Pirkan Taival”. Diese rotmarkierte Wanderroute führt durch die Wildmark von Virrat, Ruovesi und Kuru, wobei u. a. die Nationalparks Seitseminen und Helvetinjärvi auf einer ca. 50 km langen Strecke miteinander verbunden werden.

Nationalpark Helvetinjärvi

Mit dem Auto erreicht man den Park von Ruovesi aus und von den Ausschilderungen ab den Dörfern Kallio (Str. Kuru-Virrat) und Pohtio (Str. Ruovesi-Virrat). Von Virrat, Ruovesi und dem Nationalpark Seitseminen erreicht man den Park zu Fuß über die Langwanderroute “Pirkan Taival” in mehreren Tagen. Spektakulär präsentiert sich der 1982 gegründete Nationalpark (30 km^2) vor allem durch seine zerklüfteten Wildmarkswälder. Tiefe Talschluchten, entstanden durch Erdkrustenbewegungen vor 200 Mio. Jahren, sind charakteristisch.
Der Nationaldichter J. L. Runeberg ließ sich bereits im vorigen Jahrhundert von der bizarren Landschaft Helvetinjärvis inspirieren. Ebenso der Künstler Akseli Gallen-Kallela (1865 – 1931) – er schuf u.a. die berühmten Kalevala-Motive und die Fresken für den Finnischen Pavillon bei der Weltausstellung in Paris 1910.

Sehenswertes im Nationalpark Helvetinjärvi

Die bedeutendste landschaftliche Sehenswürdigkeit des Nationalparks Helfetinjärvi ist der tiefe Felsspalt von Helvetinkolu (= Höllenkluft). Durch ihn erreicht man in der Talschlucht den See Helvetinjärvi (Bademöglichkeit) und die daran angereihten Seen Luomajärvi und Kovero mit ihren bis zu 10 m hohen Ufern. Die an den steilen Hängen auftretende empfindliche Vegetation aus Rispengras und verschiedenen Farnarten ist besonders schützenswert.
In Hauhanhieta, am größten See im Park (Haukkajärvi), bestehen gute Bademöglichkeiten an Sandstränden (Zeltplatz). Von diesem im Westteil des Parks gelegenen See geht eine zweite, weniger steile Talschlucht (Rontonhorha) mit dichten Fichtenwäldern zum See Kivi-Kierinkajärvi.
Die Gewässer des Haukkajoki sind auch von Kanuanfängern zu befahren. Geführte Kanutouren führen von hier durch den Nationalpark Helvetinjärvi und durch die Wildmark von Kuru in Richtung Näsijärvi.

Oulanka-Nationalpark N 6

Gebiet: Nordostfinnland

Anfahrt

Von Kuusamo fährt man auf der E 63 nach Ruka (Rukatunturi ist Ausgangs- oder Endpunkt für die Wanderroute “Bärenrunde”). Von dort geht

Anfahrt (Fortsetzung)

es weiter über die Straße Nr. 950 in Richtung Salla. Der Oulanka-Nationalpark ist von den Seitenstraßen, die nach Juuma, zum Oulanka-Informationszentrum und zur Naturhütte Hautajärvi führen, erreichbar. Es bestehen eine tägliche Busverbindungen von Kuusamo und Salla zur Hütte Hautajärvi.

Lage und **Landschaftsbild

In der Nähe des → Polarkreises liegt der 1956 gegründete Oulanka-Nationalpark nördlich von → Kuusamo (siehe auch Übersichtskarte S. 195). Auf einer Fläche von 269 km^2 ist ein naturgeschütztes Gebiet zusammengefaßt, dessen Bild von abwechslungsreichen Flußlandschaften des Oulankajoki und seinen Nebenarmen Kitkajoki, Savinajoki, Maaninkajoki und Aventojoki geprägt wird. Stellenweise bilden tiefe Felsschluchten die Kulisse für canyonartig eingeschnittene Täler, während andernorts dicke Kiesschichten den Grund bedecken, in die die Flüsse hohe Böschungen eingegraben haben.

Samen

Bevor die ersten Finnen zum Ende des 17. Jh.s in dieses Gebiet kamen, war es schon lange von den Samen besiedelt. Sie lebten von der Jagd, der

Ein Wanderer überquert eine Schlucht im Oulanka-Nationalpark auf einer Hängebrücke.

Flußfischerei und der Rentierhaltung. Die seit dem Ende des 19. Jh.s betriebene Holzwirtschaft verlor bereits ab 1918 an Bedeutung, als die nahe gelegene Grenze zu Rußland geschlossen wurde und somit der östliche Markt verloren ging.

Pflanzen

Die Flora des Nationalparks ist sehr vielfältig. An den Ufern und Stränden wachsen Farne, in den moorigen nördlichen Gebieten gedeihen der Frauenschuh und Moltebeeren. Die schattigen Hänge sind der Verbreitungsraum der nordischen Arten, während sich an den Sonnenseiten die "lappische Anemone" und auch weiter südlich auftretende Pflanzen heimisch fühlen.

Pflanzen (Fortsetzung)

Wenn sich die Blätter der Espen, Birken und Ebereschen während der "Ruska" (Herbstfärbung) in eine leuchtende Farbenpracht verwandeln, ist die ideale Zeit für ausgedehnte Wanderungen.

Tiere

Auch die Tierwelt des Nationalparks ist mit 30 Säugetier-, 120 Vogel- und 7000 Insektenarten sehr vielfältig. Neben Wölfen, Minken, Wieseln und Ottern sind es Adler, Singschwäne und Braunbären, die im Nordteil des Parks leben. Es empfiehlt sich bei Aufenthalten im Park auch die Angelrute im Gepäck zu haben, denn es gibt keinen See oder Fluß, der nicht zum Angeln einlädt. Ob es nun Grauforellen, Maränen, Barsche, Hechte, Äschen oder Rohrkarpfen sind, hier beißen alle besonders gut an (Saison: Anfang Juni bis zum 10. September). Achtung: von Montag 18.00 Uhr bis Dienstag 18.00 Uhr herrscht Wochenschonzeit, also Fangverbot!

*Stromschnellen

Die wilden Stromschnellen sind die große Hauptattraktion des Parks. Am eindrucksvollsten ist die Stromschnelle Kiutaköngäs (1 km zu Fuß vom Naturzentrum). Zwischen schmalen Felswänden aus Quarzit und Dolomit stürzt hier der ansonsten ruhige Oulankajoki 14 m auf einer Länge von 600 m in die Tiefe.
Bekannt ist auch Tailvalköngäs (9 km östlich der Straße Kuusamo – Salla). Auf dem Weg dorthin eröffnen sich Ausblicke auf die Talschluchten Ristikallios. Ein unvergeßliches Erlebnis ist es, die tosenden Stromschnellen Niskakoski (bei Juuma) und die des Myllykoski, an dem eine malerische alte Mühle liegt, auf einer schaukelnden Hängebrücke zu überqueren, während das schäumende Naß unter den Füßen tobt.

Kanufahren

Kanufahrten auf den Flüssen bei Kuusamo und im Oulanka-Nationalpark werden im Kapitel → Kuusamo beschrieben.

Naturzentrum

Im Naturzentrum des Nationalparks (Liikasenvaarantie 132, Tel. 02 05/ 64 68 50, Fax 64 68 51, tägl. ab 10.00 Uhr geöffnet) informiert eine Ausstellung über die Region. Eine Multimediavorführung gibt Einblick in den Artenbestand des Nationalparks. Angelberechtigungen für die Flüsse der Region sind hier ebenfalls erhältlich.

Wandern auf den Spuren der Bären · *Bärenrunde

Allgemeines

Eine der berühmtesten Wanderrouten Finnlands ist die "Bärenrunde" (finnisch "Karhunkierros") von Kuusamo im Oulanka-Nationalpark. Je nach Kondition kann sich der Wanderer entscheiden, ob er die ganzen 95 km, für die ca. fünf Tage benötigt werden, nur Etappen auf leichten Rundwegen oder die "Kleine Bärenrunde" (ca. 12 km ab Juuma) abwandert. Durch die deutlich sichtbaren Wegemarkierungen (orange Zeichen) auf der gesamten Strecke ist es kaum möglich, sich zu verlaufen. Ausgangspunkt für die 95 km lange Bärenrunde ist die Naturhütte Hautajärvi (an der Str. Kuusamo-Salla); für die kürzere, 75 km lange Route startet man in Ristikallio.

Übernachtungsmöglichkeiten

Attraktiv bei dieser Wanderung ist neben der eindrucksvollen Natur auch die Möglichkeit, gratis in den Wildmarkshütten am Wegesrand zu übernachten. In der Hochsaison ist jedoch die Mitnahme eines kleinen Zeltes und Schlafsacks zu empfehlen; offizielle Zeltplätze und Feuerstellen findet man entlang der gesamten Strecke.

Wegbeschreibung

Ab Hautajärvi führt die Strecke zum Fluß Savinajoki und weiter flußabwärts nach Rupakivi und Savilampi, wo der Fluß Savinajoki in den Oulankajoki mündet. Der Nordteil des Parks ist die Heimat der Bären, die dieser Wanderung den Namen gaben. Sie leben in dem riesigen, von Mooren durchzogenen Gebiet, sind aber nur selten von Menschen zu beobachten. Um die 400 m nach der Mündungsstelle wird die tiefe Schlucht des Oulanka-Canyon passiert. Der Pfad geht weiter ins Heidegelände über Tailvalköngäs, wo zwei schäumende Stromschnellen auf Hängebrücken überquert

Wegbeschreibung (Fortsetzung)

werden können. Ab hier verläuft der Pfad bis zum Oulanka-Naturzentrum immer entlang des Oulankajoki, in dessen Talverlauf die Landschaft von schönen Kiefernwäldern und trockenen Heiden in feuchte Sumpfböschungen wechselt.

Kitkajoki

Durch ein kleines Seengebiet gelangt man zum Kitkajoki, an dem bei Jyrävä eine der schönsten Stromschnellen ganz Finnlands wartet. Raftingboote treiben hier ohne Mannschaft durch das tobende Wasser. Die Besatzung umgeht diese gefährliche Stelle (Klasse VI) und wartet am Ende der Stromschnelle auf die leeren Schlauchboote.

Juuma

Wer den Proviant für den weiteren Weg aufstocken möchte, kann dies im Dorf Juuma (auch ein guter Ausgangspunkt für Tageswanderungen) erledi-

Bärenrunde
im Oulanka-Nationalpark

1 Ristikallio (Wildmarkshütte)
2 Puikkokämppä (Wildmarkshütte)
3 Taivalköngäs (Wildmarkshütte)
4 Oulanka Canyon (Wildmarkshütte)
5 Naturzentrum des Nationalparks (Zeltplatz 1 km nach Ristikallio)
6 Kiutaköngäs (Angel- und Zeltplatz)
7 Ansakämppä (Wildmarkshütte am Fluß Oulankajoki)
8 Jussinkämppä (Wildmarkshütte am See Kulmakkojärvi)
9 Kotalaavu (Zelt- und Rastplatz am Fluß Kitkajoki)
10 Haarisuvanto (Zeltplatz und Unterstand)
11 Jyrävä (Zeltplatz und Unterstand an der nördlichen Seite des Flusses, Wildmarkshütte an der Südseite)
12 Myllykoski (restaurierte alte Mühle)
13 Dorf Juuma (Einkaufsmöglichkeiten)
14 Laavu (Zelt- und Rastplatz)
15 Porontimajoki (Alte Mühle mit Nachtlager, Wildmarkshütte)
16 Porontimajärvi (Unterstand)
17 Konttainen-Valtavaara (Zeltplatz in Suolampi, in Valtavaaralampi Unterstand und Zeltplatz)
18 Rukatunturi (Geschäfte, Restaurants, Bank und Post)

gen, bevor es über die mittelgebirgsähnlichen Höhen der Kontaainen-Valtavaara Bergkette dem Ziel entgegengeht. Ein Flair von Abenteuer kommt wieder auf, wenn die tosenden Stromschnellen Niskkoski und Myllykoski auf Hängebrücken überquert werden.

Valtavara-Gipfel und Rukatunturi

Der weitere anstrengende Weg zum Gipfel des Valtavara, mit 492 m der höchste Punkt der Gemeinde Kuusamo, bietet atemberaubende Aussichten auf die umgebende Gebirgslandschaft. Das Ende des Wanderklassikers durch die finnische Wildmark ist in Rukatunturi erreicht. Im Winter liegt hier eines der beliebtesten Wintersportgebiete Finnlands. Die Schneebedingungen sind ab Anfang November bis Ende April für Alpinski (28 Pisten, davon werden 22 Pisten wärend der Polarnacht beleuchtet), Snowboard und Skilanglauf hervorragend.

Oulu J 7/8

Gebiet: Nordfinnland
Einwohnerzahl: 111 500
Postleitzahl: FIN-90100
Telefonvorwahl: 08

Lage und *Bedeutung

Oulu, die nordfinnische Hauptstadt der gleichnamigen Provinz, schwedisch Uleåborg, liegt an der Mündung des Oulujoki in den Bottnischen Meerbusen. Oulu ist Bischofssitz und seit 1959 Universitätsstadt. Heute ist Oulu und die Region Oulu einer der bedeutendsten Wirtschaftsräume Finnlands mit den größten Wachstumsraten und eines der wichtigsten Bildungszentren für weiterführende Lehranstalten. Ganz besonderer Augenmerk wird dabei auf die Informationsmedien gelegt. Hierzu trägt im starken Maße auch der ortsansässige Telekommunikations-Konzern NOKIA bei. Finnland ist bei den privaten Internet- und Mobiltelefonanschlüsse weltweit führend, und so ist es nicht verwunderlich, daß z.B. in einigen Kindergärten Oulus bereits die Kinder kostenlos mit Mobiltelefonen ausgestattet werden, um sie frühzeitig mit neuen Technologien vertraut zu machen.

→ *Baedeker Special* S. 120

Geschichte

Der schwedische König Johan III. ließ gegen Ende des 15. Jh.s auf der Insel Linnansaari in der Flußmündung eine Burg (finn. 'linna') erbauen. Um die Insel entwickelte sich ein Ort, der bereits 1610, fünf Jahre nach seiner Gründung, das Stadtrecht erhielt. Die verkehrstechnisch günstige Lage ließ Oulu schnell zu einer der wichtigsten Seefahrts- und Handelsstädte Finnlands heranwachsen. Oulu besaß 1869 die größte Handelsflotte Finnlands. Ein Großbrand vernichtete 1822 fast die ganze Stadt. Nach Plänen von Johan Albrecht Ehrenström wurde sie wieder aufgebaut. Im 19. Jh. konnte Oulu als Hafenstadt besonders vom Teerhandel profitieren. Neben

Vom Sokos Hotel Vaakuna hat man einen weiten Blick auf den Marktplatz mit dem Stadttheater.

der nordrussischen Stadt Archangelsk lag hier der zweitwichtigste Exporthafen Nordeuropas.

Geschichte (Fortsetzung)

Radfahren

Im Frühjahr finden in der Gegend von Oulu viele Sportveranstaltungen statt (Skiwettbewerbe u.a.). Oulu hat sich besonders dem Radfahren verschrieben. Neben einem Radwegenetz von 300 km ist der 9 km lange Radweg zu empfehlen, der an historischen Gebäuden, schönen Ufern und durch gepflegte Parks führt (mehrere Fahrradverleihe in der Stadt).

KLAUS MANN

Der am 18. November 1906 in München geborene älteste Sohn von Thomas Mann, Klaus Mann, war zunächst als Theaterkritiker und Journalist in Berlin tätig. Gemeinsam mit seiner Schwester Erika Mann (1905–1969) unternahm er 1932 eine Reise nach Finnland, die bereits durch die sich zuspitzende politische Situation in Deutschland belastet war. Im Gegensatz zu Bertolt Brecht, der 1940 / 1941 in Finnland im Exil lebte, setzte sich Klaus Mann mit Finnland auseinander: Für ihn wurde der Norden zum Sinnbild der Möglichkeit des Menschen, die Ästhetik des Faschismus in ihrer ganzen Unmenschlichkeit zu durchschauen.
Die Geschwister Mann reisten zuerst nach Helsinki, trafen dann in Mittelfinnland die schwedischsprachige Gutsbesitzerfamilie Aminoff, auf deren Hof in Ruhala / Pekkala sie sich einige Zeit aufhielten, ehe die Reise nach Petsamo weiterging. Die Erfahrungen dieser Finnlandreise wertete Klaus Mann für den 1934 erschienenen Roman "Flucht in den Norden" aus. Dies konnte aber kleine Pannen nicht verhindern. Zum Beispiel bezeichnete er die finnischen Lebensformen bei der Beschreibung der Hafenstadt **Oulu** als 'außereuropäisch'(!). Den Inhalt des Romans faßt Klaus Mann zusammen: "In meinem Roman 'Flucht in den Norden' erzähle ich die Liebesgeschichte einer jungen Deutschen, Johanna, mit einem jungen Gutsbesitzer im hohen Norden. Johanna mußte aus Deutschland fliehen; sie ist verschlagen in das nordische Land. Dort begegnet sie dem Wunder einer weiten und reinen Landschaft, einigen merkwürdigen Menschen; dort erlebt sie Qual und Wonne einer sehr großen, bittersüßen Liebe."
Im Jahre 1934 mußte Klaus Mann emigrieren und wandte sich zuerst nach Amsterdam, wo er Mitherausgeber der Emigrantenzeitschrift "Die Sammlung" war. Sein weiterer Weg führte ihn über Zürich, Paris, Budapest, Salzburg und Prag dann 1936 in die USA. Dort war er als Journalist tätig und ging 1938 als Beobachter in den Spanischen Bürgerkrieg. Als Angehöriger der US-Army kehrte er nach dem Zweiten Weltkrieg nach Deutschland zurück. Die geistige Entwicklung der Nachkriegszeit stürzte ihn in eine völlige Hoffnungslosigkeit; verzweifelt über die Situation der Intellektuellen in der bürgerlichen Welt, wählte er am 22. Mai 1949 in Cannes in Südfrankreich den Freitod.

Sehenswertes in Oulu

Domkirche

Am nördlichen Ende der belebten Kirkkokatu liegt die Domkirche, die 1770–1772 erbaut wurde und damit die ältere Vorgängerkirche von 1613 ablöste, die für die stark angewachsene Bevölkerung zu klein geworden war. Nach dem Brand von 1822 mußte sie in den Jahren 1828–1832 nach Plänen von Carl Ludwig Engel gänzlich erneuert werden. Im Zuge der Renovierungsarbeiten im Jahre 1932 wurden große Teile des Innenraums ausgemalt und zum 200jährigen Jubiläum der Kirche weitere Glasgemälde eingefügt. In die Orgelfassade von 1841 ließ man 1938 eine romantische Orgel mit 62 Registern einbauen.

J. Messenius

Über der Tür zur Sakristei hängt der wertvollste Kunstschatz: das Portrait Johannes Messenius' (1611). Der angeblich für die Rückkehr des Katholi-

J. Messenius (Fortsetzung)

zismus nach Schweden eintretende Jurist, Theologe und Mediziner wurde 1616 zum Tode verurteilt, dann aber zu lebenslanger Haft im Gefängnis des Schlosses von Kajaani begnadigt. Dort verfaßte er das Geschichtswerk "Scondia Illustrata". Seine letzten Lebensjahre verbrachte er im Schloß von Oulu, wo er auch begraben wurde. Geöffnet im Sommer täglich 10.00 bis 20.00 Uhr.

Denkmäler

Links vom Eingang befindet sich ein Denkmal für die im Freiheitskampf 1918 gefallenen Söhne der Stadt, geschaffen von Wäinö Aaltonen. In den Anlagen vor der Kirche steht eine Bronzebüste des finnisch-schwedischen Dichters und Bischofs F. M. Franzén (1772–1847), der in Oulu geboren wurde.

An der Nordseite der Anlagen (Linnankatu Nr. 3) befindet sich das 1888 erbaute Gebäude der Provinzialverwaltung (finn. Lääninhallitus).

*Rathaus

Südwestlich der Domkirche steht an der Kreuzung Kirkkokatu / Hallituskatu das Rathaus (finn. Kaupungintalo) mit der prächtigen Fassade im Stil der Neorenaissance. Das Innere mit dem schönen Empfangssaal und Kristallleuchtern aus Böhmen kann besichtigt werden. Ursprünglich war das um

Prächtige Fassade des Rathauses

Rathaus (Fortsetzung)

1886 errichtete Gebäude ein nobles Hotel und Restaurant. Es wurde 1920 umgebaut und erweitert.

Park Ainola Stadtbibliothek

Vom Nordende der Kirkkokatu gelangt man über eine kleine Brücke in den Stadtpark Ainola, der schön auf der Insel Hupisaari liegt. Im Westen der Insel sind in einem stattlichen Gebäude von 1930 die Stadtbibliothek (finn. Kirjasto) und das Landschaftsmuseum untergebracht. Dort werden historische und ethnographische Sammlungen sowie eine Lappland-Ausstellung gezeigt. Geöffnet Mo., Di., Do. 10.00 – 17.00, Mi. bis 19.00, Sa., So. 11.00 bis 17.00 Uhr.
Vor dem Gebäude befindet sich ein Gedenkstein für die finnische Schriftstellerin Saara Wacklin (1790 – 1846), die in Oulu geboren wurde.

Botanischer Garten

Weiter nördlich erstreckt sich der Botanische Garten. Diese grüne Oase direkt im Herzen der Stadt wird auch für Vorstellungen des Sommertheaters genutzt.

Wissenschafts-zentrum Tietomaa

Jenseits des Wasserlaufs liegt das wie die Startrampe einer Raketenstation gebaute Wissenschaftszentrum Tietomaa (Nahkatehtaankatu 6), eine Einrichtung für die ganze Familie – mit Observatorium, Computer-Schau, freies World-Wide-Web-Surfen im Internet, und einem Omnimax-Kino, das beeindruckende Filme zu Themen aus Natur und Wissenschaft zeigt.
Geöffnet September bis April Mo. – Fr. 10.00 – 16.00, Sa., So. 10.00 – 18.00, Mai bis August tägl. 10.00 – 18.00, Juli bis 20.00 Uhr.

Kunstmuseum

Nördlich von Tietomaa liegt in der Kasarmintie 7 das Kunstmuseum mit einner Ausstellung moderner Kunst. Geöffnet Di. – So. 11.00 – 20.00 Uhr.

Marktplatz

Westlich von hier liegt am Ufer des Oulujoki der weite Marktplatz (finn. Kauppatori) mit dem Theater, der Kongreßhalle und alten Salzmagazinen, die mit der typischen rostroten Farbe (sie wurde aus roter Erde gekocht) gestrichen sind. In den Hallen der Markthalle (geöffnet Mo. – Do. 8.00 – 16.00, Fr. bis 17.00, Sa. bis 15.00 Uhr) werden u. a. geräuchertes Fleisch, frischer Fisch, ofenwarmes Brot und Gewürze angeboten, während der Platz den Händlern für Gemüse, Beeren, Blumen, Kleidung und Reiseandenken vorbehalten ist. Nördlich von hier trifft man auf den Autobushof.

Pikisaari

Vom Marktplatz führt eine Brücke zur Insel Pikisaari mit dem zum Museum umfunktionierten alten Haus eines Seemanns. In dem benachbarten Holzhaus wurde das beliebte Restaurant “Socceri Jussi” mit schöner Terrasse eingerichtet.

Linnansaari

Unweit östlich vom Markt führen zwei Brücken zur Burginsel (finn. Linnansaari), auf der noch geringe Reste einer 1590 erbauten, 1793 durch eine Explosion zerstörten Burg zu sehen sind (Sommercafé). Die Straße führt

Das Kunstmuseum grenzt an den Ainola-Park.

Linnansaari (Fortsetzung)

weiter über einen zweiten Arm des Oulujoki zur Insel Raatinsaari mit Parkanlagen, Stadion, Hallenbad und mehreren Hochhäusern.

Insel Toivoniemi

Auf einer weiteren Brücke gelangt man nördlich zur Insel Toivoniemi. Dort liegt ein modernes Wohnviertel aus den vierziger Jahren, nach Plänen von Alvar Aalto erbaut. An seiner Ostseite befindet sich ein Kraftwerk, das den Merikoski, die unterste Stromschnelle des Oulujoki, ausnützt. Das Kraftwerk, 1949 – 1957 von Aarne Ervi errichtet, zählt zu den hervorragendsten Bauten finnischer Industriearchitektur der Nachkriegszeit.

Tuira

Eine vierte Brücke führt schließlich zu der Vorstadt Tuira am nördlichen Ufer des Flusses, wo es mehrere Schulen gibt. Im Norden der Stadt (Ortsteil Puolivälinkangas) steht der Wasserturm mit einer Aussichtsplattform.

Universitätsgelände

Noch weiter außerhalb liegt der Stadtteil Linnanmaa mit der zweitgrößten Universität des Landes, an der zur Zeit um die 12 000 Studenten eingeschrieben sind. Auf dem Universitätsgelände befinden sich ein geologisches und ein zoologisches Museum sowie am Nordende des Campus am Kuivasjärvi-See ein Botanischer Garten (Buslinie Nr. 19 ab Oulu Zentrum). In den beiden pyramidenförmigen Gewächshäusern mit dem romantischen Namen "Romeo & Julia" gedeihen subtropische und tropische Pflanzen.

Umgebung von Oulu

Haukipudas

Rund 20 km nördlich der Stadt liegt in Küstennähe der Ort Haukipudas. Beachtenswert ist die Holzkirche von 1762, deren Innenräume Wandmalereien des bekannten finnischen Kirchenmalers Mikael Toppelius zieren. Nach weiteren 17 km gelangt man zu dem Fischerdorf mit alter Holzbebauung im Viertel Iin Hamina (Hafen).

Ausflug mit dem Teerboot nach Turkansaari

Ranua

Einen Besuch lohnt auch der Ort Ranua nordöstlich von Oulu mit vielen Sport- und Wandermöglichkeiten. Nicht nur der gut ausgestattete Tierpark mit Hirschen und Rentieren, sondern auch Hotels und Restaurants liegen mitten im Wald.

*Bootsfahrt zum Freilichtmuseum Turkansaari

Mit einem traditionellen Holzboot kann man von Oulu aus den Oulujoki hinauf bis zum 13 km südöstlich von Oulu gelegenen Freilichtmuseum Turkansaari fahren (Turkansaari ist eine Insel im Oulujoki). Früher wurden in solchen Booten Teerfässer aus den östlichen Landesteilen über den Oulujärvi und den Oulujoki zum Hafen von Oulu transportiert (zum Thema Teerproduktion → Kajaani). Vor dem Besteigen des Bootes bekommt der Gast ein Glas Teerschnaps serviert, eine Spezialität von Oulu, die erstaunlich gut schmeckt. Auf der etwa 40 Minuten dauernden Fahrt – natürlich muß man nicht selber rudern, wie ehemals üblich, sondern wird per Motorkraft befördert – erblickt man schöne Häuser, Villen und Saunahäuschen.

Das Freilichtmuseum Turkansaari enthält mehr als 20 alte Gebäude, die einen hervorragenden Einblick in das harte Leben der Holzfäller und Teerbrenner in den Weiten des finnischen Waldes bieten. Im Sommer werden wechselnde Themenwochen zum Teerbrennen, Handwerk, Handarbeit und Volkstanz durchgeführt. Die Holzkirche von 1694, die heute gern für Hochzeiten benutzt wird, wurde wieder an ihrem ursprünglichen Standort errichtet. An der Decke des sehr guten Restaurants von Turkansaari hängen zahlreiche, runde Fladenbrote auf einem Holzstab. Sie enthalten die Inschriften der Hochzeitspaare, die in der besagten Holzkirche den Bund der Ehe geschlossen haben. Geöffnet im Sommer tägl. 11.00–20.00 Uhr.

Bild s. S. 214

Muhos

Die Fortsetzung der Straße führt nach Muhos, wo die älteste Holzkirche Finnlands (1634) steht; 6 km flußaufwärts liegt das Kraftwerk Pyhäkoski.

*Insel Hailuoto

Der Küste vorgelagert, 27 km südwestlich von Oulu, liegt im Bottnischen Meerbusen die Insel Hailuoto. Im Sommer ist sie mit einer stündlich verkehrenden Fähre von Oulunsalo aus zu erreichen (kostenlos); im Winter über das geschlossene Eis. Die flache Insel ist sehr jung – sie entstand erst im Mittelalter infolge der Landhebung. Die meisten der rund 1000 Inselbewohner leben vom Fischfang und in zunehmendem Maße auch vom Tourismus. Wegen ihrer herrlichen Sandstrände, vor allem an der Westküste, erfreut sich Hailuoto großer Beliebtheit. In Marjaniemi am Inselende liegt ein Campingplatz mit Ferienhütten. Der Hauptort Hailuoto ist im herkömmlichen Stil gehalten; am Ufer findet man malerische Fischerhütten. Umweltverträglich, aber nicht immer landschaftsverträglich, sind in letzter Zeit zahlreiche Windkraftwerke zur Erzeugung von Strom charakteristisch für die Insel geworden.

Das Freilichtmuseum Turkansaari liegt südöstlich von Oulu auf einer Insel im Oulujoki.

Oulu (Fortsetzung)
Liminka

An der Straße Nr. 4 erreicht man in südlicher Richtung nach 25 km den Ort Liminka. In einem alten Getreidespeicher ist ein historisches Museum untergebracht, mit einer Ausstellung über traditionelles Gewerbe (Molkerei, Fischfang, Jagd). In einem alten Schulgebäude (1868) befindet sich das Kunstmuseum. Der Ort liegt an einer ausgedehnten, flachen Bucht des Bottnischen Meerbusens, Liminganlahti.
Die seichten Ufer mit ihrer Vegetation aus Schilf, Röhrich, Wiesen und Ufergestrüpp sind ein idealer Lebensraum für rastende Zugvögel und mehr als 900 Paare von Wasservögeln. Am südlichen Ende der Bucht in Vikkula hat der World Wide Fund for Nature ein Informationszentrum errichten lassen. Von hier aus führen Lehr- und Naturpfade zu einem Vogelbeobachtungsturm.

Päijänne-Seengebiet H/J 11

Gebiet: Südfinnische Seenplatte

Lage und Allgemeines

Im mittleren Teil der südfinnischen Seenplatte erstreckt sich nördlich von Lahti und südlich von Jyväskylä einer der größten und schönsten Seen Finnlands, der Päijänne, mit einigen angrenzenden Seen. Der See ist etwa 140 km lang und bis 28 km breit; seine Fläche beträgt rund 1111 km^2. Der Wasserspiegel des Päijänne, der eine Tiefe von 93 m erreicht, liegt 78 m über dem Meer. Das teilweise felsige Ufer ist bewaldet und stark zerklüftet. Am Päijänne liegen die Nationalparks Isojärvi und Päijänne.

Isojärvi-Nationalpark

Am nordwestlichen Ufer des Päijänne liegt in der Nähe des Ortes Jämsä der kleine Isojärvi-Nationalpark. Das Gebiet wurde von der dortigen Forstverwaltung 1982 unter Schutz gestellt. Als Ausgangspunkt für Wanderer dient die ehemals als Waldarbeiterhütte genutzte Heretty-Hütte, in der sich das Informationszentrum des Nationalparks befindet. Achtung: Sämtliche Inseln im Isojärvi (= "Großer See") sind zwischen dem 1. Mai und dem 31. Juli wegen der Brutzeit der Vögel gesperrt!

Päijänne-Seengebiet (Fortsetzung)

Sehenswertes im Päijänne-Nationalpark

Anreise zum Nationalpark

Im südöstlichen Teil des Päijänne liegt zwischen den Orten Vääksy und Sysmä der Nationalpark Päijänne, der mit dem Auto leicht zu erreichen ist. Von Vääksy nördlich von Lahti führt die Straße Nr. 314 über die 8 km lange Landbrücke Pulkkilanharju zum Ostufer des Päijänne und an diesem nördlich bis Sysmä (7000 Einw.). Dort ist die Steinkirche aus dem 15. Jh. beachtenswert. Bei der Anreise mit dem Zug ist Lahti Endstation. Von hier aus verkehren fast stündlich Busse nach Vääksy. Im Sommer gibt es Schiffsverbindungen von → Jyväskylä, → Lahti und Heinola.

Gebietsbeschreibung

Der Päijänne-Nationalpark wurde 1993 zum Schutz dieses einzigartigen Seengebietes gegründet. Er beinhaltet etwa 50 unbebaute Schären und Klippen mit einer Gesamtfläche von 10 km^2 auf dem Gemeindegebiet von Padasjoki, Asikkala und Sysmä. Die 8 km lange Insel Kelvenne ist das Herzstück des Päijänne-Nationalparks und gehört wohl zu den größten und schönsten Oserinseln in Finnland. Oserinseln sind Sandinseln, die während der letzten Eiszeit (sie endete in Finnland vor etwa 10 000 Jahren) entstanden. Kelvenne wird von einem lohnenden, markierten Wanderweg durchzogen.
Westlich der Insel Kelvenne treten die Insel Haukkasalo mit ihren sehr steilen Felswänden und die Insel Iso Lammassaari besonders aus einer Gruppe von ungefähr 20 Fels- und Moräneninseln hervor, die mit einem Alter von über 2 Milliarden Jahren zu den ältesten Gesteinsformationen Europas zählen.

Naturlehrpfad Pulkkilanharju
Wassersport

Der an der Raststelle von Karisalmi beginnende Naturlehrpfad "Pulkkilanharju" führt an den schönsten Stellen dieser landschaftlich sehr reizvollen Inselwelt vorbei. Insgesamt besitzen die Inseln eine über 70 km lange Strandlinie. Meist treten vegetationsarme Fels- oder Geröllufer hervor, an Oserinseln bilden jedoch zahlreiche Sandstrände und flache Buchten ein Paradies für Schwimmer und sonstige Wassersportler.

Wasservögel

Auch Vogelliebhaber kommen im Päijänne-Nationalpark voll auf ihre Kosten. Merlinfalke und Baumfalke nisten alljährlich auf den Klippen und kleinen Inseln des Parks. Weitere Informationen und Kartenmaterial sind während des Sommers in der Kelvennetupa-Stube im Bootshafen von Padasjoki (Tel. 5 56 20 50), der Hauptinformationsstelle des Päijänne-Nationalparks, erhältlich.

Pallastunturi G/H 4/5

Gebiet: Nordfinnland, Lappland

Lage und Allgemeines

Im äußersten Nordwesten des Landes liegt nahe der schwedischen Grenze, etwa 250 km nördlich von Rovaniemi die Berggruppe des Pallastunturi, in der Mitte einer Bergkette, die vom Yllästunturi (718 m ü. d. M.) im Süden bis zum Ounastunturi (723 m ü. d. M.) im Norden verläuft. Der höchste Gipfel ist der Taivaskero (807 m ü. d. M.); nordwestlich erhebt sich der Gipfel Laukukero (777 m ü. d. M.), östlich der Pallaskero (646 m). Siehe auch Übersichtskarte S. 195.
Mit seinen baumlosen Hängen zählt der Pallastunturi zu den beliebtesten Skigebieten Finnlands. In diesen nördlichen Breitengraden scheint vom 27. Mai bis 16. Juli die Mitternachtssonne.

Pallastunturi (Fortsetzung) Autoroute

Von Muonio, einem stattlichen Kirchdorf an der Mündung des Jerisjoki in den Muonionjoki, folgt man zuerst der Straße Nr. 79, die östlich nach Rovaniemi führt. Nach 7 km sieht man rechts den Olostunturi (509 m ü. d. M.; Skipisten); ein Fußweg führt zum Gipfel. 5 km weiter zweigt man bei Särkijärvi von der Hauptstraße links ab und fährt auf einer Bergstrecke aufwärts. Nach 15 km kommt man zu einer Straßenteilung: Dort wendet man sich nach links (rechts eine Straße zum Pallasjärvi), dann sind es noch 7 km bergauf zu dem Pallastunturi Turisthotel (nebenan das Informationszentrum des Nationalparks), das schön am Fuß des Taivaskero liegt (gutes Skigebiet; Lift).

Nationalpark Pallas-Ounastunturi

Anfahrt

Aus südlicher Richtung kommt man auf der Straße von Kittilä nach Muonio. Ausgangspunkte für Wanderungen durch den Park sind das Ferienhotel Pallaskero, die Dörfer Raatama und Hetta.

Beschreibung

Der Nationalpark Pallas-Ounastunturi (506 km^2) wurde 1938 als einer der ersten unter Schutz gestellt und vermittelt einen Eindruck von der kargen Natur der lappländischen Gebirgslandschaft. Eine rundkuppige Gebirgskette (700–800 m ü. d. M.) überragt ein von Schluchten durchzogenes Wald- und Moorgebiet. Die um den Ounastunturi (723 m) vorherrschenden Fichtenwälder werden nach Norden zum Pallastunturi (807 m) hin von Kiefernwälder abgelöst. Zwischen diesen beiden Gebirgsketten verläuft bei Hannukuru die nördliche Grenze des Verbreitungsraums der Fichte.

Wanderroute

Eine sehr schöne, 55 km lange Route führt durch den gesamten Park. Der Weg von Hetta nach Pallas ist mit hölzernern Wegweisern ausgeschildert. Zunächst wird der Ounasjärvi-See mit einem Boot überquert, bevor es durch Kiefernwälder zur Wildmarkhütte Pykäkero geht und der Aufstieg zum nördlichen Gipfel des Ounastunturi beginnt. Sowohl in der Sioskuru-Hütte als auch in den Schutzhütten der Rentierhirten bei Tappuri kann übernachtet werden. Es folgt die Schlucht zwischen Tappuri und Pippokero. Über den Pahakuru wird die Hälfte der Tour in Hannukuru erreicht (Übernachtungsplatz mit Sauna).

Nachdem das etwas tiefer gelegene Suas-Fjäll durchwandert wurde, geht es hinauf auf den Lumikero (661 m). Sein Gipfel ermöglicht eine phantastische Panoramasicht. Weiter, nun durch Fichtenwälder, geht es um den Vuontiskero zur Montelli-Hütte oder zur 1 km weiter südlich gelegenen Nammalakuru-Hütte. Gemächlich kann von hier die Westseite des Jäkäläkero hinunter gegangen werden, bevor der anstrengende Teil zur Ostseite des Pallastunturi-Fjälls (807 m ü.d.M.) hinauf beginnt. Dieser schweißtreibende, 5 km lange Aufstieg ist aber der letzte; danach geht es nur noch von der Pallaskuppe 3 km bergab zum Hotel und Informationszentrum des Nationalparks in Pallas.

Pietarsaari · Jakobstad — F 9

Gebiet: Westfinnland (am Bottnischen Meerbusen)
Einwohnerzahl: 21 000
Postleitzahl: FIN-68600
Telefonvorwahl: 06

Lage und Allgemeines

Die kleine Stadt Pietarsaari, liegt etwa 100 km nördlich von Vaasa am Bottnischen Meerbusen. Da sie heute überwiegend schwedischsprachig ist, ist der schwedische Namen Jakobstad gängiger als der finnische Name Pietarsaari, der vom ursprünglichen Gemeindenamen Pedersöre abgeleitet wurde.

Geschichte

Jakobstad wurde 1625 von Ebba Brahe, der Witwe des Grafen und Heerführers Jacob de la Gardie, gegründet. Das Gebiet um die Gemeinde Pedersöre, auf dem das heutige Jakobstad liegt, war im 17. Jh. Lehen der Familie de la Gardie. Königin Kristina von Schweden zog das Lehen wieder ein, sicherte aber dem Reichsmarschall Privilegien für eine Stadtgründung zu. Nachdem Jacob de la Gardie gestorben war, gründete der jüngste Bruder von Ebba Brahe, Per Brahe, die Städte Gamlakarleby (finnisch Kokkola) und Nykarleby (→ Umgebung von Jakobstad) und wählte als Namen den Vornamen ihres verstorbenen Mannes.
Als Blütezeit der Stadt wird das Ende des 18. und der Anfang des 19. Jahrhunderts benannt. In den großen Werften der Stadt wurden in dieser Zeit über 500 Schiffe gebaut. Nun entstanden auch die Holzhäuser im Viertel Skata, die überwiegend von Seeleuten, Handwerkern und Händlern bewohnt wurden. Im Zuge der Industrialisierung hielten die Zelluloseverarbeitung und die Papierherstellung ihren Einzug.

Sehenswertes in Jakobstad

Tabakfabrik Strengberg

In Jakobstad befindet sich Skandinaviens älteste Tabakfabrik, Strengberg Oy, in dem heute ein Tabakmuseum untergebracht ist. In dem 1762 gegründeten Familienunternehmen wurde anfangs im Bereich des heutigen Botanischen Gartens selbst angebauter Tabak verarbeitet. Das mächtige Fabrikgebäude ist heute das eigentliche Wahrzeichen von Jakobstad und ist im Besitz des amerikanischen Tabakkonzerns Reynolds, der hier heute nur noch Zigarren herstellt.

Die älteste Tabakfabrik Skandinaviens

Viexpo (Motorradmuseum)

In der Alholmsgatan (Nr. 8) befindet sich neben dem Tabakmuseum auch eine Ausstellung überwiegend alter Motorräder.

Runebergs Schule

Die Stadt ist Geburtsort von Johan Ludvig Runeberg (1804 bis 1874; → Berühmte Persönlichkeiten, → Kunst und Kultur: Literatur), einem der bedeutendsten Dichter schwedischer Zunge im 19. Jahrhundert. Seine bekannteste literarische Schöpfung sind die Gesänge des Fähnrich Stahl, eine Glorifizierung des schwedisch-finnischen Kampfes gegen die russische Invasion in den Jahren 1808/1809. Da dieser Kampf unter schwedischem Oberkommando stattfand – die Finnen stellten die Soldaten und die Korporale, Schweden hingegen die Offiziere –, ist das Epos auch für die schwedische Geschichtsbetrachtung von Bedeutung. Das einleitende Lied "Vårt Land" wurde von F. Pacius vertont und zur Nationalhymne ernannt.
Runebergs Schule im Haus 'Westmansmors stuga' ist als Museum eingerichtet. In einem Park beim Rathaus steht ein Runeberg-Denkmal, ausgeführt von seinem Sohn, Walter Runeberg (1905).

Kirche in Pedersöre

Die Kirche in Pedersöre wurde vermutlich schon im 14. Jh. erbaut, damals als viereckige Grausteinkirche. Sie wurde zum bautechnischen Vorbild auch für die Holzkirchen mit spitzem Turm, die während des 17. Jh.s in Nord- und Ostfinnland entstanden. Von 1787 bis 1795 baute Jacob Rijf sie zu einer Kreuzkirche um.

*Skata

Sehenswert ist die Altstadt von Jakobstad, Skata, mit den aus der Zeit nach 1835 (letzter Stadtbrand) stammenden Holzhäusern. Während der Blütezeit der Stadt lebten hier Seeleute sowie Handwerker, die in den zahlreichen Werften beschäftigt waren. Skata, auch Norrmalm genannt, zählt zu den größten Holzhausvierteln in Finnland.

Schulpark Botanischer Garten

Der Schulpark in Jakobstad bedeckt das Gebiet, auf dem vor 200 Jahren die Familie Strengberg in Gewächshäusern Tabak züchtete. Dort wachsen heute mehr als 1000 verschiedene Pflanzenarten, über die auf einem Naturlehrpfad vieles in Erfahrung gebracht werden kann.

Umgebung von Jakobstad

Strand Fäboda

Etwa 10 km westlich der Stadt liegt der einzigartige Sandstrand von Fäboda, ein Geheimtip unter Finnlandkennern. Mitten in der fast unberührten Natur kommen hier Schwimmer, Surfer und Sonnenanbeter gleichermaßen voll auf ihre Kosten.

*Nanoq-Museum

Hier auf dem Gebiet von Fäboda, etwa 7 km westlich von Jakobstad, befindet sich auch das interessante Arktische Museum Nanoq. Es wurde 1991 vom finnischen Polarforscher Pentti Kronqvist gegründet, der 13 mal auf Expeditionen in Grönland war. Er hat viele Zeugnisse arktischer Völker mitgebracht, etwa Specksteinfiguren der Eskimos, oder Gegenstände, die bei Expeditionen in Polargebiete benötigt werden. Der Name "Nanoq" kommt aus dem Grönländischen und bedeutet "Eisbär". Der Museumsbau wurde nach dem Vorbild grönländischer Torfhäuser gestaltet. Im ersten Stock werden auch Entdeckungsreisen an Nord- und Südpol bekannter Forschungsreisenden vorgestellt. Geöffnet im Sommer täglich 12.00 – 19.00, sonst Mo. – Fr. 12.00 bis 17.00 Uhr.

Das Nanoq-Museum wurde nach dem "Eisbären" (grönländisch "Nanoq") benannt.

Alter Hafen und Jakobstad Wapen

Geplant ist der Ausbau des alten Hafens von Jakobstad. Vor kurzem wurde das Schiff "Jakobstad Wapen" nach dem Vorbild eines alten Schiffes des 17. Jh.s fertiggestellt. Mit dem Schiff kann man im Sommer Kreuzfahrten entlang der finnischen Küste und nach Schweden unternehmen sowie kürzere Tagesausflüge.

Die gepflegte Stadt Nykarleby ist einer der beliebtesten Wohnorte in Finnland: Rathaus auf dem Marktplatz

Umgebung von Jakobstad (Fortsetzung) Nykarleby

Rund 20 km südlich von Jakobstad liegt die ebenfalls 1620 gegründete Stadt Nykarleby, die 1640 von Per Brahe zum Platz der ersten weiterführenden Schule in Österbotten gewählt wurde. Die kleine Stadt ist auch heute noch überwiegend schwedischsprachig; der finnische Name, Uusikaarlepyy, wird kaum verwendet. In Nykarleby wurde 1818 Zacharias Topelius geboren (Museum), neben Runeberg der bedeutendste finnlandschwedische Dichter des 19. Jahrhunderts.

Nahe bei Nykarleby gelang es im schwedisch-russischen Krieg (1808/1809) dem General von Döbeln, einen Sieg über die Russen zu erringen. Sehenswert ist die Birgittakirche (1708), ein Holzbau mit schönen Wandmalereien und einem Glockenbock von 1702.

Polarkreis — E–N 6

Allgemeines

Die Polarkreise sind die Breitenkreise von 66,5° nördlicher Breite und 66,5° südlicher Breite. Der nördliche Polarkreis ist die Breite, von der nach Norden die Tageslänge im Sommer so zunimmt, daß die Sonne nicht mehr unter den Horizont sinkt und das Phänomen der Mitternachtssonne entsteht. Der Polarkreis trennt – klimatisch – die nördliche gemäßigte Klimazone von der Polarzone. Die unterschiedlichen Tageslängen und Nachtlängen auf allen Breiten – außer dem Äquator – entstehen dadurch, daß die Erdachse gegenüber der Ebene ihrer Umlaufbahn um 66,5° geneigt ist. In Finnland verläuft der Polarkreis (Napapiiri) nördlich der Stadt → Rovaniemi.

*Mitternachtssonne

Am Tag der Sommersonnenwende, dem 22. Juni, erreicht der (gedachte) Lauf der Sonne am nördlichen Polarkreis seine größte nördliche Deklination, so daß die Sonne auch um Mitternacht noch am Himmel steht. Diese

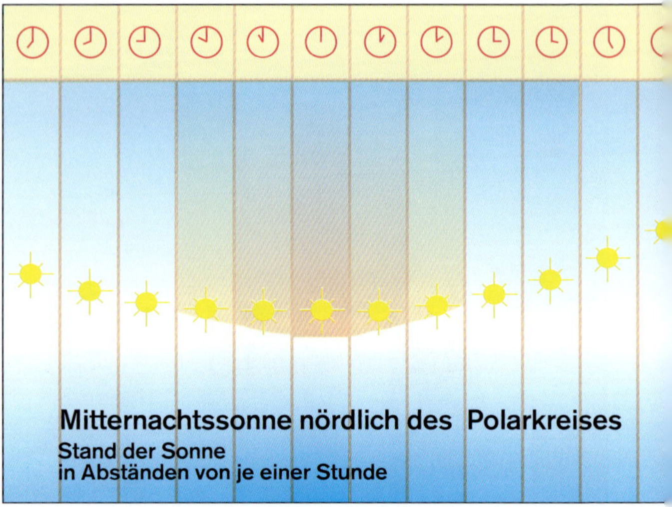

Mitternachtssonne (Fortsetzung)

sogenannte Mitternachtssonne bietet bei klarem Himmel einen überwältigenden Anblick; doch auch wenn der Sonnenball glutrot durch Dunst und Wolken scheint, entstehen stimmungsvolle Bilder.

Polartag

Genau auf dem Polarkreis ist dieses Phänomen des Polartages nur in einer Nacht zu beobachten, nach Norden nimmt seine Dauer stetig zu. Am Nordpol müßte der Polartag genau ein halbes Jahr betragen, er ist aber wegen der Strahlenbeugung in der Erdatmosphäre noch etwas länger.
Darüber hinaus spielt die Höhe des Standorts eine Rolle, da die Daten für die Mitternachtssonne astronomisch auf Meereshöhe bezogen sind; von einem Berg aus kann man die Mitternachtssonne also auch etwas südlich des Polarkreises sehen. Die skandinavischen Gebiete nördlich des Polarkreises, also das eigentliche 'Land der Mitternachtssonne', werden auch als 'Nordkalotte' (finn. Pohjoiskalotti) oder → Lappland bezeichnet.

Hinweis

Die Themen Polartag, Mitternachtssonne und Polarnacht werden ausführlich in dem Kapitel → Zahlen und Fakten: Klima behandelt.

*Nordlicht

Der nördliche Polarkreis ist in etwa die südliche Grenze für das Nordlicht, das in klaren Winternächten zu beobachten ist. Dieses Phänomen entsteht durch elektrische Korpuskularstrahlung der Sonne, die vom magnetischen Feld der Erde eingefangen wird und in Höhen zwischen 70 und 1000 km Leuchtprozesse in der dünnen, ionisierten Atmosphäre auslöst. Es entstehen dann bläulich strahlende Bögen, Strahlenkronen und vorhangartige Flächen, die in fortwährender Bewegung über das Firmament zucken und dem Beobachter einen unvergeßlichen Anblick bieten.

Sehenswertes im Polarkreiszentrum

Lage bei Rovaniemi

Etwa 8 km nördlich von → Rovaniemi kreuzt die Straße nach Kemijärvi den Polarkreis (finn. Napapiiri). Dort befindet sich ein regelrechtes Einkaufszentrum für Souvenirs, ein eigenes Postamt, in dem der begehrte Sonderstempel zu erhalten ist, und ein Kinderland; ferner kann man ein Polarkreiszertifikat erwerben. In der Nähe liegt das 1979 eröffnete SOS-Kinderdorf "Lappland".

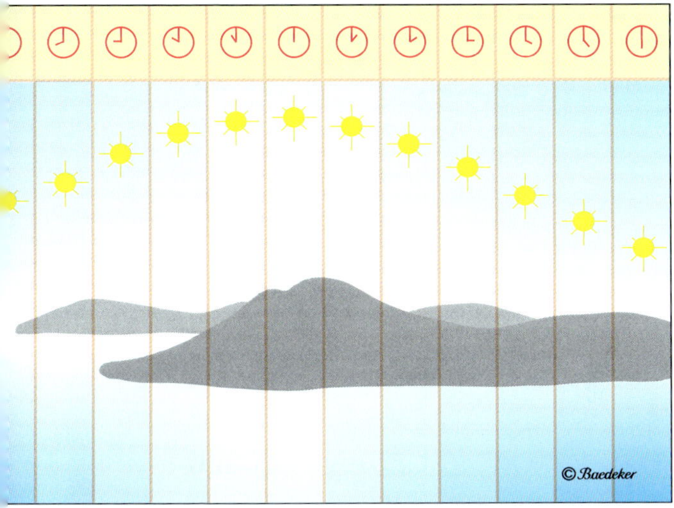

Polarkreis (Fortsetzung)

Büro des Weihnachtsmanns

Hauptattraktion ist aber nicht nur bei den Kindern das "Büro des Weihnachtsmannes". Auf Finnisch heißt er übrigens Joulupukki. Er fährt zwar nur in den seltensten Fällen mit einem rotnasigen Rentier namens Rudolph ein, dafür kann er die jährlich an ihn gerichtete Post von 680 000 Briefen aus aller Welt mit einem vis-à-vis Gespräch per ISDN-Bildtelefon beantworten. Seit neuestem bekommt der "alte Herr" auch E-mails, denn er verfügt über eine "Homepage" im Internet. Auch der Weihnachtsmann scheint sich also manchmal selbst zu beschenken.

Santa Claus World

5 km vom Stadtzentrum und 2 km vom Weihnachtsmanndorf entfernt entführt der Santapark seine Besucher in eine weihnachtliche Vergnügungswelt. Geöffnet in der Saison tägl. 10.00 – 20.00 Uhr, sonst nur an Wochenenden. Auf halber Strecke zwischen Weihnachtsmanndorf und Santapark macht ein Rentierpark mit der traditionellen Rentierzucht vertraut.

Pori E 11

Gebiet: Südwestfinnland
Einwohnerzahl: 77 000
Postleitzahl: FIN-28100
Telefonvorwahl: 02

Lage und Allgemeines

Die südwestfinnische Handels- und Industriestadt Pori (schwedisch Björneborg) liegt größtenteils am Südufer des Kokemäenjoki, etwa 20 km von dessen Mündung in den Bottnischen Meerbusen entfernt. Der Ort befand sich ursprünglich weiter flußaufwärts. 1365 wurde er zum ersten-, 1558 zum zweitenmal verlegt, weil die Flußmündung im Zuge der Landhebung ständig weiter nach Westen wanderte.

Wirtschaft

Von wirtschaftlicher Bedeutung sind neben den Frachthäfen auf Tahkoluoto und Mäntyluoto auch der Fischereihafen auf der Insel Reposaari. Als Industriestadt mit mehr als 4 500 Unternehmen ist Pori auch ein wichtiger Standort für Produktionsstätten der Holzveredlung und der Metallverarbeitung.

Geschichte

Im Jahre 1558 verlieh Herzog Johann III., ein Sohn des Schwedenkönigs Gustav Wasa, Pori die Stadtrechte. Der letzte große Brand (1852), bei dem dreiviertel der Stadt zerstört wurden, machte es notwendig, die Stadt neu zu planen. Sie entstand um zwei Esplanaden herum, die einander rechtwinklig kreuzen.

Sehenswertes in Pori

Esplanade Pohjoispuisto

Die interessantesten Gebäude und Museen liegen am nördlichen Ende der Esplanade Pohjoispuisto, am Ufer des Kokemäenjoki. Der Stadtteil bietet ein geschlossenes Bild des ausgehenden 19. Jahrhunderts.

*Rathaus

Direkt an der Esplanade steht das alte Rathaus, ein Kaufmannspalais im venezianischen Palaststil, das von dem Architekten August Krook für die Familie Junnelius entworfen und 1895 fertiggestellt wurde. Vom Turm des

Das alte Rathaus von Pori – ein architektonisches Prachtstück im venezianischen Palaststil

Rathauses genießt man einen schönen Blick auf die Parkanlagen beim Rathaus und auf die gesamte Stadt. Hier ist heute das Fremdenverkehrsamt von Pori untergebracht.

Satakunta-Museum

Westlich der Esplanade liegt an der Hallituskatu (Nr. 11) das Museum für die Landschaft Satakunta (1888 gegründet). Die Sammlungen sind sehr vielseitig und umfassen rund 50 000 Einzelstücke. Das jetzige Gebäude wurde in den siebziger Jahren errichtet. Ausgestellt sind Exponate zur Geschichte der Stadt Pori, Gegenstände aus der gesamten Region, ferner Stilmöbel aus mehreren Jahrhunderten. Geöffnet Di.–So. 11.00 – 17.00 Uhr.

Gerichtsgebäude

In der Nähe befinden sich das Stadttheater von 1884 und das Gerichtsgebäude, das 1841 von Carl Ludwig Engel entworfen wurde.

Sehenswert ist ferner das Kunstmuseum (Eteläranta), das zwischen 1977 und 1981 nach Plänen des Architekten Kristian Gullichsen saniert wurde. Neben dem festen Bestand (moderne Malerei und Skulptur; Kunstfonds Maire Gullichsen) werden in dem Museum wechselnde Ausstellungen einheimischer und ausländischer Künstler gezeigt. Geöffnet Di. – So. 11.00 bis 17.00 Uhr.

Kunstmuseum

Östlich der Esplanade steht in einem kleinen Park die Kirche von Pori-Mitte, die 1863 von G. T. Chiewitz in neugotischem Stil erbaut wurde und einen 72 Meter hohen Turm besitzt. Die Altartafel von R. W. Ekman hat die Auferstehung Christi als Motiv. Die Chorfenster mit Glasmalereien sind ein Werk von Magnus Enckell.

Kirche von Pori-Mitte

An der Straße Paanakedonkatu, die von der Kirche zur Ausfallstraße nach Tampere führt, liegt das Hallenbad; in der Nähe gibt es ferner eine Sporthalle.

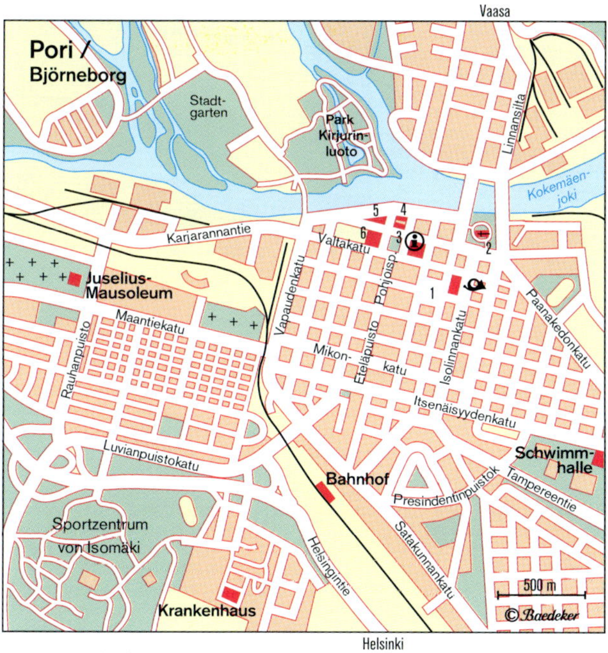

1 Marktplatz (Tori)
2 Kirche von Pori-Mitte
3 Rathaus
4 Kunstmuseum von Pori
5 Satakunta-Museum
6 Theater

Westlich des Stadtzentrums befindet sich der Alte Friedhof und dahinter der Neue Friedhof. Hier steht eine der schönsten Sehenswürdigkeiten von Pori, das Juselius-Mausoleum. Der Industrielle F. A. Juselius ließ das Mausoleum im Jahre 1902 (von Josef Stenbäck) für seine Tochter Sigrid erbauen, die im Alter von elf Jahren starb.

Juselius-Mausoleum

Der weiße Sakophag ist umgeben von naturalistisch wirkenden Fresken, des bekannten finnischen nationalromantischen Malers Akseli Gallen-Kallela (→ Kunst und Kultur: Kunstgeschichte). Die durch Feuchtigkeit und einen Brand zerstörten Fresken wurden von Jorma Gallen-Kallela, dem

Juselius-Mausoleum (Fortsetzung)

Sohn des Malers Akseli, nach den Entwürfen des Vaters neu angefertigt. Geöffnet von Mai bis Mitte September täglich 12.00 bis 15.00 Uhr, im Winterhalbjahr nur sonntags von 12.00 – 14.00 Uhr.

Park Kirjurinluoto Pori Jazz Festival

An der Nordseite des Kokemäenjoki, beim Ausfluß des Flusses Luotsimäenhaara, liegt auf einer Halbinsel der Park Kirjurinluoto: Dort steht die Bühne für das Sommertheater. In dem Park finden alljährlich im Juli Konzerte im Rahmen des Internationalen Pori-Jazz-Festivals statt. Renommierte Musiker aus aller Welt treten hier auf. In dieser Woche hat man keine Chance, kurzfristig ein freies Hotelzimmer zu finden, da die Stadt hoffnungslos überfüllt ist. Diese für Finnland so typische Sommerveranstaltung ist einer der Höhepunkte des Jahres.

Das schön gelegene Juselius-Mausoleum mit Fresken von Gallen-Kallela

Umgebung von Pori

Sandstrand von Yyteri

Lohnend ist eine Fahrt auf der Straße 265 zum Sandstrand von Yyteri und nach Mäntyluoto. Unterwegs passiert man den Wasserturm von Kaana mit einem Aussichtscafé. Am Strand von Yyteri, der auch ein hervorragendes Surfrevier ist, gibt es Hotels, einen Campingplatz und Ferienhütten. Es ist ein Urlaubsort mit modernem Komfort und einem vielseitigen Freizeitangebot.

Reposaari

Folgt man der Straße 265 weiter nach Nordwesten, kommt man auf einem Damm zur Insel Reposaari, die im 19. Jh. ein bedeutender Hafen war; am Hafen sieht man ein Denkmal für das Kanonenboot S 2, das 1927 bei einem Sturm untergegangen ist. Sehenswert ist eine Kirche von 1876, die im norwegischen Stil gebaut wurde. Norwegische Seeleute, die sich häufig auf Reposaari aufhielten, sammelten das Geld für den Bau dieser Kirche. Am äußeren Ende der Insel befindet sich mit großartigem Meeresausblick ein sehr schöner Campingplatz mit mehreren Ferienhäusern.

Ulvila

Wenn man von Pori stadtauswärts auf der Straße Nr. 2 Richtung Helsinki fährt, geht etwa 7 km hinter Pori in nördlicher Richtung eine Stichstraße nach Ulvila ab. Hier ließen sich bereits im 11. Jh. Einwanderer aus Schweden nieder. Im 14. Jh. wurden Ulvila die Stadtrechte verliehen. An diese Zeit erinnert die Kirche von 1330, die 1429 umgebaut wurde. Mit der Gründung von Pori 1558 wurden die Bewohner von Ulvila zur Umsiedlung nach Pori gezwungen.

Harjavalta

Nach weiteren 29 km folgt an der Straße Nr. 2 der Ort Harjavalta. Hier werden im ehemaligen Studio und der Wohnung von Emil Cederkreutz Skulpturen des Bildhauers und finnische Kunst des frühen 20. Jh.s gezeigt.

Auf der schmalen Landzunge, die sich von Pori in den Bottnischen Meerbusen schiebt, liegt der weite Sandstrand von Yyteri.

Porvoo · Borgå J 12

Gebiet: Südfinnland
Einwohnerzahl: 21 000
Postleitzahl: FIN-06100
Telefonvorwahl: 019

Lage und Allgemeines

Die südfinnische Stadt Porvoo liegt 50 km nordöstlich von Helsinki und ist auf der E 18 von Helsinki aus zu erreichen. Auf dem Berg Linnamäki wurde zu Beginn des Jahrtausends die Festung Porvoo errichtet, nach der die Stadt auch ihren schwedischen Namen Borgå (Burgfluß) erhielt.

Bedeutung

Bedeutung erlangte die kleine Siedlung aber erst, als der schwedische König Magnus Eriksson zu Füßen der Burg 1346 eine Stadt gründete. Damit ist sie nach Turku die zweitälteste Stadt Finnlands. 1809 nahm Zar Alexander I., der durch den Frieden von Frederikshamn Großfürst von Finnland geworden war, hier die Huldigung der Stände entgegen. Noch heute zeugen die roten Magazine am Fluß sowie die gepflegten Kaufmanns- und Bürgerhäuser in der Altstadt vom regen Handel, der von hier aus betrieben wurde und Porvoo im Mittelalter eine große wirtschaftliche Blüte bescherte. Auch der schwedische Einfluß hat bis in die Gegenwart seine Spuren hinterlassen. Annähernd ein Drittel der Bevölkerung ist schwedischsprachig, und alle kommunalen Dienstleistungen werden in beiden Sprachen angeboten.

Wirtschaft

Seit den sechziger Jahren ist der Ölhafen von Sköldvik von wirtschaftlicher Bedeutung. In seiner Nähe hat sich das größte Industriegebiet für Petrochemie in Skandinavien angesiedelt.

Stadt der Künstler

Daneben ist Porvoo auch als eine Stadt schöpferischer Persönlichkeiten bekannt: Die beiden Bildhauer Walter Runeberg und Ville Vallgren, dessen Werk "Das Haupt Christi" (1889) bei der Weltausstellung in Paris prämiert wurde, wurden hier geboren. Außerdem lebten mehrere andere Künstler in Porvoo und sei es nur, um sich eine Zeitlang von der Stimmung der Stadt inspirieren zu lassen. Zu den berühmten Gegenwartskünstlern, die noch heute in Porvoo leben, gehört der Bühnen- und Romanautor Jussi Kylätasku.

Ausflugsfahrten von Helsinki aus

Von Helsinki aus kann man an Sonnabendnachmittagen Ausflugsfahrten nach Porvoo mit einem Museumszug (Tel. 09 / 752 32 62) unternehmen. Das Dampfschiff "M/S J.L. Runeberg" fährt täglich außer Di. und Do. um 10.00 Uhr von Helsinki nach Porvoo (Tel. 019 / 524 33 31).

Sehenswertes in Porvoo

**Altstadt

Hübsch am linken Ufer des Porvoonjoki (schwed.: Borgå å) und nahe bei dessen Mündung in eine Bucht des Finnischen Meerbusens, befindet sich der historische Kern der Stadt. Auch das idyllische Porvoo blieb nicht vor Zerstörung verschont: 1508 brannten die Dänen und 1708 die Russen die Stadt nieder. 1760 wurde ein Großteil der Altstadt auf Grund der Unachtsamkeit einer Hausfrau durch eine Feuersbrunst zerstört. Dennoch ist die mittelalterliche Stadtanlage mit ihren malerischen kleinen Häusern und den sich schlängelnden, mit Katzenkopfpflaster versehenen Gassen ein historisches Kleinod Finnlands geblieben.

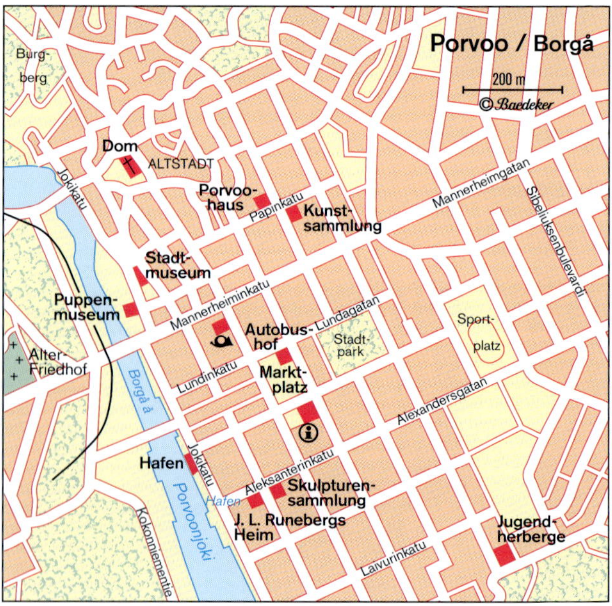

Empirestadt

Neben Alt-Porvoo besitzt die Stadt noch ein zweites historisches Gesicht. Der Nachfolger von Alexander I., Zar Nikolaus I., ließ südlich neben der engen Altstadt vom deutschen Architekten Carl Ludwig Engel (siehe auch

S. 118) einen dem Zeitgeist entsprechenden Stadtteil errichten. Auf einem quadratischen Grundriß reihen sich die Steinhäuser entlang der kerzengeraden Straßenzüge. Dadurch sollte zum einen die Stadtansicht eine stärkere russische Prägung erhalten und nicht mehr so deutlich an die Herrschaft der Schweden erinnern, zum anderen waren Steinbauten weniger feuergefährdet.

Empirestadt (Fortsetzung)

Dom

Im Norden von Porvoo schmiegt sich jenseits des Flusses die enge mittelalterliche Altstadt mit ihren winkeligen Gassen an den Hügel, auf dem sich der gotische Dom erhebt. Die erste Kirche wurde in Porvoo bereits im 13. Jahrhundert errichtet. Die dem Fluß zugekehrte weiße, mit Backsteinornamenten verzierte Giebelwand stammt aus dem frühen 15. Jahrhundert und wurde 1978 vollständig renoviert. Im Jahre 1732 wurde Porvoo Bischofssitz.
Im Inneren des Doms, der mit schönen Rokoko-Ornamenten ausgeschmückt ist, wurde 1909 ein Bronzestandbild des Zaren Alexander I., geschaffen von W. Runeberg, aufgestellt. Es soll an den 1809 in Porvoo abgehaltenen Landtag erinnern, auf dem der Zar die Unantastbarkeit der finni-

Jenseits des Flusses hat man den schönsten Blick auf die roten Magazinschuppen und die Stadt.

schen Verfassung und Religion garantierte und die Huldigung der Stände entgegennahm. Damit war die sechshundertjährige Bindung Finnlands an Schweden beendet und Finnland als Nation in der “Familie der Nationen” aufgenommen. Südöstlich neben dem Dom stehen der Glockenturm und eine kleine finnische Holzkirche (1740).

Stadtmuseum

Vom Dom gelangt man bergab durch die Altstadt mit ihren Holzhäusern zum Stadtmuseum, das im Alten Rathaus (fertiggestellt 1764) untergebracht ist. Ausgestellt sind insbesondere Dokumente über die Fabrik Iris, in der um die Jahrhundertwende Jugendstilmöbel nach den Entwürfen Louis Sparres und Keramiken von A. W. Finch hergestellt wurden.

Stadtmuseum (Fortsetzung

Im Eckhaus östlich daneben, dem ehemaligen Kaufmannshaus (gebaut 1762) der Familie Holm, sind die Skulpturensammlung des Bildhauers Ville Vallgren (1855–1940) und die Werke des Malers Albert Edelfelt (1854 bis 1905) sehenswert. Geöffnet tägl. 12.00–16.00 Uhr.

J. L. Runebergs Heim

Etwa 500 m südlich, an der Runeberginkatu, befindet sich ein Bronzestandbild J. L. Runebergs, eine verkleinerte Nachbildung des Denkmals, das in Helsinki steht. Noch weiter südlich, an der Ecke Runeberginkatu / Aleksanterinkatu steht im Empire-Stadtteil das Wohnhaus des Dichters Johan Ludwig Runeberg (1804–1877; → Berühmte Persönlichkeiten, → Kunst und Kultur: Literatur), der hier seit 1852 mit seiner Frau Frederika lebte. Der von ihr angelegte Garten ist noch in seinem ursprünglichen Zustand erhalten. Runeberg arbeitete von 1837 bis 1857 am Gymnasium in Porvoo und schrieb hier u. a. den Text zur finnischen Nationalhymne. Von 1863 bis zu seinem Tode war er gelähmt. Geöffnet Mai bis Aug. Mo.–Sa. 10.00–16.00, So. 11.00–17.00 Uhr, sonst Mo., Di. geschlossen.
Im Nachbarhaus (Aleksanterinkatu 5) ist die 40 Werke umfassende Skulpturensammlung von Walter Runeberg (1838–1920), dem Sohn des Dichters untergebracht.

Alter Friedhof

Auf dem alten Friedhof am Westufer des Porvoonjoki, an der Straße nach Helsinki, liegen die Gräber von Johan Ludwig Runeberg, Albert Edelfelt, Ville Vallgren und Eugen Schauman, der 1904 in Helsinki den russischen General Bobrikow erschoß und sich dann selbst das Leben nahm.

Porvoohaus (Museen)

Östlich des Doms steht an der Straße Kaivokatu ein Gebäude, in dem drei Einrichtungen untergebracht sind: das Naturkundliche Museum, das Jagd- und Wildpflegemuseum sowie eine Kunsthalle (wechselnde Ausstellungen, insbesondere zu Themen der zeitgenössischen Kunst).

Kunstsammlung Yrjö A. Jäntti

Von hier sind es nur wenige Schritte zur Yrjö A. Jäntti-Kunstsammlung (Papinkatu 19). Im Nordflügel des Verlagshauses wird ein umfassender Überblick finnischer Malerei gegeben. Die Bilder aus der Privatsammlung Yrjö A. Jäntts gingen 1984 in den Besitz der Stadt über. Ferner sind Graphiken, Zeichnungen und Schnitzereien zu sehen. Geöffnet Mi.–So. 12.00 bis 16.00 Uhr, im Winter ab 11.00 Uhr.

*Magazinschuppen

Am Flußufer reihen sich pittoresk die roten Magazinschuppen, die nach dem großen Brand von 1760 mit Blockstammwänden errichtet wurden. Hier landeten die Barken mit ihren Lasten an und wurden entladen. Porvoo war zu dieser Zeit ein Handelszentrum und Umschlagplatz für Exportgüter wie Butter, Trockenfisch, Schnittholz, Teer und Leinen. Aber auch südländische Waren wie Früchte, Gewürze, Kaffee, Tabak und Wein wurden von hier ins ganze Land transportiert. Den roten Anstrich erhielten die schwarzgedeckten Häuser erst Ende des 18. Jh.s., als König Gustav III. von Schweden nach Porvoo reiste. Der neue Anstrich sollte ihm einen freundlicheren Anblick bereiten und bot nebenbei einen idealen Schutz gegen Witterungseinflüsse. Heute befinden sich hier Wohn- und Lagerräume.

**Aussichtspunkt

Von der großen Brücke (Mannerheiminkatu) über den Porvoonjoki bietet sich die schönste Aussicht auf die Ufermagazine mit der Altstadt Porvoos und der Kirche im Hintergrund.

"Porvoo-Becher"

Ein beliebtes Mitbringsel aus Porvoo ist der "Porvoo-Becher". Meist aus Zinn, erinnert er an die Zeit der Schwedenherrschaft. Seine Besonderheit ist der doppelte Boden. Als Meßbecher sollte er dem Vogt beim Eintreiben der Steuern für die Krone dienen. Der Vogt ließ aber einen zweiten Boden einziehen, so daß er mit der größeren Seite die Steuern erhob und bei der Abrechnung mit dem König den Becher drehte und die kleinere Seite benutzte. Die durchaus beträchtliche Differenz floß in seine Privatschatulle. Noch heute gibt es in Finnland die Redewendung, etwas sei "mit dem Maß von Porvoo" gemessen.

Umgebung von Porvoo

Schärengürtel

Im Süden der Stadt erstreckt sich ein reizvoller Schärengürtel, in dessen geschützter Lage die lange Bootsbautradition gepflegt wird.

Die Gutshöfe Haikko, Sannäs und Virvik

Im Landesinneren gibt es zahlreiche alte Herrensitze und große Bauernhöfe, die z. T. aus dem 14. Jh. stammen und sich meist in Privatbesitz befinden. Etwa 6 km südwestlich von Porvoo liegt der alte herrschaftliche Gutshof Haikko, auf dem der Maler Albert Edelfelt mehr als 20 Jahre lang seine arbeitsreichen Sommer verbrachte und dessen Atelier nun ein kleines Museum birgt. Heute ist das Hauptgebäude des Gutes nach dem Umbau ein Konferenz- und Kurhotel.
Etwa 10 km nordöstlich liegt der 1836/1837 erbaute, denkmalgeschützte Gutshof Sannäs, der als ein Kongreßzentrum dient, während das am Meer gelegene Gut Virvik ein Ziel für Wanderer und Golfspieler ist.

Pernaja

→ Königsstraße

Loviisa

→ Königsstraße

Gletschermühlen

An der Straße Nr. 55, die von Porvoo in Richtung Lahti führt, trifft man nach 26 km in Korttia ein Feld von etwa 20 Gletschermühlen, die bis zu 10 m in den Granit gefräst sind. Die Löcher sind in der letzten Eiszeit vor 10 000 Jahren entstanden, als Gletscher über den Felsen schabten und Schmelzwasserfluten voller Geröll und Kies Wirbel bildeten.

Mäntsälä

Die Straße führt weiter nach Mäntsälä, in desses Umgebung ein Handwerksmuseum und das Gutshaus Alikartano sehenswert sind (→ Helsinki, Umgebung).

Raahe

H 8

Gebiet: Nordfinnland
Einwohnerzahl: 19 000
Postleitzahl: FIN-92100 Raahe
Telefonvorwahl: 08

Lage und Allgemeines

Fährt man von Oulu auf der Straße Nr. 8 südwärts, so erreicht man nach 75 km Raahe. Obwohl nicht viele Reisende hierher kommen, ist es doch der sehenswerteste Orte zwischen Kokkola und Oulu. Die Stadt wurde im Jahre 1649 von Per Brahe, dem Generalgouverneur der Königin Kristina, in der Nähe des alten Hafenplatzes der Stadt Salo gegründet. Bereits 1652 wurde die Stadt nach ihrem Gründer Brahestad benannt. Als die finnische Stadtbevölkerung allmählich in der Mehrzahl war, erhielt die Stadt den finnischen Namen Raahe.

*Stadtbild

Nach dem verheerenden Brand von 1810, der drei Viertel der Gebäude vernichtete, wurde Raahe wieder aufgebaut. Der neue Bebauungsplan von Gustaf Odenwall orientierte sich zwar weiterhin an dem regelmäßigen Schachbrettmuster, sah aber u. a. einen neuen, größeren Marktplatz vor, den Pekkatori. Zahlreiche Blockhäuser wurden aus der nahen Provinz aufgekauft, abgetragen und in Raahe wieder aufgebaut. Die alte Holzhausstadt bietet heute ein harmonisches Bild und ist ein einzigartiges Beispiel finnischer Holzstadttradition.

Wirtschaft

Mitte des 19. Jh.s besaß Raahe zeitweise die größte Handelsflotte Finnlands. Bis in die Mitte unseres Jahrhunderts waren Seehandel und Seefahrt die wichtigsten wirtschaftlichen Grundlagen. Erst mit der Gründung der Stahlfabrik Rautaruckki in den 60er Jahren erhielt die Stadt neue Wachstumsimpulse – die Stahlfabrik wurde mit mehr als 4 000 Arbeitsplät-

Der Pekkaplatz ist das Herzstück der Altstadt.

Wirtschaft (Fortsetzung)

zen zum größten Arbeitgeber der Region. Das Eishockey-Stadion und die drei Wassertürme sind aus dem Stahl dieses Werkes errichtet. Im Zuge der ökonomischen Entwicklung haben sich viele Firmen angesiedelt, die Raahe zu einem bedeutenden Technologiezentrum werden ließen.

Sehenswertes in Raahe

Altstadt

Den besten Eindruck der gut erhaltenen Altstadt erhält man anhand eines kleinen Rundgangs, der durch folgende Straßen führen sollte: Rantakatu, Saaristokatu, die ehemalige Seemanns- und Handwerkerstraße Reiponkatu und die bis 1960 als Hauptgeschäftsstraße dienende Kauppakatu.

Sovelius-Haus

Am Myhberg-Park, dem ersten Marktplatz der Stadt, steht das älteste Haus Raahes. Das zweigeschossige Haus des Reeders Sovelius (Rantakatu 36) wurde 1780 errichtet. Als es 1890 seinen chromoxidgrünen Anstrich erhielt, wurde es von der Bevölkerung "gröna slottet" ("grünes Schloß") genannt. Ab 1999 wird im oberen Stockwerk eine Ausstellung über die Lebensweise einer Reederfamilie im letzten Jahrhundert eröffnet. Rund um diesen Markt sind weitere Holzhäuser zu finden, die den Stil des frühen 19. Jh.s repräsentieren.

Pekkaplatz

Der neuere Marktplatz der Stadt, Pekkatori, wird von Bürgerhäusern des 19. Jh.s gesäumt. Hier war das Geschäfts- und Verwaltungszentrum jener Zeit geplant, so daß in diesen herrschaftlichen Häusern vor allem Stadträte, Kaufleute und Reeder wohnten. In der Mitte des Platzes steht das Standbild des Stadtgründers Per Braahe, eine Kopie des 1888 von Walter Runeberg geschaffenen Originals, das sich in Turku befindet.

Kirche

Auf dem Grundstück der 1908 abgebrannten Holzkirche entstand von 1909 bis 1912 die neue Kirche von Raahe nach Entwürfen des Architekten Josef

Das älteste Heimatmuseum Finnlands liegt in Raahe.

Raahe (Fortsetzung)

Stenbäck im neuromantischen Stil. Um einer erneuten Vernichtung durch eine Feuersbrunst vorzubeugen, wurden diesmal Granitblöcke der nahegelegenen Inseln verwendet.
Sehenswert ist das Altargemälde "Mit Jesus im Sturm" (1926), das vom Maler Eero Järnefelt (1863–1937) geschaffen wurde. Der Künstler selbst nannte sein Werk, dem Studenten des Sportinstitutes Modell standen, "Erwachende Hoffnung". Ebenfalls zu beachten sind die Orgel (1970) mit einem Pfeifenwerk unter dem Altar und eine Glasmalerei im Chor, die 1988 von Matti Lampi geschaffen wurde.

*Museum

In einem alten Lagerhaus von 1848 (Rantakatu 33) wurde 1862 das älteste Lokalmuseum Finnlands eröffnet. Es zeigt eine Seefahrtssammlung, zu der auch zahlreiche Souvenirs der Seeleute gehören, die sie von ihren Fahrten auf den Weltmeeren mitbrachten. Bedeutendstes Ausstellungsstück ist der älteste Taucheranzug (18. Jh.) der Welt, den Einheimische "alten Herrn" nennen. Die Sauerstoffzufuhr zu dem sperrigen, aus Kalbsleder gefertigten Taucheranzug erfolgte über dicke Holzrohre, die mit dem Boot verbunden waren. Die Kopie dieses Originals erwiese sich als funktionstüchtig. Geöffnet tägl. 12.00–18.00 Uhr.

Rauma **E 11**

Gebiet: Südwestfinnland
Einwohnerzahl: 38 000
Postleitzahl: FIN-26100
Telefonvorwahl: 02

Lage und Allgemeines

Das malerische Städtchen Rauma liegt ca. 90 km nördlich von Turku und 50 km südlich von Pori am Bottnischen Meerbusen. Rauma besitzt die

Lage und Allgemeines (Fortsetzung)

größte alte Holzhausstadt der nordischen Länder – sie wird in der Liste des Weltkulturerbes geführt. Eine weitere Besonderheit der Stadt ist der spezielle Dialekt, der im übrigen Finnland nicht verstanden wird. Rauma ist die drittälteste Stadt Finnlands und feierte 1992 ihren 550. Geburtstag.

Wirtschaft

Als Zentrum eines relativ großen Wirtschaftsgebietes ist Rauma zu einer bedeutenden Ausbildungs- und Handelsstadt herangewachsen. Der günstig gelegene Hafen hat stark zur wirtschaftlichen Entwicklung beigetragen, so daß Rauma heute sicherlich als Industriestadt bezeichnet werden kann. Neben Papier-, Elektronik- und Textilindustrie spielt der Schiffsbau (große Werft) eine bedeutende Rolle.

Geschichte

Der Ort wurde im 13. Jh. gegründet und erhielt im Jahre 1442 von König Kristoffer die Stadtrechte. Um 1550 wurde Rauma vorübergehend entvölkert, weil die Bewohner den Befehl erhielten, in das neu gegründete Helsinki umzusiedeln. Nach einigen Jahren durften sie jedoch wieder in ihre Heimatstadt zurückkehren. Im 17. Jh. entwickelte sich die Schiffahrt in beträchtlichem Maß. Seeleute aus Rauma lernten in fremden Ländern das Spitzenklöppeln, das auch heute noch eine feste Tradition hat. Jedes Jahr im Juli wird eine Woche der Spitze gefeiert.

Sehenswertes in Rauma

**Altstadt

Der Grundriß der Altstadt, dem mit 28 Hektar größten zusammenhängendem Holzhauskomplex in Skandinavien, stammt aus dem 16. Jahrhundert. Die Holzhäuser wurden hauptsächlich im 18. und 19. Jh. errichtet. Im Jahre 1992 wurde die Altstadt von Rauma in die UNESCO-Liste der Großen Kulturschätze der Welt aufgenommen. Trotz zahlreicher Stadtbrände blieb der mittelalterliche Charakter der Stadt mit ihren engen und verwinkelten Gassen erhalten. Der letzte große Brand wird auf das Jahr 1682 datiert. Danach wurde Rauma über 300 Jahre von solchen Bränden verschont, was für eine Holzhausstadt eine Seltenheit ist.

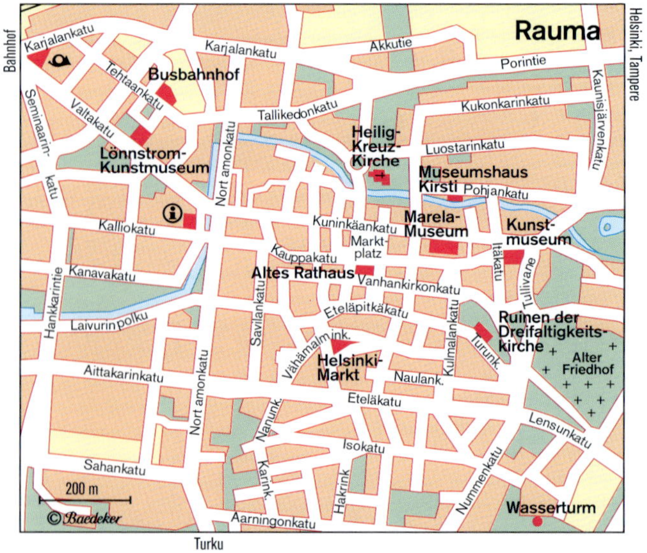

Das Kaufmannshaus Marela bietet Einblick in das Leben des 19. Jh.s.

Eine der fotogensten Ansichten der Altstadt ist der kleine Helsinki-Platz, der von schönen Blumenbeeten geschmückt wird (Bild s. S. 6).

Helsinki-Platz

In der Altstadt liegt die Kirche vom heiligen Kreuz, die auf ein Franziskanerkloster des 15. Jh.s zurückgeht. Schön sind die Wandmalereien aus dem 16. Jh. im Chorgewölbe. Der weiße Turm wurde erst 1816 angebaut und diente seinerzeit den Seefahrern als Orientierungspunkt. Vor der Kirche steht das den Erbauern der Kirche gewidmete Franziskanerdenkmal von Jussi Vikainen. Nach dem kleinen Bach neben der Kirche, der im Altskandischen "Straum", also "Fluß" heißt, wurde die Stadt Rauma benannt.

Heilig-Kreuz-Kirche

Im früheren Rathaus, erbaut 1776 von C. H. R. Schröder, befindet sich heute das Stadtmuseum, in dem u.a. Miniaturmodelle von Raumaer Segelschiffen sowie alte Klöppelspitzen ausgestellt sind. Geöffnet Mitte Mai bis Mitte August tägl. 10.00 – 17.00 Uhr.

Altes Rathaus

Aus dem 19. Jh. stammt das Bürgerhaus 'Marela' (Museum), das die Wohnverhältnisse einer reichen Reederfamilie um die Jahrhundertwende zeigt. Das gut erhaltene Gebäude beeindruckt durch seine aus dem Beginn des 19. Jahrhunderts stammenden Kachelöfen, Spiegeltüren und Wand- und Deckenvertäfelungen, die jedoch später im Stil der Neorenaissance renoviert wurden. Geöffnet im Sommer tägl. 10.00 – 17.00 Uhr.

Bürgerhaus Marela

Südlich der Altstadt liegen das Hallenbad und der Wasserturm (Panoramarestaurant). Gleich daneben erblickt man die Skulptur "Durch Schwierigkeiten zum Sieg" (1976), geschaffen von Aila Salo. Nordwestlich, jenseits der Bahnschienen erstreckt sich das Freizeitgelände von Otanlahti – mit Sportanlagen, einem Schwimmbad und Saunen. Der Campingplatz von Poroholma schließt sich unmittelbar an dieses Gebiet an. Hier befindet sich die Anlegestelle des Motorboots, das während der Sommermonate regelmäßig Rundfahrten in die Inselwelt vor Rauma durchführt.

Weitere Sehenswürdigkeiten

Riihimäki

→ Helsinki, Umgebung

Rovaniemi J 6

Gebiet: Nordfinnland, Lappland
Einwohnerzahl: 55 000
Postleitzahl: FIN-96200
Telefonvorwahl: 016

Lage und Allgemeines

Die knapp unterhalb des Polarkreises, mehr als 800 km nördlich von Helsinki gelegene Stadt Rovaniemi ist das Verwaltungszentrum der finnischen Provinz Lappland, die mit über 90 000 km^2 Fläche Finnlands bei weitem größte Provinz ist. Rovaniemi ist die einzige Stadt Lapplands und Sitz einer Universität. Gut ein Viertel der Provinzbevölkerung lebt in Rovaniemi, dem wirtschaftlichen und kulturellen Zentrum. Rovaniemi ist eine beliebte Station für viele Nordkap-Fahrer. Bis zur nördlichsten Spitze Europas in Norwegen sind es noch 600 km.
Der Ort entstand am Zusammenfluß von Kemijoki (mit 510 km Finnlands längster Fluß) und Ounasjoki (320 km lang). Hier suchten einst Wildmarkgänger, Flößer und Goldgräber in der Wildnis ihr Glück.

Markttage

Dreimal im Jahr finden die bekannten Markttage statt. Sie wurden erstmals im Februar 1881 abgehalten, um Waren und Neuigkeiten auszutauschen, Ehen zu schließen oder sich einfach zu amüsieren. Seit Kriegsende wird diese Tradition wieder gepflegt.

Aus den Trümmern des Zweiten Weltkriegs entstand die moderne Stadt Rovaniemi nach dem Bebauungsplan von Alvar Aalto.

Geschichte und Bedeutung

Neuere Ausgrabungen haben ergeben, daß bereits vor 8000 Jahren erste Nomaden auf der Jagd nach Robben in das Gebiet von Rovaniemi kamen. Doch erst für das 11. und 12. Jahrhundert sind Belege für eine ständige Besiedlung vorhanden. Bekannter wurde Rovaniemi im 16. Jh., als die Steuereintreiber der schwedischen und russischen Herrscher auch auf der Nordkalotte auftauchten und hier ein durchaus florierendes Handelszentrum vorfanden.
Als der Holzbedarf im Zuge der Industrialisierung weiter anstieg, gewann Rovaniemi erheblich an Bedeutung, da im Stadtgebiet zwei der wichtigsten Flößwege aus dem Inneren Lapplands zusammentreffen und sich so vor dem Abfließen in die Ostsee vereinen. Auf dem Wasserweg konnten somit Holz und Teer aus dem Hinterland bis zum Frachthafen in Kemi transportiert werden.
Erst 1992 wurde die Flößerei auf dem Kemijoki endgültig eingestellt. Der Ort wurde 1929 aus der umgebenden Landgemeinde herausgelöst und im Jahre 1938 zum zentralen Ort der Provinz Finnisch-Lappland erklärt. Damit war der Wandel vom einst beschaulichen Kirchdorf zum wirtschaftlich blühenden Zentrum vollzogen und 1960 durch die Verleihung des Stadtrechts auch offiziell bestätigt.
Rovaniemi wird jährlich von etwa 500 000 Touristen besucht, die sich hier zu allen Jahreszeiten wohlfühlen. Das Dienstleistungsgewerbe ist daher hervorragend ausgebaut und ein wichtiger Wirtschaftszweig der Stadt.

Wiederaufbau nach dem Zweiten Weltkrieg

Rovaniemi bestand wie andere Orte der nördlichen Regionen bis in die Gegenwart hinein fast nur aus Holzhäusern. Im Winter 1944 / 1945 brannte die Stadt, nachdem die Bevölkerung zum größten Teil nach Schweden und Ostbottnien evakuiert worden war, im Verlauf der Kampfhandlungen zwischen finnischen und deutschen Truppen (Lappland-Krieg) zu mehr als vier

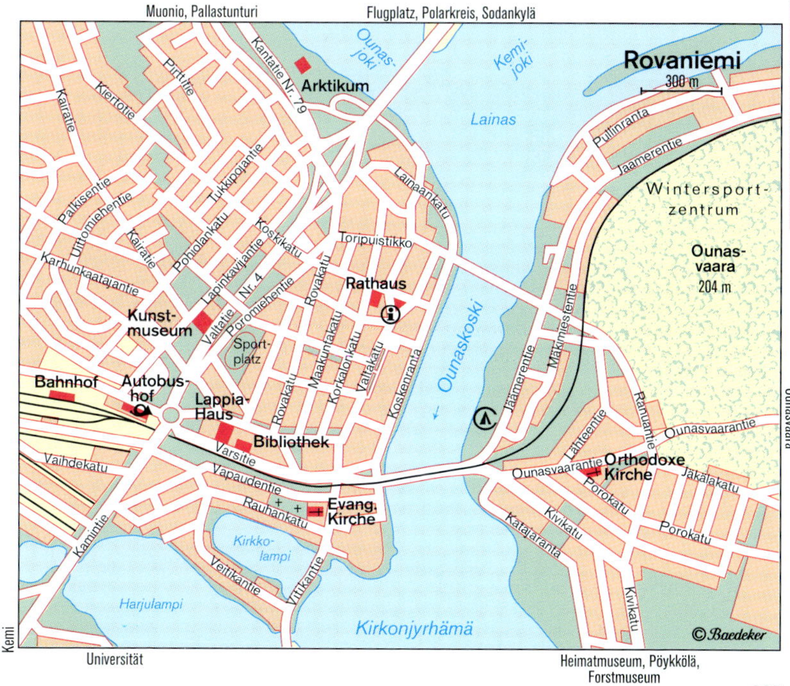

Wiederaufbau nach dem Zweiten Weltkrieg (Fortsetzung)

Fünfteln ab. Erst als die Mehrzahl der Bevölkerung 1945 wieder nach Rovaniemi zurückgekehrt war, konnte mit dem Wiederaufbau der Stadt begonnen werden.
Diesem lag der Bebauungsplan des finnischen Architekten Alvar Aalto (→ Berühmte Persönlichkeiten, → Kunst und Kultur: Architektur) zugrunde. Als neuen Grundriß für die Führung der Hauptstraßen wählte er die Grundlinien des Rentiergeweihs und plante auch die wichtigsten Gebäude: Stadthaus, Bibliothek und das Lappia-Haus. Die übrigen Häuser, die nach dem Zweiten Weltkrieg entstanden, sind fast alle aus Stein erbaut. Einige öffentliche Bauten können aufgrund ihrer funktionsgerechten Konzeption und des weitgehend der Landschaft angepaßten Stils für die ganze Nordkalotte als Vorbild gelten.

Regionaltypische Veranstaltungen

Rentierschlittenrennen (Februar); Schneewoche mit einem Eisskulptur-Wettbewerb (März); Ounasvaara-Winterspiele (24. und 25. März); Vappu (1. Mai) Studentenkarneval in der Stadt; Mitternachtssonnen-Festival auf dem Berg Ounasvaara (23. Juni); Arctic Yacht Race auf dem See Iso Vietonen, 50 km westlich von Rovaniemi (Juni); Ars Arctica (Ende Juni bis Ende Juli); Allerheiligen-Eisregatten in Vikajärvi (November).

Sehenswertes in Rovaniemi

*Stadtbild

Während die eigentliche Stadt am linken Ufer des Ounasjoki (bzw. der Stromschnellen Ounaskoski) liegt, befinden sich am rechten Ufer mehrere öffentliche Gebäude und Sportanlagen. Im Stadtgebiet gibt es zahlreiche Halbinseln und Buchten, die im Sommer hervorragende Naherholungsgebiete sind und zum Baden einladen. Im Südosten von Rovaniemi spannt sich die große doppelstöckige Straßen- und Eisenbahnbrücke über den Fluß, in deren Nachbarschaft die Gebäude der Provinzialverwaltung beheimatet sind.

Neue Brücke

Im Nordwesten der Stadt befindet sich in den Anlagen am Kemijoki das Bronzestandbild eines Holzschälers, geschaffen von Kalervo Kallio (1939 bis 1952). Über den Kemijoki führt die 320 m lange, neue Brücke Jätkänkynttilä (1989) mit ihrem markanten zentralen Pfeiler, an dem die Zugseile befestigt sind und dessen Spitze die ewige Flamme ziert. Bei Dunkelheit ist die Brücke als eines der bedeutenden Wahrzeichen der Stadt schön beleuchtet.

Kirche

Etwas südlich, jenseits der Eisenbahn, steht die evangelische Kirche von 1950 mit dem sehenswerten Altarfresko "Lebensquelle" von Lennart Segerstråhle. Am Standort der alten Kirche (1817–1944) befindet sich links vom Eingang ein Gedenkstein. Hinter der Kirche liegt der Friedhof. Ein großes Denkmal erinnert an die finnischen Soldaten, die im Zweiten Weltkrieg gefallen sind. Gegenüber der Kirche steht ein weiteres Denkmal, das den finnischen Freiheitskämpfern von 1918 gewidmet ist.

Lappia-Haus

In der Hallituskatu (Nr. 11) befindet sich das markante Lappia-Haus, das 1975 von Alvar Aalto errichtet wurde. In diesem Gebäude finden Theater- und Konzertveranstaltungen sowie Kongresse statt.

Stadtbibliothek

Nebenan, in der Hallituskatu Nr. 9, steht die Stadtbibliothek, die ebenfalls von Alvar Aalto (1965) entworfen wurde. Sie enthält einen Ausstellungssaal und eine umfangreiche Literatursammlung über Lappland und die samische Urbevölkerung.

Orthodoxe Kirche

Im Stadtteil am Ostufer der Ounaskoski-Stromschnellen steht die orthodoxe Kirche (Ounasvaarantie 16). Sie wurde zunächst 1957 als Kapelle nach Entwüfen von Toivo Paatela errichtet und 1961 von Ilmari Ahonen zur Kirche erweitert. Sehr sehenswert sind die wertvollen Ikonen aus dem Kloster Valamo, die nach vorheriger Anmeldung besichtigt werden können.

Etwa 4 km südlich vom Stadtzentrum, ebenfalls am Kemijoki, liegen das Ethnographische Museum Pöykköl (Bauernhäuser, bäuerliches Gerät) und das lappländische Forstmuseum, das die für den hohen Norden wirtschaftlich bedeutsame Waldarbeitertraditon beleuchtet und vom Leben und Arbeiten eines samischen "Jätkä" (= Waldarbeiter) erzählt, den Kalervo Kallio dargestellt hat. Die zentrale Forstbehörde hat am Polarkreis den Informationsstand Etäinen eingerichtet. Hier sind Fischereigenehmigungen, Karten, Materialien zu Wildniswanderungen und Buchungsunterlagen von Wildmarkshütten erhältlich. Beide Museen sind mit der Stadtbuslinie 6 ab Ruokasenkatu zu erreichen. Geöffnet Juni bis August täglich von 12.00 bis 16.00 Uhr.

Ethnographisches Museum und Forstmuseum

An der Ausfahrtstraße Richtung Norden (E 75 / 4) wurde der Ounas-Pavillon auf einer im Fluß schwimmenden Bühne angelegt. Im Juni /Juli werden hier allabendlich um 20.15 Uhr Volkstänze oder die Kunst der Flößerei vorgeführt.

Ounas-Pavillon

*Arktikum

Ebenfalls an der Ausfahrtstraße E 75 Richtung Norden liegt auf der linken Seite am Ufer des Flusses Ounasjoki (Pohjoisranta 4) das Arktikum. Die dänische Architektengruppe Birch-Bonderup & Thorup-Waade entwarf das futuristisch anmutende Gebäude mit seiner schon von weitem sichtbaren 172 m langen gewölbten Glaskuppel und den unterirdischen Ausstellungsräumen. Der Eingang liegt im Süden, und das gegenüberliegende Ende weist direkt nach Norden. Kein Wunder also, wenn das Gebäude als Pforte zum Norden bezeichnet wird.
Bei der Gestaltung der Innenräume wurden nur lappländische Materialien und Baustoffe verwendet. So wurden für den Bodenbelag der Halle Granit aus Perttaus und für den der Ausstellungsräume Hölzer der Lapplandkiefer

Lage und Beschreibung

Arktikum – ein architektonisches Kunstwerk im Winter

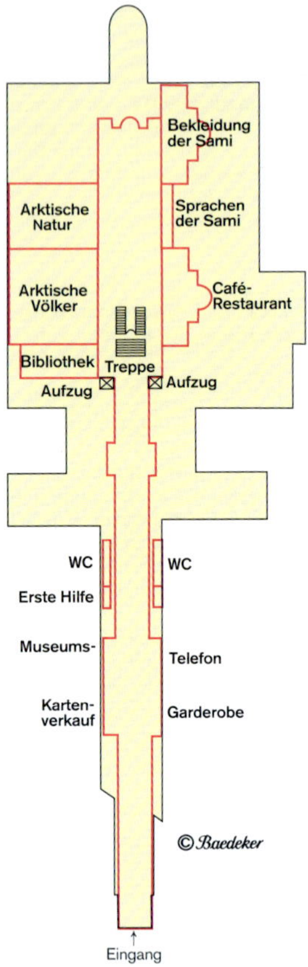

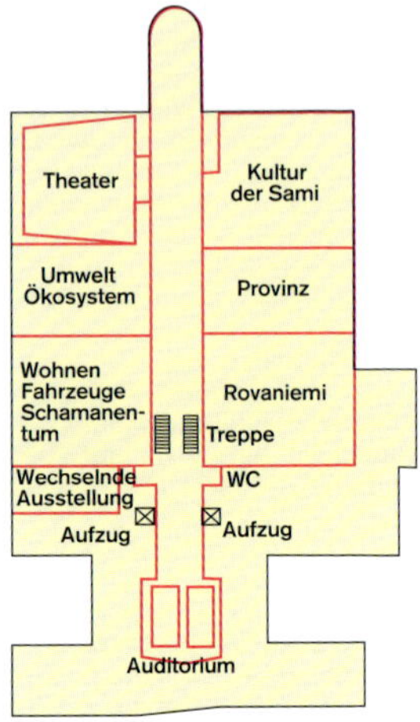

UNTERGESCHOSS

Arktikum
Lappländisches Provinzialmuseum

Arktikum (Fortsetzung)

verwendet. Die eigens für das Arktikum entworfenen Einzelstühle und Theatersitze aus Birke sind mit Rentierleder bezogen. Dieser Philosophie folgend werden auch im Museumsrestaurant nur heimische Speisen angeboten wie Beeren, Pilze, Wild und Fisch.
In diesem architektonisch wohl einzigartigen Bauwerk, das selbst eine Sehenswürdigkeit darstellt, werden seit 1992 zwei beeindruckende Ausstellungen gezeigt, das Arktische Zentrum und das Lappländische Provinzmuseum.

Arktisches Zentrum

Das Arktische Zentrum gibt einen Überblick über das Leben der Menschen in einem Gebiet, das durch klimatische Extreme geprägt wird. Langen Wintern stehen nur kurze Sommer gegenüber. Mit Hilfe moderner Techniken werden die unterschiedlichsten Landschaftsformen der Regionen nördlich des 60. Breitengrades vorgestellt. Daneben werden aber auch Zukunftsszenarien präsentiert, die von dem angeschlossenen Wissenschaftszentrum erarbeitet wurden. Sie zeigen, wie sich unachtsame Eingriffe in die empfindliche Natur auswirken könnten. In eindrucksvoller Weise ist es dem Museum gelungen, die wechselseitige Beziehung zwischen Mensch und Natur darzustellen.

Lappländisches Provinzmuseum

Im zweiten Teil der Ausstellung, dem Lappländischen Provinzmuseum, steht der Mensch im Blickpunkt des Interesses. Von prähistorischer Zeit bis heute wird dabei sein Überlebenskampf in den arktischen Gebieten vorgestellt. Betrachtet wird u. a. die Kultur der Inuits und der Sami mit ihrer traditionellen Rentierhaltung, Handwerk und Trachten, der Wandel der nomadisierenden Lebensform und die Entwicklung der Stadt Rovaniemi zum Handelszentrum der nördlichen Provinz Lappland. Geöffnet Mai, Juni tägl. 10.00 – 18.00 Uhr, Juli, August tägl. 10.00 – 20.00 Uhr, Sept. bis April Di. – So. 10.00 – 18.00 Uhr)

Umgebung von Rovaniemi

Ounasvaara

Südöstlich von Rovaniemi erhebt sich am linken Ufer des Kemijoki der 9 km lange und 3 km breite Berg Ounasvaara (204 m ü. d. M.). Dort gibt es ein Café, ein Hotel, ein Wintersportzentrum mit großer Sprungschanze, eine Skihütte sowie Trimm-dich-Pfade und eine Sommerrodelbahn. Neben den sportlichen Möglichkeiten bietet sich vom Ounasvaara auch ein herrlicher Blick über die Fluß- und Fjällandschaft der Umgebung Rovaniemis. Vom 18. bis 28. Juni kann man vom Gipfel des Berges die Mitternachtssonne sehen, und in der Mittsommernacht werden hier die Johannisfeuer entzündet.
Sehr schöne landschaftliche Ziele und Rentierfarmen, die einen Einblick in die lappländische Kulturtradition ermöglichen, liegen auch zu Füßen des Berges an dem Fluß Ounasjoki entlang in Richtung Pello und Kittilä. Anders als in Norwegen und Schweden hat in Finnland auch die nicht-lappische Bevölkerung das Recht, Rentierhaltung zu betreiben. Etwa 8 km nördlich von hier kreuzt die Straße nach Kemijärvi den → Polarkreis (finn. Napapiiri).

Soldatenfriedhof

Rund 22 km nordöstlich von Rovaniemi (nach 6 km vom Fahrweg nach Norvajärvi rechts ab, nach weiteren 4,5 km wieder links) liegt am Ufer des Norvajärvi auf einer Halbinsel ein deutscher Soldatenfriedhof (2495 Gefallene des Zweiten Weltkriegs, davon 690 unbekannt) mit einer Grabkapelle von Otto Kindt (1964).

Kemijärvi

Etwa 86 km nordöstlich von Rovaniemi liegt malerisch am Ufer des Kemijoki und des Sees Kemijärvi die Stadt Kemijärvi (12 000 Einwohner). Es ist die nördlichste Eisenbahnhaltestelle Finnlands; nur Güterzüge fahren von hier weiter nach Rußland. Die Stadt selbst hat im Grunde nur wenige Sehenswürdigkeiten zu bieten. Das kleine Heimatmuseum (Kotiseutumuseo) zeigt einige alte Holzhäuser und im Stil der Jahrhundertwende eingerichtete Zimmer im Hauptgebäude.
Kemijärvi ist aber ein idealer Ausgangspunkt für Ausflüge in die umgebende Wildnis. Der eindrucksvolle 16 m hohe Wasserfall Auttinköngäs ist ganz in der Nähe von einem traditionellen Holzflößerplatz gelegen. Er ist umgeben von einem 400 ha großen Wildnisgebiet mit Canyons, leicht begehbaren Naturlehrpfaden und Hängebrücken. Der Kemijoki war einst einer der ergiebigsten Lachsflüsse Finnlands. Doch der Bau des Kraftwerks Isohaara sperrt seit 1948 die Mündung des Flusses ab, und so wurde die Wanderung des Lachses unterbrochen. Heute sind nur noch Felchen, Forelle, Äsche, Barsch, Plötze, Hecht und Aalquappe heimisch.

Nationalpark Pyhätunturi

Nördlich von Kemijärvi folgt man der Straße Nr. 5 (E 63) nach Sodankylä bis zum Nationalpark Pyhätunturi. Vom Fluß Kemijärvi führt eine Straße in den Park (Busverbindung), wo es ein Informationszentrum, ein Hotel und weitere Herbergen gibt. Für den 45minütigen Aufstieg vom Hotel zum Berg Pyhätunturi wird man mit einem herrlichen Rundblick belohnt.
Der 1938 gegründete Nationalpark Pyhätunturi (42 km²) liegt in dem Gebiet des südlichsten Großfjälls Finnlands, das sich inmitten ebener Wald- und Moorlandschaften bis zu 540 m Höhe erhebt. Das Fjäll hat steile Hänge, und seine fünf Gipfel sind durch tiefe Schluchten und karge Geröllfelder

Rovaniemi, Nationalpark Pyhätunturi (Fortsetzung)

voneinander getrennt. Die Vegetation ist aufgrund des quarzithaltigen Bodens karg und weist nur wenige Fjällpflanzen auf. Am Fuße des Fjälls erstrecken sich weite Aapamoore sowie Fichten- und Kiefernwälder. Der einsam aufragende Pyhätunturi war vormals eine heilige Stätte der Samen. Im Nordwesten grenzt der Park an einen ausgedehnten, geschützten Wald, der den langgestreckten Bergrücken und große Moorgebiete einschließt. Von Luosto führt ein 30 km langer Wanderpfad, an dem Zeltplätze und mehrere Feuerstellen zu finden sind, zum Berg Pyhätunturi.

Sportzentrum Pohtimolampi

Fährt man von Rovaniemi 30 km in Richtung Aavasaksa (südwestlich), so kommt man zu dem Touristik- und Sportzentrum Pohtimolampi. Dort gibt es einen Skilift wie auch eine Rentierführerschule für Touristen.

Saimaasee / Saimaa L / M 11

Gebiet: Südostfinnland

Lage und Allgemeines

Der Saimaasee, der 'See der tausend Inseln', ist der südlichste Teil eines weitverzweigten Wassersystems, das den ganzen Osten der Finnischen Seenplatte umfaßt und durch Sunde und Ströme verbunden ist. Das aus der Luft wie ein Labyrinth erscheinende größte Seengebiet Finnlands ist besonders reich an Fischen.

Das größte zusammenhängende Seensystem Finnlands, Saimaa, kann man am besten aus dem Flugzeug ermessen.

Beschreibung des **Saimaasees

Der eigentliche Saimaasee, 76 m ü. d. M. gelegen und bis 90 m tief, bedeckt – ohne die vielen Inseln – eine Fläche von etwa 1300 km², während die Seenplatte insgesamt annähernd 7000 km² umfaßt. Den niedrigen Rand des Saimaa bildet der Endmoränenwall des Salpausselkä, eines Höhenrückens, der den direkten Abfluß des Sees nach Süden verhindert.

Saimaasee (Fortsetzung)

Das ganze Seensystem, dessen tiefdunkles, an flachen Stellen gelblich wirkendes Wasser seinen Ursprung in den zahlreichen Mooren des Landes hat, wird durch den Vuoksi entwässert, der nördlich der Stadt Imatra den Saimaa verläßt und nach einem Lauf von 150 km auf russischem Gebiet in den Ladogasee mündet. Die hügeligen Ufer und die meisten Inseln sind fast überall von Nadelwald, weiter nördlich auch von Birkenwald bedeckt.

Saimaa-Robbe

Das Süßwasser des Sees wurde die Heimat einer artenreichen Fauna. Der Saimaa-Lachs und die bei Tierliebhabern bekannte Saimaa-Ringelrobbe sind dabei einzigartig. Im nördlichen Teil des Sees lebt mit 160 Tieren die größte Population dieser Robbenart. Eine stattliche Anzahl von ihnen ist bei Wanderungen durch den Linnansaari-Nationalpark zu beobachten. Bei ausreichend Schutz ist mit jährlich 20 Nachfahren zu rechnen. Die Saimaa-Robbe ist eine aus der Eiszeit stammende Robbenart. Inzwischen ist sie vom Aussterben bedroht und befindet sich deshalb auf der Liste besonders schützenswerter Tiere des World Wide Fund for Nature.

Linnansaari-Nationalpark

Ungefähr 45 km von → Savonlinna entfernt liegt die Region Rantasalmi, die den Hauptteil des Nationalparks Linnansaari im See Haukivesi beinhaltet. Der Nationalpark ist eines der drei großen Binnensee-Naturschutzgebiete Finnlands. Auf einem Gebiet von ca. 40 km Länge befinden sich 130 mindestens einen Hektar große Inseln sowie eine Vielzahl kleinerer Schären mit einer Gesamtfläche von 36 km^2.
Im Nationalpark Linnansaari gibt es zahlreiche gut markierte Wanderwege und Naturlehrpfade sowie einen Campingplatz. Von Ranatasalmi und Oravi aus besteht eine regelmäßige Schiffsverbindung mit dem Nationalpark (Motorschiff "M/S Linnansaari" Tel.: 9 / 500 65 94 75). Weitere Informationen erhält man beim "Informationszentrum Seenplatte", Ohitustie 7 in Rantasalmi.

Kreuzfahrten

Eine Reihe von Veranstaltern, größtenteils in → Lappeenranta ansässig, führt im Sommer ein- und mehrtägige Kreuzfahrten auf dem Saimaa durch.

Saimaakanal

Erste Anstrengungen, einen Kanal zwischen den Saimaasee und Vyborg an der Ostsee zu errichten, gehen bereits zurück bis 1499, aber erst 1856 war ein erster Kanal mit 28 Schleusen fertiggestellt und für den Verkehr freigegeben. Schnell entwickelte er sich zu einer vielbefahrenen Wasserstraße für Fracht- und Passagierschiffe. Der heutige Kanal wurde 1968 eingeweiht. Der Höhenunterschied von 76 m wird auf der 43 km langen Strekke, 23 km auf finnischem und 20 km auf russischem Staatsgebiet, durch acht Schleusendurchfahrten geregelt. Für die Benutzung des russischen Teilstücks wird von Finnland eine Pacht gezahlt. Von Lappeenranta aus werden mit der "M/S Carelia" täglich visafreie Ein-Tages-Kreuzfahrten durch den Kanal veranstaltet (Abfahrt um 7.30 Uhr, Rückkehr um 22.00 Uhr; Reservierung vier Tage vorher erforderlich, Visum nur bei Hotelaufenthalt in Vyborg).

Ausstellungen

Interessante Ausstellungen zur Geschichte der Saimaa-Region veranstaltet das Provinzmuseum Savo in der vielbesuchten Stadt → Savonlinna – in einem alten Magazingebäude nahe der stattlichen Burg Olavinlinna.

Savonlinna — M 11

Gebiet: Südostfinnland
Einwohnerzahl: 29 000
Postleitzahl: FIN-57100
Telefonvorwahl: 015

*Lage und Allgemeines

Savonlinna liegt im Südosten Finnlands im Herzen des → Saimaa-Seengebietes, des größten Seensystems in Europa. Die 335 km von Helsinki ent-

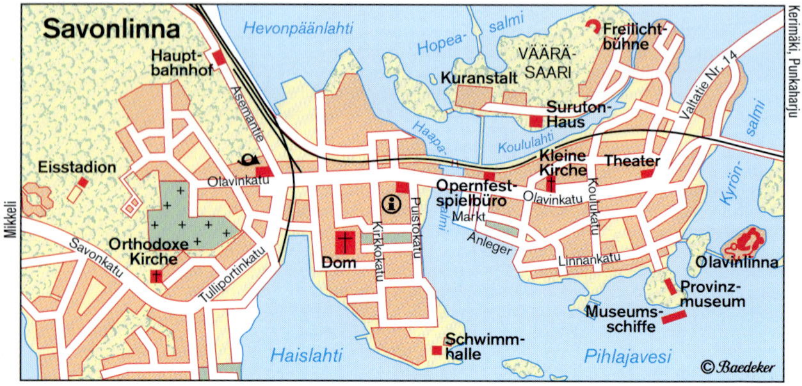

Lage und Allgemeines (Fortsetzung)

fernte Stadt kann man von Helsinki aus mit dem Expreßbus, der Eisenbahn (Karelia-Expreß; Fahrzeit ca. 5 Stunden) und mit dem Flugzeug (ca. 50 Minuten) erreichen. Die Stadt wurde malerisch auf einer Kette kleiner Inseln erbaut und fügt sich harmonisch in die umgebende Landschaft ein. Der Ort entwickelte sich um die Olavsburg (finnisch Olavinlinna) und hat seit 1639 Stadtrechte. Westlich der Insel, wo der Altstadtkern liegt, dehnen sich auf dem Festland die neuen Stadtteile aus.

****Ferienort**

Die Stadt ist als Kur- und Fremdenverkehrsort viel besucht. Ihr Ruhm wurde durch die Burg Olavinlinna und durch die hier alljährlich stattfindenden Internationalen Opernfestspiele begründet. Seit einigen Jahrzehnten lockt der Ort im Sommer Tausende von Touristen und Opernbesuchern an und ist das wohl beliebteste Ferienzentrum Finnlands, die Touristenhochburg schlechthin.

Geschichte

Graf Per Brahe verlieh Savonlinna 1639 Stadtrechte. Eines der Wahrzeichen Finnlands ist die Burg, die 1475 von Eric Axelsson Tott, dem Vizekönig des schwedischen Reiches, gegründet wurde. Dieser wollte mit der mächtigen Burganlage das Schwedisch-finnische Reich vor der aus dem Osten drohenden Gefahr schützen. 1714 wurde die Burg von Peter dem Großen erobert, der sie aber im Jahre 1721 im Frieden von Uusikaupunki wieder an Schweden abtreten mußte. Im Frieden von Turku gerieten die inzwischen zu einem beliebten Handelszentrum herangewachsene Stadt und die Burg unter zaristische Herrschaft. 1812 wurde Savonlinna dem autonomen Großfürstentum Finnland angeschlossen.

Sehenswertes in Savonlinna

Olavinkatu Marktplatz Kuranstalt

Die lange, in Ost-West-Richtung verlaufende Olavinkatu ist die Hauptverkehrsstraße der Stadt. Im Westen der Altstadt liegt unmittelbar an dem Sund Haapasalmi der Marktplatz mit dem Anlegeplatz für die Schiffe des Saimaa-Verkehrs. Von hier führt in nördlicher Richtung eine Brücke über die Bucht Koululahti zur Halbinsel Vääräsaari. Dort befinden sich die Kuranstalt Savonlinna mit modernen Kureinrichtungen sowie das Kurhotel 'Casino'; ferner gibt es hier Parkanlagen und eine Freilichtbühne.

Kleine Kirche

Östlich vom Marktplatz gelangt man durch die Olavinkatu zum weiten Platz Olavintori. Hier liegt die Kleine Kirche, die 1845 unter Leitung von L. T. K. Visconti erbaut wurde. Ursprünglich war die nunmehr evangelische Kirche orthodox und für Bewohner der russischen Garnison bestimmt. Über dem Westgiebel steht eine Kuppel mit Laterne.

Provinzmuseum
Museumsschiffe

Am Südufer ragt die Halbinsel Riihisaari in den Pihlajavesi. Dort ist in einem ehemaligen Getreidemagazin (1851) das Provinzmuseum untergebracht, in dem wechselnde Ausstellungen stattfinden. Südlich befinden sich drei alte Museumsschiffe. Der dampfgetriebene Schoner "Salama" lief 1874 in Viipuri (Vyborg) vom Stapel. Er bediente eine kombinierte Linie für Fracht und Fahrgäste zwischen den Städten Savonlinna, St. Petersburg und Lübeck. 1898 ging er im Saimaasee unter und lag in mehr als 30 m Tiefe, bis er 1971 gehoben und nach Instandsetzung 1978 Museumsschiff wurde. Hier finden ferner Ausstellungen zur Schiffahrt auf dem Saimaasee statt.
Geöffnet Di. – So. 11.00 – 17.00, im Juli 10. – 20.00 Uhr.

Dom

Auf der Halbinsel Savonniemi, zwischen dem Haapasalmi und der Bucht Kirkkolahti, erhebt sich der evangelische Dom, der im Winterkrieg 1939/1940 durch Bomben beschädigt und 1949 neu geweiht wurde. Dieser neugotische Ziegelbau wurde 1879 von A. H. Dahlström erbaut. Im zugehörigen Park steht ein modernes Heldendenkmal (um 1920), das der Bildhauer Wäinö Aaltonen geschaffen hat.

** Burg Olavinlinna

Unbedingt sehenswert ist die Burg Olavinlinna (schwed. Olofsborg), die wohl am besten erhaltene Festung Skandinaviens. Sie liegt südöstlich der Altstadt auf einer kleinen Insel, zu der eine Brücke über die Bucht Kyrönsalmi führt. Benannt wurde die Festung nach einem norwegischen Heiligen, Olof, der im 10. Jahrhundert lebte. Die 1475 von dem Vyborger Schloßhauptmann Erik Axelsson Tott gegründete Burg wurde nach dem Nordischen Krieg 1743 den Russen zugesprochen und von diesen mehrmals verstärkt.
Man betritt sie durch ein Torgewölbe an der Westseite und gelangt in den kleinen Innenhof, den ältesten Teil der Burg. Die gut renovierte Burg enthält mehrere Säle, die auch für Festlichkeiten und Kongresse genutzt werden, so den Königs- oder Rittersaal, den Kongreßsaal und die Burghalle. Drei dicke Rundtürme sind erhalten; im dritten Stockwerk des sogenannten Kir-

Die drei Bastionen der Burg Olavinlinna

Baedeker Special

Fiedeln, Zauberflöten und Don Carlos
Savonlinna-Opernfestspiele

Schon tagsüber sieht man Autos, in denen feine Jackets und Anzüge hängen, während die Insassen in kurzen Hosen und T-Shirt aus dem Wagen steigen, um sich an der Seepromade zu tummeln. Ab sechs Uhr abends ändert sich allmählich das Straßenbild. Immer mehr festlich gekleidete Menschen strömen in Richtung Burg Olavinlinna. Immerhin faßt der zum "Opernhaus" umfunktionierte Innenhof, über den zum Schutz vor Unwetter Planen gespannt sind, 2500 dicht gedrängte Sitzplätze, und die sind meist schon Monate vorher ausgebucht. Man muß schon Glück haben, um kurz vor Vorstellungsbeginn einzelne Karten von Privatpersonen kaufen zu können – da erscheint der Preis von um die 450 FIM noch das kleinere Problem zu sein.

Was fasziniert die rund 60 000 Besucher, davon 20% ausländische Gäste, die jährlich von Anfang Juli bis Anfang August bei den Opernfestspielen in Savonlinna dabei sind? Diese gelten als das international bedeutendste Ereignis der vielen kulturellen Sommerveranstaltungen in Finnland. Bei einer Führung durch die Burg erfährt der erstaunte Besucher, daß die Sommerfestspiele voller Stolz in einem Atemzug mit den traditionsreichen Festspielen in Bayreuth und Salzburg genannt werden.

Die ersten Festspiele fanden bereits in den Jahren 1912 bis 1916 statt. Initiatorin war die weit über die Landesgrenzen hinaus bekannte Opernsängerin Aino Acktè, die von dem Wunsch beseelt war, die finnische Opernkunst und Musik zu fördern und sie dem einheimischem Publikum bekannt zu machen. Fast die gesamten finnischen Opernwerke wurden unter Aino Acktè aufgeführt. Finanzielle Schwierigkeiten während des Ersten Weltkrieges, die Unabhängigkeitserklärung Finnlands 1917 und ein letzter Versuch 1930 zu Beginn der Weltwirtschaftskrise führten zum vorläufigen Ende der Olavinlinna-Opernfestspiele – so hießen sie damals.

Zu neuem Leben erwachten die Festspiele erst 1967 und finden nun seit mehr als dreißig Jahren regelmäßig statt. Das "Fenster der finnischen Opernkunst nach Europa" wurde wieder geöffnet, und verhalf dem verschlafenen Städtchen Savonlinna zum Ruf einer kulturellen Touristenattraktion par excellence. Diesmal war es der Wiener Professor Peter Klein, der mit seiner Opernklasse der 1955 gegründeten Musiktage Savonlinna Beethovens "Fidelio" auf der Bühne der Burg aufführen wollte. Die szenischen Möglichkeiten der Burg Olavinlinna begeisterten ihn wie seinerzeit Aino Acktè. Der erneute Auftakt der Festspiele war ein durchschlagender Erfolg.
Den geistigen Hintergrund bildete die auch in Finnland spürbare Studentenrevolte, deren Ziel es war, Kunst zu popularisieren, also einem breiten Publikum zugänglich zu machen.

Seit 1972 veranstaltet der landesweite Förderverein der Savonlinna Opernfestspiele unter Vorsitz des bedeutenden Bassisten Martti Talvela (1935 – 1989) die Festspiele. In seiner dreißigjährigen Karriere stieg Talvela zum internationalen Star auf, der an der Metropolitan Opera in New York und auch am Bolschoi-Theater in Moskau gefeiert wurde. Dem deutschsprachigen Publikum wurde er ein Begriff durch seine Auftritte an der Deutschen Oper Berlin, bei den Bayreuther Festspielen als König Marke in Wagners "Tristan und Isolde". In Salzburg begeisterte er sieben Jahre lang das Publikum als Sarastro in Mozarts "Zauberflöte". Unvergessen sind seine Auftritte als König Philipp in Verdis "Don Carlos", als Boris Godunow und als Wagner-Interpret.

Wie bereits von Aino Acktè propagiert, wußte Talvela, wie wichtig Uraufführungen für das internationale Image der Festspiele sind, auch wenn sie nicht zuletzt in wirtschaftlicher Hinsicht risikobehaftet sind. Inzwischen werden die Produktionskosten zu 80% durch Eintrittskarten eingespielt, die Unterstützung der Stadt und des Landes beträgt nur 20% (auf deutschen Bühnen ist das Verhältnis eher umgekehrt!). Nach dem Erfolg der ersten Oper von Aulis Sallinen 1975, "Der Reitersmann" – sie war ein Auftragswerk zum 500jährigen Jubliläum der Burg –, gab Talvela weitere Opern in Auftrag (z. B. "Der König begibt sich nach Frankreich"). Auch unter dem neuen künstlerischen Leiter, dem Opernsänger Jorma Hynninen, gab es zum dreißigjährigen Jubliläum der Festspiele 1997 eine Uraufführung: "Aleksis Kivi" von Einojuhani Rautavaara.

Doch sind es nicht nur finnische Uraufführungen, die den Ruf der Opernfestspiele begründeten, sondern seit der Aufführung von Mozarts "Zauberflöte" unter Martti Talvela auch Opern aus dem europäischen Repertoire wie Richard Wagners "Tannhäuser", "Tristan und Isolde", "Meistersinger von Nürnberg", "Parsifal" und "Der fliegende Holländer", ferner Charles Gounods "Faust", Musorgskis "Boris Godunow" und die Verdi-Opern "Don Carlos", "Aida", "Rigolleto" oder "Macbeth". Seit 1987 werden außer den eigenen finnischen Produktionen auch Gastspiele ausländischer Opernhäuser gezeigt, so spielt zum Beispiel im Jahr 2002 die Deutsche Oper am Rhein den "Rosenkavalier" von Richard Strauss.

Bei hohen Staatsbesuchen bieten die historische Kulisse der Burg Olavinlinna und die künstlerisch hochwertigen Aufführungen ein angemessenes Rahmenprogramm.

Auf der Festspielbühne der Burg Olavinlinna finden auch Ballettvorführungen statt, z. B. "Romeo und Julia" von Prokofjew.

Burg Olavinlinna (Fortsetzung)

chenturms steht eine kleine Kapelle, in der Andachten gehalten und Hochzeiten zelebriert werden. In der Dicken Bastion befindet sich ein Sommercafé. Aus den Schießscharten und den Luken der Türme bietet sich ein schöner Blick auf die Landschaft. Die Burg beherbergt ein kleines Museum über die Geschichte der Festung und eine Sammlung orthodoxer Kirchenschätze. Olavinlinna kann nur im Rahmen einer einstündigen Führung besichtigt werden. Geöffnet das ganze Jahr 10.00 – 15.00 Uhr, Juni bis August bis 17.00 Uhr.

*Opernfestspiele

Im Burghof von Olavinlinna finden im Sommer (Juli) die internationalen Opernfestspiele statt, Finnlands bekannteste kulturelle Veranstaltung. Neben den Opern, u.a. auch Werke finnischer Komponisten, stehen Konzerte auf dem Programm (auch Gastspiele auswärtiger Opernensembles).

Umgebung von Savonlinna

Seen

Im Norden der Stadt erstreckt sich der Haapavesi, im Süden der Pihlajavesi. Die Gewässer der Region Savo sind von Natur aus nährstoffarm und vom Humus der zahlreichen Sümpfe leicht bräunlich gefärbt. Eine Ausnahme stellt der See Puruvesi dar (östlich des Pihlajavesi), der wegen seines klaren Wassers unter Einheimischen sehr bekannt geworden ist. Die Wasserqualität der gesamten Region Savonlinna ist hervorragend.

Eine der größten Holzkirchen der Welt steht in Kerimäki.

Schiffsfahrten

Von Savonlinna aus werden Schiffsfahrten zu allen anderen Städten am Saimaasee durchgeführt etwa nach → Kuopio oder → Lappeenranta.. Auch Punkaharju mit dem Kunstzentrum Retretti ist von Savonlinna aus mit dem Schiff zu erreichen; dasselbe gilt für die Klöster Uusi Valamo und Lintula (→ Joensuu, Umgebung) sowie für die kürzere Strecke zum Jagdschloß des Zaren, dem heutigen Ferienhotel Rauhalinna (sehenswerter Holzbau).

Wenn man Savonlinna auf der Straße Nr. 14 nach Nordosten verläßt, zweigt man bei Antola ab auf die Straße Nr. 71, die rechts nach Kerimäki führt (15 km östlich von Savonlinna). Der am Westufer des Puruvesi gelegene Ort Kerimäki ist bekannt wegen seiner großen Holzkirche. Diese wahrscheinlich größte Holzkirche der Welt wurde 1847 von dem Architekten A. F. Granstedt errichtet und von einem in die USA ausgewanderten Mitglied der Gemeinde gestiftet. Die Kirche soll nur deshalb so riesig geworden sein, weil die Maße, auf den Plänen des Stifters in Fuß eingetragen, als Meterangaben angesehen wurden. *Kerimäki

In der Kirche finden einige der Konzerte im Rahmen der Opernfestspiele von Savonlinna statt. Geöffnet Mitte Juni bis Mitte August tägl. 10.00 bis 18.00 Uhr, Anfang Juni bis 17.00 Uhr.

Zurück zur Straße Nr. 14 gelangt man zu dem Ort Punkaniemi am Punkasalmi, der den nördlich gelegenen Puruvesi mit dem Väistönselkä verbindet. Weiter führt der Weg auf dem schmalen Damm neben der Eisenbahn- *Punkaharju

Ein schmaler Hügelrücken zieht sich durch die Seen. Punkaharju ist ein Relikt aus der letzten Eiszeit.

linie hin und über den etwa 7 km langen und bis 25 m hohen Hügelrücken Punkaharju. Der nach beiden Seiten recht steil abfallende Rücken, der unter Naturschutz steht, ist ein Relikt der Schmelzwasserströme aus der letzten Eiszeit. Er ist mit Kiefern-, Lärchen- und Birkenwald bedeckt und wird von mehreren Wanderwegen durchzogen. Eine touristische Attraktion für Familien mit Kindern ist der Freizeitpark 'Sommerland' bei Punkaharju (→ Praktische Informationen: Freizeitparks).

Gleich daneben liegt das Kunstzentrum Retretti (1983 eingeweiht), das größte der nordischen Länder. Im Sommer werden dort Wechselausstellungen finnischer und internationaler Kunst gezeigt. Teile des Zentrums sind als Höhlen in den Fels gesprengt. Geöffnet Mai bis August täglich 10.00 – 18.00 Uhr, im Juli bis 19.00 Uhr. *Retretti

Umgebung von Savonlinna (Fortsetzung)
*Forstmuseum Lusto

Ebenfalls in Punkaharju wurde 1994 das Finnische Forstmuseum Lusto eröffnet. Das Gebäude, mit Lärchen- und Kiefernholz verkleidet, entwarfen die Architekten Rainer Mahlamäki und Ilmari Lahdelma. Auch in der Inneneinrichtung wird das "grüne Gold Finnlands", das Holz, vielfach benutzt. Das interessant und modern gestaltete Museum bietet Einblick in die Geschichte der finnischen Forstkultur, die vielseitige Nutzung der Wälder, die holzverarbeitende Industrie und wissenschaftliche Erkenntnisse zu den Themen Holz und Wald. Geöffnet zwischen Mai und September tägl. 10.00 – 18.00, sonst Di. – So. 10.00 – 17.00 Uhr.

Linnansaari-Nationalpark

Ungefähr 45 km von Savonlinna entfernt liegt der Nationalpark Linnansaari im See Haukivesi (→ Saimaasee).

Im Forstmuseum Lusto findet man alles zu den Themen Holz und Wald.

Tammisaari · Ekenäs G 13

Gebiet: Südfinnland
Einwohnerzahl: 15 000
Postleitzahl: FIN-10600
Telefonvorwahl: 019

Lage des *Badeortes

Knapp 100 km südwestlich von Helsinki liegt das malerische Küstenstädtchen am Eingang zur schmalen Pohja-Bucht. Da der überwiegende Teil der Bevölkerung (über 80%) schwedischsprachig ist, ist der schwedische Ortsname sehr gebräuchlich: Ekenäs bedeutet 'Eichennase', denn die Stadt liegt auf einer Landzunge ('Landnase'); ferner weist der Ortsname auf das für Finnland seltene Vorkommen von Eichen hin. Die gesamte Vegetation in der Umgebung des beliebten Badeortes Ekenäs ist mitteleuropäisch, da das Klima ungewöhnlich mild ist dank der geschützten Lage zwischen dem ausgedehnten Schärengebiet und dem Hügelrücken im Norden. Die Orte Snappertuna im Osten und Tenhola / Tenala im Nordwesten wurden vor geraumer Zeit eingemeindet.
Ein etwa 50 ha großer Naturpark erstreckt sich im südlichen Stadtgebiet auf der Halbinsel Hagen und den Inseln Ramsholmen und Högholmen. Vor einigen Jahren wurde das 3900 ha große Schärengebiet bei Tammisaari zum Nationalpark erklärt (→ Praktische Informationen: Nationalparks).

Geschichte

Ekenäs ist eine der ältesten Städte Finnlands. Bereits 1546 verlieh König Gustav Vasa dem Ort Stadtrechte, in der Hoffnung, ein konkurrenzfähiges Gegengewicht zur baltischen Hansestadt Reval (heute Tallin) zu schaffen. Kurze Zeit später wurde jedoch Helsinki gegründet, so daß Ekenäs eine idyllische Kleinstadt blieb. Ein schwerer Brand verwüstete 1821 weite Teile der Stadt. In der Blütezeit der Stadt im 18. und 19. Jahrhundert wurden hier Segelschiffe gebaut, die nicht nur bis Stockholm, sondern sogar bis zum Mittelmeer segelten und Salz, Gewürze, Stoffe und Kolonialwaren nach Ekenäs brachten. Von der Jahrhundertwende bis zum Ausbruch des Ersten Weltkriegs war Ekenäs ein beliebter Badeort bei russischen Adligen. Lange Zeit war die Stadt Sitz eines Lehrerseminars, beherbergt jetzt jedoch vor allem Bildungsanstalten im beruflichen Sektor.

Geschichte (Fortsetzung)

Sehenswertes in Ekenäs und Umgebung

Altstadt

Im Altstadtviertel Barckens udde sind zahlreiche Holzgebäude des 19. Jh.s erhalten, die unter Denkmalschutz stehen. Die Namen der engen Straßen erinnern an die Hutmacher, Weber und Kunsthandwerker, die einst hier wohnten. Einer der wenigen alten Steinbauten ist die Stadtkirche, die 1672 errichtet und nach dem Brand von 1821 wiederaufgebaut wurde. Im Stadtmuseum (Gustav Vasa gata 13) sind Gegenstände der ländlichen Kultur aus der Umgebung zu besichtigen. Vom berühmten finnischen Architekten Alvar Aalto stammt der Bau der Sparbank (1965 – 1967).

Burgruine Raasepori

Fährt man von Ekenäs in Richtung Helsinki, zweigt nach etwa 8 km rechts eine Landstraße nach Snappertuna von der Hauptstraße 53 ab. Sie führt zu den Ruinen der Burg Raasepori (schwed. Raseborg), die heute im Landesinneren liegt, zur Bauzeit im 14. Jahrhundert aber von Wasser umspült war und mit Booten angefahren wurde. Die Burg wurde bereits im 16. Jh. aufgegeben.

Tenhola

Von Ekenäs aus kann man auch der Straße 52 Richtung Salo folgen. Nach 13 km empfiehlt sich ein Stopp in Tenhola (schwed. Tenala), das zwischen zwei weit ins Land ragenden Meeresfjorden liegt und bereits 1329 urkund-

Schmuckes Pierhaus am Hafendamm – Ekenäs ist ein beliebter Badeort an der Südküste.

Die Kirche von Tenhola hat ... *... eine Kanzel mit schönen Holzschnitzereien.*

Ekenäs, Tenhola (Fortsetzung)

lich erwähnt ist. Die mittelalterliche Olofskirche, die noch Bauteile aus dem 14. Jahrhundert besitzt, ist reich ausgestattet: mit Kruzifix (um 1470), Triumphkreuz (14. Jh.) und Kalkmalereien (17. Jh.).
Auch die Kirche im weiter nordwestlich gelegenen Ort Perniö (schwed. Bjärnå) an der → Königsstraße stammt aus dem Mittelalter; sie wurde später mehrfach verändert.

Tampere G 11

Gebiet: Südfinnland
Einwohnerzahl: 185 000
Postleitzahl: FIN-33210
Telefonvorwahl: 03

Lage und Allgemeines

Das rund 170 km nordwestlich von Helsinki gelegene Tampere (schwedisch Tammerfors) ist Finnlands drittgrößte Stadt und die größte Binnenstadt Skandinaviens. Daneben ist Tampere die bedeutendste Industriestadt Finnlands, was ihr auch den Ruf einbrachte, das Manchester Finnlands zu sein. Die Stadt wurde zwischen den Seen Näsijärvi (nördlich) und Pyhäjärvi (südlich) angelegt, die miteinander durch eine 945 m lange Stromschnelle mit 18 m Höhenunterschied verbunden sind, deren Energie dem Aufbau der Industriebetriebe dienen sollten.
Auf dem Stadtgebiet liegen fast 200 Seen mit 20 Badestränden, und von Tampere gehen mehrere Binnenschiffslinien aus, so die Motorschiffe der Silberlinie (→ Hämeenlinna, Umgebung) und die gemütlichen Dampfer des Dichterwegs (→ Näsijärvi-Seengebiet).

*Bedeutung

Die Stadt wurde erst 1779 als industrieller Mittelpunkt vom schwedischen König Gustav III. an den Ufern der Tammerkoski-Stromschnellen gegründet. Nach der Machtübernahme durch Rußland 1809 wurde Tampere von den russischen Zaren weiterhin gefördert, etwa durch die Befreiung von Zollabgaben bei Lieferungen nach Rußland 1821 – 1906. Heute liegen die industriellen Schwerpunkte auf Metallverarbeitung, Textilien und Schuhen. Die über Finnlands Grenzen hinaus bekannte Theaterstadt – Theatersommer (Festival Mitte August) und Aufführungen im Freilichttheater Pyynikki – hat zahlreiche Parks und Gewässer sowie ein großes Freizeit- und Kulturangebot, zu dem der Vergnügungspark Särkänniemi ebenso gehört wie die moderne Stadtbücherei oder das Lenin-Museum.

Bedeutung (Fortsetzung)

Sehenswertes in Tampere

Zentraler Platz (Keskustori)

Die Hauptachse der Stadt ist die Straße Hämeenkatu, die vom Bahnhof über den zentralen Platz Keskustori zur Straße Hämeenpuisto führt. Am dortigen Zentralplatz steht die Brücke Hämeensilta mit den Figuren Steuervogt, Jäger, Händler und Finnische Jungfrau. Sie wurde 1929 von Wäinö Aaltonen geschaffen, von dem auch das Denkmal (1928) für Alexis Kivi ("Die Muse segnet den Dichter") vor der klassizistischen früheren Stadtbibliothek in unmittelbarer Nähe stammt. Die Alte Kirche, eine neuklassizistische Kreuzkirche, die 1824 von Carlo Bassi entworfen wurde, besitzt einen Glockenturm im Empirestil, der von Carl Ludwig Engel 1828 gebaut wurde. Weitere schöne Gebäude am Zentralplatz sind das 1890 von Georg Schreck entworfene Rathaus im Stil der Neorenaissance und das klassizistische Tampere-Theater, 1913 nach Plänen von Kauno S. Kallio gebaut. Am Wasserfall (finn. koski) liegt das Einkaufszentrum Koskikeskus.

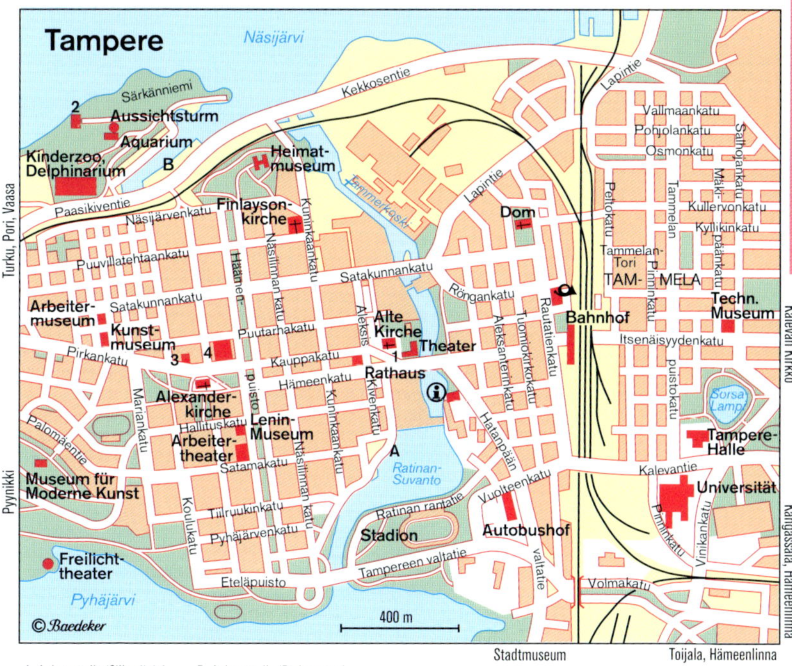

A Anlegestelle 'Silberlinie'
1 Zentraler Platz
B Anlegestelle 'Dichterweg'
2 Sara-Hildén-Kunstmuseum
3 Hiekka-Kunstmuseum
4 Stadtbücherei mit Mumintal-Museum

*Dom

Zu dem stattlichen aus Granit gebauten Dom gelangt man am Tammerkoski entlang durch den Park Koskipuisto. Wenn man die Straße Satakunnankatu erreicht hat, folgt man ihr nach Osten (rechts) bis zur Rautatienkatu. Der zwischen 1902 und 1907 unter Leitung von Lars Sonck gebaute Dom gilt als besonders typisches Bauwerk des finnischen Jugendstils, der der ganzen Stadt einen Großteil ihres Gesichts verlieh. An der Ausgestaltung des Inneren haben Hugo Simberg (Decken- und Wandmalereien), Magnus Enckell (Altarfresko "Die Auferstehung") und Eric O. V. Ehrström (Gottesdienstgeräte) mitgearbeitet.

Museumszentrum Vapriiki

Am Ufer des Tammerkoski in Tamperes altem Industrieviertel liegt das Museumszentrum Vapriiki (Veturiaukio 4) in einer ehemaligen Maschinenfabrik mit einem großen Themenspektrum: Archäologie, moderne Kunst, Technologie und Naturkunde. Geöffnet Di. – So. 10.00 – 18.00, Mi. bis 20.00 Uhr.

Universität
*Tampere-Halle

Bemerkenswerte Profanbauten östlich des Bahnhofs sind die 1961 von Toivo Korhonen gebaute Universität und das moderne Konzert- und Kongreßhalle in der Yliopistonkatu 55, eine der größten ihrer Art in Nordeuropa. Die architektonisch ansprechende Tampere-Halle wurde 1990 nach Plänen von Sakari Aartelo und Esa Piironen fertiggestellt.

Kaleva-Kirche

Einige Minuten nordöstlich der Tampere-Halle liegt die Kaleva-Kirche, ein abweisender Betonbau der bedeutenden finnischen Architekten Reima und Raili Pietilä, die viele moderne Bauwerke in Tampere entworfen haben. Drei Jahrzehnte nach seiner Fertigstellung 1966 ist die Kaleva-Kirche noch immer umstritten. Die mächtige Bronzeplastik im Park Liisanpuisto ist das Kalevala-Denkmal von Terho Sakki (1973). Am östlichen Ende des Parks verläuft die Kaupinkatu.

Volkspark von Kauppi

Folgt man der Kaupinkatu in Richtung Norden, gelangt man in den großzügig angelegten Volkspark von Kauppi mit einem Bootshafen. Im Park befinden sich das Observatorium, eine Reithalle, ein Schießstand für Bogenschützen, eine Windhund-Rennbahn und das Sportinstitut.

Museen nahe der Allee Hämeenpuisto

Von der bereits erwähnten Brücke Hämeensilta gelangt man über den Keskustori durch die lebhafte Hämeenkatu zur quer verlaufenden, wie eine Esplanade angelegten Straße Hämeenpuisto (puisto = Park). An ihr steht Tamperes zweitälteste evangelisch-lutherische Kirche, die 1881 von Theodor Decke gebaute Alexanderkirche.
Mehrere Museen befinden sich in der näheren Umgebung: das Naturwissenschaftliche Museum, daneben das Mumintal (Hämeenpuisto 20) mit den Originalillustrationen der Figuren von Tove Jansson. Weiter westlich, an der Pirkankatu 6, folgt das Kunstmuseum Hiekka mit Werken des Bildhauers Wäinö Aaltonen und vielen Goldschmiedearbeiten. An der Makasiinikatu 12 liegt das Museumsviertel Amuri, das die Wohnkultur der Arbeiter von 1880 bis 1970 zeigt. Ferner liegen hier das Arbeitertheater Tampere, ein Ziegelbau von Marjatta und Martti Jaatinen (1985) und die Stadtbücherei von Raili und Raima Pietilä (1986).

Lenin-Museum

Das viel besuchte, im dritten Stock gelegene Lenin-Museum (Hämeenpuisto 28) stellt den russischen Revolutionsführer Lenin aus finnischer Sicht dar. Geöffnet Mo. – Fr. 9.00 – 17.00, Sa., So. 11.00 – 16.00 Uhr.

Park von Pyynikki

Südwestlich vom Zentrum liegt an einer Anhöhe (152 m ü.d.M.) der große Park von Pyynikki mit einem Freilichttheater, das eine drehbare Zuschauertribüne hat; im Sommer finden hier u. a. Aufführungen des Arbeitertheaters statt. Westlich schließt sich an den Park der alte Stadtteil Pispala an, dessen Straßen an Holzhäusern vorbei durch ein ständig steigendes oder fallendes, aber niemals ebenes Gelände führen.

Vergnügungspark Särkänniemi

Nordöstlich von Pyynikki und ostnordöstlich von Piispala liegt am See Näsijärvi der Vergnügungspark Särkänniemi, zu dem auch das interessante Sara-Hildén-Kunstmuseum (1979; moderne Kunst des In- und Aus-

Luftbild mit Stadtpanorama von Tampere

Tampere, Vergnügungspark Särkänniemi (Fortsetzung)

lands) gehört. Weithin sichtbarer Mittelpunkt des Freizeitparks ist der Aussichtsturm Näsinneula (173 m ü.d.M.), um den in 120–125 m Höhe ein Restaurant rotiert. Neben Karussells und anderen Vergnügungseinrichtungen gibt es hier ein Aquarium, ein Delphinarium und ein Planetarium. Der Vergnügungspark ist von Mitte Mai bis Mitte August täglich geöffnet.

Umgebung von Tampere

Vehoniemenharju

Ein lohnender Ausflug führt etwa 14 km östlich über den hübsch gelegenen Ort Kangasala (22 000 Einwohner) zu dem schmalen Landrücken Vehoniemenharju, der westlich vom Roinesee und östlich vom Längelmävesi umspült wird.

Schiffsausflüge

Landschaftlich sehr reizvoll ist auch eine Fahrt in südöstlicher Richtung mit den Motorschiffen der Silberlinie von Tampere nach → Hämeenlinna. Sie legen täglich am Laukontori-Marktplatz an. Von Tampere verkehrt dreimal die Woche (Di., Do., Sa.) ein Schiff ab dem Mustalahti Hafen nach Virrat im → Näsijärvi-Seengebiet.

Tornio **H 7**

Gebiet: Nordfinnland / Lappland
Einwohnerzahl: 23 000
Postleitzahl: FIN-95400
Telefonvorwahl: 016

Lage und Allgemeines

Die finnische Grenzstadt Tornio, schwedisch Torneå, liegt an der Mündung des Grenzflusses Tornionjoki (Torne älv) in den Bottnischen Meerbusen.

Lage und Allgemeines (Fortsetzung)

Sie besteht aus drei Teilen: Der westlichste liegt auf der früheren Insel Suensaari, die mit dem Festland am schwedischen Ufer verwachsen ist. Die in Finnland sehr bekannte Biermarke Lapin Kulta wird seit 1873 in Tornio gebraut, in der ältesten Fabrik des Ortes.

Geschichte

Tornio wurde bereits im 14. Jh. erwähnt, als dort Erzbischof Hemming Finnen und Samen taufte. 1621 erhielt Tornio durch Gustav II. Adolf Stadtrechte. Dank seiner Lage wurde Tornio schnell zu einem Handelszentrum mit einer großen Blütezeit im 17. und 18. Jahrhundert. Erst mit der Gründung Haparandas auf der schwedischen Seite fast 200 Jahre später setzte die über Staatsgrenzen hinweg verlaufende Entwicklung einer Doppelstadt Tornio / Haparanda ein.
Hier hat die Grenze nie trennend gewirkt, sondern es bestehen zwischen den beiden Städte seit alters her familiäre wie auch wirtschaftliche Kontakte. Bei Verabredungen und geschäftlichen Terminen muß aber darauf geachtet werden, daß zwischen Tornio und Haparanda auch die Zeitgrenze verläuft. In Finnland gehen die Uhren im Vergleich zu Schweden um eine Stunde vor.

Sehenswertes in Tornio

Holzkirche

Die der schwedischen Königin Eleonora gewidmete Holzkirche wurde 1684 – 1688 erbaut und zählt zu den besterhaltenen und schönsten Holzkirchen des 17. Jh.s in Finnland. Ihr hohes Satteldach ist mit Schindeln, die ein Muster bilden, gedeckt. Der spitzgiebelige Glockenturm (fünf Türmchen) steht frei. Das stimmungsvolle Innere wird vor allem durch die gemalte Holzdecke, eine Kanzel mit Holzschnitzereien und einen Messingkronleuchter geschmückt. Nördlich der Kirche bieten die Aussichtsplattform und das dortige Café auf dem Wasserturm einen Blick über die Stadt.

Museen

Sehenswert ist das Aine-Kunstmuseum (Torikatu 2), das aus der Privatsammlung von Vaile Aine, einem reichen Geschäftsmann, hervorgegangen ist. In einem modernen Gebäude werden neben Wechselausstellungen Beispiele zur finnischen Kunst des 19. und 20. Jh.s gezeigt. Einen Besuch lohnt auch das Regionalmuseum (Keskikatu 22) mit interessanten volkskundlichen Sammlungen aus dem Torniotal und aus Lappland.

Arboretum-Park

Der 3 ha umfassende Arborteum-Park ist in Kallipudas zu finden und ist mit über 2 500 Pflanzenarten ein botanischer Anschauungsgarten für arktische Pflanzen. Nach der Sommersonnenwende werden vor allem die ufernahen Wiesen durch die Trollblume in einen gelben Teppich verwandelt.

Stadtteil Alatornio

Rund 3 km südlich vom Zentrum liegt der 1973 in Tornio eingemeindete Stadtteil Alatornio. Beachtenswert ist die Kirche, die 1794 – 1797 nach Entwürfen von Jacob Rijf im Stil des schwedischen Klassizismus errichtet wurde. Das Ostkreuz gegenüber dem Hauptportal stammt noch von einer Vorgängerkirche des 15. / 16. Jh.s. Neben der Kirche sind in dem zweistökkigen Gemeinde-Kornspeicher zahlreiche Ausstellungsstücke von Haushalts- und Gebrauchsgegenständen zu besichtigen.

Umgebung von Tornio

Insel Röytta

In südlicher Richtung sind es 9 km bis zur Insel Röyttä, dem Hochseehafen von Tornio. Er bildet den Ausgangspunkt für Schiffsfahrten in den Schärengürtel.

Torniotal Kukkolankoski

Nach Norden führt ein lohnender Ausflug auf der Straße Nr. 21 in das Torniotal. Nach 17 km kann man einen ersten Abstecher zum Fluß und den Stromschnellen Kukkolankoski machen. Diese haben ein Gefälle von 13,8 m auf einer Strecke von 3,5 km und sind somit die längsten freifließen-

Torniotal
Kukkolankoski
(Fortsetzung)

de Stromschnellen Finnlands. Hier werden von örtlichen Veranstaltern Wildwasserfahrten angeboten (Buchungsadresse siehe unten). In den am Ufer des Flusses gelegenen Restaurants (zum Beispiel die Cafeteria Myllypirtti oder das Kukkolankoski Grill Café) gibt es sehr gute Fischgerichte. Berühmt ist der Fluß bereits seit dem Mittelalter für seinen reichen Fischgrund.

Kanufahren auf dem Tornionjoki für sehr sportliche Kanuten

Die schönen Wildmarkgebiete des Torniotals, durch das der Tornionjoki, der Grenzfluß zwischen Schweden und Finnland, fließt, ist mit mächtigen Berganhöhen und klaren Seen eine schöne Kulisse für Kanutouren. Ungeübte Fahrer sollten dabei aber die ruhigen Seen bevorzugen (z.B. den Miekojärvi-See), denn die z. T. sehr stark rauschenden Ströme des Tornionjoki und seiner Nebenflüsse sind nur von Meistern im Wildwasserfahren zu bewältigen und an ihren stärksten Stromschnellen gar nicht zu befahren. Diese weiß schäumenden Naturschönheiten sollten ausschließlich als landschaftliche Sehenswürdigkeiten vom Ufer aus betrachtet werden.

Kattilakoski
Kontajoki

Besonders schön sind auch die Stromschnellen von Kattilakoski unweit des Polarkreises, an denen auf fast 4 km eine Gesamtgefällstrecke von 8 m überbrückt wird. In der Nähe von Pello liegt am Konttaköngäs die größte, fast wie ein Wasserfall erscheinende Stromschnelle des Kontajoki-Flusses. Auf einer Länge von 400 m weist sie ein Gefälle von 13 m auf. Am letzten Sonntag im Juli wird an den Stromschnellen ein Felchen-Festival gefeiert, ferner finden Flößerwettbewerbe statt. Wer unter sachkundiger Anleitung eine solche Wildwasserfahrt unternehmen möchte, kann sich einer Gruppenfahrt anschließen, die vom
Amt für Staatswälder, Nivanpääntie 24, FIN-95700 Pello,
Tel. (09) 695 51 20 21, Fax 695 51 23 88 organisiert wird.

Matkakoski

Rund 26 km nördlich der Abzweigung zu den Kukkolankoski-Stromschnellen gelangt man zu den Stromschnellen von Matkakoski. Auf halber Strekke dorthin, in Karunki, steht eine schöne alte Holzkirche (1817).

Ylitornio
Aavasaksa (Berg)

Es folgt der Ort Ylitornio mit einer modernen Steinkirche, neben der ein alter hölzerner Glockenturm steht. 10 km nördlich der Kirche teilt sich die Hauptstraße: Rechts führt die Straße Nr. 930 nach Rovaniemi. Von dieser zweigt bald eine kleine Straße zum Parkplatz am Fuße des Berges Aavasaksa (242 m ü.d.M.) ab, der vom Tengeliönjoki umflossen wird. Über den dort anschließenden Fußweg (350 m) gelangt man zur Spitze des Berges, von der aus man am Johannistag die Mitternachtssonne sehen kann, obwohl der Aavasaksa südlich des Polarkreises liegt. Die Region Aavasaksa bietet im Sommer und im Winter Unterkunft in komfortablen Ferienhütten (Skilift: 605 m lang; Höhenunterschied 114 m).

Haparanda

Haparanda (finn. Haaparanta) ist die schwedische Nachbarstadt von Tornio auf der Westseite des Torne älv. Die Stadt entstand im Jahre 1809, nachdem Finnland (demnach auch Tornio) an Rußland abgetreten worden war. An die Zeit der Grenzstreitigkeiten erinnert ein Grenzwall am Sportplatz im Norden des Stadtgebietes. Heute wird die Grenze zwischen Schweden und Finnland in beiden Ländern 'die friedlichste Grenze der Welt' genannt. Haparanda ist Schwedens östlichste Stadt. Über Haparanda wurden während des Ersten Weltkriegs Gefangene, die kampfunfähig waren, zwischen Rußland und den Mittelmächten ausgetauscht. Auf dem Friedhof der Kirche von Nedertorneå, am westlichen Stadtrand, erinnert ein Stein an die 205 Österreicher, elf Deutschen und zwei Türken, die auf dem Transport verstorben und in der schwedischen Grenzstadt beerdigt worden sind.

Zu den Sehenswürdigkeiten von Haparanda zählen die Kirche mit ihrer eigenwilligen Architektur, der 1995 gegründete Nationalpark von Haparanda und das 15 km nördlich der Stadt gelegene Fischereimuseum am Kukkolarforsen.

Turku · Åbo **F 12**

Gebiet: Südwestfinnland
Einwohnerzahl: 174 000
Postleitzahl: FIN-20100
Telefonvorwahl: 02

Lage und *Bedeutung

Das südfinnische Turku, schwedisch Åbo (sprich Obu) genannt, die älteste Stadt und ehemalige Hauptstadt Finnlands (bis 1812), liegt rund 160 km westlich von Helsinki. Die Stadt hat etwa 5% schwedischsprachige Einwohner und ist ein beliebtes Reiseziel für Besucher aus dem benachbarten Schweden. Turku liegt an der Mündung des Aurajoki in den Bottnischen Meerbusen, die durch mehrere größere Inseln und zahllose Schären geschützt ist. Die Stadt ist Verwaltungssitz der Provinz Westfinnland, Sitz des lutherischen Erzbischofs von Finnland und besitzt bereits seit 1623 ein Oberlandesgericht. Von überregionaler Bedeutung ist Turku außerdem als Bildungszentrum. Neben einer finnischen gibt es auch eine schwedische Universität, eine Handelshochschule sowie mehrere weiterführende Lehranstalten.

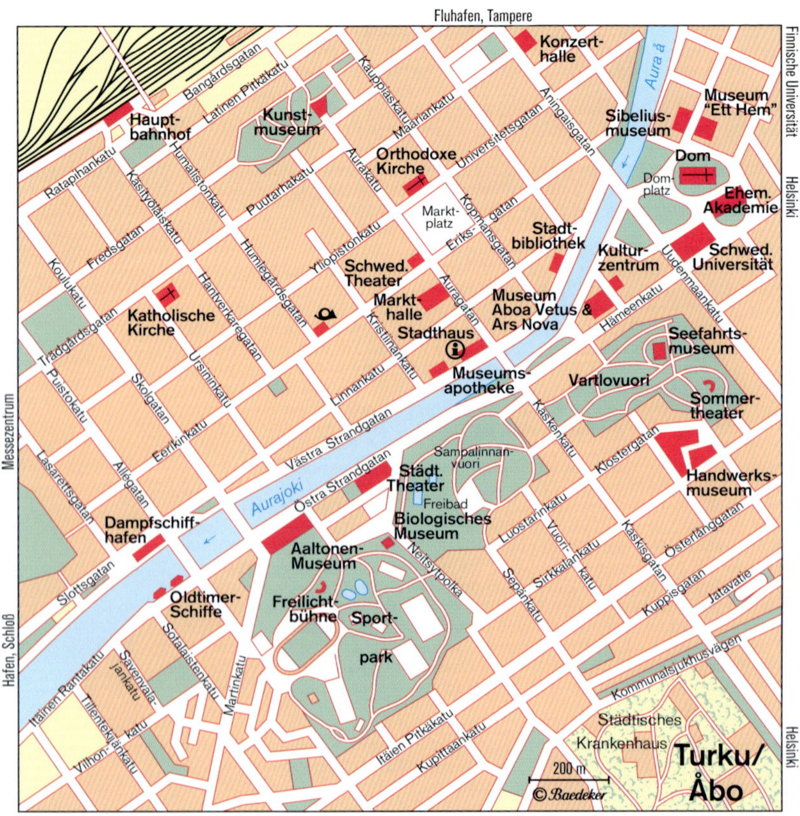

Der schwedische Name Åbo bedeutet "Wohnplatz am Fluß", der finnische Name Turku heißt "Marktstätte" – demnach ist die Stadt frei übersetzt Wohn- und Marktort. Das Gebiet um Turku erhielt später den Namen "Eigentliches Finnland" ("Varsinais Suomi").

Lage und Bedeutung (Fortsetzung)

Seit Ende der 50er Jahre erfuhr Turku einen spürbaren Aufschwung. Lange Zeit war die Stadt Zentrum des Schiffsbaus für Eisbrecher. Als Im- und Exporthafen hat Turku zusammen mit Naantali einen lebhaften Schiffsverkehr. Die bedeutende, meist am Stadtrand angesiedelte Industrie umfaßt u. a. eine Schiffswerft, Maschinenfabriken, Nahrungsmittelverarbeitung und Textilwerke. In den 70er Jahren nahm der Reiseverkehr an Bedeutung zu, da Turku als südwestliches Tor nach Finnland ideal für die Anreise geeignet ist. Die Lage zwischen Stockholm und St. Petersburg macht es außerdem zu einer günstigen Etappe auf der Reiseroute → Königsstraße.

Wirtschaft

Einer der berühmtesten Söhne Turkus ist der am 13.06.1897 geborene Paavo Johannes Nurmi (→ Berühmte Persönlichkeiten), der mit 23 anerkannten Weltrekorden und neun Gold- und drei Silbermedaillen bei drei Olympischen Spielen Sportgeschichte schrieb.

Paavo Nurmi

Die Stadt liegt etwa dort, wo Nachfolger der schwedischen Wikinger Mitte des 12. Jh.s an Land gingen und zur Eroberung des heutigen Finnland ansetzten. Vor allem die kirchliche Eroberung spielte eine entscheidende Rolle bei der Wahl Turkus als Platz für eine größere Siedlung. Bereits während des ersten Kreuzzuges nach Finnland (1155) taufte Bischof Henrik von Uppsala hier in der Nähe einige Finnen, und so war es nur konsequent, daß Papst Gregorius IX. 1229 den Bischofssitz hierhin verlegte.
König Gustav Wasa verlieh Turku 1525 die Stadtrechte. Im Jahre 1630 legte Gustav II. Adolf durch Stiftung eines Gymnasiums, das seine Tochter, Königin Kristina, 1640 zur Hochschule erweiterte, das geistige Fundament für Finnlands erste Universität. 1743 wurde hier der Frieden geschlossen, der einen zweijährigen Krieg zwischen Rußland und Schweden beendete. 1809 fiel die Stadt mit ganz Finnland an Rußland. Nachdem bereits Helsinki die Hauptstadt Finnlands geworden war, wurde 1819 auch der Sitz des finnischen Senats und 1827 nach einem verheerenden Brand auch die Universität von Turku nach Helsinki verlegt. Im selbständigen Finnland wurde 1918 eine neue, private schwedischsprachige Universität, die Åbo Akademi, und 1920 eine finnischsprachige, staatliche Universität gegründet.

Geschichte

Sehenswertes in Turku

Verkehrsmittelpunkt von Turku ist der Marktplatz (finn. Kauppatori) am Nordufer des Aurajoki. Werktags sind hier bis 14.00 Uhr die Stände aufgebaut, und es herrscht ein geschäftiges Markttreiben. Am Marktplatz liegen das schwedische Theater (1838), das abwechslungsreiche, mit Glas überdachte Einkaufszentrum Hansa und die orthodoxe Kirche, die um 1840 nach Plänen von C. L. Engel erbaut worden ist.

Marktplatz

Vom Markt führt die belebte Aurakatu nordwestlich zum Kunstmuseum (finn. Taidemuseo), das auf einer Anhöhe liegt und von Grünanlagen umgeben ist. Der stattliche Granitbau wurde 1904 nach Plänen von G. Nyström errichtet. Er enthält eine vielfältige Sammlung von Bildern und Gemälden meist finnischer Künstler. Geöffnet April bis Sept. Di.–Sa. 10.00–16.00, Mi., Do. bis 19.00 Uhr, So. 11.00–18.00 Uhr.
An der Freitreppe vor dem Kunstmuseum sieht man die Büstenpfeiler (Hermen) der beiden finnischen Maler R. W. Ekman (1809–1873) und V. A. Westerholm (1860–1919), Werke von Wäinö Aaltonen (1894–1966). Westlich vom Kunstmuseum liegt der Hauptbahnhof.

Kunstmuseum

Die Aurakatu mündet südlich auf die Brücke Aurasilta über den Fluß Aura. Rechts am Flußufer steht das Stadthaus (Kaupungintalo) von 1885. Nahe-

Stadthaus Apothekenmuseum

Stadthaus Apothekenmuseum (Fortsetzung)

bei, im ältesten noch vorhandenen Holzhaus der Stadt (1957 restauriert), wurde das Apothekenmuseum eingerichtet (Läntinen Rantakatu 13). Nach seinem ersten bekannten Eigentümer, Wilhelm Qwensel, der 1694 zum Assessor am Hofgericht ernannt worden war, wird es auch Qwenselsches Haus genannt. Ein Teil der Museumseinrichtung mit ihren Material- und Kräuterkammern sowie einem Labor entstammt einer Apotheke in Oulu. Hier ist auch ein Informationsbüro des Fremdenverkehrsamtes und die Abfahrt der Wasserbusse in den der Küste vorgelagerten Schärengürtel.

Stadtbücherei

Flußaufwärts gelangt man auf der rechten Uferseite zur Stadtbücherei, die 1903 von C. Wrede nach dem Vorbild des Stockholmer Ritterhauses erbaut wurde und einen hübschen Schmuckbrunnen hat.

Altes Rathaus

Auf dem gegenüberliegenden Flußufer liegt eines der Zentren geistiger Macht: an der westlichen Seite ein Bronzestandbild des finnischen Historikers H. G. Porthan (1739 – 1804; → Berühmte Persönlichkeiten), das schon 1630 gegründete schwedische Lyzeum (1724) und das alte Rathaus (Brinkkala-Haus), von dessen Balkon am Heiligabend um 12.00 Uhr der Weihnachtsfriede auf Finnisch und Schwedisch verkündet wird. Turku gilt als die einzige Stadt Nordeuropas, in der diese Tradition seit dem Mittelalter ohne Unterbrechung bewahrt wurde. Seit 1935 wird die Zeremonie auch vom Rundfunk und Fernsehen übertragen.

**Domkirche

An der Ostseite des Platzes steht auf dem Unikankari-Hügel die um 1230 gegründete und 1300 geweihte Domkirche (einstige Kathedrale St. Henrik; finnisch Tuomiokirkko), die Hauptkirche der evangelisch-lutherischen Kirche in Finnland. Dieses Nationalheiligtum Finnlands ist ein massiver Backsteinbau aus spätromanischer Zeit mit gotischen und Renaissanceanbauten sowie einem 98 m hohen Turm.

Grabkapelle in der Domkirche

Grabkapellen im Inneren

Im Inneren der Domkirche (nach einem Brand 1827 wieder hergestellt) befinden sich zahlreiche Grabmäler bedeutender Männer. Rechts vom Haupteingang liegt die Grabkapelle des schwedischen Feldobersten Torsten Stålhandske († 1644), der im Dreißigjährigen Krieg die finnische Reiterei befehligte; links vom Eingang steht die Tavastsche Kapelle, mit den Grabmälern der Bischöfe Magnus Tavast († 1452), Olaus Tavast († 1460) und Magnus Stjernkors († 1500). Links vom Chor befindet sich die sogenannte Kankassche Kapelle der Geschlechter Horn und Kurck, die schönste der Kirche; in der Mitte steht der Granitsarkophag der vielgeprüften Königin Katharina Månsdotter († 1612), eines armen Soldatenkindes, das Erik XIV. ehelichte und zu sich auf den Thron erhob. Rechts vom Chor sieht man schließlich die Tottsche Grabkapelle, 1678 von Per Brahe gestiftet, mit den Grabmälern des schwedischen Generals Åke Tott

(† 1640) und seiner Gemahlin Sigrid Bjelke. Im Dommuseum in der Südgalerie des Doms sind neben liturgischen Gegenständen und Gewändern auch Materialien der verschiedenen Bauphasen der Kirche zu sehen. Geöffnet Mitte April bis Mitte Sept. tägl. 9.00 – 20.00 Uhr, im Winter bis 19.00 Uhr.

Grabkapellen im Inneren (Fortsetzung)

Nördlich vom Dom liegt das Sibelius-Museum (Piispankatu 17). In einem modernen Flachbau sind verschiedenartige Musikinstrumente ausgestellt. Im Winter finden hier auch um 19.30 Uhr Konzerte statt. Geöffnet Di. bis So. 11.00 – 15.00 Uhr, Mi. auch 18.00 – 20.00 Uhr.

Sibelius-Museum
Museum Ett Hem

Im Nachbarhaus Nr. 14 ist ferner das aus der Jahrhundertwende stammende Bürgerhaus des Konsuls Alfred Jacobsen Ett Hem zum Museum umgestaltet worden.

Das Museum Aboa Vetus & Ars Nova liegt am Ufer des Aurajoki.

In der Itäinen Rantakatu 4 – 6 sind die Museen Aboa Vetus und Ars Nova in in dem prachtvollen Rettig-Palast am Aurajoki-Fluß zu finden. Die lateinischen Bezeichnungen beziehen sich auf die 1994 und 1995 erfolgten Ausgrabungen neben dem Rettig-Palast (Aboa Vetus) und auf die Sammlung moderner Kunst im ersten Stock des Gebäudes (Ars Nova). Im Kellergeschoß sieht man noch die Ausgrabungen aus dem 14. Jh. und andere Zeugnisse, die Einblick in das mittelalterliche Leben der Stadt bieten. Geöffnet Mai bis Sept. tägl. 11.00 – 19.00 Uhr, im Winter Mo. geschlossen.

*Museum Aboa Vetus & Ars Nova

Etwa 500 m nordöstlich vom Dom befindet sich die 1922 eröffnete Finnische Universität (finnisch Turun Yliopisto), deren jetzige Gebäude zwischen 1954 und 1960 errichtet wurden.

Finnische Universität

Dem Dom südöstlich gegenüber steht, an der Hämeenkatu, die alte Akademie (1802 – 1815), einst Sitz der Universität, die im Jahre 1827 nach Helsinki verlegt wurde. Heute sind dort die Provinzialregierung, das Oberlandesgericht und das Domkapitel untergebracht.

Alte Akademie

Schwedische Universität

Das Gebäude südwestlich daneben, an der Ecke der Uudenmaankatu, beherbergt die Åbo Akademi genannte, 1919 eröffnete Schwedische Universität. In den Anlagen vor dem Gebäude steht ein Bronzestandbild Per Brahes, des schwedischen Statthalters in Finnland (in den Jahren 1637 bis 1640 und 1648–1654) und Universitätsgründers, geschaffen von W. Runeberg (1888); der Sockel trägt die Inschrift: "Jagh war med landett, och landett med mig wääl tillfreds" (= "Ich war mit dem Land und das Land mit mir wohl zufrieden").

Kupittaa-Park

Vom Domplatz führt die Uudenmaankatu südöstlich zum Kupittaa-Park. Hier befinden sich ein Schwimmbad und die St.-Heinrich-Quelle, mit deren Wasser die ersten Finnen christlich getauft worden sein sollen.

Sehenswertes am Wartberg

Unweit südwestlich vom alten Rathaus liegt am Fuß des Wartbergs (finn. Vartiovuori, schwedisch Vårdberg) das Gebäude der Ökonomischen Gesellschaft, die 1797 zur Hebung der Landwirtschaft, der Künste und der Industrie gegründet wurde. Schräg gegenüber im kleinen Runeberg-Park am Ufer des Aurajoki steht die Skulptur "Lilja", ein Werk Wäinö Aaltonens. Am Wartberg gibt es hübsche Parkanlagen, eine Flakstellung aus dem Zweiten Weltkrieg und das interessante Seefahrtsmuseum mit astronomischen Sammlungen. Dieser Komplex besteht aus dem früheren Observatorium, das C. L. Engel 1819 erbaut hat und dem früheren Wasserturm von 1903. Geöffnet Mitte April bis Mitte Sept. tägl. 10.00 bis 18.00 Uhr.

*Handwerksmuseum Luostarinmäki

An der stadtabgewandten Seite des Wartberges (und darum 1827 vom Brand nicht erfaßt) liegt auf dem Klosterberg (Luostarinmäki) ein Viertel mit alten Holzhäusern, die heute ein sehr interessantes Handwerksmuseum (finn. Käsityöläismuseo) bilden und einen Einblick in die Lebensweisen der einfachen Leute vom Ende des 18. bis Anfang des 19. Jh.s bieten. Dieses Viertel mit niedrigen kleinen Höfen und unregelmäßigen Gassen ist ein geschlossenes bauliches Ensemble von ganz besonderem kulturgeschichtlichem Wert. In den alten Werkstätten werden Gebrauchsgegenstände angefertigt, die als geschmackvolle Reiseandenken auch sehr großen Anklang finden. Geöffnet Mitte April bis Mitte Sept. tägl. 10.00–18.00 Uhr.

Spitzenklöpplerin im Museum Luostarinmäki

Biologisches Museum

Auf dem Hügel von Sampanlinna gibt es ein Freilichttheater und eine alte Mühle; am Westabhang liegt das Schwimmstadion. Jenseits des Neitsytpolku steht das Biologische Museum, das einen Überblick über die finnische Tier- und Pflanzenwelt von der Schärenküste bei Turku bis zu den Fjälls in Lappland gewährt. In sog. Dioramen werden etwa 30 Säugetier- und um die 150 Vogelarten, die in Finnland nisten, in ihrer naturähnlichen Umgebung gezeigt. Geöffnet Mitte April bis Mitte Sept. 10.00–18.00 Uhr.

Nordwestlich vom Schwimmstadion, an der Itäinen Rantakatu, die am Südufer des Aurajoki verläuft, steht das Stadttheater (1962); davor ein Standbild des Dichters Aleksis Kivi, geschaffen von W. Aaltonen (1949). Stadttheater

Weiter westlich, Itäinen Rantakatu Nr. 11, befindet sich das von Irma und Matti Aaltonen entworfene Wäinö-Aaltonen-Museum (1967), wo Skulpturen u. a. Kunstwerke des Bildhauers und moderne Kunst ausgestellt sind. Aaltonen-Museum

An der Martinsbrücke liegen zwei alte Segelschiffe vor Anker: die "Suomen Joutsen", die 1902 als Frachtschiff in Frankreich gebaut wurde, dann als Segelschulschiff und Berufsschule für Seeleute diente, bis es 1991 zum Museumsschiff hergerichtet wurde. Neben diesem alten Segler liegt das Minensuchboot "Keihässalmi" (1958), das besichtigt werden kann. Ein weiterer Hochseesegler ist die früher als Überseefrachter verkehrende Bark "Sigyn" (gebaut 1887, restauriert 1971 – 1978), die man im Sommer besichtigen kann. Am Flußufer gibt es mehrere zu Restaurants umgebaute Schiffe. Hier befindet sich auch der Anlegeplatz für den Schärendampfer "Ukkopekka". Südwestlich vom Museumsschiff "Sigyn" erhebt sich an der Ilhonkatu die Martinskirche (1933). Segelschiffe

In unmittelbarer Nachbarschaft erfährt man im Informationszentrum Forum Marinum alles Wissenswerte rund um die Seefahrt und ihre Geschichte. Forum Marinum

Am östlichen Stadtrand liegt der neue Friedhof. Die Kapelle des aus Turku stammenden finnischen Architekten E. Bryggman (1941) ist ein Paradebeispiel für die romantische Variante des Funktionalismus. Friedhofskapelle

Das Schloß Turku gehört zu den wenigen erhaltenen Burgen Finnlands.

Im Westen der Stadt (von der Aurakatu durch die Linnankatu) liegt unweit vom Hafen am rechten Ufer des Aurajoki das massive Feldsteinschloß (finn. Turun linna). Die Burg wurde 1941 bei Bombenangriffen stark zerstört, nach dem Krieg aber bis 1961 umfassend renoviert. Sie ist heute eine der bedeutendsten Sehenswürdigkeiten Finnlands. **Schloß Turku

Schloß Turku (Fortsetzung)

Die Festung wurde wahrscheinlich um 1280, damals auf einer Insel in der Auramündung, erbaut und während der Wasazeit im 16. Jahrhundert erweitert, nachdem König Gustav Wasa seinen Sohn Johan zum Herzog von Finnland ernannt hatte. Im Inneren ist das Historische Museum der Stadt Turku untergebracht. Gezeigt werden u.a. Bildnisse, Möbel, Teppiche, Trachten und Waffen. Insgesamt vermittelt das Museum einen guten Überblick über die Entwicklung der finnischen Kultur. Geöffnet Mitte April bis Mitte Sept. tägl. 10.00–18.00 Uhr, sonst Mo. 14.00–19.00, Di.–So. 10.00 bis 15.00 Uhr.

Umgebung von Turku

St.-Karin-Kirche

Rund 2 km nordöstlich vom Domplatz (durch die Hämeenkatu, hinter der Bahn links durch die Kirkkotie) liegt am nordöstlichen Stadtrand die kleine Kirche St. Karin (finn. Kaarinan kirkko), die im 14. Jh. erbaut wurde. Auf dem Friedhof findet man das Grab des Rechtsgelehrten Mathias Calonius (1738–1817), der als erster Gouverneur nach der Angliederung Finnlands an Rußland forderte, die alten Gesetze beizubehalten.

St.-Marien-Kirche

Ca. 3 km nordöstlich vom Bahnhof Turku steht an der Straße nach Tampere (Tampereentie) die guterhaltene St.-Marien-Kirche (finn. Maarian kirkko), ein Feldsteinbau aus dem 14. Jahrhundert. In der Nähe befinden sich die Überreste der ersten christlichen Kirche des Landes, die 1161 bei dem Dorf Räntämäki erbaut worden sein soll.

Naantali

→ dort

Von Turku nach Parainen
Insel Kuusisto

Von Turku fährt man stadtauswärts auf der Straße Nr. 1; nach 9 km gibt es bei Kaarina eine Abzweigung der landschaftlich schönen Straße Nr. 180, die südlich über den Pojoissalmi zur Insel Kuusisto (schwed. Kustö) führt. Kurz hinter der Brücke links zweigt man zu den Überresten von Schloß Kuusisto im Osten der Insel ab. Im Jahre 1317 gegründet, gehörte es ursprünglich den Bischöfen von Finnland und wurde nach Einführung der Reformation 1528 abgetragen.

Rävsund / Insel Kirjala

Dann gelangt man auf einer ca. 300 m langen Hängebrücke (1963) über den Rävsund zur Insel Kirjala. Hier nimmt man links die Abzweigung einer Straße zum guterhaltenen Schloß Kvidja (15. Jh.), das 7,5 km südöstlich am Nordrand der Insel Lemlahti liegt und einst dem Bischof Magnus Tavast gehörte.

Parainen

Die Straße nach Parainen (schwed. Pargas) überquert 2 km hinter der zuvor genannten Abzweigung den Hässund. Nach 4 km erreicht man Pargas, eine wegen ihrer Kalksteinbrüche bekannte Stadt. Die Hälfte des finnischen Bedarfs an Zement stammt aus Pargas. Aus einer 2 km langen und 100 m tiefen Grube wird Kalkstein im Tagebau abgetragen, während das Wasser ständig abgepumt wird. Jeden Tag um 14.00 Uhr gibt es eine Explosion, die den Kalkstein aus dem Erdreich heraussprengt. Noch weitere 40 Jahre wird dieser größte Kalksteinbruch Skandinaviens genutzt. Früher waren die Bäume weiß vom Zementstaub der Kalk- und Zementfabriken. Heute sorgen Filter für eine umweltfreundliche Produktion. Im Jahre 1985 wurde hier der Film "Weiße Nächte" mit Isabella Rosselini gedreht, dessen Handlungsort Sibirien ist. Sehenswert in Pargas ist eine alte Steinkirche mit schöner Innenausstattung.

Stormälö

Etwa 13 km südwestlich der Stadt liegt inmitten großartiger Schären die zum Baden besuchte Insel Stormälö; hier steht das Ferienhotel Airisto, das im Sommer von der Finnischen Zentrale für Tourismus bewirtschaftet wird.

*Schärenrundfahrt

Im Fremdenverkehrsamt von Pargas kann man eine Bootsrundfahrt durch die Schären vor Turku buchen. Die sehr lohnende Fahrt entführt den Besucher in den wohl größten Archipel Europas, mit unzähligen kleinen und

Insel Gullkrona – eine der unzähligen Schären vor Turku

Schärenrundfahrt (Fortsetzung)

großen Eilanden, die oft nur von einer Familie bewohnt sind. Seit dem Beitritt Finnlands zu Europäischen Union sind die wenigen Bewohner dieser weltabgewandten Region, die einst von der Fischerei lebten, Nutznießer eines touristischen Förderprogramms der EU. Hier sollen zum Beispiel mehrere Ferienhaussiedlungen entstehen.

Insel Korpo

Rund 16 km südwestlich von Parainen – man folgt anfangs der Straße wie zum Hotel Airisto – liegt der kleine Hafen Lillmälö. Von Lillmälö gelangt man auf Fähren (gratis) und auf einer Landstraße südwestlich über die Nagu-Inseln zur Insel Korpo, die schon weit von der eigentlichen Küste entfernt ist. Bis zur Kirche von Korpo, die mehrere alte Holzbildwerke enthält, sind es 35 km.

Straße der sieben Kirchen

Raisio, Masku, Nousiainen

Diese lohnende Rundfahrt führt an sieben alten Kirchen vorüber. Man verläßt Turku auf der Straße Nr. 8 Richtung Pori. Etwa 7 km hinter der Stadtmitte, vor der Abzweigung der Straße nach Naantali, sieht man links die Feldsteinkirche von Raisio (1305). Etwa 10 km weiter liegt die kleine Steinkirche von Masku, unweit südwestlich das Schloß Kankainen. 4,5 km hinter Masku folgt Nousiainen; die alte Steinkirche liegt 3,5 km nordöstlich abseits der Hauptstraße. Hier ruht – in einem Sarkophag aus Flandern – der finnische Nationalheilige Henrik (um 1430).

Lemu, Askainen

Nun verläßt man die Straße Nr. 8 und fährt links auf einer Landstraße in Richtung Askainen weiter. Nach 7,5 km erreicht man Nyynäinen; 1,5 km südwestlich abseits findet man die Kirche von Lemu. Etwa 8 km hinter Nyynäinen folgt Askainen mit einer alten Steinkirche. 2 km westlich liegt an der Küste das Gut Luohisaari (1655), der Geburtsort des legendären Marschall Mannerheim (→ *Baedeker Special* S. 135).

Umgebung von Turku, Straße der sieben Kirchen (Fortsetzung)
Merimasku
Rymättylä

Von Askainen geht die Fahrt in südlicher Richtung weiter; vor Merimasku setzt man mit der Fähre auf eine buchtenreiche Insel hinüber. Nach 11 km erreicht man Merimasku, eine kleine Siedlung am Nordrand der Insel, mit einer Holzkirche von 1726. Etwa 4 km hinter Merimasku kommt man zu einer Straßenteilung: geradeaus gelangt man nach 15 km zur Kirche von Rymättylä, die im 15. Jh. errichtet wurde und schöne Wandmalereien besitzt; nach Turku fährt man links weiter. Rund 1,5 km hinter der oben genannten Straßenteilung kommt man über eine Brücke auf die Insel Luonnonmaa, die man durchquert; die Strecke führt am östlichen Ufer der Insel entlang – unweit an Schloß Kultaranta vorbei – und über die Ukkuopekka-Brücke. – Dann 6 km bis → Naantali. Von hier fährt man über Raisio zurück nach Turku (17,5 km).

Insel Ruissalo

Im Südwesten von Turku liegt vor der Auramündung die Insel Ruissalo, die durch eine Brücke mit dem Festland verbunden ist. Hier gibt es ein großes Freizeitgelände mit Campingplatz, Gelegenheit für Golf, Reiten, Minigolf und Wasserski. Im August wird hier das Rockfestival “Ruisrock” veranstaltet. Auf der Insel gibt es eine Quelle mit einer Inschrift: Sie erinnert an den schwedischen Dichter M. Choräus (1774–1806), der eine Zeitlang hier lebte. Im Süden der Insel befindet sich ein Strandbad. Das Inselufer ist gesäumt von prachtvollen Villen (zumeist aus Holz) aus der Zeit der Jahrhundertwende. Sehenswert ist die Villa Roma mit Kunstausstellungen und Ateliers.
Südlich von Ruissalo (Motorboot) liegt im Ruissalo-Sund, der Haupteinfahrt der Schiffe nach Turku, die kleine Insel Pikku-Pukki, ein beliebtes Ausflugsziel, mit dem Airisto-Jachtclub und einem Sommerrestaurant.

Urho-Kekkonen-Nationalpark L/M 4/5

Gebiet: Nordfinnland, Lappland

Lage und Allgemeines

Den im äußersten Nordosten Lapplands gelegene Nationalpark Urho Kekkonen (siehe Übersichtskarte S. 195) erreicht man über die Straße Nr. 4, (E 75), die sog. Eismeerstraße, von Rovaniemi über Sodankylä nach Ivalo und Inari (→ Inarisee). Die Eismeerstraße führt von Sodankylä an den großen Wasserreservoirs Porttipahta und Lokka vorbei nach Norden. Nach knapp 100 km tauchen bei Vuotso die ersten samischsprachigen Ortsschilder auf.
In Tankavaara befindet sich das Informationszentrum des Nationalparks Urho-Kekkonen. Es folgt das Ski- und Urlaubsgebiet Saariselkä (nach 30 km), das ein guter Ausgangspunkt für die Erkundung des Nationalparks ist. Eine weite Aussicht auf den Park bietet sich vom Gipfel des Kaunispää (438 m ü.d.M.), besonders zur Zeit der Mitternachtssonne.
In den Park gelangt man über Waldautowege. Parkplätze und Informationstafeln findet man am Fluß Luttojok, Aittajärvi und Kemihaara. Es gibt eine tägliche Busverbindung auf der Strecke Rovaniemi – Sodankylä – Vuotso – Tankavaara – Kiilopää – Saariselkä und von Kemijärvi (→ Rovaniemi, Umgebung) über Ruuvaoja nach Tulppio.

Beschreibung des Nationalparks

Landschaftsbild

Das von Rauututunturit-Saariselkä bis zu den weiten Wäldern Savukoskis und zum Fluß Nuorttijoki reichende Gebiet Koilliskaira auf einer Fläche von 2 550 km^2 wurde 1983 zum Nationalpark erklärt und nach dem ehemaligen finnischen Staatspräsidenten Urho Kaleva Kekkonen (UKK) benannt; In dem zweitgrößten Naturschutzgebiet Finnlands wird die eindrucksvolle Wald-, Moor- und Fjäll-Landschaft Ostlapplands geschützt.
Den besten Eindruck von diesem abwechslungsreichen Gebiet aus kargen Fjällgipfeln, Flußtälern mit Schluchten, Steilwänden und Geröllfeldern er-

Urho-Kekkonen-Nationalpark Landschaftsbild (Fortsetzung)

hält man am Luirosee, auf dem Sokosti-Fjäll (718 m ü.d.M) als auch in den Flußtallandschaften des Suomu-, Lutto- und Nuorttijoki sowie den Schluchten Lumikuru, Ukselmakuru und Paratiisikuru. Die Flüsse werden von Kiefern-, andernorts von Fichtenwäldern und ausgedehnten Teppichen aus Rentierflechte sowie Weißmooren gesäumt. Der UKK-Nationalpark ist die Heimat von ca. zwei Dutzend Bären, und ab und zu streifen Wölfe über die russische Grenze in den Park.

Rentiere

Um 1870 begannen im südwestlichen Teil des heutigen Parks die Gebirgssamen feste Siedlungen zu errichten. Fallgruben für Waldrene, Rentiergehege, Waldarbeiterhütten und einige samische Bauten sind hierfür Zeugnisse. Zwei Wohnhäuser aus den 40er Jahren, die aus dem Osten stammende Samen (Koltta-Sámi) bewohnten, wurden restauriert. Bereits vor 2000 Jahren diente dieses Gebiet für die aus den Wäldern um den Sompio-See kommenden Samen als Jagdrevier auf Wildrene. Noch heute sind die Rentierherden, von denen ca. Zwanzigtausend im Park leben, der wichtigste Erwerbszweig. Sie gehören den Kooperativen der Rentierzüchter von Ivalo, Lappi und Kemin-Sompio. Vor allem während der Kalbungszeit (April bis Mai) sollten Besucher auf die dann besonders scheuen Rentierkühe Rücksicht nehmen.

Goldwaschen

In den klaren Flüssen des Parks versuchten noch vor einigen Jahren Glücksritter durch das Waschen von Gold und die Suche nach Perlen Reichtümer zu erlangen. In Tankavaara kann der Besucher die alte Goldgräbertradition Lapplands kennenlernen (Museumsdorf, Goldmuseum); es besteht die Möglichkeit zum Goldwaschen.

Wanderungen im Nationalpark

Die für eine Wanderung im Park wichtigen Informationen sind im Informationszentrum Tankavaara erhältlich. Die Fremdenführer dort können Auskünfte geben, ob einzelne Flüsse überschwemmt sind, und es können Reservierungen für einige der vierzig Hütten im Park vorgenommen werden, wenn ausgedehnte Mehrtagestouren geplant sind. Hier wie auch in Saariselkä und Kiilopää gibt es mehrere Naturlehrpfade unterschiedlicher Länge.

Uusikaupunki

E 12

Gebiet: Westfinnland
Einwohnerzahl: 18 000
Postleitzahl: FIN-23501
Telefonvorwahl: 02

Lage und Allgemeines

Zwischen Turku und Rauma biegt man bei Laitila von der Straße Nr. 8 nach Südwesten ab und gelangt nach 19 km zur Hafen- und Handelsstadt Uusikaupunki am Bottnischen Meerbusen. Die malerisch an einer Meeresbucht gelegene Stadt ist ca. 240 km von Helsinki entfernt. Da heute kaum noch jemand Schwedisch in Uusikaupunki spricht, ist der schwedische Stadtname Nystad nicht mehr gebräuchlich. Neben dem alten Stadtzentrum gehören heute auch die früheren Landgemeinden Kalanti, Lokalahti und Pyhämaa zu Uusikaupunki.

Wirtschaft

Die zuweilen bis zu 40% hohe Arbeitslosikeit in der Stadt wird durch den 1997 getätigten Großauftrag des deutschen Automobilkonzerns Porsche voraussichtlich stark zurückgehen. In dem Unternehmen Valmet Automotive sollen nämlich die Porsche Boxster gefertigt werden.

Geschichte

Nystad wurde 1617 von Gustav II. Adolf gegründet. Am 30. August 1721 wurde in Nystad der Frieden geschlossen, der den Nordischen Krieg beendete. Damals wurden den Russen Ingermanland, Estland, Livland und ein Teil Kareliens zugesprochen (Denkmal von 1961 am Marktplatz).

Veranstaltungshinweise

Im August treffen sich Tausende Musikfreunde zu der international anerkannten Crusell-Musikwoche. Kammer- und Unterhaltungskonzerte sowie Freiluftkonzerte sind fester Bestandteil des Programmes.

Sehenswertes in Uusikaupunki

Alte Kirche

Im Stadtzentrum, an der Kirkkokatu 2, liegt die alte Feldsteinkirche von 1629 mit einem Gewölbedach. Das mit Sternen dekorierte Tonnengewölbe erinnert an einen umgedrehten Schiffsrumpf. Die Einrichtung der Kirche stammt aus dem 18. Jahrhundert. Vor der alten Kirche ist die 26 m lange Marsrahe der "Park Peking" zu sehen. Die neue Kirche von 1863 steht am Rathausplatz.

Museen

Im 19. Jahrhundert besaß Uusikaupunki die zweitgrößte Handelsflotte des Landes. Exponate, die aus dieser glorreichen Zeit der Stadt stammen, befinden sich im Kulturhistorischen Museum (Ylinenkatu 11), im Seemannsheim (Myllymäki-Hügel) und im Lotsenmuseum (auf dem Vallimäki-Hügel). Geöffnet im Sommer tägl. 11.00 – 15.00, an Wochenenden ab 12.00 Uhr.

Myllymäki

Auf dem als Park gestalteten Hügel Myllymäki stehen vier verschiedenartige Windmühlen: eine Bock-, eine Elstern-, eine Mamsell- und eine Kreisflügelmühle.

Museum Bonk

Wenn man vom Marktplatz vorbei an dem Jachthafen die Meeresbucht über eine Brücke überquert, kommt man zum Museum Bonk. In einem alten Dynamo-Zentrum eröffnete Alvar Gullichsen 1988 eine Ausstellung nicht funktionstüchtiger, jedoch phantasievoller Maschinen. Die begleitenden Texte offenbaren den Sinn für Humor, den der Museumsgründer besitzt. Geöffnet tägl. 11.00 – 18.00 Uhr.

Ein kaum bekanntes, aber reizendes Städtchen an der Südwestküste: Uusikaupunki mit dem farbenfrohen Bootshafen

Skurile Maschine im Museum Bonk

Lohnend ist eine Bootsfahrt zu den Inseln vor der Küste. Südlich der Stadt liegt der alte Herrensitz Sundholm.

Herrensitz Sundholm

Etwa 25 km nördlich von Uusikaupunki kommt man zu der beeindruckenden Holzkirche von Pyhämaa. Sie besticht vor allem durch die Malereien an der Decke und an den Innenwänden, die vermutlich im Jahre 1667 von Christian Hendhersson Wilbrandt geschaffen wurden. Ihrem Namen entsprechend ist die Kirche heute noch ein Heiligtum der Gelübde, Wünsche und Danksagungen. Die Spenden, die ausschließlich für diese Kirche bestimmt sind, kommen aus allen Teilen des Landes. Die Straße nach Pyhämaa kann nahe der Küste bis nach → Rauma fortgesetzt werden.

Opferkirche von Pyhämaa in der Umgebung

Vaasa

E 9

Gebiet: Westfinnland
Einwohnerzahl: 54 000
Postleitzahl: FIN-65100
Telefonvorwahl: 06

Lage und Allgemeines

Die Stadt Vaasa, schwedisch Vasa, liegt an der Küste des Bottnischen Meerbusens, und zwar an der mit nur 80 km engsten Stelle der Bucht. Die etwa auf halber Strecke zwischen den Küstenstädten Turku und Oulu gelegene Stadt ist Sitz eines Hofgerichts (Oberlandesgericht). Seit dem Mittelalter wurde die finnische Ostseeküste von schwedischer Seite aus besiedelt. Von den Einwohnern Vaasas ist noch heute etwa ein Drittel schwedischsprachig, und es bestehen sehr enge Beziehungen zur gegenüberliegenden schwedischen Küstenstadt Umeå. Die Fährverbindung zwischen Vaasa und Umeå ist mit nur dreieinhalb Stunden die kürzeste Verbindung nach Schweden.
Der Stadt vorgelagert sind ein Schärengürtel, ferner die Inselgruppe Valsöarna sowie die Inseln Raipaluoto (schwed. Replot), Vallgrund und Björkö. Da Vaasa als die sonnigste Stadt Finnlands gilt – es gibt 220 niederschlagsfreie Tage im Jahr und Temperaturen im Sommer von 25 °C – ist hier ein schönes Badeparadies.

Landhebung

Die Küstenlinie auf der Höhe von Vaasa wird auf Grund der Landhebung (→ Zahlen und Fakten: Naturraum) in jedem Jahrhundert um einen Meter ins Meer vorgelagert. Dieser ehemalige Meeresboden bildet den fruchtbaren Ackerboden für die Kornkammer Finnlands. Unzählige rote Korn- und Heuspeicher prägen das Bild. Wegen der Bodenerhöhung hatte der Hafen, der ursprünglich bei Korsholm angelegt war, wenig Wasser und mußte

Der Marktplatz ist der Mittelpunkt des Geschehens in Vaasa.

Landhebung (Fortsetzung)

deshalb näher ans Ufer verlegt werden. Auch heute muß regelmäßig Schlamm aus dem Hafen ausgehoben werden, um eine ungehinderte Schiffahrt zu ermöglichen.

Geschichte

Bereits im 14. Jh. kamen Seefahrer in die Region des heutigen Vaasa, das von dem im Jahre 1370 errichteten Schloß Korsholm beherrscht wurde. Die Stadt lag bei der Gründung durch König Carl IX im Jahre 1606 etwa 6 km landeinwärts bei Mustasaari (der finnische Name für Korsholm), wo damals die Küste verlief.

Im Jahre 1611 erhielt Vaasa Stadtrechte. Ihren Namen bekam die Stadt nach dem schwedischen Königsgeschlecht Wasa, dessen Wappen auch Teil des Stadtzeichen wurde. Vaasa erlebte zwei Zerstörungen durch Kriege (1714 und 1808) und eine Vernichtung durch einen aus Fahrlässigkeit verursachten Großbrand 1852. Der Wiederaufbau erfolgte ab dem Jahre 1862 an der neuen, weiter westlich vorgestoßenen Küstenlinie. Der Provinzialarchitekt Carl Axel Setterberg leitete diese Aufbauarbeiten. Ähnlich wie in Pori suchte man auch in Vaasa, die Brandgefahr durch Anlage breiter Esplanaden (finn. Puistikko) einzudämmen. Angeregt durch Setterbergs neugotische Bauten, schufen andere Architekten in Vaasa Gebäude verschiedener Stilrichtungen.

Im Dezember 1917 fiel Vaasa nach Proklamierung der Unabhängigkeit Finnlands eine besondere Rolle zu: Da die sozialistische Miliz Helsinki in ihre Hände bringen konnte, mußte der Senat nach Vaasa fliehen, das damit bis zur Wiedereroberung Helsinkis die provisorische Hauptstadt Finnlands war. Damit war es während des Bürgerkriegs zur Hauptstadt des "weißen Finnlands" geworden (→ Geschichte), und die ersten Geldscheine des selbständigen Finnlands wurden in Vaasa gedruckt. Von hier aus leitete General C. G. Mannerheim (→ *Baedeker Special:* S. 135) die Operation gegen die Roten Brigaden und gegen die russischen Truppeneinheiten, die die Sozialisten unterstützten. Aus diesem Grund führt Vaasa wie Mikkeli auch das Freiheitskreuz im Stadtwappen.

Sehenswertes in Vaasa

Marktplatz

Zwischen den beiden großen Esplanaden Hovioikeudenpuistikko und Vaasanpuistikko, die vom Bahnhof aus in südwestlicher Richtung durch die Innenstadt ziehen, liegt der Marktplatz. Mit der dort 1938 errichteten Freiheitsstatue (Yrjö Liipola) soll an den Bürger- und Freiheitskrieg von 1918 erinnert werden.

Dreieinigkeitskirche

Südwestlich vom Markt steht die neugotische Dreieinigkeitskirche (1869; C. A. Setterberg), der man deutlich ihre englischen Vorbilder ansieht. Der Innenraum ist ausgestattet mit Altargemälden von R. W. Ekman (1861), A. Edelfelt (1894) und L. Sparre (1897).
In der Nähe befindet sich das Stadthaus, 1881 in neubarocken Formen erbaut. Nördlich gegenüber der Kirche sieht man ein Bronzestandbild des Dichters Zacharias Topelius (19. Jh.).

Hofgericht

Den westlichen Abschluß der Esplanade Hovioikeudenpuistikko (Hofgerichtsesplanade) bildet das Hof- oder Oberlandesgericht auf einem Platz am Meer. Es ist ein neugotischer Backsteinbau mit Türmchen (19. Jh.). Südlich davon befindet sich ein Denkmal zur Erinnerung an die Landung des 27. preußischen Jägerbataillons im Februar 1918. Dieses bestand aus jungen Finnen, die in Deutschland ausgebildet worden waren.

*Österbotten-Museum

Nördlich vom Gericht liegt der Marienpark mit dem Landschaftsmuseum Österbotten (Pohjanmaa-Museum, Museokatu). Beachtenswert sind die Sammlungen zur regionalen Kultur und zur Stadtgeschichte mit einem Modell der Stadtansicht von Alt-Vaasa. Ferner werden die verschiedenen Einrichtungsstile der unterschiedlichsten Epochen vorgestellt und Kunstwerke u. a. der finnischen Malerei des 19. und 20. Jahrhunderts gezeigt. Geöffnet Mo. 12.00 – 16.00, Di. – Fr. 12.00 – 20.00, Sa., So. 13.00 – 18.00 Uhr.

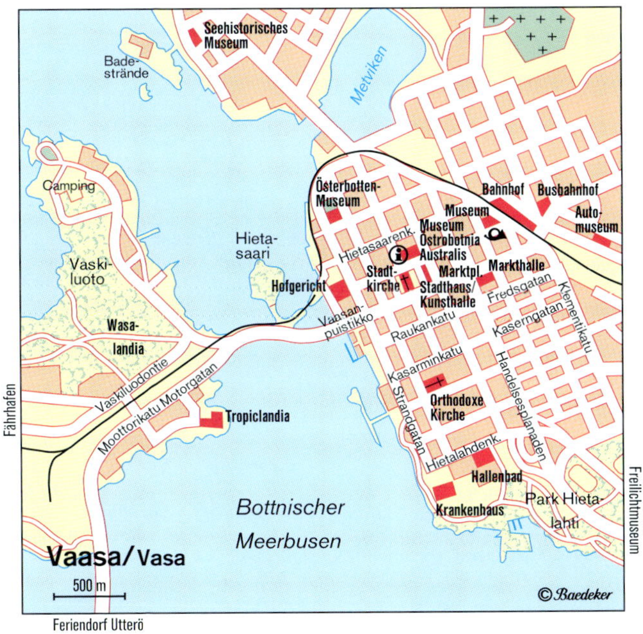

Freilichtmuseum-Bragegården

Im Süden der Stadt erstreckt sich der Park von Hietalahti mit dem Freilichtmuseum Bragegården in einer landschaftlich schönen Umgebung am Matmorsviken. Der überwiegende Teil der Gebäude stammt vom Harfshof im Dorf Böle in Schweden. Das Museum bietet einen guten Überblick zur finnlandschwedischen Bauernkultur und lädt mit einem Sommerrestaurant zum längeren Verbleiben ein. Das steinerne Labyrinth, der sog. Jungferntanz, wurde nach einem Modell auf Valsörarna angelegt. Im Osten, hinter dem Bahnhof, gibt es ein Automuseum. Geöffnet Juni bis August Di. bis Fr. 13.00 – 18.00, Sa., So. bis 16.00 Uhr.

Tikanoja-Kunstgalerie

In der Straße Horioikeudenpuistikko liegt das Haus des kunstinteressierten Unternehmers Tikanoja, der das Haus mit der gesamten Inneneinrichtung 1952 der Stadt vermachte. Gleichzeitig stiftete er seine umfangreiche Kunstsammlung mit etwa 1000 Werken finnischer und anderer europäischer Maler wie Picasso oder Monet.

Wasalandia

Die Vaasanpuistikko führt über einen engen Sund (Straßen- und Eisenbahndamm) zur Insel Vaskiluoto hinüber. Dort lohnt der Vergnügungspark Wasalandia, zu dem auch ein Tierpark gehört, einen Besuch. Geöffnet Mitte Mai bis Mitte August täglich, April und September an Wochenenden.
Vom Damm führt eine Verbindung nordwärts zu der kleinen Insel Hietasaari (schwed. "Sand"), einem Gelände mit Parkanlagen und Badestränden.

Umgebung von Vaasa

Alt-Vaasa in Korsholm / Mustasaari

Alt-Vaasa (finnisch Vanha Vaasa) liegt etwa 6 km südöstlich vom Zentrum. An diesem Platz befand sich ursprünglich die von Carl IX. gegründete Stadt bis zum alles vernichtenden Brand von 1852. Die einst strategisch günstige Lage Alt-Vaasas am Meer und der Mündung eines Flusses wurde durch die stetige Landhebung vernichtet; die Stadt rückte weiter landeinwärts.

Kirche von Korsholm im ehem. Hofgericht

Skulpturen am Edvinspfad

Erhalten ist die Ruine der Marienkirche, die ursprünglich eine Basilika aus dem 14. Jh. war und in mehreren Baustufen zu einer Kreuzkirche umgebaut wurde. Das frühere Hofgericht im gustavianischen Stil entstand in der Regierungszeit von Gustav III. und ist heute die Kirche von Korsholm / Mustasaari (1786). Die Ruinen der alten Kirche (14. Jh.) von Mustasaari sind alljährlich Schauplatz von Musikfestspielen. — *Kirche von Korsholm

Sehenswert ist außerdem das Museum im Wohnhaus der Familie Wasastierna vom Ende des 18. Jahrhunderts.

Edvinspfad

Unweit von Korsholm befindet sich in Asevelikylä, Aleksis Kiventie 59, eine etwas seltsame Sehenswürdigkeit. Ein Kriegsveteran, der früher bei dem Elektrokonzern ABB (Asea Brown Bovery) beschäftigt war, stellt aus Resten von Holz, Eisen und Abfällen Kunstwerke her. Diese sind in einem Waldstück entlang des Edvinspfades, finnisch Evininpolku, zu besichtigen.

Stundars

Südlich der E 12 liegt bei Sulva das österbottnische Handwerkerdorf Stundars (Solf) mit 60 alten Gebäuden, mehreren Werkstätten und volkskundlichen Ausstellungstücken. Stundars wurde von dem Lehrer und Ethnologen Gunnar Rosenholm gegründet und ständig erweitert. Seit 1990 bilden die Bauernhäuser auch die Kulisse für die Freiluftbühne des Sommertheaters, bei dem vor allem Volksstücke auf dem Programm stehen.

*Schärengürtel

Besonders reizvoll ist der abwechslungsreiche Schärengürtel im Bottnischen Meerbusen. Die noch immer aktive Landhebung hat seit der Eiszeit immer wieder neue Inseln entstehen lassen. Man kann zum Angeln Boote mieten oder auch auf Fischerbooten mitfahren. Auf den Inseln gibt es zahlreiche Hütten, die über das Verkehrsbüro der Stadt zu mieten sind. Empfehlenswert ist bei Ausflügen in die Schärenwelt Nordkvarks die Mitnahme eines Fernglases, denn Dutzende von Wasservögeln sind auf Raippaluoto und Björköby anzutreffen; sogar Seeadler haben hier ideale Lebensbedingungen gefunden. Im äußeren Bereich der Schären hat sich in den letzen Jahren auch der Bestand an Robben deutlich erhöht. In besonders kalten Wintern besteht die Möglichkeit, mit dem Auto zunächst bis Björköby auf der Straße und von dort weiter über das Eis des Bottnischen Meerbusens nach Umeå auf der schwedischen Seite zu fahren.

Raippaluoto
Bild s. S. 272

Raippaluoto-Brücke

Die vorgelagerte Insel Raippaluoto (schwed. Replot) zählt ca. 2000 Bewohner und war bislang auf eine Fährverbindung zum Festland angewiesen, deren Kapazitäten oft überfordert waren. Um hier Abhilfe zu schaffen, wurde im Oktober 1997 eine architektonisch sehr ansprechend gestaltete Brücke eingeweiht. Die 1045 m lange Raippaluoto-Brücke läßt nun einen ungehinderten Verkehrsstrom auf die schöne Inselwelt der Schären zu. Da mit einer verstärkten Besucherzahl zu rechnen ist, gibt es Projekte zum Ausbau der touristischen Infrastruktur auf der Insel.

Isokyrö

Nur eine halbe Stunde Autofahrt von Vaasa in südöstliche Richtung gelangt man nach Isokyrö (5300 Einwohner) am Fluß Kyronjoki. Neben den Möglichkeiten zum Sportfischen und Kanufahren gibt es auch einige kulturhistorische Sehenswürdigkeiten: die Feldsteinkirche von 1304 mit ihren 114 Wandgemälden von 1560; das Heimatmuseum mit einem typischen ostbottnischen Familienhof. Das Denkmal für den Kampf von Naupe (1920) erinnert an die Schlacht des Großen Nordischen Krieges, bei der die schwedisch-finnische Armee unter General Armfeldts Führung gegen die doppelt so starke russische Armee unter Fürst Galitzin kämpfte und der 1500 Russen sowie 3000 Finnen zum Opfer fielen.

Ilmajoki

Noch etwas weiter den Kyröjoki flußaufwärts trifft man auf Ilmajoki (12 000 Einwohner). Diese ländliche Region besitzt eine lange Tradition, die bis 2500 v. Chr. zurückreicht. Als Schauplatz mehrerer Schlachten erinnern zwei Monumente in der Nähe von Ilmajoki an die blutige Zeit im 16. Jh. und in den 20er Jahren unseres Jahrhunderts. Neben der schönen bäuerlichen Landschaft sind es aber auch die handwerklichen Fähigkeiten der Bewoh-

Am westlichsten Ende der Insel Raippaluoto, beim Gasthaus Kalle's Inn, wehen die kalten Westwinde. Die rauhe Landschaft erinnert an Lappland.

Vaasa, Ilmajoki (Fortsetzung)

ner, die Ilmajoki berühmt machten. Zu ihnen gehört u. a. eine Glasfabrik und die seit 1750 bestehende Herstellung von großen Standuhren aus Holz.

Varkaus L 10

Gebiet: Südfinnland
Einwohnerzahl: 25 000
Postleitzahl: FIN-78250
Telefonvorwahl: 017

Lage und Allgemeines

Die auf den ersten Blick gesichtslos erscheinende Stadt Varkaus liegt im Gebiet der südfinnischen Seenplatte zwischen Kuopio und Mikkeli. Ihre Lage in landschaftlich reizvoller Umgebung mit Wäldern, Seen, Flüssen und Kanälen lädt jedoch zu einem Besuch ein. Die Stadt selbst wird hauptsächlich durch Industriebetriebe, Sägewerke, eine Papier- und Zellulosefabrik, eine Maschinenfabrik und große Werften für Binnenschiffe geprägt. Die hohe Anzahl von Autohäusern macht verständlich, warum gerade Rüsselsheim, der Sitz der Opelwerke, die deutsche Partnerstadt ist.

Sehenswertes in Varkaus

*Mechanisches Musikmuseum

Wenn man von Kuopio auf der Straße Nr. 5 nach Varkaus abbiegt, fährt man gleich rechts zu dem 2 km außerhalb der Stadt gelegenen Mechanischen Musikmuseum in der Pelimanninkatu 8. Bei dem Besuch dieses Museums wird einem klar, daß Varkaus nicht nur während der ersten Juliwoche, wenn bei dem Festival "Singendes Varkaus" Schlagersänger und

Troubadoure in die Konzerthallen einziehen, eine musikalische Stadt ist. In dem von dem Deutschen Jürgen Kempf und seiner Familie geführten Museum wird auf lustige und z. T. skurrile Art gezeigt, was Instrumentenbauer für diejenigen schufen, die keine Ahnung von Noten haben. Selbst die einstündige, zweisprachige Führung wird zu einem Erlebnis, wenn Kempf mit Anekdoten und unter Einbeziehung der Gäste mit 170 mechanischen Instrumenten neue Klangerlebnisse vorführt. Geöffnet März bis Mitte Dezember, Di.–So. 11.00–19.00, im Juli 11.00–20.00 Uhr.

Mechanisches Musikmuseum (Fortsetzung)

Einen Besuch lohnt auch das neue Kunstmuseum (Ahlströminkatu 17) im Stadtteil Päiviönsaari. Zu der Sammlung des Hauses zählen Werke von Helene Schjerfbeck, Väinö Aaltonen und Tyko Sallinen. Mit Exponaten zur Stadtgeschichte von Varkaus und deren Entwicklung von einer ländlichen Siedlung zu einer modernen Industriestadt gibt das Varkaus Museum (Wredenkatu 5 A) einen guten Überblick. Eine schöne Aussicht über die Wald-, Seen- und Flußlandschaft bietet der neunstöckige Wasserturm (Nakskovinkatu 8) von 1954, der auch als Wohnhaus genutzt wird.

Kunstmuseum
Varkaus Museum

Am anderen Ende der Stadt, am 1835–1849 erbauten Taipaleen-Kanava, ist das Kanal-Museum zu finden. Es zeigt die Geschichte des Kanalbaus und dessen Bedeutung zur Schaffung eines guten Verkehrswegenetzes.

Kanal-Museum

Von Varkaus bestehen Schiffsverbindungen nach → Kuopio und Savonlinna. → Savonlinna ist auch auf einer Nebenstraße, die reizvoll am Ostufer des Haukivesi entlangführt, zu erreichen.

Schiffsverbindungen

Auf der Straße Nr. 5 erreicht man von Varkaus aus das Kirchdorf Leppävirta, das am Nordufer des inselreichen Sees Unnukka liegt; beachtenswert ist die Steinkirche von 1846. Bei Vehmasmäki (weiter nordwärts) gibt es einen besonders für Kinder interessanten Bauernhofzoo.

Leppävirta in der Umgebung

Praktische Informationen von A bis Z

Praktische Informationen von A bis Z

Angeln

Angelgebiete

Tausende von Seen und unzählige Flüsse bieten Petrijüngern eine riesige Auswahl an Angelplätzen und Beutefischen. Ob Lachsfang oder Wurmangeln, hier kommt jeder Angler voll auf seine Kosten. Die Flüsse um Kuusamo sind innerhalb Finnlands berühmt für ihren Reichtum an Großforellen, während die Flüsse Teno (Nordlappland), Tornionjoki (finnisch-schwedisches Grenzgebiet) und Kymijoki (Südost-Finnland) besonders von Lachsanglern geschätzt werden. Der Barsch, Speisefisch Nummer 1 in Finnland, kommt in fast allen Seen wie auch im Brackwasser zwischen den Ostseeinseln vor. Besonderer Beliebtheit erfreut sich der Barsch bei eingefleischten Eisanglern, die im Winter an seichten Meeresstellen oft beträchtliche Fänge machen. Ebenfalls das Brackwasser bevorzugt der Hecht, zwischen den Schären vor Turku und den Ålandinseln liegt das beste Fanggebiet. Aber auch in den Seengebieten im übrigen Finnland wird der Hecht vor allem im schilfbestandenen Uferwasser oft gefangen. In den Gewässern vor Espoo und in Vanhankaupunginlahti (bei Helsinki) sind die besten Reviere, um während der Dämmerung Zander zu fangen. Acht bis zehn Kilogramm schwere Exemplare sind hier keine Seltenheit. Der Raubfisch bevorzugt trübe, tiefe Gewässer mit geringem Hechtbestand.

Allgemeine Vorschriften

In Finnland müssen beim Angeln folgende Vorschriften befolgt werden: Das Angeln in natürlichen Gewässern erfordert zwei Genehmigungen. Jeder zwischen 18 und 64 Jahre alte Angler muß eine staatliche Fischereiabgabe in Höhe von 13 Euro pro Jahr bzw. 3 Euro für eine Woche entrichten (finnisch "kalastuksenhoitomaksu"). Zusätzlich braucht der Angler eine regionale Angelgenehmigung des Gewässereigentümers oder eine Angelgenehmigung für die Gewässer der jeweiligen Verwaltungsregion (finnisch "viehekalastusmaksu"). Diese kostet weitere 25 Euro pro Kalenderjahr bzw. 5 Euro pro Woche. Die Quittung der Zahlung muß beim Angeln immer mitgeführt werden!
Wurmangeln und Eislochangeln sind auch ohne die staatliche Fischereiabgabe erlaubt. Hierbei darf die Angel jedoch keine Wurfangelrolle haben. Künstliche Köder dürfen ebenfalls nicht verwendet werden.

Besondere Voschriften

In den Gemeinden Enontekiö, Inari und Utsjoki in Lappland sowie auf den Ålandinseln gelten eigene Vorschriften, die in den dortigen Fremdenverkehrsbüros in Erfahrung gebracht werden können.

Anreise

Mit dem Flugzeug

Finnland bedient den internationalen Luftverkehr mit der Finnair. Zusätzlich fliegen die Luftfahrtgesellschaften SAS, Lufthansa, Austrian Airlines und

◂ *Im Land der tausend Seen gibt es unzählige Möglichkeiten, Schiffsausflüge zu unternehmen, selbst im hohen Norden am Inarisee.*

Swissair. Direkte Verbindungen bestehen mit Berlin, Düsseldorf, Frankfurt, Hamburg, München, Wien, Zürich und Genf.
Auskünfte und Informationen über Sondertarife und Buchungen gibt es in den Büros der → Flugverkehr und in autorisierten Reisebüros.

Anreise mit dem Flugzeug (Fortsetzung)

Die einzige Möglichkeit, Finnland 'trockenen Reifens' zu erreichen, führt über Polen, die baltischen Staaten, St. Petersburg und die karelische Landenge – angesichts der riesigen Entfernungen und der Grenz- bzw. Visumprobleme keine empfehlenswerte Angelegenheit. Immer noch aufwendig, aber problemloser ist die Anreise über Dänemark: zuerst über die deutsch-dänische Grenze (E 45) bzw. über die Vogelfluglinie, dann Weiterfahrt mit der Fähre nach Schweden (→ Auto- und Passagierfähren), von dort entweder mit der Fähre übersetzen oder auf dem Landweg um den Bottnischen Meerbusen herum. Von Lübeck und Rostock aus laufen Autofähren den Hafen von Helsinki an, von Rostock gibt es auch eine Fährverbindung nach Hanko.

Mit dem Auto und dem Schiff

Eine weitere, wenn auch recht teure und langwierige Möglichkeit nach Finnland zu reisen, ist eine kombinierte Bahn- und Schiffsreise. Züge fahren von Hamburg nach Kopenhagen; weiter geht es zuerst mit dem Schiff nach Malmö (Schweden) und dann mit der Bahn nach Stockholm (Fahrzeit Hamburg–Stockholm: 12,5 Stunden). Von Stockholm nimmt man dann die Fähre nach Turku (5–10 Std.) oder nach Helsinki (36 Std.).
Eisenbahnverbindungen in Finnland → Eisenbahn.

Mit der Eisenbahn und dem Schiff

Ärztliche Hilfe und Apotheken

Die Behandlung von Kranken und Unfallopfern erfolgt normalerweise über die Aufnahmestationen der Krankenhäuser (finn. Sairaala). Informationen über Gesundheits- und Krankendienstpflegeleistungen sind Tag und Nacht telefonisch über (09) 73 50 01 erhältlich.

Durch den Beitritt Finnlands zur EU haben Versicherte deutscher und österreichischer Krankenkassen Anspruch auf Leistungen, wenn sie während ihres Aufenthalts in Finnland erkranken. Bei den gesetzlichen Krankenkassen ist ein Anspruchsausweis (Vordruck E 111) erhältlich, der zur Inanspruchnahme von Leistungen berechtigt. Detaillierte Auskünfte erteilen die Krankenkassen.
Da die Kassen die Kosten eines Rücktransports erkrankter Urlauber in der Regel nicht übernehmen und eine ärztliche Behandlung mit Kostenbeteiligung verbunden ist, empfiehlt sich der Abschluß einer privaten Kurzzeit-Zusatzversicherung.

Versicherungsschutz

Allgemeiner Notruf (u. a. Notarztwagen): 112
Arztvermittlung (Hausbesuche): 008

Notruf

Apotheken (finn. apteekki) haben zu den gewöhnlichen Geschäftszeiten geöffnet; Bereitschaftsdienste sind eingerichtet.

Apotheken

Auskunft

Finnische Zentrale für Tourismus
Lessingstraße 5,
D-60325 Frankfurt
Tel. (069) 50 07 01 57, Fax (069) 724 17 25
E-Mail: finland.info@mek.fi
Internet: www.finland-tourism.com/de oder finnland-ferien.com
(Zuständig für Deutschland und Österreich)

Zentrales Fremdenverkehrsamt für Deutschland und Österreich

Auskunft

in Deutschland (Fortsetzung)	Deutsch-Finnische Gesellschaft, Bundesgeschäftsstelle Fellbacher Straße 52, D-70736 Fellbach Tel. (0711) 518 11 65. Fax 518 17 50
in der Schweiz	Finnische Zentrale für Tourismus Apollostraße 5, CH-8032 Zürich Tel. (01) 6 54 51 32, Fax 389 19 80 E-Mail: info.finnland@mek.fi
Fremdenverkehrszentrale in Finnland	Finnische Zentrale für Tourismus Töölönkatu 11, FIN-00101 Helsinki Tel. (09) 4 17 69 11, Fax 41 76 93 99 E-Mail: mek@mek.fi Internet: www.mek.fi

Regionale und lokale Auskunftstellen in Finnland

Åboland	Fremdenverkehrsverein Åboland, Runebergsgatan 6, Postfach 120, FIN-21601 Pargas, Tel. (02) 458 59 42, Fax 458 59 33
Ämmänsaari	Suomussalmi Fremdenverkehrsamt, Postfach 110, FIN-89601 Ämmänsaari, Tel. (08) 719 12 43, Fax 71 11 89
Åland	Åland Tourist Information, Storagatan 8, FIN-22100 Mariehamn, Tel. (018) 240 00, Fax 242 65
Enontekiö	Enontekiö Tourismusinformation, FIN-99400 Enontekiö, Tel. (01) 6 55 62 11, 55 62 15, Fax 55 62 29
Espoo	Espoo Visitor and Convention Bureau, Keskustorni, 13th floor, Tapiola, FIN-02100 Espoo, Tel. (09) 46 03 11, Fax 46 63 78
Hämeenlinna	Häme Tourist Service, Sibeliuksenkatu 5 A, FIN-13100 Hämeenlinna Tel. (03) 621 23 88, Fax 621 27 16
Hamina	Haminan Matkailupalvelu (Städtisches Fremdenverkehrsamt) Pikkuympyränkatu 5, FIN-49400 Hamina Tel. (05) 7 49 52 51, Fax 7 49 53 81
Hanko	Hanko Tourist Office, Bulevardi 10, FIN-10900 Hanko, Tel. (019) 220 34 11, Fax 248 58 21
Heinävesi	Heinävesi Tourist Information, Kermanrannantie 7, FIN-79700 Heinävesi, Tel. (017) 578 12 73, 578 12 59, Fax 578 12 80
Heinola	Heinola Tourist Service, Kauppakatu 10–12, FIN-18100 Heinola, Tel. (03) 8 49 36 15, Fax 8 80 89 10
Helsinki	Helsinki Fremdenverkehrsamt, Pohjoisesplanadi 19, FIN-00100 Helsinki, Tel. (09) 169 37 57, Fax 169 38 39, http://www.hel.fi/
Hyvinkää	Hyvinkää Tourist Information, Hämeenkatu 3 D, FIN-05800 Hyvinkää, Tel. (019) 459 12 75, Fax 459 16 20
Iisalmi	Iisalmi District Tourist Service, Kauppakatu 22, FIN-74100 Iisalmi, Tel. (017) 8 30 13 91, Fax 82 67 60
Ilomantsi	Ilomantsi Matkailu Oy, Mantsintie 8, FIN-82900 Ilomantsi, Tel. (013) 88 17 07, 88 18 33, Fax 88 32 70

Imatra Tourist Service, Postfach 22, FIN-55121 Imatra, Tel. (05) 681 25 00, Fax 437 77 27 — Imatra

Inari Info, FIN-99870 Inari, Tel. (016) 67 63 63, Fax 67 63 64 — Inari

Jakobstad City Tourist Office, Rådhusgatan 7, FIN-68600 Jakobstad, Tel. (06) 723 17 96, 785 12 08, Fax 723 51 32 — Jakobstad

Jämsek Tourist Information, Lamminsuontie 4, FIN-42100 Jämsä, Tel. (014) 74 20 44, Fax 71 40 07 — Jämsek

Järvenpää City Tourist Office, Hallintokatu 2, FIN-04400 Järvenpää, Tel. (09) 27 19 27 18, Fax 27 19 27 91 — Järvenpää

Touristeninformation Joensuu, Koskikatu 5, FIN-80100 Joensuu, Tel. (013) 267 52 23, Fax 267 52 16 — Joensuu

Juuka / Koli Tourist Information, Kolinportti, FIN-83950 Ahmovaara, Tel. (013) 67 13 33, Fax 67 13 34 — Juuka / Koli

Jyväskylä und Mittelfinnland, Asemakatu 6, FIN-40100 Jyväskylä, Tel. (014) 62 49 03, 62 49 04, Fax 21 43 93, http: // www.travel.jkl.fi — Jyväskylä

Kajaani Info, Pohjolankatu 16, FIN-87100 Kajaani, Tel. (08) 615 55 55, Fax 615 56 64 — Kajaani

Kalajoki District Tourist Service, Keskuskarintie 1, FIN-85100 Kalajoki, Tel. (08) 46 05 05, Fax 46 66 15 — Kalajoki

Kaskö Tourist Information, Kaupungintalo Rådhusgatan, FIN-64260 Kaskö, Tel. (06) 220 77 11, Fax 220 72 00 — Kaskö

Kemi Tourist Information, Torikatu 4, FIN-94100 Kemi, Tel. (016) 25 94 67, 24 94 65, Fax 25 92 20 — Kemi

Kemijärvi Tourist Information, Kuumaniemenkatu 2 A, FIN-98100 Kemijärvi, Tel. (016) 81 37 77, 87 83 94, Fax 87 82 91 — Kemijärvi

Kitee Fremdenverkehrsamt, Kiteentie 25, FIN-82500 Kitee, Tel. (013) 68 41 11, Fax 41 13 42 — Kitee

Kokemäki Tourist Information, Tulkkilantie 2, FIN-32800 Kokemäki, Tel. (02) 540 61 11, Fax 540 61 10 — Kokemäki

Kokkola City Tourist Office, Mannerheiminaukio, FIN-67100 Kokkola, Tel. (06) 831 19 02, 828 94 02, Fax 831 03 06 — Kokkola

Kolari Tourist Information, Postfach 76, FIN-95901 Kolari, Tel. (016) 51 91 11, Fax 56 19 25 — Kolari

Kontiolahti Touristeninformation, Keskuskatu 8, FIN-81100 Kontiolahti, Tel. (013) 73 41, Fax 73 43 28 — Kontiolahti

Kotka City Tourist Office, Keskuskatu 7, FIN-48100 Kotka, Tel. (05) 234 44 24, Fax 21 56 76, http: // kotka.fi / matkailu — Kotka

Kristinestad City Tourist Office, Toriranta, FIN-64100 Kristinestad, Tel. (06) 221 62 78, 221 62 49, Fax 221 22 75 — Kristinestad

Kuhmo Tourist Service, Box 15, FIN-88901 Kuhmo, Tel. (08) 655 63 82, Fax 655 63 84 — Kuhmo

Auskunft

Kuopio	Kuopio-Info, Haapaniemenkatu 17, FIN-70110 Kuopio, Tel. (017) 18 25 84, 18 25 85, Fax 261 35 38, http: // www.travel.fi / kuopio
Kuusamo	Kuusamo Fremdenverkehrsamt, Torangintaival 2, FIN-93600 Kuusamo, Tel. (08) 850 29 10, Fax 850 29 01, http: // www.travel.fi / kuusamo
Lahti	Lahti City Tourist and Marketing Bureau, Torkatu 3 B, Postfach 175, FIN-15110 Lahti, Tel. (03) 814 45 68, 814 45 66, Fax 814 45 64
Lappland	Lapland Travel Marketing LTD, Koskikatu 1, Postfach 8156, FIN-96101 Rovaniemi, Tel. (016) 31 05 57, Fax 31 27 43
Lappeenranta	Lappeenranta Tourist Service, Postfach 113, FIN-53101 Lappeenranta, Tel. (05) 415 68 60, Fax 41 56 40
Lieksa	Lieksa Tourist Service GmbH, Pielisentie 7, FIN-81700 Lieksa, Tel. (013) 520 24 00, 520 22 51, Fax 52 64 28
Loviisa	Loviisa City Tourist Office, Mannerheimintie 4, FIN-07900 Loviisa, Tel. (019) 55 52 34, Fax 53 23 22
Pyhä-Luosto	Pyhä-Luosto Tourist Information, Pyhä-Luostontie 2, FIN-99555 Luosto, Tel. (016) 62 42 48, Fax 62 42 61
Merikarvia	Merikarvia Tourist Information, Kauppatie 40, FIN-29900 Merikarvia, Tel. (02) 54 03 33, 540 34 07, Fax 551 20 74
Mikkeli	Mikkeli Tourist Service, Hallituskatu 3 A, FIN-50100 Mikkeli, Tel. (015) 15 14 90, 15 14 44, Fax 15 16 25, http: // www.travel.fi / top10finnishlakeland
Muonio	Muonio Tourist Information, Postfach 25, FIN-99301 Muonio, Tel. (016) 53 43 05, 53 43 12, Fax 53 27 74
Naantali	Naantali Tourist Information, Kaivotori 2, FIN-21100 Naantali, Tel. (02) 435 08 50, Fax 435 08 52
Nurmes	Loma-Nurmes Oy, Lomatie, FIN-75500 Nurmes, Tel. (013) 48 17 70, Fax 48 17 75
Oulu	Oulu Tourist Information, Torikatu 10, FIN-90100 Oulu, Tel. (08) 314 12 94, 314 12 95, Fax 314 13 10, 37 78 37
Outokumpu	Outokumpu Tourist Service GmbH, Kiisukatu 6, FIN-83500 Outokumpu, Tel. (013) 55 47 93, 55 47 95, Fax 55 55 25
Pori	Pori Fremdenverksamt, Hallituskatu 9, FIN-28100 Pori, Tel. (02) 62 11 73, Fax 621 12 75
Porvoo	Porvoo City Tourist Office, Rauhankatu 20, FIN-06100 Porvoo, Tel. (019) 58 01 45, Fax 58 27 21, http: // www.porvoo.fi
Punkaharju	Punkaharju Tourist Information, Kauppatie 20, FIN-58500 Punkaharju, Tel. (015) 734 10 11, Fax 734 12 99
Raahe	Raahe City Tourist Office, Brahenkatu 10, Postfach 62, FIN-92101 Raahe, Tel. (08) 299 22 68, Fax 299 22 24
Rauma	Rauma Fremdenverkehrsamt, Valtakatu 2, FIN-26100 Rauma, Tel. (02) 834 45 52, Fax 822 45 55

Riihimäki Tourist Information, Temppelikatu 8, Postfach 125,
FIN-11100 Riihimäki, Tel. (019) 74 12 25, Fax 74 16 55
Riihimäki

Rovaniemi Touristeninformation, Koskikatu 1,
FIN-96200 Rovaniemi Tel. (016) 34 62 70, Fax 34 73 51
Rovaniemi

Ruovesi Tourist Information, FIN-34600 Ruovesi,
Tel. (03) 486 13 88, Fax 486 14 44
Ruovesi

Saarijärvi Regional Tourist Service, Postfach 13,
FIN-43101 Saarijärvi, Tel. (014) 429 13 00, Fax 429 14 21
Saarijärvi

Saariselkä Info, Postfach 22, FIN-99831 Saariselkä,
Tel. (016) 66 84 00, Fax 66 84 05
Saariselkä

Salla Tourist Information, Postfach 59, FIN-98901 Salla,
Tel. (016) 83 21 41, Fax 83 21 47
Salla

Salo Fremdenverkehrsamt, Rummunlyöjänkatu 2,
FIN-24100 Salo, Tel. (02) 27 33 12 74, Fax 27 33 12 64
Salo

Saimaa Lakeland Marketing, Puistokatu 1, FIN-57100 Savonlinna,
Tel. (015) 51 75 10, Fax 5 17 51 23
Saimaa

Savonlinna Tourist Service, Puistokatu 1, FIN-57100 Savonlinna, Tel. (015)
51 75 10, Fax 517 51 23, http: // www.travel.fi / int / savonlinna
Savonlinna

Savukoski Tourist Information, FIN-98800 Savukoski,
Tel. (016) 82 82 15, Fax 82 82 18
Savukoski

Seinäjoki Regional Tourist Information, Torikeskus,
FIN-60100 Seinäjoki, Tel. (06) 414 38 90, Fax 414 38 92
Seinäjoki

Sodankylä Tourist Information, Jäämerentie 9,
FIN-99600 Sodankylä, Tel. (016) 61 34 74, Fax 61 34 78
Sodankylä

Tampere Tourist Service, Postfach 487, FIN-33101 Tampere,
Tel. (03) 31 46 68 00, Fax 31 46 64 63, http: // www.tampere.fi
Tampere

Tammisaari Tourist Information, Raatihuoneentori,
FIN-10600 Tamminsaari, Tel. (019) 263 21 00, Fax 241 18 40
Tammisaari

Tornio Tourist Infromation, Green Line Welcome Center,
FIN-95400 Tornio, Tel. (016) 43 27 33, Fax 48 00 48
Tornio

Turku Südwestfinnischer Verein für Tourismus, Läntinen Rantakatu 3,
FIN-20100 Turku, Tel. (02) 251 73 33, Fax 622 05 39
Turku

Utajärvi Tourist Information, Koulutie 5, FIN-91600 Utajärvi,
Tel. (08) 542 25 75, Fax 542 12 78, http: // www.eramaa.utaj.fi
Utajärvi

Uusimaa Uudenmaan Liitto (Uusimaa Verband), Aleksanterinkatu 48 A,
FIN-00100 Helsinki Tel. (09) 476 74 11, Fax 4767 43 02
Uusimaa

Uusikaupunki City Tourist Office, Rauhankatu 10,
FIN-23501 Uuskaupunki, Tel. (02) 84 51 54 43, 842 12 25, Fax 84 12 87
Uusikaupunki

Vaala Tourist Information, Asematie, FIN-91700 Vaala,
Tel. (08) 536 15 53, Fax 536 01 81, http: // www.eramaa.utaj.fi
Vaala

Vaasa Botnia Tourist, Senaatinkatu 1,
FIN-65100 Vaasa, Tel. (06) 325 11 25, Fax 312 58 33
Vaasa

Valkeakoski	Valkeakoski Tourist Service, Kauppatori 9, FIN-37600 Valkeakoski, Tel. (03) 584 69 97, Fax 584 53 63
Vantaa	Vantaa Fremdenverkehrsamt, Asematie 7, Tikkurila, FIN-01300 Vantaa, Tel. (09) 839 31 34, Fax 839 35 45 http://www.vantaa.fi
Viitasaari	Viitaseutu Tourist Service, Box 5, FIN-44500 Viitasaari, Tel./Fax (014) 57 03 4
Virrat	Virrat Tourist Information, FIN-34800 Virrat, Tel. (03) 485 12 76, Fax 485 16 00
Vuokatti	Vuokatti Tourist Centre, Vuokatinhovintie 2, FIN-88615 Vuokatti, Tel. (08) 666 00 55, Fax 666 06 39

Autobusverkehr

Linienetz

Das Fernbusliniennetz ist in Finnland sehr gut ausgebaut, so daß es kaum einen Ort gibt, der nicht mit öffentlichen Linienbussen zu erreichen ist. Durch die Vernetzung aller wichtigen Haltepunkte sowie die Abstimmung auf Fähr- und Zugankunftszeiten sind nur geringfügige Wartezeiten einzuplanen.

Ermäßigungen

Auf allen Strecken wird ab 80 km Fahrtstrecke eine Ermäßigung von 10% auf die Rückfahrkarte gewährt. Kinder zwischen 4 und 11 Jahren erhalten eine Ermäßigung von 50%. Bei häufigeren Busfahrten auf Überlandverbindungen empfiehlt sich die 1000-km-Karte (FIM 350), die zwei Wochen Gültigkeit besitzt. Über Tarife und weitere Ermäßigungen informiert:
Oy Matkahuolta Ab, Lauttasaarentie 8,
FIN-00200 Helsinki,
Tel. (09) 68 27 01, Fax 692 28 64

Autohilfe

Automobilclub	Autoliitto (Automobile and Touring Club of Finland), Hämeentie 105 A, FIN - 00550 Helsinki, Tel. (90) 77 47 61, Fax 693 25 78
Pannenhilfe	Bei Autoliitto erhält man Hilfe unter folgenden Telefonnummern: Tel. (09) 77 47 64 00 (Auskunft über Abschleppdienste etc.) Tel. (09) 97 00 80 80 (Pannenhilfe Fr. 18.00 bis So. 22.00 Uhr)
Polizei	Tel. 100 22

Auto- und Passagierfähren

Deutschland – Finnland	Rostock – Helsinki, 24 Std., Silja Lines (GTS Finnjet) Rostock – Hanko, 22 Std., Superfast Ferries Lübeck – Helsinki, 36 Std., Finnlines
Schweden – Finnland	Stockholm – Helsinki, 15 Std., Silja Line, Viking Line Stockholm – Mariehamn (5 Std.) – Turku, 10 Std., Viking Line Stockholm – Turku, 12 Std., Silja Line Sundsvall – Vaasa, 7,5 Std., Silja Line Grisslehamn – Eckerö, 2 Std., Eckerö-Linjen

Skellefteå – Pietarsaare (Jakobstad), 5 Std., Jakob Lines
Skellefteå – Kokkola, 5 Std., Jakob Lines
Umeå – Vaasa, 3 Std., Silja Line

Schweden – Finnland (Fortsetzung)

Danzig – Helsinki, 2 x wöchentlich, 26 – 36 Std., Polferries

Polen – Finnland

Tallinn – Helsinki, 1,5 Std., Estonian New Line, Tallink

Estland – Finnland

Reedereien (Buchungsagenturen)

Die folgenden Unternehmen geben Auskünfte über Schiffsverbindungen zwischen Deutschland und Finnland, Schweden und Finnland, Finnland und Estland:

Reedereien in Deutschland

Poseidon, Passagierdienst (auch Finnlines),
Groe Altefähre 24-26, D-23552 Lübeck,
Tel. (0180) 523 72 18, Fax 523 72 19

Silja Line GmbH, Zeißstr. 6, D-23560 Lübeck,
Tel. (0451) 5 89 90, Reservierungen (0451) 589 92 22

Stena Line, Schwedenkai 1, D-24103 Kiel,
Tel. (0180) 533 36 00, Fax 533 36 05

TT-Line GmbH & Co., Mattentwiete 8, D-20457 Hamburg,
Tel. (040) 360 14 42 / 446, Fax 360 14 07

Viking Line, Generalagentur: Deutsche Reisebüro GmbH,
Emil-von-Behring-Str. 6, D-60424 Frankfurt,
Tel. (069) 95 88 17 17, Fax 95 88 17 69

Reedereien in Österreich

Silja Line, Generalagentur: Terra Reisen, Ferdinand-Hanusch-Platz 1,
A-5020 Salzburg, Tel. (0662) 804 13 30 / 333, Fax 889 11 51

Viking Line, Generalagentur: Seetour Austria, Mariahilfstr. 120,
A-1070 Wien, Tel. (01) 525 55 126, Fax 525 52 15

Stena Line, Generalagentur: The Ferry Center, Breitenfurter Str. 401-413,
A-1230 Wien, Tel. (01) 888 96 16 / 17, Fax 888 96 15

Reedereien in der Schweiz

Silja Line GmbH, Generalagent ÖAMTC Reosebüro,
Schubertring 1 – 3. A-5020 Salzburt,
Tel. (02)711 99 14 29, Fax 711 99 14 53

Viking Line + TT-Line,
Generalagent Kontiki Reisen AG, Wettinger Str. 23, CH-5400 Baden,
Tel. (056) 203 66 66, Fax 203 66 30

Stena Line, Agentur: Kontiki Reisen AG, Wettingerstr. 23,
CH-5400 Baden, Tel. (056) 30 66 66
Agentur: Touring Club Suisse, Rue Pierre Fatio 9,
CH-1211 Geneve, Tel. (022) 737 15 16, Fax 737 16 32

Reedereien in Finnland

Eestlin Linjat, Kesksukatu 1, Postfach 114, FIN-00131 Helsinki,
Tel. (09) 228 85 44, Fax 22 88 52 22

Finnlines Oy, GSA Marco Polo Travel, Lönnrotinkatu 21 D,
FIN-00120 Helsinki, Servicetel. (0180) 529 72 18, Fax 523 72 19

Tallink Finland Oy, Postfach 195, FIN-00181 Helsinki,
Tel. (09) 22 82 12 11, Fax 22 82 12 42

Autofähren (Fortsetzung) Reedereien in Schweden

Birka Line, Södermalmstorg 2, S-Stockholm,
Tel. (0046 8) 714 55 20, Fax 714 98 30

Eckerö Linjen, S-76045 Grisslehamn,
Tel. (0046 175) 309 20, Fax 308 20

Badestrände und Badeseen

Allgemeines

Niemand wird nach Finnland reisen und dort einen ausgiebigen Badeurlaub planen. Dennoch gibt es auch hier während der sommerlichen Hochsaison (Juli / August) Möglichkeiten, in der mindestens 18 °C warmen Ostsee zu baden. An der Küste Süd- und Südwestfinnlands übersteigen dann die Temperaturen auch nicht selten die 20 °C Marke.

Westküste

Fast alle finnischen Gemeinden haben für jeden zugängliche öffentliche Badestellen eingerichtet. Beliebte Plätze zum Baden an der Westküste sind: Naantali, der hervorragende kilometerlange Sandstrand mit schützenden Sanddünen in der Nähe von Pori, die Kalajoki Sandstrände, Marjaniemi in Hailuoto bei Oulu, Nallikari in Oulu sowie die Ufer des Oulujärvi-Sees mit der Insel Manamansalo.

Südküste

An der Südküste bieten die von Inseln, Holmen und Schären eingeschlossenen Buchten idyllische und abgeschieden liegende Badeplätze.

Seen im Landesinneren

Nach längeren Sonnentagen im Sommer kann das Wasser in den seichten Bereichen der Tausenden von Seen, die das Landesinnere durchziehen, durchaus angenehme Badetemperaturen erreichen. Ansonsten werden aber wohl nur diejenigen auf ihre Kosten kommen, die eher erfrischende Grade schätzen.

Herrliche Badestrände wie hier in Jakobstad gibt es einige in Finnland.

Behindertenhilfe

Finnland ist vorbildlich was Einrichtungen für behinderte Reisende betrifft. Viele Hotels bieten besonders ausgestattete Zimmer, alle öffentlichen Gebäude verfügen über Behindertentoiletten. Oft sind Bordsteine an Straßenecken für Rollstuhlfahrer abgeflacht, es gibt Rollstuhllifts. Verkehrsampeln geben Signale für Seh- und Hörgeschädigte, auch viele Campingplätze besitzen behindertengerechte sanitäre Anlagen.
Sehr ausführliche Informationen auch für Reisearrangements und eine ausführliche Broschüre erhält man bei dem Verein:

Rullaten ry
Pajutie 7 c, FIN-02770 Espoo
Tel. (09) 805 73 93, Fax 855 24 70

Bett und Frühstück (Bed & Breakfast)

Hinweis

Vor allem im stark von Touristen frequentierten Südteil des Landes werden sehr günstig Zimmer mit Frühstück angeboten. Auskünfte hierzu und ein ausführlicher Prospekt sind erhältlich bei:

Lomarengas,
Hämentie 105 D, FIN- 00550 Helsinki,
Tel. (09) 57 66 33 50, Fax 57 66 33 55,
Reservierungen: Tel. (09) 35 16 13 82

Camping und Caravaning

Allgemeines

In Finnland wurde in den letzten Jahren einiges getan, um den Reisenden mit Zelt, Wohnwagen oder -mobil den nötigen Komfort zu bieten. Egal ob der ruhig im Wald gelegene Platz bevorzugt wird oder ein Campingplatz, der vom Einkaufszentrum bis hin zum Vergnügungspark alles bereitstellt, jeder Geschmack findet Berücksichtigung. Fast alle Campingplätze bieten auch die Möglichkeit einer Hüttenübernachtung. Je nach der Kategorie des Platzes reicht dabei die Ausstattung vom spartanisch eingerichteten einfachen Holzhäuschen bis hin zum luxuriösen Ferienhaus. Man muß jedoch bedenken, daß vor allem im Norden viele Plätze erst ab Juni geöffnet sind.
Wer die Möglichkeiten des Jedermannsrechts in Finnland nutzen möchte, sollte dennoch nahe von Privatgrundstücken den Besitzer um Erlaubnis bitten und unbedingt die Gebote des Naturschutzes beachten. Gerade in den Feuchtgebieten können bereits geringe Eingriffe zu lang anhaltenden Schädigungen führen.

Campingplätze

In den meisten Fällen liegen die ca. 350 Plätze (70 ganzjährige) mit über 35 000 Stellpätzen und über 6 300 Hütten naturnah an einem der zahlreichen Gewässer. Die fünf Kategorien richten sich nach der jeweiligen Ausstattung der einzelnen Plätze. Nur die Grundversorgung (sanitäre Einrichtungen und Kochgelegenheit) bieten Plätze mit einem Stern, während auf Fünf-Sterne-Campingplätzen umfangreiche Serviceleistungen bereitgestellt werden, die bis zu einer Diskothek reichen können. Die Preise variieren je nach Ausstattung zwischen 3 und 15 Euro pro Tag, wobei Familien mit Kindern auf zusätzliche Preisnachlässe achten sollten.

Campingausweis

Neben dem ein Jahr gültigen finnischen Campingausweis, gilt auch die Karte des Carnet Camping International (CCI). Mit einem Campingausweis werden meistens Ermäßigungen gewährt.

Camping und Caravaning (Fortsetzung) Informationen	Ausführliche Auskünfte sowie eine Broschüre über 200 Campingplätze als auch die Bestellung des finnischen Campingausweises sind möglich bei: Valtakunnallinen leirintäalueverkosto, Suomen Matkailuliitto ry, PL 776, FIN-00101 Helsinki, Tel. (09) 62 26 28 23, Fax 65 43 58, E-mail: Camping @matka.pp.fi, Internet: http: // www.sml.fta.softavenue.fi Finnischer Fremdenverkehrsverband, Campingabteilung Atomitie 5 C, Postfach 776, FIN-00370 Helsinki Tel. (09) 622 62 80, Fax 65 43 58, E-mail: Camping.fta @matka.pp.fi
Hinweis	Eine gute Hilfe zur Vorbereitung eines Campingurlaubs im Norden bietet der ADAC Camping-Führer (Band 2), der detailliert über die Plätze in allen skandinavischen Ländern informiert und jedes Jahr aktualisiert wird.

Diplomatische und konsularische Vertretungen

Vertretungen Finnlands in Deutschland	Finnische Botschaft Rauchstr. 1, D-10787 Berlin Tel. (030) 50 50 30, Fax 50 50 33 33 Internet: www.nordischebotschaften.org
in Österreich	Finnische Botschaft Gonzagagasse 16, A-1010 Wien Tel. (01) 53 15 90, Fax 535 57 03
in der Schweiz	Finnische Botschaft Weltpoststrasse 4, CH-3000 Bern Tel. (031) 351 30 31, Fax 351 30 01
Vertretungen in Finnland	Deutsche Botschaft Krogiuksentie 4, FIN-00340 Helsinki Tel. (09) 45 85 80, Fax 45 85 82 58 Österreichische Botschaft Keskuskatu 1 A, FIN-00100 Helsinki Tel. (09) 17 13 22 Schweizerische Botschaft Uudenmaankatu 16 A, FIN-00120 Helsinki Tel. (09) 64 94 22, Fax 64 90 40

Einkäufe und Souvenirs

Allgemeines	Es gibt natürlich auch in Finnland die üblichen Souvenirgeschäfte, die mit ihrem weltweit gleichen Angebot, das nur ein wenig auf landestypisch getrimmt wird, den Touristen versorgen. Daneben gibt es aber auch die Möglichkeit, sich ein Mitbringsel aus dem reichen Sortiment hochwertiger finnischer Produkte zu kaufen. Dieses ist vielleicht etwas teurer, besitzt aber einen ungleich höheren Gebrauchswert. Außerdem ist ein solcher Gegenstand häufig in einer der berühmten finnischen Werkstätten entstanden, die dem Begriff "finnisches Design" mit seiner klaren, schnörkellosen Linienführung zu Weltruf verhalfen und das durch seine hohe Qualität besticht. Solche Produkte sind in den großen Kaufhäusern wie z. B. Stockmann, Forum, Sokos oder Hackman zu erhalten. Die meisten dieser Geschäfte übernehmen es, die gekauften Waren auf dem Postweg an die Heimatadresse zu versenden. Nachbestellungen, was vor allem beim Kauf

von Tafelgeschirr interessant ist, sind ebenfalls aus dem Ausland möglich. Neben diesen großen Geschäften gibt es auch Boutiquen oder kleine Geschäfte der einzelnen Designer. Ein Besuch dieser Verkaufsräume lohnt auch ohne Kaufwunsch, allein um sich über finnisches Design zu informieren. Das durchschnittliche Preisniveau finnischer Geschäfte liegt seit dem Beitritt zur Europäischen Union nicht höher als das der deutschen, bei einzelnen Produkten wie z. B. bei Sportartikeln sogar deutlich darunter.

Allgemeines (Fortsetzung)

Finnland zeichnet sich durch besondere Könnerschaft im Design aus. Die Designer entwerfen nicht nur die bekannten Möbel aus hellem Holz, sondern verleihen den vielfältigsten Gebrauchsgegenständen und Erzeugnissen des Kunsthandwerks durch einfache, zweckmäßige Liniengebung ein modernes und doch zeitloses Gepräge. Eine kleine Auswahl:

Finnische Designer und Markenprodukte

Holzartikel gehören zu den beliebtesten Souvenirs – hier werden sie auf dem Markt in Kuopio angeboten.

Aarikka: Gebrauchsgegenstände, Modeschmuck und aus Holzkugeln zusammengesetzte Tierfiguren aus finnischer Fichte, Kiefer und Birke.

Annikki Karvinen: Exklusive Damenbekleidung.

Arabia: Alles für den Tisch: Glas, Porzellan, Steingut, Dekorationsartikel und Haushaltsgegenstände.

Artek: Möbel, nach Entwürfen der Architektenschule Alvar Aaltos.

Iittala: Glasdesign vom Kunst- bis hin zum Gebrauchsglas.

Kalevala Koru: Kunsthandwerk aus Bronze und Silber. Besonders traditioneller Schmuck, dessen Muster historische Vorbilder z.T. aus der Wikingerzeit haben. Jedem Schmuckstück liegt eine kurze Darstellung des geschichtlichen Hintergrundes bei.

Karhu: Sportbekleidung, Sportgeräte.

Lapponia: Silber- und Goldschmuck mit Mustern, die der samischen Tradition entsprechen und neues Design mit aufnehmen.

Marimekko: Bekleidung und Accessoires.

Einkäufe (Fortsetzung)

Palmroth: Schuhe.
Pentik: Keramik, Kürschnerwaren, Lederbekleidung.

Sport- und Freizeitartikel

Wer einen Aktivurlaub in Finnland unternimmt, findet in den zahlreichen Sportgeschäften, Spezialgeschäften für Outdoor-Aktivitäten (Angeln, Wandern, Skilaufen, Radfahren) oder den Sportabteilungen der großen Kaufhäuser ein reichhaltiges Angebot in bester Qualität und meist günstiger als in Deutschland.

Spirituosen

Im Unterschied zu seinen nordischen Nachbarstaaten ist in Finnland der Umgang mit Alkohol etwas weniger streng reguliert. Nicht allein die Preise sind moderater, auch werden häufiger aus heimischen Früchten schmackhafte Erzeugnisse hergestellt, die vom Likör bis hin zum Vodka reichen.

Als flüssige Souvenirs eignen sich: Lakkaliköori (süßer, aber recht kräftiger Likör aus Moltebeeren), Puolukkaliköori (sehr fruchtiger Preiselbeerlikör), Karpalolikri (Likör mit kräftigem Waldfruchtgeschmack der Moosbeere), Mesimajarjaliköori (süßer Himbeerlikör), finnischer Sekt, der aus weißen Johannisbeeren oder Stachelbeeren gewonnen wird (Kavaljeeri oder Elysée) und die finnischen Vodkasorten Koskenkorva und Finlandia.

Weitere Souvenirs

Weitere beliebte Souvenirs sind Silber- und Bronzeschmuck (z.T. nach alten Vorlagen), Porzellan, Keramik, Glas, Rentierfelle und Rentiergeweihe.

Tax-Free-Service

Nicht-EU-Bürger können beim Einkaufen größerer Gegenstände vom Tax-Free-System Gebrauch machen. Geschäfte, die diesen besonderen Service bieten, sind mit einem blaugelben Aufkleber gekennzeichnet. Die gekauften Waren werden verpackt und versiegelt und dürfen erst außerhalb Skandinaviens wieder ausgepackt werden. Die Steuer wird dem Käufer gegen Vorlage des Tax-Free-Scheins bei der Ausreise zurückerstattet.

Eisenbahn

Streckennetz

Das ca. 6 000 km lange Streckennetz der finnischen Staatsbahnen (VR) ist relativ weitmaschig, wird aber durch Autobus- und Schiffslinien gut ergänzt, so daß alle Gebiete bequem zu erreichen sind. Vor allem der südliche Landesteil ist durch ein dichteres Verbindungsnetz erschlossen; die beiden Hauptlinien in den Norden führen von Helsinki bis nach Kemijärvi und nach Kolari in Lappland. Von Helsinki fahren täglich zwei Schnellzüge nach St. Petersburg und ein Nachtzug nach Moskau.

Finnische Staatsbahnen

Informationen und Reservierungen:
VR Ltd., Finnische Staatsbahnen
VR Helsinki Package Tours
Postfach 488, FIN-00101 Helsinki
Tel. (09) 707-1, Fax 707 35 00.

Tarife

Bahnfahren ist in Finnland im Vergleich zu den anderen nördlichen Ländern günstiger. Können dann noch zusätzliche Vergünstigungen genutzt werden, verringert sich der Betrag erheblich.

Ermäßigungen

Kinderfahrschein: Bis zu vier Kinder unter sechs Jahren reisen in Begleitung eines Erziehungsberechtigten frei. Kinder von 6 bis 16 Jahren zum halben Erwachsenenpreis.
Familienkarte: Gruppe von mindestens drei Personen, zu der ein oder zwei Erwachsene und Kinder zwischen 6 und 16 Jahren gehören.
Gruppenfahrschein: Mindestens drei Erwachsene bilden eine Gruppe (Ermäßigung: 3 – 10 Personen = 20%, 11 und mehr Personen = 25%)
Seniorenermäßigung: Ab 65 Jahren wird nach Vorlage von Paß oder Personalausweis eine Ermäßigung von 50% gewährt.

Eisenbahnnetz

—— Eisenbahnverbindungen

Finnrailpass

Mit diesem Paß kann während seiner Gültigkeitsdauer von drei, fünf oder zehn Tagen das gesamte Streckennetz beliebig oft genutzt werden. Kinder und Jugendliche unter 17 Jahren erhalten 50% Ermäßigung.

Scanrail-Karte

Die Eisenbahnen der nordischen Länder Dänemark, Norwegen, Schweden und Finnland bieten als Nachfolger der Nordtouristik-Netzkarte die neue Scanrail-Karte an, die auf allen Bahnstrecken gültig ist: fünf Tage innerhalb

Entfernungen

Die Entfernungen in Kilometern zwischen folgenden ausgewählten Orten innerhalb von Finnland sind aus der unten stehenden Entfernungstabelle zu ersehen:

Ungefähre Entfernung in Kilometer	Helsinki	Jyväskylä	Kuusamo	Oulu	Rovaniemi	Tampere	Tornio	Turku, Åbo	Vaasa, Vasa
Helsinki	–	272	804	612	832	174	742	166	419
Hämeenlinna	100	188	740	528	749	73	658	147	318
Ivalo	1121	849	408	511	288	1000	412	1145	829
Joensuu	438	245	459	393	550	394	524	549	494
Kajaani	558	315	246	181	338	466	310	620	367
Kemi	718	444	304	106	116	593	24	739	424
Kokkola, Karleby	491	241	411	196	419	324	327	436	121
Kotka	134	244	737	585	808	243	714	295	484
Kuopio	383	144	419	286	511	293	416	448	379
Kuusamo	804	553	–	212	191	702	315	848	533
Lahti	106	169	702	507	730	127	638	218	366
Lappeenranta	223	219	684	551	776	275	682	364	501
Mikkeli	231	114	578	448	670	257	578	349	396
Oulu	612	339	212	–	222	491	130	633	318
Pori	242	262	724	509	732	114	640	138	193
Rovaniemi	832	561	191	222	–	712	124	856	541
Savonlinna	335	206	579	446	671	355	577	446	488
Tammisaari, Ekenäs	93	350	880	688	910	210	818	107	415
Tampere	174	151	702	491	712	–	620	153	244
Turku, Åbo	166	304	848	633	856	153	764	–	348
Vaasa	419	282	533	318	541	244	448	348	–

von 15 Tagen, zehn Tage innerhalb eines Monats oder ein Monat. Zusätzlich gibt es Ermäßigungen für Fahrten auf vielen Bus- und Fährverbindungen.

Eisenbahn, Scanrail-Karte (Fortsetzung)

Weitere internationale Ermäßigungen sind: Seniorenpaß, Interrailkarte, Karte für Studenten- oder Schülergruppen, Eurail-Paß, Eurail-Jugendpaß, Eurail-Flexipaß und Eurail-Drive-Paß.

Internationale Ermäßigungen

Um die langen Entfernungen mit dem Pkw in den Norden zu überbrücken, hat die Bahn das Angebot von sogenannten "car-sleeper-trains" im Programm. Ab Helsinki, Tampere und Turku verkehren diese Züge nach Kontiomäki, Oulu, Rovaniemi und Kolari. Da die Nachfrage recht groß ist, sollte eine Buchung möglichst frühzeitig erfolgen.

Autozüge

Schlafwagen in beiden Richtungen werden täglich auf folgenden Strecken eingesetzt: zwischen Helsinki und Joensuu, – Kontiomäki, – Oulu, – Savonlinna (nur im Sommer), – Kemijärvi, – Kuopio sowie – Rovaniemi; zwischen Turku, Rovaniemi und Kuopio.

Schlafwagen

Elektrizität

Das finnische Stromnetz führt in der Regel 220 Volt Wechselspannung. Adapter werden nicht benötigt.

Essen und Trinken

In Finnland sollte man auf jeden Fall einmal Rentierfleisch essen, sei es gebraten oder geräuchert. Eine besondere Delikatesse sind Krebse, die zwischen dem 20. Juli und 20. September, mit Dill in Salzwasser gekocht, eiskalt serviert werden. Eine Spezialität der Provinz Savo (Kuopio) ist Kalakukko ('Fischhahn'), ein mit Fisch und Schweinefleisch gefülltes Roggenbrot. Unter Voileipäpöyta versteht man ein dem schwedischen 'Smörgåsbord' entsprechendes kaltes Büfett.

Spezialitäten

→ *Baedeker Special* S.294

Der Verkauf alkoholischer Getränke ist durch früher stark einschränkende, heute aber teilweise gelockerte Gesetze geregelt, von denen jedoch der Fremde, der in der Regel größere Lokale besucht, nicht viel merken wird. Das übliche Getränk ist helles Bier (finn. olut), das in der Regel in kleinen Flaschen abgegeben wird.

Getränke Alkohol

"Alko": Mo.–Do. 10.00–17.00, Fr. 10.00–18.00 Uhr, September bis Mai auch Sa. 10.00–14.00 Uhr.

Öffnungszeiten der Alkoholgeschäfte

Finnische Speisekarte

deutsch	finnisch	deutsch	finnisch
Restaurant	ravintola	Gemüse	vihannekset
Schnellgaststätte	ruokabaari, baari	Blumenkohl	kukkakaali
		Bohne	papu
Frühstück	aamiainen	Erbse	herne
Mittagessen	päivällinen	Gurke	kurkku
Abendessen	illallinen	Kartoffel	peruna
		Kohl	kaali
essen	syödä	Kopfsalat	salaatti
trinken	juoda	Rotkohl	punakaali
viel, viele	paljon, moni	Spinat	pinaatti

Erdbeerstand in Vaasa: Die finnischen Erdbeeren gedeihen im Land der Mitternachtssonne besonders gut.

Finnische Speisekarte (Fortsetzung)

deutsch	finnisch	deutsch	finnisch
wenig	vähän	Tomate	tomaatti
Rechnung	lasku		
bezahlen	maksaa	Speiseeis	jäätelö
sofort	heti	Kompott	hillo, jälkiruoka
Speisekarte	ruokalista	Pudding	vanukas
		Schlagsahne	vispikerma, vaahtokerma
Suppe	keitto		
Fleisch	liha	Obst	hedelmät
gegrillt	pariloitu	Apfel	omena
Braten	paisti	Apfelsine	appelsiini
Hammel	lammas	Birne	päärynä
Hammelkeule	lampaanreisi	Erdbeere	mansikka
Kalb	vasikka	Heidelbeere	mustikka
Lamm	lammas	Himbeere	vadelma
Rentier	poro	Kirsche	kirsikka
Rind	nauta	Pflaume	luumu
Schinken	kinkku	Preiselbeere	puolukka
Schwein	sika	Zitrone	sitruuna
Schweinebraten	sianpaisti		
Wurst	makkara	Getränk	juoma
		Wein	viini
Fisch	kala	Rosé	rosé-viini
Lachs	lohi	Rotwein	punaviini
Maräne	muikku	Weißwein	valkoviini
Renke	siika	Bier	olut
Scholle	kampela	Kaffee	kahvi

Finnische Speisekarte (Fortsetzung)

deutsch	finnisch	deutsch	finnisch
gebraten	paistettu	Milch	maito
gekocht	keitetty	Mineral-wasser	kiven-näisvesi
Dorsch	turska	Tee	tee
Forelle	taimen	Wasser	vesi
Hering	silli	Wein	viini
Lachs	lohi	Weißwein	valkoviini
geräuchert	savustettu lohi	Rotwein	puunaviini
Hummer	hummeri	Brot	leipä
Krabbe	katkarapu	Kuchen	kakku
Krebs	rapu		

Feiertage

Wie alle Skandinavier feiern auch die Finnen gern. Viele Büros und Geschäfte haben am Tag vor einem Feiertag gar nicht oder nur vormittags geöffnet.

Gesetzliche Feiertage

1. Januar: Neujahr
6. Januar bzw. folgender Samstag: Dreikönigstag
Karfreitag, Ostersonntag, Ostermontag
1. Mai: Tag der Arbeit
Christi Himmelfahrt
Pfingstsonntag
vorletzter Fr. / Sa. im Juni: Mittsommer
1. November: Allerheiligen
6. Dezember: Unabhängigkeitstag
25. und 26. Dezember: Weihnachten

Ferien auf dem Bauernhof

Hinweis

Eine günstige Möglichkeit vor allem für Familien mit Kindern bietet die Übernachtung auf den ca. 500 Bauernhöfen, auf denen in der Mehrzahl noch aktiv Landwirtschaft betrieben wird. Die gemütlich eingerichteten Gästezimmer liegen zum Teil im Hauptgebäude, in umgebauten Speichern oder in Nebengebäuden. Bei der Buchung ist darauf zu achten, daß beim gleichen Vermieter unterschiedlich klassifizierte Unterkünfte (1 bis 5) angeboten werden können. Sie reichen vom anspruchslosen Gästezimmer bis hin zum luxuriösen Ferienhaus.
Ähnliche Unterschiede sind bei der Verpflegung möglich. Auch hier gibt es die Möglichkeit zwischen Bed & Breakfast (Übernachtung und Frühstück), Halb- und Vollpension zu wählen.
Einige Ferienhöfe wurden von dem Verband der ländlichen Beratungszentrale Finnlands mit dem Warenzeichen "Qualität vom Finnen Land" ausgezeichnet.

Dieses Schild führt zu Bauernhöfen

Katalog

Jährlich erscheint ein aktualisiertes Verzeichnis mit Angeboten zum Thema "Ferien auf dem Bauernhof". Erhältlich bei:

Lomarengas / Finnish Country Holidays
Hämeentie 105 D, FIN-00750 Helsinki
Tel. (09) 57 66 33 50, Fax 57 66 33 55
Reservierungen: Tel. (09) 35 16 13 21
(1000 Ferienhäuser und 80 Häuser mit → Bett und Frühstück)

Eine Broschüre über die Ferienhöfe mit dem Warenzeichen "Qualität vom Finnen Land" ist erhältlich bei der auf S. 294 aufgeführten Adresse.

Baedeker Special

Finnische Küche

Nationale Küche ist fast immer geprägt von landestypischen Rohstoffen. Das macht die kleinen, aber schmackhaften Unterschiede aus. Klimatisch, jahreszeitlich oder geograpisch bedingte Mängel haben früher die Menschen improvisieren lassen, irgend etwas mußte man doch schließlich essen... Die brauchbaren Ergebnisse solch handfester Zwänge konnten bis in das Zeitalter der Weltmärkte und Tiefkühlschränke gerettet werden.

Die Finnen sind manische Pilze-Gourmets, kein Wunder bei soviel Wald. Ihre Vorfahren kamen schließlich als Jäger und Sammler durch russische Forste bis nach Skandinavien. Pilze als Ragout sind praktisch eine Standardbeilage.

In den finnischen Flüssen und Seen springt der Lachs, im Baltischen Meer schwimmt der Hering. Unendliche Variationen zum Thema Fisch zieren die finnische Speisekarte. In roher Form, sonst fast nur noch in Japan und bei Eskimovölkern üblich, ist Fisch hier sehr beliebt. Das hatte früher gesundheitliche Gründe: Roher Fisch schützt vor Vitaminmangel in langen Wintern. Heute gilt er einfach nur als Delikatesse, zumeist gesalzen oder mariniert. Oder Fisch am Stück, mit Haut und Gräten: Den kleinen Strömling aus der Ostsee zum Beispiel. Ein eher kratziges Vergnügen für Anfänger, zugegeben, aber früher gab es halt noch keine Calziumtabletten... Rogen, Krebse, Fische – die Gewässer in und um Finnland sind voll von schwimmenden Köstlichkeiten.

Milch und Sahne spielen in der hiesigen Kunst der kulinarischen Verfeinerung eine große Rolle. Fast für alle Speisen werden diese Zutaten verwendet.

Beerenliebhaber kommen nicht nur in der freien Natur voll auf ihre Kosten

Bei soviel Wald gibt es auch viel Wild, doch Bärenfleisch ist immer noch eine kleine Sensation, die aber gegen Geld zu haben ist. Ebenfalls aus den Wäldern stammen die vielen Beeren: Moosbeeren, Blaubeeren, Preiselbeeren, Johannisbeeren, Moltebeeren, Erdbeeren, Himbeeren. Jahrtausendelang waren dies die wichtigsten Vitaminträger Finnlands, denn Obst- und Gemüsegärten im üppigen Stil des Südens mit mehreren Ernten im Jahr gibt es in Finnland nicht. Doch Phantasie ist neben Hunger der beste Küchenmeister: Selbst so etwas Profanem wie Erbsen können die Finnen noch ein Stück

Ferien auf dem Bauernhof (Fortsetzung)

Association of Rural Advisory Centres, Lönnrotinkatu 13, FIN-00120 Helsinki, Tel. (09) 41 74 04 31, Fax 41 74 04 00, http: // www.agronet.fi / mkl / maaparh.htm

Weitere Auskunftsadressen

4H-Farm Holidays, Abrahaminkatu 7, FIN-00180 Helsinki, Tel. (09) 64 22 33, Fax 64 22 74 ('ursprüngliche' Ferien auf dem Lande)

Raffinesse abgewinnen: Die Schoten werden gekocht, gebuttert und gesalzen, schließlich ausgelutscht. Ansonsten gehört Erbsensuppe, wie im übrigen Skandinavien zu den Standardgerichten.

Im Großen und Ganzen ist die finnische Küche Hausmannskost, derb und nahrhaft also. Pellkartoffeln mit Dill sind praktisch das inoffizielle Nationalgericht; man kann ihm nicht entgehen. Da die Finnen gern die Wochenenden und die Ferien im Blockhaus am See verbringen und dort viel grillen, gibt es entsprechend viele "Lagerfeuerrezepte". Fisch, Kartoffeln und selbstgepflückte Pilze (500 Arten gibt es hier, einige davon giftig, man mache sich kundig!) liefern die Rohstoffe der Wahl für ein zünftiges Abendessen unter freiem Himmel. Zum Nachtisch? Natürlich Beeren aus dem nahen Wald.

Die Kraftbombe schlechthin heißt "Karelischer Fleischtopf": Rind-, Hammel- und Schweinefleisch und Kalbsnieren in Stükke schneiden und mit Gewürzen sowie Zwiebeln schichtweise übereinanderstapeln und im Ofen zweieinhalb Stunden schmoren lassen. Das Schwein obenauf, ganz wichtig!

Bizarr wirkt das Rezept für den "Glühlachs": Der entgrätete Fisch wird gesalzen und an ein Holzbrett genagelt(!). Die Bretter werden ans offene Feuer gestellt, ohne daß es Flammenkontakt gibt. Nach einer Stunde ist der Lachs durchgeröstet.

Dem ehemaligen Staatspräsidenten Urho Kaleva Kekkonen gewidmet ist "Kekkonens Lieblingssuppe". Da kann eigentlich alles rein, was man mag, ein Eintopf also. Gewürfelte Kartoffeln sind Pflicht, Fischsorten jeder beliebigen Art sind die Kür. Mit Roggenmehl wird gebunden, erst bei Tisch kommt noch zerlassene Butter hinzu.

Beliebt, aber rar und teuer, sind gedünstete Krebse (fin. rapu), deren Verzehr geradezu feierlichen Charakter hat. Zu so einem Ereignis als ausländischer Besucher eingeladen zu werden, kommt einem Ritterschlag schon sehr nahe. Die knappe Fangzeit für Krebse dauert von Juli bis Ende August. Anschließend ist Party-Saison.

Beim Frühstück (finnisch: "vaamu kahvi" oder "aamiainen") essen die Finnen deftig und üppig: eingelegter Fisch, Schinken, Wurst, Käse, Brot und Butter bergeweise. Zum Frühstück trinkt man viel Kaffee und zuweilen auch Tee. Warum Tee? Ach ja, man war ja mal unter russischer Flagge.

Wer sich selbst nach Landessitte verpflegt oder privat zu Gast ist, dem wird's schon preiswert schmecken, er darf sich aber nach dem Urlaub über zusätzliche Pfunde nicht wundern.

In den Restaurants dagegen geht es teuer zu: Die nordische Landwirtschaft wird auch seit dem EU-Beitritt hoch subventioniert. Das gilt auch für viele Lebensmittel. Hinzu kommen gepfefferte Umsatzsteuern und relativ hohe Löhne im Dienstleistungssektor.

Und wie spült man all diese Köstlichkeiten hinunter? "Mit Schnaps", wird Ihnen der Finne antworten. In der Tat trinken die Finnen eher Spirituosen als Bier oder Wein, trotz der horrenden Preise im staatlichen Monopolgeschäft mit dem trefflichen Namen "Alko". Der durchschnittliche Nationalkonsum liegt im tolerablen internationalen Mittelfeld, aber analog zu den anderen Ländern Skandinaviens gibt es auch in Finnland zwei scharf getrennte Lager von Vieltrinkern und Gar-Nicht-Trinkern, so daß die Statistik hier wieder einmal nichts mit der Lebenswirklichkeit zu tun hat.

Ferien auf dem Bauernhof, Auskunft (Fortsetzung)

Zentralfinnland – Ferienfinnland,
Asemakatu 6, FIN-40100 Jyväskylä,
Tel. (014) 61 08 66, Fax 61 94 51

Auskunft in Deutschland

Finnische Zentrale für Tourismus,
Lessingstr. 5
D-60325 Frankfurt,
Tel. (069) 50 07 01 57, Fax 72 41 25

Ferien auf dem Bauernhof, Auskunft (Fts.)

Arbeitsgemeinschaft für Urlaub auf dem Bauernhof in Deutschland e.V., Godesberger Allee 142–148, D-53175 Bonn
Tel. (0228) 819 82 20, Fax 37 18 70

Flugverkehr

Auslands-verbindundungen

Finnair und Lufthansa fliegen 88 mal wöchentlich nonstop von den Flughäfen Berlin, Düsseldorf, Frankfurt / M., Hamburg und München nach Finnland. Von Zürich gibt es pro Woche 21 mal eine direkte Verbindung mit Finnair, während Swissair ab Genf fliegt. Mit 19 Abflügen pro Woche bietet Finnair auch ab Wien eine gute Verbindung nach Finnland.

Finnair

Innerhalb Finnlands fliegt die Finnair mit ihren Tochtergesellschaften von Helsinki aus 22 Flughäfen regelmäßig und zum Teil auch mehrmals am Tag an. Die von Süd nach Nord angeflogenen Flugplätze sind: Helsinki, Mariehamn (Åland), Turku, Lappeenranta, Tampere, Pori, Mikkeli, Savonlinna, Jyväskylä, Joensuu (1,5 Std.), Kuopio (50 Min.), Kokkola / Jakobstad, Kajaani (1 Std.), Vaasa, Varkaus, Oulu (1 Std.), Kemi, Kuusamo (1 Stunde 15 Min.), Rovaniemi (1 Std. 20 Min.), Kittilä 1 Std. 45 Min.), Enontekiö (2 Std.) und Ivalo (1, 5 Std.).

Holiday Ticket

Die innerfinnischen Flugpreise sind verhältnismäßig günstig – zum Beispiel durch das Holiday Ticket, das den nicht in Finnland wohnhaften Inhaber zu zehn Inlandsflügen innerhalb von einem Monat berechtigt. Dieses Ticket wird für rund 250 Euro angeboten; Jugendliche zwischen 12 und 24 Jahren zahlen 210 Euro.

Weitere Ermäßigungen

Daneben gibt es noch Ermäßigungen durch das "Excursion Fare Ticket" mit einer Gültigkeitsdauer von einer Woche bis drei Monate und häufig auch sehr günstige Wochenendtarife. Andere Ermäßigungen – z. B. für Gruppen, Familien, Jugendliche, Studenten und Senioren – Genaueres kann man bei Finnair in Frankfurt am Main oder bei jedem IATA-Reisebüro erfragen.
Die Broschüre "Finland Fly & Drive", herausgegeben von Finnair Tours, informiert über weitere Möglichkeiten. Sie ist erhältlich in Reisebüros, Finnair-Büros und im Finnair-Tour Desk, Helsinki, Tel. (09) 818 79 00.

Fluggesellschaften

Deutschland

Finnair
Taunusstraße 52–60
D-60329 Frankfurt am Main
Tel. (018 03) 34 66 24, Fax 23 18 02
Internet: http: // www.finnair.fi
Filialen in Berlin, Düsseldorf, Hamburg, Stuttgart und München

Scandinavian Airlines System (SAS)
Hauptbüro, Am Flughafen, Terminal Mitte, HBK 45
D-60549 Frankfurt am Main
Tel. (069) 69 45 31, Fax 666 63 79
Filialen in Hamburg, München, Stuttgart, Düsseldorf, Hannover, Berlin und Leipzig

Deutsche Lufthansa AG
Lufthansa-Basis
D-60549 Frankfurt am Main
Tel. (069) 69 60 oder (018 03) 80 38 03,
Fax 257 04 09
Filialen in ganz Deutschland

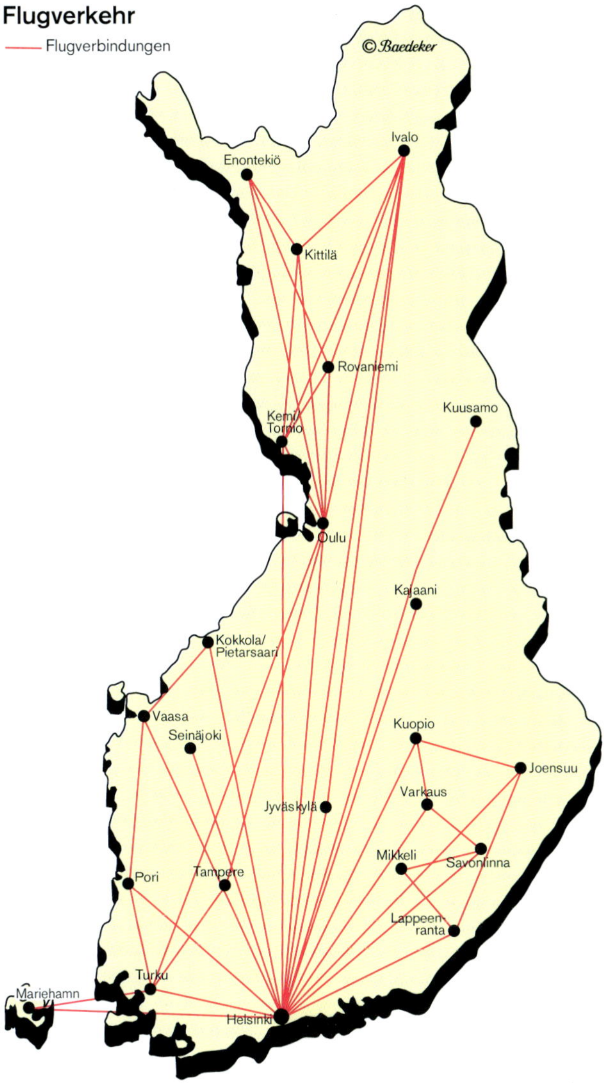

Österreich

Finnair
Opernring 1, A-1010 Wien, Tel. (01) 587 55 48

Scandinavian Airlines System (SAS)
Weihburggasse 2, A-1010 Wien
Tel. (01) 51 31 10 50, Fax 512 18 82 14

Fluggesellschaften (Fortsetzung) Österreich	Austrian Airlines Kärtner Ring 18, A-1010 Wien, Tel. (01) 50 55 75 70, Fax 505 14 34 Filialen in Graz, Klagenfurt und Linz
Schweiz	Finnair Schweizergasse 6, CH-8001 Zürich, Tel. (01) 227 15 15 Zürich-Flughafen, Tel. (01) 813 09 44 Filiale in Genf
	Scandinavian Airlines System (SAS) Terminal B, Büro Nr. 1-235, CH-8058 Zürich-Flughafen Tel. (01) 816 40 80, Fax 810 74 67 Filiale in Genf
	Swissair, CH-8058 Zürich-Flughafen Tel. (01) 812 12 12, Telex 82 56 01
Finnland	Finnair Ticket Büros in Helsinki: Air Terminal, Töölönkatu 21 Tel. (09) 818 76 70, Fax 818 76 96 City Terminal, Asema-aukio 3, Tel. (09) 818 77 50, Fax 818 77 65 Flughafen (Terminal 2 / Intern. Flüge), Tel. (09) 818 58 80, Fax 818 55 79 Flughafen (Terminal 1 / Inlandsflüge), Tel. (09) 818 59 80, Fax 818 59 90
	Finnair, Reservierungen: Central Booking Büro, Tel. (09) 81 88 00, Fax 818 87 36 Business Class Reservierungen: Tel. (0) 81 88 08 Flugplaninformation: Tel. (0) 81 85 00
	Finnair Plus Service Center Tel. (09) 81 88 88, Fax 818 88 69
	Lufthansa Yrjönkatu 29 A, FIN-00100 Helsinki Tel. (09) 6949900, Fax 6948210

Freizeit- und Vergnügungsparks

Åland	Tivoli Ålandsparken Möckelöbrinken 11, Västra Hamnen, FIN-22100 Mariehamn, Tel. (018) 137 13, Fax 176 13, Internet: http:// www.alcom.aland.fi / alandsparken. Ein Freizeitpark mit Fahrgeschäften, Restaurants und der Modellstadt "Mariehamn in den 20er Jahren".
Espoo	Vesihuvipuisto Serena Tornimäentie 10, FIN-02970 Espoo, Tel. (09) 88 70 55 55, Fax 88 70 55 60. Eine riesige Badelandschaft mit mehreren Spaß- und Spielbadebecken, die sowohl in der Halle als auch im waldreichen Freigelände liegen.
Helsinki	Helsinki Zoo FIN-00570 Helsinki, Tel. (09) 169 59 69. Auf einer Insel nicht weit vom Zentrum entfernt wurde 1889 ein Zoogelände eingerichtet, das heute 170 Tierarten umfaßt. Busverbindung: im Sommer Bus Nr. 11 ab Herttoniemi Metrostation, im Winter Bus Nr. 16 Richtung Kulosaari. Fähren ab Kauppatori-Marktplatz (April – Sept.), von Hakaniemi (tägl. Juni – August; Mai – Sept. am Wochenende).
	Vergnügungspark Linnanmäki Tivolikuja 1, Tel. (09) 77 39 91. Zahlreiche Karussells, eine Achterbahn, Varietétheater und Restaurants

Für finnische Kinder ein Begriff: Mumins in Naantali

machen es im Sommer zum beliebtesten Familienausflugsziel der Hauptstadt. Der Park liegt gleich neben dem Olympiastadion.

Helsinki
Fortsetzung

Puuhamaa
FIN-12400 Tervakoski, Tel. (019) 774 81 00.
Wenige Kilometer südlich von Hämeenlinna liegt Finnlands größter Vergnügungspark für Kinder mit Wasserrutschen, Bootsfahrten, Dschungel-Touren und mehreren Themenparks.

Janakkala
(bei Hämeenlinna)

Vergnügungspark Tykkimäki
Tel. (05) 321 12 26. Vom Stadtzentrum 5 km entfernt liegt dieser Park mit 20 Attraktionen und hundert Spielen. Beliebt sind Disco-Jet, Kouvola-Karussell, ein mystischen Haus und das beste Terrarium der nordischen Länder.

Kouvola

Mumin-Welt
Mannerheiminkatu 21, FIN-21100 Naantali, Tel. (02) 511 11 11, Fax 511 11 51.
Eine Hauptattraktion für Kinder ist dieser Park, der von den berühmten Mumins der finnischen Autorin Tove Jansson belebt wird. Egal ob Mumineltern, Mumintroll, Snorkmädchen, Schnüffel, Mumrik, Hemulen, Tooticki oder die Kleine My, alle sind anzutreffen.

Naantali

Ranuan eläinpuisto
FIN-97700 Ranua, Tel. (016) 355 19 21, Fax 355 10 34.
Direkt an der Straße Nr. 78, nur 80 km südlich von Rovaniemi befindet sich der Arktische Tierpark Ranua. In naturnah angelegten großen Gehegen sind die meisten Wildtiere Finnlands und Skandinaviens zu sehen: Elche, Bären, Luchse, Wölfe, Vielfraße sowie die einzigen Eisbären Finnlands.

Ranua

Nur 34 km südöstlich von Savonlinna ist in Punkaharju der Freizeitpark Kesämaa-Sommerland mit über 50 verschiedenen Attraktionen zu finden, u.a. Wildwasser-Schlauchrutschen, Klettergärten und Geländerad-Bahn.

Savonlinna

Freizeitpark Wasalandia in Vaasa

Freizeitparks (Fortsetzung) Tampere

Särkänniemi Centre
Tel. (03) 248 81 11. Direkt am See liegt der Freizeitpark Särkänniemi. Er ist mit Fahrgeschäften, Planetarium und dem nördlichsten Delphinarium der Welt eine Attraktion für sich allein.

Vaasa

Wasalandia
Vaasan Matkailu Oy, Vaskiluoto, FIN-65170 Vaasa.
Reservierungen bei: Vaasa Sokos Hotel, Tel. (06) 212 72 57.
Der Vergnügungspark Wasalandia bietet eine Vielzahl von Fahrgeschäften und Restaurants. Zusätzlich können im benachbarten Freizeitbad Tropiclandia (Eintritt extra) mehrere Badelandschaften besucht werden. Vergünstigte Paketbuchungen mit Übernachtung sind möglich.

Vantaa

Heureka Tiedepuisto 1
Tikkuila, Postfach 166, FIN-01301 Vantaa, Tel. (08) 57 99, Fax 73 41 42.
Nahe Helsinki (Bus Linie 611) bietet das finnische Wissenschaftszentrum Heureka mit seinen themenorientierten Ausstellungen großen und kleinen Besuchern neueste Forschung zum Anfassen. Beachtenswert: "Die Geschichte der Menschheit" und "Die Dinosaurier".

Geld

EU-Währungsunion

Finnland bildet mit elf weiteren EU-Ländern die Europäische Währungsunion. Damit ist der Euro die gemeinsame Währung, die zunächst seit 1999 nur an den Börsen und im bargeldlosen Zahlungsverkehr und ab 1. Januar 2002 als offizielles Zahlungsmittel gilt (1 CHF = 0,69 Euro, 1 Euro = 1,47 CHF).

Banken

Banken haben Mo. – Fr. 9.00 – 16.30 Uhr geöffnet.

Geld (Fortsetzung)

Geldautomaten

An Geldautomaten kann man mit Eurocheque-Karten und Kreditkarten Geld abheben. Beim Verlust der Eurocheque-Karte wende man sich umgehend an den Zentralen Annahmedienst für Verlustmeldungen von Eurocheque-Karten in Frankfurt am Main (Tel. von Finnland: 990 49 / 18 05 / 02 10 21; Tag und Nacht besetzt); die Karte wird dann sofort gesperrt.

Kreditkarten

Banken, größere Hotels und Restaurants, Autovermieter sowie viele Geschäfte akzeptieren die meisten internationalen Kreditkarten. Auch beim Verlust von Kreditkarten benachrichtige man unverzüglich die jeweilige Organisation. Deshalb sollte man sich vor Reiseantritt die Telefonnummer des jeweiligen Kreditkartenunternehmens notieren.

Geschäftszeiten

Geschäfte

In der Regel sind die Geschäfte Mo. – Fr. 9.00 – 18.00, Sa. 9.00 – 15.00 Uhr geöffnet, Kaufhäuser und größere Geschäfte Mo. – Fr. bis 20.00, Sa. bis 16.00 Uhr; im Bahnhofstunnel Helsinki teils bis 22.00 Uhr.

Banken

→ Geld

Postämter

→ Post und Telefon

Golf

In Finnland gibt es insgesamt 72 Golfklubs (nachfolgend werden einige schön gelegene Golfplätze genannt). Die Golfsaison dauert in der Regel von Mai bis September / Oktober. Einige Golfclubs bieten auch während der "arktischen Nacht" Golf im Schnee an. Informationen zu einzelnen Golfplätzen sind zu erfragen bei:

Suomen Golliitto (Finnischer Golfverband)
Radiokatu 20, FIN-00240, Helsinki
Tel. (09) 158 68 06, Fax 14 71 45

Åland

Ålands Golfclub, PB 111, FIN-22101 Mariehamn, Tel. (018) 4 38 83, Fax 1 90 34. Gleich neben Kastelholm, 20 km von Mariehamn entfernt, liegen zwei landschaftlich einmalige 18-Loch-Plätze.

Jyväskylä

Mit 18 Löchern besitzt der Golfplatz Peurunka (Valkolantie 68, Laukaa) internationales Format, während der Platz Jyväs Golf Sippulanniemi mit neun Löchern landschaftlich schön am Fuße des Berges Riihivuori liegt.

Kuusamo

Ruka Golf ry. Wildmarkgolfplatz mit 9 Löchern.

Kuusamkoski

Golfzentrum Eerola, Tel. (05) 374 76 22. Anspruchsvoller 18-Loch-Platz mit 300 m Trainingsbahn.

Lahti

Lahden Golf ry, Takkulantie 20, Tel. (03) 784 13 11. 18-Loch-Platz.
Messilän Golf Oy, FIN-15980 Messilä (bei Lahti), Tel. (03) 860372. 18-Loch-Platz.

Lappeenranta

Kahilanniemi Golf Course, Tel. (05) 451 68 40. 9-Loch-Anlage.

Nurmo

Ruuhikoski-Golfzentrum, Tel. (06) 423 45 45. 18-Loch-Platz sowohl für Anfänger als auch für ambitionierte Spieler.

Oulu

Golfclub Oulu, Sankivaara, Sanginsuu, Tel. (08) 531 52 22, Fax 531 51 29. Der nördlichste 27-Loch-Platz der Welt.

Golfspielen in einem gepflegten Ambiente – das kann man sehr wohl auf dem Golfplatz Katinkulta im Ferienzentrum Vuokatti.

Golf (Fortsetzung)
Pori

Yyteri Golf & Tennis Links Oy, Tel. (02) 638 03 80. Golf mit Blick aufs Meer garantiert dieser 18-Loch-Platz.

Savonlinna

Kerigolf (in Kerimäki). Ein 18-Loch-Platz, der zu den schwierigsten in Finnland zählt.

Tornio

MeriLapin Golfklubi, Näräntie, FIN-95400 Tornio, Tel. (016) 43 17 11. Dieser 18-Loch Platz liegt sowohl in Schweden (9 Löcher) als auch in Finnland (9-Löcher). Beim Spiel wird die Grenze viermal zollfrei übertreten. Während der Mitternachtssonne 24-Stunden Golfvergnügen.

Vuokatti

Golfclub Katinkulta, 18-Loch-Platz am Ufer des Nuasjärvi-Sees, mit einem Trainingsgelände.

Hotels

Allgemeines

Die Hotels in den nordischen Ländern, für ihre Sauberkeit bekannt, entsprechen in Komfort und Service dem internationalen Standard vergleichbarer Preisklassen. In den großen Städten findet man luxuriöse Hotels, aber auch viele kleinere Orte haben vortreffliche Häuser. Selbst im hohen Norden gibt es gute Hotels und behaglich eingerichtete Gasthöfe. Zahlreiche Häuser haben preiswerte 'Familienzimmer' (3–5 Betten). Die finnischen Hotels sind oft mit Einrichtungen für Körperbehinderte (Fahrweg für Rollstühle beim Eingang) und Allergiker ausgestattet.

Sommerhotels

Manche Ferienhotels sind nicht ganzjährig, sondern jeweils nur während der Sommer- oder Wintersaison geöffnet. Darüber hinaus gibt es spezielle Sommerhotels, die einfachen Standard bieten, jedoch preisgünstig sind.

Die Finnische Zentrale für Tourismus unterhält in Orten mit lebhaftem Fremdenverkehr guteingerichtete Touristenhotels. Die Gasthöfe (Matkustajakoti) in abgelegeneren Landesteilen sind oft einfacher, immer aber sauber. Unter 'Majatalo' versteht man ein ländliches Gasthaus.

Touristenhotels
Gasthöfe

Das Preisniveau der finnischen Hotels liegt ziemlich hoch. Viele erstklassige Hotels bieten aber – während der Sommersaison oder ganzjährig an Wochenenden – Zimmer zu reduzierten Preisen an. Besonders in einem finnischen Hotel sollte man immer nach Rabatt fragen.

Preise und Ermäßigungen

Um die Sonderangebote der nationalen bzw. internationalen Hotelketten nutzen zu können, muß man häufig einen Hotelpaß oder Hotelscheck (Ermäßigung für eine Übernachtung, meist mit Frühstück) erwerben. So basiert das System des 'Finncheque' auf dem Zusammenschluß mehrerer finnischer Hotelketten. Die Hotelschecks müssen vor Antritt der Reise in Deutschland, Österreich, in der Schweiz oder in einem skandinavischen Land erworben werden (in Deutschland z.B. Reisebüro Norden, Hamburg; bzw. Skandinavisches Reisebüro, Stuttgart und Berlin).

Hotelschecks

Je nach Komfort der Zimmer unterscheidet man verschiedene Preisgruppen: 'Budget' (einfach), 'Mittelklasse' (preiswert) und 'Bequem' (mit WC, Dusche / Bad). Für Kinder gibt es darüber hinaus zusätzliche Ermäßigungen (z. T. Extrabett im Zimmer der Eltern kostenlos).

Kategorien

Hotelketten

Best Western Finland (BWF), Kydenpunojankatu 7, FIN-00180 Helsinki,
Tel. (09) 62 26 49 00, Fax 62 26 49 62

Finlandia Hotels (FINHO), Merimiehenkatu 29, FIN-00150 Helsinki,
Tel. (09) 6 84 14 40, Fax 65 66 11, e-mail: sales@finlandiahotels.fi

Finnish Travel Association – Lapland Hotels (FTA),
Mikonkatu 25, FIN-00100 Helsinki,
Tel. (09) 622 62 80, Fax 65 43 58, e-mail: matkailuliitto@matka.ppfi.

Lomaliito / Fontana Hotels (FH), Sales Office, Toinen linja 17, PO Box 133,
FIN-00531 Helsinki, Tel. (09) 613 83 11, Fax 71 37 13

Private Hotels (PH), c / o LordHotel, Lönnrotinkatu 29, FIN-00180 Helsinki,
Tel. (09) 61 58 15, Fax 680 13 15

Restel Hotel Group (Cumulus, Rantasipi, Ramada) RHG, Hämeentie 19,
PO Box 72, FIN-00501 Helsinki,
Tel. (09) 733 54 80, Fax 733 53 99, e-mail: webmaster@restel.fi

Rivoli Hotel (RIVOLI), c / o Rivoli Hotel Espoo, FIN-02150 Espoo,
Tel. (09) 43 58 11, Fax 46 66 93

Scandic Hotels,Tel. (09) 6 16 41 oder (08 00) 0 69 69, Fax 61 64 23 30,
e-mail: scandicfinland@scandic-hotels.com

Sokos Hotels (SOKOS), Fleminginkatu 34, PO Box 60, FIN-00511 Helsinki
Tel. (09) 13 10 01, Fax 13 10 02 22, e-mail: sokos.hotels@sok.fi

SRM-Hostels, Yrjönkatu 38 B, FIN-00100 Helsinki,
Tel. (09) 693 13 47, Fax 693 13 49

Ausgewählte Hotels in Finnland

Hinweis

In den nachfolgend aufgeführten Hotels muß in den Sommermonaten mit einem Übernachtungspreis für ein Doppelzimmer zwischen 60 Euro und 110 Euro gerechnet werden.

Hotels

Äkäslompolo

Äkäslompolo Kaltiohotelli
FIN-95970 Äkäslompolo, Tel. (016) 55 20 00, Fax 55 22 51; 72 Z.
Das Hotel bietet eine großartige Aussicht auf sieben Höhenzüge und die Möglichkeit die samische Kultur der Umgebung hautnah zu erleben.

Hamina

Hotelli Haminan Seurahuone
Pikkuympyränkatu 5, Tel. (05) 3 50 02 63.
Im Altstadtbereich der sehenswerten Stadt an der Südküste, nur 90 km östlich von Helsinki liegt dieses einladende Haus. Von hier sind es nur wenige Gehminuten zu allen Sehenswürdigkeiten und zu den zahlreichen kleinen Buchten der umgebenden Inseln.

Hämeenlinna

Hämeenlinna Rantasipi Aulanko
FIN-13210 Hämeenlinna, Tel. (03) 65 88 01, Fax 682 19 22; 245 Z.
Dieses Hotel ist zwar nicht mit einem Geschäftshotel internationalen Standards zu vergleichen, doch wird man durch die malerische Lage am See Vanajavesi, wo die Schiffe der Silberlinie vorbeifahren, entschädigt. Das Hotel im Park Aulanko ist häufig Tagungsort. Die Golfbahnen liegen gleich nebenan.

*Hotel Hesperia Radisson SAS
Mannerheimintie 50, FIN-00260 Helsinki, Tel. (09) 431 01, Fax 431 09 95; 209 EZ. und 163 DZ.
Gegenüber dem neuen Opernhaus und des schönen Hesperia-Parks liegt dieses luxuriöse Hotel, das in der Liste der "Leading Hotels of the World" geführt wird. Die großzügige Hotellobby atmet den Charme eines Grand-Hotels. Die verbilligten Sommertarife sind auch für preisbewußte Privatreisende erschwinglich.

Sokos Hotel Helsinki
Ylionpistonkatu 8, FIN-00100 Helsinki, Tel. (09) 13 14 01, Fax 17 60 14; 130 Z.
Dieses Hotel liegt in der Fußgängerzone unweit vom Kaufhaus Stockmann. In unmittelbarer Umgebung befinden sich zahlreiche Restaurants und Kneipen, so daß besonders Nachschwärmer voll auf ihre Kosten kommen. Es wurde 1996 gänzlich renoviert und hat seither moderne und geschmackvoll eingerichtete Zimmern.

Scandic Hotel Grand Marina Helsinki
Katajanokanlaituri 7, FIN-00160 Helsinki, Tel. (09) 166 61, Fax 66 47 64; 462 Z. und Suiten.
Direkt im Zentrum, nur wenige Gehminuten von der Uspenskikathedrale und dem Marktplatz entfernt, liegt dieses Hotel mit gehobenem internationalem Standard, das auch Tagungshotel während der KSZE-Konferenz 1975 war.

Iisalmi

Iisalmi Seurahuone
Savonkatu, FIN-74100 Iisalmi, Tel. (017) 8 38 31, Fax 82 35 65; 42 Z.
Außer finnischen bietet das Hotel-Restaurant auch russische Spezialitäten.

Ilomantsi

Ilomantsi Hotel
Kalevalantie 12, FIN-82900 Ilomantsie, Tel. (013) 88 25 33, Fax 88 36 43; 34 Z. und Suiten.
Kleines Privathotel, das für sich in Anspruch nehmen kann, das östlichste Hotel Finnlands zu sein. Die rote Innenraumgestaltung bietet die richtige Stimmung, um in der Kalevala zu lesen.

Imatra

Voksenhovi
Siitolankatu 2, FIN-55120 Imatra, Tel. (05) 4720011, Fax 472 00 19; 94 Z.
Idealer Ausgangspunkt für Wanderungen durch den benachbarten Wald und zur Stromschnelle von Imatra. Auf dem kleinen benachbarten Golfplatz ist keine Green-Card erforderlich.

Kultahippu — Ivalo
Petsamontie 1, FIN-99800 Ivalo, Tel. (016) 66 18 25, Fax 66 25 10; 30 Z.
Wenn bei einem Besuch des Inarisees in dem ca. 40 km entfernten Ort Inari die Zimmer ausgebucht sind, stellt dieses neu errichtete Hotel eine gute Alternative dar.

Hotelli Rivoli — Järvenpää
Asema-aukio, FIN-04400 Järvenpää, Tel. (09) 271 41, Fax 271 57 55; 280 B.
Am Ende der Tuusala-Uferstraße liegt ca. 35 km nördlich von Helsinki dieses Mittelklassehotel, das von Tagungsteilnehmern und Reisegruppen gern besucht wird.

*Sokos Hotel Kimmel — Joensuu
Itäranta 1, FIN-80100 Joensuu, Tel. (013) 27 71 11, Fax 277 21 12; 230 Z.
In malerischer Lage am Ufer des Flusses Pielisjoki liegt dieses Hotels mit erstklassigem Standard und großzügigen Zimmern. Das Stadtzentrum liegt zwar jenseits des Flusses, doch ist der Weg über die Brücke ein schöner Spaziergang.

Rantasipi Laajavuori — Jyväskylä
Laajavurentie, FIN-40740 Jyväskylä, Tel. (014) 62 82 11, Fax 62 85 00; 196 Z.
Schon allein die Aussicht von einem Hügel der Stadt über das Seengebiet lohnt den Luxus in Kauf zu nehmen, den dieses Hotel bietet. Im Sommer günstige Angebote.

Tapion Tupa — Kalajoki
Hiekkasärkät, FIN-85100 Kalajoki, Tel. (08) 46 66 22, Fax 46 66 99
Etwa 5 km südlich von Kalajoki liegt dieses Ferienzentrum mit einfachen Holzhütten und einigen Zimmern im rustikalen Haupthaus direkt an der Straße Nr. 8, bei der Einfahrt zum Strand. Im Preis inbegriffen ist der Besuch des benachbarten Freibades und der Sauna.

Cumulus Kemi — Kemi
Hahtisaarenkatu 3, FIN-94100 Kemi, Tel. (016) 22831, Fax 22 82 29; 185 Z.
Die meisten der Zimmer sind mit eigener Sauna ausgestattet. Durch die Lage direkt am ruhigen Hafen der Stadt ist es ideal für ausgedehnte Spaziergänge an der Uferpromenade.

Keurusselkä — Keuruu
FIN-42700 Keuruu, Tel. (014) 751 00, Fax 73 80 08; 95 Z., 30 Vier-Bett-Hütten.
Das moderne Hotel, zu dem auch sehr schön ausgestattete Ferienhäuser gehören, liegt nur wenige Meter vom See entfernt inmitten der weiten finnischen Seenlandschaft.

Sokos Hotel Vaakuna — Kokkola
Rantakatu 16, FIN-67100 Kokkola, Tel. (06) 827 70 00, Fax 822 51 85; 152 Z.
Die Zimmer des im Zentrum der Stadt gelegenen, äußerlich eher schlichten Hotels entsprechen dem internationalen Standard.

Ylläsrinne — Kolari
FIN-95980 Ylläsjärvi, Tel. (016) 56 54 41, Fax 56 54 1; 50 Z.
Das durch die Verwendung von sehr viel Holz anheimelnde und größte Hotel der Region Kolari ist im Winter den Wintersportlern und im Sommer den Wanderern zu empfehlen, die von hier in Äkäslompolo auf Touren gehen können.

Leikari, Rantahaka — Kotka
FIN-48810 Karhula, Tel. (05) 27 81 11, Fax 28 58 03, 103 Z.
Sehr günstig an der Kreuzung der Fernstraße 7 und 15 gelegen ist es nur noch einen Katzensprung zur Altstadtinsel. Die gemütlichen Zimmer bieten allen Komfort. Außerdem sind drei Saunas und ein Schwimmbecken vorhanden.

Eine Alternative zu Hotelketten ist der Gutshof Mukkula bei Lahti.

Kristinestad

Hotel Kristina
Östra Torget, FIN-64101 Kristinestad, Tel. (06) 221 25 55, 25 Z.
Eine der besten Adressen am Ort. Das kleine familiäre Hotel mit Zimmern der mittleren Preisklasse bietet eine herrliche Aussicht auf die Stadt.

Kuhmo

Kalevala Hotel
Vinminen, FIN-88900 Kuhmo, Tel. (08) 655 41 00, Fax 655 42 00, 50 Z.
Ein Luxushotel mit dem gezeigt wird, daß trotz Verwendung von Beton, eine an die Landschaft angepaßte Architektur möglich ist. Es ist für jede Art von Sport und Aktivitäten in freier Natur der ideale Platz. Nebenan das neue Kalevala-Zentrum.

Kuopio

Arctica Hotel Kuopio
Satamakatu 1, FIN- 70100 Kuopio, Tel. (017) 19 51 11, Fax 19 51 70, 137 Z.
Zentrumsnah, nur 900 m vom Marktplatz entfernt und sehr ruhig am Ufer des Sees Kallavesi gelegen, entsprechen die geräumigen Zimmer dem üblichen Standard. Es hat eine große Fitneß- und Saunaabteilung mit Swimmingpool.

Sokos Hotel Puijonsarvi
Minna Canthin katu 16, FIN-70100 Kuopio, Tel. (017) 17 01 11, Fax 17 01 17; 125 Z.
In der Straße, die sowohl zum Hafen als auch auf den Marktplatz führt, liegt dieses angenehme Hotel in ruhiger Lage am Rande eines Parks.

Kuusamo

Sokos Hotel Kuusamo
Kirkkotie 23 A, FIN-93600 Kuusamo, Tel. (08) 8 59 20, Fax 852 12 63, 185 Z.
Das wie ein großes Samenzelt gestaltete Dach des Hotels sieht man schon von weitem. Innen ist ein erstklassiges Hotel mit Schwimmbecken, Fitneßräumen, Tennis- und Badmintonplätzen sowie eine Minigolfanlage. Das Restaurant ist berühmt für seine Rentier- und Fischspezialitäten.

Hotel Lahden Seurahuone
Aleksanterinkatu 14, FIN-15110 Lahti, Tel. (03) 851 11, Fax 752 31 64; 119 Z. Das komfortable im Zentrum der Stadt gelegene Spitzenhotel, nur wenige Minuten zum Marktplatz, zieht vor allem Geschäftsreisende an. Am Wochenende werden Sonderpreise gewährt.

Lahti

Gutshotel Mukkula
Ritaniemenkatu 10, FIN-15240 Lahti, Tel. (03) 874140, Fax 8 74 14 44. Im Ferienzentrum Mukkula liegt dieses romantische Gutshotel in einem alten Holzhaus mit schöner Parkanlage, die bis zum See Vesijärvi führt.

Laukaa

Peurunka Spa Hotel
Peurungantie 85, FIN-41340 Laukaa, Tel. (014) 83 96 01, Fax 83 96 99, 75 Z. In einer der ältesten Gemeinden Finnlands liegt dieses Hotel direkt am See, nur wenige Meter vom Badestrand entfernt. Das hoteleigene Fitneßzentrum wird häufig von finnischen Spitzensportlern genutzt.

Lappenenranta

Hotel Patria
Kauppakatu 21, FIN-53100 Lappeenranta, Tel. (05) 6 77 511, Fax 451 24 41; 133 Z. Neben dem Passagierhafen und der historischen Festung liegt das Hotel am Saimaa-See. Obwohl ein großes Haus, herrscht doch eine freundliche Atmosphäre.

Marienhamn

Arkipelag
Strandgatan 31, FIN-22100 Marienhamn, Tel. (018) 2 40 20, Fax (018) 2 43 84, 86 Z. Nobles Hotel mit Blick auf die Ostsee. Nachtclub und Spielcasino.

Mustio (Königsstraße)

*Gutshof Mustio
FIN-10360 Mustio, Tel. (019) 362 31, Fax 362 32 50; 30 Z. und Suiten. In einer romantischen Parkanlage direkt neben dem historischen Gutshaus Mustio wurde in dem 1840 errichteten weißen Seitenflügel ein Hotel mit

Übernachten wie ein Gutsbesitzer im herrschaftlichen Gutshotel Mustio

Mustio (Fortsetzung)

historischem Charme liebevoll eingerichtet. Neben dem Haupthaus gibt es auch einfachere Unterkünfte im näheren Umkreis und ein sehr gutes, preisgekröntes Restaurant.

Nurmes

Bomba Holidays Spa
Suojärvenkatu 1, FIN-75500 Nurmes, Tel. und Fax (013) 68 72 00; 68 Z., 34 Vier-Bett-Hütten.
Im typischen Stil einer alten karelischen Dorfsiedlung wurde dieses Ferienhaus zum Anfang der 80er Jahre auf der Halbinsel Ritoniemi neu errichtet. Neben Restaurant, Einkaufsmöglichkeiten werden auch kulturelle Veranstaltungen geboten. Sehr teuer, aber eher mittelmäßig!

Oulu

* Sokos Hotel Vaakuna
Hallituskatu 1, FIN-90100 Oulu, Tel. (08) 887 76 66, Fax 887 78 88; 126 Z.
In herrlicher Aussichtslage direkt am Marktplatz und am Wasser befindet sich dieses sehr gepflegte und gut geführte Hotel mit allen Einrichtungen eines erstklassigen Hotels.

Pallastunturi

Hotel Pallastunturi
Ivalontie 34, FIN-99330 Pallastunturi, Tel. (016) 53 24 41, Fax 53 274; 63 Z.
Inmitten der friedlichen Natur des Pallas-Ounastunturi-Nationalparks liegt das Hotel und ist damit der bestmögliche Ausgangspunkt für Wanderungen im Park. Gleich nebenan ist das Naturzentrum des Nationalparks.

Pello

Hotel Pellonhovi
Kunnantie 2, Fin-95700 Pello, Tel. (016) 51 39 11, Fax 51 31 6; 80 Z.
Von hier aus lassen sich gut die Wildwasser des Tornionjoki erkunden. Außerdem bietet das Hotel Angellizenzen für Lachsfang an. Im Sommer werden günstige Übernachtungspreise angeboten.

Pori

Meimaailma Yyteri Spa Hotelli
Yyteri, FIN-28840 Pori, Tel. (02) 628 53 00, Fax 638 37 76; 113 Z.
In der Nähe des Strandes in den Dünen von Yyteri liegt dieses Hotel, das wie alle Spa-Hotels großen Wert auf sportliches Ambiente legt.

Porvoo

Hotel Sparre
Pipankatu 34, FIN-06100 Porvoo, Tel. (019) 58 44 55, Fax 58 44 65, 40 Z.
Erstklassiges Hotel am Rande der Altstadt und nahe dem heutigen Zentrum gelegen, so daß alle Sehenswürdigkeiten auf kurzem Weg zu erreichen sind und die bezaubernde Stimmung des Flusses Borgå genossen werden kann.

Pudasjärvi

Isosyöte, PPA 2 Iso-Syäte, FIN-93280 Iso-Syöte, 30 Z. , Tel. (08) 8 20 61 11, 20 Vier-Bett-Blockhäuser.
Um Wanderungen in Ostlappland durchzuführen oder einfach nur die umgebende Natur zu genießen, ist dieses Hotel mit seiner rustikalen Ferienhaussiedlung auf dem Gipfel des Iso-Syöte ein idealer Ausgangspunkt.

Pyhätunturi

Hotel Pyhätunturi
FIN-98530 Pyhätunturi, Tel. (016) 85 61 11, Fax 88 27 40, 53 Z.
Auf halbem Weg zum Gipfel ist dieses Hotel ein idealer Ausgangspunkt für Naturliebhaber, die von hier aus Wanderungen oder Biketouren unternehmen möchten.

Raahe

Hotel Tiirranlinna
Uimahallintie, Tel. (08) 840 31 00
Da Raahe eine reizvolle kleine Stadt ist, sollte man hier länger als nur einige Stunden bleiben, etwa in diesem kleinen Hotel.

Rovaniemi

Ranatasipi Hotel Pohjanhovi
Pohjanpuistikko 2, FIN-96200 Rovaniemi, Tel. (016) 337 11, Fax 319 97; 216 Z.
Ein traditionsreiches Hotel, das im Stadtzentrum direkt am Fluß liegt. Ent-

spannung bieten die große Saunabteilung und der Swimmingpool, während im Restaurant "Weißes Rentier" für das leibliche Wohl gesorgt wird. Rovaniemi (Fortsetzung)

Sallatunturi

Hotel Revontulli
A 756, FIN-98999 Sallatunturi, Tel. (016) 879711, Fax 83776; 26 Z.
Sowohl Wanderer als auch Mountainbiker haben das Hotel als idealen Ausgangspunkt für ihre Touren erkoren. Hierauf hat sich auch die Küche des Hotels eingestellt: Man bekommt üppige Lunchpakete.

Saarijärvi

Summassaari Spa
Postfach 94, FIN-43101 Saarijärvi, Tel. (014) 421311, Fax 423829; 59 Z., 23 Vier-Bett-Hütten.
Umgeben von Kiefernwäldern liegt dieses Hotel, zu dem auch mehrere Bungalows gehören, direkt am See. Ein Trimmpfad und Naturwanderweg geht gleich vom Hotel aus.

Saariselkä

Saariselkä Spa
FIN-99830 Saariselkä, Tel. (016) 6828, Fax 668771; 107 Z. sowie 10 Zwei-Bett-Hütten und 12 Vier-Bett-Hütten.
Vor allem Skisportler und Wanderer zieht es in den Ferienort Saariselkä unterhalb des Kaunispää. Daher bietet das Hotel dem aktiven Urlauber auch mit tropischem Swimmingpool, Jacuzzi, Wellensimulator, Sauna, Massage und Pool Bar zahlreiche Erholungsmöglichkeiten.

Sirka

Hotel Sirkantähäti
FIN-99130 Sirka, Tel. (016) 640100, Fax 641494; 87 Z.
Jedes Zimmer verfügt über eine eigene Sauna und die meisten auch über eine kleine Küchenzeile. Sehr gute samische Kost bietet das Restaurant.

Sodankylä

Hotel Sodankylä
Unarintie 15, FIN-99600 Sodankylä, Tel. (016) 617121, Fax 613545, 54 Z.
Während die Zimmer in dem schlichten, zweigeschossigen Hotel ruhig sind, geht es in den Restaurants hoch her. Hier bestehen gute Möglichkeiten, die einheimische Bevölkerung zu treffen.

Taivalkoski

Hotel Taivalvaara
Taivalvaarantie, FIN-93400 Taivalkoski, Tel. (08) 841661, Fax 842598; 15 Z., 10 Vier-Bett-Hütten.
Das kleine, in moderner Architektur errichtete Hotel gehört dem ehemaligen finnischen Skisprungweltmeister Tapio Räisänen. Es liegt unweit vom See in schöner Umgebung.

Tampere

Scandic Hotel Rosendahl
Pyynikintie 13, FIN-33230 Tampere, Tel. (03) 2441111, Fax 2233375; 213 Z.
Umgeben von einem Park liegt das Hotel am Ufer des Sees Pyhäjärvi, nur einen 10-minütigen Fußweg vom Zentrum der Stadt entfernt.

Tornio

Hotel Tornio Kaupunginhotelli
Itäranta 4, FIN-95400 Tornio, Tel. (016) 43311, Fax 482920; 100 Z.
Im Herzen von Tornio, direkt am Ufer des zum Rafting einladenden Tornionjoki liegt dieses Hotel. Das internationale Flair des Hauses wird noch von einem anerkannten Spitzenrestaurant unterstrichen.

Turku

Park Hotel, Rauhankatu 1
FIN-20100 Turku, Tel. (02) 2732555, Fax 2519696; 21 Z.
Ruhige Lage an einem zentrumsnahen Stadtpark. Die Zimmer wurden jeweils unterschiedlich im eleganten Stil eingerichtet.

Sokos Hotel Seurahuone
Eerikinkatu 23, FIN-20100 Turku, Tel. (02) 337301, Fax 337200; 130 Z.
Mitten im Stadtzentrum liegt dieses beliebte Hotel, das sich als Standort für eine Besichtigung von Turku und Umgebung gut eignet.

Hotels
(Fortsetzung)
Tuuopovaara

Korpiselkä
Korpitalontie 5, FIN-82760 Hoilola, Tel. (013) 86 61 71, Fax 86 62 11; 21 Z.
An der Via Carelia, der "Straße der Runen und Grenzen", liegt dieses große karelische Blockhaus im Dorf Hoilola. Im Sommer können von hier Kanu-, Ruder- und Wanderausflüge unternommen werden, im Winter Langlauf, Motorschlittenfahrten und Eisangeln.

Tuusula
(bei Helsinki)

Krapihovi
Rantatie 2, FIN-04310 Tuusula, Tel. (09) 27 48 41, Fax 2 74 84 10.
Nur 30 km außerhalb von Helsinki bietet dieses Hotel, dessen Hauptgebäude ein altes Farmhaus bildet, ein hervorragendes Angebot an Freizeitmöglichkeiten: Baden im See, Tennis, Rauchsauna oder auch der nahegelegene Golfplatz.

Uusi-Valamo
(bei Joensuu)

Klosterhotel Valamo
Valamontie 42, FIN-79850 Uusi-Valamo, Tel (017) 570 15 04, Fax 570 15 10.
In der Nähe von Heinävesi besteht die Möglichkeit in den Klostermauern des für seine Kunstschätze der Orthodoxen Kirche berühmten Klosters zu übernachten.

Vaasa

Sokos Hotel Royal Vaasa
Hovioikeudenpuistikko 18, FIN-65100 Vaasa, Tel. (06) 327 81 11,
Fax 312 38 61, 272 Z.
Ein Tunnel verbindet die zwei Gebäude dieses im Sommer oft ausgebuchten, gediegenen Geschäftshotels. Zahlreiche Reisebusse machen hier Halt, so daß man beim Frühstück sehr zeitig erscheinen muß, will man nicht Schlange stehen. Die Lobby des Haupthauses ist eindrucksvoll. Leider hört man nachts die etwas zu laute Klimaanlage.

Hotel Silveria, Ruutikellarintie 4, FIN-65100 Vaasa
Tel. (09) 613 26 75 11, Fax. 613 26 75 10, 50 Z.
Ein freundliches, modernes Hotel mit sehr geräumigen Zimmern. Die Lage ist naturnah aber doch nur 1,5 km vom Stadtzentrum entfernt. Große Saunaabteilung und 16 m Schwimmbecken.

Vuokatti

*Katinkulta Holiday Resort
FIN-88610 Vuokatti, Tel. (08) 669 77 11, Fax 669 74 40;
158 Ferienbungalows und Ferienappartements.
Sehr komfortabel ausgestattete und aufwendig gestaltete Feriendomizile direkt am Sandstrand des Nuasjärvi Sees. Im Preis ist die tägliche Nutzung der Tennisanlagen für eine Stunde enthalten sowie der zweistündige Besuch des Schwimmbades.

Hütten und Ferienhäuser

Preisgünstig
und naturnah

Eine ideale und auch in den meisten Fällen kostengünstige Variante, die finnische Natur hautnah zu erleben, bietet das Mieten eines Ferienhauses. In landschaftlich reizvoller Lage, direkt im Wald an einem See gelegen, mit eigener Sauna und einem Ruderboot, bieten diese zum überwiegenden Teil auch winterfesten Häuser das ganze Jahr über dem Individualreisenden die Möglichkeit, den landestypischen Urlaubsstil kennenzulernen.

Klassifizierung

Die Ferienhäuser sind in fünf Kategorien eingeteilt, deren Klassifizierung sich nach der Ausstattung und dem Platzangebot richtet wie Grundfläche, Schlafraum, Strom- und Wasserversorgung, Sanitärbereich, WC usw. Üblicherweise werden Ferienhäuser zum Wochenpreis angeboten. Eine Ausnahme bildet die Zeit um Mittsommer, wenn sie im 8-Tage-Paket vermietet werden. Neben diesen meist einzelnen Ferienhäusern bieten auch fast alle Campingplätze zusätzlich die Möglichkeit, auf ihren Anlagen Hütten oder Ferienhäuser auch für nur eine Übernachtung zu mieten.

Hütten und Ferienhäuser (Fortsetzung) Auskunft in Finnland

Lomarengas / Finnish Country Holidays
Hämeentie 105 D, FIN-00750 Helsinki
Tel. (09) 57 66 33 50, Fax 57 66 33 55

Saimaa Lakeland, Puisokatu 1, FIN-57100 Savonlinna,
Tel. (015) 27 34 92, Fax 51 44 49 (200 Ferienhäuser in Ostfinnland)

Lapland Travel Ltd., Koskikatu 1, FIN-96200 Rovaniemi,
Tel. (016) 3 32 34 00, Fax 3 32 34 11

Päijät-Häme Tourist Service, Aleksanterinkatu 4, FIN-15110 Lahti,
Tel. (03) 7 8344 00, Fax 7 52 33 85
(250 Ferienhäuser im südlichen Seengebiet)

Auskunft in Deutschland

Finnische Zentrale für Tourismus, Lessingstr. 5,
D-60325 Frankfurt, Tel. (069) 719 19 80, Fax 724 17 25

Gasthaus Björkö auf der gleichnamigen Insel bei Vaasa

Jedermannsrecht

Nicht niedergeschrieben, aber respektiert

In Finnland hat grundsätzlich jedermann das Recht, Strand, Ufer, Wald und Wiese auch dann zu benutzen, wenn sie Privateigentum sind. Auch das Pflücken von Beeren, Pilzen und Blumen ist erlaubt. Es handelt sich hier um ein allseits respektiertes, nirgendwo niedergeschriebenes Gewohnheitsrecht, dessen Grenzen fließend sind.
Man darf dieses Recht allerdings keinesfalls als Freibrief für z. B. ungehemmtes wildes Campen verstehen. Wer nicht anecken will, sollte vermeiden, auf dem Grund und Boden anderer ohne Genehmigung zu zelten, Feuer zu entfachen oder auch Lärm zu machen. Wohnwagen, Wohnmobile und Zelte dürfen nie näher als 150 Meter vom nächsten Haus oder der

Jedermannsrecht (Fortsetzung)

nächsten Hütte aufgestellt werden. Beim Verlassen des Platzes dürfen keinerlei Fäkalien oder Müll hinterlassen werden, wie überhaupt die Natur nicht in Mitleidenschaft gezogen werden darf.

Jugendherbergen und Wanderheime

Allgemeines

Jugendherbergen und Wanderheime, die in mehr als 150 Orten zu finden sind und nicht nur Jugendlichen offenstehen, sind eine günstige Übernachtungsgelegenheit. Bei hohen Besucherzahlen beträgt die maximale Aufenthaltsdauer in Jugendherbergen sieben Tage.

Auskunft

Finnischer Jugendherbergsverband
Yrjönkatu 38B, FIN-00100 Helsinki, Tel. (09) 694 03 77, Fax (09) 693 13 49

Ein Gesamtverzeichnis aller europäischen Jugendherbergen erhält man beim Deutschen Jugendherbergswerk: Deutsches Jugendherbergswerk, Postfach 1455, D-32704 Detmold, Tel. (0 52 31) 7 40 10, Fax 74 01 49

Karten

Neben der zu diesem Reiseführer gehörenden Übersichtskarte wird empfohlen, zusätzliches Kartenmaterial mitzuführen.

1 : 200 000 bzw. 1 : 400 000

Tiekartasto Suomi-Finnland, Karttakeskus Oy (sehr guter, ausführlicher Straßenatlas von ganz Finnland mit Regionalkarten und Stadtplänen, zu bestellen bei
Karttakeskus Oy, Unionkatu 32, PL 85, FIN-00521 Helsinki,
Tel. (09) 15 45 21, Fax 1 54 56 50.

1 : 500 000

Cappelens Bilatlas Norden (Autoatlas in Buchformat)

1 : 750 000

Große Shell Autokarte Finnland (Mairs Geographischer Verlag, Ostfildern)

Mietwagen

Bedingungen

Bedingungen für das Mieten eines Kraftfahrzeuges ist das Mindestalter von 21 Jahren und der Besitz eines internationalen Führerscheins, für Bürger aus Deutschland genügt der nationale Führerschein.
Mietwagenfirmen sind an internationalen Flughäfen und Bahnhöfen vertreten. Außer internationalen Mietwagenfirmen, deren Reservierungssysteme zuverlässig funktionieren, bieten auch einheimische Verleihfirmen vor Ort Wagen an. Die Tarife sind meist niedriger, die Autos vielleicht nicht ganz so komfortabel ausgestattet.

Reservierungszentralen in Deutschland

Avis: Tel. (0 18 05) 55 77 55; www.avis.de
Budget: Tel. (0 18 05) 24 43 88; www.budget.de
Europcar: Tel. (0 18 05) 80 00; www.europcar.de
Hertz: Tel. (0 18 05) 33 35 35; www.hertz.de

Nachtleben

Eher zurückhaltend

Ob man es nun wahrhaben möchte oder nicht, in Finnland gibt es nur wenige Orte, an denen man ausgiebig ins Nightlife abtauchen kann. Verglichen mit anderen europäischen Staaten sind die Nächte eher als ruhig zu

Nachtleben (Fortsetzung)

bezeichnen. Dafür ist in erster Linie die restriktive Gesetzgebung in bezug auf Alkohol verantwortlich und nicht die irrige Annahme von einem angeblich kühleren Naturell der Finnen. Ebenso wie in Norwegen und Schweden ist Alkohol sehr teuer. Der Verkauf und Vertrieb (auch in Restaurants und Kneipen) wird über die staatliche Handelsorganisation "Alko" geregelt. Dennoch scheint es aber, daß die strenge Reglementierung des Alkoholausschanks und die hohen Preise keinen Einfluß auf das Konsumverhalten der Finnen genommen haben, und wenn man sich die teuren Spirituosen nicht leisten kann, dann wird halt Selbstgebranntes "genossen".

Auf dem Land

Sieht man vom Mittsommerwochenende ab, an dem selbst in den kleinsten Orten Finnlands Hochstimmung herrscht, muß man feststellen, daß für Nachtschwärmer außerhalb der großen Städte kaum etwas geboten wird. Hier trifft man sich in kleinen Landgaststätten oder Caféterias, um miteinander zu reden und ausgiebig zu zechen. Diskotheken sind kaum anzutreffen, dafür gibt es häufig sogenannte "Tanzveranstaltungen", die aber sicherlich nicht den Geschmack eines jeden treffen. Böse Zungen behaupten sogar, es wäre zwecklos, nach 22.00 Uhr eine solche aufzusuchen, da der allzu hohe Alkoholspiegel bereits zu dieser Stunde ein jedes Tanzbein lahmgelegt habe.
Eine andere Möglichkeit bieten die abendlichen Ausflugsdampfer, die auf den größeren Seen zu Fahrten aufbrechen. Neben der Fahrt durch stimmungsvolle Landschaft wird dabei das zumeist reifere Publikum zum Tanz aufgefordert.

In Helsinki

In Helsinki hingegen kann sich der Urlauber ohne weiteres in die Nacht stürzen, ohne Angst vor Langeweile haben zu müssen. Um dieses zu nutzen, werden an den heißen Tagen am Wochenende von Finnen selbst längere Anfahrstrecken von über 200 km (!) in Kauf genommen.
Zahlreiche Bars, Night Clubs, Pubs, Restaurants und Kinos (oft mit englisch-sprachigen Untertiteln) laden dazu ein. Live-Musik gehört in vielen Kneipen zum Alltag. Diskotheken, meist technisch mit den modernsten Lasershows ausgestattet, sind in den überwiegenden Fällen in den größeren Hotels angesiedelt und haben bis in den frühen Morgen geöffnet. Dreh- und Angelpunkt ist das Gebiet östlich und westlich des Bahnhofs. Hier findet man die größte Dichte an "Hot-Spots" für die Nacht. An schönen Sommerabenden sind aber auch die Cafés am Marktplatz und entlang der Esplanade, von den Einheimischen nur "Espa" genannt, eine gute Anlaufstelle für einen ersten kühlen Drink, bevor es dann richtig losgeht.

Nationalparks

Allgemeines

Nationalparks sind großräumige Landschaftsschutzgebiete, die unter staatlicher Verwaltung stehen. Die Landschaft mit ihrer ursprünglichen Tier- und Pflanzenwelt soll dort möglichst unberührt erhalten bleiben. In Finnland gibt es zahlreiche Nationalparks. Sie bieten vielfach gute Bedingungen zum Wandern; teilweise besteht die Möglichkeit, in Hütten zu übernachten. Im Winter kann man in der Fjällregion Skiwanderungen und -touren machen. Im nördlichen Landesteil sind die Unterschiede zwischen den Jahreszeiten besonders ausgeprägt. Die 'Ruska'-Zeit, während der die Blätter sich herbstlich verfärben, beginnt in Lappland gewöhnlich in der zweiten Septemberwoche.
Nachfolgend werden die wichtigsten Nationalparks kurz umrissen. Die Numerierung entspricht der Übersichtskarte auf S. 315. Einige der Parks werden im Teil "Reiseziele von A bis Z" ausführlich beschrieben.

1 Östlicher Finnischer Meerbusen

Östlicher Finnischer Meerbusen (Itäinen Suomenlahti): 5 km², gegründet 1982. Die fern vom Festland gelegenen, zum überwiegenden Teil baumlosen ca. hundert Schären und steil ins Meer abfallenden Klippen waren einst wichtige Fischereistützpunkte und sind ein bedeutendes Revier für Robben.

Nationalparks

2 Nuuksio

Nuuksio: 30 km², erst 1994 zum Nationalpark erklärt.
Das Wildmarkgebiet auf dem Stadtgebiet von Espoo liegt auf einer Höhe von 60 bis 120 m ü. d. M. und wird durch felsige Heidewälder, Seen und Moore geprägt (→ Reiseziele von A bis Z, S. 100).

3 Schären bei Tammisaari

Schären bei Tammisaari: 39 km², gegründet 1982. Der aus drei naturbelassenen Schärengürteln (Meereszone, äußerer und innerer Schärengürtel) bestehende Park besitzt einen großen Vogelbestand und ist Nistplatz für ca. 2500 Eiderentenpaare.

4 Südwestliches Schärenmeer

Südwestliches Schärenmeer: 220 km², gegründet 1983.
Die unter Schutz gestellten Schären (Inseln) vor Turku sind Zufluchtsort zahlreicher gefährdeter Meeresvögel. Der zum überwiegenden Teil unterseeisch verlaufende dritte Endmoränenrücken des Salpausselkä (→ Zahlen und Fakten: Naturraum) bildet an vereinzelten Stellen Inseln (z. B. Jurmo). Auf manchen Schären ist ein großer Artenreichtum anzutreffen (Hainwiesen, Farne, Nußbäume, Seeadler, Robben; → Reiseziele , S. 262).

5 Torronsuo

Torronsuo: 26 km², gegründet 1990. Größtes zusammenhängendes Moorgebiet der finnischen Küste mit stellenweise bis zu zehn Meter dicken Torfschichten.

6 Liesjärvi

Liesjärvi: 7 km², gegründet 1956. Zum Teil alte naturbelassene Wälder und junge Fichtenbestände wechseln sich mit Mooren und Seen ab. Die alten Gehöfte der Teer- und Pechbrennen sind längst verlassen, nur das Försteranwesen Kortenieme wird noch bewohnt.

7 Puurijärvi und Isosuo

Puurijärvi und Isosuo: 23 km², gegründet 1993. Mehrere Moore und der zugewachsene See Puurijärvi sind Nist- und Ruheplätze für zahlreiche Vogelarten.

Nationalpark Südwestliches Schärenmeer bei Turku: Die Insel Gullkrona wird gern von Segelbooten angelaufen.

Nationalparks

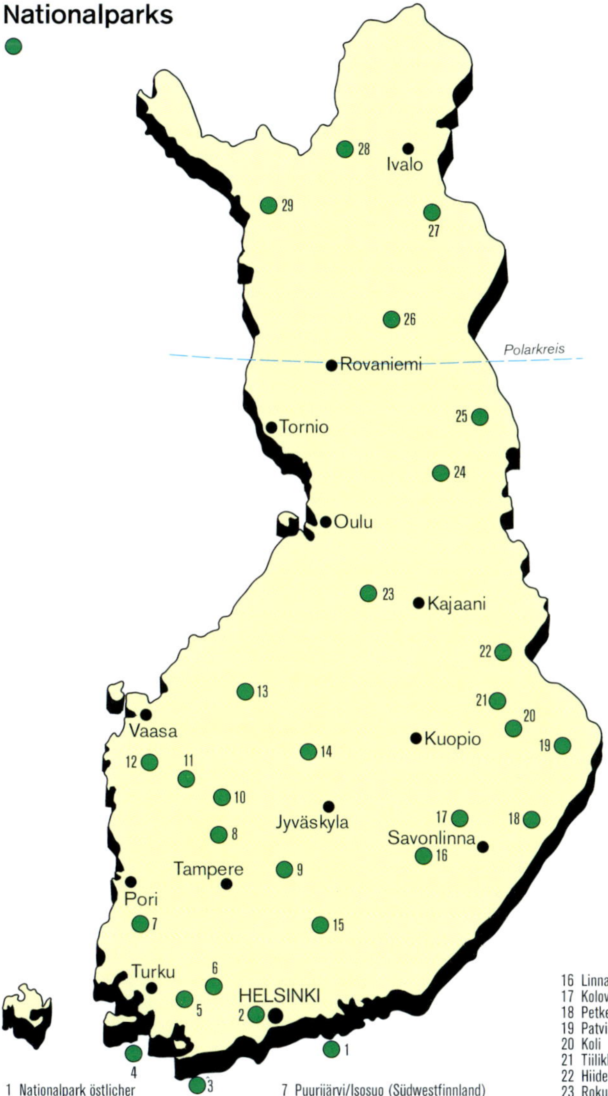

1 Nationalpark östlicher finnischer Meerbusen (5 km^2; Kymi)
2 Nuuksio (30 km^2; Südfinnland)
3 Schären bei Tammisaari/Ekenäs (39 km^2; Südwest-Finnland)
4 Nationalpark südwestliche Schärenwelt (17 km^2; südlich Turku)
5 Torronsuo (26 km^2; Häme)
6 Liesjärvi (17 km^2; Häme)
7 Puurijärvi/Isosuo (Südwestfinnland)
8 Seitseminen (41 km^2; Häme)
9 Isojärvi (19 km^2; Häme)
10 Helvetinjärvi (22 km^2; Häme)
11 Kauhaneva-Pohjankangas (32 km^2; Vaasa)
12 Lauhanvuori (36 km^2; Vaasa)
13 Salamajärvi (60 km^2; Mittelfinnland)
14 Pyha-Häkki (12 km^2; Mittelfinnland)
15 Päijänne
16 Linnansaari (28 km^2; Mikkeli)
17 Kolovesi (23 km^2; Savo)
18 Petkeljärvi (6 km^2; Nordkarelien)
19 Patvinsuo (100 km^2; Nordkarelien)
20 Koli
21 Tiilikkajärvi (25 km^2; Kuopio)
22 Hiidenportii (43 km^2; Oulu)
23 Rokua (4 km^2; Oulu)
24 Riisitunturi (77 km^2; Lappland)
25 Oulanka (269 km^2; Oulu)
26 Pyhätunturi (42 km^2; Lappland)
27 Urho-Kekkonen-Nationalpark (2550 km^2; Lappland)
28 Lemmenjoki (2855 km^2; Lappland)
29 Pallas-Ounastunturi (506 km^2; Lappland)

8 Seitseminen	Seitseminen: 41 km², gegründet 1982. Nachdem die lange forstwirtschaftliche Nutzung eingestellt wurde, kann sich langsam der Naturzustand in dem von Wald-, Moor- und Oserlandschaften geprägten Park wieder einstellen (→ Reiseziele von A bis Z, S. 204).
9 Isojärvi	Isojärvi: 19 km², gegründet 1982. An der Westseite des Päijänne-Sees bilden steile, von tiefen Tälern durchschnittene Anhöhen (z. B. Vahterinvuori) die Kulisse für den See Isojärvi.
10 Helvetinjärvi	Helvetinjärvi: 22 km², gegründet 1982. Eindrucksvolle Wildmarknatur mit dichten, dunklen Wäldern, naturbelassenen Mooren, Seen und tiefen Felsspalten (Helvetinkolu; → Reiseziele von A bis Z, S. 204).
11 Kauhaneva-Pohjankangas	Kauhaneva-Pohjankangas: 32 km², gegründet 1982. Mit Krüppelkiefern und Heidekraut bewachsene Moorlandschaft, durch die ein mittelalterlicher Handelsweg hindurchführt.
12 Lauhanvuori	Lauhanvuori: 36 km², gegründet 1982. Üppige Vegetation auf der Bergkuppe des Lauhanvuori kontrastiert mit den Flechten an den kargen Berghängen und kilometerlangen Geröllfeldern (z. B. Kivijata). Schneesicher für Skifahrer bis Anfang Mai (→ Reiseziele vo A bis Z, S. 178).
13 Salamajärvi	Salamajärvi: 60 km², gegründet 1982. Eine flache Heidenlandschaft, die sich mit ausgedehnten Mooren und kargen Wäldern abwechselt. Eine Besonderheit stellen die seit 1979 angesiedelten Waldrene dar.
14 Pyhä-Häkki	Pyhä-Häkki: 12 km², gegründet 1982. Ein urwüchsiges dichtes Waldgebiet aus Kiefern und Fichten mit Baumbeständen noch aus dem 16. Jahrhundert (→ Reiseziele von A bis Z, S. 149)
15 Päijänne	Päijänne: 10 km², gegründet 1993. Schutzgebiet für die Großseenregion und die Uferzonen von fünfzig unbebauten und einzelnen Abschnitten von bewohnten Inseln (→ Reiseziele von A bis Z, S. 215).
16 Linnansaari	Linnansaari: 36 km², gegründet 1956. Im Gebiet der finnischen Seenplatte gelegen, bilden hunderte von kleinen Inseln im See Haukivesi diesen Park. Auf der Hauptinsel Linnansaari gibt es Wanderwege, einen Naturlehrpfad und einen Campingplatz (→ Reiseziele von A bis Z, S. 241).
17 Kolovesi	Kolovesi: 23 km², gegründet 1990. Steile Felswände, die direkt aus dem Wasser aufsteigen, überragen das wichtigste Waldschutzgebiet Südfinnlands, in dem die Saimaa-Ringelrobbe noch ihren Lebensraum findet. Daß hier ein vorzeitliches Jagdrevier gewesen sein muß, belegen zahlreiche Felszeichnungen.
18 Petkeljärvi	Petkeljärvi: 6 km², gegründet 1956. Ein Park, der vor allem durch die z. T. weiten Schwemmwiesen und die dort lebende Tierwelt besticht. Sehr verbreitet ist der Biber. Bauliche Sehenswürdigkeiten sind Unterstände und Schützengräben aus dem 2. Weltkrieg (→ Reiseziele von A bis Z, S. 159).
19 Patvinsuo	Patvinsuo: 100 km², gegründet 1982. Eine in der nordkarelischen Wildmark gelegene vegetationsarme Moorlandschaft. Neben Moorvögeln wie Saatgänsen und Singschwänen sind Raubvogelarten und auch Bären, Biber und vereinzelt Waldrene heimisch (→ Reiseziele von A bis Z, S. 155).
20 Koli	Koli: 11 km², gegründet 1991. Idealbild finnischer Seenlandschaft, vor allem von der mit 250 m über dem Wasserspiegel höchsten Erhebung, dem Ukko-Koli (→ Reiseziele von A bis Z, S. 163).
21 Tiilikka	Tiilikka: 25 km², gegründet 1982. Vereinzelte Sandstrände liegen an dem von einem Oser unterteilten kilometerlangen See Tiilikka. Die Ufer werden von Mooren und kargen, naturbelassenen Kiefernwälder gesäumt.

Hiidenportti: 43 km², gegründet 1982. Abwechslungsreiche Moorlandschaft. Das sehenswerte gleichnamige Bruchtal weist fast senkrecht stehende, 20 m hohe Felswände auf. Nationalparks (Fortsetzung) **22** Hiidenportti

Rokua: 4 km², gegründet 1956. Eine sehr stark von den nacheiszeitlichen Einflüssen geprägte Landschaft, die von Osern, Uferwällen und hohen Dünen und einer Vegetation aus kargen, flechtenbewachsenen Kiefernheiden geprägt wird. **23** Rokua

Riisitunturi: 77 km², gegründet 1982. Der See Kitkajärvi und zahlreiche Moore machen diesen wohl schönsten Teil der Fjällregion Ostlapplands aus. Da die Region zum feuchtesten Gebiet des Landes zählt, sind Moore bis zu den höchsten Kuppen (466 m ü.d.M.) vorhanden. **24** Riisitunturi

Oulanka: 269 km², gegründet 1982. Eine abwechslungsreiche Flußlandschaft, deren Reiz im Gegensatz von ruhigen Gewässern und reißenden Stromschnellen (u.a. Kiutaköngäs, Taivalköngäs, Jyrävä) besteht (Reiseziele von A bis Z, S. 204). **25** Oulanka

Pyhätunturi: 42 km², gegründet 1938. Die steilen Hänge der fünf Gipfel sind durch tiefe Schluchten und Geröllfelder voneinander getrennt, zu deren Füßen sich Moore sowie Fichten- und Kiefernwälder erstrecken. Der isoliert stehende Pyhätunturi war einst Opferstätte der Samen (→ Reiseziele von A bis Z, S. 239). **26** Pyhätunturi

Urho-Kekkonen-Nationalpark: 2550 km², gegründet 1983. Auf Grund der Größe besteht ein deutlicher Unterschied zwischen Nord- und Südteil: im Norden findet man karge Vegetation, im Süden dicht bewaldete Wildmark mit vielseitiger Fauna. Die Rentierzüchtung ist hier noch sehr weit verbreitet (→ Reiseziele von A bis Z, S. 264). **27** Urho-Kekkonen

Lemmenjoki: 2855 km², gegründet 1956. Größter Nationalpark Finnlands, gelegen in Nord-Lappland. Die Park ist von vielen Flüssen, Wäldern, Mooren und Fjälls geprägt und ringsum von Samendörfern umgeben. In Sallivaara am Fluß Rajajoki befindet sich ein alter Rentierscheidungsplatz (→ Reiseziele von A bis Z, S. 197). **28** Lemmenjoki

Pallas-Ounastunturi: 506 km², gegründet 1938. Zwei rundkuppige Fjällketten, zwischen denen zum einen die nördliche Verbreitungsgrenze der Fichte verläuft und die zum anderen die Wasserscheide zwischen den Flüssen Tornio- und Kemijoki darstellen, bilden diesen Park. (→ Reiseziele von A bis Z, S. 216). **29** Pallas-Ounastunturi

Notdienste

Tel. 100 22 Polizei

Tel. 112 Unfallrettung und Feuerwehr

Tel. aus Finnland: 990 49/89/22 22 22 22. 24-Stunden-Dienst ADAC-Notruf

Tel. aus Finnland: 990 49/711/70 10 70 Deutsche Rettungsflugwacht

Post und Telefon

Post

Finnische Postämter sind zu folgenden Zeiten geöffnet: Mo. bis Fr. von 9.00 bis 18.00 Uhr. Postämter

Post und Telefon (Fortsetzung), Porto

Postkarten und Briefe bis 50 g innerhalb Finnlands: 0,51 Euro
Postkarten und Briefe bis 20 g nach Europa: 0,61 Euro
Brief bis 50 g nach Europa: 0,81 Euro

Telefon

Telefonzellen

Post und Telefonversorgung sind organisatorisch getrennt. Telefonieren ist von öffentlichen Telefonzellen aus oder in den Telegrafenämtern möglich. In fast allen Telefonzellen besteht die Möglichkeit, sich anrufen zu lassen.

Inlandsgespräche

Seit Oktober 1996 gelten in Finnland neue Vorwahlnummern. Bei Inlandsgesprächen ist die Null mitzuwählen.

Ålandinseln: 018	Uusimaa: 019
Mittelfinnland: 014	Häme: 03
Kymi: 05	Kuopio: 017
Mikkeli: 015	Lappland: 016
Nordkarelien: 013	Oulu: 08
Helsinki und Vororte: 09	Turku / Pori: 02
	Vaasa 06

Auslandsgespräche

In Finnland ist die Liberalisierung des Telefonmarktes bereits Realität, da sich mehrere Telefongesellschaften den Markt teilen und sich preislich zu unterbieten versuchen. So kann man mit verschiedenen Netzkennzeichen ins Ausland telefonieren:

999 (Finnet International), 990 (Sonera), 994 (Telia) oder 00 (International) und danach die Ländernetzkennzahl. Die Null der Ortsvorwahl entfällt.

Ländernetzkennzahlen

nach Deutschland: 49
nach Österreich: 43
in die Schweiz: 41
Von Deutschland, Österreich und der Schweiz nach Finnland: 00358

Deutschland Direkt-Dienst

Die Telekom bietet den Telefon-Service Deutschland-Direkt an, der es erlaubt, bargeldlos vom Ausland aus in Deutschland anzurufen. Aus Finnland erreicht man mit der kostenlosen Nummer 9800-1-0490 rund um die Uhr den Deutschland-Direkt-Operator in Frankfurt am Main. Man gibt die Nummer des Gesprächspartners an und führt dann das Telefonat. Die Kosten (für die ersten drei Minuten betragen um die 2,5 Euro innerhalb Europas) übernimmt der Angerufene.

T-Card

Besitzer einer T-Card geben ihre Kartennummer und das persönliche Kennwort durch.

Radfahren

Gute Infrastruktur

Radfahrern bietet Finnland neben dem Erlebnis, die beeindruckende Natur in Ruhe genießen zu können, ein gut erschlossenes Wegenetz mit abwechslungsreichen Routen. Sowohl Tagesausflüge als auch ein mehrtägiger Fahrradurlaub sind dabei möglich. Sollen größere Entfernung mit öffentlichen Verkehrsmitteln überbrückt werden, ist die Mitnahme des Rades kein Problem. Gegen eine geringe Gebühr werden Fahrräder im Zug und Bus als Gepäckstück mitgenommen, und die Finnair bietet einen Transport ohne Gebühr.
Bei der Wahl des Rades ist darauf zu achten, in welchem Gelände gefahren werden soll. Für Stadtausflüge und Fahrten auf asphaltierten Landstraßen sowie Radwegen ist das traditionelle Alltagsrad noch geeignet. Abseits dieser Strecken, auf Sandwegen und Pfaden durch Wälder, ist aber

bereits ein Tourenrad von großem Vorteil, während in Nordfinnland ein Mountainbike am besten ist.

Radfahren (Fortsetzung)

Radtouren

Fast in ganz Finnland können Touren unternommen werden, wobei die Kondition häufig nur durch stärkere Winde auf die Probe gestellt wird. Auf Grund des flachen Reliefs stellen Steigungen kein Problem dar. Auch wenn die Straßen Finnlands nicht allzusehr vom PKW-Verkehr belastet sind, läßt sich die idyllische Natur am besten auf ruhigen Seitenwegen erkunden oder auch auf den Pfaden der Nationalparks. Obwohl das Jedermannsrecht auch die Möglichkeit zum Fahren im unbefestigten Gelände einräumt – Begrenzungen gibt es nur in Nationalparks –, sollte vernünftiges Verhalten in freier Natur selbstverständlich sein.
Viele Gemeinden bieten ein- und mehrtägige geführte Radtouren an. Buchung und Information beim jeweiligen Tourismusbüro.

Mountainbiking

Auch in Finnland hat in den letzten Jahren die Zahl der aktiven Mountainbiker zugenommen. Sowohl für Anfänger als auch für sportlich ambitionierte Fahrer gibt es hervorragende Reviere. Gerade aber die Anhänger dieser Sportart sollten sich an die für sie ausgewiesenen Fahrstrecken halten. Die dünne Vegetationsdecke aus Moosen und Flechten kann sehr leicht zerstört werden, und es dauert Jahre, bis sie sich nach einem solchen Eingriff regenerieren kann.

Besonders reizvolle Radrundfahrten

Ålandinseln: Mariehamn - Jomala - Lemland - Föglö - Kökar - Lumparland - Sund - Saltvik - Finström - Jomala - Mariehamn (ca. 6 Tage). Kurze Entfernungen und geringe Höhenunterschiede; Fährenbenutzung.

Päijanne: Lahti - Hollola - Vesijärvi-See - Asikkala - Pulkkilamharju - Sysmä - Luhnaka - Pappinen - Hartola - Heinola - Vierumäki - Nastola - Lahti (330 km, ca. 7 Tage).
Saima-Seengebiet: Imatra - Ruokolahti - Silkava - Puumala - Mikkeli - Savitaipale - Taipalsaari - Lappeenranta - Imatra (400 km, ca. 6 Tage).

Rund um den Pielinen-See: Lieksa - Nurmes - Luuka - Koli-Berge - Uimaharju - Lieksa (ca. 300 km, ca. 5 Tage).
Region Savonlinna: nach Rauhalinna und Putkinotko (38 km), um den Puruvesi-See (110 km), um den Simpelejärvi-See (54 km) und nach Punkaharju (83 km).
Umgebung von Kuopio: Mehrere Mountainbiketouren zwischen 10 und 30 km Länge.

Nordfinnland: Region Kuusamo (Nationalpark Oulanka, Juuma, rund um den Kitkajärvi), Umgebung von Ouli (Kainuu, Liminka, Hailuoto, entlang dem Oulujoki-Fluß), Umgebung von Saariselkä.

Auskunft

Der Verband 'Finnische Loipe' gibt hervorragendes Informationsmaterial über mehrere Fahrradgebiete und für Mountainbiker heraus. Empfehlenswert sind die Geländeroutenkarten mit Angaben zu Streckenlänge, Schwierigkeitsgrad, Höhenprofil, Fahrzeiten und Routenbeschreibungen. Erhältlich bei: Suomen Latu (Finnische Loipe), Fabianinkatu 7, FIN-0130 Helsinki, Tel. (09) 17 01 01, Fax 66 33 76

Reisedokumente

Personalpapiere

Finnland ist Mitglied des Schengener Abkommens. Demnach benötigen Deutsche, Österreicher und Schweizer für die Einreise nach Finnland lediglich einen gültigen amtlichen Personalausweis oder einen gültigen Reise-

Reisedokumente, Personalpapiere (Fortsetzung)

paß. Kinder unter 16 Jahren brauchen einen gesonderten Kinderausweis, falls sie nicht im Reisepaß der Eltern eingetragen sind. Auch die übrigen Länder Skandinaviens, bereits in der Nordischen Paß- und Zollunion vereint, sind dem Abkommen beigetreten, so daß zwischen ihnen keine Grenzkontrollen stattfinden.

Fahrzeugpapiere

Der deutsche Führerschein und Kraftfahrzeugschein werden anerkannt und sind mitzuführen. Zweckmäßig ist die Mitnahme der grünen Internationalen Versicherungskarte für Kraftverkehr. Kraftfahrzeuge müssen das ovale Nationalitätskennzeichen tragen.

Haustiere

Haustiere, die gegen Tollwut geimpft sind, dürfen vom europäischen Festland nach Finnland mitgebracht werden; den Zollbehörden muß eine Impfbescheinigung vorgelegt werden, aus der das Impfdatum sowie Name und Anschrift des ausstellenden Arztes hervorgehen. Die Impfung muß mindestens 30 Tage und darf höchstens 12 Monate zurückliegen.

Reisezeit

Sommer

Jede Jahreszeit hat in Finnland ihren ganz besonderen Reiz, selbst wenn in Mitteleuropa nur die Sommermonate als beste Reisezeit gelten. Juni, Juli und August sind sicherlich die wärmsten und meist auch die trockensten Monate des Jahres. Dann verschwindet die Sonne im hohen Norden gar nicht oder nur für kurze Zeit hinter dem Horizont. Auch in Nordfinnland kann es im Sommer recht warm werden, wobei Temperaturen über 20 °C keine Seltenheit sind. Der Besucher wird zu dieser Zeit jedoch besonders stark von den "Raubtieren des Nordens", den Mücken, heimgesucht.

Herbst

Von Insidern wird der Herbst (September bis November) wegen der unvorstellbar schönen Farbenpracht der Landschaft (finnisch Ruska, samisch Aika) als beste Reisezeit genannt. Die Zahl der Mücken nimmt spürbar ab, jedoch sind die Nächte schon sehr kalt.

Winter

Im Winter üben die Polarnacht und die zu dieser Zeit besonders gut sichtbaren Polarlichter einen ganz besonderen Reiz aus. Temperaturen von -20 bis -30 °C sind aber keine Seltenheit. Die Trockenheit der eisigen Luft hilft jedoch, diese Extremtemperaturen zu überstehen. Für den Wintersport sind die Monate März und April besonders geeignet, weil dann die Tage wieder länger werden.

Frühling

Im Frühling (Mai bis Juni) liegt die Zeit der Schneeschmelze. Da nun das Land sehr sumpfig ist und sich kaum Möglichkeiten finden, befestigte Wege zu verlassen, ist das Frühjahr, insbesondere der Mai, der ungünstigste Zeitpunkt für eine Reise nach Finnland.

Restaurants

Allgemeines

Die meisten finnischen Restaurants tragen internationale Namen, nur noch selten trifft man auf die finnische Bezeichnung "Ravintola" (= Restaurant). Viele sind stilvoll eingerichtet, und fast alle haben eine gute Küche.
Ein Feriengast, der in Finnland zum Essen Alkohol trinken möchte, sollte sich im voraus nach den Schankrechten des Restaurants erkundigen. Es wird unterschieden zwischen vollem Schankrechte und eingeschränktem Schankrecht nur für Bier und Wein.

Preise

Finnland bietet zwar eine große Auswahl von Restaurants, jedoch sollte man kein Gourmetparadies erwarten. Zudem liegen die Preise für Speisen und Getränke in den Gaststätten ca. 30% über den in Mitteleuropa üblichen. Eine Flasche Wein wird unter 30 Euro kaum auf der Weinkarte zu finden sein. Etwas billiger ist der Hauswein (finn. kaarahviviini, schwedisch husets vin), der in Karaffen (finn. kaarahvi) serviert wird.

Preise (Fortsetzung)

In Finnland ist es nicht üblich, für einen Tisch getrennte Rechnungen auszuschreiben. Wenn man getrennt bezahlen will, muß man die Gesamtrechnung für den Tisch untereinander aufteilen. Man soll sich jedoch nicht wundern, wenn man dann von Einheimischen an den Nebentischen mit verhaltenem Lächeln beobachtet wird.

Schnellgaststätten

Erschwinglich sind die Preise in Schnellgaststätten (finn. ruokabaari). Kulinarische Aha-Erlebnisse sollte man nicht erwarten, aber der Hunger ist gestillt. Die Preise sind meist über dem Tresen angeschlagen, was dem Skandinavienfahrer ein Erlebnis ganz besonderer Art verspricht: Man deutet auf ein Gericht und wartet mit Spannung darauf, was nun kommt.

Gourmet-Routen

Unter dem Namen 'Lappi à la Carte' hat man drei Gourmet-Routen durch Lappland zusammengestellt. Ein entsprechendes Informationsblatt ist bei allen Büros der Finnischen Zentrale für Tourismus erhältlich (→ Auskunft).

Restaurantauswahl

Ålandinseln

In Föglö: Seagram
Tel. (018) 510 92, Fax 510 98
Für eine Mittagspause ist dieses Restaurant mit hervorragenden Fleisch- und Fischgerichten einzuplanen. Es liegt direkt am Wasser im idyllischen Dorf Degerby, inmitten des Schärengartens der Ålandinseln.

In Mariehamn: Park Alandia Hotel
Norra Esplanadgatan 3, Tel. (018) 141 30, Fax 171 30.
Hier wird vor allem die typisch åländische Küche gepflegt. Im Sommer hat zusätzlich das Gartenlokal geöffnet.

In Mariehamn: Restaurant Nautical
Hamngatan 2, FIN-22100 Mariehamn, Tel. (018) 199 31, Fax 17 888
Gourmetrestaurant mit Aussicht über den Hafen und das Museumsschiff. Dazu gibt es regionale Spezialitäten, aber auch Büffelfleisch nach Hausmannsart.

Hämeenlinna

Restaurant Piparkakkutalo
Kikkorinne 2, Tel. (03) 612 16 06
Ein charmantes Restaurant mit exquisiten Gerichten, das direkt im Zentrum der Stadt in einem Jugendstilhaus untergebracht ist.

Salaattivitriini Minna & Mika
Raatihuoneenkatu 13, Tel. (03) 653 30 66
Leichte Salate mit duftenden Baguettes am Rande des Marktplatzes.

Hamina

Rosso, Isoympyräkatu.
Treffpunkt auch der Einheimischen bis spät in die Nacht.

Hauho

In Alvettula: Miekka Farmhouse
Häränvattantie, Tel. (03) 654 51 12
Landgasthof, der nur sonntags von 12.00 – 15.00 Uhr geöffnet hat. Hier werden nur saisonales Gemüse, Fisch und Fleisch der Umgebung zu traditionellen Gerichten der Region Häme verarbeitet. Dazu hausgebrautes Bier und Wein der Region.

Helsinki

Katajanokan Kasino
Laivastokatu 1, Tel. (09) 622 27 42
Dieses Restaurant mit internationaler Küche und einer ruhigen Gartenterrasse liegt am Hafen in der Nähe der Uspenski-Kathedrale.

Helsinki (Fortsetzung)

Namaskaar
Mannerheimintie 100, Tel. (09) 477 19 60
In Helsinki geht man gerne "exotisch" essen, was die vielen ausländischen Lokale beweisen. Das wohl teuerste Restaurant der Stadt bietet indische Küche vom Feinsten.

Kynsilaukka Garlic
Frederikinkatu 22, Tel. (09) 65 19 39
Nichts für Vampire, denn dieses "Knoblauch"-Restaurant macht seinem Namen alle Ehre.

Planet Hollywood
Mikonkatu 9, Tel. (09) 65 78 27
Auch in Helsinki darf eine Filiale der im Besitz von Hollywoodstars befindlichen US-Restaurantkette nicht fehlen.

Typisches Strandrestaurant im Ferienort Hanko an der Südküste

Rivoletto
Albertinkatu 38, Tel. (09) 60 74 55
Hier ist die neapolitanische Küche in Helsinki vertreten. Zu günstigen Preisen werden sehr gute Pizzen angeboten.

Savoy
Eteläesplanadi 14, Tel. (09) 6 84 40 20
Seit 1937 besteht dieser finnische Ableger des berühmten Savoy und verwöhnt mit Haute Cuisine. Die Gestaltung des Innenraums wurde von keinem geringeren als Alvar Aalto vorgenommen.

Svenska Klubben
Maurinkatu 6, Tel. (09) 135 47 06
Ein teures Gourmet-Restaurant, das neben gutem Essen zum Ausgleich auch sehr viel historischen Charme des alten Helsinki zu bieten hat.

Helsinki (Fortsetzung)

Schaschlik
Neitsytpolku 12, Tel. (09) 348 97 00
Die besten original russischen Gerichte in der Hauptstadt erhält man hier.

Iisalmi

Kultainen Peura
Pohjolankatu 5, Tel. (017) 82 24 21
Im Vergleich zu den üblichen Preisen Finnlands sind die deftigen Gerichte dieses sehr persönlich betriebenen Restaurants günstig.

Janakkala

Tervaniemi
Lähdekorventie, Tervakoski, Tel. (046) 46 00 22 22
Südlich von Hämeenlinna ist dieses elegante Restaurant zu finden. Es bietet traditionelle und moderne finnische Küche in einem alten Herrenhaus, dessen antike Möbel viel zur Atmosphäre beitragen.

Kalajoki

Rantakalla
FIN-85100 Kalajoki, Te. (08) 44 66 42, Fax 46 66 17.
In dem gleichnamigen Hotel direkt am Strand von Kalajoki genießt man sowohl die herrliche Aussicht auf den weitläufigen Sandstrand als auch die erstaunlich gute Küche (die einfache Ausstattung läßt dieses kaum vermuten).

Kemi

Pizzeria Roma
Valtakatu 12, Tel. (016) 25 68 12.
Wenn man vor 14.00 Uhr kommt, sind die Pizzen billiger.

Regatta
Luulajantie 7, Tel. (016) 25 57 03
Gemütliches Restaurant, das, direkt am Wasser und Yachthafen gelegen, maritime Atmosphäre aufkommen läßt.

Kotka

Kotkan Klubi
Kirkkokatu 2, Tel. (05) 350 35, Fax 35 00 45
Hier lohnt es einzukehren, um das Buffet mit all seinen Heringsspezialitäten zu probieren.

Kristinestad

Café Alma
am Marktplatz, Tel. (06) 2150 20
Ein gemütliches Café, in dem täglich ein mittägliches Lunchbuffet bereitgestellt wird. Im gleichen Haus ist das Fremdenverkehrsamt und ein kleines Museum mit dem Schiff Alma untergebracht.

Pavis
am Yacht-Club, Tel. (06) 221 12 15
Segleratmosphäre umgibt dieses Sommerrestaurant. Es liegt auf einer mit dem Auto erreichbaren Insel, nur 2,5 km vom Zentrum entfernt.

Kuopio

Musta Lammas ("Schwarzes Schaf")
Satamakatu 4, Tel. (017) 262 34 94
Der Keller einer alten Brauerei von 1862 wurde 1982 zu einem Gourmet-Restaurant der Spitzenklasse umgestaltet. Die geschmackvolle Gestaltung des Innenraums bildet den Rahmen für ausgefallene Menüs.

Sampo
Kauppakatu 13, Tel. (017) 261 46 77
Uriges Restaurant mit Hafenkneipenflair. Neben einheimischen Kneipengängern zieht die gediegene Stimmung auch Geschäftsleute an, die gerne Fischgerichte wie Maränen (Spezialität des Hauses) bestellen.

Wanha Satama
am Passagierhafen, Tel. (017) 262 43 98
Im alten Zollmagazin wurde ein Restaurant eingerichtet, in dem auch von

Kuopio (Fortsetzung)	Konzerten bis Tanzveranstaltungen zahlreiche Programme stattfinden. Sehr lebhafte Atmosphäre.
Lahti	Café Sinuhe Mariankatu 21, Tel. (03) 751 16 20 Ein gemütliches Straßencafé mit einer ausgezeichneten Kuchenauswahl.
	Santa Fé Aleksanterinkatu 10, Tel. (03) 781 80 07 Hier wird vor allem mexikanisch gekocht.
Lappeenranta	Kahvila Majurska Linnoitus, Tel. (05) 453 05 54 Schon um die Atmosphäre innerhalb der alten Festung genießen zu können, sollte dieses Café aufgesucht werden. Hausgemachter Apfelkuchen.
	In Lemi: Restaurant Kippurasarvi Rantatie, Tel. (05) 414 64 70, Fax 414 64 75 Die 18 km Anfahrt von Lappeenranta nach Lemi lohnen für die in Finnland berühmten, ausgezeichneten Lammgerichte. Reservierung erforderlich.
Loviisa (nahe Porvoo)	Degerby Gille Sepänkatu 4, Tel. (019) 5 05 61, Fax 505 62 00 Im ehemaligen Haus des Kavallerieregiments aus dem Jahre 1662, dem bestgepflegten Holzgebäude der Stadt befindet sich ein Restaurant für gehobene Ansprüche.
Messilä (bei Lahti)	Messilän Lomakeskus Oy Messilä, Tel. (018) 860 11 Das mit seiner ursprünglichen Ausstattung erhaltene Hauptgebäude des Gutshofes beherbergt ein ausgezeichnetes Restaurant, dessen Speisekarte vor allem mit finnischen und lokalen Spezialitäten aufwartet.
Mikkeli	In Norola: Gutshof Tertti Tel. (015) 17 60 12, Fax 176 86. Nur 7 km außerhalb von Mikkeli (Str. 5 in Richtung Kuopio) werden auf einem alten Landgut Spezialitäten der Provinz Savo zubereitet (tgl. 10.00 – 18.00 Uhr).
Mustio	Gutshof Mustio → Hotels. Auf dem Gelände des Anwesens befindet sich ein ausgezeichnetes Restaurant, das auch anspruchsvolle Gourmets zufriedenstellt.
Naantali	Kala-Trappi Nunnakatu 3, Tel. (02) 435 24 77 Ein idyllisches Restaurant in einem schönen Altstadthaus, dessen hervorragende Küche bereits mehrere Auszeichnungen erhielt.
	Tavastin Kilta Mannerheimikatu 1, Tel. (02) 435 10 66 Direkt am Hafen liegt dieses Gourmet-Restaurant mit schöner neuer Seeterrasse; internationale Küche.
Nurmes	Bomban Talo Suojärvenkatu 1, Tel. (013) 68 72 00 Die kulinarischen Spezialitäten Kareliens werden hier originalgetreu im Ambiente der alten Kultur serviert, dazu ein reichhaltiges Buffet.
Oulu	In Lumijoki: Lumian Ky Urheilutalontie 22, Tel. (08) 38 71 25, Fax 38 75 23 Für Gruppen ab sechs Personen ein Geheimtip. Leckerbissen auf einem abgeschiedenen Landgutshof; vor allem die selbstgezüchteten Weinbergschnecken sind eine Delikatesse.

Das Restaurant Tavastin Kilta liegt am malerischen Bootshafen in Naantali.

Oulu (Fortsetzung)

Neptun
Torinranta, Tel. (08) 37 25 72, Fax 311 01 22
Dieses in Porvoo 1947 erbaute Segelschiff verkehrte einst zwischen Helsinki und Stockholm. Nach der Ausmusterung wurde es komplett renoviert und 1989 zu einem beliebten Schiffsrestaurant umgebaut.

Ravintola Franzen
Kirkkokatu, 2, Tel. (08) 311 32 24
Die erste Adresse am Ort liegt gegenüber der Hauptkirche im Stadtzentrum. In dem historischen Gebäude im Stil des 19. Jh.s. wurde im Keller eine gemütliche Bierstube mit guter Küche eingerichtet.

Zakuska
Hallituskatu 13, Tel. Tel. (08) 37 93 69
Borschtsch, eine sämige Soljanka, Schaschlikspieße oder Kaviar sind nur einige der russischen Spezialitäten, die hier in bester Atmosphäre aufgetischt werden.

Pori

Gasthaus Yyteri, Tel. (02) 638 39 00
Direkt am Badestrand ist dieses Restaurant zu empfehlen, wenn man auch ein wenig "Beach life" schnuppern möchte.

Porvoo

Restaurant La Carte
Kirkkokatu 1, Tel. und Fax (019) 58 58 48.
Stimmungsvolles kleines Restaurant mit französischer Küche und auch skandinavischen Spezialitäten.

Restaurantschiff Glückauf
am Flußufer, Tel. (019) 547 61, Fax 524 93 29.
Auf einem Dampfsegler der Jahrhundertwende werden Fleisch-und Fischspezialitäten serviert.

Restaurants

Porvoo (Fortsetzung)

Wanha Laamanni
Vuorikatu 17, (019) 523 04 55, Fax 58 54 26
Dieses Restaurant, in dem finnische Spezialitäten serviert werden, liegt an der Domkirche von Porvoo und ist umgeben von schönen Holzhäusern des 18. Jh.s. Die Terrasse bietet einen herrlichen Ausblick auf die Altstadt.

Sila Tupa
Mannerheiminkatu 2, Tel. (019) 5 23 04 30
In einem alten Ziegelmagazin am Fluß Porvoo sind es die vorzüglichen Lammgerichte und andere lokale Delikatessen, mit denen sich das Restaurant empfiehlt.

Rauma

Ravintola Kapteeninhuone
Kalliokatu 25, Tel. (02) 83 88 24 08
Das maritim beeinflußte Restaurant im Zentrum der Stadt ist eine gute Adresse für Fisch- und Steakgerichte.

Rovaniemi

Kisälli
Korkalonkatu 35
Hier wird der Preis nach dem jeweiligen Gewicht der ausgewählten Speisen berechnet – es kann ein günstiges oder auch ein teures Vergnügen werden. Anders ist es in jedem Fall.

Martina
Korkalonkatu
Hier wird noch immer die finnische Küche großgeschrieben. Eine Speisekarte in deutscher Sprache ist vorhanden.

Saariselkä

Kaunispään Huippu
Tel. (016) 66 88 03, Fax 66 89 04
In diesem Restaurant mit herrlichem Panoramablick zum Kaunispää, direkt neben den Abfahrtspisten, finden häufig lappländische Abende statt.

Ravintola Petronella
Honkapolku 5, Tel. (016) 66 89 30, Fax 66 81 61.
Schmuckes und ausgezeichnetes Restaurant mit sehr guter lappländischer Küche.

Tammela

Pirtti of Southwest Häme
Saarenkananpuisto, Tel. (03) 434 18 33
In dem alten Farmhaus wird die traditionelle ländliche Küche aus Südfinnland gepflegt.

Restaurant Vanha-Norri, Tel. (03) 4 35 11 11
An der Verbindungsstraße Turku – Hämeenlinna liegt zwischen Forssa und Tammela dieses familiäre Restaurant mit lokaltypischen Speisen.

Tammisaari / Ekenäs

Svenska Klubben
Bryggerigatan 9
Etwas außerhalb des Zentrums in einer alten Brauerei ist dieses Restaurant sehr gut geeignet für ein ausgezeichnetes Mittagsbuffet.

Tampere

Näsinneula
Särkänniemi, Tel. (03) 2 48 82 34
Vom langsam rotierenden Restaurant im höchsten Gebäude der Stadt, dem Näsinneula-Turm, genießt man eine hervorragende Aussicht über Tampere und sein Umland.

Salud
Tuomionkirkonk. 19, Tel (03) 223 59 96
Gourmet-Restaurant mit den angeblich besten Steaks in ganz Finnland. Berühmt für sein seit über 20 Jahren bewährtes Rezept für Pfeffersteaks.

Tampere (Fortsetzung)

Coussicca
Nyyrikintie 2, Tel. (03) 255 21 00
Eines der ältesten Restaurants der Stadt, in dem die ausgezeichneten Menüs dekorativ serviert werden.

Tornio

Golden Flower
Eliaksenkatu 8, Tel. (016) 48 13 41
Chinesisches Restaurant, in dem alternativ auch Pizzen zubereitet werden.

Turku

Brahen Kellari
Puolalankatu 1, Tel. (02) 2 32 54 00
In diesem gemütlichen Kellerlokal wird deftige finnische Küche serviert, zu der auch ab und zu Gerichte mit Bärenfleisch gehören.

Pippurimylly
Rtalarminkatu 2, Tel. (02) 35 95 01
Große Pfeffersteaks fast nach US-amerikanischem Vorbild gehören hier zur Spezialität des Hauses. Empfehlenswert auch der Besuch des Weinkellers im Erdgeschoß.

In Nagu / Nauvo: Restaurant L'Escale
Kirkonkylä, Tel. (02) 465 16 44, Fax 465 16 95.
Südlich von Turku auf einer Schäreninsel liegt dieses Feinschmeckerlokal mit maritimem Ambiente. Im Erdgeschoß befindet sich ein uriges Bierlokal. Segler können direkt vor der Tür anlegen.

Uusikaupunki

Pryki
Vakka-Suomenkatu 19, Tel. (02) 841 50 55
Am östlichen Rand der Altstadt liegt dieses Speiselokal, in dem gelegentlich abendliche Tanzveranstaltungen stattfinden.

Vaasa

Gustav Wasa
Raastuvankatu 24, Tel. (09) 312 38 63, Fax 3171863
Im gleichen Gebäude wie das Fremdenverkehrsamt (Eingang um die Ecke) befindet sich ein gepflegtes Kellerrestaurant, das vielleicht das beste und teuerste Gasthaus am Platz ist.

Kalle's Inn
am westlichen Ende der Insel Raippaluoto / Replo
Reservierung erforderlich (da sonst geschlossen):
Raastuvankatu 24, Vaasa, Tel. (09) 312 38 63, Fax 317 18 63.
Ob nun auf der hauseigenen Yacht oder im Blockhaus nach einer Rauchsauna, die delikaten Menüs können landschaftlich kaum schöner als im Schärenmeer im Nordwesten Vaasas genossen werden. Da das Gasthaus nicht dauernd bewirtschaftet wird, muß man sich vorher anmelden. Auskunft erteilt auch das Fremdenverkehrsamt in Vaasa (→ Auskunft).

Vantaa

Herrenhof Hämeenkylä
Tel. (09) 854 51 20, Fax 85 45 12 12
Bereits im 16. Jahrhundert wurde die Küche dieses Herrenhauses gerühmt. Noch heute ist dieses von einem schönen Park umgebene Gutshaus (15 km von Helsinki) einen Ausflug wert.

Varkaus

Ravintola Tyyskänhovi
Wredenkatu 4, Tel. (017) 551 20 05
Hausmannskost und traditionelle Gerichte im ältesten Gebäude der Stadt. Abends nur nach Vereinbarung.

Vuokatti

Suvikas Hotel
Vuokatinranta, Vuokatti, Tel. (08) 664 04 01.
Im Restaurant des gepflegten Familienhotels wird eine ungekünstelte, saisonale Küche geboten.

Rundfunk und Fernsehen

Rundfunk

In Finnland können Radio-Sendungen der Deutschen Welle auf Kurzwelle (KW 11835 / 75 m-Band, 9735 / 31 m-Band und 6115 / 49 m-Band) und des Deutschlandfunks auf Mittel- und Langwelle empfangen werden. Der finnische Rundfunk (YLE) bringt im Sommer werktags um 22.55 Uhr Nachrichten auf deutsch im 1. UKW-Programm.
Die Deutsche Welle gibt zweimal jährlich die Broschüre "Ihr Reisebegleiter" heraus, in der die vollständige Programmübersicht abgedruckt ist:
Deutsche Welle, Hörerpost
Postfach 100444, D-50588 Köln

Fernsehen

Das Fernsehen bringt Filme und Serien gewöhnlich in der Originalsprache mit Untertiteln in der Landessprache. Von Interesse ist nicht zuletzt der Wetterbericht am Ende der abendlichen Nachrichtensendungen. Merken sollte man sich folgende Abkürzungen: 'K' bedeutet ein Hoch und 'M' bedeutet ein Tief.

Sauna

Saunieren ist ein Volksvergnügen

→ *Baedeker Special* S. 330

Finnland ist mit fast eineinhalb Millionen Saunen – ungefähr eine für vier Finnen – das Saunaland schlechthin. Die Urform war die Rauchsauna, die später von der Ofensauna abgelöst wurde.
Die typisch finnische Sauna befindet sich in einem Blockhaus mit Fenstern und Blick auf einen See, Saunabaden ist gleich Geselligkeit. Dazu gehören in der untersten Wasserschicht gekühltes Bier und die Wurst auf den Ofensteinen. Um die Schweißbildung nach einem 'löyly' (Aufguß) noch mehr zu steigern, schlägt man sich (oder sich gegenseitig) mit einem Quast aus biegsamen Birkenzweigen leicht auf den Körper. Dadurch öffnen sich die Poren weiter. Ausreichende Luftfeuchtigkeit und mäßige Hitze sind gesünder als heißtrockene Saunaluft (80 – 100 °C). Die ideale Art der Abkühlung danach ist Schwimmen im See. Im Winter wird ein Loch in die Eisdecke gehackt, genannt 'avanto', durch das man ins Wasser tauchen kann. Langsam kühlt man danach ab, das bekannte wohlige Gefühl stellt sich ein.

Saunen für Touristen

Touristen können die Sauna in den meisten Hotels, Feriendörfern und Campingplätzen genießen, wo es separate Saunen für Männer und Frauen gibt. Am echt finnischen Saunaabend beginnt die gemischte Gesellschaft erst nach dem Bad: Vor dem Kamin, in der Abenddämmerung auf der Veranda oder am Bootssteg, wenn die Beine ins Wasser baumeln.

Auskunft

In Mittelfinnland, nahe Jyväskylä, erhält man Auskunft über finnische Saunen im Saunadorf Muuramen Saunakylä in Muurame. Dort sind 24 Saunen aus dem 18. und 19. Jahrhundert zu besichtigen (→ Reiseziele, S. 149).

Schiffsverkehr

Kreuzfahrten

Binnenseekreuzfahrten sind eine sehr gute Möglichkeit, das "Land der Tausend Seen" auch von der Seeseite kennenzulernen. Häufig ermöglichen sie es erst, daß die eindrucksvolle Stimmung gespürt werden kann, die von dieser wohl typischsten aller finnischer Landschaften ausgeht. Die Dauer solcher Exkursionen ist unterschiedlich. Sie reicht von einstündigen Rundfahrten bis hin zu mehrtägigen Kreuzfahrten auf zum Teil nostalgischen Passagierdampfern.

Saison

Die Saison für die Binnenseeschiffahrt beginnt Mitte Juni und endet Ende August, in einigen nördlichen Regionen auch bereits Mitte August.

Kurzfähren

Die Benutzung der Fähren, die als Verbindung von zwei Straßen im Pendelverkehr eingesetzt werden (finn. Lossi), ist kostenlos. Längere Überfahrten in Auto- und Passagierfähren sind selbstverständlich kostenpflichtig.

Katalog

Die finnische Zentrale für Tourismus (→ Auskunft) gibt jedes Jahr eine aktualisierte, kostenlose Broschüre in deutscher Sprache heraus, die über verschiedene Routen auf den finnischen Binnen- und Küstengewässern informiert.

Reedereien

Finnischer Meerbusen und Schärenmeer

Dampfschiffgesellschaft S.S. Ukkopekka, linnankatu 38, FIN-20100 Turku, Tel. (02) 5 15 33 00, Fax 5 15 33 44

Moed Engineering Oy Ab, Kuninkaankatu 4, FIN-10600 Tamminsaari, Tel. (019) 241 17 33, Fax 241 23 44

Reederei J.L. Runeberg Ltd., Wittenbergsgatan 12, FIN-06100 Borgå / Porvoo, Tel. (019) 5 24 33 31, Fax 58 53 31

Royal Line, Pia Rautakorpi, Meritullintori 6, FIN-00170 Helsinki, Tel. (09) 17 04 88, Fax 17 05 08

Runar Österlund, Kanneltie 4 C 25, FIN-00420 Helsinki, Tel. (09) 53 48 06, Fax 53 40 85

Shiprest Lenator Ab, Nordhafen Tammisaari, FIN-10600 Tammisaari, Tel. / Fax (019) 241 18 50

Westliches Seengebiet

Dichterweg, Verkatehaankatu 2, FIN-33100 Tampere, Tel. (03) 212 48 04, 212 48 03, Fax 219 64 63

Finnische Silberlinie, Laukantori 10 A 2, FIN-33200 Tampere, Tel. (03) 2 12 48 04, Fax 2 12 38 89

Häme Tourist Office, Sibeliuksenkatu 5 A, FIN-13100 Hämeenlinna, Tel. Hillosensalmi, Tel. (03) 6 21 23 88, Fax 621 27 16

Pirkanmaa Tourist Office, Postfach 87, FIN-33210 Tampere, Tel. (032) 12 44 88, Fax 219 64 63 Kilpisjärvi,

Tammerlaivat, Laukantori 6 A, FIN-33200 Tampere, Tel. (03) 2 54 25 00, Fax 2 12 04 38

Päijänne-See

Reederei Päijänne Cruises Hildn, Pellonpää, FIN-40820 Haapaniemi, Tel. (014) 26 34 47, 61 88 85, Fax 6 65 560

Saimaa-Seengebiet und Pielinen

Saimaa-Ferries Oy, Kirkkokatu 16, FIN-75500 Nurmes, Tel. (013) 48 12 44, Fax 48 12 01

Taipaleen Laivaosakeyhtio, Postfach 106, FIN-78201 Varkaus, Tel./Fax (017) 5 51 27 37

Regionale Fremdenverkehrsdienste Mikkeli, Hallituskatu 3 A, FIN-50100 Mikkeli, Tel. (015) 15 14 44, Fax 15 16 25

Karelia Lines, Passagierhafen, FIN-53100 Lappeenranta, Tel. (05) 453 03 80, Fax 411 90 96

Roll Cruises of Kuopio Ltd., Passagierhafen, FIN-70100 Kuopio, Tel. (017) 262 67 44, Fax 262 67 45

Baedeker Special

Sauna – eine urfinnische Erfindung

Eine geschlossene Holzkabine, ein Ofen, Steine drauf, fertig ist die finnische Sauna, allem elektrischen Schnickschnack zum Trotz, der von heutigen Saunaherstellern preistreibend angeboten wird. Die Ur-Sauna kann nämlich eigentlich jeder bauen, sofern er einen Einkaufswagen durch die Baumärkte zu schieben vermag.
Der weltweite Siegeszug der finnischen Sauna begann etwa vor 2000 Jahren, als die steinzeitlichen Stämme der Finno-Ugrer, vom nördlichen Ural kommend, das heutige Finnland erreichten und es sich nach ihrem langem Marsch dem Polarkreis entlang endlich gemütlich machen konnten. Schon im fernen Rußland hatten sie so mächtig gebibbert, daß sie vom Lagerfeuer allein nicht richtig warm wurden. Die erste Sauna muß eine Art Holzhütte um ein Feuer herum gewesen sein. In den Flammen wurden Steine erhitzt. Dann setzte man sich, löschte das Feuer (wegen der Erstickungsgefahr) und schloß, nein, nicht die Tür, die war sicher noch nicht erfunden, man schloß jedenfalls mit irgend etwas den primitiven Verschlag und genoß wenigstens einmal am Tag wohlige Wärme rundum, auch ohne mehrere Lagen verwanzter Pelze tragen zu müssen. Außerdem reinigte das Schwitzen die Poren – sehr praktisch, denn Badezuber oder gar Duschen gab es garantiert noch nicht.

Als sicher kann gelten, daß der rituelle Saunagang auch soziale und kommunikative Funktionen aller Art erfüllte: Männer- und Frauenbünde, Handel und Vertrag, Politik und Intrige, Tratsch und Klatsch. Ein Ort, um unter sich zu sein. Mit diesem Wunsch dürfte sich die frühfinnische Jäger- und Sammlerkultur von der modernen Gesellschaft kaum unterschieden haben.
Rauchsauna hieß diese frühe Form nordischer Erquickung. Man wird mächtig gehustet haben. Mit der Zeit kamen die Verfeinerungen: Die Erfindung des Ofens, aus Gußeisen oder Stein, war der große Schritt nach vorn im mittelalterlichen Finnland. Erste Exporte und Nachahmungen im Ausland waren zu beobachten, hauptsächlich in Schweden und Rußland. Dank eines Ofenrohrs konnte nun rauch- und rußfrei durch- und vor allem aufgeheizt werden. 90 Grad und mehr, davon dürften die alten Finnen nur geträumt haben. Das Schlagen von Birkenreisig auf den Schwitzenden erhöhte die Blutzirkulation, öffnete die Poren und sorgte für ein Minimum an Motorik und Lebhaftigkeit bei den gewiß wortkargen Dialogen der hier Versammelten.

Der Nationalismus des 19. Jahrhunderts erfaßte erstaunlicherweise auch das bis dahin rein bäuerliche Saunawesen und rettete es vor dem moralisierendem Zugriff der Kirchen: Die finnischen Patrioten der ersten Stunde erklärten mangels anderer urfinnischer Traditionen die steinzeitliche Schwitzhütte zum Jungbrunnen der Nation – hier werde der Homo Finnicus gestählt, jawohl, gelobt sei, was hart macht! Was dem Preußen der heldische Gewaltmarsch und dem Briten der mannhafte Segeltörn war, galt beim Finnen von nun ab das glühende Dampfbad. Der Besitz einer Saunahütte wurde zu einer Art vaterländischem Statussymbol. Der bis heute sogar außerhalb Finnlands übliche Brauch, politische Männerfreundschaften demonstrativ im Schwitzhaus zu besiegeln, nahm damals seinen Anfang (der finnische Staatschef Urho Kekkonen verhandelte mit dem sowjetischen Staatschef Nikita Chruschtschow mit Vorliebe in der Sauna).

Medizinisch sind die Mythen der hölzernen Gluthölle längst geklärt und bestätigt: Abhärtung und Vorbeugung gegen Erkältungen, Kreislauftraining, Hauttonisierung, seelisches Wohlbefinden und so fort. Auch die Libido wird befördert, was die Popularität mit zu erklären vermag. Schlanker wird man entgegen eines alten Volksglaubens in der Sauna aber nicht, weil man ja nur Wasser und Salz, aber kein Fett verliert.

Die Luftfeuchtigkeit ist in der finnischen Sauna eher niedrig (sonst würde man sich ja verbrühen) und wird dadurch reguliert, daß man mittels Schöpfkellen Wasser auf die glühenden Steine schüttet. Bei Belieben setzt man einige Tropfen ätherischer Öle hinzu – die Atemwege danken es

Kommen wir nun zu dem Teil des Saunakultes, der wahrscheinlich verhindert, daß wirklich alle Erdenbürger dieses Relikt subarktischer Steinzeitnomaden innig lieben: Die anschließende Abkühlung. Puristen und Masochisten schwören auf das Tauchbad im See vor der Hütte, vorzugsweise im finnischen Winter. Wälzen im Schnee trägt garantiert zur Infantilisierung der gesamten Saunagesellschaft bei. Ein kalter Wasserguß nach Kneippscher Anwendung wird von den Medizinern empfohlen; man kann sich aber auch gemächlich an der frischen Luft abkühlen lassen, solange man nicht friert.

Rauchsauna mit Badezuber auf der Insel Raippaluoto bei Vaasa. Der Laufsteg führt zum erfrischenden Bad im Bottnischen Meerbusen.

einem hörbar. Über die optimale Dauer eines Saunaganges gibt es medizinische Abhandlungen, die jedoch überflüssig sind: Wenn es aufhört angenehm zu sein, kann man ruhig rausgehen, auch ohne auf die Uhr zu schauen. Olympische Plansollerfüllungen stehen dem tieferen Sinn der Sauna diametral entgegen.

Zum Saunieren muß man nicht eigens nach Finnland reisen – selbst vietnamesische Hotels sollen diese Labsal schon bieten. Aber wer schon mal in Finnland ist, sollte die Originalsauna probieren, am besten in einer Blockhütte auf dem Land inklusive Laufsteg zum See. Sie werden den Unterschied schon merken ...

Die meisten Ausflugsschiffe im Seengebiet starten im Hafen von Kuopio.

Schiffsverkehr (Fortsetzung) Lappland

Wanderzentrum Kilpisjärvi, FIN-99490 Kilpisjärvi,
Tel. (016) 53 77 71, Fax 5 37 02

Arktinen Inari Oy, Raimo Mustakangas, FIN-99870 Inari,
Tel. (016) 67 13 52, Fax 67 14 79

Sicherheit

Verkehrsunfall in Finnland: Was tun?

Sofortmaßnahmen

Sie können am Steuer noch so vorsichtig sein – es kann trotzdem einmal etwas passieren. Auch wenn der Ärger groß ist: Bitte bewahren Sie Ruhe und bleiben Sie höflich. Behalten Sie einen klaren Kopf, und treffen Sie nacheinander folgende Maßnahmen:

Absichern

1. Sichern Sie die Unfallstelle ab. Das heißt: Warnblinkanlage einschalten, Warndreieck und – sofern vorhanden – Blinklampe in ausreichendem Abstand aufstellen.

Verletzte

2. Kümmern Sie sich um Verletzte. Hinweise für Erste Hilfe finden Sie in der Broschüre "Sofortmaßnahmen am Unfallort" in Ihrer Autoapotheke. Sorgen Sie nötigenfalls für einen Krankenwagen.

Polizei

3. In Finnland melden Sie am besten jeden Unfall der Polizei unter Tel. 100 22. In Schweden nimmt die Polizei bei größeren Unfällen Ermittlungen auf; die Aufzeichnungen können später eingesehen werden. In Norwegen macht die Polizei nur bei schweren Unfällen ein Protokoll.

Notizen

4. Notieren Sie Namen und Anschriften anderer Unfallbeteiligter, außerdem Kennzeichen und Fabrikat der anderen Fahrzeuge sowie Namen und Num-

mern der Haftpflichtversicherungen. Wichtig sind auch Ort und Zeit des Unfalls sowie die Anschrift der eingeschalteten Polizei-Dienststelle.

Notizen (Fortsetzung)

5. Sichern Sie Beweismittel: Schreiben Sie Namen und Adressen von – wenn es geht, unbeteiligten – Zeugen auf; fertigen Sie Skizzen von der Situation am Unfallort an. Besser noch, Sie haben eine kleine Kamera im Handschuhfach für mehrere Fotos aus verschiedenen Richtungen.

Beweismittel

6. Bitte verwenden Sie möglichst den (bei Ihrem Versicherungsfachmann erhältlichen) Europäischen Unfallbericht, und lassen Sie ihn vom Unfallgegner gegenzeichnen. Unterschreiben Sie kein Schuldanerkenntnis und vor allem kein Schriftstück, dessen Sprache Sie nicht verstehen!

Europäischer Unfallbericht

Nach einem Unfall soll die Schadenbearbeitung möglichst reibungslos klappen. Beachten Sie deshalb folgende Hinweise:

Schadenersatz

1. Wenn an Sie Ansprüche gestellt werden, melden Sie den Schaden Ihrer eigenen Kraftfahrzeug-Haftpflichtversicherung. Außerdem können Sie sich an die Versicherungsgesellschaft wenden, die für Ihr Reiseland in Ihrer Grünen Versicherungskarte angegeben ist.

Ansprüche an Sie

2. Machen Sie bitte Ihre eigenen Ersatzansprüche gegen den Schadenstifter und gegen seine Haftpflichtversicherung selbst geltend: Die Grüne Karte hilft hier nicht!
Bitte lassen Sie Ihr beschädigtes Fahrzeug von der Versicherung des Unfallgegners begutachten, oder teilen Sie der Gesellschaft mit, wo ein Sachverständiger Ihr Fahrzeug besichtigen kann. Damit vermeiden Sie spätere Beanstandungen der Reparaturrechnung.

Eigene Ersatzansprüche

Für die Kostenübernahme bei aktiver Geltendmachung eigener Schadenersatzansprüche ist eine Rechtsschutzversicherung zuständig.

3. Sind Sie mit einem deutschem Fahrzeug in einen Unfall verwickelt, so können Sie sich direkt an die deutsche Versicherung des Schadenstifters wenden.

Deutscher Unfallgegner

4. Wenn Sie zu einer Strafverhandlung geladen werden, informieren Sie bitte unverzüglich Ihre eigene Kraftfahrzeug-Haftpflichtversicherung. In Finnland und Schweden wird im Strafverfahren auf Antrag der Gegenseite häufig über Schadenersatzansprüche entschieden.

Strafverhandlung

5. Benötigen Sie einen Rechtsanwalt, um Ihre Ansprüche auf Schadenersatz geltend zu machen oder um sich in einem Strafverfahren verteidigen zu lassen? Ihre Rechtsschutzversicherung nennt Ihnen auf Wunsch einheimische Anwälte, die deutsch sprechen und deren Bezahlung dann von der Versicherung geregelt wird.

Rechtsanwalt

6. In Finnland werden Wertminderung, Mietwagenkosten und Nutzungsausfall erstattet. Außergerichtliche Anwaltskosten werden nicht übernommen. Bei einem Totalschaden muß auch die zuständige Zollbehörde benachrichtigt werden.

Ersatzleistungen

7. Mit einem Auto-Schutzbrief der Allianz Gesellschaften sind Sie gegen eine Reihe von Kosten versichert, die Ihnen durch einen Unfall entstehen können, z.B. für Bergen und Abschleppen Ihres Fahrzeuges, für Übernachtungen, Bahnfahrt oder Mietwagen, für Krankenrücktransport, Heimholen von Kindern, Fahrzeugrückholung oder -transport, ggf. für Verschrottung und Verzollung.
Allianz Versicherte finden alle notwendigen Angaben und Adressen in ihrer Broschüre "Mit dem Auto ins Ausland".

Allianz Auto-Schutzbrief

Ihre schnelle Schadenmeldung beschleunigt die Regulierung.

Schnelle Meldung

Sport

→ Angeln; → Golf; → Radfahren; → Wandern; → Wassersport; → Wintersport

Sprache

Allgemeines

In Finnland ist in den vom internationalen Verkehr berührten größeren Orten die Kenntnis der deutschen und der englischen Sprache sehr verbreitet, so daß man mit diesen beiden Sprachen fast überall durchkommen wird. Ebenso findet man in den größeren Hotels und Reisebüros fast überall deutschsprechende Mitarbeiter.
In abgelegenen Orten und Gebieten ist jedoch wenigstens die Kenntnis der wichtigsten Wörter und Redewendungen sowie der Anfangsgründe der finnischen Sprache von Nutzen. Die folgenden Erläuterungen und Wörterverzeichnisse bieten das Allernotwendigste. Zum tieferen Verständnis für die finnische Sprache empfiehlt sich die Anschaffung eines Sprachführers.

Finnische Sprache

Finnisch gehört zu den in Mittel- und Osteuropa sowie Westsibirien beheimateten finno-ugrischen Sprachen und ist somit nicht mit der skandinavischen Sprachgruppe der indogermanischen Sprachfamilie verwandt. Als Hauptdialekte unterscheidet man das West- und das Ostfinnische, die ihrerseits wieder in verschiedene Unterdialekte zerfallen. Sechs Prozent der Bevölkerung Finnlands sprechen Schwedisch (besonders an der Süd- und Südwestküste).

Aussprache

Finnisch ist eine sehr vokalreiche Sprache. Das finnische Alphabet umfaßt 21 Buchstaben; b, c, d, f, g, w, x und z findet man nur in Fremdwörtern oder bei Eigennamen.
Die Aussprache ist mit wenigen Ausnahmen schriftkonform, wobei die Betonung stets auf der ersten Silbe des Wortes liegt. Bei Wörtern mit mehr als drei Silben erhält die dritte, fünfte und siebte Silbe, jedoch nie die Endsilbe einen Nebenton. Die einfachen Vokale spricht man kurz (y wie ü), die Doppelvokale (z.B. aa, uu) sehr lang, aber nie getrennt, falls sie nicht durch einen Bindestrich geschieden sind. H wird immer deutlich gesprochen und dient niemals der Dehnung (h nach Vokal vor Konsonanten wie ch, z. B. die Stadt Lahti wie lachti); s immer stimmlos; v immer wie w. Doppelkonsonanten verkürzen nicht wie im Deutschen den vorhergehenden Vokal, sondern sind doppelt lang bzw. besonders deutlich zu sprechen.

Zahlen und Zeitangaben

Grundzahlen

deutsch	finnisch	deutsch	finnisch
0	nolla	13	kolmetoista
1	yksi	14	neljätoista
2	kaksi	15	viisitoista
3	kolme	16	kuusitoista
4	neljä	17	seitsemäntoista
5	viisi	18	kahdeksantoista
6	kuusi	19	yhdeksäntoista
7	seitsemän	20	kaksikymmentä
8	kahdeksan	21	kaksikymmentäyksi
9	yhdeksän	22	kaksikymmentäkaksi
10	kymmenen	30	kolmekymmentä
11	yksitoista	40	neljäkymmentä
12	kaksitoista	50	viisikymmentä

deutsch	finnisch
Grundzahlen (Fortsetzung)	
60	kuusikymmentä
70	seitsemänkymmentä
80	kahdeksankymmentä
90	yhdeksänkymmentä
100	sata
101	satayksi
200	kaksisataa
300	kolmesataa
1000	tuhat
Ordnungszahlen	
erster	ensimmäinen
zweiter	toinen
dritter	kolmas
Bruchzahlen	
1/2	puoli
1/3	kolmasosa

deutsch	finnisch
Monate	
Januar	tammikuu
Februar	helmikuu
März	maaliskuu
April	huhtikuu
Mai	toukokuu
Juni	kesäkuu
Juli	heinäkuu
August	elokuu
September	syyskuu
Oktober	lokakuu
November	marraskuu
Dezember	joulukuu
Wochentage	
Montag	maanantai
Dienstag	tiistai
Mittwoch	keskiviikko
Donnerstag	torstai
Freitag	perjantai
Samstag	lauantai
Sonntag	sunnuntai

Wichtige Wörter und Redewendungen

deutsch	finnisch
deutsch	sąsalainen
Deutscher	saksalainen
Deutschland	Saksa
Dänemark	Tanska
dänisch	tanskalainen
Finnland	Suomi
finnisch	suomalainen
Norwegen	Norja
norwegisch	norjalainen
Schweden	Ruotsi
schwedisch	ruotsalainen
Sprechen Sie ...	puhutteko ...
deutsch	saksaa
Ich verstehe nicht ...	en ymmärrä ...
ja, jawohl	niin, kyllä
nein	en, ei
bitte!	olkaa hyvä! pyydän
danke!	kiitos!
danke sehr!	kiitoksia paljon!
Guten Morgen!	hyvää huomenta!
Guten Tag!	hyvää päivää!
Guten Abend!	hyvää iltaa!
Gute Nacht!	hyvää yötä!
Auf Wiedersehen!	näkemiin!
Herr	herra
Dame, Frau	nainen, rouva
Wo ist ...?	missä on ...?
die ... Straße	katu
die Straße nach	tie ...
der ... Platz	... tori
die Kirche	kirkko

deutsch	finnisch
das Museum	museo
wann?	milloin?
offen / geöffnet	avoinna
das Rathaus	kaupungintalo
die Post	postikonttori
eine Briefmarke	postimerkki
eine Bank	pankki
der Bahnhof	rautatieasema
ein Hotel	hotelli
Übernachtung	yöpyä
ich möchte	haluaisin mielelläni
ein Zimmer	huoneen
mit einem Bett (Einzelzimmer)	yhden hengen huone
mit zwei Betten (Doppelzimmer)	kahden hengen huone
mit Bad	kylpyhuoneella
ohne Bad	ilman kylpyä
der Schlüssel	avain
die Toilette	vessa
ein Arzt	lääkäri
rechts	oikealla
links	vasemmalla
geradeaus	suoraan eteenpäin
oben	ylhäälä, päällä
unten	alhaalla, alapuolella
alt	vanha
neu	uusi
was kostet?	paljonko maksaa?
teuer	kallis
eine Zeitung	(sanoma)lehti

Verkehrsaufschriften und Warnungen

deutsch	finnisch	deutsch	finnisch
Halt!	Stopp! Seis!	Einbahnstraße	Yksisuuntainen liikenne
Zoll	Tulli	Durchfahrt	Läpikulku kielletty!
Vorsicht!	Varokaa!	Baustelle	Tietyö, katutyö
Langsam!	Hitaasti! Hiljaa!		

Autotechnische Ausdrücke

Abschleppen	hinata	Panne	konerikko
Anlasser	startti	Parkplatz	pysäköintipaikka
Auto	auto	Rad	pyörä
Batterie	paristo, akku	Reifen	rengas
Benzin	bensiini	Reparaturwerkstätte	autokorjaamo
Blinker	vilkkuri	Scheibenwischer	tuulilasin pyyhkijä
Bremse	jarru	Scheinwerfer	valonheittäjä
Ersatzteil	varaosa	Sicherung	proppu
Führerschein	ajokortti	Tankstelle	bensiiniasema
Hupe	autotorvi, sireeni	Ventil	venttiili
Kühler	jäähdyttäjä	Vergaser	kaasutin
Luft	ilma	Waschen	pestä
Motorrad	motska	Zündkerze	tulppa
Öl	öljy	Zündung	sytytys
Ölwechsel	vaihtaa öljy	Zylinder	sylinteri

Geographische Begriffe

Berg	vaara, vuori	Wald	metsä
waldloser Berg	tunturi	Moor	suo
Gipfel	huippu	Stadt	kaupunki
Bergwand (felsig)	kallio	Dorf	kylä
Bergrücken	selkä, harju	Kirche	kirkko
Hügel	mäki	Turm	torni
Tal	laakso	Schloß	linna
Fluß	joki	Garten, Park	puutarha, puisto
Wasserfall	koski	Straße	katu
Meeresstraße,		Landstraße	maantie
enge Verbindung		Weg	tie
zwischen zwei Seen	salmi	(Markt-)Platz	(kauppa-)tori
Wasser, Gewässer	vesi	Brücke	silta
Strand, Flachküste	ranta	Eisenbahn	rautatie
See	järvi	Fähre	lossi, lautta
Insel	saari	Schiff	laiva

Straßenverkehr

Straßennetz und Straßenzustand

Finnland verfügt über ein dichtes Verkehrswegenetz. Die großen Hauptstraßen und wichtigen Nebenstraßen wurden in den letzten Jahrzehnten weiter ausgebaut und mit staubfreier Decke versehen. Wo noch Schotter, Rollkies oder Sand die Oberfläche bilden, wird diese durch Planiermaschinen (sogenannte 'Straßenkratzen') und chemische Staubbindemittel möglichst eben gehalten.

Trotzdem empfiehlt es sich, auf steinigen Strecken einen angemessenen Abstand zu vorausfahrenden Fahrzeugen zu halten. Bei längerem Regen werden die Straßen, die keine feste Decke besitzen, schmierig oder gar

Straßenverkehr (Fortsetzung)

schlammig und erfordern dann eine besonders vorsichtige Fahrweise. Gewisse Straßenabschnitte im Norden sind wegen des langen Winters im Durchschnitt nur von Juni bis Oktober befahrbar.

Das rechts abgebildete Zeichen sieht man an den Straßen Finnlands und der anderen nordischen Länder relativ häufig. Es weist auf Sehenswürdigkeiten hin, z. B. eine Burg.

Straßentypen

Bei den numerierten Hauptstraßen unterscheidet man Straßen erster und Straßen zweiter Ordnung ('Valtatie' und 'Kantatie'); Nummern auf rotem Grund zeigen Fernstraßen oder Reichsstraßen an. Es gibt nur einige kurze Autobahnabschnitte bzw. gut ausgebaute Autostraßen ('Moottoritie') in der Umgebung von Helsinki, Turku, Tampere, Oulu und Kuopio.

Verkehrsregeln

In Finnland herrscht Rechtsverkehr. Straßenbahnen und Busse im Stadtverkehr haben immer Vorfahrt.

Geschwindigkeitsbegrenzungen

In geschlossenen Ortschaften sind maximal 50 km / h erlaubt. Die zulässige Höchstgeschwindigkeit außerhalb geschlossener Ortschaften beträgt 80 km / h, wo sie besonders ausgeschildert ist, beträgt sie auf Landstraßen 100 km / h und auf Autobahnen im Sommer 120 km / h. Pkw mit Wohnanhänger sind auf 80 km / h begrenzt.

Licht

Wie in ganz Skandinavien muß auch in Finnland tagsüber das Abblendlicht eines jeden Kraftfahrzeuges außerhalb geschlossener Ortschaften eingeschaltet werden.

Sicherheitsgurte

Für alle Insassen eines Fahrzeuges gilt Gurtpflicht.

Alkohol

Die Promillegrenze liegt bei 0,5. Bei Übertretungen drohen empfindliche Geld- und Haftstrafen.

Winter

Winterreifen sind in Finnland selbstverständlich Pflicht. Schneeketten sind nicht erlaubt, dafür aber Spikesreifen.

Kraftstoff

An allen Tankstellen ist bleifreies Benzin (ROZ 95 und / oder ROZ 98) erhältlich. Dieselfahrzeuge, die im Ausland zugelassen sind, dürfen auch das steuerfreie Heizöl ('polttoöljy') tanken. Die Benzinpreise liegen mit um die 2.-DM pro Liter über dem Durchschnitt der deutschsprachigen Länder.

Wildtiere

Besonders in der Dämmerung ist damit zu rechnen, daß Elche und Rentiere die Straße überqueren. Warnschilder zeigen an, an welchen Stellen es häufiger zu Wildwechsel kommen kann. Sollte es zu einem Zusammenstoß gekommen sein, ist sofort die nächste Polizeistation in Kenntnis zu setzen (Tel. 100 22). Siehe auch → Kollisionen mit Elchen, S. 194.

Kurzfähren

Im Land der Tausend Seen müssen häufiger einzelne Straßenabschnitte durch Kurzfähren (finn. Lossi) miteinander verbunden werden. Die Benutzung ist kostenlos.

Notruf

Bei Unfällen und Pannen sind Rettungsdienste unter Tel. 112 zu erreichen (→ Notdienste).

Veranstaltungskalender

Veranstaltungsprogramme

Die regionalen und lokalen Fremdenverkehrsbüros (→ Auskunft) halten umfangreiche Veranstaltungsprogramme bereit. Außerdem sind der Tagespresse und den regionalen Veranstaltungskalendern (englisch, zum Teil in deutsch) aktuelle Termine zu entnehmen. Überall in Finnland wird am vorletzten Freitag bzw. Samstag im Juni Mittsommer gefeiert. Im Dezember gibt es ebenfalls einige Veranstaltungen, die im ganzen Land stattfinden:

Baedeker Special

Man soll die Feste feiern, wie sie fallen

Finnland ist nicht nur ein Land für Wanderer, Angler und andere abenteuerlustige Urlauber. Auch die Liebhaber kultureller Veranstaltungen können voll auf ihre Kosten kommen. Gerade während der Hauptsaison zwischen Juni und August laden zahlreiche Festivals zu einem Besuch ein. Die alljährlich ca. 1,5 Millionen Gäste können nicht irren – Finnland hat eine beachtenswerte Kulturszene! Auf sehr hohem internationalen Niveau wird während der verschiedenen Festwochen und Festivals ein breites Spektrum, das alle Kunstgenres umfaßt, geboten. Schließlich kann man ja selbst im Bereich der Musik auf weit über die Landesgrenzen bekannte finnische Künstler verweisen, die von Jean Sibelius bis hin zu den Leningrad Cowboys reichen. Da diese bereits sehr große heimische musikalische Bandbreite zusätzlich noch um ausländische Künstler erweitert wird, stehen keine Wünsche mehr offen.

Egal ob Herrenhof, Bauernhaus oder Festung, jede erdenkliche Kulisse bildet während der Sommermonate den Rahmen für eindrucksvolle Darbietungen. Und da man ja in den Wintermonaten noch lange genug in den Stuben hocken muß, finden die meisten Feste im Freien statt. Weil nicht nur Helsinki hierfür eine Auswahl an geeigneten Schauplätzen bietet, sind in den letzten Jahren im ganzen Land kulturelle Hochburgen entstanden, die weltweit einen hervorragenden Ruf besitzen.
Um das besondere Flair im hohen Norden Europas genießen zu können, scheint keinem Musiker die Anreise zu weit zu sein. Ausländische Besucher dieser Festivals werden vor allem an den musikalischen Veranstaltungen Interesse haben, denn die Bühnensprache ist in den meisten Fällen Finnisch, und da bleibt neben der Pantomime die Musik als Universalsprache doch unschlagbar.

In der Hauptstadt bildet Ende August das große Festzelt "Huvila" das Zentrum für die **Helsinki Festwochen**. Während knapp zwei Wochen wird das von klassischer Musik bestimmte Hauptprogramm von den Performances der Künstler aller anderen Richtungen erweitert. Zahlreiche Nebenschauplätze, die sich über die ganze Stadt verteilen, werden dann ebenfalls zur Bühne für Theater, Tanz, Film, Literatur oder die bildende Kunst, und meistens greift die Stimmung bis spät in die Nacht auf die Kneipenszene der Stadt über.
Auskunft: Helsinki Festwochen,
Rauhankatu 7 E, FIN-00170 Helsinki,
Tel. (09) 61 26 51 00, Fax 61 26 51 61
www.helsinkifestival.fi.

Bis zum Bau des neuen Opernhauses in Helsinki 1993, waren die **Opernfestspiele von Savonlinna** (Juli / August) in den archaischen Gemäuern der Festung Olavinlinna die Hochburg für grandiose Opernaufführungen. Lange Zeit unterbrochen, blicken diese Festspiele bereits seit ihrer Gründung durch die Sängerin Aino Ackté auf eine 85-jährige Tradition zurück und finden seit 1967 wieder alljährlich statt. Einzelne Uraufführungen heimischer Komponisten wie 1997 der Oper "Aleksis Kivi", von Einojuhani Rautavaara, die vom Leben des finnischen Nationaldichters erzählt, der sich selbst als "Sohn der Wälder" sah, stehen neben Stücken aus der gesamten Opernliteratur. "Die Zauberflöte", "Cavalleria rusticana", "Parsifal" oder "Macbeth" waren nur einige der grandiosen Aufführungen.
Auskunft: Savonlinna Opernfestspiele,
Olavinkatu 27, FIN-57130 Savonlinna,
Tel. (015) 47 67 50, Fax 4 76 75 40,
www.operafestival.fi.

Auch **Turku**, die älteste Stadt Finnlands kann mit einem abwechslungsreichen Musikprogramm aufwarten. Am letzten Wochenende im Juni verwandeln Spitzenvertreter des internationalen und finnischen **Rock** den Volkspark zur Open-Air-Bühne. Während dann später Anfang August die alten Gebäude mit den Klängen der Musik des Mittelalters, der Renaissance und des Barock erfüllt werden. Auskunft: Musikfestspielstiftung Turku, Uudenmaankatu 1, FIN-20500 Turku, Tel. (02) 2 51 11 62, Fax 2 31 33 16, http://turkumusicfestival.fi.

Wer meint, Blechbläser würde man nur in Bierzelten, bei Musikumzügen oder in Kirchen antreffen, der wird Ende Juli in Lieksa eines Besseren belehrt. Die aus dem In- und Ausland angereisten Trompeter, Posaunisten und Saxophonisten holen dann bei Happenings und Konzerten alles aus ihren Instrumenten, um von der Klassik bis zur Unterhaltung ihr Können unter Beweis zu stellen.
Auskunft: **Lieksa Brass Week**, Koski-Jaakonkatu 4, FIN-81700 Lieksa, Tel. (013) 5 20 20 55, Fax 5 20 20 44 www.musicfinland.com/lieksa

In großer Besetzung hingegen spielen beim **Imatra Big Band Festival** (Ende Juni / Anfang Juli) die Bands Blues, Soul, Funky und Rock. Das Hauptaugenmerk liegt aber auf dem Swing, der dann auch bei einem Wettbewerb der großen Orchester gepflegt wird. Dabei wird dann ohne Schwierigkeiten der nahe beim Festzelt tosende Wasserfall übertönt. Eine Woche Musik, in der 500 Musiker gemeinsam mit 35 000 Besuchern für ausgelassene Stimmung sorgen.
Auskunft: Imatran Seudun Matkailu, Liikekeskus Mansikkapaikka, Postfach 22, FIN-55121 Imatra, Tel. (05) 4 36 41 00, Fax. 4 36 64 01, www.imedia.fi/ ibbf.

In **Naantali**, einem der beliebtesten Ferienorte an der Südküste, wird Anfang Juni die Reisesaison mit einem **Kammermusik-Festival** eingeläutet. Sinfonieorchester in großer oder kleiner Besetzung geben Konzerte in der monumentalen Klosterkirche aus dem 15. Jahrhundert, Matinees in anderen alten Kirchen

In den hellen Sommernächten erwacht in Finnland die Lebensfreude. Fast jeder Ort hat mindestens eine Festveranstaltung zu bieten – wie das Folklorefestival in Rovaniemi.

oder auch im Garten von Kultaranta, der Sommerresidenz des Staatspräsidenten. Zusätzlich zu den Konzerten bieten die Künstler Kurse und Workshops für Interessierte an.
Auskunft: Musikfestspiele Naantali, PL 46, FIN-21101 Naantali, Tel. (02) 4 34 53 63, Fax. 4 34 54 25, www.naantalinmusiikkijuhlat.fi.

Das größte jährliche **Jazzfestival** der Hauptstadtregion findet Mitte April in **Espoo** statt. Es bietet seinem Publikum alljährlich international renommierte Jazzgrößen wie Dave Brubeck oder Gerry Mulligan. Mittelpunkt ist das Kulturzentrum von Espoo, in dem alle Hauptkonzerte stattfinden. Der Besucher kann auf einem großen Platz davor ein breites Rahmenprogramm genießen oder sich in dem mehrere tausend Personen fassenden "Jazz-Zelt" akustisch verwöhnen lassen.
Auskunft: April Jazz Espoo, Ahertajantie 6 B, FIN-02100 Espoo, Tel. (09) 4 55 00 03, Fax 46 51 72.

Tausende von Filmfreunden wandern Mitte Juni über den Polarkreis, um fünf Tage und Nächte lang die Sonnenwende beim **Midnight Sun Film Festival** (Mitte Juni) zu feiern. In drei Kinos werden rund um die Uhr beim bezaubernsten Filmfestival der Welt Filme satt geboten. Auf dem Programm stehen viele Werke der großen alten Meister des Films aus vergangenen Jahrzehnten der Filmgeschichte, ein prächtiger Stummfilm mit Live-Musik, aber auch brillante Filme aus unseren Tagen.
Auskunft: Midnight Sun Film Festival, Jäämerentie 3, FIN-99600 Sodankylä, Tel. (016) 61 45 24, Fax 61 86 46.

Das **Tampereen Sävel Festival** wird alle zwei Jahre Anfang Juni veranstaltet. Dieses seit 1975 existierende internationale Treffen der Freunde der Chormusik besteht aus einer Reihe von professionellen Chorkonzerten und Vorführungen von Laienchören. Die Jury der Chorschau und des Chorwettbewerbs setzt sich aus internationalen Sachverständigen zusammen. Die Teilnehmer der Konzertreihe gehören zu den hervorragendsten Interpreten des In- und Auslands.

Das Festivalfieber geht aber auch im Herbst weiter. Das seit 1982 jedes Jahr stattfindende **Tampere Jazz Happening** (erste Novemberwoche) ist ein Festival für Modern Jazz und verwandte Stilrichtungen. Von den Spitzenstars des Jazz wird als größter Trumpf des Festivals die Tatsache angesehen, daß das Wochenendfestival sein kleines Format behalten hat. Bei den Konzerten und Clubveranstaltungen kommt eine fast intime Atmosphäre auf, bei der man sich einzig und allein auf die Musik konzentrieren kann.
Auskunft: Tampere Music Festivals, Tullikamarinaukio 2, FIN-33100 Tampere, Tel. (03) 31 46 61 36, Fax 2 23 01 21.

Die Heimatstadt des **Joensuu Festivals** (Mitte Juni) liegt in Ostfinnland, nur eine Flugstunde weit von Helsinki entfernt. Auf der sommerlichen Festwoche werden sowohl Freunde der Oper, des Tanzes und der Rockmusik verwöhnt. Musik aus allerlei musikalischen Stilrichtungen, wie etwa Jazz oder Ethnomusik, erklingt hier auch in Clubs und auf zahlreichen Freiluftveranstaltungen.
Auskunft: Joensuu Festival, Koskikatu 1, FIN-80100 Joensuu , Tel. (013) 22 67 53 30, Fax 2 67 53 20.

Das Meer, die idyllischen Küstenstädte und die einzigartige ostbottnische Landschaft ihrer Umgebung gehen Hand in Hand mit den **Korsholmer Musikfestspielen** (Ende Juni), die auf ein nahezu 20jährige Tradition zurückblicken. Die Bottnischen Musikfestspiele sind ihrer Ausrichtung nach nordisch und stellen immer besonders junge Künstler in den Vordergrund.
Auskunft: Korsholmer Musikfestspiele, FIN-65610 Korsholm, Tel. (06) 3 22 23 90, Fax. 32 22 393.

Der Programmschwerpunkt der **Tanzfestspiele Kuopio** (Ende Juni) liegt beim finnischen Tanz, aber Puppentheater sind vertreten. Während dieser Zeit werden zahlreiche Tanzkurse unter professioneller Anleitung angeboten, die neuste Strömungen der verschiedenen Tanzgenres vorstellen.
Auskunft: Tanzfestspiele Kuopio, Torikatu 18, FIN- /0110 Kuopio, Tel. (017) 2 82 15 41, Fax (017) 2 61 19 90.

am 6. Dezember Feiern zum Unabhängigkeitstag, am 13. Dezember Feiern zum Lucia-Fest und am 31. Dezember Neujahrsbegrüßung auf den Marktplätzen. Weitere Informationen zu Festivals in Finnland sind erhältlich bei:

Veranstaltungsprogramme (Fortsetzung)

Finland Festivals
Uudenmaankatu 36 D 21, FIN-00120 Helsinki
Tel. (09) 621 42 24, Fax 612 10 07

Einige interessante Veranstaltungen (s. auch Special S. 338)

Musikfestspiele

Jyväskylä-Sommer, Mitte Juli
Internationale Musikfestspiele Mikkeli, Ende Juli
Crussell-Blasmusik, Uusikaupunki, Anfang August
Tango-Markt, Seinäjoki, Mitte Juli
Kaustinen Folk Music Festival, Mitte Juli
Internationale Orgelwoche, Lahti, Ende Juli

Kammermusikfestspiele

Musikfestspiele Oulu, Mitte März
Sommerklänge Porvoo, Ende Juni
Kuhmo Kammermusikfestspiele, Mitte Juli
Crusell-Woche, Uusikaupunki, Ende Juli

Jazz-Festivals

Jazzfrühling Kainuu, Kajaani, Mitte Mai
Internationales Kalttjazz & Blues Festival,Tornio und Haparanda, Ende Juni
Pori Jazz Festival, Mitte Juli
Rantajatsi-Jazzfestival, Raahe, Anfang August

Filmfestivals

Internationales Kurzfilmfestival, Tampere, Anfang März
Internationales Kinderfilmfestival, Oulu, Mitte November

Tanz, Theater, Literatur

Internationale Laienspieltage, Mikkeli, Ende Januar
Internationale Comics-Tage, Kemi, Mitte März
Woche des Gedichts in Kajaani, Anfang Juli
Bomba-Festwochen, Nurmes, Anfang Juli
Kinderfestival auf der Burg Häme, Hämeenlinna, Ende Juli
Internationales Theaterfestival, Tampere, Mitte August

Heimat, Natur

Walpurgis-Volksfest, überall, 30. April
Frühlingsfest mit Umzügen, überall, 1. Mai
Jutajaiset, Rovaniemi, Mitte Juni

Sportveranstaltungen

Volksläufe → Wintersport

Eissportveranstaltung, Tampere, Januar
Fastnachtsfest, Schlittschuhlauf, Rodeln, landesweit, Februar
Schnee-Rallye, Helsinki, Februar
Finnlandia-Skilauf, Lammi-Lahti, Februar
Rentierschlitten-Wettbewerb, Rovaniemi, Februar
Skilauf auf dem UKK-Wanderweg, Vuokatti – Lieksa, Februar

März

Rentier-Rennen, Inari
Eislauf-Marathon, Kuopio
Ruka-Winterspiele, Kuusamo
Salpausselkä-Spiele, Lahti
Arktische Schneewoche und Ounasvaara-Winterspiele, Rovaniemi

April, Mai

Eisangel-Marathon, Oulu, April
Nächtlicher Skilauf (55 km), Tankavaara-Saariselkä, Mai

Juni

Radrennen, Hämeenlinna
Leichtathletik Weltspiele, Helsinki
Finnlandia-Marathon, Jyväskylä
Mittsommer-Skiwettkämpfe, Kilpisjärvi
Mitternachtsgolf, Oulu
Pirkka-Radtour (43 und 128 km), Tampere

Juli

Internationales Tennisturnier, Åland

Veranstaltungskalender, Sportveranstaltungen im Juli (Fortsetzung)	Internationale Regatta und Internationales Tennisturnier, Hanko Arctic Canoe Race (535 km), Kilpisjärvi-Tornio Internationale Karelien-Spiele, Lappeenranta Finn Cycling (Radtour 170 km), Lahti Flößerwettkämpfe, Lieksa Internationales Trabrennen, Mikkeli Internationale Airisto-Regatta, Turku "Finnland läuft", Utsjoki-Helsinki
August	City Marathon, Finnish Amateur-Golf-Open, Intern. Trabrennen, Helsinki Finnhorse-Meisterschaften und Rallye der Tausend Seen, Jyväskylä Grenzfluß-Fitneß-Radtour, Kilpisjärvi
September, Oktober	Nordische Ralley, Oulu, September Finnlandia-Marsch (10, 20, 40 km), Tampere, September Pirkka Jogging (33 km), Tampere, Oktober

Wandern und Trekking

Natur pur

Die einzigartige Landschaft Finnlands lockt alljährlich Tausende von Naturfreunden in die zahlreichen Nationalparks und Schutzgebiete. Gut ausgeschilderte Wanderwege, mit Informationstafeln aufbereitete Naturlehrpfade, aber auch völlig wilde Trampelpfade eröffnen dem Wanderer fast unendlich viele Möglichkeiten, die faszinierende Natur des Landes zu erkunden. Die beste Jahreszeit zum Wandern ist der Spätsommer, da dann in den Flüssen und Bächen nur wenig Wasser fließt, so daß diese leicht zu überqueren sind. Auch gibt es nicht mehr so viele Mücken, und die Temperaturen sind angenehm kühl. Eine unvergleichliche Farbenpracht zeigt sich dem Wanderer im Herbst während der "Ruska" (Laubfärbung). Dieses einzigartige Naturschauspiel taucht die bis dahin grünen Fjällandschaften in ein buntes Meer aus Rot-, Gelb - und Brauntönen.

Während der Hauptreisezeit (Juni, Juli, August) lockt der Mittsommer viele Besucher in den hohen Norden, doch sollte sich zu dieser Zeit der Wanderer auf zahlreiche Kämpfe mit lästigen Mücken einstellen. Anti-Mückenmittel versprechen jedoch eine Linderung dieses Übels.

Tips für Wanderer

Bei größeren Wanderungen sollten folgende Dinge unbedingt zur Ausrüstung gehören:
warme, regenfeste Kleidung (zwei komplette Garnituren); Schlafsack, möglichst wasserdicht verpackt; Isomatte; Zelt mit Reparaturset; Campingkocher; Draht, Zündhölzer und Grillanzünder; Ersatzschnallen für den Rucksack und Nähutensilien; Verbandszeug und Medikamente; Trinkflasche; ein zweites Paar Schuhe; leichte, kalorienreiche Nahrungsmittel.

Wassersport

Finnland ist ein Wassersportparadies

Finnland ist ein Paradies für Wassersportler aller Art. Neben Seglern finden aber vor allem Paddler fast unbegrenzte Möglichkeiten, aktiv zu werden. Ob eine gemütliche Kanutour auf einem See oder ein Wildwasserabenteuer auf einem tosenden Fluß, für jeden Geschmack hat Finnland einiges zu bieten. Problemlos können in allen größeren Orten Boote ausgeliehen werden. Auch von Einheimischen geführte Bootswanderungen und Paddelkurse für Anfänger und Fortgeschrittene werden angeboten.

Tips für Wassersportler

- Genaues Karten- und Informationsmaterial bei den entsprechenden Touristeninformationen oder der Organisation "Finnische Loipe" besorgen
- Keine zu langen Tagesetappen. Richtwerte: Kanadier 20–40 km pro Tag, Kajak 40–100 km pro Tag je nach Fließgeschwindigkeit des Gewässers
- Wegen des sehr kalten Wassers ist eine Schwimmweste unerläßlich

Restauriertes, altes Segelboot in den Schären vor Turku

Der Spurt zu den Ruunaa-Stromschnellen bei Lieksa beginnt. Das Boot muß schneller sein als die Strömung, um nicht umzukippen.

Wassersport, (Fortsetzung)

- Wasserdichte Tonnen oder Säcke zum Aufbewahren der Ausrüstung
- Mückenschutz
- Reparaturset für das Boot
- Robustes Zelt, warmer Schlafsack und windresistenter Campingkocher

Auskunft

Suomen Latu (Finnische Loipe), Fabianinkatu 7,
FIN-0130 Helsinki, Tel. (09) 17 01 01, Fax 66 33 76

Wintersport

Ideale Bedingungen

Finnland ist für aktive Winterurlauber ein ideales Reiseziel, und das nicht nur, weil die Winter hier im Norden fast ein halbes Jahr dauern. Das kontinentale Klima Nordosteuropas beschert schneesichere Verhältnisse von November bis Mai. Die dann herrschende trockene Luft macht selbst tiefste Temperaturen und Frosttage erträglich, so daß die ganze Vielfalt des Wintersports auf die besten Bedingungen trifft.
Gegenüber mitteleuropäischen Skiregionen, wo in den letzten Jahren häufig Schneemangel herrschte, ist Schneesicherheit in Finnland und den beiden Ländern auf der Skandinavischen Halbinsel, Norwegen und Schweden, Trumpf. Wo kann man sonst in Europa, außer bei den skandinavischen Nachbarn, wie etwa in Lappland bereits im März / April bei strahlendem Sonnenschein 16 Stunden lang Skilaufen?

Langlauf / Skiwandern

In Finnland laden Hunderte von Kilometern gespurter, zum Teil beleuchteter Loipen zum Langlaufen, dem Volkssport Nummer 1, ein. Aber auch Tourengeher kommen in den fast menschenleeren Weiten des Landes voll auf ihre Kosten. Ein besonderer Spaß ist das Wandern mit Schneeschuhen, die in vielen Wintersportzentren gemietet werden können.

Alpinski

In den gebirgigeren Regionen hingegen wurden in den letzten Jahren mehrere Alpinzentren errichtet, die selbst diejenigen unter den Skisportlern begeistern werden, die bislang von den Alpenländern verwöhnt wurden.

Hundeschlitten / Rentiersafaris

Bild s. S. 193

Auch die fast nur in den arktischen Regionen durchgeführten Hundeschlittenfahrten und Rentiersafaris erfreuen sich zunehmender Beliebtheit. Es ist ein unvergeßliches Erlebnis, von 6 bis 8 Huskies oder einem Gespann aus Rentieren gezogen durch den tiefen Schnee zu gleiten. Ein- oder Mehrtagestouren werden vielerorts von lokalen Veranstaltern angeboten.

Winterliche Volksläufe

Finnlandia-Lauf (Lauf = finn. "Hiitto"): Ca. 6000 Teilnehmer gibt es bei dem 75 km langen Langlaufwettbewerb zwischen Hämeenlinna und Lahti.
Anmeldung: Finnlandia-Hiito, Urheilukesku, FIN-15110 Lahti,
Tel. (03) 734 98 11, Fax 751 00 79.

Pirkka-Lauf: Der 90 km lange Skilanglauf zwischen Niinisalo und Tampere wird alljährlich von ca. 2000 Sportlern bewältigt.
Anmeldung: Pirkan Hiito, Aleksanterinkatu 20 B, FIN-33100 Tampere,
Tel. (03) 223 74 10, Fax 223 43 98.

Skiwanderung von Grenze zu Grenze: Kondition und Abenteuerlust müssen die maximal 100 Langläufer mitbringen, die die 400 km lange Strecke zwischen der russischen Grenze bei Kuusamo zur schwedischen Grenze bei Tornio bewältigen wollen.
Anmeldung: Rajalta Rajalle-Hiihto, Aapiskuja 6 B, FIN-97700 Ranua,
Tel. (016) 355 92 98, Fax 355 92 00.

Lapponia-Lauf: Läufe von 50, 60 und 80 km an maximal drei Tagen bietet das "Abenteuer in Fjäll-Lappland" den ca. 200 Teilnehmern.
Anmeldung: Lapponia Hiihto, Hotel Olostunturi, FIN-99300 Muonio,
Tel. (016) 53 61 11, Fax 53 64 44.

Wintersportzentren

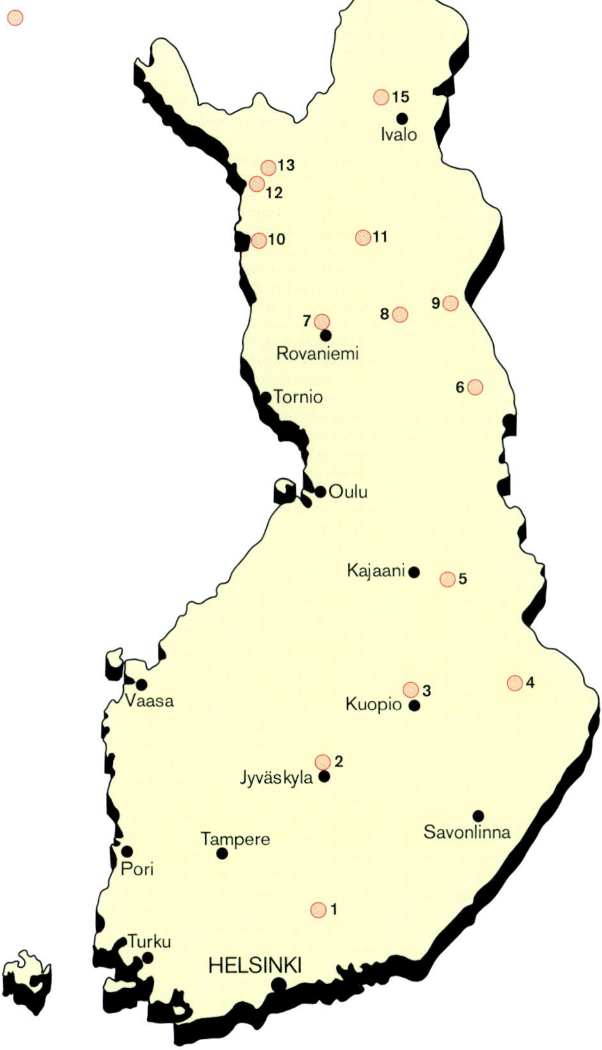

1 Lahti
2 Jyväskylä mit Laajavuori
3 Kuopio mit der Puijohöhe
4 Koli-Berge mit Lieksa
5 Sotkamo mit dem Sportinstitut Vuokatti
6 Kuusamo – Ruka
7 Rovaniemi mit dem Ounasvaara
8 Kemijärvi mit dem Suomutunturi und dem Pyhätunturi
9 Salla mit dem Sallatunturi
10 Kolari – Ylästunturi
11 Sodankylä mit dem Luostotunturi
12 Muonio mit dem Olestunturi
13 Pallastunturi-Gebiet
14 Kilpisjärvi mit dem Saanafjäll
15 Saariselkä – Kaunaspää, Inari

Winterliche Volksläufe (Fortsetzung)

Ouluer Teerlanglauf: Seit über hundert Jahren nehmen jährlich im März Tausende von Skiläufern an den Wettkämpfen sowohl in der Loipe (40 km) als auch als Skiwandergruppe (16–70 km) teil.
Auskunft unter Tel. (08) 314 12 94, Fax 531 74 64.

Eishockey

Die Erfolge der finnischen Mannschaft bei den Eishockey-Weltmeisterschaften haben dazu geführt, daß die Begeisterung an der Jagd nach dem Puck gestiegen ist. Sobald die Seen zugefroren sind, werden vielerorts die Eishallen verlassen, und das Spiel beginnt im Freien.

Sprungschanzen in Lahti

Wintersportzentren

Lahti

Lahti, die Wintersportstadt Finnlands sowie das weltweit bekannte Mekka für Nordische Disziplinen, bietet sowohl dem trainierten Läufer, der sich auf die Wettkampfloipen traut, als auch dem Touristen, der die bequemeren Loipen vorzieht, ein weites Betätigungsfeld. Das Langlaufgebiet schließt insgesamt 60 km ein und reicht vom Lahti-Skistadion bis zum nördlich gelegenen Ferienzentrum Messilä und zum Tiirisma im Westen von Lahti (10 km), wo auch 14 Hänge für Abfahrten erschlossen sind. Nur Profis sollten sich beim Skispringen in Lahti üben (Bild s. oben).

Finnische Seenplatte

Vereiste Seen und durch Wälder gespurte Loipen bieten ideale Bedingungen für ausgedehnte Touren. Besonders empfehlenswerte Zentren sind hier Puumala und östlich von Savonlinna der Landrücken Punkaharju.

Kuopio

Keine andere Stadt in Finnland besitzt ein so dichtes Loipennetz wie Kuopio mit insgesamt 200 km. So ist es ein leichtes, von überall einen Einstieg in eine Loipe zu finden. Nahe dem Stadtzentrum stehen dem Alpinisten die Pisten von Puijo – dem Berg, der zum Aussichtsturm Puijo führt – zur Verfügung. Rund 20 km nördlich der Stadt befinden sich in Siilinjärvi die Pisten von Kasurila.

Tahko

Ein abwechslungsreiches Wintersportzentrum nur 70 km nordöstlich von Kuopio. Die sieben Lifte überbrücken 200 m Höhenunterschied und führen zu den besten Skipisten Finnlands. Für Langläufer sind 40 km Loipe gespurt, von denen die schönste als Panoramaloipe auf den Berg Tahkovuori hinaufführt.

Nordkarelien

Landschaftlich wohl die beeindruckendste Loipe der Region Nordkarelien ist die Loipe, die direkt vom Koli-Berg ausgeht. Sie führt vom Ukko-Koli zum Kopravaara in Juuka.
Von Lieksa aus kann im Winter die 123 km lange Bärenroute für eine Skiwanderung genutzt werden, während in Nurmes die Loipen eher geruhsam sind. Beschaulichkeit und besondere Naturerlebnisse garantiert auch die Region um Tuupovaara.

Bekannt als internationales Trainingsgebiet der Wintersportler ist diese Region vor allem für Skilangläufer ideal. Nur 100 km von Rußland entfernt, werden auch geführte Touren über die Grenze hinweg angeboten. Sotkamo / Vuokatti

Auch hier dominiert das Loipennetz den Wintersport. Sowohl Anfänger als auch erfahrene und sportliche Läufer finden die richtigen Loipen. In den letzen Jahren werden auch verstärkt Motorschlittensafaris auf einem 400 km langen Streckennetz durchgeführt. Kuhmo / Suomussalmi

Im südlichen Teil Lapplands gelegen, bietet diese Skiregion von der Wanderloipe bis zur Nachtlaufloipe bei Flutlicht alles. Iso-Syöte

Ruka und das gleichnamige Wintersportzentrum sind Ausgangspunkt für ein 250 km langes Loipennetz, das außer auf der Tourenloipe Ruka-Juuma-Oulanka auch für Skater geeignet ist. Teile des berühmten Wanderweges Bärenrunde sind im Winter gespurt. Das Wintersportzentrum von Ruka bietet außerdem mehrere Pisten für Alpinabfahrten. Kuusamo / Ruka

Wintersport im lappländischen Ambiente bei Motorschlitten- und Rentierschlittenfahrten rund um den Polarkreis. Die mit Kunstschnee präparierten Loipen verlegen den Saisonstart bereits in den Oktober. Rovaniemi

Das traditionsreiche Wintersportgebiet rund um das Sallatunturi-Fjäll ist mit 150 km Langlaufloipen und neun Skipisten zu einem modernen Zentrum des Sports mitten in der Wildmark geworden. Salla

Die längste Abfahrtspiste Finnlands ist in Ylläsjärvi zu finden, in dessen Umkreis Loipen von insgesamt 280 km gespurt sind. Erweitert um die im Norden anschließenden Gebiete, sind es sogar ca. 1000 km. Ylläs

Diese beiden Fjälls sind schon seit langem bei Langläufern ein Geheimtip, auch wenn sie sehr weit nördlich inmitten Lapplands liegen. Pyhä – Luosto

Vor allem Tourenskifahrer finden hier durch ein dichtes Netz von Hütten hervorragende Bedingungen. Aber auch Loipenfans und Alpinisten haben rund um den Kaunispää ihr Revier. Saariselkä

Auch in den Gemeinden Inari, Ivalo, Kilopää und Tankavaara sind im Winter die Loipen durch die Nationalparks und die baumlosen Fjälls gespurt. Nordlappland

Finnen schätzen dieses in Westlappland gelegene Fjällgebiet bei Kittilä besonders als alpines Zentrum. Dazu gibt es 200 km Loipen durch die Weiten Lapplands mit Verbindungsmöglichkeiten zu den anderen nahegelegenen Wintersportzentren. Levi

Ebenfalls früh im Winter (Oktober) kann bereits die Kunstschneeloipe am Olostunturi genutzt werden, was selbst die finnische und ausländische Nationalmannschaften zum Training in den Westen Lapplands führt. Das Bergland zwischen Pallas und Hetta ist wegen seiner vielen Hütten für längere Skiwanderungen hervorragend geeignet. Muonio / Olos / Pallas

Ganz im Norden an der Grenze zu Norwegen, wo die Winter bis weit in den Juni gehen und wo auch erst im Mai die richtige Skisaison beginnt, finden anspruchsvolle Skiwanderer in den Fjälls bei Enontekiö eine Herausforderung. Anfänger gehen auf die leichten Loipen. Ebenso sind der Halti, mit 1328 m Finnlands höchstes Fjäll, und die Region um Kilpisjärvi für Touren bestens vorbereitet. Hetta / Kilpisjärvi

In diesem auch im Winterurlaub preiswertem Gebiet im westlappländischen Seengebiet gehört bei Skiwanderungen oder Motorschlittenfahrten auch die Angel ins Gepäck, denn die Seen Iso-Vietonen und Miekojärvi sind ideal zum Eisangeln. Ylitornio

Zeit

In Finnland gilt die Osteuropäische Zeit (OEZ = MEZ + 1 Stunde). Da von April bis Oktober auch hier die Sommerzeit eingeführt wurde, muß man das ganze Jahr über bei Ankunft in Finnland die Uhr um eine Stunde vorstellen.

Zollbestimmungen

Einreise aus Deutschland und Österreich

Finnland ist erst seit einigen Jahren Mitglied der Europäischen Union, so daß die üblichen Bestimmungen des EU-Binnenmarktes hier noch nicht in vollem Maße gelten. Die oberen Richtmengen, deren Überschreitung als Indiz für gewerbliche Einfuhr gelten, liegen bei Alkohol und Tabak für Reisende über 18 Jahren bei 300 Zigaretten, 150 Zigarillos, 75 Zigarren, 400 g Rauchtabak; 1 l Spirituosen, 3 l Aperitif- und Schaumweine, 5 l Wein und 15 l Bier; 500 g Kaffee und 100 g Tee. Personen unter 20 Jahren dürfen Spirituosen mit über 20% vol. nicht einführen.

Ålandinseln

Für Reisende, die aus einem EU-Land auf die Ålandinseln reisen, gelten dieselben Beschränkungen wie für Reisende aus Nicht-EU-Ländern. Die Ålandinseln sind heute die einzige Duty-Free-Zone in der Europäischen Union.

Einreise aus der Schweiz

Für Reisende aus Nicht-EU-Ländern, also der Schweiz, liegen die Freimengengrenzen bei der Einreise nach Finnland für Personen über 18 Jahren bei 200 Zigaretten oder 100 Zigarillos oder 50 Zigarren oder 250 g Rauchtabak, ferner bei 1 l Spirituosen, 2 l Aperitif- und Schaunweine, 2 l Wein und 15 l Bier.

Register

Verzeichnis der Karten und graphischen Darstellungen

Bildnachweis

AKG: S. 51, 135.
Alvar-Aalto-Museum: S. 1.
Arktikum-Museum: S. 237.
Bildarchiv Steffens: S. 119.
dpa: S. 43, 49, 54, 59.
Feltes-Peter: S. 3 (2 x), 5 (2 x), 6 (2 x), 7 (oben, unten links), 20, 23, 58, 63, 64, 65, 87, 91, 103, 104 (2 x), 105, 112, 140, 146 (2 x), 150, 152, 154, 155, 157, 158, 161, 168 (2 x), 170, 171, 172, 174, 177, 178, 180, 181, 188 (2 x), 189, 201, 202, 208, 211, 212, 213, 214, 217, 218, 219, 222, 224, 225, 230, 231, 233, 246, 248, 249, 250 (2 x), 258, 259, 260, 261, 263, 266, 268, 270 (2 x), 272, 284, 287, 292, 293, 299, 302, 306, 307, 311, 314, 331, 332, 343 (oben).
Finnische Zentrale für Tourismus: S. 106.
IFA: S. 96, 185.
Lade: S. 6/7 (Mitte).
laif: S. 245.
Mauritius: S. 8/9, 13, 25, 68, 73, 82/83, 126, 143, 165/166, 274/275.
Peter: S. 35, 37, 56, 102, 108, 113, 141, 167, 183 (2 x), 267, 300, 322, 325, 343 (unten), 346.
Pinkau/Holzleitner: S. 115, 124, 227, 243.
Strobel: S. 197, 294.
Trobitzsch: S. 30, 111, 116/117, 133, 205, 234, 240, 247, 253, 339.
ZEFA: S. 7 (unten rechts), 12, 27, 193.

Titelbild: See bei Juuka (Mauritius/Mehlig)

Hintere Umschlagseite: Diana-Skulptur im Schloß Mustio (Feltes-Peter)

Impressum

Ausstattung:
151 Abbildungen (Bildnachweis siehe zuvor)
41 Karten und graphische Darstellungen (Kartenverzeichnis siehe zuvor), 1 große Reisekarte

Text: Astrid Feltes-Peter
mit Beiträgen von J. Holzleiter, Dr. Teppo Jokinen, Christoph Merten, Guido Pinkau,
H. J. Schmidt, J. Schneider-Rapp, Werner Strasdat und P. Almoslechner.
Anteilig auf der Grundlage des Baedeker Allianz Reiseführers "Skandinavien".

Bearbeitung und Ergänzung: Baedeker-Redaktion (Astrid Feltes-Peter)

Kartographie: Franz Kaiser, Sindelfingen; Mairs Geographischer Verlag, Ostfildern (Reisekarte)

Chefredaktion: Rainer Eisenschmid, Baedeker Ostfildern

2. Auflage 2002

Urheberschaft: Karl Baedeker GmbH, Ostfildern
Nutzungsrecht: Mairs Geographischer Verlag GmbH & Co., Ostfildern

Druck: Mairs Graphische Betriebe GmbH & Co., Ostfildern
Printed in Germany
ISBN 3-89525-478-9

Gedruckt auf 100% chlorfreiem Papier

Notizen

Verlagsprogramm

Städte in aller Welt

Amsterdam
Athen
Bangkok
Barcelona
Berlin
Brüssel
Budapest
Dresden
Florenz
Frankfurt/M.
Hamburg
Hongkong
Istanbul
Köln
Kopenhagen
Lissabon
London
Madrid
Moskau
München
New York
Paris
Prag
Rom
San Francisco
St. Petersburg
Singapur
Stuttgart
Venedig
Weimar
Wien

Reiseländer · Großräume

Ägypten
Australien
Baltikum
Belgien
Brasilien
China
Dänemark
Deutschland
Dominikanische Republik
Finnland
Frankreich
Griechenland
Großbritannien
Indien
Irland
Israel
Italien
Japan
Jordanien
Kanada
Karibik
Kenia
Kuba
Luxemburg
Malaysia
Marokko
Mexiko
Namibia
Nepal
Neuseeland
Niederlande
Norwegen
Österreich
Polen
Portugal
Schweden
Schweiz
Skandinavien
Spanien
Sri Lanka
Südafrika
Syrien
Thailand
Tschechien
Tunesien
Türkei
Ungarn
USA
Vereinigte Arabische Emirate
Vietnam

Regionen · Inseln · Flüsse

Algarve
Andalusien
Bali
Bodensee
Bretagne
Burgund
Chicago · Große Seen
Costa Blanca
Costa Brava
Djerba · Südtunesien
Elba
Elsaß · Vogesen
Florida
Franken
Franz. Atlantikküste
Fuerteventura
Gardasee
Gomera
Gran Canaria
Griechische Inseln
Harz
Hawaii
Ibiza · Formentera
Italien · Norden
Ischia · Capri · Procida
Istrien · Dalmat. Küste
Italienische Adria
Italienische Riviera
Kalifornien
Kanada · Osten
Kanada · Westen
Kanalinseln
Korfu · Ionische Inseln
Korsika
Kos
Kreta
Kykladen
La Palma
Lanzarote
Loire
Lombardei · Mailand · Oberital. Seen
Madeira
Malediven
Mallorca
Malta
Mecklenburg-Vorpommern
Menorca
Oberbayern
Provence · Côte d'Azur
Rhodos
Rügen
Sachsen
Salzburger Land
Sardinien
Schleswig-Holstein
Schottland
Schwäbische Alb
Schwarzwald
Seychellen
Sizilien
Südengland
Südtirol
Sylt
Teneriffa
Tessin
Toskana
Türkische Küsten
Umbrien
USA · Nordosten
USA · Südstaaten
USA · Südwesten
Washington DC · Capital Region
Zypern

Kleine Städteführer Deutschland und Schweiz

Augsburg
Bamberg
Basel
Berlin
Bonn
Bremen
Freiburg
Hannover
Konstanz
Leipzig
Lübeck
Mainz
Nürnberg
Regensburg
Trier
Wiesbaden